GRUNDRISSE DES RECHTS

Ulrich Eisenhardt · Gesellschaftsrecht

Gesellschaftsrecht

von

Dr. iur. ULRICH EISENHARDT
o. Professor der Rechte
an der Fernuniversität Hagen

7., überarbeitete Auflage

C.H.BECK'SCHE VERLAGSBUCHHANDLUNG
MÜNCHEN 1996

Die Deutsche Bibliothek – CIP-Einheitsaufnahme

Eisenhardt, Ulrich:
Gesellschaftsrecht / von Ulrich Eisenhardt. – 7., überarb. Aufl.
– München: Beck, 1996
(Grundrisse des Rechts)
ISBN 3 406 41060 X

ISBN 3 406 41060 X
Satz u. Druck: Appl, Wemding
Gedruckt auf säurefreiem, aus chlorfrei
gebleichtem Zellstoff hergestellten Papier.

Für
Andreas

Aus dem Vorwort zur 1. Auflage

Das Buch soll die Aufgabe erfüllen, den Studierenden den wesentlichen Stoff des Gesellschaftsrechts zu vermitteln. Dazu gehört auch, daß der Leser mit den aktuellen Problemen und neueren Entwicklungen des Gesellschaftsrechts ... vertraut gemacht wird.

Vorwort zur 7. Auflage

Da das Gesellschaftsrecht zu den praxisnahen Rechtsgebieten zählt, die sich schnell weiterentwickeln, ist es nicht einfach, die im Vorwort zur 1. Auflage skizzierte Grundkonzeption beizubehalten, ohne den Rahmen eines Grundrisses zu sprengen. Da der Leser mit den aktuellen Problemen und neueren Entwicklungen des Gesellschaftsrechts vertraut gemacht werden soll, waren Ergänzungen wiederum notwendig. Allein die Einführung der Partnergesellschaft und die Neuordnung des Umwandlungsrechts erforderten größere Einführungen bzw. Änderungen.

Bei der Erstellung des Manuskripts waren mir Frau E. Markert und Herr A. Menzebach behilflich. Ihnen sowie Herrn K. G. Baier und Frau D. Weyerbusch habe ich für die Betreuung des Manuskripts zu danken.

Hagen, im März 1996

Aus dem Vorwort zur 1. Auflage

[illegible]

Vorwort zur 2. Auflage

[illegible]

Inhaltsverzeichnis

Abkürzungsverzeichnis

einschließlich der abgekürzt zitierten Literatur

a. A.	anderer Ansicht
a. a. O.	am angegebenen Ort
Abs.	Absatz
AcP	Archiv für die zivilistische Praxis
ADHGB	Allgemeines Deutsches Handelsgesetzbuch
a. F.	alte Fassung
AG	Aktiengesellschaft
AG	Die Aktiengesellschaft (Zeitschrift)
AktG	Aktiengesetz
Anm.	Anmerkung
ArbeitsgerichtsG	Arbeitsgerichtsgesetz
BayObLG	Bayerisches Oberstes Landesgericht
BB	Der Betriebsberater
BetrVG	Betriebsverfassungsgesetz
BFH	Bundesfinanzhof
BGB	Bürgerliches Gesetzbuch
BGH	Bundesgerichtshof
BGHLM	Nachschlagewerk des Bundesgerichtshofs, hrsg. von Lindenmaier-Möhring
BGHZ	Entscheidungen des Bundesgerichtshofs in Zivilsachen
BiRiLiG	Bilanzrichtlinien-Gesetz vom 19.12.1985
BVerfG	Bundesverfassungsgericht
BVerfGE	Entscheidungen des Bundesverfassungsgerichts
BVerwG	Bundesverwaltungsgericht
DB	Der Betrieb
d. h.	das heißt
Diss.	Dissertation
DFB	Deutscher Fußballbund
DNotZ	Deutsche Notar-Zeitschrift
Eder	Eder, Berg, Tillmann, Gaul, Handbuch der GmbH
EinkStG	Einkommensteuergesetz

Enneccerus-Nipperdey	Allgemeiner Teil des Bürgerlichen Rechts, 15. Aufl., Band I. 1, 1959; Band I. 2, 1960
ErbStG	Erbschaftsteuergesetz
EWIV	Europäische wirtschaftliche Interessenvereinigung
FGG	Gesetz über die Angelegenheiten der freiwilligen Gerichtsbarkeit
FS Bärmann	Festschrift für Johannes Bärmann zum 70. Geburtstag, hrsg. v. Marcus Lutter, Helmut Kollhosser und Winfried Trusen, 1975
FS Ballerstedt	Beiträge zum Zivil- und Wirtschaftsrecht: Festschrift für Kurt Ballerstedt zum 70. Geburtstag am 24. Dezember 1975, hrsg. v. Werner Flume, 1975
FS Barz	Festschrift für Carl Hans Barz zum 65. Geburtstag am 6. Dezember 1974, hrsg. v. Robert Fischer, 1974
FS Böhm	Festschrift zum 70. Geburtstag von Franz Böhm am 16. Februar 1965, hrsg. v. Helmut Coing, 1965
FS Bötticher	Festschrift für Eduard Bötticher zum 70. Geburtstag, 29. 12. 1969, hrsg. v. Karl-August Bettermann u. a. 1969
FS K. Duden	Festschrift für Konrad Duden zum 70. Geburtstag, hrsg. v. Hans-Martin Pawlowski, 1977
FS Geßler	Festschrift für Ernst Geßler. Zum 65. Geburtstag am 5. März 1970. Hrsg. v. Kurt Ballerstedt und Wolfgang Hefermehl, 1971
FS Hefermehl	Festschrift für Wolfgang Hefermehl zum 70. Geburtstag am 18. September 1976, hrsg. v. Robert Fischer, Ernst Geßler u. a. 1976
FS Kellermann	Festschrift für Alfred Kellermann zum 70. Geburtstag am 29. November 1990, hrsg. v. Reinhard Goerdeler u. a. 1990
FS Knur	Festschrift für Alexander Knur, hrsg. v. Werner Flume und Richard Hamm, 1972
FS Lukes	Festschrift für Rudolf Lukes zum 65. Geburtstag, hrsg. v. Herbert Lessmann, 1989
FS Nipperdey	Festschrift für Hans Carl Nipperdey zum 70. Geburtstag, 21. Januar 1965, hrsg. v. Rolf Dietz und Heinz Hübner, 1965
FS Pfeiffer	Strafrecht, Unternehmensrecht, Anwaltsrecht. Festschrift für Gerd Pfeiffer zum Abschied aus dem Amt als Präsident des Bundesgerichtshofes. Hrsg. v. Otto

	Friedrich Freiherr von Gamm, Peter Raisch und Klaus Tiedemann, 1988
FS Quack	Festschrift für Karlheinz Quack zum 65. Geburtstag am 3. Januar 1991, hrsg. v. Harm Peter Westermann u. a., 1991
FS Reinhardt	Festschrift für Rudolf Reinhardt zum 70. Geburtstag, 7. Juni 1972, hrsg. v. Klemens Pleyer u. a., 1972
FS Schilling	Festschrift für Wolfgang Schilling zum 65. Geburtstag am 5. Juni 1973, hrsg. v. Robert Fischer und Wolfgang Hefermehl, 1973
FS Reimer Schmidt	Festschrift für Reimer Schmidt, hrsg. v. Fritz Reichert-Facilides, 1976
FS Walter Schmidt	Festschrift für Walter Schmidt zum 70. Geburtstag am 18. Dezember 1959, hrsg. v. Benvenuto Samson, 1959
FS Westermann	Festschrift für Harry Westermann zum 65. Geburtstag, hrsg. v. Wolfgang Hefermehl u. a., 1974
GenG	Gesetz betreffend die Erwerbs- und Wirtschaftsgenossenschaften
GG	Grundgesetz für die Bundesrepublik Deutschland
GmbH	Gesellschaft mit beschränkter Haftung
GmbHG	Gesetz betreffend die Gesellschaften mit beschränkter Haftung
GmbH-Rdsch.	Rundschau für G.m.b.H.
GWB	Gesetz gegen Wettbewerbsbeschränkungen (Kartellgesetz)
HGB	Handelsgesetzbuch
i. E.	im Ergebnis
i. Vb. m.	in Verbindung mit
JR	Juristische Rundschau
JuS	Juristische Schulung
JW	Juristische Wochenschrift
JZ	Juristenzeitung
KG	Kommanditgesellschaft
KGaA	Kommanditgesellschaft auf Aktien
KStG 1977	Körperschaftsteuergesetz 1977
KündigungsschutzG	Kündigungsschutzgesetz
LG	Landgericht
MDR	Monatsschrift für Deutsches Recht

MBG	Mitbestimmungsgesetz
NJW	Neue Juristische Wochenschrift
OHG	Offene Handelsgesellschaft
OLG	Oberlandesgericht
OLGE	Entscheidungssammlung der Oberlandesgerichte
OLGZ	Entscheidungen der Oberlandesgerichte in Zivilsachen
PartGG	Gesetz über Partnerschaftsgesellschaften Angehöriger Freier Berufe vom 27.07. 1994
RAG	Reichsarbeitsgericht
Rdnr.	Randnummer
RG	Reichgericht
RGZ	amtliche Entscheidungssammlung des RG in Zivilsachen
S.	Seite, Satz
Soergel-(Bearbeiter)	Soergel-Siebert, Kommentar zum BGB, 12. Aufl. ab 1988
StGB	Strafgesetzbuch
UBGG	Gesetz über Unternehmensbeteiligungsgesellschaften
UmwG	Umwandlungsgesetz
UmwStG	Umwandlungssteuergesetz
UWG	Gesetz gegen den unlauteren Wettbewerb
VStG	Vermögensteuergesetz
Vorbem.	Vorbemerkung
WM	Wertpapier-Mitteilungen
Wolff	Wolff, H.J.: Verwaltungsrecht, Bd. II., 5. Aufl. 1987
ZfA	Zeitschrift für Arbeitsrecht
ZGR	Zeitschrift für Unternehmens- und Gesellschaftsrecht
ZHR	Zeitschrift für das gesamte Handels- und Wirtschaftsrecht
Ziff.	Ziffer
ZIP	Zeitschrift für Wirtschaftsrecht
zit.	zitiert
ZPO	Zivilprozeßordnung
ZRP	Zeitschrift für Rechtspolitik
z. T.	zum Teil

Literaturhinweise

I. Lehr- und Lernbücher

Emmerich-Sonnenschein, Konzernrecht, 5. Aufl. 1993

Flume, Werner: Allgemeiner Teil des Bürgerlichen Rechts I/1, Die Personengesellschaft, 1977

Flume, Werner: Allgemeiner Teil des Bürgerlichen Rechts I/2, Die juristische Person, 1983

Grunewald, Barbara, Gesellschaftsrecht, 1994

Hadding, Walther: Die HGB-Klausur, 1980

Hopt, Klaus J. – Hehl, Günther: Gesellschaftsrecht, 3. Aufl. 1987

Hopt, Klaus J. – Mössle, Klaus P.: Handelsrecht, 1. Aufl. 1986

Hueck, Alfred: Das Recht der OHG, 4. Aufl. 1971

Hueck, Götz: Gesellschaftsrecht, 19. Aufl. 1991

Hüffer, Uwe: Gesellschaftsrecht, 4. Aufl. 1996

Klunzinger, Eugen: Grundzüge des Gesellschaftsrechts, 7. Aufl. 1991

Kraft, Alfons – Kreutz, Peter: Gesellschaftsrecht, 9. Aufl. 1992

Kübler, Friedrich: Gesellschaftsrecht, 4. Aufl. 1994

Maiberg, Hermann: Gesellschaftsrecht, 7. Aufl. 1990

Raisch, Peter: Unternehmensrecht, 2 Bde, 1973 und 1974

Raiser, Thomas: Recht der Kapitalgesellschaften, 2. Aufl. 1992

Reinhardt, Rudolf – Schultz, Dietrich: Gesellschaftsrecht, 2. Aufl. 1981

Roth, Günther H.: Handels- und Gesellschaftsrecht, 4. Aufl. 1994

Schmidt, Karsten: Gesellschaftsrecht, 2. Aufl. 1991

Schmidt, Karsten: Handelsrecht, 4. Aufl. 1994

Timm, Wolfram, Fälle zum Handels- und Gesellschaftsrecht, 3. Aufl. 1996

Timm, Wolfram, Höchstrichterliche Rechtsprechung zum Handels- und Gesellschaftsrecht. 75 Entscheidungen für Studium und Examen, 1995

Timm, Wolfram, Handels- und Wirtschaftsrecht, Band I: Pflichtfachstoff, 1994, Band II: Wahlfachstoff, 1994

Westermann, Harry: Gesellschaftsrecht (in: Westermann-Scherpf-Paulick-Bulla-Hackbeil, Handbuch der Personengesellschaften, Teil I) 3. Aufl. Stand: Juni 1982

Wiedemann, Herbert: Gesellschaftsrecht, Bd. 1, Grundlagen, 1980

Wiedemann, Herbert: Gesellschaftsrecht (Prüfe dein Wissen), 6. Aufl. 1992

Würdinger, Hans: Aktienrecht und Recht der verbundenen Unternehmen. 4. Aufl. 1981

Zöllner, Wolfgang: Wertpapierrecht, 14. Aufl. 1987

II. Kommentare

Baumbach–Hopt, Handelsgesetzbuch, 29. Aufl. 1995
Baumbach–Hueck: AktG, 13. Aufl. 1968, Nachtrag 1970
Baumbach–Hueck: GmbHG, 16. Aufl. 1996
Erman: BGB, 9. Aufl. 1993
Fischer, Robert-Lutter, Marcus-Hommelhoff, Peter: GmbHG, 12. Aufl. 1987
Geßler–Hefermehl–Eckardt–Kropff: AktG, seit 1973
v. Godin-Wilhelmi: AktG, 4. Aufl. 1971
Großkommentar zum AktG, 3. Aufl. ab 1970, 4. Aufl. ab 1992
Hachenburg: GmbHG, Großkommentar, 7. Aufl. seit 1975, 8. Aufl. seit 1990
Heymann, HGB, 1989/1990
Hüffer, AktG., 2. Aufl. 1995
Kölner Kommentar zum AktG, 2. Aufl. seit 1986
Kofler–Roth–Morck, HGB, 1996
Meyer–Meulenbergh–Beuthien: Genossenschaftsgesetz, 13. Aufl. 1993
Münchener Kommentar zum Bürgerlichen Gesetzbuch, 2. Aufl. seit 1984
Palandt: BGB, 55. Aufl. 1996
Reichsgerichtsräte-Kommentar: BGB, 12. Aufl. seit 1974
Roth, Günther H.: GmbHG, 2. Aufl. 1987
Rowedder–Fuhrmann–Koppensteiner–Laufermann–Rasner–Ritter–Zimmermann: GmbHG, 2. Aufl. 1990
Schlegelberger: HGB, 5. Aufl. ab 1973
Scholz: Kommentar zum GmbHG, 7. Aufl. 1988, teilw. 8. Aufl. 1993
Soergel–Siebert: BGB, 12. Aufl. ab 1987
Staub, Hermann: Großkommentar zum HGB, 4. Aufl. seit 1983
Staudinger: Kommentar zum BGB, 12. Aufl. ab 1978

Erstes Kapitel

Grundlagen und Grundbegriffe des Gesellschaftsrechts

§ 1. Das Gesellschaftsrecht und seine Bedeutung für die Rechts- und Wirtschaftsordnung der Bundesrepublik Deutschland

Schrifttum: Ballerstedt, Was ist Unternehmensrecht? In: FS K. Duden, S. 15 ff.; Ehmke, Wirtschaft und Verfassung, 1961; Großfeld/Irriger, Intertemporales Unternehmensrecht, JZ 1988, 531 ff.; Krieger, Gesetzgeberische Perspektiven auf dem Gebiete des Gesellschaftsrechts, ZHR 150 (1986), 182 ff.; Kunze, Unternehmensverband und Unternehmensrecht. In: FS K. Duden, S. 201 ff.; Menzel, Das neue Gesetz über Unternehmensbeteiligungsgesellschaften, WM 1987, 705 ff.; Mestmäcker, Wirtschaftsordnung und Staatsverfassung. In: FS Böhm, S. 383 ff.; Nipperdey, Die soziale Marktwirtschaft in der Verfassung der Bundesrepublik, 1954; Raisch, Unternehmensrecht, Bd. 2, 1975, S. 69 ff.; T. Raiser, Das Unternehmen in der verfassungsrechtlichen Ordnung der Bundesrepublik nach dem Mitbestimmungsurteil des Bundesverfassungsgerichts, JZ 1979, 489 ff.; Reuter, Die Mitarbeiterbeteiligung, Modell für die zukünftige Verfassung der deutschen Unternehmen? ZRP 1986, 8 ff.; Scheuner, Wirtschaftliche und soziale Selbstverwaltung. In: Dokumentation zum öffentlichen Recht, Bd. 2, 1971, S. 146 ff.; Tettinger, Neuer Streit um die „Wirtschaftsverfassung"? BB 1977, 1617 ff.; Wiedemann, Rechtsethische Maßstäbe im Unternehmens- und Gesellschaftsrecht, ZGR 1980, 147 ff.

I. Der Begriff Gesellschaftsrecht

In der Bundesrepublik Deutschland wird ein großer Teil der wirtschaftlichen Aktivitäten von Personenvereinigungen unternommen, die als Gesellschaften bezeichnet werden. Das Wort Gesellschaft wird allgemein, aber auch in der Rechtssprache unterschiedlich verwandt. 1

Hier wird Gesellschaft als Oberbegriff für alle unten aufgeführten privatrechtlichen Personenvereinigungen verstanden. Viele wichtige Industrieprodukte, wie z.B. Flugzeuge, Computer, Automobile und Kraftwerke, können nur noch von Organisationen erzeugt werden, die Tausende von Mitarbeitern beschäftigen. Aber auch für weniger schwierige Aufgaben erweist sich die Bildung von privaten Organisationen als sinnvoll und notwendig, weil auf diese Weise persönliche und finanzielle Ressourcen vieler Personen für die Verfolgung gemeinsamer Zwecke dienstbar gemacht werden können, was ohne eine Organisation dieser Art nicht erreichbar wäre. Das wirtschaftliche Leben in der Bundesrepublik Deutschland wird deshalb entscheidend von privaten Organisationen, den Gesellschaften, geprägt. Mit den Regelungen über diese privaten Organisationen befaßt sich das Gesellschaftsrecht.

2 Das Gesellschaftsrecht ist ein wichtiges Teilgebiet des Privatrechts. Es enthält Regelungen über die
- zulässigen Organisationsformen von Gesellschaften,
- Gründung und Beendigung der Gesellschaften,
- zulässige innere Struktur, insbesondere über die Willensbildung und das Verhältnis der Gesellschafter untereinander, sowie
- privatrechtlichen Beziehungen der Gesellschaft zu außenstehenden Dritten, insbesondere die Haftung und die Vertretungsmacht der Gesellschafter.

Beispiele: Die Frage, wie eine Gesellschaft gegründet werden und welchen inneren Aufbau sie haben kann, ist im Gesellschaftsrecht geregelt. Ebenso bestimmt das Gesellschaftsrecht, wer für die Verbindlichkeiten einer Gesellschaft haftet und wer für die Gesellschaft rechtsverbindlich handeln kann.

Das Gesellschaftsrecht bildet einen Kernbereich des *Unternehmensrechts,* dem Teil der Privatrechtsordnung also, der durch einzelwirtschaftliche, sozialpolitische und gesamtwirtschaftliche Aspekte geprägt wird (Ballerstedt, in: FS Duden, S. 15, 28; Kunze, in: FS Duden, S. 201 f. Einen gelungenen Überblick über die historische Entwicklung des Unternehmensrechts bieten nun Großfeld/Irriger, JZ 1988, 531 ff.).

Rdnr. 2

II. Das Gesellschaftsrecht und seine Stellung zu anderen Rechtsgebieten

Das Gesellschaftsrecht ist nicht nur in einem Gesetz geregelt. Gesellschaftsrechtliche Vorschriften finden sich u.a. im BGB, im HGB und in einer Reihe von Spezialgesetzen, wie z.B. dem Aktiengesetz, dem GmbH-Gesetz, dem Genossenschaftsgesetz, dem Mitbestimmungsgesetz und dem Umwandlungsgesetz. 3

Die allgemeinen Regeln des bürgerlichen Rechts, wie z.B. diejenigen über die Geschäftsfähigkeit, die Willenserklärungen und die Auslegung, gelten auch für das Gesellschaftsrecht.

Beispiel: Ob eine Auflösung einer offenen Handelsgesellschaft durch Kündigung möglich ist, richtet sich nach § 131 HGB i.Vb.m. dem Gesellschaftsvertrag, den die Gesellschafter der offenen Handelsgesellschaft abgeschlossen haben. Ob eine Erklärung, mit der ein Gesellschafter einer offenen Handelsgesellschaft die Gesellschaft im Wege der Kündigung auflösen möchte, zugegangen und damit wirksam geworden ist, richtet sich nach §§ 130ff. BGB.

Enge Verbindungen bestehen heute insbesondere zwischen dem Gesellschaftsrecht und dem Steuerrecht. Steuerrechtliche Aspekte beeinflussen sehr häufig die Wahl der Gesellschaftsform. 4

Wichtige Vorschriften über die innere Organisation von Gesellschaften finden sich im Mitbestimmungsgesetz und im Betriebsverfassungsgesetz, einem Teil des Rechts, der dem Arbeitsrecht zugeordnet ist.

Mit dem am 1.Januar 1986 in Kraft getretenen Bilanzrichtlinien-Gesetz ist das bisher umfangreichste Vorhaben zur Harmonisierung des Gesellschaftsrechts innerhalb der Europäischen Gemeinschaft abgeschlossen worden. Mit diesem Gesetz ist es gelungen, einen nicht unerheblichen Teilbereich des Gesellschaftsrechts, nämlich das gesamte Bilanzrecht, für die Kapitalgesellschaften in ihren unterschiedlichen Ausprägungen und die Genossenschaft unter Einbeziehung der wichtigsten Grundsätze ordnungsmäßiger Buchführung für die Personenhandelsgesellschaften an das Recht innerhalb der Europäischen Gemeinschaft anzugleichen.

5 Größere Reformvorhaben auf dem Gebiet des Gesellschaftsrechts stehen derzeit nicht auf dem Gesetzgebungsprogramm (vgl. dazu Krieger, ZHR 150, 182, 188 ff.).

Allenfalls gesellschaftsrechtliche Bezüge hat das am 1. Januar 1987 in Kraft getretene Gesetz über Unternehmensbeteiligungsgesellschaften (UBGG), mit dem den nicht börsennotierten mittelständischen Unternehmen der indirekte Zugang zum Kapitalmarkt eröffnet und damit ihre Außenfinanzierungsmöglichkeit verbessert werden soll. Das UBGG schafft den zur Verwirklichung dieser Ziele notwendigen Organisationsrahmen. Danach sind Unternehmensbeteiligungsgesellschaften nur in der Rechtsform einer Aktiengesellschaft zulässig (§ 2 UBGG). Maßgeblich für diesen Rechtsformzwang war die Überlegung, daß auf diese Weise am ehesten die gewollte Öffnung solcher Gesellschaften für das breite Publikum gewährleistet sei, weil die Interessen der Anleger durch die bewährten Regelungen des Aktiengesetzes angemessen berücksichtigt und geschützt würden (vgl. dazu und zu Einzelheiten des UBGG Menzel, WM 1987, 705 ff.).

III. Gesellschaftsrecht und Wirtschaftsordnung

6 Das Gesellschaftsrecht ist ein wichtiger Bestandteil der Wirtschaftsordnung der Bundesrepublik Deutschland. Das deutsche Gesellschaftsrecht gewährt zusammen mit der Berufs- und Gewerbefreiheit jeder Person das Recht, sich mit anderen Personen zur Verfolgung wirtschaftlicher Ziele zu Organisationen zusammenzuschließen sowie andere Personen in abhängiger Arbeit zu beschäftigen. Dieses Recht ist ein entscheidendes Strukturmerkmal der Wirtschaftsordnung. Die Grundlage vieler Unternehmen bildet weniger das Eigentum an materiellen Produktionsmitteln, wie z. B. Fabrikanlagen, als vielmehr die vertragliche Organisation von Mitarbeitern. So sind bei vielen Dienstleistungsunternehmen die sachlichen Produktionsmittel zur Erstellung der Unternehmensleistung von untergeordneter Bedeutung. Das ist z. B. bei Touristikunternehmen und Gebäudereinigungsunternehmen der Fall. Jedem steht zudem das Recht zu, an Produktionsmitteln Eigentum zu erwerben. In der Bundesrepublik Deutschland können

also grundsätzlich alle Personen frei entscheiden, ob sie sich zusammenschließen wollen und mit welchen Mitteln sie das zu welchem Zweck und in welcher Rechtsform tun wollen.

Als systemgebundenes Recht ist das Gesellschaftsrecht zwischen unterschiedlichen Gesellschafts- und Wirtschaftsordnungen nicht frei austauschbar. Dort, wo – wie z.B. ehemals in den Staaten des sog. Ostblocks – das private Eigentum an den Produktionsmitteln im Sinne von Verfügungs- und Nutzungsfreiheit sowie die Vertragsfreiheit und darauf basierend die private Wirtschaftsinitiative nicht zu den Essentialien der Rechts- und Wirtschaftsordnung gehören, ist das Gesellschaftsrecht der Bundesrepublik Deutschland nicht denkbar.

Die Grundentscheidungen für die Rechts- und damit auch die Wirt- **7** schaftsordnung in der Bundesrepublik Deutschland sind in der Verfassung, dem Grundgesetz, niedergelegt. Das Grundgesetz ordnet das Staatswesen Bundesrepublik Deutschland als Republik, Demokratie, sozialen Rechtsstaat und Bundesstaat. Es enthält auch eine Reihe von Normen, die das Wirtschaftsleben entscheidend prägen. Als Beispiele seien die Garantie des Privateigentums (Art. 14 Abs. 1 GG), die Sozialbindung des Eigentums (Art. 14 Abs. 2 GG), die Vereinigungsfreiheit (Art. 9 GG) und die Berufsfreiheit (Art. 12 GG) genannt. In der Frage, ob und inwieweit das Grundgesetz wirtschaftspolitische Festlegungen getroffen hat, herrscht weitgehende Übereinstimmung. Das Grundgesetz läßt die Frage nach der Wirtschaftsordnung bewußt offen, um der freien Auseinandersetzung und Gestaltung Raum zu lassen (vgl. Hesse, Grundzüge des Verfassungsrechts der Bundesrepublik Deutschland, 20. Aufl. 1995, § 1 III 2a; BVerfGE 50, 290, 336ff.; Raiser, JZ 1979, 489). Es ist dem Gesetzgeber überlassen, die ihm jeweils sachgemäß erscheinende Wirtschaftspolitik zu verfolgen, sofern er die konkreten Verfassungsrechtssätze beachtet, von denen einige oben genannt sind. Auch die heute praktizierte Marktwirtschaft ist als solche verfassungsrechtlich nicht verankert (vgl. Raiser, JZ 1979, 489). Einigkeit herrscht allerdings darüber, daß die Grundrechte eine totale Planwirtschaft nicht zulassen. Insgesamt gesehen genießt der Gesetzgeber also einen beträchtlichen Spielraum, um eine aus verschiedenartigen Komponenten zusammengesetzte gemischte Wirtschaftsordnung zu realisieren (vgl. Raiser, JZ 1979, 489). Der vom Grundgesetz geschaffene Gestaltungsraum wird u.a. durch das Gesellschaftsrecht ausgefüllt, das damit ein wichtiges Strukturprinzip der Rechts- und Wirtschaftsordnung in der Bundesrepublik Deutschland darstellt.

8 In der ehemaligen DDR wurde entsprechend den im „Staatsvertrag über die Schaffung einer Währungs-, Wirtschafts- und Sozialunion zwischen der Bundesrepublik Deutschland und der Deutschen Demokratischen Republik“ vom 18.5. 1990 (BGBl. II 537; GBlDDR I 332. In der Deutschen Demokratischen Republik und der Bundesrepublik Deutschland transformiert durch Gesetz vom 21.6. 1990, GBlDDR I 331, bzw. durch Gesetz vom 25.6. 1990, BGBl II 518) übernommenen Verpflichtungen mit dem 1.7. 1990 das Gesellschaftsrecht der Bundesrepublik eingeführt (vgl. Anl. II, Abschnitt III Nrn. 3–8 des Staatsvertrages vom 18.5. 1990, BGBl. II 537, 553, und die diesbezüglichen Durchführungsvorschriften in §§ 16–20, 33 des Gesetzes über die Inkraftsetzung von Rechtsvorschriften der Bundesrepublik Deutschland in der Deutschen Demokratischen Republik vom 21.6. 1990, sog. Mantelgesetz, GBlDDR I 713). Als Konsequenz des Einigungsvertrages vom 31.8. 1990 (BGBl II 889) findet das Gesellschaftsrecht seit dem 3.10. 1990 auch in den neugeschaffenen Bundesländern Anwendung (vgl. zu alledem Assmann, in Großkomm. zum AktG, Einl. Rdnr. 339 ff. mit Nachw.).

9 Das Gesellschaftsrecht gehört zu denjenigen Rechtsgebieten, die von besonderem gesellschaftspolitischen Interesse sind. Dies sei durch folgende Beispiele belegt:

- Die Forderung nach Einführung der paritätischen Mitbestimmung in den Großunternehmen, die gesetzliche Regelung der unternehmerischen Mitbestimmung im Mitbestimmungsgesetz von 1976 und die gerichtlichen Auseinandersetzungen, die sich daran angeschlossen haben und die nur teilweise mit dem Mitbestimmungsurteil des Bundesverfassungsgerichts (BVerfGE 50, 290 ff.) beendet worden sind, haben wie kaum eine andere Frage die gesellschaftspolitische Diskussion in der Bundesrepublik Deutschland in den letzten Jahren beherrscht.
- Die große wirtschaftliche Macht der Großunternehmen berührt das Interesse der Allgemeinheit. Die Öffentlichkeit hat deshalb ein Interesse daran, Einblick in die wirtschaftlichen Verhältnisse der gro-

ßen Aktiengesellschaften, aber auch in die in anderen Rechtsformen betriebenen Großunternehmen zu nehmen. Gesellschaftsrechtliche Vorschriften haben zu einer Verschärfung der Publizitätspflichten für Großunternehmen geführt.

Nach wie vor ist die partnerschaftliche Mitarbeiterbeteiligung mit 10
der Forderung nach Anreicherung der Arbeitnehmerposition durch gesellschaftsrechtliche Elemente ein aktuelles Thema. Diskutiert wird in diesem Zusammenhang in sozialpolitischer Hinsicht die Partnerschaft zwischen Kapital und Arbeit und in wirtschaftspolitischer Hinsicht eine Lösung der Eigenkapitalprobleme mancher Unternehmen (vgl. dazu Reuter, ZRP 1986, 8ff.).

§ 2. Organisationsformen im wirtschaftlichen Bereich

Schrifttum: Barth, Die Steuern als gestaltende Faktoren im deutschen Gesellschaftsrecht. In: FS K.Duden, S.37ff.; Ebenroth, Das Verhältnis zwischen joint venture-Vertrag, Gesellschaftssatzung und Investitionsvertrag, JZ 1987, 265ff.; Mertens, Die Grundrechtsfähigkeit der juristischen Person und das Gesellschaftsrecht, JuS 1989, 857ff.; Müller-Gugenberger, EWIV – Die neue europäische Gesellschaftsform, NJW 1989, 1449ff.; H.P.Westermann, Zur Ableitungsfähigkeit allgemeiner Lehren zum Gesellschaftsrecht, AcP 181 (1981), 423ff.; Wiedemann, Rechtsethische Maßstäbe im Unternehmens- und Gesellschaftsrecht, ZGR 1980, 147ff.

I. Arten von Gesellschaften

Unter einer Gesellschaft wird der auf einem Rechtsgeschäft beru- 11
hende Zusammenschluß von Personen zur Verfolgung eines gemeinsamen Zweckes verstanden.

Die wichtigsten Gesellschaften sind:

a) Die Gesellschaft bürgerlichen Rechts (BGB-Gesellschaft; §§ 705ff. BGB),
b) die offene Handelsgesellschaft (OHG; §§ 105ff. HGB),
c) die Kommanditgesellschaft (KG; §§ 161ff. HGB),
d) die stille Gesellschaft (§§ 230ff. HGB),

e) der eingetragene Verein (§§ 21 ff. und 55 ff. BGB),
f) der nichtrechtsfähige Verein (§ 54 BGB),
g) der wirtschaftliche Verein (§ 22 BGB),
h) die Aktiengesellschaft (AG; AktG),
i) die Kommanditgesellschaft auf Aktien (KGaA; §§ 278 ff. AktG),
j) die Gesellschaft mit beschränkter Haftung (GmbH; GmbHG),
k) die eingetragene Genossenschaft (eG; GenG),
l) die Reederei (§§ 489 ff. HGB),
m) der Versicherungsverein auf Gegenseitigkeit (Gesetz über die Beaufsichtigung der privaten Versicherungsunternehmen und Bausparkassen vom 6. Juni 1931),
n) die bergrechtliche Gewerkschaft (Landesrechtliche Berggesetze, vor allem §§ 94 ff. des Preußischen Allgemeinen Berggesetzes).

II. Personengesellschaften und Vereine

1. Überblick

12 Alle oben genannten Vereinigungsarten lassen sich auf zwei Grundtypen zurückführen, die beide im BGB geregelt sind:
- die Gesellschaft bürgerlichen Rechts (§§ 705 ff. BGB)
- und den eingetragenen Verein (§§ 21 ff. und 55 ff. BGB).

Die auf dem Grundtyp der BGB-Gesellschaft beruhenden Gesellschaften sind *Personengesellschaften.*

Die Personengesellschaften sind: die BGB-Gesellschaft, die offene Handelsgesellschaft, die Kommanditgesellschaft und die stille Gesellschaft. Der Zusammenschluß beruht auf dem persönlichen Vertrauen, das sich die einzelnen Gesellschafter entgegenbringen. Deshalb ist der Fortbestand einer Personengesellschaft grundsätzlich von der unveränderten Zusammensetzung des Personenkreises abhängig, der sich zu der Gesellschaft zusammengeschlossen hat. Das bedeutet u.a.:
- Im Zweifel endet die Gesellschaft mit dem Tode eines Gesellschafters (§ 727 BGB);
- grundsätzlich muß sich keiner der Gesellschafter gegen seinen Willen einen anderen Gesellschafter aufzwingen lassen.

Rdnr. 12

Beispiel: Der Anteil an einer OHG, einer typischen Personengesellschaft, kann ohne die Zustimmung aller Gesellschafter nicht auf eine Person, die bisher nicht Gesellschafter war, übertragen werden. Dieser Grundsatz dient lediglich dem Schutz der Gesellschafter. Er kann deshalb durch eine davon abweichende Regelung im Gesellschaftsvertrag abgeändert werden.

Die gesetzlichen Regelungen über Personengesellschaften sind im BGB und im HGB enthalten. Die Vorschriften über die BGB-Gesellschaft finden auch auf die OHG, die KG und die stille Gesellschaft Anwendung, soweit das HGB im Verhältnis zum BGB nicht Sonderregelungen enthält (siehe § 105 Abs. 2 und § 161 Abs. 2 HGB). 13

Der rechtsfähige Verein ist vom Wechsel der Mitglieder unabhängig. Sein Zweck soll die Einzelpersönlichkeit der Mitglieder überdauern. Der Verein besteht deshalb auch weiter, wenn ein oder mehrere Mitglieder ausscheiden. Auch ein vollständiger Mitgliederwechsel ist grundsätzlich zulässig.

Zu den Vereinigungsarten, die auf den eingetragenen Verein zurückzuführen sind, gehören u. a. die Aktiengesellschaft und die Gesellschaft mit beschränkter Haftung, obwohl beide als Gesellschaften bezeichnet werden.

2. Der eingetragene Verein als juristische Person

Juristische Personen sind soziale Organisationen, denen die Rechtsordnung eine eigene Rechtsfähigkeit zuerkennt, damit sie selbst Träger von Rechten und Pflichten sein können. Die juristischen Personen sind also selbst rechtsfähig. Ihre Rechte und Pflichten sind ihre eigenen und nicht diejenigen der ihr angehörenden natürlichen Personen. 14

Beispiel: Eigentümer des Grundstücks, auf dem die „Europäische Erdöl-Aktiengesellschaft“ eine Raffinerie betreibt, ist die Aktiengesellschaft als juristische Person, wenn sie das Eigentum an dem Grundstück erworben hat, und nicht die Aktionäre oder der Vorstand der Aktiengesellschaft.

Die Schaffung der Rechtsfigur „Juristische Person“ war notwendig, um einen selbständigen juristischen Zuordnungspunkt für Rechte und Pflichten zu schaffen, die nicht einer natürlichen Person zugeordnet sind. Mit der juristischen Person werden Organisationsformen ermöglicht, die für den Rechtsverkehr in einer modernen Industriegesellschaft unerläßlich sind.

15 Zur Zeit der Entstehung des BGB wurde erbittert darüber gestritten, welcher Rechtsnatur die juristische Person sei. U.a. ging es darum, ob sie eine nur gedachte „fiktive" Person (Fiktionstheorie) oder aufgrund der soziologischen Realität der Verbände und Organisationen eine „wirkliche und volle Person gleich den Einzelpersonen" sei (Theorie der realen Verbandspersönlichkeit) (vgl. zum ehemaligen Streitstand Enneccerus-Nipperdey, § 103 und die Übersicht bei Hübner, Rdnr. 120). Dieser Streit ist im wesentlichen abgeklungen (vgl. dazu Larenz, AT, § 9 I).

Man unterscheidet zwischen den juristischen Personen des öffentlichen Rechts, z.B. Bund, Ländern, Gemeinden, Kreisen, und den juristischen Personen des Privatrechts. Zu den juristischen Personen des Privatrechts gehören u.a.: eingetragene Vereine, Aktiengesellschaften, Gesellschaften mit beschränkter Haftung, eingetragene Genossenschaften und Versicherungsvereine auf Gegenseitigkeit.

16 Die Rechtsfähigkeit erwerben juristische Personen erst mit der Eintragung in ein staatliches Register (Vereinsregister, Handelsregister, Genossenschaftsregister) oder durch staatliche Verleihung, wie z.B. der Versicherungsverein auf Gegenseitigkeit.

Allein der Erwerb der Rechtsfähigkeit setzt die juristische Person allerdings noch nicht in den Stand, im Rechtsverkehr zu handeln, wie z.B. einen Kaufvertrag abschließen zu können. Eine juristische Person kann im Rechtsverkehr nur mit Hilfe von natürlichen Personen handeln, die die Organe der juristischen Person bilden. Organe, die diesen Zweck erfüllen, sind z.B. der Vorstand eines eingetragenen Sportvereins und der Vorstand einer Aktiengesellschaft.

17 Die Organe können außerdem der Willensbildung innerhalb der juristischen Person dienen. Einen solchen Zweck hat z.B. die Mitgliederversammlung eines Sportvereins oder die Mitgliederversammlung (auch Hauptversammlung genannt) einer Aktiengesellschaft.

Beispiel: Organe der Aktiengesellschaft sind: der Vorstand, der Aufsichtsrat und die Hauptversammlung (Mitgliederversammlung).

Es gibt auch Organe, die eine Kontrollfunktion wahrnehmen.

Rdnr. 15–17

Beispiel: Der Aufsichtsrat einer Aktiengesellschaft kontrolliert den Vorstand.

Das Verhalten der Organe einer juristischen Person wird nur der juristischen Person selbst zugerechnet. Die juristische Person handelt also selbst, wenn ihre Organe für sie handeln. Man kann sagen: Die juristische Person handelt durch ihre Organe.

Die unmittelbaren privatrechtlichen Folgen des Handelns, im we- **18**
sentlichen der Erwerb von Rechten und Pflichten, treffen deshalb nur die juristische Person selbst. Den Gläubigern einer juristischen Person haftet nur deren Vermögen. Grundsätzlich haften die Mitglieder der juristischen Person nicht mit ihrem Privatvermögen. Man spricht deshalb auch von der juristischen Person „als Haftungsschirm" (vgl. Hübner, Rdnr. 119).

Beispiel: Wenn der Vorstand für die Aktiengesellschaft einen Kaufvertrag mit einer anderen Person abschließt, handelt die Aktiengesellschaft selbst. Die Aktiengesellschaft und nicht der Vorstand oder einzelne Vorstandsmitglieder wird aus dem Kaufvertrag berechtigt und verpflichtet. Ist die Aktiengesellschaft nicht in der Lage, ihre Pflichten aus dem Kaufvertrag zu erfüllen, können sich die Gläubiger nicht an die Mitglieder des Vorstandes der Aktiengesellschaft halten und von diesen die Leistung verlangen. Nicht der Vorstand oder dessen einzelne Mitglieder, sondern die Aktiengesellschaft als solche ist Träger der Verbindlichkeit.

Grundsätzlich können auch juristische Personen, wie z.B. eine Akti- **19**
engesellschaft, Träger des Allgemeinen Persönlichkeitsrechts sein. Allerdings ist diese Rechtsträgerschaft inhaltlich begrenzt. Die Begründung dafür ergibt sich aus dem Entstehungsgrund, nämlich der Ableitung des Persönlichkeitsschutzes aus Art. 1 und 2 GG zur Ausfüllung einer Lücke. Nach Ansicht des BGH (BGHZ 98, 94, 97 f.) ist eine Ausdehnung der Schutzwirkung des Persönlichkeitsrechts über natürliche Personen hinaus auf juristische Personen nur insoweit gerechtfertigt, als sie aus ihrem Wesen als Zweckschöpfung des Rechts und ihren Funktionen dieses Rechtsschutzes bedürfen. Dies ist der Fall, wenn juristische Personen in ihrem „sozialen Geltungsanspruch als Arbeitgeber oder als Wirtschaftsunternehmen betroffen werden" (so BGHZ 98, 94, 97).

Der BGH (AG 1994, 222 ff.) hat die Verletzung des allgemeinen Persönlich- **20**
keitsrechts eines Unternehmens in einem Fall bejaht, in dem ein Wissenschaft-

ler, der Fortbildungsseminare für Wirtschaftsprüfer und Steuerberater durchgeführt hatte, Ablichtungen eines im Bundesanzeiger veröffentlichten Jahresabschlusses, der die finanzielle Situation dieses Unternehmens offenbarte, an Banken und Seminarteilnehmer weitergegeben hatte, ohne den Namen und die Adresse des Unternehmens unkenntlich zu machen. Der BGH (AG 1994, 222f.) meint, wenn ein Seminar mit dem Titel „Jahresabschlußanalyse aus der Sicht der Banken" abgehalten und einem fachkundigen Empfängerkreis derartiges Material an die Hand gegeben werde, dann verbinde sich damit ein Hinweiseffekt, der die Aufmerksamkeit der Adressaten gerade auf solche Daten zur finanziellen Situation des betroffenen Unternehmens lenke, die zu kritischen Wertungen Anlaß geben können; im übrigen stehe hier der Wissenschaftsfreiheit (Art. 5 Abs. 3 GG) das verfassungsrechtlich gewährleistete allgemeine Persönlichkeitsrecht des Unternehmens entgegen.

Das BVerfG (BVerfGE 68, 193, 208f.; BVerfG NJW 1990, 1783) vertritt die Auffassung, juristische Personen als Grundrechtsinhaber anzusehen und sie in den Schutzbereich bestimmer materieller Grundrechte einzubeziehen, sei nur dann gerechtfertigt, wenn deren Bildung und Betätigung Ausdruck der freien Entfaltung der privaten natürlichen Personen sei, insbesondere, wenn der „Durchgriff" auf die hinter ihr stehenden Personen es als sinnvoll und erforderlich erscheinen lasse (zur Problematik siehe Mertens, JuS 1989, 857ff.).

III. Gibt es einen Allgemeinen Teil des Gesellschaftsrechts?

21 Da das Gesellschaftsrecht in verschiedenen Gesetzen geregelt ist, sind Überlegungen darüber angestellt worden, ob sich die ungeschriebenen oder auch nur teilweise in den Organisationsgesetzen zum Ausdruck gekommenen Grundregeln in einem „Allgemeinen Teil des Gesellschaftsrechts" zusammenfassen lassen. Einem solchen Allgemeinen Teil könnten sich Sätze entnehmen lassen, die bei der Rechtsanwendung jedenfalls dort hilfreich sein können, wo schlichte Gesetzesauslegung nicht ausreicht. Einen solchen groß angelegten Versuch hat Wiedemann in seinem Lehrbuch des Gesellschaftsrechts unternommen und sich dabei u.a. mit den Gesellschaften in der Verfassungs- und Wirtschaftsordnung, den Strukturprinzipien und den Wertungsmaximen des Gesellschaftsrechts auseinandergesetzt. Wiedemann arbeitet auch rechtsethische Prinzipien im Gesellschaftsrecht heraus, indem er

u. a. nach moralischen Kategorien und deren inhaltlicher Überprüfung im Unternehmensinnenrecht unter Berücksichtigung der verschiedenen Interessenträger, also der Kapitaleigner, der Gläubiger und der Arbeitnehmer sucht (vgl. Wiedemann, ZGR 1980, 147, 150 ff.). Mit Recht ist darauf hingewiesen worden, daß bei dem Versuch, allgemeine Regeln für das Gesellschaftsrecht insgesamt herauszuarbeiten, die typischen Interessen bewertet werden müssen, die, unabhängig von der Rechtsform, in vergleichbarer Weise auftreten können. Dabei ist stets die Realgestalt der Vereinigungen im Vergleich zum gesetzlich zur Verfügung gestellten Instrumentarium zu erfassen (so H. P. Westermann, AcP 181 (1981), 423, 425). Darstellungen und Diskussionen der Grundlagen des Gesellschaftsrechts zeigen heute, daß es gewisse gemeinsame Grundprinzipien gibt, die sich z. B. auf die Auslegung von Gesellschaftsverträgen bzw. Satzungen, den Grundsatz der Gleichbehandlung aller Gesellschafter und die Problematik der Inhaltskontrolle von Gesellschaftsverträgen und Satzungen erstrecken mögen. Stets ist aber zu berücksichtigen, daß alle Personenvereinigungen sich letztlich auf die beiden Grundtypen „Gesellschaft bürgerlichen Rechts" und „eingetragener Verein" zurückführen lassen. Da sich aus den beiden Grundtypen in mancherlei Hinsicht recht unterschiedliche Strukturprinzipien ergeben, dürfte es sehr schwierig sein, allgemeine Regeln für alle Arten von Personenvereinigungen aufzustellen.

IV. Der Begriff Kapitalgesellschaft

Häufig wird, wenn die verschiedenen Vereinigungsarten eingeteilt 22
werden, auch der Begriff Kapitalgesellschaft verwandt. Man kann die verschiedenen Organisationsformen, soweit es sich um sogenannte Erwerbsgesellschaften (diese dienen Erwerbszwecken) handelt, in Personengesellschaften einerseits und Kapitalgesellschaften andererseits einteilen. Personengesellschaften, die Erwerbszwecken dienen, können sein: die Gesellschaft bürgerlichen Rechts, die offene Handelsgesellschaft, die Kommanditgesellschaft und die stille Gesellschaft. Kapitalgesellschaften sind: die Aktiengesellschaft, die Kommanditgesellschaft auf Aktien und die Gesellschaft mit beschränkter Haftung. Letztere

sind juristische Personen und damit rechtsfähig. Sie werden auch *Kapitalgesellschaften* genannt, weil bei ihnen in der Regel die Höhe der eingezahlten Kapitalbeträge die Grundlage für die Entscheidungsbefugnisse und die Gewinnverteilung in der Gesellschaft bildet.

V. Die steuerliche Behandlung der nichtrechtsfähigen Personengesellschaften und der rechtsfähigen Körperschaften

23 Das Steuerrecht ist nicht neutral gegenüber den einzelnen Gesellschaftsformen.

Juristische Personen, wie z.B. die Aktiengesellschaft und die Gesellschaft mit beschränkter Haftung, unterliegen der *Körperschaftsteuer.* Für einbehaltene Gewinne betrug die Körperschaftsteuer bis 1990 56%, seit 1990 50% und seit 1994 nur noch 45% (§ 23 Abs. 1 KStG). Für ausgeschüttete Gewinne betrug sie 36% und grundsätzlich seit 1994 30% (§§ 27 Abs. 1, 54 Abs. 10a Satz 1 KStG). In Höhe der 36% bzw. 30% wurde bzw. wird die Körperschaftsteuer jedoch den Anteilseignern voll auf ihre Einkommensteuer angerechnet. Hat der Anteilseigner keine Einkommensteuer zu zahlen, wird ihm die Körperschaftsteuer voll vergütet (vgl. § 36 EinkStG). Die Gewinne der Personengesellschaften unterliegen nur der Einkommensteuer mit dem jeweiligen individuellen Steuersatz des Gesellschafters.

Bei der *Vermögensteuer* werden juristische Personen, also z.B. die Aktiengesellschaft und die GmbH, erheblich benachteiligt. Ihr Vermögen wird zweimal besteuert (Doppelbesteuerung), nämlich einmal mit 0,6% bei der Körperschaft und zum zweitenmal mit 1% beim Anteilseigner.

24 Auch durch andere *Bewertungsverfahren* bei der Erbschaftsteuer und der Vermögensteuer sowie durch hohe Besteuerung bei einer Liquidation werden juristische Personen steuerlich gegenüber Personengesellschaften stärker belastet. Deshalb ist immer noch die Personengesellschaft die von ihrer steuerlichen Belastung her nächstliegende Unternehmensform in der Bundesrepublik Deutschland (vgl. Barth, S. 46). Nach wie vor ist die GmbH & Co KG die wichtigste Ausweichmöglichkeit gegenüber den höher besteuerten Kapitalgesellschaften (vgl. Barth, S. 65), wenn auch in der Regel nicht nur steuerliche Gesichtspunkte für die Wahl der Unternehmensform ausschlaggebend sind.

VI. Der joint venture-Vertrag und die Gesellschaftssatzung

Wegen der wachsenden internationalen wirtschaftlichen Zusammenarbeit haben joint venture-Verträge ständig an Bedeutung gewonnen. Nicht nur Direktinvestitionen in Ländern der Dritten Welt werden oft in der Form von joint ventures vorgenommen; auch die grenzüberschreitende Zusammenarbeit von transnationalen Unternehmen vollzieht sich oft in der Form solcher Gemeinschaftsunternehmen (joint ventures). **25**

Juristisch stellt sich die Gründung eines joint venture-Unternehmens und dessen anschließende Inbetriebnahme als ein mehrstufiges Verfahren dar. Der Abschluß eines joint venture-Vertrages ist von der nachfolgenden Feststellung der Satzung für die Trägergesellschaft zu unterscheiden. Der eigentliche joint venture-Vertrag ist eine privatrechtliche Vereinbarung zwischen den Partnern, ein joint venture-Unternehmen gründen zu wollen. Zu den typischen Regelungsgegenständen eines solchen Vertrages gehören u. a.: eine Präambel über die Intention und den Zeitplan der Unternehmensgründung, Bestimmungen über die Gesamtkosten des Unternehmens und die Aufbringung derselben, über Grundkapital, Darlehen etc., sowie über die Grundzüge des engineering und des Betriebs-know how, die Bestellung und Kontrolle des Managements, Konkurrenzklauseln, Gewinnverwendung etc. (vgl. Ebenroth, JZ 1987, 265, 266). Dringend geraten ist eine Vereinbarung über das anzuwendende Recht (Rechtswahl) und den Gerichtsstand.

Man kann den joint venture-Vertrag als einen Konsortialvertrag zwischen den Beteiligten ansehen, der auf die Gründung, häufig aber auch auf den Betrieb der künftigen Trägergesellschaft gerichtet ist. Dieser Vertrag dürfte in der Regel ein Gesellschaftsvertrag i. S. des § 705 BGB sein (vgl. Ebenroth, JZ 1987, 265, 267). Der davon zu unterscheidende Gesellschaftsvertrag (die Satzung) der zu gründenden Trägerge- **26** sellschaft enthält alle Organisationsbedingungen der Gesellschaft, die im Regelfall eine Aktiengesellschaft sein wird, also insbesondere Regelungen über die Beziehungen der Gesellschafter untereinander. Welches Recht auf diese Gesellschaft Anwendung findet, ist nicht generell zu beantworten (vgl. dazu Ebenroth, JZ 1987, 265, 267 mit Nachw.).

VII. Die neue europäische Gesellschaftsform – EWIV

27 Mit dem Inkrafttreten des Gesetzes zur Ausführung der EWG-Verordnung über die Europäische wirtschaftliche Interessenvereinigung (EWIV-Ausführungsgesetz) am 1.1. 1989 ist auf deutscher Seite die Voraussetzung dafür geschaffen worden, daß Unternehmen in der Europäischen Gemeinschaft als zusätzliche Rechtsform für die Organisation grenzüberschreitender Zusammenarbeit die „Europäische wirtschaftliche Interessenvereinigung" (EWIV) benutzen können.

Aus dem EWG-Vertrag selbst ergibt sich, daß die Schaffung eines gemeinsamen Marktes auch Maßnahmen im Bereich des Gesellschaftsrechts erfordert (vgl. Müller-Gugenberger, NJW 1989, 1449). Die „Verordnung (EWG) des Rates vom 25.7. 1985 über die Schaffung einer Europäischen wirtschaftlichen Interessenvereinigung (EWIV)" (Text u.a. BT-Dr. 11/352, S.12) bildet die Grundlage für die Schaffung einer Gesellschaftsform europäischen Rechts, die trotz der verschiedenen Bestimmungen in den Einzelstaaten einen einheitlichen Organisationsrahmen hat (vgl. Müller-Gugenberger, NJW 1989, 1449).

Die EWIV (nach dem EWIV-Ausführungsgesetz vom 14.4. 1988) ist eine ausgeprägte Personengesellschaft, die der *Struktur* der OHG ähnlich ist (vgl. dazu unten Rdnr. 208f.).

§ 3. Gesellschaftsvertrag und Privatautonomie

Schrifttum: Teichmann, Gestaltungsfreiheit in Gesellschaftsverträgen, 1970; H.-P. Westermann, Vertragsfreiheit und Typengesetzlichkeit im Recht der Personengesellschaften, 1970; Wiedemann, Die Auslegung von Satzungen und Gesellschaftsverträgen, DNotZ Sonderheft 1977, S.99ff.; Wüst, Gestaltungsfreiheit und Typenkatalog im Gesellschaftsrecht. In: FS K. Duden, S.749ff.

Rdnr. 27

Jede Gesellschaft beruht auf einem Vertrag, in dem sich mehrere Personen verpflichtet haben, einen gemeinsamen Zweck zu erreichen. Der Abschluß eines solchen Vertrages ist die Voraussetzung für das Entstehen einer Gesellschaft. Der Vertrag regelt zu einem wesentlichen Teil das Verhältnis der Gesellschafter zueinander. Er wird *Gesellschaftsvertrag* genannt. **28**

Partner eines Gesellschaftsvertrages können sowohl natürliche als auch juristische Personen sein.

Beispiel: Drei deutsche Aktiengesellschaften schließen sich zu einer BGB-Gesellschaft zusammen, deren Zweck es ist, in einem Entwicklungsland eine Düngemittelfabrik zu errichten. Partner des Gesellschaftsvertrages und damit Gesellschafter der BGB-Gesellschaft sind die drei Aktiengesellschaften (juristische Personen).

Der Grundsatz der *Privatautonomie* gilt auch für das Gesellschaftsrecht. **29**

Jede Person ist grundsätzlich frei in der Entscheidung darüber, ob und mit wem sie gegebenenfalls einen Gesellschaftsvertrag abschließen will. Jeder, der mit anderen eine Gesellschaft gründen möchte, ist grundsätzlich auch frei in der Auswahl der Gesellschaftsform. Die Auswahl ist allerdings auf die in den Gesetzen geregelten Gesellschaftsformen beschränkt.

Beispiel: A, B und C wollen eine Gesellschaft gründen, die den An- und Weiterverkauf von Erdölprodukten betreibt. Sie wollen die persönliche Haftung so weit wie möglich beschränken, aber auch die Zahlung der Körperschaftsteuer vermeiden. Sie gründen deshalb durch Abschluß eines Vertrages eine sog. Handelsgesellschaft auf Einlagen als eine Personengesellschaft, bei der keiner der Gesellschafter unbeschränkt haften soll. Die von A, B und C gewählte Gesellschaftsform ist im Gesetz nicht geregelt. Es handelt sich vielmehr um eine vom Gesetzgeber bisher nicht übernommene Neuschöpfung. Da es sich um eine vom Gesetzgeber nicht zugelassene Gesellschaftsform handelt, können A, B und C wirksam eine Handelsgesellschaft auf Einlagen nicht gründen.

Im Gesellschaftsrecht gibt es also nur eine beschränkte Anzahl zugelassener Gesellschaftsformen, unter denen diejenigen, die eine Gesellschaft gründen wollen, auswählen können (numerus clausus). **30**

Eine andere Frage ist, wie weit bei den vom Gesetzgeber zur Wahl gestellten Gesellschaftsformen Raum zur rechtsgeschäftlichen Ausgestaltung bleibt. Es geht also um das Problem, inwieweit durch den Abschluß des Gesellschaftsvertrages bei den einzelnen Gesellschaftsformen die diese Gesellschaftsformen betreffenden gesetzlichen Regelungen ersetzt, abgeändert oder ergänzt werden können.

Beispiel: Bei einer Kommanditgesellschaft, der sehr viele Kommanditisten angehören, kann es zweckmäßig sein, daß die Kommanditisten einen Verwaltungs- oder Aufsichtsrat wählen, der ihre im Gesetz geregelten Kontrollrechte wahrnimmt. Ein solches Gremium sieht das Gesetz nicht vor. Wenn ein Verwaltungs- oder Aufsichtsrat in einem Gesellschaftsvertrag verankert werden soll, ist die Frage zu entscheiden, ob eine solche Regelung überhaupt zulässig ist.

31 Bei der Frage, welchen Raum die Gesellschafter zur Ausgestaltung beim Abschluß des Gesellschaftsvertrages überhaupt haben, ist zu unterscheiden zwischen den Personengesellschaften einerseits und Gesellschaften, die juristische Personen sind, andererseits. Bei der BGB-Gesellschaft, der OHG und der KG sind nur die gesetzlichen Vorschriften, die das Verhältnis der Gesellschaft mit den Gläubigern, Schuldnern und anderen Außenstehenden regeln (Außenverhältnis), im wesentlichen zwingendes Recht. Das bedeutet: diejenigen gesetzlichen Regelungen, die das Außenverhältnis betreffen, können grundsätzlich durch entsprechende Vereinbarungen im Gesellschaftsvertrag nicht wirksam abgeändert werden. Der Grund für diese Regelung ist darin zu sehen, daß diejenigen, die mit der Gesellschaft in Kontakt kommen, sich auf sichere Haftungs- und Vertretungsregeln verlassen können müssen, damit sie das Risiko abschätzen können, das sie auf sich nehmen, wenn sie mit der Gesellschaft in Kontakt treten. Die Rechtssicherheit gebietet es, daß gesetzliche Vorschriften, die außenstehende Dritte berühren, nicht zur Disposition der Gesellschafter gestellt werden, weil sonst die Rechte Außenstehender erheblich gefährdet wären.

Beispiel: A, B und C gründen eine Kommanditgesellschaft. Die Hauptgeldgeber A und B sollen Kommanditisten, C soll persönlich haftender Gesellschafter sein. Im Gesellschaftsvertrag wird vereinbart, daß der persönlich haftende Gesellschafter nur insoweit vertretungsbefugt sein soll, als er Rechtsgeschäfte abschließt, deren Gegenstandswert DM 1000,– nicht übersteigt. Nach der gesetzlichen Regelung hat der persönlich haftende Gesellschafter einer Kommanditgesellschaft unbeschränkte Vertretungsmacht. Der Umfang der Vertretungsmacht betrifft das Verhältnis der Gesellschaft zu Dritten (das Außenverhältnis). Die Vereinbarung über die Beschränkung der Vertretungsmacht ist deshalb unwirksam (BGHZ 51, 198, 200 f.). Eine Regelung über Umfang und Art der Vertretungsmacht entzieht sich der Dispositionsfreiheit der Gesellschafter.

Rdnr. 31

Was die Gestaltung der inneren Struktur der Gesellschaft anbetrifft, d.h. des Verhältnisses der Gesellschafter untereinander, so besteht in größerem Umfange Gestaltungsfreiheit, da nicht die Rechte außenstehender Dritter gefährdet sind. Es ist grundsätzlich möglich, die gesetzlichen Regelungen durch Vereinbarungen zu ergänzen oder von den gesetzlichen Regelungen abzuweichen. 32

Beispiel: Das Gesetz sieht für die Kommanditgesellschaft keinen Aufsichtsrat oder Beirat vor. Dennoch bestehen keine Bedenken, im Rahmen der Gestaltungsfreiheit der Kommanditgesellschaft durch die Schaffung eines solchen Gremiums eine von der üblichen Gestaltung abweichende Struktur zu geben.

Auch bei den Gesellschaften, die juristische Personen sind, besteht im Hinblick auf ihre Beziehungen zu Dritten (Außenverhältnis) keine Gestaltungsfreiheit. Im Vergleich zur BGB-Gesellschaft, zur OHG und zur KG ist jedoch auch die Gestaltungsfreiheit bei der inneren Struktur dieser Gesellschaften (Innenverhältnis) erheblich eingeschränkt.

Beispiel: Die gesetzlichen Bestimmungen über die Satzung einer Aktiengesellschaft sind zwingend, soweit das Gesetz nicht ausdrücklich eine Ausnahme zuläßt (§ 23 Abs. 5 AktG).

Gestützt auf die Privatautonomie können im Hinblick auf die innere Struktur der verschiedenen Vereinigungen innerhalb der zugelassenen Gesellschaftsformen auch Strukturen verschiedener Vereinigungsarten miteinander vermischt werden (sog. Grundtypenvermischung). Eine solche Formenvermischung kann schon dadurch erreicht werden, daß eine Aktiengesellschaft oder GmbH Gesellschafter einer Personenhandelsgesellschaft wird, wie das etwa bei der GmbH & Co KG der Fall ist (die GmbH ist dabei persönlich haftende Gesellschafterin der Kommanditgesellschaft). 33

Die – von manchen Autoren als hybride bezeichnete (vgl. Kübler, NJW 1984, 1860) – Rechtsfigur der GmbH & Co KG ist die Reaktion der Kautelarjurisprudenz auf die Einführung der Körperschaftsteuer, die durch die personenrechtliche Gestaltung vermieden werden soll, ohne daß einer der Beteiligten das Risiko einer unbeschränkten persönlichen Haftung übernehmen müßte (vgl. Kübler, NJW 1984, 1860).

Zweites Kapitel

Die BGB-Gesellschaft und der eingetragene Verein als die zwei Grundtypen von Vereinigungen

§ 4. Die BGB-Gesellschaft (Gesellschaft bürgerlichen Rechts)

Schrifttum: Ballerstedt, Der gemeinsame Zweck als Grundbegriff des Rechts der Personengesellschaften, JuS 1963, 253 ff.; Beuthien, Die Haftung von Personengesellschaftern, DB 1975, 725 ff. u. 773 ff.; Brandes, Die Rechtsprechung des Bundesgerichtshofs zur Personengesellschaft, WM 1994, 569 f.; Fabricius, Relativität der Rechtsfähigkeit, 1963; derselbe, Zur Haftung der BGB-Gesellschaft für unerlaubte Handlungen aus der Geschäftsführung von Gesellschaftern. In: Gedächtnisschrift für Rudolf Schmidt, 1966, S. 171 ff.; Fischer, Die Gesellschaft bürgerlichen Rechts. Recht, Steuer, Betriebswirtschaft, 1977; Flume, Gesellschaft und Gesamthand, ZHR 136 (1972), 177 ff.; derselbe, Schuld und Haftung bei der Gesellschaft des bürgerlichen Rechts. In: FS Westermann, S. 119 ff.; Grunewald, Die Gesellschafterklage in der Personengesellschaft und der GmbH, 1990; Habersack, Die Haftungsverfassung der Gesellschaft bürgerlichen Rechts – Doppelverpflichtung und Akzessorietät, JuS 1993, 1 ff.; Heckelmann, Die GbRmbH als (neue) Gesellschaftsform?, in: FS Quack, 1991, S. 243 ff.; Kowalski, Zur Bereicherungshaftung in Gesellschaften bürgerlichen Rechts, NJW 1991, 3183 ff.; Larenz, Lehrbuch des Schuldrechts, Bd. 2, 12. Aufl. 1981, § 60; Kornblum, Die Haftung der Gesellschafter für Verbindlichkeiten von Personengesellschaften, 1972; Nicknig, Die Haftung der Mitglieder einer BGB-Gesellschaft für Gesellschaftsschulden, 1972; Raisch, Bedeutung und Wandlung des Kaufmannsbegriffs. In: FS Ballerstedt, S. 443 ff.; Th. Raiser, Das Recht der Gesellschafterklagen, ZHR 153 (1989), 1 ff.; Schulze-Osterloh, Kapitalgesellschaft & Co, – Handelsgesellschaft kraft Rechtsform? NJW 1984, 1281 ff.; Schünemann, Grundprobleme der Gesamthandsgesellschaft, 1975; Wiedemann, Der Gesellschaftsvertrag der Personengesellschaften, WM 1990, Sonderbeilage Nr. 8/1990, S. 1 ff.; derselbe, Zur Selbständigkeit der BGB-Gesellschaft, in: FS Kellermann, 1991, S. 529 ff.; derselbe, Rechtsverhältnisse der BGB-Gesellschaften zu Dritten, WM 1994, Sonderbeilage 4, S. 1 ff.

I. Begriff und Bedeutung der Gesellschaft bürgerlichen Rechts

1. Der Begriff

Die Gesellschaft bürgerlichen Rechts ist ein auf einem Gesellschaftsvertrag beruhender Zusammenschluß mehrerer Personen mit dem Ziel, durch gemeinsame Leistungen auf der Grundlage des persönlichen Zusammenwirkens der Mitglieder einen gemeinsamen Zweck zu erreichen (§ 705 BGB). Der Zusammenschluß der Gesellschafter muß nicht auf eine gewisse Dauer ausgerichtet sein (BGH WM 1977, 840, 841). 34

Beispiel: Der Gesellschaftszweck kann auch die gemeinsame Durchführung einer lediglich fünftägigen Ausstellung sein.

Mitglieder der Gesellschaft bürgerlichen Rechts können natürliche und juristische Personen sein.

Beispiel: H, G und die Zenia-Industrieabfallverwertungs-GmbH gründen eine Gesellschaft bürgerlichen Rechts, deren Gegenstand (gemeinsamer Zweck) die Verwaltung der im Eigentum der Gesellschaft stehenden Grundstücke ist. H und G sind natürliche Personen. Die GmbH ist als juristische Person Gesellschafter der BGB-Gesellschaft mit den gleichen Rechten und Pflichten wie die Gesellschafter H und G.

2. Die Rechtsquellen

Die BGB-Gesellschaft hat eine ausführliche Regelung in den §§ 705ff. BGB erfahren. Da sie die Grundform für alle Personengesellschaften darstellt, finden die Vorschriften der §§ 705ff. BGB auch auf die übrigen Personengesellschaften, die OHG und die KG, Anwendung, soweit das HGB für diese Gesellschaftsformen keine Spezialregelungen enthält. 35

3. Die Bedeutung

36 Die BGB-Gesellschaft erfreut sich in der Praxis einer großen Beliebtheit, weil sie für eine Vielzahl von denkbaren Zwecken geeignet ist. Dies rührt daher, daß die Vorschriften über die BGB-Gesellschaft kaum zwingende, die private Gestaltungsfreiheit einengende Regelungen enthalten. Die BGB-Gesellschaft ist, was ihre Ausgestaltungsmöglichkeiten anbetrifft, im Vergleich zu den anderen Gesellschaftsformen besonders elastisch und anpassungsfähig.

Eine besondere Bedeutung kommt der BGB-Gesellschaft als der Gesellschaftsform zu, in der sich die Angehörigen der freien Berufe zusammenschließen können. Gesellschaftsrechtliche Schranken einerseits und standesrechtliche Einschränkungen andererseits machen es den Angehörigen der freien Berufe oft unmöglich, sich in einer anderen Gesellschaftsform als der der BGB-Gesellschaft zusammenzuschließen.

Beispiele: Eine echte Sozietät von Rechtsanwälten, d.h. eine Sozietät, bei der die Einkünfte der Gesellschaft zufließen und die Gewinne oder Verluste verteilt werden sollen, ist eine Gesellschaft bürgerlichen Rechts (vgl. BGH BB 1960, 681; vgl. auch U. Fischer, WM 1981, 638, 642).

Die Gemeinschaftspraxis von Ärzten (Arztsozietät) ist häufig eine Gesellschaft bürgerlichen Rechts. Der gemeinsame Zweck im Sinne des § 705 BGB, zu dessen Erreichung sich die Ärzte zusammenschließen, ist die gemeinsame Ausübung des Berufs (so Palandt-Thomas, § 705, Anm. 9b aa).

120 Zahnärzte schließen sich zu einer Gesellschaft bürgerlichen Rechts zusammen, deren Ziel es ist, die Gesellschafter von der Verwaltung ihrer Zahnarztpraxen zu entlasten und durch eine einheitliche Verwaltung und Buchführung für die Gesellschafter Kosten zu sparen (vgl. OLG Stuttgart JZ 1982, 766).

37 Was den Zusammenschluß von Anwälten angeht, so hat die Entwicklung der letzten Zeit neue Möglichkeiten eröffnet. Zum einen ist es nach dem Inkrafttreten des Gesetzes zur Schaffung von Partnerschaftsgesellschaften am 1. Juli 1995 (PartGG) möglich, daß Anwälte sich zu einer Partnerschaftsgesellschaft zusammenschließen (siehe dazu unten Rdnr. 359ff.). Zum anderen ist es nach der neuesten Rechtsprechung nicht mehr unmöglich, daß sich Anwälte zu einer GmbH zusammenschließen. Letzteres war bisher für nicht zulässig er-

achtet worden, weil aus standesrechtlichen Gründen die freiberufliche Tätigkeit des Rechtsanwalts nicht in der Rechtsform einer Kapitalgesellschaft ausgeübt werden könne; außerdem war argumentiert worden, einer GmbH könne die nach Art. 1 § 1 RBerG erforderliche Erlaubnis nicht erteilt werden und § 4 BRAO verknüpfe die Zulassung zur Rechtsanwaltschaft mit der Befähigung zum Richteramt, eine Befähigung, die nur von natürlichen Personen erworben werden könne. Das BayObLG (WM 1995, 23 ff.) hat demgegenüber den Zusammenschluß von Rechtsanwälten zur gemeinsamen Berufsausübung in einer GmbH für zulässig erachtet. Das BayObLG hat seine Entscheidung u. a. damit begründet, daß weder die neugefaßte Bundesrechtsanwaltsordnung noch das neue Partnerschaftsgesellschaftsgesetz ein Verbot der Anwalts-GmbH enthalte. Im übrigen müsse, was das GmbH-Recht angehe, nach § 1 GmbHG nicht die Zulassung der GmbH für den Zusammenschluß von Rechtsanwälten in dieser Gesellschaftsform durch eine gesetzliche Regelung legitimiert sein; es bedürfe vielmehr eines gesetzlichen Verbots der Anwalts-GmbH, wenn sie unzulässig sein solle, woran es aber fehle (so BayObLG WM 1995 23, 26).

Eine BGB-Gesellschaft kann auch zur gemeinsamen Durchführung einzelner Geschäftsvorhaben gegründet werden. Sie wird dann als *Konsortium* bezeichnet. Ein Konsortium ist eine Gelegenheitsgesellschaft, zu der sich mehrere Personen zur Durchführung eines Geschäftes oder einer Reihe von Geschäften zusammenschließen. Es ist zwar auf eine wirtschaftliche Betätigung gerichtet, kann aber weder eine OHG noch eine KG sein, weil es nicht den dauernden Betrieb eines Handelsgewerbes zum Gegenstand hat (vgl. H. Westermann, Rdnr. I 40). 38

Beispiel: Mehrere Banken schließen sich zusammen, um einen Großkredit zur Finanzierung eines Vorhabens aufzubringen. Hier handelt es sich im Zweifel um ein sog. Finanzierungs- und Kreditkonsortium in Gestalt einer BGB-Gesellschaft.

Häufig werden auch Emissionskonsortien gebildet: Mehrere Banken schließen sich zusammen, um die Aktien einer neu gegründeten Aktiengesellschaft zu übernehmen und auf dem Markt unterzubringen. Ein Emissionskonsortium als eine nur vorübergehende Verbindung von Banken zur Erledigung einer konkreten Aufgabe liegt auch dann vor, wenn mehrere Banken „junge Aktien" bei einer Kapitalerhöhung übernehmen, um für diese Erwerber zu finden.

Gründen in der Bundesrepublik Deutschland mehrere Unternehmen eine „Arbeitsgemeinschaft", um in einem Land der Dritten Welt ein Stahlwerk zu errichten, so handelt es sich im Zweifel um ein Konsortium in Gestalt einer BGB-Gesellschaft als einer vorübergehenden Verbindung zur Erledigung einer konkreten Einzelaufgabe.

39 Häufig schließen Personen sich in Form von BGB-Gesellschaften zusammen, um bestimmte unternehmerische Teilfunktionen gemeinsam auszuüben. Solche BGB-Gesellschaften werden oft als *Interessengemeinschaften* bezeichnet.

Beispiele: Drei Chemieunternehmen schließen sich zusammen, um gemeinsam Forschungsanlagen zu errichten und zu nutzen. Dies kann in der Form einer BGB-Gesellschaft geschehen, die als Interessengemeinschaft bezeichnet wird.

Mehrere Unternehmen, die Einzelteile für die Kraftfahrzeugindustrie herstellen, schließen sich zusammen, um in der Zukunft gemeinsam für ihre Produkte auf dem europäischen Markt zu werben. Auch dies kann in der Form einer BGB-Gesellschaft geschehen.

BGB-Gesellschaften, die die gemeinsame Ausübung bestimmter unternehmerischer Teilfunktionen zum Gegenstand haben, können auch auf die Poolung von etwaigen Gewinnen gerichtet sein. BGB-Gesellschaften dieser Art sind häufig Vorstufen zu Konzernen.

40 Auch *Kartelle,* also privatrechtliche Zusammenschlüsse von selbständigen Unternehmen, deren gemeinsamer Zweck es ist, die Marktverhältnisse durch Beschränkung des Wettbewerbs zu beeinflussen, können in Form einer BGB-Gesellschaft begründet werden.

Beispiel: Die Unternehmen A, B und C, die gleichartige und gleichwertige Waren herstellen und veräußern, vereinbaren, in Norddeutschland für ihre Produkte die gleichen Preise zu fordern. Hier wollen sich die Unternehmen A, B und C in einer Gesellschaft bürgerlichen Rechts zu einem Kartell zusammenschließen.

Zu beachten ist allerdings, daß mit dem *Gesetz gegen Wettbewerbsbeschränkungen* erreicht werden soll, daß der Wettbewerb auf den Märkten erhalten bleibt und deshalb Beeinträchtigungen des Wettbewerbs verhindert werden (§ 1 GWB).

In dem oben geschilderten Beispiel ist der beabsichtigte Zusammenschluß von A, B und C geeignet, die Marktverhältnisse durch Beschränkung des Wettbewerbs zu beeinflussen. Er ist deshalb gemäß § 1 GWB verboten.

41 Die BGB-Gesellschaft ist eine der möglichen Formen, um einen *Konzern* zu bilden, allerdings wohl kaum die überwiegend genutzte.

Wird bei der Konzernbildung die BGB-Gesellschaft gewählt, so werden die sich verbindenden Unternehmen Gesellschafter der BGB-Gesellschaft.

Schließen Personen einen Vertrag ab, in dem sie sich zur Gründung einer Gesellschaft verpflichten (sog. Gründungsvorvertrag), so kann damit eine BGB-Gesellschaft entstehen (vgl. H. Westermann, Rdnr. I 45).

Beispiel: X, Y und Z vereinbaren, eine Bauträgergesellschaft in Form einer Kommanditgesellschaft zu gründen und in der nächsten Zeit alle Anstrengungen zu unternehmen, um dieses Ziel zu erreichen. Es handelt sich bei dieser Vereinbarung um den Abschluß eines Vertrages, der zum Entstehen einer Gesellschaft bürgerlichen Rechts führt. Der gemeinsame Zweck im Sinne des § 705 BGB, der erreicht werden soll, ist die Gründung einer Kommanditgesellschaft als Bauträgergesellschaft.

II. Der gemeinsame Zweck

Fall 1: S, W und K schließen sich zusammen, um Düngemittel an- und weiterzuverkaufen. Schon im ersten Jahr erzielen sie einen Umsatz von über DM 1 Million. Sie sind der Meinung, eine BGB-Gesellschaft gegründet zu haben. Mit Recht? **42**

Als gemeinsamer Zweck, zu dessen Erreichung die Gesellschafter sich durch den Gesellschaftsvertrag zusammenschließen, kommt jeder erlaubte Zweck in Betracht. Dieser Zweck kann

- ein erwerbswirtschaftlicher oder
- ein ideeller sein.

Eine Reihe von Gesellschaftszwecken erwerbswirtschaftlicher Art sind oben unter Rdnr. 36 ff. bereits aufgezählt worden.

Bei der Gründung von Gesellschaften bürgerlichen Rechts zu erwerbswirtschaftlichen Zwecken hat der Gesetzgeber allerdings Grenzen gezogen. Ist der angestrebte gemeinsame Zweck der Betrieb eines vollkaufmännischen Handelsgewerbes, so kann die Gesellschaftsform, in der dieser Zweck erreicht werden soll, nicht eine BGB-Gesellschaft sein. Eine Personengesellschaft kann ein vollkaufmännisches Handelsgewerbe nur in den vom Gesetz dafür vorgesehenen Formen der OHG oder KG betreiben. **43**

Im oben geschilderten Fall betreiben S, W und K ein Umsatzgeschäft im Sinne des § 1 Abs. 2 Ziff. 1 HGB, also ein Handelsgewerbe. Bei einem Umsatz von über DM 1 Million ist davon auszugehen, daß das Geschäft einen in kaufmännischer Weise eingerichteten Gewerbebetrieb erfordert. Da hier ein vollkaufmännisches Handelsgewerbe betrieben wird, kann es sich nicht um eine BGB-Gesellschaft handeln, sondern, da eine Haftungsbeschränkung einzelner Personen nicht vereinbart worden ist, um eine OHG. Betreibt eine Personengesellschaft ein Grundhandelsgewerbe, ohne daß eine Haftungsbeschränkung für einzelne Gesellschafter vorgesehen ist, wird sie unabhängig vom Willen der Gesellschafter zur OHG.

44 Minderkaufleute können sich nur in der Form einer BGB-Gesellschaft zusammenschließen.

Häufig werden BGB-Gesellschaften gegründet, um kulturelle oder gesellschaftliche Zwecke zu verfolgen. Es handelt sich dann um *ideelle Zwecke.*

Beispiele: 20 für das Theaterspiel interessierte Personen schließen sich mit dem Ziel zusammen, regelmäßig Theaterstücke zu proben und in jedem Halbjahr mindestens eine Aufführung zu veranstalten. Der Erlös soll caritativen Zwecken dienen. Es handelt sich hierbei um eine BGB-Gesellschaft.

Nachbarn, die sich zur Erlangung eines Preisvorteils für eine jährliche Heizölsammelbestellung zusammengeschlossen haben, können eine BGB-Gesellschaft bilden (vgl. LG Konstanz, NJW 1987, 2521; dazu K. Schmidt, JuS 1988, 444 ff.).

Betreiben eine AG oder eine GmbH zusammen mit natürlichen Personen oder mit anderen Kapitalgesellschaften in einer Personengesellschaft ein handwerkliches oder ein sonstiges gewerbliches Unternehmen i. S. des § 2 HGB, so entsteht gem. §§ 123 Abs. 2, 161 Abs. 2 HGB eine OHG oder KG nach herrschender Meinung erst dann, wenn die Personengesellschaft in das Handelsregister eingetragen wird (vgl. BGHZ 59, 179, 183). Entsprechend § 3 AktG und § 13 Abs. 3 GmbHG dürften die Personengesellschaften jedoch unabhängig von der Art ihrer Betätigung Handelsgesellschaften kraft Rechtsform sein, wenn an diesen eine AG oder eine GmbH beteiligt ist, die zur Vertretung der Personengesellschaft befugt ist (so Schulze-Osterloh, NJW 1983, 1281, 1287).

III. Der Gesellschaftsvertrag

45 Eine BGB-Gesellschaft entsteht durch einen Gesellschaftsvertrag, in dem sich die Gesellschafter verpflichten, einen gemeinsamen Zweck zu erreichen. Die Gesellschafter fördern die Erreichung des gemeinsamen Zwecks insbesondere durch die Zahlung der vereinbarten Beiträge.

Die Verpflichtung der Gesellschafter, zur Erreichung des gemeinsamen Zwecks zusammenwirken zu wollen, und eine Beschreibung der Art und Weise, wie das geschehen soll, bilden deshalb den Mindestinhalt des Gesellschaftsvertrages. Mit Wirkung für das Innenverhältnis können die Gesellschafter vereinbaren, daß die Gesellschaft zu einem Zeitpunkt, der vor Abschluß des Vertrages liegt, bereits als entstanden gilt (BGH WM 1976, 972, 974).

Will man die *Rechtsnatur des Gesellschaftsvertrages* bestimmen, so ist zu berücksichtigen, daß die Vertragschließenden

- sich einerseits zur Erbringung bestimmter Leistungen verpflichten, also eine *Gläubiger- und Schuldnerstellung* schaffen,
- andererseits aber auch eine *Gemeinschaft errichten* wollen, deren Mitglieder sie werden möchten.

Daraus folgt: Der Gesellschaftsvertrag, durch den die BGB-Gesell- **46**
schaft begründet wird, ist sowohl ein *Schuldvertrag* als auch ein *organisationsrechtlicher Vertrag,* der auf die Gründung einer Personenvereinigung abzielt (so zutreffend Larenz, § 60 I e; MünchKomm-Ulmer, § 705 Rdnr. 125 ff.). Der Gesellschaftsvertrag ist demnach ein schuldrechtlicher Vertrag, der einerseits die wechselseitigen Rechte und Pflichten der Gesellschafter – wie z.B. die Beitragspflicht – regelt, andererseits aber auch Bestimmungen über die Organisation der Gesellschaft enthält. Wiedemann (WM 1990, Sonderbeilage 8, S. 3) spricht im Hinblick auf diese Doppelnatur des Gesellschaftsvertrages davon, daß dieser gleichzeitig Gründungs- und Verfassungsvertrag sei, der Entstehungstatbestand und Grundordnung für das weitere Zusammenarbeiten darstelle. Soweit der Gesellschaftsvertrag ein schuldrechtlicher Vertrag ist, finden auf ihn nicht nur die allgemeinen Normen des BGB über Rechtsgeschäfte (1. Buch des BGB, Allgemeiner Teil), sondern auch die Vorschriften des allgemeinen Schuldrechts (2. Buch des BGB) grundsätzlich Anwendung. Bei dem Problem, ob die §§ 320 ff. BGB auf den Gesellschaftsvertrag angewendet werden können, entzündet sich immer noch ein Streit über die Frage, ob der Gesellschaftsvertrag ein gegenseitiger Vertrag ist. Reichsgericht (u. a. RGZ 78, 303, 305; 163, 385, 388) und Bundesgerichtshof (u. a. NJW 1951, 308;

WM 1959, 53, 54) sind teilweise von der Gegenseitigkeit des Gesellschaftsvertrages ausgegangen. Der BGH hat dabei allerdings betont, daß der Gesellschaftsvertrag sich vom reinen Austauschvertrag wesensmäßig unterscheidet.

47 In der Literatur werden gegensätzliche Positionen vertreten. Fischer (§ 105 HGB Anm. 47a) verneint den Charakter des Gesellschaftsvertrages als Austauschvertrag und bezeichnet den Gesellschaftsvertrag als einen Vertrag, der auf die „Herstellung einer Gemeinschaft gerichtet ist" und „die Vertragsparteien – namentlich bei der OHG – zu einer engen persönlichen Bindung, zu einer Personen-und Arbeitsgemeinschaft" führt. Ulmer (MünchKomm-Ulmer, § 705 Rdnr. 125) sieht in dem Gesellschaftsvertrag die *Grundlage für den Personenverband* als die aus den Gesellschaftern bestehende, im Rechtsverkehr durch ihre Organe handlungsfähige Gruppe. Westermann (Rdnr. I 85ff.) unterscheidet zwischen dem Verhältnis des einzelnen Gesellschafters zur Gesellschaft einerseits und dem Verhältnis der Gesellschafter untereinander andererseits. Bei der typischen Erwerbsgesellschaft stehen sich nach Westermann die Beitragspflicht des Gesellschafters und die Pflicht der Gesellschaft, diesen am Gewinn zu beteiligen, im Verhältnis von Leistung und Gegenleistung – wohl als Austauschverhältnis mit Hauptpflichten gedacht – gegenüber.

48 Mit Recht wird verneint, daß der Gesellschaftsvertrag ein Austauschvertrag ist, weil die Gesellschafter, die sich zusammenschließen, dies in erster Linie tun, um durch ihr Zusammenwirken einen gemeinsamen Zweck zu erreichen, nicht aber, um Leistungen auszutauschen (vgl. Hueck, Gesellschaftsrecht, § 6 II 3). Wenn aber die Verpflichtung zur Förderung des gemeinsamen Zweckes im Vordergrund steht, so ist damit im Grundsatz unvereinbar, daß ein Gesellschafter gemäß §§ 320ff. BGB die eigene Einlageleistung von dem Erbringen der anderen Beiträge abhängig macht. Da die Verpflichtung auf den gemeinsamen Zweck im Mittelpunkt der Gesellschaft steht, sind auch die – eine synallagmatische Verknüpfung der Leistungspflichten voraussetzenden – Vorschriften über die Leistungsstörungen (§§ 323–326 BGB) grundsätzlich nicht anwendbar (vgl. MünchKomm-Ulmer, § 705 Rdnr. 139ff.).

49 Daher ist die Anwendung insbesondere der §§ 325, 326 BGB auf Gesellschaftsverträge grundsätzlich ausgeschlossen, d.h. ein Rücktritt vom Vertrage ist nicht möglich. Es kommen in der Regel nur noch Kündigung (§ 723 BGB) oder Auflösung der Gesellschaft statt des Rücktritts vom Vertrage mit Wirkung für die Zukunft als Möglichkeiten der Beendigung der Gesellschaft in Betracht, die den Besonderheiten einer Personengesellschaft entsprechen (vgl. MünchKomm-Ulmer, § 705 Rdnr. 139ff.). Der BGH (WM 1982, 1226ff.) wendet in Fällen der Schlechterfüllung bei Gesellschaftsverträgen als Verträgen ohne gesetzliche Gewährleistungsvorschriften allein die Grundsätze über die Haftung für positive Vertragsverletzung, nicht aber z.B. § 326 BGB an. Kommt ein Gesellschafter mit der Erfüllung von Mitgliedspflichten aus einem Leistungsverhältnis gegenüber der Gesellschaft in Verzug, so können Ansprüche aus §§ 286 Abs. 1 und 288 BGB entstehen (vgl. Wiedemann, WM 1990, Sonderbeilage 8, S. 4 f.)

Beispiel: Mit einem Gesellschaftsvertrag i.S. des § 705 BGB haben sich mehrere Gesellschafter zur Herstellung und Vervielfältigung eines mehrbändigen Nachschlagewerkes zu einer Gesellschaft bürgerlichen Rechts zusammengeschlossen. Im Gesellschaftsvertrag hat ein Gesellschafter die Vertriebspflicht als eine gesellschaftsrechtliche Verpflichtung zur Leistung von Diensten i.S. von § 706 Abs. 3. BGB übernommen, der er nur unzureichend nachgekommen ist. Der BGH (WM 1982, 1226 f.) hat die Anwendung des § 326 BGB abgelehnt und die oben genannte Schlechterfüllung nach den Grundsätzen über die Haftung für positive Vertragsverletzungen beurteilt.

Anderer Ansicht ist Westermann (Rdnr. I 87 ff.), der sowohl bei der zweigliedrigen Gesellschaft als auch im Verhältnis der Gesellschafter zur Gesellschaft §§ 325 und 326 BGB anwenden will, an die Stelle des Rücktrittsrechts allerdings lediglich ein Kündigungsrecht setzt. **50**

Bei der Anbahnung von Verhandlungen zum Abschluß eines Gesellschaftsvertrages kommt dadurch, daß sich die Verhandelnden Vertrauen entgegenbringen, ein vorvertragliches Schuldverhältnis mit den daraus erwachsenden Verpflichtungen zustande. Schuldhafte Verletzungen vorvertraglicher Verhaltenspflichten können zur Entstehung eines Anspruches aus culpa in contrahendo auf Ersatz des Vertrauensschadens führen (so BGH WM 1987, 1336 f.).

Grundsätzlich ist der Abschluß des Gesellschaftsvertrages, mit dem die BGB-Gesellschaft begründet wird, formfrei. Der Vertrag bedarf nur dann einer Form, wenn er ein formbedürftiges Leistungsversprechen enthält.

Beispiel: Ein Gesellschafter verpflichtet sich im Gesellschaftsvertrag, ein Grundstück einzubringen, das zum Gesellschaftsvermögen gehören soll. Da der Gesellschaftsvertrag eine Einheit bildet, bedarf er insgesamt gemäß § 313 BGB der notariellen Beurkundung.

IV. Die Rechtsbeziehungen der Gesellschafter untereinander (Das Innenverhältnis)

1. Allgemeines

51 Die Rechte und Pflichten der Gesellschafter ergeben sich aus dem Gesellschaftsvertrag und den gesetzlichen Vorschriften der §§ 705 ff. BGB.

Die meisten Vorschriften der §§ 705 ff. BGB sind dispositiver Natur. Sie können also von den Gesellschaftern, die den Vertrag abschließen, durch entsprechende Vereinbarungen im Gesellschaftsvertrag abgeändert bzw. ergänzt werden. Die gesellschaftsvertragliche Vereinbarung geht im Zweifel der gesetzlichen Regelung vor. Soweit der Gesellschaftsvertrag keine Regelung enthält, gelten die gesetzlichen Bestimmungen.

Nur in seltenen Fällen ist es sinnvoll, die gesetzliche Regelung für das Innenverhältnis, die Rechtsverhältnisse der Gesellschafter untereinander, unverändert gelten zu lassen. Je nach den für die beteiligten Personen vorgesehenen Funktionen, dem Gesellschaftszweck und der Höhe der Beteiligung ist in der Regel eine vom Gesetz abweichende, zweckentsprechendere Vereinbarung im Gesellschaftsvertrag notwendig.

Beispiel: Gemäß § 709 BGB steht die Geschäftsführung allen Gesellschaftern in der Weise gemeinschaftlich zu, daß die Zustimmung aller Gesellschafter zu den einzelnen Maßnahmen erforderlich ist. In der Regel dürfte es zweckmäßig sein, das gesetzlich vorgesehene schwerfällige Einstimmigkeitsprinzip durch eine entsprechende Regelung im Gesellschaftsvertrag zu ersetzen, indem die Geschäftsführung nur einem Gesellschafter oder einer begrenzten Zahl von Gesellschaftern eingeräumt wird.

In der Praxis spielt die *Auslegung von Gesellschaftsverträgen* eine nicht unerhebliche Rolle. Bei der Interpretation von Verträgen ist der Parteiwille nicht nur Auslegungsmittel, sondern das Auslegungsziel (vgl. Wiedemann, Bd. I, § 3 II 2 a). Die Auslegung von Gesellschaftsverträgen richtet sich grundsätzlich nach den allgemeinen Regeln der §§ 133, 157 u. 242 BGB. Das gilt auch für solche Klauseln, die nicht nur für die Gesellschafter selbst, sondern auch für außenstehende Dritte von Bedeutung sein können, wie z.B. für eine gesellschaftsvertragliche Bestimmung, nach der die Gesellschafterrechte nur an Familienangehörige abgetreten werden können (BGH WM 1978, 514f.; dazu U.Fischer, Die Rechtsprechung des Bundesgerichtshofes zur Gesellschaft bürgerlichen Rechts und zur stillen Gesellschaft, WM 1981, 638). Auch die allgemeinen Grundsätze über die ergänzende Vertragsauslegung finden auf Gesellschaftsverträge Anwendung. Dabei geht die ergänzende Vertragsauslegung dem dispositiven Recht vor, weil der Gesellschaftsvertrag der autonomen Gestaltung der Rechtsbeziehungen der Mitglieder dient (Wiedemann, Bd.I, § 3 II 2 b; i.E. ebenso BGH WM 1979, 327, 328). Falls die Gesellschafter bei Abschluß des Gesellschaftsvertrages einen regelungsbedürftigen Punkt nicht bedacht und deshalb auch keine entsprechende ausdrückliche Vereinbarung in den Vertrag aufgenommen haben, so ist auf der Grundlage des Vertrages zu ermitteln, wie die Gesellschafter den offen gebliebenen Punkt nach Treu und Glauben geregelt hätten, wenn sie an ihn gedacht hätten.

Wenn auch grundsätzlich die allgemeinen Regeln über die Ausle- **52**
gung (§§ 133, 157, 242 BGB) auf den Gesellschaftsvertrag anwendbar sind, so ergeben sich doch einige Besonderheiten. Diese gründen sich einerseits auf die meist lange Vertragsdauer und das Eigenleben, das die Gesellschaft im Laufe der Zeit entfaltet, andererseits auf die im Vergleich mit anderen Rechtsgeschäften stärkere und deshalb auch für die Auslegung zu beachtende Bedeutung des Vertragszwecks und der Treuepflicht. Letztere kann zu einer Auslegung führen, die bei einem mehrdeutigen Wortlaut des Gesellschaftsvertrages den sachlich berechtigten Belangen der verschiedenen Gesellschafter am besten Rechnung trägt (MünchKomm-Ulmer, § 705 Rdnr.144ff.).

2. Die Beitragspflicht

Die Gesellschafter sind regelmäßig zur Leistung von Beiträgen ver- **53**
pflichtet (§§ 705ff. BGB). *Beiträge* der Gesellschafter sind alle Leistungen, zu denen diese sich durch den Gesellschaftsvertrag zur Förderung

des Gesellschaftszweckes verpflichten. Beiträge können z.B. sein: Geldzahlungen, die Übereignung von beweglichen Sachen und Grundstücken, die Einbringung von Wertpapieren, das Überlassen von Patenten, die Gestattung des Gebrauchs von Sachen zur gemeinsamen Nutzung sowie Dienstleistungen.

Beispiel: Zwei Chemieunternehmen, die Pharma-Süd AG und die Lenne Arzneimittelfabrik GmbH, schließen sich zu einer „Interessengemeinschaft" – einer BGB-Gesellschaft – zusammen, um Arzneimittelforschung zu betreiben. Im Gesellschaftsvertrag wird vereinbart, daß die Gesellschafter u.a. folgende Beiträge zu erbringen haben: Die Pharma-Süd AG verpflichtet sich zur Gestattung des Gebrauchs ihrer umfangreichen Forschungsanlage zur gemeinschaftlichen Nutzung; die Lenne Arzneimittelfabrik GmbH hat der Gesellschaft 20 im Vertrage genau benannte Patente zu überlassen.

Die Beiträge müssen der Höhe nach im Gesellschaftsvertrag nicht festgelegt sein. Ihre Bestimmung kann einem Mehrheitsbeschluß der Gesellschafter vorbehalten bleiben, wenn der Gesellschaftsvertrag eine Obergrenze für die Beiträge festgesetzt hat und für die Erhöhung der Beiträge einen Mehrheitsbeschluß vorsieht (BGH WM 1976, 1053, 1055).

54 Nach der gesetzlichen Regelung (§ 707 BGB) besteht *grundsätzlich keine Nachschußpflicht,* d.h. die Gesellschafter sind nicht verpflichtet, die im Gesellschaftsvertrag vereinbarten Beiträge nachträglich zu erhöhen oder eine durch Verlust verminderte Einlage nachträglich zu ergänzen. Nach Abschluß des Gesellschaftsvertrages kann die Beitragspflicht nur durch eine entsprechende Änderung des Gesellschaftsvertrages erhöht werden. Dazu ist im Regelfall die Zustimmung aller betroffenen Gesellschafter erforderlich. Diese Regelung bietet den Vorteil, daß jeder Gesellschafter bei Beginn der Gesellschaft überschauen kann, welchen Umfang seine Beitragspflicht erreicht. Anders ist es z.B. bei den Vereinen, bei denen die Beiträge in der Regel durch Mehrheitsbeschluß der Mitglieder in der Mitgliederversammlung erhöht werden können.

§ 707 BGB kann jedoch durch den Gesellschaftsvertrag ausdrücklich oder den Umständen nach ausgeschlossen sein.

Rdnr. 54

3. Die Geschäftsführung

Wenn der Gesellschaftsvertrag keine andere Regelung vorsieht, sind die Gesellschafter zur Führung der Geschäfte der Gesellschaft nicht nur berechtigt, sondern verpflichtet (§§ 709 ff. BGB). 55

4. Treuepflichten

Dadurch, daß sich die Gesellschafter zur Erreichung eines gemeinschaftlichen Zweckes in einem Vertrag zusammengeschlossen haben, ist zwischen ihnen eine Bindung geschaffen, aus der eine Treuepflicht der Gesellschafter untereinander und im Verhältnis der Gesellschafter zur Gesellschaft entsteht. Diese Treuepflicht besteht im wesentlichen darin, daß die Gesellschafter gehalten sind, die Interessen der Gesellschaft wahrzunehmen, insbesondere alles zu unterlassen, was den Interessen der Gesellschaft zuwiderlaufen würde. 56

Zu derartigen Handlungs- und Unterlassungspflichten kann u. a. gehören: die Geschäftsführungstätigkeit mit der Ausübung des Widerspruchsrechts (§ 711 BGB) und der Beschlußfassung über Geschäftsführungsangelegenheiten, soweit es sich dabei um die Förderung des vertraglich vereinbarten gemeinsamen Zweckes handelt (MünchKomm-Ulmer, § 705 Rdnr. 158).

Falls ein Gesellschafter die für ihn aus dem Gesellschaftsvertrage erwachsenden Pflichten verletzt, haftet er für den daraus entstehenden Schaden nach den allgemeinen Regeln des Vertragsrechts. 57

Grundlage der gesellschaftsrechtlichen Treuepflicht ist der Gesellschaftsvertrag, der in seiner entsprechenden Fassung zu einer gewissen Intensivierung genereller vertraglicher Pflichten führen kann. Inwieweit dies der Fall ist, muß nach dem jeweiligen Vertragszweck bestimmt werden (vgl. Kübler, § 6 II 2 c).

Bei der Erfüllung der ihnen aus dem Gesellschaftsverhältnis insgesamt erwachsenden Verpflichtungen haben die Gesellschafter nach der gesetzlichen Regelung (§ 708 BGB) nur für diejenige Sorgfalt einzustehen, die sie in eigenen Angelegenheiten anzuwenden pflegen (diligentia quam in suis). Das bedeutet allerdings im Höchstfall den Ausschluß der Haftung für leichte, niemals aber für grobe Fahrlässigkeit (§ 277 BGB).

Beispiel: Der BGH hatte die Frage zu entscheiden, ob die Haftungsbeschränkung des § 708 BGB auch bei Körperverletzungen eines Fluggastes im Luftverkehr gilt. Er hat die Anwendung des § 708 BGB jedenfalls für den besonders gelagerten Fall bejaht, daß es sich nicht um einen Unfall im allgemeinen Luftverkehr handelt, „sondern um den Unfall eines Gesellschafters in der Gesellschaftsmaschine in Ausübung des Gesellschaftszwecks, nämlich der gemeinsamen Sportfliegerei, die in gewissem Umfang ohnehin gefahrenträchtig ist. In einem derartigen Fall könnte dem Gesichtspunkt, daß die Gesellschafter sich so nehmen müssen, wie sie sind, die Berechtigung nicht ohne weiteres abgesprochen werden" (so BGH MDR 71, 918; vgl. auch RGZ 143, 212, 215).

5. Der Grundsatz der gleichmäßigen Behandlung der Gesellschafter

58 Anerkannt ist ein verbandsrechtlicher Gleichbehandlungsgrundsatz, der besagt, daß jedes Mitglied unter gleichen Voraussetzungen ebenso zu behandeln ist wie die übrigen Mitglieder. Anders ausgedrückt bedeutet dies ein Verbot unsachlicher Differenzierung zwischen den Gesellschaftern (so Wiedemann, Bd. I., § 8 II 2) bzw. ein Verbot sachlich nicht gerechtfertigter, willkürlicher Ungleichbehandlung der Gesellschafter (so MünchKomm-Ulmer, § 705 Rdnr. 199 ff.).

Wie sich der Gleichbehandlungsgrundsatz auf die Mitglieder auswirkt, richtet sich nach der Struktur der Vereinigung. Für die BGB-Gesellschaft hat das Gesetz in §§ 706, 709 Abs. 2, 722, 734 f. BGB zu erkennen gegeben, daß es von einer gewissen Gleichberechtigung der Gesellschafter ausgeht. Dabei handelt es sich jedoch überwiegend um Auslegungsregeln, die in der Regel dispositiver Natur sind (vgl. MünchKomm-Ulmer, § 705 Rdnr. 199 ff. Zur beschränkten Reichweite des Gleichbehandlungsgebots siehe insbesondere Wiedemann, Bd. I, § 8 II 2 b mit Nachweisen).

6. Die Verteilung von Gewinn und Verlust

Nach der gesetzlichen Regelung haben die Gesellschafter ohne Rücksicht auf die Höhe des von ihnen zu erbringenden Beitrages gleichen Anteil am Gewinn und Verlust (§ 722 BGB). Es ist den Gesellschaftern jedoch unbenommen, im Gesellschaftsvertrag eine Gewinn- und Verlustbeteiligung nach Kapitaleinlagen oder anderen Gesichtspunkten zu vereinbaren. **59**

7. Die Übertragbarkeit von Gesellschafterrechten auf Dritte

Da der Zusammenschluß der Gesellschafter zu einer Gesellschaft in der Regel auf dem persönlichen Vertrauen beruht, das sich die Gesellschafter entgegenbringen, sind die Rechte der Gesellschafter im Zweifel nicht auf Dritte übertragbar, damit Dritte nicht ohne Einverständnis der übrigen Gesellschafter in das Gesellschaftsverhältnis miteinbezogen werden können (§ 717 BGB). **60**

8. Das Geltendmachen von Forderungen, die der Gesellschaft gegen einzelne Gesellschafter zustehen

Erfüllt ein Gesellschafter die ihm aus dem Gesellschaftsverhältnis erwachsenden Verpflichtungen nicht, kann die Gesamtheit der Gesellschafter den Anspruch auf Erfüllung gegen diesen Gesellschafter geltend machen (Sozialanspruch). Aus der Personenbezogenheit der gesellschaftlichen Rechte und Pflichten folgt allerdings, daß auch ein einzelner Gesellschafter das Recht haben kann, Forderungen der Gesellschaft im eigenen Namen geltend zu machen. Mit Rücksicht darauf, daß es sich stets um Ansprüche handelt, die allen Gesellschaftern materiellrechtlich zustehen, kann die Leistung allerdings nur an die Gesellschaft verlangt werden. Das bedeutet: Jeder Gesellschafter – das gilt für alle Personengesellschaften – hat ohne Rücksicht darauf, ob er geschäftsführungsbefugt ist oder nicht, die Befugnis zur Gesellschafter- **61** klage (actio pro socio; so die heute herrschende Meinung: vgl. u.a.: Hueck, OHG, § 18 II. 3.; Westermann, Rdnr. I 245f.; BGHZ 25, 47, 49f.; BGH WM 1985, 1227). Diese Befugnis des einzelnen Gesellschafters ergibt sich aus dem Gesellschaftsvertrag, durch den jeder Gesellschafter jedem anderen Gesellschafter gegenüber verpflichtet wird (vgl. Westermann, Rdnr. I 246). *Th. Raiser* (ZHR 153 (1989), 1, 9) sieht die Gesellschafterklage als ein eigenes Mitgliedschaftsrecht eines jeden Gesellschafters an, das ihm zum Schutz seiner persönlichen, mit der Mitgliedschaft verbundenen Interessen zusteht (vgl. zur Problematik Grunewald, S. 8ff.).

Beispiel: A, B und C haben sich zu einer Gesellschaft bürgerlichen Rechts zusammengeschlossen. C ist trotz Fälligkeit und mehrfacher Mahnung seiner Beitragspflicht, die in der Einzahlung von DM 10000,– besteht, nicht nachgekommen. A ist befugt, von C Zahlung von DM 10000,– an die Gesellschaft zu verlangen und diese Forderung notfalls im Wege der Gesellschafterklage geltend zu machen (actio pro socio).

V. Geschäftsführung und Vertretung

1. Begriffe

62 Die Gesellschaft als solche kann nicht handeln. Deshalb müssen Gesellschafter für sie tätig werden. Bei der Tätigkeit für die Gesellschaft unterscheidet das Gesetz zwischen Geschäftsführung und Vertretung.

Unter *Geschäftsführung* ist die auf die Verfolgung des Gesellschaftszweckes gerichtete Tätigkeit der Gesellschafter zu verstehen. Die Geschäftsführung kann bestehen in

- rein tatsächlichen Handlungen und
- rechtsgeschäftlichen Handlungen.

Beispiele für tatsächliche Handlungen, die Geschäftsführungstätigkeiten darstellen: Die Leitung eines Unternehmens, das in der Form einer Handelsgesellschaft betrieben wird; das Aufstellen von Bilanzen; die Kontrolle der Arbeitnehmer im Betrieb.

Beispiele für rechtsgeschäftliches Handeln, das Geschäftsführungstätigkeit darstellt: Der Abschluß von Arbeitsverträgen mit dem Personal; der Abschluß von Kaufverträgen betreffend den Einkauf und Verkauf von Waren im Namen der Gesellschaft.

Rdnr. 62

Die zuletzt geschilderten Handlungen stellen allerdings nicht nur Geschäftsführungstätigkeiten dar. Es handelt sich gleichzeitig um Vertretungsmaßnahmen. Unter *Vertretungsmaßnahmen* versteht man die rechtsgeschäftlichen Erklärungen, die die Gesellschafter im Namen der Gesellschaft abgeben und entgegennehmen. Die Rechtsfolgen der Erklärungen treffen die Gesellschaft, für die gehandelt wird. **63**

Zur Geschäftsführung gehören solche Maßnahmen nicht, die die Beziehungen der Gesellschafter zueinander und damit die Grundlagen der Gesellschaft selbst berühren (so RGZ 162, 370, 374). Änderungen des Gesellschaftsvertrages und die Auflösung der Gesellschaft sind deshalb keine Akte der Geschäftsführung.

Wenn das Gesetz auch in §§ 709 ff. BGB und §§ 714 ff. BGB zwischen Geschäftsführung und Vertretung unterscheidet, so bedeutet das nicht, daß Handlungen, die die Gesellschafter vornehmen, entweder eine Geschäftsführungsmaßnahme oder eine Vertretungshandlung sind. Häufig ist – wie oben bereits dargestellt – ein und dieselbe Handlung sowohl eine Geschäftsführungsmaßnahme als auch eine Vertretungshandlung.

Beispiel: Stellt eine BGB-Gesellschaft eine Sekretärin ein, so ist der Abschluß des Arbeitsvertrages sowohl ein Akt der Geschäftsführung als auch eine Vertretungshandlung, die die Gesellschaft rechtsgeschäftlich bindet.

Man kann den Unterschied zwischen Geschäftsführung einerseits und Vertretung andererseits wie folgt charakterisieren: **64**
- *Geschäftsführung* ist die Betätigung der Gesellschafter für die Gesellschaft vom Innenverhältnis – dem Verhältnis der Gesellschafter zueinander – her gesehen.
- Demgegenüber ist die *Vertretung* der Gesellschaft die nach außen gerichtete Tätigkeit für die Gesellschaft, soweit sie rechtsgeschäftlicher Natur ist.

2. Die Geschäftsführung

Nach der gesetzlichen Regelung (§ 709 Abs. 1 BGB) steht die Geschäftsführung den Gesellschaftern in der Weise gemeinschaftlich zu, daß zu jeder Geschäftsführungsmaßnahme die Zustimmung aller Gesellschafter erforderlich ist (Grundsatz der Gesamtgeschäftsführung). **65**

Beispiel: Die Entscheidung darüber, ob für eine aus 20 Gesellschaftern bestehende Gesellschaft bürgerlichen Rechts ein PKW angeschafft werden soll oder nicht, darf nicht ein einzelner oder ein Teil der Gesellschafter allein treffen. Falls der Gesellschaftsvertrag im Hinblick auf die Geschäftsführung keine andere Regelung vorsieht, müssen nach § 709 Abs. 1 BGB alle 20 Gesellschafter ihre Zustimmung geben.

Die vom Gesetz als Regelfall vorgesehene Lösung bietet zwar dem einzelnen Gesellschafter einen weitgehenden Schutz, erweist sich aber bei größeren Gesellschafterzahlen als schwerfällig und unpraktikabel. Das Gesetz räumt in §§ 709 Abs. 2, 710 und 711 BGB die Möglichkeit ein, durch den Gesellschaftsvertrag andere Geschäftsführungsregelungen zu treffen:

66 a) Alle Gesellschafter nehmen an der Geschäftsführung teil. Sind nicht alle Gesellschafter bereit, zu einer vorgesehenen Maßnahme der Geschäftsführung ihre Zustimmung zu erteilen, entscheidet die Stimmenmehrheit, die – je nach gesellschaftsvertraglicher Regelung – nach Köpfen (jeder Gesellschafter hat eine Stimme) oder nach Kapitalanteilen zu berechnen ist.

b) Alle Gesellschafter sollen geschäftsführungsbefugt sein, aber jeder Gesellschafter ist berechtigt, allein zu handeln; allerdings kann auch jeder andere Gesellschafter der Geschäftsführungsmaßnahme mit der Wirkung widersprechen, daß das Geschäft unterbleiben muß (§ 711 BGB).

c) Die Führung der Geschäfte kann einem oder mehreren Gesellschaftern in der Weise übertragen werden, daß die übrigen von der Geschäftsführung ausgeschlossen sind (§ 710 BGB) und ihnen auch kein Widerspruchsrecht gemäß § 711 BGB zusteht (so RGZ 102, 410, 412).

Verletzt ein Gesellschafter schuldhaft seine Geschäftsführungspflicht, so ist er der Gesellschaft aus positiver Vertragsverletzung schadensersatzpflichtig. Der Haftungsmaßstab wird durch § 708 BGB bestimmt.

3. Die Vertretung

67 Die Vertretungsmacht als die Befugnis, im Namen der Gesellschaft mit Wirkung für und gegen alle Gesellschafter rechtsgeschäftliche

Erklärungen (Willenserklärungen) abzugeben und entgegenzunehmen, richtet sich gemäß § 714 BGB im Zweifel nach der über die Geschäftsführungsbefugnis getroffenen Vereinbarung im Gesellschaftsvertrag. Wenn eine von der gesetzlichen Regelung abweichende Vereinbarung nicht vorliegt, decken sich Geschäftsführungsbefugnis und Vertretungsmacht. Das bedeutet z.B.: Haben nach dem Gesellschaftsvertrag mehrere Gesellschafter Einzel- oder Gesamtgeschäftsführungsbefugnis gemäß § 710 BGB, so ist im Zweifel anzunehmen, daß sie dementsprechend Einzel- oder Gesamtvertretungsmacht haben.

Die Gesellschafter haben die Möglichkeit, durch den Gesellschaftsvertrag die Vertretungsmacht unabhängig von der Geschäftsführungsbefugnis zu regeln.

Haben die Gesellschafter vertraglich Einzelgeschäftsführung mit **68** Einzelvertretungsmacht vereinbart, so läßt ein Widerspruch, den ein Gesellschafter gemäß § 711 BGB gegen Geschäftsführungsmaßnahmen einlegt, die zugleich eine Vertretungshandlung darstellen, die Vertretungsmacht unberührt (so BGHZ 16, 394, 398). Mit Recht weist Hueck (Gesellschaftsrecht, § 8 II, 1) darauf hin, daß der Widerspruch nach außen, d.h. im Verhältnis zu Dritten, im Interesse der Verkehrssicherheit jedenfalls dann keine Wirkung entfalten kann, wenn er Dritten nicht bekannt war.

Werden die vertretungsberechtigten Gesellschafter im Namen der Gesellschaft rechtsgeschäftlich Dritten gegenüber tätig, werden daraus alle Gesellschafter berechtigt und verpflichtet. Im Zweifel haften alle Gesellschafter aus den von den Vertretern getätigten Rechtsgeschäften als Gesamtschuldner (§ 427 BGB).

4. Der Grundsatz der Selbstorganschaft

Nach herrschender Meinung kann bei Personengesellschaften, also **69** auch bei der BGB-Gesellschaft, nicht gesellschaftsvertraglich vereinbart werden, daß alle Gesellschafter von der Vertretung und Geschäftsführung der Gesellschaft ausgeschlossen werden sollen und stattdessen ein Nichtgesellschafter geschäftsführungs- und vertretungsbefugt sein soll (vgl. u.a. BGHZ 33, 105, 108; 41, 367, 369; 51, 198, 199f.). Man spricht in diesem Zusammenhang vom Grundsatz der Selbstorganschaft und vom Verbot der Drittorganschaft. Demnach kann außenstehenden Dritten zwar rechtsgeschäftliche, aber keine organschaftliche Vertretungsmacht eingeräumt werden. Daraus folgt, daß auch Prokura und Handlungsvollmacht nur von einem vertretungsberechtigten Gesellschafter verliehen werden können (vgl. Wiedemann, WM 1994, Sonderbeilage 4, S.11). Dieser Grundsatz ist weder aus dem BGB noch aus dem HGB direkt abzuleiten; auch dem § 709 BGB, der dispositiven Charakter hat, läßt sich dazu nichts entnehmen. Begründet wird der Grundsatz der Selbstorganschaft bzw. das Verbot der Drittorganschaft (Fremdorganschaft) mit dem Wesen der Personengesellschaft, wonach eine zwingende Verbindung von Mitgliedschaft und Geschäftsführung bestehen soll, die idealiter zur einsatzbereiten und verantwortungsbewußten Geschäftsleitung führt. Man geht davon aus, daß die Koppelung von Unternehmensleitung und persönlicher Haftung einen Kontrollmechanismus darstellt, der eine anderweitige Überwachung durch Abberufung und Organhaftung überflüssig macht (vgl. Wiedemann, WM 1994, Sonderbeilage 4, S.11). Das Verbot der Drittorganschaft wird außerdem auf das Verbot der Abspaltung von Mitverwaltungsrechten von der Gesellschafterstellung zurückgeführt.

VI. Das Gesellschaftsvermögen und die Haftung für die Verbindlichkeiten der Gesellschaft

1. Das Gesellschaftsvermögen

70 Mit der Gründung einer Personengesellschaft wird ein Sondervermögen gebildet, das vom Privatvermögen der Gesellschafter zu trennen ist (vgl. OLG Hamm, OLGZ 1983, 288, 289). Zu diesem Sondervermögen (= Gesellschaftsvermögen) gehört das, was die Gesellschafter als Beiträge geleistet haben, und die Gegenstände, die durch die Geschäftsführung für die Gesellschaft erworben worden sind (§ 718 BGB). Dazu können zählen: bewegliche Sachen, Grundstücke, Forderungen und sonstige Rechte aller Art.

Rdnr. 70

Die zum Gesellschaftsvermögen gehörenden Sachen und Rechte unterliegen einigen Sonderregelungen, die sich daraus ergeben, daß das Gesellschaftsvermögen nicht mehr dem unabhängigen und freien Willen des einzelnen Gesellschafters zur Verfügung stehen kann, sondern dem Gesellschaftszweck dienen soll und daher dem nach den gesetzlichen Vorschriften oder dem Gesellschaftsvertrag gebildeten Willen der Gesellschafter unterliegt.

Das Gesellschaftsvermögen ist *Gesamthandsvermögen.* Das heißt: das **71**
Vermögen steht den Gesellschaftern in ihrer personenrechtlichen Verbundenheit in der Art zu, daß ein einzelner Gesellschafter über seinen Anteil an dem Gesellschaftsvermögen und auch an den einzelnen dazu gehörenden Gegenständen nicht frei verfügen kann. Über das Gesellschaftsvermögen als Ganzes sowie auch über Teile des Gesellschaftsvermögens können nur alle Gesellschafter gemeinsam verfügen (§ 719 BGB). Gesamthandsvermögen bedeutet also: die dazu gehörenden Sachen und Rechte stehen allen Gesellschaftern gemeinschaftlich zu. Über einzelne Vermögensgegenstände können die Gesellschafter nur gemeinsam verfügen.

Ob es Anteile an den einzelnen zum Gesellschaftsvermögen gehörenden **72**
Gegenständen überhaupt gibt, ist bestritten (bejahend: Schulze-Osterloh, Das Prinzip der gesamthänderischen Bindung, 1972; so wohl auch Palandt-Thomas, § 719 Rdnr. 5). Der Text des § 859 Abs. 1 Satz 2 ZPO („der Anteil eines Gesellschafters an den einzelnen, zu dem Gesellschaftsvermögen gehörenden Gegenständen ist der Pfändung nicht unterworfen") und des § 719 BGB spricht für die Existenz eines Anteils an den einzelnen zum Gesellschaftsvermögen gehörenden Gegenständen. Der Streit über diese Frage ist in der Regel aber kaum mehr als akademisch, da weder die Gesellschafter über einen solchen Anteil – sollte es ihn geben – verfügen können (§ 719 Abs. 1 BGB), noch ein solcher Anteil der Pfändung unterliegt (§ 859 Abs. 1 Satz 2 ZPO).

Es ist zu unterscheiden zwischen dem Vermögen der BGB-Gesell- **73**
schaft einerseits und dem Privatvermögen der einzelnen Gesellschafter andererseits. Die Vermögensgegenstände, die ein Gesellschafter in die Gesellschaft eingebracht hat, unterliegen nicht mehr seiner ausschließlichen Verfügungsgewalt. Die zum Gesellschaftsvermögen gehörenden Gegenstände stehen nämlich den Gesellschaftern in der oben bezeichneten Weise gemeinschaftlich zu (§ 719 BGB).

Beispiel: Hat ein Gesellschafter einer Gesellschaft bürgerlichen Rechts, der sich im Gesellschaftsvertrag verpflichtet hatte, ein ihm gehörendes Grundstück in die Gesellschaft einzubringen, dieses Grundstück der Gesellschaft wirksam übereignet, so gehört dieses Grundstück nicht mehr zu seinem Privatvermögen. Es ist nun Teil des Gesellschaftsvermögens. Träger des Vermögens der Gesellschaft sind zwar die einzelnen Gesellschafter, die Verfügung über das Gesellschaftsvermögen steht jedoch nicht mehr dem einzelnen einbringenden Gesellschafter zu. Verfügungen erfolgen vielmehr nur noch nach dem Willen der Gesellschaft, der nach den gesellschaftsvertraglichen oder gesetzlich vorgeschriebenen Regeln zustande kommt.

74 Die Frage, ob die Gesamthands-BGB-Gesellschaft fähig ist, Träger von Rechten und Pflichten zu sein, ist umstritten. Häufig wird dieses Problem im Zusammenhang mit der Frage diskutiert, ob es überhaupt Schulden der Gesellschaft (Gesellschaftsschulden) oder nur Schulden der Gesellschafter gibt. Nach Ansicht mancher Autoren ist die Gesellschaft bürgerlichen Rechts als eine organisierte Personengemeinschaft, als das Subjekt der das Gesellschaftsvermögen bildenden Rechte und der Gesellschaftsschulden anzusehen. Damit wird die BGB-Gesellschaft von manchen Autoren für *relativ rechtsfähig* gehalten (so z.B. Fabricius, Relativität, S.158 ff.). Flume (ZHR 136 (1972), 177, 189) ist der Ansicht, die Gesamthand existiere als Gruppe, denn das Gesamthandsprinzip besage nichts anderes, als daß es eine Handlungszuständigkeit und eine Rechtszuständigkeit für alle Gesamthänder zusammen, d.h. für die Gesamthänder in ihrer Verbundenheit gebe. Konsequent geht Flume dann auch davon aus, daß – obwohl „die Gruppe auch als Rechtssubjekt nichts anderes als die Mitglieder der Gruppe in ihrer Verbundenheit" sei (so in: FS Westermann, S.119, 123 f.) – die Gesellschaftsschulden „Eigenverpflichtungen der Gesellschaft", nicht Verpflichtungen „der Gesellschafter" seien. Nach Schünemann (S.148 ff.) ist die Gesellschaft ein „potentielles Rechtssubjekt" und deshalb sogar rechtsfähig. Er erkennt die Existenz von Gesellschaftsschulden an, weil es sich um Schulden „einer personenrechtlichen Zusammenfassung der Beteiligten zur Einheit der Gesamthandsgemeinschaft" handele, für die das Vermögen der Gesamthand hafte. K. Schmidt (Gesellschaftsrecht, § 8 III) hält alle dem Gesellschaftsrecht zugehörigen Gesamthandsgemeinschaften gegenüber ihren Mitgliedern dergestalt für „rechtssubjektiv verselbständigt", daß die Gesamthand als Inhaber des Gesellschaftsvermögens und als Träger der gesamthänderischen Ansprüche und Verbindlichkeiten anzusehen sei.

Dem hält Larenz (§ 60 IV) entgegen, daß sich die oben dargestellten 75
Auffassungen mit dem Gesetz nicht in Einklang bringen ließen, weil dieses das Gesellschaftsvermögen ausdrücklich als das „gemeinschaftliche Vermögen *der Gesellschafter*" (§ 718 BGB) bezeichne. Außerdem bestimme § 714 BGB, daß die vertretungsbefugten Gesellschafter „die anderen Gesellschafter", nicht aber die Gesellschaft verträten. Er schließt daraus, daß das Gesetz sorgfältig jede Formulierung vermeide, die darauf hindeuten könnte, die Gesellschaft sei als Rechtssubjekt zu betrachten. Larenz (§ 60 IV) hält deshalb an seiner Meinung fest, daß die Gesellschaft bürgerlichen Rechts nicht rechtsfähig sei. Daraus folgt für ihn, daß „Schuldner der im Rechtskreis der Gesellschaft entstehenden Verbindlichkeiten nur die Gesellschafter, wenn auch in ihrer Verbundenheit als solche", sein können.

In der Tat gibt das Gesetz keinerlei Hinweis darauf, daß die Gesell- 76
schaft bürgerlichen Rechts rechtsfähig ist. Aus §§ 714 und 718 BGB – insoweit ist Larenz zuzustimmen – muß der Schluß gezogen werden, daß das Gesetz der BGB-Gesellschaft die Rechtsfähigkeit nicht ausdrücklich zuerkannt hat. K. Schmidt (Gesellschaftsrecht, § 8 III) hat mit einer gründlichen Untersuchung über die Stellung der Gesamthands-BGB-Gesellschaft im System des Gesellschaftsrechts nachgewiesen, daß die Gesamthands-BGB-Gesellschaft der *Rechtsträgerschaft* mindestens *fähig* sein muß.

Die Frage nach der Rechtsfähigkeit der BGB-Gesellschaft, wenn 77
auch nur nach der relativen, hat aber noch nicht notwendigerweise etwas mit den Problemen der möglichen Existenz von Gesellschaftsschulden zu tun. Schließlich existiert das Gesellschaftsvermögen als Gesamthandsvermögen, dessen objektive Einheit nach außen das Gesetz betont. So kann ein Schuldner gegen eine Forderung, die zum Gesellschaftsvermögen gehört, nicht mit einer ihm gegen einen einzelnen Gesellschafter zustehenden Forderung aufrechnen (§ 719 Abs. 2 BGB). Außerdem erkennt das Gesetz in § 733 BGB für das Innenverhältnis gemeinschaftliche Schulden an. Es ist deshalb davon auszugehen, daß es *Gesellschaftsschulden* gibt, für die das Gesellschaftsvermögen haftet (so im Ergebnis auch Larenz, § 60 IV und G. Hueck, § 9 IV).

78 Zu unterscheiden sind die Gesamthandsschulden einerseits, für die die Gesellschaft mit ihrem Vermögen haftet, und die persönlichen Schulden der Gesellschafter andererseits, für welche diese mit ihrem privaten, also nicht gesamthänderisch gebundenen Vermögen einstehen. Da die Gesellschaft bürgerlichen Rechts, anders als die OHG und die KG, keine akzessorische Haftung kennt (so BGHZ 117, 168, 176f.; vgl. dazu Brandes, WM 1994, 569, 571), läßt sich eine Haftung der Gesellschafter neben der Gesamthand nur rechtsgeschäftlich begründen (vgl. dazu unten Rdnr. 83ff.). Das setzt voraus, daß der Gesellschafter am Vertragsschluß mit Dritten selbst mitwirkt oder der geschäftsführende Gesellschafter auch für den Gesellschafter mit der erforderlichen Vertretungsmacht für denjenigen Gesellschafter handelt, der verpflichtet werden soll (vgl. Brandes, WM 1994, 569, 571).

79 Wenn die Gesamthands-BGB-Gesellschaft fähig ist, Trägerin von Rechten und Pflichten zu sein, so folgt daraus, daß sie Gläubigerin und Schuldnerin sein kann. Wiedemann (in: FS Kellermann, S. 529, 542) spricht in diesem Zusammenhang von der „Verpflichtungsfähigkeit" der BGB-Gesellschaft. Darüber hinaus ergibt sich daraus aber auch, daß Sachen, die zu Eigentum in die Gesellschaft eingebracht werden, Eigentum der Gesellschaft sind (vgl. zu alledem K. Schmidt, Gesellschaftsrecht, § 60 II).

Beispiel: Schließt der Mandant M mit der Anwaltssozietät „A, B und Partner" einen Vertrag, so kontrahiert M mit der Sozietät und nicht mit einem einzelnen Anwalt. Ob M einen Anspruch darauf hat, daß ihn gerade der Anwalt B betreut, ist nicht eine Frage der Vertragspartei, sondern des Vertragsinhaltes (so zutreffend K. Schmidt, Gesellschaftsrecht, § 60 II).

Daß die Gesamthands-BGB-Gesellschaft Vertragspartner sein kann, hat auch schon der BGH (BGHZ 72, 267, 271) anerkannt.

80 Man kann heute davon ausgehen, daß die Selbständigkeit der BGB-Gesellschaft im Hinblick auf das ihr gewidmete Vermögen allgemein anerkannt ist. Die Anerkennung der Rechtsbefugnisse an und aus dem Gesellschaftsvermögen führt gedanklich zur Organisationseinheit, aus der nahezu die gleichen Folgerungen gezogen werden können wie bei der juristischen Person: Die BGB-Gesellschaft ist berechtigt, eigenes Vermögen zu erwerben und alle Verfügungs- und Schutzrechte hinsichtlich der ihr gehörenden Gegenstände wahrzunehmen; dazu

gehören auch Einlagen- und Ersatzansprüche gegen die Gesellschafter (so Wiedemann, WM 1994, Sonderbeilage 4, S.7). Die BGB-Gesellschaft wird heute auch fast in demselben Umfang als vertrags- und mitgliedsfähig angesehen wie eine juristische Person. Vertragsschluß und Vertragsabwicklung sind von einem etwaigen Mitgliederwechsel unabhängig (vgl. Wiedemann, WM 1994, Sonderbeilage 4, S.8).

Das Recht, sich an einer anderen Gesellschaft zu beteiligen, war der **81**
BGB-Gesellschaft früher überwiegend bestritten worden.

Ob die Gesellschaft bürgerlichen Rechts Mitglied eines anderen Verbandes (einer Personengesellschaft oder einer juristischen Person) sein kann, ist, sofern es sich um eine Gesamthandsgesellschaft (als Außengesellschaft) handelt, nur noch teilweise umstritten. Außer Frage steht inzwischen, daß die (Außen-)Gesellschaft bürgerlichen Rechts als Gesamthandsgemeinschaft ihrer Gesellschafter als Teilnehmer am Rechtsverkehr grundsätzlich jede Rechtsposition einnehmen kann, sofern nicht spezielle rechtliche Gesichtspunkte entgegenstehen (so BGHZ 116, 86, 88; K.Schmidt, § 60 II, MünchKomm-Ulmer, Vor § 705 Rdnr.8 und § 705 Rdnr.129ff.). Die grundsätzliche Fähigkeit der Gesellschaft bürgerlichen Rechts, Gesellschafter (Mitglied) einer juristischen Person zu sein, ist also zu bejahen (so BGHZ 116, 86, 88). Sie kann sowohl Aktionärin einer AG sein als auch einen Geschäftsanteil einer GmbH erwerben (so schon BGHZ 78, 311, 312); für die Beteiligung an einer Genossenschaft gilt im Grundsatz nichts anderes (so BGHZ 116, 86, 88).

Im Zivilprozeßrecht ist der BGB-Gesellschaft die Parteifähigkeit bisher nicht zuerkannt worden (zur Problematik siehe Wiedemann, WM 1994, Sonderbeilage 4, S.9).

2. Die Haftung für Gesellschaftsschulden

Für alle Verbindlichkeiten der Gesellschaft haftet stets das Gesell- **82**
schaftsvermögen. Ob daneben auch unmittelbar die einzelnen Gesellschafter als Gesamtschuldner in Anspruch genommen werden können, ist nach der Art der Verbindlichkeit zu entscheiden. Eine dem § 128 HGB entsprechende Vorschrift, aufgrund derer die Gesellschafter unmittelbar und persönlich für die Verbindlichkeiten der Gesell-

schaft haften, kennt das Recht der BGB-Gesellschaft nicht (vgl. BGHZ 61, 338, 343). Da es, anders als bei den Personengesellschaften des Handelsrechts, eine typische Gesellschaft bürgerlichen Rechts mit einer für alle denkbaren Ausgestaltungen einer solchen Gesellschaft typischen Interessenlage nicht gibt, kann der dem § 128 HGB innewohnende Rechtsgedanke auf die Gesellschaft bürgerlichen Rechts nicht ohne weiteres angewandt werden (vgl. BGHZ 74, 240, 241 ff.; a. A. K. Schmidt, Gesellschaftsrecht, § 60 III). Das OLG Hamm (WM 1989, 1572, 1574) hält hingegen – unter Hinweis auf § 427 BGB als lediglich haftungsregelnde Norm – eine analoge Anwendung des § 128 HGB für gerechtfertigt. Der BGH (BGHZ 117, 168, 176 f.) hat jedoch noch einmal nachhaltig betont, eine „akzessorische" Haftung der Gesellschafter einer Gesellschaft bürgerlichen Rechts entsprechend §§ 128 ff. HGB komme nicht in Betracht, und dies mit der unterschiedlichen Ausgestaltung der Gesellschafterhaftung in der Gesellschaft bürgerlichen Rechts einerseits und in der Personenhandelsgesellschaft andererseits begründet; diese finde ihre Rechtfertigung darin, daß die Rechtsform der Gesellschaft bürgerlichen Rechts für eine Vielzahl recht unterschiedlicher Personenverbindungen zur Verfügung stehe und deshalb die unterschiedslose Strenge der handelsrechtlichen Haftungsvorschriften für diese Verbindungsformen wenig passend erscheine, u. a. weil sie dem Interesse der Beteiligten häufig nicht gerecht werde und im Rechtsverkehr in vielen Fällen nicht geboten erscheine.

83 Festzuhalten ist, daß bei der Gesellschaft bürgerlichen Rechts zu unterscheiden ist zwischen Gesamthandsverbindlichkeiten einerseits und Verbindlichkeiten der Gesellschafter andererseits. Das gilt entsprechend auch für die OHG und die KG (vgl. zum Meinungsstand Habersack, JuS 1993, 1 mit Nachw.).

a) Für *Verpflichtungen aus Rechtsgeschäften,* die im Namen der Gesellschaft bzw. der Gesellschafter abgeschlossen worden sind, haften alle Gesellschafter unmittelbar in voller Höhe mit ihrem gesamten Privatvermögen. Diese doppelte Haftung ist damit zu erklären, daß durch Rechtsgeschäfte die Gesellschafter in zweifacher Weise verpflichtet werden (sog. Doppelverpflichtung; vgl. dazu Kübler, § 6 III 4 b; BGHZ 74, 240, 242 ff.; OLG Hamm WM 1985, 644; kritisch dazu K. Schmidt, Gesellschaftsrecht, § 60 III):

- einmal in ihrer gesamthänderischen Verbundenheit, was zur Haftung des Gesellschaftsvermögens führt,
- zum anderen werden sie Dritten gegenüber direkt als Einzelpersonen verpflichtet (§ 714 BGB).

Die Gesellschafter einer Gesellschaft bürgerlichen Rechts können die Haftung für rechtsgeschäftliche Verbindlichkeiten auf das Gesellschaftsvermögen beschränken, wenn dies nach außen erkennbar gemacht wird. Ist dies geschehen, können die Gesellschafter nur zur Leistung aus dem Gesellschaftsvermögen verurteilt werden (so BGH WM 1990, 1113f.). Der BGH (WM 1990, 1113, 1114) geht davon aus, daß in einem solchen Fall, da die Haftung der Gesellschafter auf das Gesellschaftsvermögen beschränkt ist, eine Gesamtschuld vorliegt, die nicht mit einer gesamtschuldnerischen Haftung der Gesellschafter mit ihrem Priatvermögen verbunden ist.

b) Ob die Gesellschafter neben dem Gesellschaftsvermögen auch mit ihrem Privatvermögen haften, wenn Dritte Forderungen aus ungerechtfertigter Bereicherung geltend machen, ist nicht einheitlich zu beantworten (vgl. dazu Habersack, JuS 1993, 1, 3ff.). Flume (in: FS Westermann, S.119, 128ff.) bejaht eine uneingeschränkte Haftung. Mit Recht differenziert Larenz (§ 60 IV) zwischen verschiedenen Möglichkeiten und stellt darauf ab, ob der Gesellschafter als Einzelperson bereichert ist. Das muß noch nicht der Fall sein, wenn das Gesellschaftsvermögen mit einem Bereicherungsanspruch belastet, per saldo also nicht wertvoller geworden ist und sich der Anteil des einzelnen Gesellschafters nicht vergrößert hat. Andererseits haften die einzelnen Gesellschafter gesamtschuldnerisch neben dem Gesellschaftsvermögen, wenn die Bereicherung aus der Leistung eines Dritten an das Gesamthandsvermögen stammt, die der Erfüllung einer vermeintlichen vertraglichen Verpflichtung diente, und der Anspruch zur Rückabwicklung geltend gemacht wird. In einem solchen Fall kann § 427 BGB angewandt werden, weil die Gesellschafter nicht nur in ihrer Verbundenheit, sondern auch als Einzelpersonen verpflichtet werden sollten. Aus dem § 714 BGB zugrundeliegenden Gedanken läßt sich ableiten, daß der Dritte, der mit der Gesellschaft kontrahieren möchte, darauf vertrauen darf, daß ihm wegen aller daraus entstehenden Ansprüche die Gesellschafter solidarisch haften (so Larenz, § 60 IV; im Ergebnis auch Flume in: FS Westermann, S.119, 141). Der BGH (BGHZ 61, 338) hat für den Fall, daß die Gesellschaft inzwischen aufgelöst, das Gesamthandsvermögen verteilt und die eingetretene Bereicherung an die Gesellschafter ausgeschüttet oder in ihrem Interesse verwendet worden ist, angenommen, daß die Gesellschafter gesamtschuldnerisch auf den vollen Betrag der im Zusammenhang mit einem Vertragsverhältnis an die Gesellschaft erbrachten Leistungen haften. Weitergehend hat der BGH (NJW 1983, 1905, 1908) eine gesamtschuldnerische Haftung der Gesellschafter auch dann bejaht, wenn ein Vertragsverhältnis zwar fehlt, der Gläubiger die Leistung aber an die Gesellschaft bürgerlichen Rechts in der Erwartung erbringt, es werde später eine wirksame Verpflichtung zustandekommen. Nach Ansicht des BGH tritt in 84

Fällen dieser Art der Anspruch aus Leistungskondiktion an die Stelle des nicht vorhandenen Vertragsanspruchs, für den die Gesellschafter nach § 427 BGB als Gesamtschuldner haften würden (vgl. auch BGH NJW 1985, 1828; zur Problematik siehe Kowalski, NJW 1991, 3183 ff.).

85 c) Bei „Sozialverbindlichkeiten", d.h. Verbindlichkeiten, die der Gesellschaft aus dem Gesellschaftsverhältnis den Gesellschaftern gegenüber entstehen, handelt es sich um typische *Gesamthandsverbindlichkeiten,* für die in erster Linie nur das Gesellschaftsvermögen, nicht aber die einzelnen Gesellschafter mit ihrem Privatvermögen haften. Ließe man die Gesellschafter auch für die Sozialverbindlichkeiten mit ihrem Privatvermögen haften, so widerspräche das dem Grundgedanken des § 707 BGB (= grundsätzlich besteht keine Nachschußpflicht für Gesellschafter; so auch Larenz, § 60 IV; Palandt-Thomas, § 713 Rdnr. 13; BGHZ 37, 299, 302 für die OHG). Wenn ein Gesellschafter Forderungen gegen die Gesellschaft aus eigenen Mitteln erfüllt, muß er zunächst versuchen, aus dem Gesellschaftsvermögen Ersatz für seine Aufwendungen zu erhalten. Stehen der Gesellschaft dafür keine ausreichenden Mittel zur Verfügung, hat der Gesellschafter einen anteiligen Ausgleichsanspruch gemäß § 426 BGB gegen seine Mitgesellschafter (vgl. BGH WM 1979, 1282).

Zu den *Sozialverbindlichkeiten* zählen z.B.:
- die Verpflichtung, Aufwendungen zu erstatten (§§ 713, 670 BGB),
- die Verpflichtung, einem Gesellschafter den auf ihn entfallenden Gewinnanteil auszuzahlen (§ 721 BGB).

Keine Sozialverbindlichkeit der Gesamthand entsteht hingegen aus der Verpflichtung des einzelnen Gesellschafters, das ihm aufgrund des Gesellschaftsvertrages etwa zustehende Ausschlußrecht gegenüber einem anderen Gesellschafter rechtmäßig auszuüben (vgl. OLG Düsseldorf, WM 1983, 1320 ff.).

86 d) Der Gläubiger, der zugleich Gesellschafter ist (sog. Gesellschafter-Gläubiger), kann eine aus einem von dem Gesellschaftsverhältnis verschiedenen Rechtsverhältnis stammende Forderung (wie z.B. eine Kaufpreis-, Mietzins- oder Darlehensrückzahlungsforderung) sowohl der Gesellschaft als auch einzelnen Gesellschaftern gegenüber geltend machen. Die einzelnen Gesellschafter haften ihm dann gem. § 427 BGB als Gesamtschuldner (so BGH WM 1983, 30 ff.). Allerdings muß sich der Gesellschafter-Gläubiger, der seine Mitgesellschafter in Anspruch nimmt, seinen eigenen Verlustanteil anrechnen lassen. Dies ist deswegen gerechtfertigt, weil der in Anspruch genommene Gesellschafter unter Umständen wiederum Ausgleichsforderungen gegenüber dem Gesellschafter-Gläubiger erwerben würde und dieser deshalb dann, wenn er seinen eigenen Verlustanteil nicht berücksichtigt, etwas fordert, was er aufgrund seiner Beteiligung an der Gesellschaft möglicherweise zurückzahlen müßte. Nach Auffassung des BGH (WM 1983, 30, 32) steht der Forderung des Gesellschafter-Gläubigers jedenfalls im Hinblick auf den Teil, der seinem Verlustanteil entspricht, wegen der Möglichkeit der Rückforderung die Einrede der Arglist entgegen.

Nach heute herrschender Meinung kann bei der BGB-Gesellschaft im Gegensatz zur OHG die persönliche Haftung der Gesellschafter dadurch eingeschränkt werden, daß der Gesellschaftsvertrag die Vertretungsmacht des geschäftsführenden Gesellschafters (§ 714 BGB) entsprechend beschränkt. Dies muß allerdings in einer Weise geschehen, daß im Interesse des Verkehrsschutzes die Beschränkung für Dritte erkennbar ist (RGZ 63, 62, 65; 155, 75, 87; BGH NJW 1985, 614; BGH NJW 1992, 3037, 3039). Eine Haftungsbeschränkung, die auf diese Art und Weise herbeigeführt wird, bezieht sich nur auf Verbindlichkeiten aus Rechtsgeschäften; unberührt bleiben Ansprüche aus gesetzlichen Schuldverhältnissen (vgl. OLG Hamm, MDR 1996, 374). 87

Beispiel: Eine in der Rechtsform der BGB-Gesellschaft bestehende und betriebene Sozietät von Rechtsanwälten, Wirtschaftsprüfern und Steuerberatern verwendet Briefbögen, an deren unterem Rand sich zwischen anderen Angaben versteckt der folgende Hinweis findet: „Gesellschaft bürgerlichen Rechts (mit beschränkter Gesellschafterhaftung)“. Der BGH (NJW 1992, 3037, 3039) hat geprüft, ob durch eine Gesellschafterbezeichnung dieser Art die Beschränkung der Vertretungsmacht hinreichend deutlich und damit die Haftungsbeschränkung in erforderlicher Weise erkennbar gemacht worden ist. Er hat dies im zu entscheidenden Fall schon deshalb verneint, weil ein Mandant mit einem „versteckten“ Haftungsbeschränkungshinweis innerhalb der Kommunikationsangaben am unteren Briefbogen nicht zu rechnen brauche, zumal er bei einer Anwaltssozietät ohnehin nicht an Haftungsbeschränkungen gewöhnt sei. Nicht Stellung genommen hat der BGH zu der Frage, ob für diejenigen, die mit Anwaltssozietäten zu tun haben, nämlich die Mandanten, die Tragweite einer solchen angestrebten Haftungsbeschränkung deutlich wird (zur Problematik siehe auch Heckelmann, in: FS Quack, S. 243 ff.).

Bedenken dagegen, daß über eine Begrenzung der Vertretungsmacht die Haftung der Gesellschafter beschränkt werden kann, hat Flume (in: FS Westermann, S. 119, 131 ff.) erhoben. Er vertritt die Auffassung, bei der Frage nach der Beschränkbarkeit der Haftung auf das Gesellschaftsvermögen sei nicht bei der Vertretungsmacht anzuknüpfen; vielmehr müsse der für die Gesellschaft Handelnde die Beschränkung vereinbaren (vgl. dazu Raisch, in: FS Ballerstedt, S. 443, 460 ff.).

Für eine *unerlaubte Handlung,* die ein geschäftsführungsbefugter Gesellschafter in Ausführung seiner Tätigkeit einem Dritten gegenüber begeht, haftet dieser Gesellschafter selbst. Ob der Dritte, der Gläubiger, sich wegen des ihm entstandenen Schadens auch an das Gesellschaftsvermögen und an die einzelnen Gesellschafter mit ihrem Privatvermögen halten kann, ist umstritten. 88

89 Der BGH (BGHZ 45, 311, 312) hält § 31 BGB auf die Gesellschaft bürgerlichen Rechts für nicht anwendbar, weil sie zu wenig körperschaftlich organisiert sei, als daß man die für sie handelnden Gesellschafter als ihre „Organe" im Sinne des § 31 BGB bezeichnen könne (so auch G. Hueck, § 9 IV. 3). Stattdessen hält der BGH bei Vorliegen gewisser Voraussetzungen § 831 BGB für anwendbar. Dies setzt allerdings, wie der BGH einräumt, voraus, daß der Gesellschafter, der die unerlaubte Handlung begangen hat, Verrichtungsgehilfe im Sinne des § 831 BGB ist, d.h. dem Weisungsrecht eines Geschäftsherrn unterliegt, der die Tätigkeit des Handelnden jederzeit beschränken oder entziehen oder aber nach Zeit und Umfang bestimmen kann. Die Konstruktion eines Abhängigkeitsverhältnisses im Sinne von § 831 BGB läßt sich mit der Stellung eines geschäftsführenden Gesellschafters allerdings nicht vereinbaren; Sinn und Zweck des § 831 BGB würden mit seiner Anwendung in Fällen dieser Art völlig verfehlt. Deshalb will eine sich verstärkende Meinung in der Literatur § 31 BGB entsprechend anwenden (so Beuthien, DB 1975, 725 und 773; Fabricius in: Gedächtnisschrift für Rudolf Schmidt, S. 171, 194 ff.; Flume in: FS Westermann, S. 119, 142; Kornblum, S. 44 ff.; Nicknig, S. 34 ff.; Wiedemann, Bd. I, § 5 III 2 a). Mit Recht weist Larenz (§ 60 IV) darauf hin, daß einer entsprechenden Anwendung des § 31 BGB die mangelnde Rechtsfähigkeit der Gesellschaft bürgerlichen Rechts nicht entgegenstehe, weil die Analogie darauf gestützt werden könne, daß die Tätigkeit des geschäftsführenden Gesellschafters „im Interesse eines Vermögens vorgenommen werde, das als ein Sondervermögen den Gesellschaftern gemeinsam zustehe"; deshalb müßten die aus dieser Tätigkeit entspringenden Verpflichtungen auch zu Lasten des Sondervermögens, des Gesellschaftsvermögens, gehen.

Eine konsequente analoge Anwendung des § 31 BGB führt allerdings dazu, daß der Gläubiger eines Anspruchs aus unerlaubter Handlung, die ein geschäftsführender Gesellschafter in Ausübung seiner Tätigkeit für die Gesellschaft begeht, sich nur an das Gesellschaftsvermögen, nicht aber an das Privatvermögen der einzelnen Gesellschafter halten kann (so im Ergebnis auch Fabricius in: Gedächtnisschrift für Rudolf Schmidt, S. 171, 194 ff.; Larenz, § 60 IV).

VII. Gesellschafterwechsel

90 Der Zusammenschluß zu einer Gesellschaft bürgerlichen Rechts beruht auf dem persönlichen Vertrauen, das sich die einzelnen Gesellschafter entgegenbringen. Deshalb ist der Fortbestand der BGB-Gesellschaft grundsätzlich von der unveränderten Zusammensetzung des Personenkreises abhängig, der sich zu der Gesellschaft zusammengeschlossen hat. Das bedeutet u. a.:

- im Zweifel endet die Gesellschaft mit dem Tode eines Gesellschafters (§ 727 BGB);

- grundsätzlich muß sich nach Abschluß des Gesellschaftsvertrages keiner der Gesellschafter gegen seinen Willen einen neu hinzutretenden Gesellschafter aufzwingen lassen.

Beispiel: Der Anteil an einer Gesellschaft bürgerlichen Rechts kann ohne die Zustimmung aller Gesellschafter nicht auf eine Person, die bisher nicht Gesellschafter war, übertragen werden. Dieser Grundsatz dient lediglich dem Schutz der Gesellschafter. Er kann deshalb durch eine davon abweichende Regelung im Gesellschaftsvertrag abgeändert werden.

Allerdings können die Gesellschafter, abweichend von der gesetzlichen Regelung, im Gesellschaftsvertrag vereinbaren,
- daß die Gesellschaft nach dem Tode oder dem sonstigen Ausscheiden eines Gesellschafters fortgesetzt werden soll und
- daß in die bestehende Gesellschaft andere Personen als Gesellschafter aufgenommen werden können, wenn die einzelnen oder eine qualifizierte Mehrheit der übrigen Gesellschafter damit einverstanden sind.

Zur Aufnahme eines neuen Gesellschafters in die bestehende Gesell- **91** schaft ist grundsätzlich das Mitwirken aller Gesellschafter erforderlich. Dies geschieht durch einen sogenannten *Aufnahmevertrag*, der zwischen den bisherigen Gesellschaftern und der als Gesellschafter eintretenden Person abgeschlossen wird (vgl. MünchKomm-Ulmer, § 719 Rdnr. 12). Derjenige Gesellschafter, der neu in die Gesellschaft eintritt, haftet persönlich mit seinem Privatvermögen nicht für Verbindlichkeiten, die in Verträgen begründet sind, die vor seinem Eintritt abgeschlossen worden sind. Eine entsprechende Anwendung des § 130 HGB auf die BGB-Gesellschaft ist nicht möglich. Der Altgläubiger verdient regelmäßig schon deswegen nicht den Schutz der Mithaftung des neu eingetretenen Gesellschafters, weil er aufgrund einer Verpflichtung geleistet hat oder noch leistet, die er allein im Vertrauen auf die Leistungsfähigkeit der bisherigen Gesellschafter übernommen hat (so zu Recht BGHZ 74, 240, 243 f.).

Scheidet ein Gesellschafter durch Tod aus und sieht der Gesell- **92** schaftsvertrag die Fortsetzung der Gesellschaft mit allen oder einem Teil der Erben des verstorbenen Gesellschafters vor, so treten der oder die Erben an die Stelle des Gesellschafters.

Tritt durch Erbfolge oder Aufnahmevertrag ein neuer Gesellschafter in die Gesellschaft ein, wird er Mitglied der Gesamthandsgemeinschaft. Die Identität der Gesellschaft bleibt erhalten. Das bedeutet: Der neue

Gesellschafter tritt mit allen Rechten und Pflichten, die die übrigen Gesellschafter bereits haben, in die bestehende Gesellschaft ein.

93 Treten ein oder mehrere Erben an die Stelle eines durch Tod ausscheidenden Gesellschafters, so erstreckt sich der Machtbereich eines eingesetzten Testamentsvollstreckers nicht ohne weiteres auf die Verwaltung eines Gesellschaftsanteils eines Gesellschafters. Die Begrenzung der Verwaltungsbefugnisse eines Testamentsvollstreckers ergibt sich bei einer Personengesellschaft schon ganz allgemein daraus, daß ihm kraft Gesetzes nur die Verwaltung des Nachlasses (§ 2205 BGB), nicht aber die Verwaltung derjenigen Nachlaßgegenstände obliegt, die aus der Nachlaßmasse ausgegliedert worden sind und dem einzelnen Erben zustehen, wie das bei einem Gesellschaftsanteil der Fall ist (vgl. BGH NJW 1981, 749, 750; zu den Einzelheiten siehe oben Rdnr. 321 f.).

94 Ein Gesellschafter kann außer durch Tod freiwillig aus der Gesellschaft ausscheiden oder zwangsweise zum Ausscheiden gezwungen werden.

a) Freiwillig kann ein Gesellschafter nur dann aus der Gesellschaft ausscheiden, wenn der Gesellschaftsvertrag ihm die Möglichkeit dazu einräumt
oder
alle übrigen Gesellschafter mit dem Ausscheiden einverstanden sind.

b) Ein zwangsweises Ausscheiden eines Gesellschafters ist möglich, wenn der Gesellschaftsvertrag entsprechende Möglichkeiten einräumt, einen Gesellschafter auszuschließen. Das Gesetz sieht auch die Ausschließung eines Gesellschafters durch Beschluß der übrigen Gesellschafter unter den Voraussetzungen vor, die in § 737 BGB genannt sind.

c) Ein Gesellschafter kann gemäß § 736 BGB ausscheiden:
- durch seine Kündigung
oder
- durch die Eröffnung des Konkurses über sein Vermögen.

d) Aus dem Grundsatz der Vertragsfreiheit folgt, daß in den Gesellschaftsvertrag noch eine Reihe von anderen Gründen aufgenommen werden kann, die das Ausscheiden eines Gesellschafters zur Folge haben sollen.

Beispiel: Der Gesellschaftsvertrag sieht vor, daß die Gesellschafter aus der Gesellschaft ausscheiden, sobald sie 65 Jahre alt geworden sind.

Die häufig verwendete Formel von der „Übertragung eines Gesellschaftsanteils" bedeutet bei der Personengesellschaft nichts anderes als die Kombination von dem Ausscheiden eines Gesellschafters und dem Eintritt eines neuen Gesellschafters an die Stelle des Ausscheidenden in der oben dargestellten Art und Weise. **95**

Ein Gesellschafter, der aus der BGB-Gesellschaft ausscheidet, haftet **96**
dem Gläubiger auch nach seinem Ausscheiden persönlich mit seinem Privatvermögen aus einem Vertrag, den er persönlich oder ein vertretungsberechtigter Mitgesellschafter abgeschlossen hat, es sei denn, der Gläubiger hat ihn aus der Haftung entlassen (BGHZ 74, 240, 241). Im übrigen verjähren Ansprüche gegen die Gesellschafter nach deren Ausscheiden grundsätzlich nach Maßgabe des § 159 Abs. 1 HGB nach fünf Jahren, soweit sie nicht einer kürzeren Verjährungsfrist unterliegen. Der BGH (BGHZ 117, 168, 175 ff.) begründet die entsprechende Anwendung des § 159 Abs. 1 HGB auf die Gesellschaft bürgerlichen Rechts mit dem Vorhandensein einer für die Analogie erforderlichen Regelungslücke; die kurze Verjährungsfrist des § 159 Abs. 1 HGB finde ihre Rechtfertigung darin, daß nach dem Ausscheiden eines Gesellschafters aus der Gesellschaft dessen Beteiligung am Gesellschaftsvermögen beendet sei und er keinen Einfluß mehr auf die Geschicke der Gesellschaft nehmen könne. Durch den durch das Nachhaftungsbegrenzungsgesetz vom 18.3. 1994 neu eingefügten Abs. 2 des § 736 BGB wird für die BGB-Gesellschaft die sinngemäße Geltung der für die Personenhandelsgesellschaften bestehenden Regelungen über die Begrenzung der Nachhaftung angeordnet. Damit gilt auch für Ansprüche gegen einen ausscheidenden BGB-Gesellschafter grundsätzlich die fünfjährige Ausschlußfrist gem. § 160 Abs. 1 HGB (vgl. dazu unten Rdnr. 294 f.). Wegen der fehlenden Registerpublizität der BGB-Gesellschaft ist Anknüpfungspunkt hinsichtlich des Fristbeginns für die Enthaftung des ausscheidenden Gesellschafters die Kenntnis jedes einzelnen Gläubigers vom Ausscheiden des BGB-Gesellschafters. Die daraus resultierenden unterschiedlichen Enthaftungszeitpunkte müssen je nach Gläubigerkenntnis als Konsequenz der fehlenden Register-

publizität hingenommen werden (so auch Reichold, NJW 1994, 1617, 1621; Seibert, DB 1994, 461, 464; vgl. auch BGHZ 117, 168, 178f.).

97 Mit seinem Ausscheiden verliert der Gesellschafter die mit seiner ehemaligen Gesellschafterstellung verbundene Rechtsmacht, gemeinschaftlich mit den übrigen Gesellschaftern – oder gegebenenfalls allein – mit Wirkung für und gegen die Gesellschaft rechtsgeschäftlich zu handeln (vgl. BGHZ 79, 374, 378).

98 Der aus der Gesellschaft bürgerlichen Rechts ausscheidende Gesellschafter ist gemäß § 738 BGB grundsätzlich nach dem tatsächlichen Wert seines Anteils an der Gesellschaft abzufinden. Er erwirbt einen dementsprechenden Anspruch gegen die Gesellschaft. Sein Anteil am Gesellschaftsvermögen wächst den übrigen Gesellschaftern zu.

Die Regelungen der §§ 738 bis 740 BGB gelten grundsätzlich für alle Personengesellschaften, also auch für die OHG (§ 105 Abs. 2 HGB) und die KG (§ 161 Abs. 2 HGB), da das HGB keine Sonderregelungen für die Auseinandersetzung zwischen ausscheidenden und verbleibenden Gesellschaftern trifft.

Die Vorschriften der §§ 738 bis 740 BGB stellen dispositives Recht dar. Die Parteien können also etwas anderes vereinbaren. Von dieser Möglichkeit wird in der Praxis häufig Gebrauch gemacht. Gesellschaftsvertraglich vereinbarte Abfindungsbeschränkungen, die in der Regel den Sinn haben, den Bestandsschutz der Gesellschaft durch Einschränkung des Kapitalabflusses zu gewährleisten oder die Berechnung des Abfindungsanspruches zu vereinfachen, sind grundsätzlich zulässig. Auch unter Berücksichtigung der genannten Zwecke können solche Beschränkungen allerdings nicht ohne weiteres vorgenommen werden; sie unterliegen den Grenzen, die durch § 138 BGB gezogen werden (BGHZ 116, 359, 368). Nichtig sind insbesondere solche Vertragsgestaltungen, die von vornherein den später ausscheidenden Gesellschafter in sittenwidriger oder aus sonstigen Gründen gesetzlich mißbilligter Weise benachteiligen (vgl. BGH WM 1989, 783).

Die Grenze zwischen zulässigen Abfindungsklauseln einerseits und nicht mehr zulässigen, weil sittenwidrigen Abfindungsregelungen andererseits zu ziehen, ist in der Praxis häufig nicht leicht (zu den Einzelheiten siehe unter Rdnr. 335ff.).

VIII. Die Beendigung der Gesellschaft

Die Beendigung der Gesellschaft vollzieht sich in zwei voneinander zu unterscheidenden Abschnitten: **99**

- Der erste Abschnitt ist die Auflösung der Gesellschaft,
- der zweite die *Auseinandersetzung* (die Liquidation) der Gesellschaft, nach deren Abschluß die Vollbeendigung der Gesellschaft erreicht ist.

Daß die Beendigung der Gesellschaft in der Regel komplizierter ist als die Beendigung der meisten anderen Schuldverhältnisse, ergibt sich u.a. daraus, daß ein gesamthänderisch gebundenes Vermögen und dazu in der Regel Gesellschaftsschulden existieren.

Das BGB nennt in den §§ 723ff. eine Reihe von Auflösungsgrün- **100**
den. Es ist den Gesellschaftern allerdings unbenommen, durch entsprechende Vereinbarungen im Gesellschaftsvertrag weitere Auflösungsgründe zu schaffen.

Die wichtigsten im Gesetz genannten Auflösungsgründe sind:

- die Kündigung in vielfacher Art und Weise,
- die Zweckerreichung,
- der Tod eines Gesellschafters,
- die Eröffnung des Konkurses über das Vermögen eines Gesellschafters,
- das Unmöglichwerden des Erreichens des Gesellschaftszweckes,
- ein Auflösungsbeschluß der Gesellschaft.

Mit dem Eintritt einer der Gründe, die zur Auflösung der Gesell- **101**
schaft führen können, ändert die Gesellschaft zunächst nur ihren Zweck. War sie zuvor auf die Erreichung des bei Abschluß des Gesellschaftsvertrages vereinbarten gemeinsamen Zweckes gerichtet, so ist sie nun auf die Liquidation, auf die Abwicklung, gerichtet. Dabei bleibt sie Gesamthandsgemeinschaft.

Die Auflösung der Gesellschaft führt also noch nicht zu ihrer Beendigung, sondern zum Eintritt in das Abwicklungsstadium (Liquidation).

Ziel der Auseinandersetzung ist es,

- zunächst die Gläubiger aus dem Vermögen der Gesellschaft wegen ihrer Forderungen gegen die Gesellschaft zu befriedigen und

- anschließend das etwa noch übriggebliebene Vermögen der Gesellschaft unter die Gesellschafter zu verteilen.

Das Verfahren der Auseinandersetzung ist in den §§ 729 bis 740 BGB geregelt. Erst der Abschluß der Auseinandersetzung führt zur Vollbeendigung der bereits aufgelösten Gesellschaft bürgerlichen Rechts.

Soweit eine fortsetzungsfähige, also noch nicht voll beendete Gesellschaft vorhanden ist, können die Gesellschafter die aufgelöste in eine werbende Gesellschaft zurückverwandeln. Voraussetzung dafür ist allerdings, daß der Auflösungsgrund behoben ist und die Gesellschafter einstimmig die Fortsetzung beschließen. Ein solcher Fortsetzungsbeschluß muß nicht ausdrücklich gefaßt werden; eine konkludente Beschlußfassung genügt. Auf eine solche kann dann geschlossen werden, wenn die Gesellschafter in Kenntnis der Auflösungsgründe von Liquidationsmaßnahmen absehen und den Geschäftsbetrieb unverändert fortsetzen, etwa indem sie gemeinsam längerfristige Verträge abschließen oder Personal einstellen (so BGH ZIP 1995, 1412).

IX. Die BGB-Gesellschaft als reine Innengesellschaft

102 Aufgrund der Vertragsfreiheit ist es möglich, eine BGB-Gesellschaft ohne Gesamthandsvermögen zu bilden. In der Regel geschieht dies, wenn die Gesellschaft nach außen nicht hervortreten soll und die Geschäfte von einem Gesellschafter allein und im eigenen Namen geführt werden, während sie im Verhältnis der Gesellschafter untereinander (im Innenverhältnis) auf gemeinsame Rechnung gehen. Es handelt sich dann um eine sogenannte Innengesellschaft, zu deren Wesensmerkmalen das Fehlen eines Gesamthandsvermögens und einer Vertretung, überhaupt eines gemeinsamen Auftretens der beteiligten Personen als Personengemeinschaft nach außen gehört (vgl. Larenz, § 60 V).

Beispiel: A und B schließen sich zusammen, um auf dem Grundstück des A ein Haus zu errichten, das im Eigentum des A stehen soll. Der BGH (WM 1962, 1086) nahm hier ein gesellschaftsähnliches Verhältnis an, auf das die §§ 705 ff. BGB entsprechend anzuwenden seien (vgl. auch BGH WM 1977, 196).

BGB-Gesellschaften, die reine Innengesellschaften sind, sind in der Regel so strukturiert, daß nur ein Gesellschafter der Vermögensinhaber ist; nur dieser Gesellschafter tritt nach außen hervor. Die anderen Gesellschafter sind an Gewinn und Verlust beteiligt. Sie können von dem Gesellschafter, der der Vermögensinhaber ist, Abrechnung und Auszahlung verlangen. Auseinandersetzungen haben so stattzufinden, als sei das Vermögen ein gemeinschaftliches (Larenz, § 60 V). **103**

Die Rechtsprechung hat häufig BGB-Gesellschaften als reine Innengesellschaften zwischen Eheleuten angenommen, wenn der eine Ehegatte in erheblichem Umfange ohne entsprechende Vergütung in dem Geschäft des anderen mitgearbeitet hat, das nach außen nur im Namen des anderen betrieben wurde (so u.a. BGHZ 8, 249ff.; BGH LM Nr. 5 zu § 705 BGB). Der BGH ist davon ausgegangen, daß in so gelagerten Fällen ein Gesellschaftsvertrag im Sinne des § 705 BGB auch durch schlüssiges Verhalten zustande kommen kann. Das schlüssige Verhalten, mit dem ein durch beiderseitige Leistungen gefördertes Verfolgen eines gemeinsamen Zweckes verabredet werde, der über den typischen Rahmen einer ehelichen Lebensgemeinschaft hinausgehe, soll allerdings eine Voraussetzung für das Zustandekommen eines Gesellschaftsvertrages sein (so BGH NJW 1974, 2278). Der BGH (WM 1990, 1463, 1464) geht von einer durch schlüssiges Verhalten begründeten Innengesellschaft insbesondere dann aus, wenn die Eheleute einen über den „typischen Rahmen der ehelichen Lebensgemeinschaft hinausgehenden Zweck dadurch verfolgen, daß sie durch Arbeit und Einsatz von Vermögenswerten gemeinsam ein Unternehmen aufbauen oder auch nur gemeinsam gleichberechtigt eine berufliche oder gewerbliche Tätigkeit ausüben". **104**

Da bei der Innengesellschaft kein gesamthänderisch gebundenes Gesellschaftsvermögen existiert, kommt nach ihrer Auflösung eine Liquidation nicht in Betracht. Es besteht lediglich ein schuldrechtlicher Anspruch der Innenbeteiligten gegen den Inhaber des Vermögens auf Auszahlung eines Abfindungsguthabens (BGH WM 1981, 876).

Die nichteheliche Lebensgemeinschaft ist keine BGB-Gesellschaft, weil bei ihr die persönlichen Beziehungen derart im Vordergrund stehen, daß im Regelfall nicht auch von einer auf wirtschaftlichen Beziehungen beruhenden Rechtsgemeinschaft gesprochen werden kann (vgl. U. Fischer, WM 1981, 638, 643). Das schließt nicht aus, daß bei der Abwicklung solcher Lebensgemeinschaften gesellschaftsrechtliche Normen angewendet werden können, wenn die Umstände – wie z.B. ein von den Partnern in jahrelanger gemeinsamer Anstrengung geschaffenes Vermögen – dies nahelegen (vgl. BGHZ 77, 55, 56. Zu dieser Problematik eingehend MünchKomm-Ulmer, Rdnr. 53f. vor § 705). Daran an- **105** knüpfend hat der BGH (BGHZ 84, 388, 390) angenommen, daß auch dann, wenn die Partner einer solchen Lebensgemeinschaft kein Gesellschaftsrechtsverhältnis begründet haben, eine Auseinandersetzung nach gesellschaftsrechtlichen (oder gemeinschaftsrechtlichen) Regeln in entsprechender Anwendung der §§ 730ff. BGB in Betracht kommen könne, wenn beide Partner durch gemeinschaftliche Leistung einen Vermögensgegenstand erworben und hierbei die Absicht verfolgt haben, einen – wenn auch nur wirtschaftlich – gemeinschaftlichen Wert zu schaffen, der von ihnen nicht nur gemeinsam genutzt werden, sondern ihnen nach ihrer Vorstellung auch gemeinsam gehören sollte (vgl. dazu H. Schulte, ZGR 1983, 473ff.). Auf erhebliche Kritik in der Literatur hin hat der BGH (WM 1992, 610, 611) seine bisherige Rechtsprechung geringfügig modifiziert. Bei der Feststellung, ob die Partner, die mit dem Erwerb eines Vermögensgegenstandes einen wirtschaftlich gemeinsamen Wert schaffen wollten, der ihnen nach ihrer Vorstellung auch gemeinsam gehören sollte, geht der BGH (WM 1992, 611) nun nicht mehr allein von der formaldinglichen Zuordnung des Vermögensgegenstandes – etwa der Position des Alleineigentümers eines Grundstücks – aus; im Rahmen einer Gesamtwürdigung sollen nun jedenfalls bei Vermögenswerten von erheblicher wirtschaftlicher Bedeutung, wie z.B. einem gemeinsam erworbenen oder gebauten Haus, wesentliche Beiträge des Partners, der nicht (Mit-)Eigentümer ist, einen Anhaltspunkt für eine gemeinschaftliche Wertschöpfung bilden. In methodischer Hinsicht ist die Rechtsprechung des BGH mit Recht auf Kritik gestoßen. Der Hauptvorwurf geht dahin, der BGH löse Probleme der nichtehelichen Lebensgemeinschaft nur noch in den Rechtsfolgen, nicht aber in den Voraussetzungen gesellschaftsrechtlich, weil er Regelungen des Gesellschafts- oder Gemeinschaftsrechts auch dann anwende, wenn eine rechtsgeschäftlich verbindliche Erklärung der Partner nicht vorliege; damit weiche der BGH dem Problem der Willensfiktion aus, indem er Gesellschaftsverträge (und damit auch deren Fiktion) schlicht für entbehrlich erkläre (so K. Schmidt, § 59 I).

§ 5. Der eingetragene Verein

Schrifttum: Bartodziej, Ansprüche auf Mitgliedschaft in Vereinen und Verbänden, ZGR 1991, 517ff.; Birk, Der Aufnahmezwang bei Vereinen und Verbänden, JZ 1972, 343ff.; Bötticher, Wesen und Arten der Vertragsstrafe sowie deren Kontrolle, ZfA 1970, 3ff., 44ff.; Flume, Die Vereinsstrafe. In: FS Bötticher, S.101ff.; Grunewald, Vereinsaufnahme und Kontrahierungszwang, AcP 182 (1982), 181ff.; Heckelmann, Der Idealverein als Unternehmer? AcP 179 (1979), 1ff.; Knauth, Die Ermittlung des Hauptzwecks bei eingetragenen Vereinen, JZ 1978, 339ff.; Larenz, Allgemeiner Teil des deutschen bürgerlichen Rechts, 7. Aufl. 1989, § 10; Meyer-Cording, Die Vereinsstrafe, 1957; Mummenhoff, Gründungssysteme und Rechtsfähigkeit, 1979; Nicklisch, Der verbandsrechtliche Aufnahmezwang und die Inhaltskontrolle satzungsmäßiger Aufnahmevoraussetzungen, JZ 1976, 105 ff.; Reuter, 100 Bände BGHZ: Vereins- und Genossenschaftsrecht, ZHR 151 (1987), 355 ff.; derselbe, Der Ausschluß von dem Verein, NJW 1987, 2401; Oetker, Der Wandel vom Ideal- zum Wirtschaftsverein, NJW 1991, 385 ff.; K. Schmidt, Der bürgerlich-rechtliche Verein mit wirtschaftlicher Tätigkeit, AcP 182 (1982), 1 ff.; derselbe, Verbandszweck und Rechtsfähigkeit im Vereinsrecht, 1984; derselbe, Die Vereinsmitgliedschaft als Grundlage von Schadensersatzansprüchen, JZ 1991, 157 ff.; Schockenhoff, Der Grundsatz der Vereinsautonomie. Inhalt und Geltung eines ungeschriebenen Tatbestandsmerkmals, AcP 193 (1993), 35 ff.; Wendel, Der eingetragene Verein, 1952; H. P. Westermann, Zur Legitimität der Verbandsgerichtsbarkeit, JZ 1972, 537 ff.

I. Grundbegriffe und Bedeutung des Vereinsrechts

1. Die Bedeutung

Vereine im Sinne der §§ 21 ff. BGB spielen in der Gesellschaftsordnung der Bundesrepublik Deutschland eine bedeutende Rolle. Auch ohne Hinzuzählung der wirtschaftlichen Vereine prägen die Vereine in Gestalt von Sport-, Kunst-, Schützen- oder sonstigen Vereinen das gesellschaftliche Leben in der Bundesrepublik entscheidend mit. Das Vereinsrecht mit der Möglichkeit interner Ordnungsverfahren gegen Mitglieder ist allerdings erst in den letzten Jahren mehr durch die Bundesligaskandale und die damit verbundenen Probleme der Verbandsgerichtsbarkeit als durch verbandsinterne Ordnungs- und Strafverfahren in Wirtschaftsverbänden, politischen Parteien und Gewerkschaften in den Mittelpunkt des öffentlichen Interesses gerückt. Dabei wurde zwangsläufig die Frage aufgeworfen, ob das Vereinsrecht des BGB noch den Anforderungen entspricht, die in einer modernen Industriegesellschaft an eine solche Materie gestellt werden müssen. **106**

2. Der Begriff

Der bürgerlich-rechtliche Verein ist eine auf Dauer begründete Personenvereinigung, die der Erreichung eines selbstgesetzten gemeinsamen Zweckes dient; er tritt unter einem eigenen Namen auf, ist vom Wechsel der Mitglieder unabhängig und körperschaftlich verfaßt. **107**

Was die Erreichung des gemeinsamen Zweckes angeht, so ist der Verein der Gesellschaft ähnlich. Er unterscheidet sich von dieser aber wesentlich durch seinen körperschaftlichen Aufbau.

Das Vereinsrecht ist im BGB in den §§ 21 ff. geregelt. Es bildet in vielerlei Hinsicht auch die Grundlage für die durch besondere Gesetze geregelten wirtschaftlichen Vereine, wie die Aktiengesellschaft und die Gesellschaft mit beschränkter Haftung.

108 Der bürgerlich-rechtliche Verein ist eine Verbandsform mit weitgehender Gestaltungsfreiheit. Letztere besteht insbesondere für die Verfassung des Vereins (auch Satzung genannt), über die das BGB nur wenige Vorschriften enthält (zu alledem Schockenhoff, AcP 193 (1993), 35 ff.).

Das BGB unterscheidet zwischen dem in das Vereinsregister eingetragenen Verein einerseits und dem nicht eingetragenen Verein andererseits. Im Hinblick auf Zielsetzung, Funktion und Organisation unterscheiden sich der eingetragene und der nicht eingetragene Verein nicht. Ein wesentlicher Unterschied besteht allerdings in der rechtlichen Einordnung: Nur der eingetragene Verein ist juristische Person und deshalb rechtsfähig. Die nicht eingetragenen Vereine sind nicht rechtsfähig. Auf sie soll nach § 54 BGB das Recht der Gesellschaften (§§ 705 ff. BGB) Anwendung finden.

Die *Rechtsfähigkeit* erlangt der Verein, dessen Zweck nicht auf einen wirtschaftlichen Geschäftsbetrieb gerichtet ist, erst durch Eintragung in das *Vereinsregister* des zuständigen Amtsgerichts (§ 21 BGB).

3. Der Idealverein

109 Das Gesetz unterscheidet außer zwischen eingetragenen und nicht eingetragenen Vereinen auch noch zwischen *Idealvereinen* (Vereinen, deren Zweck nicht auf einen wirtschaftlichen Geschäftsbetrieb gerichtet ist, § 21 BGB) und *wirtschaftlichen Vereinen* (Vereinen, deren Zweck auf einen wirtschaftlichen Geschäftsbetrieb gerichtet ist, § 22 BGB).

Idealvereine sind deshalb in erster Linie Vereine, deren *Hauptzwecke* politischer, wohltätiger, sportlicher, religiöser, wissenschaftlicher, sonstiger kultureller oder geselliger Art sind. Vereine, deren wirtschaftlicher Geschäftsbetrieb den Hauptzweck oder gar den ausschließlichen

Zweck darstellt, sollen grundsätzlich *nicht* die Rechtsfähigkeit erlangen können. Der Grund dafür ist darin zu sehen, daß eingetragene Vereine lediglich mit ihrem Vereinsvermögen haften und der Gesetzgeber auf die Schaffung von Vorschriften verzichtet hat, die – wie z.B. bei der AG und der GmbH – dem Gläubigerschutz dienen (vgl. dazu Knauth, JZ 1978, 339f.; vgl. auch BGHZ 45, 395, 397).

Da Vereine, deren Zweck auf einen wirtschaftlichen Geschäftsbe- **110**
trieb gerichtet ist, die Rechtsfähigkeit nur durch staatliche Verleihung erlangen können (§ 22 BGB), kommt der Bestimmung des Hauptzwecks besondere Bedeutung zu. Nach h.M. (vgl. BGHZ 45, 395, 398; Larenz § 10 Ib m.Nachw.) ist darauf abzustellen, ob der Zweck des Vereins hauptsächlich darauf gerichtet ist, mit Hilfe eines wirtschaftlichen Geschäftsbetriebes, d.h. einer nach außen gerichteten, planmäßigen und dauernden Tätigkeit Gewinne zu erzielen, die dem Verein selbst oder doch den Mitgliedern desselben in irgendeiner Weise zufließen sollen. Nach neuerer Rechtsauffassung ist unter einem wirtschaftlichen Geschäftsbetrieb i.S. der §§ 21, 22 BGB „das planmäßige und auf Dauer angelegte Auftreten des Vereins am Markt in unternehmerischer Funktion durch Einschaltung in wirtschaftliche Umsatzprozesse mit einer regelmäßig entgeltlichen Tätigkeit zu verstehen" (so BayObLG, MDR 1978, 843). Das unternehmerische Moment, das die Betätigung eines Vereins zum wirtschaftlichen Geschäftsbetrieb macht, ist allerdings nicht in seinem Auftreten im Rechtsverkehr als Kunde (z.B. Käufer, Besteller) zu sehen, sondern in seiner „planmäßigen Betätigung als Anbieter von Wirtschaftsgütern im weitesten Sinne gegen Entgelt" (so BayObLG, MDR 1978, 843; Heckelmann, AcP 179 (1979), 1, 55 hält die Vereine der Fußballbundesligen für wirtschaftliche Vereine i.S. von § 22 BGB, weil sie eben diese Voraussetzungen erfüllen). Nach K.Schmidt (Verbandszweck und Rechtsfähigkeit, S.113ff.) geht es um „die planmäßige und entgeltliche Tätigkeit einer organisierten Wirtschaftseinheit am Markt".

Die gesetzliche Definition des Idealvereins und des wirtschaftlichen Vereins **111**
(§§ 21, 22 BGB) gilt weithin als mißlungen, weil sie eine Abgrenzung in vielen Fällen kaum ermöglicht. Deshalb werden in der Literatur neue Abgrenzungskriterien diskutiert. (Zur Unterscheidung der beiden „Vereinsklassen" siehe jetzt ausführlich K.Schmidt, Verbandszweck und Rechtsfähigkeit, S.89ff.) Da-

bei wird u.a. vorgeschlagen, bei der Betrachtung der Verhältnisse eines Vereins dessen voraussichtliche Einnahmen und Ausgaben stärker zu berücksichtigen, weil dies in vielen Fällen zu einer einfachen und objektiven Feststellung des tatsächlich verfolgten Hauptzwecks führen könne (so Knauth, JZ 1978, 339, 343).

Der BGH (BGHZ 85, 84 ff.) hatte die Frage zu entscheiden, ob die unternehmerische Tätigkeit einer vom ADAC als einem Idealverein gegründeten und betriebenen Aktiengesellschaft (der ADAC – Rechtsschutzversicherungs AG) dem Verein (dem ADAC) als eigener wirtschaftlicher Geschäftsbetrieb i.S. der §§ 21, 22 BGB zuzurechnen ist. Eine Zurechnung wäre mit den Zwecken eines Idealvereins nicht zu vereinbaren. Nach Ansicht des BGH schließt die organisatorische und rechtliche Trennung es aus, die Geschäftstätigkeit der Rechtsschutzversicherungs AG dem ADAC als eigene unternehmerische Tätigkeit und damit als einen eigenen wirtschaftlichen Geschäftsbetrieb i.S. der §§ 21, 22 BGB zuzurechnen. Der BGH (BGHZ 85, 84, 88 f.) betont, den Vorschriften der §§ 21, 22 BGB liege der Gedanke zugrunde, aus Gründen der Sicherheit des Rechtsverkehrs, insbesondere des Gläubigerschutzes, Vereine mit wirtschaftlicher Zielsetzung auf die dafür zur Verfügung stehenden handelsrechtlichen Formen zu verweisen und die wirtschaftliche Betätigung von Idealvereinen zu verhindern, soweit es sich nicht lediglich um eine untergeordnete, den idealen Hauptzwecken des Vereins dienende wirtschaftliche Betätigung im Rahmen des sog. Nebenzweckprivilegs handelte. Im zu erörternden Fall ist der BGH davon ausgegangen, daß der den §§ 21, 22 BGB zugrunde liegenden gesetzgeberischen Zielsetzung Rechnung getragen worden ist, weil das Versicherungsgeschäft durch eine juristisch und organisatorisch selbständige Gesellschaft des Handelsrechts betrieben wird, die als Aktiengesellschaft ihren Gläubigern, insbesondere den Versicherten alle Sicherheiten bietet, die mit der Rechtsform einer solchen Gesellschaft verbunden sind (vgl. zu dieser Entscheidung die Anm. v. D. Schultz, JZ 1984, 90 ff. Vgl. dazu kritisch Reuter, ZHR 151 (1987), 355, 357 ff.).

112 Auch ein Verein mit einem wirtschaftlichen Geschäftsbetrieb ist ein Idealverein, wenn sein Hauptzweck kein wirtschaftlicher, sondern ein idealer Zweck ist (RGZ 83, 231, 237; 154, 343, 354). Deshalb ist ein Verein kein wirtschaftlicher Verein, sondern ein Idealverein, wenn ein von ihm betriebener oder beabsichtigter wirtschaftlicher Geschäftsbetrieb nur Mittel zur Förderung oder Unterstützung seiner idealen Zwecksetzung ist (BVerwG, NJW 1979, 2265. Zu den Abgrenzungsproblemen des sog. Nebenzweckprivilegs siehe K. Schmidt, Verbandszweck und Rechtsfähigkeit, S. 183 ff.).

Beispiel: Weil der Hauptzweck, nicht aber der Nebenzweck, für die Bestimmung des Idealvereins maßgeblich ist, wird ein Tennisverein nicht deswegen zum wirtschaftlichen Verein, weil in seinem Clubhaus Getränke und Speisen gegen Entgelt verabreicht werden.

Der Zweck des Vereins wird durch die Satzung bestimmt. Zur Änderung des Zweckes des Vereins ist die Zustimmung aller Mitglieder erforderlich (§ 33 Abs.1 S. 2 BGB). Gemäß § 40 BGB handelt es sich dabei um dispositives Recht. Die Satzung kann also eine davon abweichende Regelung treffen. Aus § 33 Abs.1 BGB ergibt sich allerdings, daß es sich bei der Zweckänderung eines Vereins um eine Entscheidung von grundlegender Bedeutung für den Verein und seine Mitglieder handelt; deshalb muß eine Satzung, die eine von § 33 Abs.1 S.2 BGB abweichende Regelung enthält, dieser Wertung des Gesetzes Rechnung tragen und unzweifelhaft zum Ausdruck bringen, ob von der vom Gesetz abweichenden Abstimmungsregelung auch die Zweckänderung erfaßt sein soll (BGHZ 96, 245, 249). 113

Wandelt sich ein Idealverein zu einem wirtschaftlichen Verein, kann gemäß § 43 Abs.2 BGB die Rechtsfähigkeit entzogen werden; das Registergericht ist zur Einleitung des Amtslöschungsverfahrens berechtigt (nach §§ 159, 142 FGG), was zum Verlust der Rechtsfähigkeit führt (dazu eingehend Oetker, NJW 1991, 385 ff.).

4. Der wirtschaftliche Verein

Im Gegensatz zum Idealverein erwirbt der wirtschaftliche Verein die Rechtsfähigkeit durch staatliche Verleihung, § 22 BGB (Konzessionszwang). In der Praxis werden Konzessionen dieser Art kaum erteilt, weil das Gesellschaftsrecht für wirtschaftliche Vereine eine Reihe spezieller Rechtsformen, wie z.B. die Aktiengesellschaft und die GmbH, zur Verfügung stellt. Diese Rechtsformen tragen in besonderem Maße dem Schutzbedürfnis der Gesellschafter und der Gläubiger Rechnung, indem sie unabdingbare Regelungen betreffend Gründung, Kapitalaufbringung, Entnahmeverbote etc. enthalten. Wenn diejenigen Personen, die einen wirtschaftlichen Verein gründen wollen, für ihre Ziele zweckdienlicherweise eine der vom Gesellschaftsrecht angebotenen Rechtsformen, wie Aktiengesellschaft und GmbH, wählen können, sind sie gezwungen, sich für eine solche Rechtsform zu entscheiden. Nach der Rechtsprechung des BGH läßt der in § 22 BGB für wirtschaftliche Vereine verordnete Konzessionszwang nicht die Möglichkeit offen, auf einem anderen Wege als in den Formen der 114

Aktiengesellschaft, der GmbH und der eingetragenen Genossenschaft die Rechtsfähigkeit und die Nichthaftung der Mitglieder für Verbindlichkeiten der Vereinigung zu erreichen (BGHZ 22, 240, 244).

115 Die Verleihungspraxis hat sich nach § 22 BGB von den Grundsätzen der Alternativität und Subsidiarität leiten zu lassen. Der Grundsatz der Alternativität bedeutet, daß nur solchen wirtschaftlichen Vereinen die Rechtsfähigkeit verliehen werden darf, die nicht auch nach § 21 BGB eintragungsfähig wären. Nach dem Grundsatz der Subsidiarität kann einem wirtschaftlichen Verein die Rechtsfähigkeit nur verliehen werden, wenn es ihm wegen der besonderen Umstände des Einzelfalles nicht zumutbar ist, sich zur Erlangung der Rechtsfähigkeit nach den „besonderen reichsgesetzlichen Vorschriften" (Aktiengesetz, GmbH-Gesetz oder Genossenschaftsgesetz) zu konstituieren oder aber auf die Rechtsfähigkeit zu verzichten. Der Subsidiaritätsgrundsatz verstößt nicht gegen Art. 9 GG (vgl. zur Problematik K. Schmidt, AcP 182 (1982), 32 ff. mit weiteren Nachweisen).

Für politische Parteien im Sinne des Art. 21 GG gilt das Parteiengesetz.

II. Die Gründung des Vereins

116 Die Gründung eines rechtsfähigen Vereins vollzieht sich in mehreren Stufen:

- Zuerst wird ein Personenverband gegründet,
- der danach seine Rechtsfähigkeit, die Anerkennung als juristische Person, durch die Eintragung in das Vereinsregister erlangt.

1. Der Gründungsvertrag

117 Zunächst schließen diejenigen, die den Verein gründen wollen, einen Gründungsvertrag.

Gegenstand des Gründungsvertrages ist die Einigung der Gründer

- über den Zusammenschluß zu einer Organisation, die der Erreichung eines bestimmten Zweckes dient,

und

- über die Satzung, die ein Teil der Verfassung des Vereins ist.

Über die Rechtsnatur dieses Gründungsvertrages gehen die Meinungen auseinander. Dieser Streit ist nicht nur terminologischer Art, wenn man die Rechtsfolgen des Gründungsvertrages mit ins Auge faßt.

Folgert man aus der Tatsache, daß die Satzung durch den Gründungsvertrag verbindlich wird, sie bleibe auch weiterhin die rechtsgeschäftliche Grundlage der auch durch das Gesetz bestimmten Verfassung des Vereins, so kann sie nur durch Rechtsgeschäfte geändert werden. Geht man aber davon aus, daß die Satzung als ein Teil des Gründungsvertrages zwar zunächst ein von den Gründern geschlossener Vertrag ist, nach dem Entstehen des Vereins aber ein „unabhängiges, rechtliches Eigenleben" erlangt und zur körperschaftlichen Verfassung des Vereins wird, so folgt nach Ansicht des BGH daraus, daß Wille und Interessen der Mitglieder zurücktreten und an ihre Stelle der Vereinszweck und die Mitgliederinteressen als die rechtsgestaltenden Kräfte, auf die es allein ankommen kann, treten (so BGHZ 47, 172, 179). **118**

Der Gründungsvertrag ist zwar ein Rechtsgeschäft, das durch den übereinstimmenden Willen aller Beteiligten zustande kommt und die Beteiligten bindet. Er ist jedoch kein gewöhnlicher Schuldvertrag, weil er auf die Schaffung eines von der Zugehörigkeit der Gründungsmitglieder unabhängigen, diese überdauernden Verbandes gerichtet ist. Larenz (§ 10 I 1) bezeichnet den Gründungsvertrag deshalb als „personen- oder sozialrechtlichen Vertrag". Reinhardt-Schultz (Rdnr. 316) sprechen von einem *Organisationsvertrag,* der entsprechend den in Gesetz und Satzung enthaltenen Normen alle Beziehungen herstellt, die einer körperschaftlich organisierten Vereinigung eigen sind. Daraus folgt: Ist die Körperschaft erst einmal ins Leben gerufen worden, können eine Reihe von Regelungen, wie sie das Gesetz für den gewöhnlichen Schuldvertrag vorsieht, nicht mehr ohne weiteres auf den Gründungsvertrag angewandt werden. So können z. B. Vereinsmitglieder ihre Willenserklärungen, die sie beim Zustandekommen des Gründungsvertrages abgegeben haben, zwar anfechten, die Anfechtung wirkt allerdings nach herrschender Auffassung nicht in der Weise, daß der gesamte Vertrag dadurch vernichtet wird (vgl. Larenz, § 10 I 1). Nichtigkeitsgründe, die mit der Beitrittserklärung eines Mitgliedes verbunden sind, wie auch Anfechtungserklärungen der Gründer wirken stets nur für die Zukunft, führen also nicht zur rückwirkenden Auflösung des Vereins oder zum rückwirkenden Ausscheiden eines Gründers. **119**

Beispiel: Vereinsgründer A ist vor Abschluß des Gründungsvertrages arglistig getäuscht worden. Die abgegebene Anfechtungserklärung wirkt, nachdem der Verein ins Leben gerufen ist, nur noch für die Zukunft. Ob die erfolgreiche Anfechtung lediglich zum Ausscheiden des betreffenden Mitgliedes oder zur Auflösung des Vereines für die Zukunft führt, ist im Zweifel gemäß § 139 BGB zu entscheiden.

Entstanden ist der Verein mit dem Abschluß des Gründungsvertrages und dem Inkrafttreten der Satzung.

2. Die Erlangung der Rechtsfähigkeit

120 Rechtsfähigkeit erlangt der Verein mit der Eintragung in das Vereinsregister durch das Registergericht. Diese Eintragung darf nur erfolgen, wenn bestimmte Mindestvoraussetzungen erfüllt sind. Dazu zählen:
- die Gründung des Vereins in der oben dargestellten Art und Weise;
- die Bestellung eines Vorstandes für den Verein (§§ 26, 59 BGB);
- die Anmeldung des Vereins beim Registergericht (zuständiges Amtsgericht) durch den Vereinsvorstand mit öffentlich beglaubigter Erklärung (§ 77 BGB);
- die Beifügung der Satzung in Urschrift und Abschrift, die Namen, Zweck und Sitz des Vereins enthalten muß, und die Beifügung der Niederschrift über die Bestellung des Vorstandes (§ 59 Abs. 2 BGB).

121 Darüber hinaus *sollen* folgende Voraussetzungen vorliegen: Mindestens 7 Gründer sollen vorhanden sein und die Satzung unterschrieben haben, die den in § 58 BGB aufgeführten Mindestinhalt haben soll.

Das Registergericht prüft nach, ob der Verein nach den oben aufgeführten Kriterien eintragungsfähig ist. Es überprüft dabei auch, ob der Gründungsvertrag mit dem Gesetz und den guten Sitten vereinbar ist (§§ 134, 138 BGB).

Gibt es keinen Grund zur Beanstandung, muß das Amtsgericht die Anmeldung der dafür zuständigen Landesbehörde – die Zuständigkeit ist nach Landesrecht geregelt – mitteilen.

III. Die Verfassung des rechtsfähigen Vereins

1. Begriff und Inhalt der Verfassung des Vereins

122 Als die Verfassung des Vereins ist die Summe der Regelungen zu verstehen, die den inneren Aufbau und das innere Verbandsleben – die Mitgliedschaft, das Verhältnis der Organe zueinander, die Auflösung, das Schicksal des Vermögens bei der Beendigung – sowie die äußere Gestaltung – wie Zweck, Name, Sitz des Vereins sowie die Vertretung – enthält.

Die Verfassung setzt sich zusammen:
- aus den zwingenden Vorschriften des BGB über den Verein,
- aus der Satzung
- und aus den dispositiven Vorschriften des BGB, soweit die Satzung keine Bestimmungen trifft, die diese ersetzen.

Für den bürgerlich-rechtlichen Verein gilt der Grundsatz der *Vereinsautonomie,* der als ungeschriebenes Tatbestandsmerkmal aus § 40 BGB abgeleitet werden kann (vgl. dazu Schockenhoff, AcP 193 (1993), 35ff. mit Nachw.). Über den Inhalt der Vereinsautonomie besteht weitgehend Einigkeit: Sie ist die Befugnis der Verbände, ihre Struktur und ihre inneren Verhältnisse selbst zu gestalten; notwendiger Bestandteil ist die *Satzungsautonomie,* die durch die Mitgliederversammlung ausgeübt wird (vgl. Schockenhoff, AcP 193 (1993), 35, 39 mit Nachw.). 123

Letztlich werden dem Grundsatz der *Vereinsautonomie* zwei verschiedene, voneinander zu trennende Bedeutungen zugemessen:
- Der Verein soll die Freiheit genießen, seine eigenen Angelegenheiten unabhängig, d.h. ohne Fremdeinfluß, bestimmen zu können („Selbstbestimmungsrecht").
- Für die Ausübung dieser Freiheit soll, von zulässigen Delegationsmöglichkeiten abgesehen, die Mitgliederversammlung zwingend zuständig sein (Gebot der „Letztzuständigkeit der Mitgliederversammlung". So Schockenhoff, AcP 193 (1993), 35, 39f.).

Zwingende Vorschriften, die durch die Satzung weder ersetzt noch abgeändert werden können, sind: §§ 26, 27 Abs.2, 28 Abs.2, 29, 30, 31, 34, 35, 36, 37, 39, 41 BGB (siehe § 40 BGB).

Soweit die Bestimmungen des Vereinsrechts dispositiv sind, können die Mitglieder eines Vereins sich grundsätzlich jede von ihnen gewünschte Ordnung geben. Diese Gestaltungsfreiheit findet ihre Grenze jedoch dort, wo die Privatautonomie allgemein endet, nämlich an dem Grundsatz von Treu und Glauben, wie er sich insbesondere aus den §§ 134, 138, 242 und 826 BGB ergibt. Diese Grenze ist dann überschritten, wenn die Satzung den Verein so stark unter fremden Einfluß bringt, daß er zu einer eigenen selbständigen Willensbildung nicht mehr in der Lage ist (vgl. OLG Frankfurt, OLGZ 1982, 309f.) 124

Beispiel: Die Satzung eines Vereins sieht vor, daß Änderungen der Satzung ausschließlich durch Rechtsverordnung der Evangelisch-Lutherischen Kirchengemeinschaft in den Ländern der Bundesrepublik Deutschland (Augustana-Gemeinde) erfolgen soll. Das OLG Frankfurt (OLGZ 1982, 309f.) hat darin einen Verstoß gegen den im Vereinsrecht bestehenden Grundsatz der Vereins- und Satzungsautonomie gesehen. Denn durch die entsprechende Satzungsbestimmung ist die Möglichkeit einer eigenen Willensbildung nicht nur zugunsten eines Dritten eingeschränkt, was nach Auffassung mancher (vgl. KG, OLGZ 1974, 389; MünchKomm-Reuter, § 33 Rdnr. 5) zulässig wäre; vielmehr wird durch die entsprechende Satzungsbestimmung dem Verein die Möglichkeit entzogen, sein Recht selbst zu setzen.

2. Die Rechtsnatur der Satzung

125 Über die Rechtsnatur der Satzung als Teil der Verfassung des Vereins besteht wie bei der Beurteilung der Rechtsnatur des Gründungsvertrages keine einhellige Meinung. Die Rechtsprechung (u.a. BGHZ 47, 172, 177ff.) geht davon aus, daß die Satzung zunächst zwar auf einem von den Gründern geschlossenen Vertrag beruht, nach der Entstehung des Vereins aber ein „unabhängiges rechtliches Eigenleben" erlangt, zur „körperschaftlichen Verfassung des Vereins" wird und fortan das rechtliche Wollen des Vereins als der Zusammenfassung seiner Mitglieder objektiviert. Larenz (§ 10 I 2) sieht in der Satzung eine von den Gründern im Gründungsvertrag festgelegte und durch den Abschluß desselben in Gang gesetzte „normartige rechtliche Regelung, deren Geltung auf diejenigen beschränkt ist, die sich ihr durch ihren Beitritt zum Verein freiwillig unterstellt haben", und die solange für sie bindend ist, als sie die freiwillige Unterwerfung nicht durch ihren Austritt aus dem Verein beendet haben.

126 Nach herrschender Meinung (u.a. BGHZ 13, 5, 11; 21, 370, 373; 47, 172, 179) beruht die Satzung zwar auf einem Rechtsgeschäft; sie ist jedoch nach ihrem Inkrafttreten nach den Grundsätzen zu behandeln, die für die Beurteilung objektiven Rechts anwendbar sind. Das gilt insbesondere für die Auslegung.

Ob die Satzung ihren rein rechtsgeschäftlichen Charakter beibehält oder nach den Grundsätzen für die Beurteilung objektiven Rechts zu behandeln ist, wird z.B. relevant bei der Frage, ob auf die Satzung § 139 BGB anwendbar ist oder nicht. Folgt man der herrschenden Meinung, ist § 139 BGB nicht anwendbar (so BGHZ 47, 172, 178ff.). Grundsätzlich sind die allgemeinen Auslegungsregeln der §§ 133, 157, 242 BGB anzuwenden.

Umstritten ist, ob bei unklaren Satzungsvorschriften, die ausgelegt werden müssen, alle Behelfe herangezogen werden dürfen, auch wenn sie nicht in der Satzung oder wenigstens in den Akten des Registergerichts enthalten sind. Für die Satzung eines Vereins hat der BGH (BGHZ 47, 172, 179f.) festgestellt, mit der Entstehung des Vereins löse sich der Verein völlig von den Personen. Damit erlange die Satzung „ein unabhängiges rechtliches Eigenleben", werde zur körperschaftlichen Verfassung des Vereins und objektiviere fortan das rechtliche Wollen des Vereins als der Zusammenfassung seiner Mitglieder. „Gründerwille und -interessen treten zurück; an ihrer Stelle gewinnen der Vereinszweck und die Mitgliedsinteressen die rechtsgestaltende Kraft, auf die es allein noch ankommen kann" (BGHZ 47, 172, 180). Der BGH (BGHZ 96, 245, 250) hat wiederholt betont, Vereinssatzungen seien lediglich aus ihrem Inhalt heraus auszulegen; Willensäußerungen oder Interessen der Gründer, sonstige tatsächliche Umstände aus der Entstehungsgeschichte oder der späteren Vereinsentwicklung dürften hier gerade nicht verwertet werden. **127**

3. Der Inhalt der Satzung

Die Satzung eines Vereins muß einen Mindestinhalt aufweisen. Aus ihr müssen der Zweck des Vereins, sein Name und sein Sitz entnommen werden können. Es muß aus ihr auch hervorgehen, daß der Verein eingetragen werden soll (§ 57 BGB). **128**

Außerdem soll die Satzung eine Reihe weiterer Bestimmungen enthalten (§ 58 BGB), nämlich solche

- über den Eintritt und Austritt von Mitgliedern,
- über die Frage, ob und gegebenenfalls welche Beiträge die Mitglieder zu leisten haben,
- über die Bildung des Vorstandes,
- über die Voraussetzungen, unter denen die Mitgliederversammlung zu berufen ist,
- über die Form der Berufung und
- über die Beurkundung der Beschlüsse.

Die Frage, ob auch Vereinssatzungen einer richterlichen Inhaltskontrolle unterworfen werden können, ist umstritten (vgl. zum Streitstand K. Schmidt, Gesellschaftsrecht, § 5 III). Der BGH (BGHZ 105, 306) hat eine richterliche Inhaltskontrolle gemäß § 242 BGB jedenfalls im Hin- **129** blick auf solche verbandsinternen Normen bejaht, die die Rechtsstellung in denjenigen Vereinen und Verbänden regeln, die im wirtschaftlichen oder sozialen Bereich eine überragende Machtstellung innehaben.

130 Der BGH (BGHZ 105, 306, 318) hat diese – eingeschränkte – Inhaltskontrolle u. a. wie folgt begründet: Sowenig wie es solchen Vereinigungen freigestellt werden könne, Bewerber, die auf die Mitgliedschaft bei ihnen angewiesen seien, willkürlich abzuweisen, sowenig könne es ihnen freistehen, ihre Mitglieder willkürlichen oder unbilligen, Treu und Glauben (§ 242 BGB) widerstreitenden Satzungsgestaltungen zu unterwerfen; wenn auch die Mitglieder aufgrund ihrer vereinsrechtlichen Mitwirkungsrechte an der Gestaltung des Verbandsrechts beteiligt seien, so gelte dies, abgesehen davon, daß Mitglieder auch zu einer unterlegenen Minderheit gehören könnten, nur für diejenigen, die aufgrund bestehender Mitgliedschaft schon an der Satzung des Verbandsrechts beteiligt seien, nicht jedoch für die später Hinzutretenden.

Auf Vereinssatzungen findet gemäß § 23 Abs. 1 AGB-Gesetz das AGB-Gesetz keine Anwendung. Auch sportliche Regelwerke stellen weder im Verhältnis zu den Mitgliedern noch im Verhältnis zu den Nichtmitgliedern des regelaufstellenden Verbandes Allgemeine Geschäftsbedingungen dar; sie unterliegen deshalb einer Inhaltskontrolle nur nach den allgemeinen Vorschriften der §§ 242 und 138 BGB. Der BGH (NJW 1995, 583 ff.) begründet letzteres vor allem damit, daß das vom Verbraucherschutzgedanken getragene AGB-Gesetz auf prinzipiell gegensätzliche Interessen des Verwenders und seiner Kunden zugeschnitten sei; dies passe schon im Ausgangspunkt nicht auf das Verhältnis zwischen den am organisierten Sport teilnehmenden Personen – gleichgültig, ob in einem Verbandsverein organisiert oder vereinsfrei – und dem jeweiligen, für die Organisation dieses Sports zuständig zeichnenden Verband. Der Sporttreibende und die die betreffende Sportart betreuenden Verbände verfolgten nicht grundlegend gegensätzliche Interessen.

IV. Die Organe des Vereins

131 Der Verein muß zwei Organe haben: die Mitgliederversammlung und den Vorstand.

Weitere Organe können gebildet werden. Sie sind vom Gesetz jedoch nicht zwingend vorgeschrieben.

Beispiel: Die Satzung eines Vereins kann vorsehen, daß ein „Ältestenrat" oder „Beirat" zu bilden ist, zu dessen Aufgaben u. a. die Ausübung der „Vereinsstrafgewalt" (die Verhängung von Strafen, wie Geldbußen, Ausschluß aus dem Verein etc.) nach Maßgabe der Satzung gehören soll.

1. Die Mitgliederversammlung

Man kann die Mitgliederversammlung als das oberste Organ des Vereins bezeichnen, weil sie über alle Angelegenheiten zu entscheiden hat, deren Besorgung nicht durch Gesetz oder Satzung dem Vorstand übertragen ist (§ 32 BGB). Sie führt ihre Entscheidungen nicht selbst aus. Dies obliegt dem Vorstand, dem auch die Vertretung des Vereins nach außen zusteht. 132

Die Mitgliederversammlung ist unter den im Gesetz oder in der Satzung genannten Voraussetzungen auch zur Satzungsänderung befugt.

Sie trifft ihre Entscheidungen durch Beschlußfassung, d.h. durch Stimmabgabe der Mitglieder und Feststellung des Ergebnisses. Da § 32 Abs. 1 S. 2 BGB von der „Mehrheit der erschienenen Mitglieder" spricht, ist über die Auslegung dieser Vorschrift zunächst gestritten worden. Der BGH (BGHZ 83, 35) hat jedoch nun mit Hinweis auf entsprechende Regelungen im AktG (§ 133 Abs. 1), GmbHG (§§ 47 Abs. 1 u. 53 Abs. 2) und GenG (§§ 16 Abs. 2 und 43 Abs. 2) die Auffassung vertreten, bei der Beschlußfassung im Verein sei die Mehrheit nur nach der Zahl der abgegebenen Ja- und Nein-Stimmen zu berechnen, Enthaltungen seien nicht mitzuzählen. 133

Die Satzung kann – da es sich bei § 32 BGB gem. § 40 BGB um dispositives Recht handelt – festlegen, wieviele Stimmen ein Mitglied hat und welche Art von Mehrheit für bestimmte Entscheidungen maßgeblich sein soll.

Die Mitgliederversammlung muß über die in der Satzung genannten Fälle hinaus einberufen werden, 134

- wenn das Interesse des Vereins das erfordert (§ 36 BGB) oder
- der durch die Satzung bestimmte Teil oder, falls eine solche Bestimmung fehlt, eine Minderheit von 10% der Mitglieder dies unter Angabe des Zweckes und der Gründe fordert (§ 37 Abs. 1 BGB).

Fehlerhafte Beschlüsse der Mitgliederversammlung sollen nach der noch herrschenden Auffassung (vgl. BGHZ 59, 369, 372) ipso jure nichtig bzw. unwirksam sein. Die Nichtigkeit ist durch Feststellungsklage gemäß § 256 ZPO geltend zu machen, nachdem die vereinsinternen Rechtsbehelfe ausgeschöpft sind (vgl. Palandt-Heinrichs, § 32

Rdnr. 9). Eine Unterscheidung zwischen nichtigen Beschlüssen – etwa wegen Verstoßes gegen §§ 134, 138 BGB – einerseits und lediglich anfechtbaren Beschlüssen andererseits, wie sie im Aktienrecht in den §§ 241 ff. AktG, die auf die GmbH entsprechend anwendbar sind, geregelt ist, ist im Vereinsrecht noch nicht anerkannt (vgl. zur Anwendung der §§ 241 ff. AktG unten Rdnr. 624 ff. und 713 ff.). Der BGH (BGHZ 59, 369 ff.) hat eine entsprechende Anwendung der §§ 241 ff. AktG auf Vereinsbeschlüsse verneint, jedenfalls soweit sie eine Anfechtungsklage vorsehen. K. Schmidt (Gesellschaftsrecht, § 24 III) fordert nun, auf Beschlüsse des Vereins wie bei der GmbH die §§ 241 ff. AktG analog anzuwenden. Seine Begründung dafür, der Verein sei schließlich ein parteifähiger Verband mit einem auf Mehrheitsbeschlüsse angelegten Willensbildungsorgan, vermag zu überzeugen. Hinzu kommt, daß auch im Hinblick auf Vereinsbeschlüsse das Bedürfnis vorhanden ist, zwischen nichtigen Beschlüssen einerseits und nur anfechtbaren Beschlüssen andererseits zu unterscheiden.

2. Der Vorstand

135 Der von der Mitgliederversammlung durch Beschluß bestellte Vorstand besteht in der Regel aus mehreren Personen. Er ist das Geschäfts- und Vertretungsorgan des Vereins. Er vertritt diesen gerichtlich und außergerichtlich (§§ 26 ff. BGB). Handlungen und Willensäußerungen des Vorstandes sind die des Vereins.

Grundsätzlich ist der Umfang der Vertretungsmacht des Vorstandes gemäß § 26 Abs. 2 Satz 1 BGB unbeschränkt; er kann allerdings gemäß § 26 Abs. 2 Satz 2 BGB mit Wirkung gegen Dritte durch die Satzung beschränkt werden. Eine entsprechende Bestimmung in der Satzung muß allerdings eindeutig die Beschränkung der Vertretungsmacht des Vorstandes erkennen lassen (BGH WM 1980, 1170 f.).

136 Häufig ist es zweckmäßig, in die Satzung Bestimmungen über die Art und Weise der Beschlußfassung im Vorstand aufzunehmen und – je nach Art des Vereins – den Vorstandsmitgliedern bestimmte Aufgabengebiete zuzuweisen. Diese Fragen können jedoch auch durch eine Geschäftsordnung für den Vorstand geregelt werden.

Beispiel: Der Vorstand eines Sportvereins kann nach der Satzung bestehen aus: dem ersten Vorsitzenden und dessen Stellvertreter, dem Schatzmeister, dem Sportwart und dem Jugendbeauftragten.

Ein Verein, der durch seine Satzung den Vorstandsmitgliedern Einzelvertretungsmacht eingeräumt hat, kann in der Satzung die Geschäftsführung einem anderen Organ als dem Vorstand übertragen, weil zwischen geschäftsführendem und vertretungsberechtigtem Organ keine Identität bestehen muß (BGHZ 69, 250, 252ff.). **137**

Der Verein ist zum Ersatz derjenigen Schäden verpflichtet, die seine Organe in Ausführung einer ihnen zustehenden Verrichtung durch zum Schadensersatz verpflichtende Handlungen einem Dritten zugefügt haben (§ 31 BGB). Da diese Regelung jede Möglichkeit der Entlastung, wie sie etwa § 831 BGB zuläßt, ausschließt, wird der Verein durch § 31 BGB so gestellt, als ob er die zum Schadensersatz verpflichtende Handlung selbst begangen hätte (so die herrschende Meinung: RGZ 128, 162, 169; BGH NJW 1952, 537f.).

§ 31 BGB ist allein keine Anspruchsgrundlage. Er erlegt nur dem Verein die Schadensersatzpflichten auf, die nach anderen Vorschriften der Person oder den Personen entstanden wären, wenn diese für sich und nicht als Organ für den Verein gehandelt hätten. Eine Schadensersatzpflicht des Vereins für Handlungen seiner Organe entsteht also über § 31 BGB nur in Verbindung mit anderen Anspruchsgrundlagen, seien sie vertraglicher Art, wie z.B. §§ 325, 286 Abs.1 BGB und positive Vertragsverletzung, oder aus dem Deliktsbereich, wie z.B. §§ 823ff. BGB (vgl. u.a. BGHZ 90, 92, 95).

Beispiel: Das dafür zuständige Vorstandsmitglied zahlt den Kaufpreis aus einem Kaufvertrag nicht, der zwischen dem Verein und V zustande gekommen ist. V entsteht dadurch ein Verzugsschaden, den er gemäß § 286 Abs.1 BGB i.Vb.m. § 31 BGB von dem Verein fordern kann.

Dem § 31 BGB kommt über den Bereich des eingetragenen Vereins hinaus große Bedeutung zu, weil er auf alle juristischen Personen und auch auf die OHG und die KG entsprechend angewandt wird.

Zur entsprechenden Anwendung des § 31 BGB auf die Gesellschaft bürgerlichen Rechts siehe oben Rdnr. 88f.

V. Die Mitgliedschaft

138 Die Mitgliedschaft ist der Inbegriff der Rechte und Pflichten, die sich aus den Rechtsbeziehungen zwischen dem Verein und seinen Mitgliedern ergeben. Die Mitgliedschaft ist personenrechtlich geprägt. Daraus folgt, daß sie nicht übertragbar und nicht vererblich ist und ihre Ausübung auch nicht anderen überlassen werden kann (§ 38 BGB).

Unter *Mitgliedschaft* im Verein sind üblicherweise zwei streng voneinander zu scheidende Rechtsinstitute zu verstehen:
- die Mitgliedschaft als subjektives Recht
- und die Mitgliedschaft als Sonderrechtsbeziehung (vgl. K. Schmidt, JZ 1991, 157, 161). Letztere besteht „mit den aus ihr fließenden spezifischen Rechten und Pflichten" zwischen dem Verein und seinen Mitgliedern (so BGHZ 110, 323, 324).

139 Als subjektives Recht ist die Mitgliedschaft durch § 823 Abs. 1 BGB geschützt. Sie wird als sonstiges Recht i. S. des § 823 Abs. 1 BGB angesehen, dessen Verletzung Schadensersatzansprüche nach deliktischen Grundsätzen auslösen kann (vgl. BGHZ 110, 323, 327 ff.).

Aus der Mitgliedschaft ergeben sich in der Regel für das Mitglied gegenüber dem Verein folgende Rechte:
- das Recht auf Teilnahme an der Vereinsverwaltung mit Stimmrecht und aktivem und passivem Wahlrecht zu den Ämtern des Vereins;
- das Recht, an den Veranstaltungen des Vereins teilzunehmen;
- das Recht, die vom Verein zum Gebrauch für die Vereinsmitglieder bestimmten Sachen zu benutzen.

Beispiel: Die Mitglieder eines Tennisvereins haben das Recht, die Plätze des Vereins zum Tennisspielen zu benutzen und das Clubhaus aufzusuchen.

140 Außerdem hat jedes Vereinsmitglied aus der Sonderrechtsbeziehung gegenüber dem Verein einen Anspruch darauf, daß der Vorstand seine Mitgliedschaftsrechte nicht verletzt. Geschieht dies dennoch, so „begründet das – ähnlich der positiven Vertragsverletzung – Schadensersatzpflichten, für die der Verein nach § 31 BGB haftet" (so BGHZ 90, 92, 95).

Beispiel (nach BGHZ 90, 92, 95): Der Vorstand schließt ein Vereinsmitglied trotz fehlender Zuständigkeit aus dem Verein aus. Dem Mitglied entsteht ein Schaden in Gestalt von Anwaltskosten, weil es seine Rechte wahrgenommen hat. Diesen Schaden kann das Mitglied aus positiver Vertragsverletzung i.Vb.m. § 31 BGB vom Verein ersetzt verlangen. Ist der rechtswidrige Entzug der Mitgliedschaft schuldhaft erfolgt, entsteht daneben noch ein Anspruch aus § 823 Abs.1 i.Vb.m. § 31 BGB (so BGHZ 110, 323; vgl. dazu K.Schmidt, JZ 1991, 157, 161 f.).

Aus der oben bezeichneten Sonderrechtsbeziehung zwischen dem Verein und dem Mitglied erwachsen für beide Seiten *Treuepflichten.* Der BGH (BGHZ 110, 323, 330) geht davon aus, daß aus dieser Sonderbeziehung heraus Verein und Mitglied *Treuepflichten* haben, die nicht nur Obliegenheiten, sondern echte Rechtspflichten sind und den Beteiligten nach „dem allgemeinen Grundsatz des § 242 BGB erhöhte Treue- und Förderpflichten" auferlegen. 141

Zu den aus der Mitgliedschaft erwachsenden Verpflichtungen können gehören:
- die Pflicht, Beiträge zu leisten;
- die Pflicht, an Versammlungen und anderen Veranstaltungen des Vereins teilzunehmen;
- die Verpflichtung, Ämter im Verein zu übernehmen.

Auch für den Verein gilt der verbandsrechtliche Grundsatz der Gleichbehandlung der Mitglieder, der allerdings nicht zwingend ist, sondern zur Disposition der Vereinsautonomie steht (vgl. Kübler, § 10 IV 2). Deshalb können durch die Satzung einzelnen Mitgliedern oder Gruppen von Mitgliedern *Sonderrechte* eingeräumt werden, die, sind sie einmal eingeräumt, nicht ohne Zustimmung der begünstigten Mitglieder beeinträchtigt oder gar entzogen werden können (§ 35 BGB). 142

Zu solchen Sonderrechten gehören z.B.:
- mehrfaches Stimmrecht in der Mitgliederversammlung;
- dauernder Sitz im Vorstand des Vereins;
- ganze oder teilweise Befreiung von der Beitragspflicht.

Beispiel: Die Satzung eines Sportvereins sieht vor, daß Jugendliche unter 18 Jahren und Studenten nur die Hälfte des Geldbetrages als jährlichen Beitrag zu leisten haben, den die übrigen Mitglieder zahlen müssen.

Die Beitragspflicht der Vereinsmitglieder endet mit der Eröffnung des Vereinskonkurses, wenn die Satzung nichts Abweichendes bestimmt. Die Begründung dafür ist darin zu sehen, daß der Gesetzgeber im Hinblick auf Vereine mit nicht wirtschaftlicher Zielsetzung besondere Vorschriften zum Schutze der Gläubiger für nicht notwendig erachtet hat (vgl. BGHZ 45, 395, 397). Demnach können Mitgliederbeiträge nicht mit handelsrechtlichen Gesellschaftereinlagen verglichen werden, die zur Gläubigerbefriedigung zur Verfügung stehen müssen und dazu auch noch im Abwicklungsstadium eingefordert werden können. In die Konkursmasse fallen deshalb nur die im Zeitpunkt der Konkurseröffnung rückständigen Mitgliederbeiträge (so BGHZ 96, 253, 256f.).

143 Die Mitgliedschaft wird, wenn das Mitglied nicht schon zu den Gründern gezählt hat, durch Eintritt in den Verein unter den Voraussetzungen, die die Satzung festlegen soll, erworben (§ 58 Ziff. 1 BGB). Meist vollzieht sich der Erwerb der Mitgliedschaft so, daß der Eintrittswillige seine Bereitschaft zum Eintritt erklärt, der Vorstand als das von der Satzung dafür bestimmte Organ über die Aufnahme beschließt und nach einem positiven Beschluß dem Eintrittswilligen gegenüber eine entsprechende Erklärung abgibt. Bei dem Eintritt in einen Verein auf die geschilderte Art und Weise handelt es sich um ein *Rechtsgeschäft,* und zwar um einen Vertrag, der auf die Begründung eines Rechtsverhältnisses abzielt (so Larenz, § 10 III b).

Durch die Satzung kann bestimmt werden, daß neue Vereinsmitglieder nur aufgenommen werden können, wenn sie bestimmte Voraussetzungen erfüllen, wie z.B. die Zugehörigkeit zu einer bestimmten Berufsgruppe oder ein Mindestalter.

Beispiel: Ein „Verein der Filmfreunde e.V." legt in seiner Satzung fest, daß Mitglieder nur Personen werden können, die volljährig sind.

144 Da die Aufnahme in einen Verein durch den Abschluß eines Vertrages geschieht (vgl. oben Rdnr. 143), ist die Frage nach der Verpflichtung zur Aufnahme neuer Mitglieder im Grunde nichts anderes als ein Spezialfall des Kontrahierungszwangs (vgl. dazu Grunewald AcP 182 (1982), 181, 185). Deshalb besteht grundsätzlich kein subjektives Recht des einzelnen darauf, in einen bestimmten Verein aufgenommen zu werden. Ein solcher Anspruch kann auch nicht aus dem Grundgesetz (Art. 9 Abs. 3 GG) abgeleitet werden. Denn auch im Hinblick auf die Aufnahme von eintrittswilligen Personen in einen Verein gilt der Grundsatz der Abschlußfreiheit, der Bestandteil der Privatautonomie ist (vgl. Larenz, § 10 III b). Das bedeutet: Nicht nur die einzelne Person kann eine privatautonome Entscheidung darüber treffen, in welchem Verein sie Mitglied werden möchte; auch die Vereine können grundsätzlich frei darüber entscheiden, wen sie als Mitglied aufnehmen möchten (vgl. Kübler, § 33 III).

Der BGH (BGHZ 63, 282, 284 ff.; 93, 151) vertritt unter Anwendung von § 826 BGB und in Anlehnung an die Tatbestandselemente des § 27 GWB die Auffassung, daß ein Verein zur Aufnahme verpflichtet sein kann, wenn der Verein eine Monopolstellung einnimmt und die Ablehnung einer Aufnahme auch dann, wenn sie in einer von der Satzung vorgesehenen Art und Weise geschieht, im Verhältnis zu den bereits aufgenommenen Mitgliedern sachlich nicht gerechtfertigt ist und zu einer ungleichen Behandlung und unbilligen Benachteiligung eines die Aufnahme beantragenden Bewerbers führt (vgl. dazu Larenz, § 10 III b). Der BGH (WM 1979, 1114) hält es auch für möglich, daß ein Aufnahmezwang auch für solche Vereinigungen entstehen kann, die keine Monopolstellung erlangt haben, die aber eine erhebliche wirtschaftliche und soziale Machtstellung besitzen, sofern der Bewerber zur Verfolgung oder Wahrung wesentlicher Interessen auf die Mitgliedschaft angewiesen ist (vgl. dazu Nicklisch, JZ 1976, 105 ff.). Diese Regeln, nach denen bestimmte Vereinigungen einem Aufnahmezwang für beitragswillige Bewerber ihres Wirkungskreises unterworfen sind, hat der BGH (BGHZ 93, 151) auch auf Gewerkschaften, insbesondere die IG Metall, angewandt. Der BGH (BGHZ 93, 151, 154) weist allerdings nachdrücklich darauf hin, daß ein Aufnahmeanspruch nicht in jedem Fall besteht, weil es auf eine Bewertung und Berücksichtigung der Interessen des Verbandes ankomme, die im Einzelfall durchaus dahin gehen könne, den Bewerber von der Mitgliedschaft fernzuhalten, sofern dafür ein sachlich gerechtfertigter Grund existiert. Einen solchen sachlich gerechtfertigten Grund, die Aufnahme von Bewerbern abzulehnen, hat der BGH (JZ 1985, 532) in einem anderen Fall, in dem es ebenfalls um die Aufnahme in die IG Metall ging, darin gesehen, daß es sich bei den Bewerbern um eine geschlossene Gruppe mit eigenem Publikationsorgan handelte, die von vornherein die Solidarität gegenüber der von der Mehrheit der Mitglieder getragenen inneren Vereinssatzung verweigert und mit der ausdrücklichen Erklärung die Aufnahme verlangt hatte, daß sie als **145**

Gruppe in der Gewerkschaft selbständig und ohne Bereitschaft zur Integration agieren wolle.

146 Keinesfalls darf allerdings ein Aufnahmezwang – gestützt auf die Monopolstellung, eine ihr gleichkommende Machtstellung oder soziale Stellung – eine Vereinigung treffen, die allein oder überwiegend die Förderung der Geselligkeit ihrer Mitglieder zum Ziele hat. Dies muß auch dann gelten, wenn diese Vereinigung die einzige ihrer Art ist und die Mitgliedschaft ein gewisses Geltungsbedürfnis befriedigt (so zutreffend BGH WM 1979, 1114; vgl. auch Birk, JZ 1972, 343ff.). Eine andere Lösung wäre ein unzulässiger Eingriff in die geschützte und allgemein anerkannte Verbandsautonomie (so i.E. auch K. Schmidt, JuS 1980, 145; grundlegend zum Problemkreis Aufnahmegebot und Vereinigungsfreiheit Wiedemann, Bd. I, § 12 I 3 c).

147 Der BGH (BGHZ 63, 282, 285; 93, 151, 153) stützt letztlich einen Anspruch derjenigen Personen, die in einen Verein oder Verband als Mitglied aufgenommen werden möchten, auf § 826 BGB. Dies ist, abgesehen davon, daß die relativ hohe Verschuldensschwelle oder die Frage nach der Sittenwidrigkeit Schwierigkeiten bereiten kann, schon deswegen bedenklich, weil es nicht um irgendeine Art der Schadenskompensation geht (so zu Recht Bartodziej, ZGR 1991, 517, 519). Letztlich ist der Aufnahmeanspruch die „Konsequenz einer aufnahmebeschränkenden zivilrechtlichen Mißbrauchsaufsicht über sozialmächtige Vereinigungen"; deshalb sollten mit der gebotenen Vorsicht und mit Modifikationen die kartellrechtlichen Bestimmungskriterien für marktbeherrschende Unternehmen (§ 22 Abs. 1 GWB) für die Auswahl der nach der Rechtsprechung des BGH aufnahmepflichtigen „sozialmächtigen Vereinigungen" herangezogen werden (so Bartodziej, ZGR 1991, 517, 545).

Die Mitgliedschaft endet, wenn nicht durch Tod, in der Regel durch Austritt aus dem Verein. Die Satzung kann bestimmen, daß der Austritt nur zum Schluß eines Geschäftsjahres oder nach dem Ablauf einer Kündigungsfrist möglich ist (§ 39 BGB). Darüber hinaus hat jedes Mitglied das Recht, die Mitgliedschaft fristlos aus wichtigem Grund zu kündigen (RGZ 130, 375ff.; BGH LM Nr. 2 zu § 39 BGB).

VI. Vereinsstrafen und Ausschluß von Mitgliedern

1. Allgemeine Grundsätze

Es besteht Einigkeit darüber, daß der Verein zulässigerweise die Möglichkeit hat, Mitglieder auszuschließen, wenn dies in der Satzung vorgesehen ist und ein satzungsgemäßer Ausschließungsgrund vorliegt. Darüber hinaus ist es dem Verein auch möglich, ein Mitglied auszuschließen, wenn die Satzung eine entsprechende Regelung nicht enthält, aber ein *wichtiger Grund* vorliegt, etwa eine grobe Pflichtverletzung gegenüber dem Verein. 148

Der wirksame Ausschluß beendet die Mitgliedschaft durch einseitigen Gestaltungsakt des Vereins. Da der Ausschluß in der Regel mit Handlungen begründet wird, die mit dem Vorwurf des vereinsschädigenden Verhaltens oder sonst zu mißbilligenden Handelns verbunden werden, trägt der Ausschluß fast stets den Charakter einer *Vereinsstrafe* (so zu Recht Larenz, § 10 III b).

Deshalb müssen für den Ausschluß aus dem Verein grundsätzlich dieselben Regeln gelten wie für die Vereinsstrafe. 149

Im Schrifttum wird allerdings auch die Auffassung vertreten, der Ausschluß aus dem Verein sei stets eine Kündigung des Mitgliedschaftsverhältnisses, die als ordentliche nur mit, als außerordentliche auch ohne satzungsmäßige Grundlage zulässig sei (siehe dazu die Übersicht bei Reuter, NJW 1987, 2401, 2402). Die überwiegende Meinung erkennt allerdings ein Nebeneinander von strafweisem und kündigungsweisem Ausschluß an (vgl. dazu Reuter, NJW 1987, 2401, 2402 mit Nachw.).

Als Vereinsstrafe kommt nicht nur der Ausschluß in Betracht. *Vereinsstrafen* sind darüber hinaus u. a.: 150

- Rügen,
- Geldbußen,
- zeitweiliger Ausschluß von den Veranstaltungen des Vereins.

Die Satzung des Vereins kann vorsehen, daß ein Mitglied durch Beschluß des Vorstandes ausgeschlossen werden kann.

Beispiel: Die Satzung des Kleingärtnervereins „Gartenverein Weiter Blick e. V." enthält in § 10 folgende Regelung: „Ein Mitglied kann durch Beschluß des Vorstandes ausgeschlossen werden, wenn es das Ansehen oder die Interessen des Vereins schädigt, seinen Beitragsverpflichtungen nicht nachkommt oder aus einem anderen wichtigen Grund." Wenn das Vereinsmitglied A schon seit drei Jahren fällige Beiträge nicht gezahlt hat, kann der Vorstand, gestützt auf § 10 der Satzung, den A durch Beschluß ausschließen.

151 Allerdings ist der Vorstand nicht berechtigt, ein Vorstandsmitglied aus dem Verein auszuschließen, und zwar auch dann nicht, wenn ihm die Satzung allgemein das Recht zur Ausschließung von Vereinsmitgliedern zuweist (BGHZ 90, 92 ff.). Der BGH (BGHZ 90, 92, 95) hat dies zutreffend damit begründet, daß der Vorstand, stünde ihm eine derartige Befugnis zu, sich leicht eines jeden, ihm mißliebigen Vorstandsmitgliedes entledigen könnte; so würde jedes Vorstandsmitglied in eine mit seiner Stellung als Vorstandsmitglied unvereinbare Abhängigkeit von der Vorstandsmehrheit geraten, wenn diese es aus dem Verein ausschließen und damit den Verlust seines Vorstandsamtes bewirken könnte. Den Ausschluß eines Vorstandsmitgliedes aus dem Verein kann deshalb nur die Mitgliederversammlung beschließen, die den Vorstand auch bestellt.

Der BGH (BGHZ 102, 265) bejaht uneingeschränkt die Überprüfung der Rechtmäßigkeit der Ausschließung von Mitgliedern solcher Vereine und Verbände, die eine überragende Machtstellung im wirtschaftlichen oder sozialen Bereich innehaben.

2. Vereinsstrafe und Verbandsgerichtsbarkeit

152 Welche Bedeutung der Verhängung von Vereinsstrafen, häufig als „Sportgerichtsurteile" bezeichnet, und der Verbandsgerichtsbarkeit überhaupt zukommt, ist einer breiten Öffentlichkeit, aber auch vielen Juristen erst durch die in der Fußballbundesliga aufgetauchten Probleme bewußt geworden. Allein im Bereich der bundesdeutschen Fußballverbände sollen jährlich etwa 150 000 Strafen verhängt werden (vgl. Baecker, NJW 1984, 906).

Die herrschende Meinung in der Rechtsprechung und in der Literatur geht davon aus, daß ein Verein, wenn die Satzung entsprechende Bestimmungen trifft, gegenüber seinen Mitgliedern eine Strafgewalt hat, aufgrund derer er befugt ist, nach selbst gesetzten Maßstäben Strafen gegen Mitglieder zu verhängen (RGZ 140, 23 ff.; BGHZ 13, 5, 15; 21, 370 ff.; 47, 381 ff.; Larenz, § 10 IV). Der BGH (BGHZ 47, 381, 385) spricht davon, daß in jeder Art von Vereinen die Mitglieder sich mit ihrem Eintritt der Vereinsstrafgewalt unterwerfen.

Im Laufe der letzten Jahre ist deutlich geworden, daß die den Ver- 153
einsbereich prägende private Satzungsautonomie und die daraus abgeleitete Vereinsstrafgewalt dazu führen können, daß sich zwischen Staat und Gesellschaft „behördenähnliche Gewaltenträger" bilden, „die nach außen als Repräsentanten von Gruppeninteressen, z. T. fast nationalen Belangen, fungieren und nach innen, den Verbandsmitgliedern gegenüber, quasi hoheitlich tätig werden" (so H. P. Westermann, JZ 1972, 537). Daß sich eine solche Entwicklung vollziehen konnte, hängt u. a. damit zusammen, daß das Vereinsrecht des BGB wenig Raum für die gestaltenden Funktionen von Verbänden in Staat und Gesellschaft läßt und für manche Bereiche einfach nicht mehr paßt. Das gilt vor allem für den in Vereinsform organisierten Bereich des Berufssports.

Beispiel: Die Struktur des organisierten deutschen Fußballs einschließlich der Bundesligen sieht folgendermaßen aus: Alle Fußballvereine sind Mitglieder von Landesverbänden, die selbst Vereine sind. Die Landesverbände (Vereine) sind Mitglieder des Deutschen Fußballbundes (DFB), der selbst ebenfalls ein Verein ist. Die Bundesliga-Lizenzspieler sind nicht Mitglieder der Vereine, für die sie spielen. Sie schließen vielmehr mit den Vereinen Arbeitsverträge ab, die der DFB vorformuliert hat. Der DFB ist als Verein Veranstalter der 1. Bundesliga. Für diesen Wettbewerb mit dem Namen Bundesliga hat der DFB ein Statut, das sogenannte Bundesligastatut erlassen, nach dem dieser Wettbewerb ausgetragen wird. Der DFB schließt mit den in die Bundesliga aufgenommenen Vereinen, die ja nicht direkte Mitglieder des DFB sind (s. o.), einen Lizenzvertrag. Er schließt auch Verträge mit den Spielern der Vereine ab, die von ihm dabei die Erlaubnis erhalten, bei einem Bundesligaverein zu spielen (siehe zu diesen Konstruktionen H. P. Westermann, JZ 1972, 537, 538 f.). Konstruktionen dieser Art sprengen deutlich den Rahmen dessen, was der Gesetzgeber mit dem Vereinsrecht des BGB schaffen wollte.

Im Mittelpunkt der Auseinandersetzungen um Zulässigkeit und 154
Grenzen der Vereinsstrafgewalt steht u. a. die Frage, ob damit der „Boden des Privatrechts verlassen wird und dabei eine Anmaßung öffentlicher Strafgewalt" vorliegt (dazu BGHZ 21, 370, 374).

Flume (in: FS Bötticher, S. 101 ff.) geht davon aus, daß eine selbständige Strafgewalt der Vereine gegen das Strafverhängungsmonopol des Staates und damit gegen Art. 92 GG verstößt, nach dem die rechtsprechende Gewalt nur von den staatlichen Gerichten ausgeübt wird. Er wendet sich gegen jede „Vereinsstrafgewalt" und sieht in den Vereinsstrafen lediglich Vertragsstrafen im Sinne der §§ 339 ff. BGB, die gemäß § 315 Abs. 3 BGB der Nachprüfung durch die staatlichen Gerichte unterliegen und auf Antrag der Betroffenen gemäß § 343 BGB durch die Gerichte festgesetzt werden können. Eine „Anlehnung an das Modell der Vertragsstrafe" nach §§ 339 ff. BGB halten auch Reinhardt-Schultz (Rdnr. 343 ff.) für richtig. Sie vertreten die Auffassung, die Verhängung von Strafen im Sinne der Zufügung eines Übels zum Zwecke der Sühne für begangenes Unrecht sei ausschließlich Sache des Staates, weil dies nur aus seiner Gewalt abgeleitet werden könne. Allerdings müsse es dem Verein möglich sein, dafür zu sorgen, daß seine Mitglieder sich satzungsgemäß verhalten. Für Satzungsverstöße vorgesehene Sanktionen, die in der Satzung oder einer besonderen Ordnung vorgesehen seien, könnten ihren Ursprung und ihre Rechtfertigung in der rechtsgeschäftlichen Übereinkunft finden, die mit dem Beitritt zum Verein vollzogen werde (vgl. Bötticher, ZfA 1970, 44 ff.).

155 Gegen die Auffassung, bei den Vereinsstrafen handele es sich um Vertragsstrafen im Sinne der §§ 339 ff. BGB, wendet sich vor allem Larenz (§ 10 IV), weil die Vertragsstrafen typischerweise schon im Vertrag für einen bestimmten Fall und in bestimmter Höhe festgelegt würden; dagegen werde die Vereinsstrafe durch ein Vereinsorgan im Wege eines „justizähnlichen Verfahrens von Fall zu Fall" verhängt und enthalte typischerweise eine Mißbilligung, mit der die Reaktion einer sozialen Gruppe auf ein Verhalten eines Mitgliedes, das mit den Gruppenanforderungen im Widerspruch stehe, zum Ausdruck gebracht werde. Larenz (§ 10 IV) bezeichnet die Vereinsstrafe als Disziplinarstrafe, die sich nicht auf eine selbständige Strafgewalt der Vereine gründe und deshalb nicht gegen Art. 92 GG verstoße. Die Vereinsstrafe als Disziplinarstrafe beruhe vielmehr auf einer „privatautonom begründeten Rechtsmacht, die den Vereinen gewohnheitsrechtlich zugebilligt wird", soweit sie sich diese in ihrer Satzung zugelegt haben; durch ihren Beitritt hätten sich die Mitglieder der „begrenzten satzungsmäßigen Disziplinargewalt" unterworfen. Disziplinarmaßnahmen dürften jedoch nicht außerhalb eines legitimen Zweckes – wie z.B. der Wahrung der Vereinsordnung – stehen.

156 Die Zulässigkeit dessen, was gemeinhin als Vereinsstrafen bezeichnet wird, ist heute unbestritten, soweit diese in der Satzung eine Grundlage finden.

Meines Erachtens ist es richtig, nicht von Strafen zu sprechen, sondern von „besonderen Maßnahmen", die die Vereinsorgane gegen einzelne Mitglieder verhängen können, wenn diese einen Tatbestand erfüllen, der in der Satzung verankert ist. Mit der Möglichkeit, daß bei

Vorliegen bestimmter Voraussetzungen ein Vereinsorgan solche Maßnahmen verhängen kann, hat sich jedes Vereinsmitglied durch den rechtsgeschäftlichen Akt seines Beitritts (Eintritt) einverstanden erklärt. Aus dieser rechtsgeschäftlichen Übereinkunft ist die Möglichkeit, im Einzelfall diese Maßnahmen zu verhängen, abzuleiten (so auch Bötticher, ZfA 1970, 44); die Anlehnung an die Vertragsstrafe ist aus den von Larenz genannten Gründen nicht möglich. Folgt man dem, so gibt es bei der Verhängung von Maßnahmen gegen Vereinsmitglieder keinen Bereich, der sich der Nachprüfung durch die staatlichen Gerichte entzieht. Die vereinsrechtliche Rechtsprechung des BGH hat bisher in dieser Hinsicht allerdings eine kaum verständliche Zurückhaltung geübt und einen „gerichtsfreien Raum geschaffen", statt den „Rechtsstaatsgedanken eines umfassenden Gerichtsschutzes auf die intermediären Gewalten zu übertragen" (so Wiedemann, Bd. I, § 3 III 3). Der BGH hat zwar z.B. auch den Grundsatz des rechtlichen Gehörs (BGHZ 29, 352, 355) und den Gleichbehandlungsgrundsatz (BGHZ 47, 381, 385) gelegentlich berücksichtigt, andererseits aber auch wieder betont, daß eine auf einem Satzungstatbestand beruhende Beurteilung von den Gerichten grundsätzlich nur daraufhin nachgeprüft werden könne, „ob sie offenbar unbillig ist" (so BGHZ 75, 158, 159. Es handelte sich bei dem entschiedenen Fall allerdings um den Mitgliedsausschluß aus einer politischen Partei, was die Zurückhaltung erklärlich macht).

Zu Recht gewinnt die Ansicht an Bedeutung, daß ein rechtsschutzfreier Raum weder „von oben" durch die Gesetzgebung noch „von unten" durch die betroffenen Personen legitimiert wird (so mit überzeugender Begründung Wiedemann, Bd. I, § 3 III 3). Deshalb ist nach rechtsstaatlichen Grundsätzen der Beschluß eines Vereinsorgans über die Verhängung der oben bezeichneten Maßnahmen auf seine Rechtmäßigkeit voll durch staatliche Gerichte nachprüfbar. Die Gerichte können deshalb u. a. nachprüfen: 157

- ob die ergangene Maßnahme der Satzung entspricht;
- ob eine derartige, in der Satzung vorgesehene Maßnahme im Hinblick auf die Zwecke des Vereins nicht unverhältnismäßig ist;
- ob das in der Satzung für solche Zwecke vorgesehene Verfahren eingehalten worden ist (vgl. dazu auch Larenz, § 10 IV).

158 Der BGH (BGHZ 87, 337ff.) vertritt schon seit 1983 die Ansicht, daß in vereinsrechtlichen Disziplinarverfahren die Tatsachenermittlung der Nachprüfung durch staatliche Gerichte unterliegt (vgl. dazu Baecker, NJW 1984, 906f.)

Der BGH (BGHZ 87, 337, 344) geht zu Recht davon aus, die freiwillige Unterwerfung unter die Vereinsstrafgewalt könne *nicht* dahin ausgelegt werden, daß die Mitglieder bei ihrem Eintritt damit einverstanden seien, für Taten verantwortlich gemacht zu werden, die sie nicht begangen haben. Der BGH weist auf die große gesellschaftliche Macht hin, die heute von Organisationen wie Gewerkschaften, Berufsverbänden etc. – Organisationen, bei denen von einer Freiwilligkeit des Beitritts häufig nur noch bedingt gesprochen werden könne, weil ein Beitritt nicht selten aus beruflichen oder sonstigen Gründen einfach geboten sei – über ihre Mitglieder ausgeübt werden könne. Schon im Hinblick darauf lasse sich die These, die Mitglieder verzichteten im voraus auf die Überprüfung des im vereinsrechtlichen Disziplinarverfahren festgestellten Sachverhalts durch die staatlichen Gerichte, nicht aufrechterhalten. Schließlich werde die Vereins- bzw. Verbandsautonomie durch die gerichtliche Nachprüfung der Sachverhaltsermittlung nicht beeinträchtigt; den Vereinen werde lediglich die „Mißbrauchs“-Möglichkeit genommen, ihren Disziplinarverfahren Sachverhalte zugrunde zu legen, die sich bei objektiver, an rechtsstaatlichen Grundsätzen ausgerichteter Tatsachenermittlung nicht feststellen lassen (BGHZ 87, 337, 345).

159 Der BGH (BGHZ 93, 151, 153ff.; WM 1991, 98) ist der Auffassung, daß es Verbände gibt, die aufgrund ihrer überragenden Machtstellung im wirtschaftlichen oder sozialen Bereich – wie z.B. die Gewerkschaften – bei ihrer Entscheidung über die Aufnahme und folglich auch den Ausschluß eines Mitgliedes nur einen beschränkten Spielraum für sich in Anspruch nehmen können (vgl. auch BGHZ 102, 265). Die Entscheidung solcher Verbände, eines ihrer Mitglieder auszuschließen, kann von den staatlichen Gerichten daraufhin überprüft werden, ob die Ausschließungsentscheidung eine Grundlage in der Satzung hat, in einem ordnungsgemäßen Verfahren zustande gekommen und durch sachliche Gründe gerechtfertigt, d.h. nicht unbillig ist. 1991 hat der BGH (WM 1991, 948, 949) noch einmal betont, die Ausschlußentscheidung solcher Organisationen müsse „eine Stütze im Gesetz oder einer gerichtlichen Inhaltskontrolle standhaltenden Satzungsbestimmung haben, in verfahrensfehlerfreier Weise zustande gekommen sein“ und dürfe im Einzelfall nicht unbillig sein.

Der BGH (NJW (1995, 583 ff.) geht davon aus, daß sich auch Nichtmitglieder der Disziplinargewalt eines Sportverbandes unterstellen können; das gelte jedenfalls dann, wenn sie seine Einrichtungen in Anspruch nehmen oder an einem in seinem Organisations- und Verantwortungsbereich nach seinen Regeln ausgeschriebenen Sportbetrieb teilnehmen wollten. Allerdings müssen sich nach Ansicht des BGH (NJW 1995, 583, 585 f.) die Nichtmitglieder der Disziplinargewalt des Verbandes durch einen rechtsgeschäftlichen Einzelakt unterwerfen. Dies kann außerhalb individueller Vertragsabschlüsse rechtsverbindlich auch durch Teilnahme an einem nach der Sport- und Wettkampfordnung des betreffenden Verbandes ausgeschriebenen Wettbewerb oder durch Erwerb einer generellen Start- oder Spielerlaubnis des zuständigen Sportverbandes geschehen, bei deren Erlangung der Sporttreibende das einschlägige Regelwerk des Verbandes anerkennt. 160

VII. Das Ende des Vereins

Das Gesetz unterscheidet in nicht ganz klar definierter Weise zwischen Auflösung und Verlust der Rechtsfähigkeit. Beides führt zum Untergang der juristischen Person. 161

Zu den Auflösungsgründen gehören:
- die Auflösung durch Beschluß der Mitgliederversammlung (§ 41 BGB);
- der Eintritt von Terminen oder Tatsachen, die nach der Satzung zur Auflösung führen sollen;
- der Wegfall sämtlicher Mitglieder (vgl. BGHZ 19, 51 ff.).

Auch wenn nur noch ein Mitglied übrigbleibt, kann der Verein weiter bestehen; es ist dabei weiterhin streng zu unterscheiden zwischen der juristischen Person, die ein Einmann-Verein geworden ist, einerseits und dem Mitglied andererseits.

Wird ein rechtsfähiger Verein aufgelöst, erfolgt ein Liquidationsverfahren nach den vom Gesetz festgelegten Regeln, die durch die Satzung ergänzt werden können. Mit der Liquidation sollen alle Schulden des Vereins beglichen werden. Ein etwa verbleibender Vermögensrest 162 fällt an die in der Satzung bestimmten Personen (§ 45 BGB). Die Auflösung hat die Beendigung aller rechtlichen Beziehungen der Mitglieder untereinander zur Folge.

Soweit der Zweck der Liquidation dies erfordert, gilt der Verein bis zur Beendigung der Liquidation als fortbestehend (§ 49 Abs. 2 BGB), kann also weiterhin Träger von Rechten und Pflichten sein. Wenn die Mitgliederversammlung den Verein aufgelöst hat (§ 41 BGB), die Liquidation abgeschlossen und verteilbares Vermögen unstreitig nicht mehr vorhanden ist, ist der Verein materiellrechtlich nicht mehr existent (BGHZ 74, 212, 213).

163 *Gründe für den Verlust der Rechtsfähigkeit* können sein:
- die Eröffnung des Konkursverfahrens über das Vermögen des Vereins (§ 42 Abs. 1 BGB). Bei Überschuldung des Vereinsvermögens hat der Vorstand die Eröffnung des Konkurs- oder Vergleichsverfahrens zu beantragen (§ 42 Abs. 2 BGB);
- die Entziehung der Rechtsfähigkeit durch das zuständige Gericht, wenn die Mitgliederzahl unter drei sinkt;
- die Sitzverlegung ins Ausland (so OLG Hamburg, OLGE 16, 121);
- die Entziehung der Rechtsfähigkeit durch die zuständige Verwaltungsbehörde in den in § 43 BGB genannten Fällen, insbesondere beim Wandel vom Ideal- zum Wirtschaftsverein (§ 43 Abs. 2 BGB).

Beispiel: Ein Tennisverein, zu dessen Vermögen eine Reihe von Grundstücken gehört, baut auf den Grundstücken Eigentumswohnungen und veräußert sie mit Gewinn. Aus dem Erlös erwirbt er andere Grundstücke und baut erneut Eigentumswohnungen, um sie zu veräußern. Diese Tätigkeiten sind in der Satzung nicht vorgesehen. Hier könnte für die zuständige Verwaltungsbehörde ein Grund für die Entziehung der Rechtsfähigkeit nach § 43 Abs. 2 BGB vorliegen.

164 Auch der Entzug der Rechtsfähigkeit kann zur Liquidation führen. Im Gegensatz zur Auflösung eröffnet sich auch die Möglichkeit, die Personenvereinigung beizubehalten und als nichtrechtsfähigen Verein fortzuführen. Soll die Personenvereinigung als nichtrechtsfähiger Verein bestehen bleiben, ist keine Liquidation erforderlich. Auch eine Vermögensübertragung ist nicht notwendig. Das gesamte Vermögen geht mit Aktiven und Passiven auf den nichtrechtsfähigen Verein über.

Rdnr. 163, 164

Drittes Kapitel

Die Abgrenzung von Gesellschaften und rechtsfähigen Vereinen von Vereinigungen und Organisationen anderer Art

Gesellschaften bürgerlichen Rechts und Vereine sowie die auf diesen Grundformen basierenden Vereinigungsarten sind von solchen Organisationen und Vereinigungen abzugrenzen, die weder Verein noch BGB-Gesellschaften sind und auch nicht von diesen abgeleitet werden können. 165

§ 6. Der nichtrechtsfähige Verein

Schrifttum: Habscheid, Der nicht rechtsfähige Verein zwischen juristischer Person und Gesellschaft, AcP 155 (1956), 375 ff.; Larenz, Allgemeiner Teil des deutschen bürgerlichen Rechts, 7. Aufl. 1989, § 10 VI; K. Schmidt, Die Partei- und Grundbuchunfähigkeit nichtrechtsfähiger Vereine, NJW 1984, 2249 ff.; H. Schumann, Zur Haftung der nichtrechtsfähigen Vereine, 1956.

I. Begriff und Bedeutung des nichtrechtsfähigen Vereins

Verzichten die Mitglieder eines Vereins darauf, die Schritte zu unternehmen, die notwendig sind, um die Rechtsfähigkeit zu erlangen, so handelt es sich gleichwohl um einen Verein, wenn eine körperschaftliche Organisation auf der Grundlage einer Satzung vorhanden ist. Wenn der Verein nicht eingetragen ist, fehlt ihm vor allem die Rechtsfähigkeit. 166

Der nichtrechtsfähige Verein unterscheidet sich vom rechtsfähigen Verein durch die mangelnde Rechtsfähigkeit. Auch er ist eine auf Dauer angelegte Personenvereinigung, die vom Mitgliederwechsel unabhängig ist und der Erreichung eines gemeinsamen, selbst gesetzten Zweckes dient. Er ist körperschaftlich verfaßt, hat einen Vorstand und tritt nach außen unter eigenem Namen als selbständige Einheit auf.

167 Die Abgrenzung zwischen den nichtrechtsfähigen Vereinen und den Gesellschaften bereitet Schwierigkeiten und ist umstritten. Nach zutreffender Auffassung (vgl. K. Schmidt, Gesellschaftsrecht, § 25 I 2) liegt dann, wenn von einem auf Dauer nichtrechtsfähigen Verband ein Unternehmen betrieben wird, eine Gesellschaft und kein Verein vor, und zwar auch dann, wenn die Organisation Vereinselemente aufweist. Wird ein vollkaufmännisches Unternehmen betrieben, handelt es sich um eine OHG oder KG, sonst um eine Gesellschaft bürgerlichen Rechts.

Die praktische Bedeutung der nichtrechtsfähigen Vereine ist nicht unerheblich. Als nichtrechtsfähige Vereine sind u. a. angesehen worden: Studentenverbindungen (RGZ 78, 134, 135), die Niederlassungen eines katholischen Ordens (RGZ 97, 122, 123), der Verband Deutscher Studentenschaften (OLG München NJW 1969, 617, 618), die Heilsarmee (RAG JW 1935, 2228), Handelssyndikate (RGZ 82, 294, 295). Vor allem ist zu berücksichtigen, daß die meisten – später eingetragenen – Vereine zunächst als nichtrechtsfähige Vereine gegründet werden.

II. Das auf den nichtrechtsfähigen Verein anwendbare Recht

168 Die fehlende Rechtsfähigkeit hat dazu geführt, daß der Gesetzgeber die Vorschriften über die Gesellschaft bürgerlichen Rechts (§§ 705 ff. BGB) für anwendbar erklärt hat (§ 54 BGB). Diese Regelung wird überwiegend für den Fall als verfehlt angesehen, daß der nichtrechtsfähige Verein außer der Rechtsfähigkeit alle Merkmale eines rechtsfähigen Vereins aufweist, weil der nach körperschaftlichen Grundsätzen aufgebaute, nicht eingetragene Verein die typischen Merkmale einer Personengesellschaft *nicht* aufweist. Der nichtrechtsfähige Verein ist aufgrund seiner Struktur eben nicht Gesellschaft, sondern Verein.

Der BGH (BGHZ 13, 5, 11) hat die Anwendung der Grundsätze über die Ausschließung und die Vereinsgewalt auf den nichtrechtsfähigen Verein damit begründet, daß auch der nichtrechtsfähige Verein eine körperschaftliche Organisation mit einer selbständigen Vereinsgewalt aufweise und sich insoweit grundlegend von einer Gesellschaft unterscheide. Noch weitergehend hat der BGH (BGHZ 43, 316, 319) später festgestellt, in der sozialen Wirklichkeit stehe der nichtrechtsfähige Verein dem rechtsfähigen Verein sehr viel näher als der BGB-Gesellschaft (hier handelte es sich um eine politische Partei), die Rechtsprechung müsse deshalb dem Auseinanderklaffen von sozialer Wirklichkeit und positivem Recht Rechnung tragen (so auch schon BGHZ 42, 210, 216 u. später BGHZ 50, 325, 328 ff. im Hinblick auf Gewerkschaften). Kübler (§ 11 I 1 c) zieht aus dieser Entwicklung den Schluß, für den nichtrechtsfähigen Verein gälten heute grundsätzlich die §§ 21 ff. BGB und nicht die §§ 705 ff. BGB. **169**

Die Regelung des § 54 BGB hat sozialgeschichtliche Gründe. Der Gesetzgeber stand den nichtrechtsfähigen Vereinen reserviert gegenüber. Die Haltung ist u. a. mit seiner Einstellung zur Gewerkschaftsbewegung erklärbar. Die Gewerkschaften waren zum größten Teil als nichtrechtsfähige Vereine organisiert. Sie vermieden es, die Rechtsfähigkeit zu erlangen, weil der für rechtsfähige Vereine geltende, inzwischen aber aufgehobene § 43 Abs. 3 BGB Vereine mit sozialpolitischen Zielen der Kontrolle der Verwaltungsbehörden unterstellte, was die Möglichkeit eines Verbotes einschloß.

Besonderheiten gegenüber dem rechtsfähigen Verein ergeben sich also im wesentlichen aus der mangelnden Rechtsfähigkeit. Nach herrschender Auffassung (vgl. K. Schmidt, Gesellschaftsrecht, § 25 II 1 mit Nachw.) ist der nichtrechtsfähige Verein Gesamthand. Das bedeutet, daß er, obwohl nicht juristische Person, doch Träger von Rechten und Pflichten sein kann (vgl. dazu oben Rdnr. 70 ff.). K. Schmidt (Gesellschaftsrecht, § 25 II 1) meint deshalb, der aus der Terminologie der Jahrhundertwende zu erklärende Begriff des „nicht rechtsfähigen Vereins" solle durch den passenderen des „nicht eingetragenen Vereins" ersetzt werden. **170**

Gemäß § 54 S. 1 BGB finden auf den nichtrechtsfähigen Verein die §§ 706 ff. BGB Anwendung; in der Realität hat sich indes schon seit langer Zeit ein „Sonderrecht der nichtrechtsfähigen Vereine" entwikkelt (vgl. dazu K. Schmidt, Gesellschaftsrecht, § 25 II 2 mit Nachw.). Weil viele Vorschriften der §§ 706 ff. BGB als für den nichtrechtsfähigen Verein unpassend angesehen werden, werden stattdessen eine Reihe von vereinsrechtlichen Vorschriften angewandt, wie z.B. §§ 25, 26 BGB, die Grundsätze des § 27 BGB statt § 709 BGB; statt § 709 BGB soll das Mehrheitsprinzip (§§ 28, 32 BGB) gelten (vgl. Soergel-Hadding, § 54 BGB Rdnr. 13 ff.).

171 Wenn der nichtrechtsfähige Verein auch Inhaber dinglicher Immobiliarsachenrechte, wie z. B. Grundstückseigentümer, werden kann, so kann er doch nicht als solcher in das Grundbuch eingetragen werden (so zu Recht K. Schmidt, NJW 1984, 2249, 2252; derselbe, Gesellschaftsrecht, § 25 II 1. A.A.: Soergel-Hadding, § 54 BGB Rdnr. 18).

III. Die Haftung

172 Als Gesamthand kann der nichtrechtsfähige Verein selbst Träger von Rechten und Pflichten sein; er kann also selbst Schuldner sein. Aus Rechtsgeschäften, die der Vorstand für den nichtrechtsfähigen Verein abschließt, haftet der Verein als Vertragspartner. Bei positiven Vertragsverletzungen findet § 278 BGB Anwendung (vgl. K. Schmidt, Gesellschaftsrecht, § 25 III 1).

Nach heute herrschender Auffassung (vgl. Soergel-Hadding, § 54 BGB Rdnr. 24, u. K. Schmidt, Gesellschaftsrecht, § 25 III 2, jeweils mit Nachw.) haften die Mitglieder eines nichtrechtsfähigen Idealvereins für die Verbindlichkeiten desselben *nicht* persönlich mit ihrem Privatvermögen. Eine solche Haftung ist ausgeschlossen, weil das Gesetz den Mitgliedern eine solche Haftung überhaupt nicht ansinnt. Auf irgendwelche die Haftung ausschließenden Satzungsbestimmungen oder Vertragsabreden kommt es nicht an. Heute ist davon auszugehen, daß nicht die Begrenzung, sondern die Annahme einer persönlichen Mitgliederhaftung der positiven Begründung bedarf (so K. Schmidt, Gesellschaftsrecht, § 25 III 2).

173 Bei nichtrechtsfähigen Vereinen mit wirtschaftlicher Zielsetzung ist eine Beschränkung der Haftung aus Rechtsgeschäften auf das Gesamthandsvermögen allerdings ausgeschlossen. Bei nichtrechtsfähigen wirtschaftlichen Vereinen haften die Mitglieder vielmehr unbeschränkt und gesamtschuldnerisch mit ihrem gesamten Privatvermögen. Das ergibt sich daraus, daß die Rechtsordnung im Bereich wirtschaftlicher Betätigung grundsätzlich von der unbeschränkten Haftung ausgeht und eine Haftungsbeschränkung auf eine bestimmbare Vermögensmasse nur zuläßt, wenn – wie bei der Aktiengesellschaft und GmbH – Voraussetzungen geschaffen sind, die geeignet sind, die Gläubiger zu schützen (vgl. MünchKomm-Reuter, § 54 BGB Rdnr. 22 ff. u. Soergel-Hadding, § 54 BGB Rdnr. 25).

Neben der Haftung des nichtrechtsfähigen Vereins und unabhängig von ihr begründet § 54 S. 2 BGB eine Haftung des Handelnden, d. h. desjenigen, der für einen außenstehenden Dritten erkennbar rechtsgeschäftlich im Namen des Vereins auftritt (vgl. Soergel-Hadding, § 54 BGB Rdnr. 27 f.). Diese sog. Handelndenhaftung entsteht aus dem Zweck dieser Vorschrift ohne Rücksicht darauf, ob der Handelnde Vertretungsmacht hatte oder nicht (Soergel-Hadding, § 54 BGB Rdnr. 28). Diese gesetzliche Haftung des Handelnden gemäß § 54 S. 2 BGB kann im konkreten Fall durch eine entsprechende Vereinbarung mit dem an dem Rechtsgeschäft Beteiligten ausgeschlossen werden. Ein solcher Haftungsausschluß muß in der Regel ausdrücklich vereinbart werden (so Soergel-Hadding, § 54 BGB Rdnr. 30).

174 Bei *unerlaubten Handlungen,* die Organe des nichtrechtsfähigen Vereines begangen haben, ist § 31 BGB entsprechend mit der Folge anzuwenden, daß die Haftung auf das Vereinsvermögen beschränkt bleibt (Habscheid, AcP 155 (1956), 375, 410; Kübler, § 11 III 4; Larenz, § 10 VI 4). Der dafür maßgebliche Gesichtspunkt ist: Auch der Vorstand eines nichtrechtsfähigen Vereins handelt in erster Linie für einen nach Art einer Körperschaft organisierten Personenverband und nicht für dessen einzelne Mitglieder; dies wird auch in der Öffentlichkeit so aufgefaßt.

IV. Die passive und aktive Parteifähigkeit im Zivilprozeß

175 Nach § 50 Abs. 1 ZPO kann in einem Rechtsstreit grundsätzlich nur derjenige Partei sein, der rechtsfähig ist. Um es den Gläubigern zu ermöglichen, ihre Ansprüche gegen einen nichtrechtsfähigen Verein durchzusetzen, „erklärt" § 50 Abs. 2 ZPO den nichtrechtsfähigen Verein für passiv parteifähig. Das bedeutet: Der nichtrechtsfähige Verein kann unter seinem Namen verklagt und so Prozeßpartner werden.

176 Daß der Gesetzgeber dem nichtrechtsfähigen Verein die aktive Parteifähigkeit versagt hat, ist historisch mit dem Mißtrauen den aufstrebenden Gewerkschaften gegenüber zu erklären. Die Bildung einflußreicher Vereinigungen mit politischer, sozialer oder religiöser Zielsetzung sollte erschwert werden (vgl. dazu BGHZ 50, 325ff.). Der BGH hat anerkannt, daß diese Regelung der seit Anfang dieses Jahrhunderts fortschreitend vollzogenen Sozial- und vor allem Rechtsentwicklung nicht mehr gerecht wird und eine Beschränkung der Gewerkschaften auf die passive Parteifähigkeit mit dem Wertsystem der geltenden materiellen Rechtsordnung nicht mehr vereinbar ist. Insbesondere unter Berücksichtigung der Tatsache, daß sich das Verhältnis des Staates zu den Gewerkschaften grundlegend gewandelt hat, sieht der BGH die Gewerkschaften, die ihrer Tradition, sich nicht in das Vereinsregister eintragen zu lassen, treu geblieben sind, im Zivilprozeß als parteifähig an (BGHZ 50, 325ff.). Obwohl die ZPO dem nicht eingetragenen Verein die aktive Parteifähigkeit noch bewußt versagt, neigt die heute herrschende Meinung in der Literatur (vgl. MünchKomm-Reuter, § 54 BGB Rdnr. 8; Soergel-Hadding, § 54 BGB Rdnr. 33) dazu, die aktive Parteifähigkeit des nicht eingetragenen Vereins schlechthin – also über die Gewerkschaften hinaus – für das Erkenntnisverfahren und das Vollstreckungsverfahren zu bejahen (a.A.: K. Schmidt, Gesellschaftsrecht, § 25 IV 1).

Dieser Ansicht ist der BGH (BGHZ 109, 15ff.) mit der Begründung nicht gefolgt, die gesetzliche Regelung mit der Versagung der aktiven Parteifähigkeit für nichtrechtsfähige Vereine sei klar und eindeutig; bloße Zweckmäßigkeitserwägungen reichten zu einer Gewährung der aktiven Parteifähigkeit contra legem nicht aus.

§ 7. Körperschaften und Anstalten des öffentlichen Rechts

I. Körperschaften des öffentlichen Rechts

177 Körperschaften des öffentlichen Rechts, wie z.B. die Bundesrepublik Deutschland, das Land Nordrhein-Westfalen, die Fernuniversität in Hagen und die Stadt Hagen sind rechtsfähige Verbände, die mit-

gliedschaftlich organisiert sind und öffentlichen Zwecken dienen, zugleich aber auch private Interessen befriedigen können. Sie sind in der Regel juristische Personen des öffentlichen Rechts.

Körperschaften des öffentlichen Rechts – und hier liegt einer der wesentlichen Unterschiede zu den Körperschaften des privaten Rechts – werden nach den Vorschriften des öffentlichen Rechts gebildet und beendet. Sie sind mit hoheitlichen Befugnissen ausgestattet und haben die ihnen zugewiesenen Aufgaben mit ihren eigenen Organen und ihrem Personal, mit einem eigenen Haushalt und in eigener Verantwortung zu erfüllen.

II. Anstalten des öffentlichen Rechts

Anstalten des öffentlichen Rechts sind Organisationen, die in der **178** Regel von einer juristischen Person des öffentlichen Rechts zur Besorgung einer oder mehrerer sachlich zusammenhängender Angelegenheiten eingerichtet und getragen werden. Der Träger übt in der Regel den maßgeblichen Einfluß auf die Anstalt aus.

Beispiele für Anstalten des öffentlichen Rechts: Schulen; die Bundesbank; die Bundesanstalt für Arbeitsvermittlung und Arbeitslosenversicherung; Rundfunkanstalten; Bibliotheken; Friedhöfe.

Anstalten des öffentlichen Rechts erfüllen ihre Aufgabe mit der ihnen verliehenen Hoheitsgewalt. Ihre Bestimmung ist es, unmittelbar öffentlichen Zwecken zu dienen. Dadurch unterscheiden sie sich in erster Linie von den privatrechtlichen Vereinigungen.

Bei den öffentlichen Anstalten ist zu unterscheiden zwischen vollrechtsfähigen und teilrechtsfähigen Anstalten.

Nur die vollrechtsfähigen Anstalten sind juristische Personen des öf- **179** fentlichen Rechts. Sie bilden nicht nur Dritten, sondern auch dem Anstaltsträger gegenüber eine selbständige rechtliche Zurechnungs-, Zuordnungs-, Vermögens- und Haftungseinheit mit eigenem Namen. Sie haben eine eigene Satzungsgewalt, verwalten sich selbst und genießen partielle Selbstverwaltungsrechte (vgl. Wolff, § 98 II 2a). Die Selbständigkeit ist jedoch nur eine beschränkte, weil der Träger der

Anstalt (der Anstaltsherr) auf verschiedene Art und Weise Einfluß auf die Leitung der Anstalt nehmen kann.

Teilrechtsfähige Anstalten sind nicht juristische Personen des öffentlichen Rechts. Sie haben zwar eigene Verwaltungsbefugnis und Verordnungsgewalt, aber nur in vermögensrechtlicher Hinsicht, und bilden nur Dritten, nicht aber dem Träger der Anstalt gegenüber eine Zurechnungs-, Zuordnungs- und Haftungseinheit (vgl. Wolff, a. a. O.).

Beispiele: Deutsche Bundesbahn und deutsche Bundespost.

180 Ein wesentlicher Unterschied zwischen Vereinigungen des privaten Rechts und Anstalten des öffentlichen Rechts zeigt sich in den Rechtsbeziehungen, die diese Organisationen mit Dritten errichten und unterhalten. Während die Vereinigungen des Privatrechts ihre Rechtsverhältnisse mit Dritten auf der Grundlage des Privatrechts ordnen – etwa privatrechtliche Verträge schließen –, sind die Rechtsbeziehungen zwischen einer öffentlichen Anstalt und ihren Benutzern im wesentlichen auf der Grundlage des öffentlichen Rechts geregelt. Für die Gestaltung der Rechtsbeziehungen zwischen der Anstalt und ihren Benutzern ist in der Regel die Benutzungsordnung maßgeblich, die Gegenstand und Maß der Anstaltsleistungen und Berechtigungen der Benutzer gegenüber der Anstalt festlegt. Die Benutzungsordnung ist Äußerung der sogenannten *Anstaltsgewalt.* Als Anstaltsgewalt kann man die abstrakte und konkrete Regelungsbefugnis des Anstaltsträgers und der Anstaltsorgane aufgrund oder im Rahmen der Gesetze bezeichnen (vgl. Wolff, § 99 II 1).

§ 8. Die rechtsfähige Stiftung des privaten Rechts

Schrifttum: Schwinge, Die Stiftung im Errichtungsstadium, BB 1978, 527 ff.; Seifart (Hrsg.), Handbuch des Stiftungsrechts, 1987; Strickroth, Stiftungsrecht, 1977.

I. Die Bedeutung

In demokratisch und privatwirtschaftlich verfaßten Gemeinwesen, wie z.B. in den USA, hat sich die Institution der Stiftung als geeignetes Mittel für die Förderung kultureller Einrichtungen, wissenschaftlicher Projekte sowie sozialer und gesundheitlicher Hilfsmaßnahmen seit langer Zeit bewährt (siehe zur Stiftung als rechtspolitischem Problem Kübler, § 12 III). In neuerer Zeit erfreut sich die Stiftung als Organisationsform auch in der Bundesrepublik Deutschland einer wachsenden Beliebtheit. Die Gründe dafür sind vielfältig. Die Zahl der Stiftungen, die in den letzten 30 Jahren entstanden sind, wird auf etwa 4500 geschätzt (so Schwinge, BB 1978, 527). 181

Neben Forschungs- und Stipendienstiftungen, wie z.B. der Stiftung Volkswagenwerk, haben Familienstiftungen stets eine gewisse Rolle gespielt. Das Vermögen der Familienstiftungen besteht in der Regel aus Grundstücken, aus deren Gewinnen den Mitgliedern Geld zugewandt wird. Viele Interessengruppen, z.T. in Verbänden organisiert, und die politischen Parteien haben sich inzwischen der Rechtsform der Stiftung bedient, um ihre publizistischen, aber auch wissenschaftlichen und kulturellen Zielsetzungen intensiv verfolgen zu können.

Nach dem zweiten Weltkrieg hat die rechtsfähige Stiftung auch für das Unternehmensrecht Bedeutung gewonnen. Die Stiftung kann als Träger eines oder mehrerer Unternehmen auftreten, wobei das Stiftungsvermögen zugleich das Unternehmenskapital bildet. Anreize, die Stiftung als Unternehmensform zu benutzen, können sich aus folgenden Überlegungen ergeben: 182

- Die rechtsfähige Stiftung ist juristische Person mit einem eigenen, nur beschränkt haftenden Vermögen. Im Hinblick auf die Haftung gewährt sie die gleichen Vorteile wie die Kapitalgesellschaften (Aktiengesellschaft und GmbH).
- Als Träger des Unternehmens ist die Stiftung Einzelkaufmann im Sinne der §§ 1 ff. HGB. Das bringt den Vorzug mit sich, daß die zum Teil starren Vorschriften für die Unternehmensverfassung der Kapitalgesellschaften nicht anzuwenden sind. Die Unternehmens-

verfassung kann frei und nach anderen Gesichtspunkten gestaltet werden als bei den Kapitalgesellschaften.

Ein entscheidender Nachteil für ein Unternehmen in der Rechtsform der Stiftung besteht allerdings darin, daß das Stiftungsvermögen, welches das Unternehmenskapital bildet, rechtlich endgültig weggegeben, d.h. als Vermögen der Stiftung Rechtsperson mit der Folge geworden ist, daß eine andere Person darauf keinen Einfluß mehr nehmen kann.

183 Eine besondere Form der selbständigen Stiftung ist die „Unternehmensträgerstiftung". Unter diesen Begriff fallen alle Stiftungen mit einem unternehmerischen Vermögen; die Stiftung kann auch Anteile, wie z.B. Aktien oder GmbH-Anteile, halten. Unternehmensträgerstiftung ist allerdings nur diejenige Stiftung, die so viele Anteile eines Unternehmens hält, daß sie einen beherrschenden Einfluß ausüben kann (Staudinger-Coing, Vorbem. zu §§ 80–88 Rdnr. 12; MünchKomm-Reuter, Vor § 80 Rdnr. 18). Daß die Stiftung sogar alle Anteile einer Kapitalgesellschaft hält und alleiniger Träger des Unternehmens ist, wird grundsätzlich als zulässig erachtet. Es ist jedoch sinnvoll, darauf zu achten, daß der Hauptzweck einer Stiftung möglichst nicht in dem Betrieb oder der Verwaltung eines erwerbswirtschaftlichen Unternehmens besteht, das ausschließlich oder überwiegend eigennützigen Interessen des Stifters oder seiner Erben dient (vgl. § 4 Abs. 2 Ziff. b StiftGNW. Zur Problematik der Unternehmensträgerstiftung: Soergel-Neuhoff, Vor § 80 Rdnr. 67 ff.; Staudinger-Coing, Vorbem. zu §§ 80–88 Rdnr. 12 f.; MünchKomm-Reuter, Vor § 80 Rdnr. 18 ff.).

II. Begriff und Rechtsquellen

184 Die rechtsfähige Stiftung ist eine als selbständiger Rechtsträger anerkannte, mit einem eigenen Vermögen ausgestattete Einrichtung, mit der ein dauernder Zweck, der durch den Willen der Errichtenden festgelegt wird, erreicht werden soll. Sie ist kein Personenverband. Die Stiftung als eine besondere Organisationsform ermöglicht es, die Verfolgung konkreter Ziele langfristig, auch über den Tod des Stifters hinaus, zu institutionalisieren (vgl. Kübler, § 12 I 1 a).

Das Stiftungsrecht ist in den §§ 80ff. BGB nur unvollständig geregelt. Eine Reihe von Bundesländern hat die vom BGB offengelassenen Probleme durch Landesgesetze geregelt.

III. Die Entstehung der rechtsfähigen Stiftung

Die rechtsfähige Stiftung entsteht als juristische Person durch das privatrechtliche Stiftungsgeschäft und die staatliche Genehmigung (§ 80 BGB). 185

Das Stiftungsgeschäft ist eine einseitige, nicht empfangsbedürftige *Willenserklärung* des Stifters, die darauf abzielt, die Stiftung zur Verwirklichung eines bestimmten Zweckes als selbständigen Rechtsträger entstehen zu lassen. Zu den wesentlichen Inhalten des Stiftungsgeschäftes gehört die Festsetzung eines bestimmten Zweckes.

Das Stiftungsgeschäft kann sein:

- ein *Rechtsgeschäft unter Lebenden;* es bedarf dann der Schriftform und kann bis zur staatlichen Genehmigung vom Stifter widerrufen werden (§ 81 BGB),

  oder
- eine *Verfügung von Todes wegen* (Testament oder Erbvertrag) (§ 83 BGB; siehe dazu BGHZ 70, 313ff.). Die Stiftung wird dann als Erbe eingesetzt oder mit einem Vermächtnis bedacht.

Die staatliche Genehmigung wirkt rechtsbegründend, d.h. erst 186
durch sie entsteht eine rechtsfähige Stiftung unter der Voraussetzung, daß das Stiftungsgeschäft wirksam ist (vgl. Soergel-Neuhoff, § 80 Rdnr. 16).

Nach der Genehmigung entsteht ein Anspruch der rechtsfähig gewordenen Stiftung gegen den Stifter auf die Übertragung des in einem *Stiftungsgeschäft unter Lebenden* zugesicherten Vermögens (§ 82 BGB). Ist das Stiftungsgeschäft eine letztwillige Verfügung und hat der Stifter die Stiftung zum Erben eingesetzt, geht das zugesicherte Vermögen durch Gesamtrechtsnachfolge auf die Stiftung über (§ 1922 BGB).

IV. Die Verfassung der rechtsfähigen Stiftung

187 Wie jede andere juristische Person des Privatrechts hat auch die rechtsfähige Stiftung eine *Verfassung*. Diese wird bestimmt durch:
- Bundesrecht: BGB (§§ 85ff., die u. a. eine teilweise entsprechende Anwendung des Vereinsrechts vorsehen [§ 86 BGB]),
- Landesrecht
- und das Stiftungsgeschäft.

Die rechtsfähige Stiftung muß einen Vorstand haben, für den im wesentlichen das Vereinsrecht gilt (§ 86 BGB). Die Stiftung hat keine Mitglieder und infolgedessen auch keine Mitgliederversammlung als Organ. Es gibt lediglich diejenigen Personen, die in den Genuß der Stiftung kommen sollen. Sie werden als Bezugsberechtigte oder Destinäre bezeichnet. Ihnen stehen keine Mitgliedsrechte zu, sie haben deshalb auch an der Verwaltung der Stiftung keinen Anteil. Die Satzung der Stiftung kann allerdings vorsehen, daß ein *Kuratorium* gebildet wird, dem eine zu benennende Zahl von Mitgliedern angehören kann. Aufgabe des Kuratoriums kann es insbesondere sein, den Vorstand zu überwachen und die Beachtung des Stifterwillens sicherzustellen.

188 Da die Stiftung kein rechtsfähiger Zusammenschluß einer Personenmehrheit ist, haben die Destinäre nicht die Stellung von Mitgliedern; sie sind lediglich Nutznießer des Stiftungsvermögens. Das einzige personale Element sind die in der Verfassung der Stiftung vorgesehenen Organe, insbesondere der Vorstand (vgl. zu alledem BGHZ 99, 344, 350). Letzterer allein vertritt die Stiftung im Rechtsverkehr (§§ 86, 26 BGB).

Ob die Bezugsberechtigten Ansprüche gegen die Stiftung – etwa Ansprüche auf Zahlung von Geld – haben, richtet sich nach der Verfassung, die durch den im Stiftungsgeschäft niedergelegten Willen des Stifters mitgestaltet wird. Wenn die Verfassung bestimmt, daß der Vorstand oder Dritte auswählen können, welche Personen in welchem Umfang in den Genuß des auszuschüttenden Geldes der Stiftung kommen sollen, besteht jedenfalls vor einer endgültigen Auswahl kein Anspruch auf Zahlung (vgl. BGH LM Nr. 1 zu § 85 BGB).

Rdnr. 187, 188

Wenn oberstes Prinzip des Stiftungsrechts auch der Stifterwille ist (vgl. BVerfGE 46, 73, 85), so ist doch die Änderung der Stiftungsverfassung nicht von vornherein ausgeschlossen. Bei einer auf Dauer angelegten Einrichtung wie der Stiftung können im Laufe der Zeit unvorhersehbare Veränderungen in den Existenzbedingungen eintreten, die es notwendig machen, die Stiftungsverfassung den veränderten Verhältnissen anzupassen. Eine solche Anpassung ihrer Verfassung kann durch die Stiftung selbst erfolgen; eine Änderungsbefugnis kann auch der Aufsichtsbehörde zukommen (vgl. dazu BGHZ 99, 344, 348). Allerdings ist bei einer solchen Satzungsänderung stets der in der Stiftungsurkunde niedergelegte *Stifterwille* zu respektieren und zu verwirklichen, denn mit der Genehmigung der Stiftung, durch die diese die Rechtsfähigkeit erlangt, wird der Stifterwille verselbständigt und objektiviert; er bleibt deshalb auch für Satzungsänderungen maßgeblich (so BGHZ 99, 344, 348). 189

Beispiel: Der sechzigjährige Unternehmer U ist alleiniger Gesellschafter eines in der Rechtsform einer GmbH (Einmann-GmbH) betriebenen Unternehmens, das 450 Arbeitnehmer beschäftigt und eine gute Ertragslage aufweist. Bei den zukünftigen Erben (Kinder) und deren Ehegatten steht zu befürchten, daß wegen mangelnder Eignung und zu erwartender Meinungsverschiedenheiten der Bestand des Unternehmens ernsthaft gefährdet ist. Um seinen Kindern eine Versorgungsquelle zu erhalten und die Arbeitsplätze zu sichern, errichtet U zu seinen Lebzeiten eine Stiftung, in die er das gesamte Unternehmen einbringt. In dem Stiftungsgeschäft, das Bestandteil der Verfassung der Stiftung wird, ist bestimmt, daß der Vorstand der Stiftung jeweils aus drei Personen bestehen soll, die der Aufsichtsrat der X-Bank AG bestimmt. Der Vorstand soll darüber entscheiden, ob und gegebenenfalls welche Beträge halbjährlich nach dem Tode des Stifters an die als Bezugsberechtigte berufenen Kinder ausgezahlt werden sollen. In diesem Fall wird die Errichtung einer Stiftung der Interessenlage aller Beteiligten – in erster Linie der Kinder und der betroffenen Arbeitnehmer – gerecht. Es ist allerdings zu berücksichtigen, daß Zuwendungen voll erbschaft- und schenkungsteuerpflichtig sind (§ 3 Abs.2 Ziff.1 und § 7 Abs.1 Ziff.8 ErbStG).

V. Die Beendigung der Stiftung

190 Die Beendigung der Stiftung richtet sich nach §§ 87, 88 BGB, wonach die Liquidationsvorschriften des Vereins (§§ 46 ff. BGB) entsprechend anzuwenden sind, nach Landesrecht und dem Stiftungsgeschäft.

§ 9. Gemeinschaften im Rechtssinne

Schrifttum: Engländer, Die regelmäßige Rechtsgemeinschaft, 1914; Larenz, Lehrbuch des Schuldrechts, Bd. 2, 12. Aufl. 1981, § 61.

I. Die Entstehung von Gemeinschaften im Rechtssinne

191 Eine Rechtsgemeinschaft besteht dann, wenn ein Recht, wie z.B. das Eigentum an einer Sache, mehreren Personen gemeinsam zusteht.

Beispiel: Die Gemeinschaft nach Bruchteilen der Miteigentümer (§§ 1008 bis 1011 BGB).

Zwischen den Mitberechtigten besteht ein gesetzliches Schuldverhältnis und darüber hinaus eine personenrechtliche Verbindung lokkerster Art, auf die §§ 741 ff. BGB anzuwenden sind, soweit sich aus dem Gesetz nichts anderes ergibt (Larenz, § 61 I). Gemeinschaftsrecht ist u.a. noch in §§ 1008 ff., 1415 ff. und 2032 ff. BGB geregelt.

Gemeinschaften im Rechtssinne können entstehen:

– durch Gesetz;

Beispiel: Gemeinschaft nach Bruchteilen der Miteigentümer gemäß §§ 947, 948 BGB durch Verbindung und Vermischung beweglicher Sachen.

– durch Vertrag;

Beispiel: Die Vereinbarung einer Gütergemeinschaft durch Ehevertrag zwischen den Ehegatten (§§ 1415 ff. BGB).

– durch letztwillige Verfügung.

Beispiel: Die Erbengemeinschaft (§§ 2032 ff. BGB).

Bei der Entstehung der Gemeinschaft kann sich ein gesamthänderisch gebundenes Vermögen bilden.

Beispiel: Die Gütergemeinschaft der Eheleute (§ 1416 BGB) und die Erbengemeinschaft (§ 2032 BGB).

Dies muß allerdings nicht so sein.

Beispiel: Die Gemeinschaft der Miteigentümer nach Bruchteilen (§ 1008 BGB).

II. Der Unterschied zwischen Gemeinschaften im Rechtssinne und Gesellschaften im Sinne des § 705 BGB

Von der Gesellschaft im Sinne des § 705 BGB unterscheidet sich die **192**
Gemeinschaft im Rechtssinne in verschiedener Hinsicht.

Während Gesellschaften auf Dauer zur Erreichung eines bestimmten Zweckes begründet werden, sind manche Gemeinschaften von vornherein auf die Auseinandersetzung gerichtet.

Beispiel: Erbengemeinschaft.

Es gibt allerdings auch Gemeinschaften, die auf Dauer gegründet **193**
werden. Sie entstehen meist durch Vertrag.

Beispiel: Eine Gemeinschaft nach Bruchteilen der Miteigentümer an Grundstücken, die der Verwaltung des Grundbesitzes dient (hierauf sind §§ 1008 ff. i. Vb. m. §§ 741 ff. BGB anzuwenden).

Die Verbundenheit der Mitglieder einer Gemeinschaft untereinander ist wesentlich lockerer als die der Gesellschafter. Das wird u. a. daran deutlich, daß grundsätzlich jedes Mitglied der Gemeinschaft jederzeit die Aufhebung der Gemeinschaft verlangen (§ 749 BGB) und, anders als bei der Gesellschaft, allein über seinen Anteil verfügen kann (§ 747 BGB).

Viertes Kapitel

Die offene Handelsgesellschaft

§ 10. Begriff, Rechtsnatur und Bedeutung der offenen Handelsgesellschaft

Schrifttum: Ballerstedt, Der gemeinsame Zweck als Grundbegriff des Rechts der Personengesellschaften, JuS 1963, 253 ff.; Fabricius, Relativität der Rechtsfähigkeit, 1963; Fischer in Großkomm. HGB, § 105 Anm. 1 ff.; Hohner, Zur Beteiligung von Personengesellschaften an Gesellschaften, NJW 1975, 718 ff.; A. Hueck, Das Recht der offenen Handelsgesellschaft, 4. Aufl. 1971, §§ 1–4; Hüffer, 100 Bände BGHZ: Personengesellschaftsrecht, ZHR 151 (1987), 396 ff.; Landwehr, Die Kaufmannseigenschaft der Handelsgesellschafter, JZ 1967, 198 ff.; Lieb, Zur Kaufmannseigenschaft der Gesellschafter von KG und OHG, DB 1967, 759 ff.; Müller-Gugenberger, EWIV. – Die neue europäische Gesellschaftsform, NJW 1989, 1449 ff.; Raisch, Unternehmensrecht Bd. 1, 1973, S. 129 ff.; Rittner, Die werdende juristische Person, 1973; K. Schmidt, Zur Stellung der OHG im System der Handelsgesellschaften, 1972; Weber-Grellet, Die Gesamthand – ein Mysterienspiel?, AcP 182 (1982), 316 ff.

I. Der Begriff der OHG

194 Die offene Handelsgesellschaft ist eine Personengesellschaft, deren Zweck auf den Betrieb eines vollkaufmännischen Handelsgewerbes unter einer gemeinschaftlichen Firma gerichtet ist und bei der alle Gesellschafter den Gläubigern unbeschränkt haften (§ 105 Abs. 1 HGB). Sie ist eine Unterart der Gesellschaft bürgerlichen Rechts, also ein auf einem Vertrag (Gesellschaftsvertrag) beruhender Zusammenschluß mehrerer Personen mit dem Ziel, durch gemeinsame Leistungen auf der Grundlage des persönlichen Zusammenwirkens der Mitglieder einen gemeinsamen Zweck zu erreichen.

Von der Gesellschaft bürgerlichen Rechts unterscheidet sich die OHG u. a. dadurch, daß

- der angestrebte gemeinsame Zweck der Betrieb eines vollkaufmännischen Handelsgewerbes (§§ 1–3 HGB) ist;
- die Haftung der Gesellschafter den Gesellschaftsgläubigern gegenüber bei keinem der Gesellschafter beschränkt sein kann;
- die Gesellschaft eine gemeinschaftliche Firma (§§ 17ff., 105 Abs.1 HGB) haben muß;
- sie unter dieser Firma Rechte erwerben und Verbindlichkeiten eingehen sowie vor Gericht klagen und verklagt werden kann (§ 124 HGB).

II. Die Rechtsnatur der OHG

1. Die OHG als Handelsgesellschaft

Die OHG ist stets *Handelsgesellschaft,* weil sie notwendigerweise ein Handelsgewerbe betreibt. Als Handelsgesellschaft ist die OHG stets Kaufmann (§ 6 HGB). **195**

Nach der in der Rechtsprechung (BGHZ 45, 282ff.; BGH LM Nr.1 zu § 406 HGB) und Teilen der Literatur noch vertretenen Meinung soll auch der einzelne Gesellschafter der OHG Kaufmann sein, weil er in der Geschäftsführung die notwendige Freiheit haben soll (so Westermann, Rdnr.I 148; Ballerstedt, JuS 1963, 253, 259, Hueck, OHG, § 3 III). Diese Ansicht ist zunehmend auf Kritik gestoßen. Gegen die Ansicht, der OHG-Gesellschafter sei ohne Rücksicht auf Geschäftsführungs- und Vertretungsbefugnis Kaufmann, spricht, daß nur der OHG, nicht aber dem einzelnen Gesellschafter die Produktionsmittel des Unternehmens zur Verfügung stehen und nur die OHG als übergeordnete Einheit, nicht aber der einzelne Gesellschafter das Handelsgewerbe betreibt (so Reinhardt-Schultz, Rdnr. 105). Deshalb ist davon auszugehen, daß nicht jeder OHG-Gesellschafter auch Kaufmann ist (Landwehr, JZ 1967, 198ff.; Lieb, DB 1967, 759, 761ff.).

Geben die Gesellschafter einer OHG nicht nur vorübergehend den Betrieb des vollkaufmännischen Handelsgewerbes auf, wird die OHG zu einer Gesellschaft bürgerlichen Rechts, ohne daß die Gesellschaft dadurch ihre Identität einbüßt. Dabei ist unerheblich, ob die Aufgabe des Geschäftsbetriebes aufgrund einer freien Entschließung oder unab- **196** hängig vom Willen der Gesellschafter eingetreten ist (BGHZ 32, 307 ff.).

Übertragen alle Gesellschafter einer Personengesellschaft des Handelsrechts (OHG oder KG) ihre Beteiligungen auf eine BGB-Gesellschaft, dann wird diese dadurch selbst zur Inhaberin des Geschäftsbetriebs der übertragenden Gesellschaft und damit zur Handelsgesellschaft (OHG oder KG) (so BGH WM 1990, 586 ff.).

2. Die Gesellschafter einer OHG

197 Gesellschafter einer OHG können alle natürlichen und juristischen Personen sein (RGZ 105, 101, 102).

Besonderheiten können sich allerdings aus der Zusammensetzung der Gesellschafter ergeben. Eine OHG, an der nach dem Ausscheiden aller natürlichen Personen außer einer GmbH nur Kommanditgesellschaften beteiligt sind, deren jeweils einziger persönlich haftender Gesellschafter eine GmbH ist, darf die bisherige Firma nur fortführen, wenn ihr ein Zusatz beigefügt wird, der das Fehlen einer unmittelbar oder mittelbar für die Gesellschaftsschulden haftenden natürlichen Person kenntlich macht (BGH WM 1977, 971 f.; BGHZ 65, 103 ff.).

198 Problematisch ist, ob auch nichtrechtsfähige Personenzusammenfassungen Gesellschafter einer OHG werden können. Diese Frage ist vor allem für die BGB-Gesellschaft aktuell, wenn man bedenkt, daß häufig Großunternehmen in der Form von Aktiengesellschaften sich in einem Gemeinschaftsunternehmen als BGB-Gesellschaft zusammenschließen. Auch wenn man davon ausgeht, daß die BGB-Gesellschaft nicht rechtsfähig ist, ist sie doch eine organisierte Personengemeinschaft, bei der zu überlegen ist, ob sie in einer OHG die Rechte und Pflichten eines Gesellschafters übernehmen kann. Gegen die Möglichkeit, daß eine BGB-Gesellschaft Gesellschafterin einer OHG wird, spricht letztlich das formale Hindernis, daß die BGB-Gesellschaft nicht als Einheit in das Handelsregister eingetragen wird und an der Publizität des Handelsregisters nicht teilnehmen kann (so Hohner, NJW 1975, 718 f.; Westermann, Rdnr. I 119). Das bedeutet: Die für den Rechtsverkehr wünschenswerte Klarheit, die durch die Eintragung in das Handelsregister geschaffen werden soll, ist nicht vorhanden, wenn man die im Handelsregister als solche nicht geführte BGB-Gesellschaft als Gesellschafterin einer OHG zuließe. Wegen der fehlenden Registerpublizität könnte auch die persönliche Haftung der einzelnen Gesellschafter nur mit Schwierigkeiten verwirklicht werden (so BGH WM 1990, 586, 587). Deshalb ist davon auszugehen, daß eine BGB-Gesellschaft nicht Gesellschafterin einer handelsrechtlichen Personengesellschaft sein kann (vgl. BGHZ 46, 291, 296; BGH WM 1990, 586, 587).

Mit der gleichen Begründung wird auch verneint, daß ein nichtrechtsfähiger Verein, dessen körperschaftliche organisatorische Einheit außer Frage steht, Gesellschafter einer OHG werden kann (Westermann, Rdnr. I 120).

Nach überwiegender Meinung kann eine *Erbengemeinschaft* nicht **199** Mitglied einer OHG sein (BGHZ 68, 225, 237; Hueck, OHG, § 2 Ziff. 3). Der BGH begründet seine Ansicht im wesentlichen damit, daß eine Personenhandelsgesellschaft wie die OHG in der Regel eine persönlichkeitsbezogene Arbeits- und Haftungsgemeinschaft darstelle, bei der eine Erbengemeinschaft ihrer Natur nach nicht Mitglied sein könne. Neben der fehlenden Selbständigkeit der Erbengemeinschaft nach außen wird auch die unbeschränkte persönliche Haftung aller Erben mit der Erbrechtsregelung nicht als vereinbar angesehen (so Westermann, Rdnr. I 122).

Einige Autoren halten es allerdings für möglich, daß eine Erbengemeinschaft **200** – jedenfalls für eine gewisse Zeit – Mitglied einer Personenhandelsgesellschaft sein und die ihr damit zugewiesene Rolle auch durchführen kann. Eiselt (AcP 158 (1959/60), 319 ff.) meint, die personenrechtlichen Elemente der Mitgliedschaft, wie Geschäftsführung, Vertretung, Kontrolle und Ausübung des Stimmrechts, könnten in erbrechtlich zulässiger Weise durch einen gemäß §§ 2038, 745 BGB gewählten Vertreter wahrgenommen werden. Börner (AcP 166 (1966), 426 ff.) vertritt die Ansicht, weder die von den Gesellschaftern gebildete Arbeitsgemeinschaft noch die Haftungsgemeinschaft schließe die Gesellschafterstellung der Erbengemeinschaft aus. Er weist mit Nachdruck auf die unerwünschten Haftungsfolgen der unmittelbaren Erbennachfolge in den Gesellschaftsanteil für den Fall hin, daß der Gesellschaftsanteil den wesentlichen Bestandteil des Nachlasses bildet. Der Ansatzpunkt für die Besorgnis, der Gesellschaftereintritt der Erben sei eine Nachlaßteilung im Sinne der §§ 2059, 2060 BGB und habe zur Folge, daß die beschränkte Erbenhaftung nun nicht mehr geltend gemacht werden könne, dürfte allerdings nicht richtig sein, denn unter Teilung im Sinne des § 2059 versteht das BGB die rechtsgeschäftliche Übertragung von Gegenständen des Nachlasses auf die Miterben im Zuge der Erbauseinandersetzung (so Ulmer, ZGR 1972, 195, 203 Anm. 44).

3. Die gesetzliche Regelung

201 Eine gesetzliche Regelung hat die OHG in den §§ 105ff. HGB erfahren. Soweit die §§ 105ff. HGB keine Sonderregelung im Verhältnis zu den §§ 705ff. BGB enthalten, sind auf die OHG auch die Vorschriften über die Gesellschaft bürgerlichen Rechts (§§ 705ff. BGB) anzuwenden.

Beispiel: In §§ 105ff. HGB ist nicht geregelt, ob die Gesellschafter zur Zahlung eines höheren als des vereinbarten Beitrages verpflichtet sind (sog. Nachschußpflicht). Wenn sich im Gesellschaftsvertrag eine solche Verpflichtung nicht findet, ist § 707 BGB anzuwenden. Danach sind die Gesellschafter weder zur Zahlung eines höheren als des vereinbarten Beitrages noch zur Ergänzung einer durch Verlust verminderten Einlage verpflichtet.

4. Die Rechtsnatur der OHG als Personenhandelsgesellschaft

202 Die OHG ist eine Personengesellschaft im Sinne des § 705 BGB und kein Verein. Sie ist stets Handelsgesellschaft (vgl. oben Rdnr. 195) und wird deshalb als *Personenhandelsgesellschaft* bezeichnet. Die OHG ist eine *Gesamthandsgemeinschaft* (vgl. zur Gesamthand oben Rdnr. 71ff.).

Wenn schon die Gesamthands-BGB-Gesellschaft fähig ist, Träger von Rechten und Pflichten zu sein, so muß das wegen der gesetzlichen Regelung in § 124 HGB erst recht für die OHG und die KG gelten. Die OHG und die KG können als Gesamtheit Träger von Rechten und Pflichten sein, sind also rechtsfähig. Sie sind außerdem parteifähig, können also Parteien eines Zivilprozesses sein (zur Rechtsfähigkeit siehe insbesondere K. Schmidt, Gesellschaftsrecht, § 8 III mit eingehender Begründung; vgl. oben Rdnr. 74ff.). Hüffer (ZHR 151 [1987], 396, 398) bezeichnet die Personengesellschaft in diesem Zusammenhang als „teilrechtsfähige Wirkungseinheit". Daraus folgt: Das *Gesellschaftsvermögen* ist ein Vemögen der Gesellschaft und nicht ein Sondervermögen der Gesellschafter (so jetzt mit überzeugender Argumentation

K. Schmidt, Gesellschaftsrecht, § 46 II 2; Ulmer in Großkomm. HGB, § 105 Rdnr. 283). Zuordnungssubjekt des Gesamthandsvermögens, d. h. Berechtigter in bezug auf die zum Gesellschaftsvermögen gehörenden Sachen und Rechte und Verpflichteter aus den namens der OHG eingegangenen Verbindlichkeiten ist die Gesamthand als solche im Unterschied zu den hinter ihr stehenden, an ihr beteiligten Gesellschaftern (so Ulmer in Großkomm. HGB, § 105 Rdnr. 283).

Verbindlichkeiten der OHG sind deshalb ausschließlich Schulden der OHG und nicht solche der Gesellschafter. Die persönliche Haftung der Gesellschafter gemäß § 128 HGB begründet eigene Verbindlichkeiten der Gesellschafter, die von der Gesellschaftsschuld deutlich zu trennen sind (vgl. K. Schmidt, Gesellschaftsrecht, § 46 II 2).

Es ist darüber gestritten worden, ob die OHG eine juristische Person **203**
sei oder nicht. Die Beantwortung dieser Streitfrage hat praktische Bedeutung für die Rechtsanwendung. So hängt von der Beantwortung der Frage z. B. ab, ob Rechtssätze, die für die juristische Person gelten, wie z. B. § 31 BGB, auch für die OHG Anwendung finden sollen. Nach herrschender Meinung ist die OHG keine juristische Person (so Ulmer in Großkomm. HGB, § 105 Rdnr. 39 mit ausführlichen Hinweisen; Hueck, OHG, § 3 IV). Das Reichsgericht hatte sich schon relativ früh auf den Standpunkt gestellt, die OHG sei keine juristische Person und diese Meinung auch beibehalten (RGZ 3, 57 und 165, 193, 203). Der BGH (BGHZ 34, 293, 296) hat diese Ansicht bestätigt und betont, OHG und KG seien trotz ihrer starken Verselbständigung keine juristischen Personen. Wegen der oben genannten Merkmale der OHG war und ist man allerdings in zunehmendem Maße bereit, von einer „juristischen Teilperson" zu sprechen (so z. B. Fabricius, S. 181). Schon das Reichsgericht (RGZ 136, 402, 406) hatte die vorsichtige Formulierung benutzt, daß sich die OHG „in der Tat der juristischen Person nähert."

Das schließt aber nicht aus, daß die OHG eine *Übergangsform* von **204**
der Gesellschaft zur juristischen Person darstellt, auf die z. B. § 31 BGB entsprechend Anwendung findet. Bei dem in § 31 BGB zum Ausdruck gekommenen Prinzip der Repräsentationshaftung für Organverschulden handelt es sich um ein allgemeines Rechtsinstitut, das auf diejenigen Verbände Anwendung finden muß, die Träger von

Rechten und Pflichten sein können, also auch auf die OHG und die KG. In entsprechender Anwendung des § 31 BGB haftet die Gesamthandsgesellschaft als Verband, weil ihr das rechtswidrige und schuldhafte Verhalten ihrer vertretungsberechtigten Gesellschafter als Organverschulden zuzurechnen ist. Ob *daneben* die Gesellschafter noch persönlich haften, richtet sich nicht nach § 31 BGB, sondern nach §§ 128 und 171 HGB (vgl. zu alledem K. Schmidt, Gesellschaftsrecht, § 10 IV).

205 Bei der Beantwortung der Frage, ob OHG und KG juristische Personen sind oder nicht, ist stets zu beachten, daß das geltende Recht den Gesamthandsgesellschaften nicht alle Konsequenzen der Rechtsfähigkeit zugesteht (dazu und zum Problem der „relativen Rechtsfähigkeit" siehe K. Schmidt, Gesellschaftsrecht, § 8 IV und V). Ein wesentlicher Unterschied zwischen Gesamthandsgesellschaft einerseits und juristischer Person andererseits besteht darin, daß die Mitgliedschaft verschiedenartig strukturiert ist. Flume (Personengesellschaft, § 7 II) sieht diese unterschiedliche Strukturierung vor allem darin, daß die Organisation in der juristischen Person verabsolutiert sei, während die Gesamthandsgesellschaft als Gruppe der durch den Gesellschaftsvertrag verbundenen Gesellschafter zu begreifen sei. Darüberhinaus ist mit der Rechtsfigur der juristischen Person typischerweise die ausschließliche Haftung der juristischen Person (wie z.B. bei dem eingetragenen Verein, der AG und der GmbH) ohne Mithaftung der Verbandsmitglieder verbunden, während für die Personengesellschaften (BGB-Gesellschaft, OHG und KG) die persönliche Haftung (Mithaftung) der Mitglieder typisch ist (vgl. K. Schmidt, Gesellschaftsrecht, § 8 IV). Deshalb kann die OHG trotz der ihr zuzugestehenden Rechtsfähigkeit nicht juristische Person sein.

III. Die Bedeutung der OHG als typische Personenhandelsgesellschaft

206 Da große Unternehmen in der Regel viel Kapital benötigen, müssen sie in einer Gesellschaftsform organisiert sein, die ihnen die Inanspruchnahme des Kapitalmarktes ermöglicht. Die für größere Unter-

nehmen geeignete Gesellschaftsform ist deshalb die Aktiengesellschaft. Kleinere und mittlere Unternehmen waren lange Zeit überwiegend in der Form der OHG organisiert, weil eine Reihe von Merkmalen der OHG gerade für Unternehmen dieser Größenordnung als besonders geeignet angesehen wurden, so z.B.: eine im Vergleich zu den juristischen Personen geringere Steuerbelastung; alle Gesellschafter sind in der Regel geschäftsführungs- und vertretungsbefugt; alle Gesellschafter haften voll mit ihrem gesamten Privatvermögen und sind damit in der Lage, eine günstige Kreditbasis zu schaffen. Das volle Haftungsrisiko, das die Gesellschafter einer OHG zu tragen haben, ist allerdings wohl der Hauptgrund dafür, daß das bevorzugte Interesse an der OHG stark gesunken ist und daß Gesellschaftsgründer nach Gesellschaftsformen suchen, die eine geringere Haftungsgefahr mit sich bringen. Als solche Gesellschaftsformen kommen in erster Linie die Kommanditgesellschaft, die GmbH und als Typenvermengung aus beiden die GmbH & Co KG in Betracht.

Die offene Handelsgesellschaft ist nur dann die geeignete Gesell- **207**
schaftsform, wenn alle Gesellschafter ihre volle Arbeitskraft und ihr gesamtes Vermögen – auch das Privatvermögen – als Haftungsgrundlage dem Unternehmen zur Verfügung stellen wollen, die Ausübung der Gesellschafterpflichten und -rechte den Hauptberuf der Gesellschafter bildet und es erforderlich ist, die Kreditwürdigkeit des Unternehmens durch die unbeschränkte Haftung der Gesellschafter zu stärken.

IV. Die Rechtsform der EWIV

Wie oben (Rdnr. 27) schon erwähnt, ist mit dem Gesetz zur Ausfüh- **208**
rung der EWG-Verordnung über die Europäische wirtschaftliche Interessenvereinigung (EWIV-Ausführungsgesetz) nunmehr die Möglichkeit geschaffen worden, daß sich Unternehmen aus jedenfalls zwei Mitgliedsstaaten der EG zu einer Europäischen wirtschaftlichen Interessengemeinschaft (= EWIV) zusammenschließen, die als Handelsgesellschaft i.S. des HGB anzusehen ist und auf die überwiegend die für die OHG geltenden Vorschriften anzuwenden sind.

Nach deutscher Rechtstradition ist die EWIV eine verselbständigte Gesamthandsgemeinschaft, die der juristischen Person lediglich angenähert ist (vgl. dazu oben Rdnr. 203 ff.). Anders als bei der OHG hängt der Eintritt der Handlungsfähigkeit allerdings von der Eintragung in das Handelsregister ab (vgl. Müller-Gugenberger, NJW 1989, 1449, 1453).

209 Zwingend vorgeschrieben ist die Mehrstaatlichkeit der Mitglieder, d.h. mindestens zwei Mitglieder einer EWIV müssen verschiedenen Mitgliedsstaaten der EG angehören (Art. 4 I, II EWIV-VO). Der Zweck, der mit der Rechtsform der EWIV verfolgt werden kann, ist auf die *Unternehmenskooperation,* nämlich die Förderung der wirtschaftlichen Tätigkeit der Mitglieder beschränkt (Art. 3 I Halbs. 1 EWIV-VO).

Im Außenverhältnis haften alle Mitglieder einer EWIV unbeschränkt persönlich als Gesamtschuldner (Art. 24 Abs. 1 EWIV-VO). Auf diese Weise sind nahezu sämtliche Vorschriften zum Gläubigerschutz, insbesondere zur Aufbringung und Sicherung eines Gesellschaftskapitals, entbehrlich (vgl. dazu Müller-Gugenberger, NJW 1989, 1452). Vor der Inanspruchnahme der Mitglieder muß allerdings die EWIV vergeblich zur Zahlung aufgefordert worden und eine angemessene Zahlungsfrist verstrichen sein (Art. 24 Abs. 2 EWIV-VO).

Abweichend vom deutschen Recht der Personenhandelsgesellschaften (OHG und KG) ist die Selbstorganschaft *nicht* zwingend vorgeschrieben. Wie bei der GmbH ist Fremdorganschaft möglich, d.h. auch Nichtgesellschafter können geschäftsführungs- und vertretungsbefugt sein (vgl. zur Problematik unten Rdnr. 272 f.).

§ 11. Errichtung und Entstehung einer OHG

I. Abschluß und Inhalt des Gesellschaftsvertrages

Schrifttum: Hueck, OHG, § 5; K. Schmidt, Grenzen des Minderjährigenschutzes im Handels- und Gesellschaftsrecht, JuS 1990, 517 ff.; Ulmer in Großkomm. zum HGB, § 105 Rdnr. 47 ff.; Wiedemann, Der Gesellschaftsvertrag der Personengesellschaften, WM 1990, Sonderbeilage 8.

Fall 2: Korte, Minz und Scherz wollen eine OHG gründen, um Glücksspielautomaten herzustellen und zu veräußern. Jeder der Beteiligten verpflichtet sich in einem schriftlichen Gesellschaftsvertrag, eine Kapitaleinlage in Höhe von DM 50000,– zu erbringen. Minz ist gerade 17 Jahre alt geworden. Seine Eltern erklären Korte und Scherz, sie seien nicht einverstanden. Korte und Scherz verlangen nun von Minz, dieser möge seine Kapitaleinlage an die Gesellschaft erbringen. Zu Recht?

1. Einleitung

Die offene Handelsgesellschaft beruht auf dem gemeinsamen Willen der beteiligten Gesellschafter, sich zur Verfolgung eines gemeinsamen Zwecks, nämlich dem Betrieb eines vollkaufmännischen Handelsgewerbes unter gemeinschaftlicher Firma, zusammenzuschließen. Damit sind zugleich die beiden wesentlichen Unterscheidungsmerkmale gegenüber der BGB-Gesellschaft genannt: Die OHG betreibt ein vollkaufmännisches Handelsgewerbe und tritt im Geschäftsverkehr unter einer gemeinsamen Firma auf. **210**

Das Entstehen einer OHG setzt – wie das Entstehen einer jeden Gesellschaft – den Abschluß eines Gesellschaftsvertrages voraus.

2. Der Inhalt des Gesellschaftsvertrages

Inhalt des Gesellschaftsvertrages ist die Verpflichtung aller Beteiligten, die Erreichung des gemeinsamen Zweckes in der im Vertrage vorgesehenen Art und Weise zu fördern. Zu den im Vertrag häufig geregelten Verpflichtungen der Gesellschafter gehören: die Leistung der vereinbarten Beiträge, die in Geld- und Sachwerten oder Diensten, wie z.B. der Geschäftsführung, bestehen können, und die Gewinn- und Verlustbeteiligung. **211**

Beispiel: Alt, Henke und Schnell gründen unter der Firma „Spielwaren Hermann Alt & Co" eine OHG. Sie stellen Kinderspielzeug her und verkaufen es. In § 2 des schriftlichen Gesellschaftsvertrages heißt es: „Gegenstand des Unternehmens ist die Herstellung und der Vertrieb von Kinderspielzeug." § 3 Abs. 1 lautet: „Alle Gesellschafter sind zur Geschäftsführung verpflichtet." Der gemeinsame Zweck, zu dessen Erreichung sich Alt, Henke und Schnell zu einer OHG zusammengeschlossen haben, ist die Herstellung und der Vertrieb von Kinderspielzeug, um auf diese Art und Weise Gewinn zu erzielen. Zu den Verpflichtungen, die die Gesellschafter mit dem Abschluß des Gesellschaftsvertrages übernommen haben, gehört u.a. die Pflicht, die Geschäfte der Gesellschaft zu führen.

212 Die weitgehend zur Disposition der vertragschließenden Gesellschafter stehenden gesetzlichen Regelungen über die OHG (§§ 105 ff. HGB) werden in vielfacher Hinsicht den heutigen geänderten wirtschaftlichen Verhältnissen nicht mehr gerecht. In der Praxis werden deshalb unter Nutzung des durch die Privatautonomie geschaffenen Freiraumes häufig Gesellschaftsverträge abgeschlossen, die mehr oder minder stark von dem im Gesetz vorgegebenen Leitbild abweichen.

Für die *Auslegung* von Gesellschaftsverträgen gelten die allgemeinen Grundsätze, insbesondere § 157 BGB. Die Auslegung muß vor allem den subjektiven Willen der Parteien ermitteln; dabei ist der Gesellschaftszweck und die Rechtsstruktur der ins Leben gerufenen Organisation besonders zu berücksichtigen (vgl. dazu Wiedemann, WM 1990, Sonderbeilage 8, S. 14 ff.). Bei der auch möglichen ergänzenden Vertragsauslegung ist wegen der besonderen Bedeutung der Vertragsfreiheit für das Verhältnis der Gesellschafter untereinander auf den mutmaßlichen Willen der Vertragschließenden abzustellen und zu versuchen, im Einzelfall eine interessengerechte Lösung zu finden. Deshalb ist stets zunächst einmal auf der Grundlage des Gesellschaftsvertrages zu ermitteln, wie die Gesellschafter den offengebliebenen Punkt unter Berücksichtigung des Gebots von Treu und Glauben geregelt hätten, wenn sie bei Abschluß des Vertrages an ihn gedacht hätten (so BGH BB 1979, 287).

3. Der Abschluß des Gesellschaftsvertrages

213 Weil der Abschluß des Gesellschaftsvertrages ein Rechtsgeschäft ist, sind die allgemeinen Regeln über Rechtsgeschäfte anzuwenden.

So ist u. a. häufig darüber zu entscheiden, ob Personen mit ihren Erklärungen eine rechtliche Bindung, nämlich den Abschluß eines Gesellschaftsvertrages, überhaupt herbeiführen wollten oder nicht.

Rdnr. 212, 213

Beispiel: Kunz betreibt unter der Firma „Wilhelm Kunz – Elektrogroßhandel" einen Elektrogroßhandel. Als er in finanzielle Schwierigkeiten gerät, erklärt sich sein Schwager Frenzel bereit, sich mit einer Einlage von DM 150 000,– zu beteiligen und das Unternehmen mit zu betreiben, wenn er die gleichen Rechte und Pflichten wie Kunz erhalte. Kunz ist einverstanden. Beide sind sich in einem längeren Gespräch einig geworden, daß die Firma fortgeführt, die Beteiligungsverhältnisse 50% zu 50% betragen und Frenzel ebenso wie Kunz mit seinem gesamten Privatvermögen haften soll. Hier haben Kunz und Frenzel mit ihren Erklärungen einen Rechtserfolg angestrebt: Frenzel ist als persönlich haftender Gesellschafter in das Geschäft des Einzelkaufmanns Kunz eingetreten, was zur Folge hat, daß eine offene Handelsgesellschaft entstanden ist. Dieser Erfolg beruht auf einem Rechtsgeschäft. Der Zusammenschluß von Kunz und Frenzel, der erfolgt ist, um den Elektrogroßhandel gemeinsam zu betreiben (die angestrebte Verfolgung eines gemeinsamen Zwecks), ist eine Gesellschaft, und zwar eine offene Handelsgesellschaft.

Der Abschluß eines Gesellschaftsvertrages ist grundsätzlich form- **214**
frei. Enthält der Gesellschaftsvertrag allerdings ein Leistungsversprechen, das formbedürftig ist, dann bedarf der gesamte Gesellschaftsvertrag der Form (RGZ 50, 163, 165f. und 97, 219, 221). Der ohne die erforderliche Form geschlossene Vertrag ist gemäß § 125 BGB nichtig.

Beispiel: Im Gesellschaftsvertrag verpflichtet sich ein Gesellschafter, ein ihm gehörendes Grundstück in die Gesellschaft einzubringen. Gemäß § 313 BGB bedarf dieses Leistungsversprechen einer bestimmten Form, der notariellen Beurkundung, damit es wirksam wird. Dadurch wird der gesamte Gesellschaftsvertrag formbedürftig.

Auch wenn der Abschluß eines Gesellschaftsvertrages grundsätzlich **215**
formfrei ist, empfiehlt es sich, ihn jedenfalls schriftlich zu fixieren, um für die Zukunft Rechtssicherheit zu schaffen.

Geschäftsunfähige und in ihrer Geschäftsfähigkeit beschränkte Personen können allein keine wirksame Willenserklärung abgeben, wenn sie einen Gesellschaftsvertrag abschließen wollen. Die gesetzlichen Vertreter können nur mit Genehmigung des Vormundschaftsgerichts für die Vertretenen einen Gesellschaftsvertrag abschließen (§ 1643 i.Vb. m. § 1822 Nr.3 BGB). Auch die Zustimmung der gesetzlichen Vertreter zu Willenserklärungen, die Minderjährige bereits abgegeben haben, um einen Gesellschaftsvertrag abzuschließen, ist ohne Genehmigung des Vormundschaftsgerichts nicht wirksam.

In Fall 2 verlangen Korte und Scherz von Minz die Leistung der Kapitaleinlage von DM 50000,– zu Recht, wenn zwischen den drei Personen ein wirksamer OHG-Gesellschaftsvertrag zustande gekommen ist, der eine Einlageverpflichtung des Minz in Höhe von DM 50000,– enthält (§§ 105 Abs. 2, 109 HGB und § 705 BGB). Das Zustandekommen eines Gesellschaftsvertrages setzt voraus, daß sich alle Beteiligten über sämtliche Punkte, auf deren Festlegung auch nur ein Gesellschafter Wert legt, einigen. Der Antrag eines einzelnen Gesellschafters zum Abschluß des Vertrages muß sich an alle anderen Gesellschafter richten, um von diesen angenommen zu werden. Korte und Scherz haben je ein Angebot zum Abschluß eines Gesellschaftsvertrages mit einer Einlageverpflichtung eines jeden Gesellschafters von DM 50000,– abgegeben und auch angenommen. Fraglich ist jedoch, ob Minz ebenfalls ein wirksames Vertragsangebot abgeben und annehmen konnte. Minz war minderjährig (§ 106 BGB). Der Abschluß des OHG-Gesellschaftsvertrages brachte Minz nicht lediglich einen rechtlichen Vorteil im Sinne des § 107 BGB. Seine Eltern haben die nach § 107 BGB notwendige Einwilligung nicht erteilt. Auch eine erteilte Einwilligung hätte allerdings, um wirksam werden zu können, der Genehmigung des Vormundschaftsgerichts bedurft (§§ 1643, 1822 Nr. 3 BGB). Die Willenserklärungen des minderjährigen Minz sind deshalb nichtig. Minz hat also weder ein Angebot zum Abschluß des Gesellschaftsvertrages abgegeben, noch die Angebote des Korte und Scherz angenommen. Mit ihm ist deshalb ein Gesellschaftsvertrag nicht abgeschlossen worden. Deshalb können Korte und Scherz von ihm nicht die Zahlung einer Kapitaleinlage in Höhe von DM 50000,– verlangen.

216 Der Minderjährigenschutz hindert allerdings nicht eine Haftung nach § 15 Abs. 1 HGB. Diese Bestimmung, nach der eine in das Handelsregister einzutragende Tatsache, die nicht eingetragen und bekanntgemacht ist, einen Dritten nicht entgegengehalten werden kann, es sei denn, daß sie diesem bekannt war (sog. negative Publizität), wirkt auch zu Lasten Minderjähriger. Auf eine zurechenbare Veranlassung der Nicht-Eintragung durch den Betroffenen kommt es dabei nicht an; ein Vorrang des Minderjährigenschutzes vor dem strengen handelsrechtlichen Verkehrsschutz entspricht nach überwiegender Auffassung (vgl. K. Schmidt, JuS 1990, 517, 519 mit Nachw.) nicht dem Normzweck des § 15 Abs. 1 HGB.

II. Die Rechtsnatur des OHG-Gesellschaftsvertrages

Der Gesellschaftsvertrag der OHG ist ein schuldrechtlicher Vertrag, der die wechselseitigen Rechte und Pflichten der Gesellschafter regelt und auch Bestimmungen über die Organisation der Gesellschaft enthält. Nach heute überwiegender Ansicht (vgl. Ulmer in Großkomm. HGB, § 105 Rdnr. 140 mit Nachw.) gehört der Gesellschaftsvertrag *nicht* zu den Austauschverträgen wie z. B. Kauf-, Miet- oder Werkvertrag. Betont wird in diesem Zusammenhang der auf „Begründung einer Interessengemeinschaft gerichtete Charakter der Gesellschaft im Unterschied zu den Typen eines Austausch- und Interessenwahrungsvertrages" (so Ulmer in Großkomm. HGB, § 105 Rdnr. 140). Nach inzwischen wohl überwiegender Meinung (vgl. Ulmer in Großkomm. HGB, § 105 Rdnr. 148 ff.) können §§ 320 bis 327 BGB auf Gesellschaftsverträge nicht angewandt werden, weil es bei ihnen an der synallagmatischen Verknüpfung vertraglicher Leistungen aus gegenseitigen Verträgen fehlt. Letztere bestehen weder zwischen den Gesellschaftern, noch zwischen den einzelnen Gesellschaftern einerseits und der Gesamthand andererseits (anders wohl Westermann Rdnr. I 85. Differenzierend K. Schmidt, Gesellschaftsrecht, § 20 III; vgl. auch oben Rdnr. 45 ff.). **217**

III. Die Entstehung einer OHG

Der wichtigste Akt für die Entstehung der OHG ist der Abschluß des Gesellschaftsvertrages. Die Gesellschaft ist gemäß § 106 HGB bei dem Gericht, in dessen Bezirk sie ihren Sitz hat, zur Eintragung in das Handelsregister anzumelden. **218**

Der Feststellung des Zeitpunktes, zu welchem die OHG gegenüber Dritten wirksam entsteht, kommt wegen der strengen Haftung der Gesellschafter aus § 128 HGB eine besondere Bedeutung zu.

Was den Zeitpunkt des Entstehens der Gesellschaft angeht, so ist zu unterscheiden zwischen

– dem *Innenverhältnis,* dem Verhältnis der Gesellschafter zu- und untereinander, und

- dem *Außenverhältnis,* dem Verhältnis der Gesellschaft und der Gesellschafter zu Dritten.

Wenn der gemeinsame Zweck der Gesellschaft der Betrieb eines vollkaufmännischen Handelsgewerbes im Sinne des § 1 HGB sein soll, entsteht die OHG im Innenverhältnis bereits mit dem Abschluß des Gesellschaftsvertrages und nicht erst mit dem Beginn des Geschäftsbetriebes (RGZ 112, 280ff.; Ulmer in Großkomm. HGB, § 105 Rdnr. 49).

219 In den Fällen der §§ 2 und 3 HGB gelangt die OHG erst mit der Eintragung in das Handelsregister zur Entstehung, weil das von der Gesellschaft betriebene Gewerbe erst vom Zeitpunkt der Eintragung an als Handelsgewerbe gilt. In der Zeit zwischen dem Abschluß des Gesellschaftsvertrages und der Eintragung in das Handelsregister ist die Gesellschaft eine Gesellschaft bürgerlichen Rechts. Auf diese können allerdings, was das Verhältnis der Gesellschafter untereinander angeht, bereits die Vorschriften der §§ 105ff. HGB ergänzend Anwendung finden, weil das im Zweifel dem Willen der Gesellschafter entsprechen dürfte, die eine OHG begründen wollen (so zu Recht Hueck, OHG, § 5 I 2 und Schlegelberger-Geßler, § 105 Rdnr. 47. A.A. Ulmer in Großkomm. HGB § 105 Rdnr. 50).

220 Im *Außenverhältnis* gelangt die OHG noch nicht allein durch den Abschluß des Gesellschaftsvertrages zur Entstehung, weil es sich dabei um einen Akt der Gesellschafter handelt, der für Dritte nicht ohne weiteres erkennbar ist. Im Verhältnis zu Dritten ist die OHG entstanden, wenn

- die Gesellschaft in das Handelsregister eingetragen ist (§ 123 Abs. 1 HGB) oder
- auch schon vor der Eintragung, wenn die Gesellschaft mit ihren Geschäften begonnen hat, soweit sich aus § 2 HGB nichts anderes ergibt.

Beispiel: Kramer und Schmitz wollen unter der Firma „Baustoffhandlung Kramer & Co." eine OHG gründen, deren Gegenstand der An- und Verkauf von Baustoffen sein soll. Sie schließen einen Gesellschaftsvertrag ab. Noch vor der Eintragung in das Handelsregister kauft Schmitz im Namen und unter der Verwendung der Firma 20 t Zement und läßt sich von einer Bank ein Darlehen in Höhe von DM 50000,– gewähren. Beide Handlungen sind solche, die einen

Geschäftsbeginn der Gesellschaft im Sinne des § 123 Abs. 2 HGB darstellen, weil sie unter den Begriff des Geschäftsbetriebes fallen. Hier ist die OHG auch im Außenverhältnis vor der Eintragung in das Handelsregister entstanden.

IV. Der Eintritt in das Geschäft eines Einzelkaufmanns (§ 28 HGB)

Fall 3: Einzelkaufmann A betreibt einen Mineralölhandel. Die Rheinische Bank AG hat ihm am 1.6.1992 ein Darlehen in Höhe von DM 300 000,– gewährt, das nach drei Jahren zurückgezahlt sein soll. Am 1.1.1995 tritt B als persönlich haftender Gesellschafter in das Geschäft des A ein. Als die Rheinische Bank AG trotz mehrfacher an A gerichteter Aufforderungen im Juli 1995 die Darlehenssumme nicht zurückerhält, verlangt sie nun Zahlung von DM 300 000,– von B. Mit Recht? 221

Wenn jemand als persönlich haftender Gesellschafter in das Geschäft eines Einzelkaufmanns eintritt, entsteht eine OHG, wenn zwischen dem Einzelkaufmann und dem Eintretenden ein Gesellschaftsvertrag abgeschlossen wird.

Für den Fall eines solchen Eintritts regelt § 28 HGB den Übergang der Forderungen und Verbindlichkeiten, die im Betriebe des Geschäfts des Einzelkaufmanns entstanden sind, auf die Gesellschaft.

In Fall 3 ist durch den Eintritt von B in das Einzelhandelsgeschäft des Kaufmanns A eine OHG entstanden. Gemäß § 28 HGB haftet die Gesellschaft für alle im Betriebe des Geschäfts entstandenen Verbindlichkeiten des früheren Geschäftsinhabers. Dazu gehört die Darlehensrückzahlungsforderung der Rheinischen Bank AG in Höhe von DM 300 000,–. Da die Darlehensverbindlichkeit des A nunmehr zu einer Verbindlichkeit der Gesellschaft, der OHG, geworden ist, haftet für diese Verbindlichkeit nun auch der Gesellschafter B gemäß § 128 HGB. Diese Haftung bezieht sich auch auf solche Verbindlichkeiten, die vor Eintritt des Gesellschafters entstanden sind.

Unter den in § 28 Abs. 2 HGB genannten Voraussetzungen ist eine die Haftung der Gesellschaft ausschließende Regelung zulässig. Nach dem Wortlaut des § 28 Abs. 2 HGB ist mit der abweichenden Vereinbarung in erster Linie der Ausschluß der Haftung der Gesellschaft selbst gemeint. Die persönliche Haftung der Gesellschafter und damit auch die der eintretenden Gesellschafter ergibt sich nicht aus § 28 222

Abs. 1 HGB, sondern aus § 128 HGB, der eine die persönliche Haftung der Gesellschafter für Gesellschaftsschulden ausschließende Vereinbarung nicht zuläßt. Die Interessenlage aller Beteiligten einschließlich der Gläubiger gebietet es indessen, § 28 Abs. 2 HGB so auszulegen, daß der Ausschluß auch auf die persönliche Haftung des oder der neu eintretenden Gesellschafter beschränkt werden kann. Der Sinn der in § 28 Abs. 1 HGB enthaltenen Regelung besteht nämlich darin, den bisherigen Gläubigern das Geschäftsvermögen eines Einzelkaufmanns, das dieser in eine neu gegründete Personengesellschaft einbringt, als Haftungsobjekt zu erhalten. Deshalb ist es möglich, mit einer „abweichenden Vereinbarung" i. S. des § 28 Abs. 2 HGB nicht nur die Haftung der Gesellschaft für Altschulden auszuschließen, sondern diese bestehen zu lassen und lediglich zu vereinbaren, daß der neu eintretende Gesellschafter für jene Verbindlichkeiten nicht haftet (so OLG Celle, OLGZ 1981, 1).

223 Der Haftungsausschluß i. S. des § 28 Abs. 2 HGB kann Außenwirkung jedoch nur dann haben, wenn die Kundmachung unverzüglich nach dem Wechsel des Unternehmensträgers vorgenommen wird. Sowohl die Handelsregistereintragung als auch die Bekanntmachung müssen deshalb alsbald nach diesem Wechsel bewirkt werden. Das Risiko einer verzögerten Eintragung und Bekanntmachung trifft die neuen Unternehmensträger; es kommt weder auf deren Verschulden noch auf ein solches des Registergerichts an (vgl. BayObLG, WM 1984, 1533 mit weiteren Nachw.).

Beispiel (nach BGH WM 1989, 1219): Unter Einbringung seines bisher als Einzelkaufmann betriebenen Unternehmens gründet A zusammen mit der X-GmbH eine Kommanditgesellschaft, in der die X-GmbH mit einem Stammkapital von DM 500.000,– persönlich haftender Gesellschafter und A Kommanditist sein sollen. Im Gesellschaftsvertrag wird vereinbart, die bis zur Gründung der Gesellschaft entstandenen Darlehensverbindlichkeiten des A (ca. DM 250.000,–) sollten im Innenverhältnis zwischen A und der X-GmbH von A getragen werden; diese Vereinbarung wird durch die Verpflichtung des A ergänzt, die nun gegründete Gesellschaft von diesen Verbindlichkeiten freizustellen. Eine Haftungsbeschränkung ist in das Handelsregister nicht eingetragen worden. Eine solche Vereinbarung erfüllt nicht den Tatbestand des § 28 Abs. 2 HGB. Sie setzt vielmehr aufgrund ihrer Beschränkung auf das Innenverhältnis zwischen den Gesellschaftern (A und X-GmbH) die Haftungsübernahme nach § 28 Abs. 1 HGB geradezu voraus (so BGH WM 1989, 1219 f.).

Rdnr. 223

V. Der Vorvertrag zu einem Gesellschaftsvertrag

Fall 4: Der Einzelkaufmann A, der Baumaterialien an- und verkauft, gibt seinem Prokuristen B an dessen 25jährigem Dienstjubiläum mündlich das Versprechen, ihn „in absehbarer Zeit mit einem ordentlichen Anteil an seinem Geschäft zu beteiligen". B zeigt sich hocherfreut und äußert, daß ihm dies der schönste Lohn für seine Arbeit in den letzten 25 Jahren sei. Als zwei Jahre später der A den B noch immer nicht in irgendeiner Weise an seinem Geschäft beteiligt hat, macht B geltend, er habe einen Anspruch auf eine angemessene Beteiligung an dem Geschäft, er könne den Abschluß eines Gesellschaftsvertrages verlangen. Kann B von A den Abschluß eines Gesellschaftsvertrages (OHG-Vertrag) verlangen? **224**

Es kommt häufig vor, daß noch vor dem Abschluß des Gesellschaftsvertrages einer OHG ein Vorvertrag abgeschlossen wird, der die Verpflichtung zum Abschluß eines Gesellschaftsvertrages für die OHG zum Gegenstand hat. Wie andere Vorverträge, die einem abzuschließenden Schuldverhältnis vorausgehen, muß auch der Vorvertrag zu einem OHG-Gesellschaftsvertrag bereits so weit konkretisierte Vereinbarungen enthalten, daß der wesentliche Inhalt des nachfolgenden Vertrages, dessen Abschluß angestrebt wird, bereits erfaßt ist. Der Vorvertrag muß jedenfalls so gestaltet sein, daß wichtige Einzelheiten, die fehlen, aber Gegenstand des Hauptvertrages sein müssen, im Streitfall durch ergänzende Vertragsauslegung, notfalls durch das Gericht, festgestellt werden können (RGZ 156, 129, 138; BGH LM Nr.3 zu § 705 BGB). Ein Vorvertrag kommt allerdings nur zustande, wenn Einmütigkeit der Parteien darüber besteht, welche Gesellschaftsform angestrebt wird. Auch über die Höhe der Beteiligung der Vertragschließenden an der künftigen Gesellschaft muß in der Regel im Vorvertrag bereits Klarheit geschaffen werden (OLG Frankfurt MDR 1973, 759f.).

Ist ein Vorvertrag wirksam zustande gekommen, kann aufgrund des **225**
Vorvertrages auf dem Abschluß des Gesellschaftsvertrages bestanden werden. Ist der Gesellschaftsvertrag selbst – etwa weil ein Gesellschafter ein Grundstück einbringt – formbedürftig, ist auch der Vorvertrag formbedürftig.

In Fall 4 hätte B einen Anspruch auf Abschluß eines OHG-Vertrages, wenn zwischen ihm und A ein Vorvertrag, der auf den Abschluß eines OHG-Gesellschaftsvertrages gerichtet gewesen wäre, zustande gekommen wäre. Nach den oben dargelegten Grundsätzen bestehen hier Zweifel daran, ob der Vorvertrag bereits ein solches Maß an Bestimmtheit enthält, daß im Streitfall der Inhalt des Vertrages richterlich festgesetzt werden kann. Es fehlen notwendige Anhaltspunkte dafür, die fehlende Einigung über wesentliche Punkte des Vertrages richterlich festsetzen oder ergänzen zu können. So ist z.B. nicht klar, welche Höhe die Beteiligung des B betragen soll. Außerdem ist nicht einmal über die Rechtsform und die Art der Beteiligung eine bindende Einigung erzielt worden. Außer einer OHG käme als Rechtsform hier auch noch eine Kommanditgesellschaft oder eine stille Gesellschaft in Betracht. Welche Gesellschaftsform ins Auge gefaßt war, läßt sich nicht feststellen. Daraus ist zu entnehmen, daß der zwischen A und B getroffenen Abrede die notwendige Bestimmtheit fehlt, um daraus auf das Bestehen eines Vorvertrages zum Abschluß eines Gesellschaftsvertrages schließen zu können. B hat deshalb gegen A keinen Anspruch auf Abschluß eines Gesellschaftsvertrages.

VI. Die Scheingesellschaft

226 Es kommt vor, daß Personen einen Gesellschaftsvertrag einer OHG nur zum Schein abschließen, um den Namen der Gesellschaft für irgendwelche Zwecke verwenden zu können. Dabei sind sich die Vertragschließenden darüber im klaren, daß zwischen ihnen in Wirklichkeit eine Gesellschaft nicht gewollt ist (vgl. BGH LM Nr. 4 zu § 105 HGB). Besonders häufig geschieht dies, um auf unlautere Weise einen Kredit zu erlangen. In solchen Fällen handelt es sich um eine *Scheingesellschaft.*

227 Bei einer Scheinhandelsgesellschaft fehlt es schon am Abschluß eines wirksamen Gesellschaftsvertrages. Es entsteht also keine OHG. Infolgedessen können die Gesellschafter untereinander und Dritten gegenüber keine Rechte geltend machen, die auf dem Recht der OHG beruhen. Das bedeutet, daß der Scheingesellschaft z.B. nicht das Firmenrecht zusteht und sie auch nicht unter der Firma klagen kann. Allerdings können gutgläubige Dritte, die aufgrund des hervorgerufenen Scheins, es bestünde eine OHG, darauf vertrauen, daß sie es mit einer OHG zu tun haben, gegenüber denjenigen, die den Rechtsschein in zurechenbarer Weise hervorgerufen haben, die Rechte geltend machen, die ihnen nach dem OHG-Recht zustehen würden. Das entspricht dem gewohnheitsrechtlich geltenden Satz, daß derjenige, der im Handelsverkehr öffentliche Erklärungen abgibt, sich von gutgläubigen Dritten an diesen Erklärungen festhalten lassen muß. Es handelt sich also um ein Problem des Vertrauensschutzes und der Rechtsscheinhaftung. In der Praxis bedeutet dies, daß insbesondere die Regeln des OHG-Rechts betreffend die unbeschränkte Haftung aller Gesellschafter (§ 128 HGB) zugunsten derjenigen Dritten Anwendung finden, die die Verhältnisse nicht kennen (vgl. zu alledem Hueck, Gesellschaftsrecht, § 5 I 1).

Der Rechtsschein einer OHG wird im Rechtsverkehr insbesondere **228**
durch das Auftreten unter einer gemeinschaftlichen Firma, z.B. durch die Verwendung entsprechender Briefbögen und Zeitungsanzeigen, hervorgerufen.

Deutlich zu trennen sind von dieser Problematik diejenigen Fälle, in denen ein Gesellschaftsvertrag abgeschlossen worden ist, dieser aber an Mängeln leidet. Es handelt sich dann um Probleme der fehlerhaften Gesellschaft (vgl. dazu unten Rdnr. 341 ff.).

§ 12. Die Beziehungen der Gesellschafter untereinander (Das Innenverhältnis)

Schrifttum: Barz, Know how als Einbringungsgegenstand. In: FS Walter Schmidt, S. 157 ff.; Flume, Gesellschaft und Gesamthand, ZHR 136 (1972), 177 f.; Großfeld, Bilanzrecht für Juristen – Das Bilanzrichtlinien-Gesetz vom 19. 12. 1985, NJW 1986, 955 ff.; A. Hueck, OHG, §§ 9 bis 18; G. Hueck, Der Grundsatz der gleichmäßigen Behandlung im Privatrecht, 1958; Leenen, „Bestimmtheitsgrundsatz" und Vertragsänderungen durch Mehrheitsbeschluß im Recht der Personengesellschaften, in: FS Larenz, S. 372 ff.; Plassmann, Darlehenskonto statt zweitem Kapitalkonto, BB 1978, 413 ff.; Schulze-Osterloh, Die Rechnungslegung der Einzelkaufleute und Personenhandelsgesellschaften nach dem Bilanzrichtlinien-Gesetz, ZHR 150 (1986), 403 ff.; Sudhoff, Dienstleistungen als Gesellschaftereinlage, NJW 1964, 1249 ff.

I. Die Rechtsgrundlagen des Innenverhältnisses bei der OHG

229 Gesetzlich geregelt ist das Verhältnis der Gesellschafter einer offenen Handelsgesellschaft untereinander in den §§ 109–122 HGB und, soweit diese Vorschriften nicht eine Sonderregelung enthalten, ergänzend in den §§ 705 ff. BGB.

Dem § 109 HGB ist zu entnehmen, daß das Rechtsverhältnis der Gesellschafter untereinander durch den Gesellschaftsvertrag frei geregelt werden kann. Der Gesellschaftsvertrag bestimmt also weitgehend das Verhältnis der Gesellschafter untereinander. § 109 HGB wiederholt für die offene Handelsgesellschaft lediglich den allgemeinen, auch für das Handelsrecht geltenden privatrechtlichen Grundsatz, daß die Vertragschließenden ihre Rechtsverhältnisse frei gestalten können. Wie oben (Rdnr. 28 ff.) bereits dargelegt, gilt der Grundsatz der Privatautonomie auch für das Gesellschaftsrecht, im besonderen Maße für das Recht der Personengesellschaften.

Die §§ 109 ff. HGB sind deshalb nur dann anzuwenden, wenn sich aus dem Gesellschaftsvertrag nichts anderes ergibt. Grundsätzlich hat also der Gesellschaftsvertrag Vorrang vor der gesetzlichen Regelung.

230 Es existieren nur wenige gesetzliche Bestimmungen, die durch eine Vereinbarung im Gesellschaftsvertrag nicht abgeändert oder ausgeschlossen werden können. Zu den Vorschriften, die nicht ausgeschlossen oder geändert werden können, gehört die Bestimmung über das Kontrollrecht der Gesellschafter in § 118 HGB. Die Gestaltungsfreiheit der Gesellschafter findet hier ihre Grenze. Eine das Kontrollrecht eines Gesellschafters ausschließende oder beschränkende Vereinbarung ist unter den in § 118 Abs. 2 HGB genannten Voraussetzungen unwirksam.

In der Praxis ist es nur selten sinnvoll, die gesetzliche Regelung des Innenverhältnisses unverändert gelten zu lassen. Je nach den für die beteiligten Personen vorgesehenen Funktionen, dem Gesellschaftszweck und der Höhe der Beteiligung ist meist eine zweckentsprechende vertragliche Vereinbarung notwendig.

II. Überblick über die Rechte und Pflichten der Gesellschafter

1. Der Grundsatz der gleichmäßigen Behandlung der Gesellschafter

Auch für die Personenhandelsgesellschaft gilt der Grundsatz der gleichmäßigen Behandlung der Gesellschafter (vgl. oben Rdnr. 58). Das heißt nicht, daß alle Gesellschafter gleichberechtigt sind. Nach herrschender Auffassung gibt es keinen Grundsatz der Gleichberechtigung der Gesellschafter (so Hueck, OHG, § 9 III). Der Grundsatz der gleichmäßigen Behandlung der Gesellschafter bedeutet im wesentlichen ein Verbot unsachlicher Differenzierung zwischen den Gesellschaftern (vgl. Wiedemann, Bd. I, § 8 II 2). **231**

Da die Gesellschafter grundsätzlich den Umfang ihrer Rechte und Pflichten abweichend von der gesetzlichen Regelung im Gesellschaftsvertrag frei bestimmen können, können sie auch vom Grundsatz der gleichmäßigen Behandlung aller Gesellschafter abweichende Regelungen treffen. Deshalb können einige Gesellschafter ohne weiteres mehr Pflichten als andere übernehmen. Es kann aber auch vereinbart werden, daß einige Gesellschafter für besondere Leistungen besondere Vergünstigungen erhalten.

Im Recht der OHG hat der Grundsatz der gleichmäßigen Behandlung in den §§ 114 Abs. 1 und 125 Abs. 1 HGB seinen Niederschlag gefunden, wonach in der Regel die Gesellschafter in gleichem Maße zu Geschäftsführung und Vertretung berechtigt und verpflichtet sind. Außerdem findet er sich in § 119 Abs. 1 HGB, wonach die von den Gesellschaftern zu fassenden Beschlüsse grundsätzlich der Zustimmung aller Gesellschafter bedürfen. **232**

Der anerkannte verbandsrechtliche Gleichbehandlungsgrundsatz besagt, daß jedes Mitglied unter gleichen Voraussetzungen ebenso zu behandeln ist wie die übrigen Mitglieder. Anders ausgedrückt bedeutet dies ein Verbot unsachlicher Differenzierung zwischen den Gesellschaftern (so Wiedemann, § 8 II 2). Man kann auch von dem Verbot sachlich nicht gerechtfertigter, willkürlicher Ungleichbehandlung der

Gesellschafter sprechen (vgl. MünchKomm-Ulmer, § 705 BGB Rdnr. 199 ff.).

233 Es ist aber zu betonen, daß *kein* Grundsatz der Gleichberechtigung der Gesellschafter existiert, sondern nur der Grundsatz der gleichmäßigen Behandlung (so zutreffend A. Hueck, OHG, § 9 III). Das bedeutet, daß die Gesellschafter verlangen können, daß sie nach gleichem Maßstab behandelt werden, d.h. daß sie unter gleichen Bedingungen gleiche Vorteile erhalten und gleiche Lasten tragen (vgl. auch K. Schmidt, Gesellschaftsrecht, § 16 II 4). So braucht sich z.B. niemand gefallen zu lassen, daß er schlechter behandelt wird als andere Gesellschafter, die ihm bisher gleichstanden; er braucht weder eine Erweiterung seiner eigenen Pflichten noch eine Schmälerung seiner Rechte zuzulassen, wenn andere gleichstehende Gesellschafter nicht in gleicher Weise betroffen werden (so A. Hueck, OHG, § 9 III). Inhaltlich ist der Grundsatz der gleichmäßigen Behandlung nicht auf eine schematische oder formale Gleichstellung der Gesellschafter gerichtet; er schließt vielmehr die sachlich nicht gerechtfertigte, willkürliche Ungleichbehandlung aus (so MünchKomm-Ulmer, § 705 BGB, Rdnr. 200 mit Nachw.; vgl. auch BGH WM 1965, 1284, 1286).

234 Nach herrschender Meinung (vgl. u.a. MünchKomm-Ulmer, § 705 BGB, Rdnr. 202 mit Nachw.; A. Hueck, OHG, § 9 III) ist der Grundsatz der gleichmäßigen Behandlung der Gesellschafter dispositiver Natur, soweit nicht die Schranke des § 138 BGB eingreift. Aufgrund des Prinzips der Vertragsfreiheit können im Gesellschaftsvertrag Regelungen getroffen werden, die von dem Grundsatz der gleichmäßigen Behandlung des Gesellschafter abweichen. Das kann allerdings nur gelten, wenn die benachteiligten Gesellschafter selbst zustimmen (so A. Hueck, OHG, § 9 III), sich also mit der Schlechterstellung einverstanden erklären. Die einzelnen Gesellschafter sind demnach nicht gehindert, in eine sachlich nicht gebotene Vorzugsstellung eines Mitgesellschafters oder eine relative Verschlechterung ihrer eigenen Position einzuwilligen, solange der unverzichtbare Kernbereich ihrer Mitwirkungsrechte dadurch nicht berührt wird (so MünchKomm-Ulmer, § 705 BGB, Rdnr. 202).

Beispiel: Fraglich kann es sein, ob die Schranken der Vertragsfreiheit verletzt werden, wenn ein Gesellschafter sich im Gesellschaftsvertrag damit einverstanden erklärt, daß die Gesellschaft für den Fall seines Todes ohne seine Erben mit den überlebenden Gesellschaftern fortgesetzt wird, während für den Fall des Todes der übrigen Gesellschafter die Gesellschaft mit deren Erben fortgesetzt werden soll. Der Vorwurf der Sittenwidrigkeit, der gemäß § 138 BGB zur Nichtigkeit führt, kann auch auf einer groben Ungleichbehandlung der Gesellschafter beruhen. Das ist insbesondere dann der Fall, wenn die grobe Ungleichbehandlung der Gesellschafter unter Ausnutzung einer wirtschaftlichen Vormachtstellung oder des Vertrauens und der Unerfahrenheit des anderen Teils beruht (vgl. MünchKomm-Ulmer, § 705 BGB Rdnr. 101 mit Nachw.). Wegen Sittenwidrigkeit nichtig sind auch solche Vereinbarungen im Gesellschaftsvertrag, die einen Teil der Gesellschafter praktisch rechtlos stellen oder unvertretbaren, einer Knebelung gleichkommenden Bindungen unterwerfen (vgl. MünchKomm-Ulmer, § 705 BGB Rdnr. 101 mit Nachw.). Letzteres soll z. B. dann der Fall sein, wenn die Gesellschafter sich in einem weiten Bereich seiner wirtschaftlichen Betätigung selbst entmündigt hat. Eine solche Aufgabe der freien Selbstbestimmung ist nach Auffassung des BGH (BGHZ 44, 158, 161) mit den Grundwerten der Rechtsordnung nicht vereinbar und deshalb sittenwidrig und damit nichtig.

Von solch krassen Verstößen gegen die guten Sitten kann bei der hier in Frage stehenden Regelung wohl kaum die Rede sein, zumal der betreffende Gesellschafter einer Ungleichbehandlung im Gesellschaftsvertrag ausdrücklich zugestimmt hat. Der unverzichtbare Kernbereich seiner Mitwirkungsrechte ist dadurch nicht berührt worden.

2. Die Sozialansprüche

Zu den Ansprüchen, die aus dem Gesellschaftsverhältnis gegen die einzelnen Mitglieder (Gesellschafter) erwachsen können, zählen **235**
- Ansprüche auf Leistung von Beiträgen,
- Ansprüche auf die Erfüllung von Geschäftsführungspflichten,
- Ansprüche auf Erfüllung von gesellschaftlichen Treuepflichten, insbesondere auf die Einhaltung des Wettbewerbsverbots (§ 112 HGB).

Diese Ansprüche, die nach dem Gesellschaftsvertrag der Gesellschaft gegen die einzelnen Gesellschafter zustehen, werden *Sozialansprüche* genannt.

3. Die Sozialverpflichtungen

236 Andererseits erwachsen den Gesellschaftern aus dem Gesellschaftsvertrag Ansprüche gegen die Gesellschaft. Zu diesen Ansprüchen können gehören:

- der Anspruch auf den Gewinnanteil,
- der Anspruch auf Ausübung des Stimmrechts,
- der Anspruch auf Information und Kontrolle,
- der Anspruch auf eine Vergütung für die Geschäftsführung,
- der Anspruch auf Ersatz von Aufwendungen, soweit solche gemacht worden sind.

Der Gesellschaft erwachsen in diesem Rahmen aus dem Gesellschaftsverhältnis gegenüber den einzelnen Gesellschaftern Verpflichtungen, die man *Sozialverpflichtungen* nennt.

III. Die Beitragspflicht der Gesellschafter

237 Mit dem Gesellschaftsvertrag schließen sich die Gesellschafter zusammen, um den gemeinsamen Zweck, den sie anstreben, zu erreichen. Dieser Zweck ist in der Regel nur zu erreichen, wenn die Gesellschafter sich im Gesellschaftsvertrag verpflichten, Beitragsleistungen zu erbringen, die den gemeinsamen Zweck fördern.

Beiträge der Gesellschafter sind alle Leistungen, zu denen sich die Gesellschafter durch den Gesellschaftsvertrag zur Förderung des Gesellschaftszwecks verpflichten. Dazu können u.a. zählen: Geldzahlungen, die Übereignung von beweglichen Sachen und Grundstücken, die Einbringung von Wertpapieren, das Überlassen von Patenten, die Gestattung des Gebrauchs von Sachen zur gemeinsamen Nutzung, Dienstleistungen, wie z.B. Geschäftsführung (Sudhoff, NJW 1964, 1249 ff.), Forderungen, ein ganzes Unternehmen mit Firma und Kundschaft, die Kenntnis von Absatzmöglichkeiten und Bezugsquellen (RGZ 95, 147, 150) und technische Erfahrungen (Barz, S. 157 ff.).

Rdnr. 236, 237

Beispiel: Alwin, Müller und Groß haben sich zu einer offenen Handelsgesellschaft zusammengeschlossen. In dem notariell beurkundeten Gesellschaftsvertrag hat sich Alwin verpflichtet, ein Kapital in Höhe von DM 200000,– einzubringen. Müller hat sich bereit erklärt, zwei Patente einzubringen. Groß hat sich verpflichtet, der Gesellschaft ein ihm gehörendes Grundstück zu übereignen. Alle Leistungsverpflichtungen, die die Gesellschafter eingegangen sind, sind Beitragsverpflichtungen. Ob sie als gleichwertig anzusehen sind, ist eine Frage der Bewertung.

Gem. § 707 BGB, der auch auf die OHG Anwendung findet, sind **238** die Gesellschafter weder zur Erhöhung des vereinbarten Beitrages, noch zur Ergänzung einer durch Verlust verminderten Einlage verpflichtet, es sei denn, im Gesellschaftsvertrag ist, abweichend von § 707 BGB, etwas anderes vereinbart. Sollen die Gesellschafter entgegen § 707 BGB zum Verlustausgleich verpflichtet sein, so muß dies aus dem Gesellschaftsvertrag in verständlicher, nicht nur versteckter Weise hervorgehen (vgl. BGH NJW 1983, 164; BGHZ 23, 17, 30).

IV. Die Verteilung von Gewinn und Verlust

Das Gesetz enthält in den §§ 120–122 HGB Bestimmungen über **239** die Verteilung von Gewinn und Verlust sowie zur Berechnung von Entnahmen. In der Regel finden sich in den Gesellschaftsverträgen Vereinbarungen, die die gesetzliche Gewinn- und Verlustregelung ersetzen, weil diese nur selten der wirklichen Lastenverteilung in der OHG entspricht. Zur Anwendung der gesetzlichen Vorschriften über Gewinn und Verlust kommt es deshalb nur selten.

Die gesetzlichen Vorschriften über die Gewinn- und Verlustverteilung regeln nur die interne Lastenverteilung unter den Gesellschaftern. Sie haben deshalb nichts mit der Haftung der Gesellschafter gegenüber den Gläubigern der Gesellschaft für Verbindlichkeiten der Gesellschaft zu tun. Gegenüber den Gläubigern der Gesellschaft haften alle Gesellschafter unabhängig von der Gewinn- und Verlustverteilung unmittelbar und in voller Höhe mit ihrem gesamten Privatvermögen (§ 128 HGB).

240 Häufig werden in den Gesellschaftsvertrag Vereinbarungen darüber aufgenommen, wie das Gesellschaftsvermögen zu bewerten ist, inwieweit der Gewinn entnommen werden darf und wie etwaige Gehaltszahlungen an einen geschäftsführenden Gesellschafter abgerechnet werden.

Beispiel für eine typische Regelung in einem Gesellschaftsvertrag einer OHG: Von dem Jahresgewinn erhält der Gesellschafter D vorab 25% zum Ausgleich für seine Tätigkeit für die Gesellschaft. Der Restgewinn wird im Verhältnis der Festkapitalanteile verteilt. Ein Verlust wird ebenfalls im Verhältnis der Festkapitalanteile verteilt. Die Gesellschafter sind berechtigt, in monatlichen Teilbeträgen $^1/_{12}$ des auf sie entfallenden Gewinnanteils des vorhergehenden Jahres zu entnehmen. Die Gesellschafter können durch Mehrheitsbeschluß die Ausübung des Entnahmerechts auf die Dauer von höchstens 10 Monaten aussetzen, wenn die wirtschaftliche Lage der OHG, insbesondere die Liquiditätslage, dies erforderlich macht.

Die Jahresbilanz einer OHG unterscheidet sich von derjenigen einer Aktiengesellschaft im wesentlichen dadurch, daß für die Gewinnberechnung ohne Rücksicht auf die Verluste, die in früheren Geschäftsjahren etwa gemacht worden sind, allein das Ergebnis des letzten Geschäftsjahres maßgeblich ist.

241 Die Bewegungen des Kapitalanteils werden bilanztechnisch auf sogenannten Kapitalkonten gebucht, die für die einzelnen Gesellschafter geführt werden müssen. Die Kapitalkonten sollen die Kapitalanteile der Gesellschafter wiedergeben. Der Kapitalanteil ist der wertmäßige Anteil des Gesellschafters am Gesellschaftsvermögen (= an dem nach kaufmännischen Bewertungsgesichtspunkten errechneten Wert des Gesellschaftsvermögens; vgl. Plassmann, BB 1978, 413; Kübler, § 7 III 2 c).

Es ist möglich, für jeden Gesellschafter nur ein Kapitalkonto zu führen, auf dem seine Einlage, die er geleistet hat, sowie danach anfallende Gewinne und Verluste zu verbuchen sind. Auf diesem Konto des Gesellschafters sind dann allerdings auch sämtliche Entnahmen zu verbuchen. Wenn nach der Regelung im Gesellschaftsvertrag der in einem Jahr anfallende Gewinn nach dem Stand der Gesellschafterkonten verteilt werden soll, so stehen sich diejenigen Gesellschafter günstig, die ihre auf sie entfallenden Gewinne nicht entnehmen, sondern stehenlassen, so daß ihr Gesellschafterkonto anwächst, solange die Gesellschaft Gewinne macht. Benachteiligt sind diejenigen Gesellschafter, die darauf angewiesen sind, regelmäßig Entnahmen zu tätigen, um etwa davon den Unterhalt für die Familie u.ä. zu bestreiten.

Aus diesen und anderen Gründen werden in der Praxis im Gesellschaftsver- **242** trag häufig Vereinbarungen getroffen, nach denen Festkapitalkonten einerseits und Privatsonderkonten für jeden Gesellschafter andererseits geführt werden. Auf dem sogenannten *Festkapitalkonto* werden nur die nach dem Gesellschaftsvertrage zu leistenden Einlagen verbucht. In der Regel enthält der Gesellschaftsvertrag die Vorschrift, daß der Geschäftserfolg (Gewinn und Verlust) unter den Gesellschaftern im Verhältnis ihrer prozentualen Beteiligung, die sich aus den Festkapitalkonten ergibt, verteilt wird, nachdem zuvor die Gehälter der geschäftsführenden Gesellschafter abgezogen worden sind. Das Festkapitalkonto ist zugleich das Kapitalkonto. Die Beteiligungsverhältnisse an der Gesellschaft richten sich dann nach dem Festkapitalkonto. Sie sind damit unveränderlich, es sei denn, die Gesellschafter vereinbaren eine entsprechende Änderung des Gesellschaftsvertrages. Neben den Festkapitalkonten werden dann noch sogenannte *Privatsonderkonten* geführt, auf denen alle nicht gebundenen Gewinne gutgeschrieben werden, von denen die Entnahmen abzuschreiben sind. Es muß dann allerdings auch vertraglich festgelegt werden, von welchem Konto ein eventueller Verlust abzuschreiben ist.

Die auf Sonderkonten (auch Reserve- oder Darlehenskonten genannt) ge- **243** buchten Beträge sind nicht Teil der Einlage. Sie stellen vielmehr Forderungen der Gesellschafter gegen die Gesellschaft dar (vgl. Grossfeld, Bilanzrecht, § 14 II 2a). Wird an einen Gesellschafter eine Summe ausgezahlt, die größer ist als das auf dem Sonderkonto verbuchte Guthaben, so kann in Höhe des überschießenden Betrages eine Forderung der Gesellschaft an den Gesellschafter entstehen. Die bei einer Personenhandelsgesellschaft geführten Sonderkonten der Gesellschafter sind also im Zweifel dazu bestimmt, echte Forderungen und Schulden der Gesellschafter gegenüber der Gesellschaft auszuweisen (BGH BB 1978, 630f.).

Bei der OHG muß jährlich die Ermittlung von Gewinn oder Verlust stattfinden. Festgelegte Gewinne oder Verluste müssen auf die Gesellschafter verteilt werden, und zwar so, daß das Ergebnis auf eine der oben geschilderten Arten auf einem Konto sichtbar wird.

Die §§ 120–122 HGB bestimmen lediglich, daß und wie der Ge- **244** winn unter den Gesellschaftern zu verteilen ist. Hinsichtlich der Gewinnermittlung enthält § 120 HGB lediglich die Anordnung, daß der Gewinn aufgrund einer Bilanz zu ermitteln ist. Die näheren Einzelheiten dazu sind an anderer Stelle, nämlich in den durch das BiRiliG eingefügten §§ 238–263 HGB geregelt.

Gemäß § 242 Abs.1 S.1 HGB (§ 39 Abs.1 HGB a.F.) ist die OHG als Kaufmann (Formkaufmann gemäß § 6 Abs.1 HGB) zur Aufstellung einer Bilanz am Ende eines jeden Geschäftsjahres verpflichtet. Der dort ausgewiesene Gewinn ist nach §§ 120–122 HGB zu verteilen. Daneben ist die OHG gemäß § 242 Abs. 2 HGB auch zur Aufstellung einer Gewinn- und Verlustrechnung verpflichtet.

245 Bilanz und Gewinn- und Verlustrechnung, die zusammen den sogenannten „Jahresabschluß" bilden (vgl. § 242 Abs. 3 HGB) müssen den Grundsätzen ordnungsgemäßer Buchführung (GoB) entsprechen, § 243 HGB (§ 38 Abs. 1 HGB a. F.). In den §§ 246–256 HGB sind einige dieser Grundsätze präzisiert und konkretisiert worden. Für die Höhe des Bilanzgewinns ist von großer Bedeutung, welche Posten der Aktiv- bzw. Passivseite in die Bilanz einzustellen sind und wie die einzelnen Positionen zu bewerten sind. Dazu enthalten die §§ 246–251 HGB eine Reihe von Ansatzvorschriften. Wie die Bewertung vorzunehmen ist, ist in den §§ 252–256 HGB geregelt. Im Hinblick auf die Bewertung ist § 253 HGB von zentraler Bedeutung. Für die Bewertung der Vermögensgegenstände ist dort eine Wertobergrenze festgesetzt: Es darf maximal mit dem Herstellungs- oder Anschaffungswert, vermindert um Abschreibungen bilanziert werden.

246 Fraglich ist, ob daneben auch eine Wertuntergrenze zu beachten ist. Die Bildung von nicht in der Bilanz ausgewiesenen Rücklagen durch Unterbewertung von Vermögensgegenständen kann für die Gesellschaft von Interesse sein. Zum einen kann sie sich so ein Polster schaffen, auf das sie bei ungünstiger Entwicklung des Unternehmens zur Ausweisung von Gewinnen zurückgreifen kann. Zum anderen läßt sich auf diesem Weg der auszuschüttende Gewinn der Gesellschaft reduzieren. Aus eben diesen Gründen wird eine unbegrenzte Unterbewertung für problematisch gehalten. Durch die stille Auflösung solcher Rücklagen könnte eine ungünstige wirtschaftliche Entwicklung über längere Zeit verheimlicht, eine Unternehmenssanierung dadurch verzögert und Gläubiger getäuscht werden. Außerdem besteht die Gefahr, daß einflußlose Gesellschafter durch die Beeinträchtigung ihrer Gewinnauszahlungsansprüche systematisch „ausgehungert" würden (vgl. Großfeld, NJW 1986, 955, 957; Schulze-Osterloh, ZHR 150 [1986], 403, 417). Dennoch erlaubt § 253 Abs. 4 HGB Unterbewertungen („Abschreibungen") ohne Bestimmung von Untergrenzen. Abschreibungen dieser Art sind allerdings nur „im Rahmen vernünftiger kaufmännischer Beurteilung zulässig" (§ 253 Abs. 4 HGB). Mit dieser Formulierung wollte der Gesetzgeber eine Bewertungsuntergrenze festlegen. Weitgehende Einigkeit besteht darüber, daß die Grenze dort erreicht ist, wo Abschreibungen willkürlich vorgenommen werden. Abschreibungen sind nur statthaft, wenn und soweit sachliche Gründe sie rechtfertigen (Großfeld, NJW 1986, 955, 958; Schulze-Osterloh, ZHR 150 [1986], 403, 418 ff.).

Eine zusätzliche Begrenzung kann sich auch aus dem Gesellschaftsrecht ergeben. So kann im Einzelfall ein Verstoß gegen die gesellschaftliche Treuepflicht darin bestehen, durch übermäßige Abschreibungen die Gewinnansprüche der Gesellschafter unter ein bestimmtes Maß zu senken (vgl. Großfeld, NJW 1986, 955, 958).

V. Die Treuepflichten der Gesellschafter

1. Überblick

Dadurch, daß sich die Gesellschafter zur Erreichung eines gemeinsamen Zweckes in einem Vertrage zusammengeschlossen haben, ist zwischen ihnen eine Bindung geschaffen worden, aus der eine Treuepflicht der Gesellschafter untereinander und im Verhältnis der Gesellschafter zur Gesellschaft entsteht (vgl. oben Rdnr. 56 f.). Diese Treuepflicht besteht im wesentlichen in folgendem: Die Gesellschafter haben die Verpflichtung, die Interessen der Gesellschaft wahrzunehmen, insbesondere alles zu unterlassen, was den Interessen der Gesellschaft zuwiderlaufen würde. 247

Die Pflicht, die Interessen der Gesellschaft wahrzunehmen, orientiert sich in erster Linie an dem Zweck, zu dessen Erreichung sich die Gesellschafter zusammengeschlossen haben. Deshalb trifft diese Verpflichtung in erster Linie diejenigen Gesellschafter, die die Geschäfte der Gesellschaft führen.

Die Treuepflicht der Gesellschafter findet ihre Grenze an den eigenen berechtigten Interessen, die jedem Gesellschafter auch unter Berücksichtigung der Gemeinschaftsinteressen zugebilligt werden müssen. Wo die Grenze zwischen der Treuepflicht der Gesellschafter und 248 deren eigenen Interessen, die sie wahrnehmen möchten, zu ziehen ist, ist nach den Verpflichtungen zu bestimmen, die die Gesellschafter im Gesellschaftsvertrage übernommen haben. Für die geschäftsführenden Gesellschafter bedeutet dies: sie haben sich durch die Verpflichtung, die Geschäfte der Gesellschaft zu führen, im Zweifel damit einverstanden erklärt, ihre eigenen Interessen denjenigen der Gesellschaft unterzuordnen.

Der BGH (vgl. z.B. BGHZ 64, 253, 257f.; BGH JZ 1987, 95, 96) hat wiederholt darauf hingewiesen, daß sich in besonders gelagerten Einzelfällen aus der gesellschaftlichen Treuepflicht des einzelnen Gesellschafters die Verpflichtung ergeben kann, einer Änderung des Gesellschaftsvertrages zuzustimmen. Das gilt auch für den Fall, daß eine Änderung des Gesellschaftsvertrages wegen eines Wechsels im Gesellschafterbestand notwendig wird. Voraussetzung ist allerdings stets, daß die Änderung des Vertrages „mit Rücksicht auf die Rechtsbeziehungen der Gesellschafter zueinander, etwa zum Zwecke der Erhaltung wesentlicher Werte, die die Gesellschafter in gemeinsamer Arbeit geschaffen haben, oder zur Vermeidung erheblicher Verluste, die die Gesellschaft oder einer der Gesellschafter erleiden könnte, erforderlich ist" (so BGH JZ 1987, 95, 96). Damit erklärt der BGH den Gesellschafter aufgrund seiner Treuepflicht für verpflichtet, an der Verhinderung von Krisen oder Bestandsbedrohungen mitzuwirken (vgl. H.P. Westermann in einer Anmerkung zu der Entscheidung BGH JZ 1987, 97, 98).

2. Das Wettbewerbsverbot

249 **Fall 5:** A ist Gesellschafter einer OHG, die ein Consultingunternehmen betreibt, dessen Tätigkeit sich darauf beschränkt, Exporteuren und Importeuren von Waren das Auslandsgeschäft zu erleichtern. A eröffnet nun ein anderes Beratungsunternehmen, das sich von Anfang an darauf spezialisiert, Betriebe zu überprüfen und Rationalisierungsvorschläge zu erarbeiten. Die übrigen Gesellschafter der OHG verlangen von A, daß dieser an die OHG Schadensersatz leistet. Mit Recht?

Bei der OHG gehört zu den Treuepflichten der Gesellschafter auch das *Wettbewerbsverbot,* das im Gesetz (§§ 112, 113 HGB) ausdrücklich geregelt ist. Das Wettbewerbsverbot bedeutet: Kein Gesellschafter darf in dem *Handelszweig* der Gesellschaft Geschäfte machen. Der Begriff Handelszweig im Sinne des § 112 HGB ist nicht identisch mit dem Zweck der Gesellschaft. § 112 HGB will geschäftliche Handlungen verhüten, die dem Gesellschaftsunternehmen nachteilig sein können (BGHZ 70, 331, 333). Deshalb ist das Wettbewerbsverbot beschränkt auf den Handelszweig der Gesellschaft. Geschäfte in dem Handelszweig der Gesellschaft sind also Geschäfte, die die Gesellschaft, so wie der Geschäftsbetrieb ausgerichtet ist und wie er tatsächlich gehandhabt wird, selbst abschließen würde oder könnte (BGH BB 1957, 874).

Der Begriff des Handelszweiges der Gesellschaft ist nach dem **250** Zweck zu bestimmen, der mit dem Wettbewerbsverbot erreicht werden soll: Es sollen solche Wettbewerbshandlungen durch Gesellschafter verhindert werden, die dem Gesellschaftsunternehmen nachteilig sein können; ob dies so ist, kann in der Regel nur im Einzelfall entschieden werden (OLG Hamburg, OLGE 32, 104). Es ist stets zu berücksichtigen, daß das Wettbewerbsverbot zur Förderung des gemeinsamen Zweckes – dem gemeinsamen Betrieb des Handelsgewerbes – beitragen soll, der Inhalt der gegenseitigen Verpflichtungen der Gesellschafter ist. Deshalb darf der Begriff des Handelszweigs nicht eng aufgefaßt werden (BGHZ 70, 331, 333).

In Fall 5 hat die OHG gegen A einen Schadensersatzanspruch aus § 113 **251** HGB nur dann, wenn A gegen das Wettbewerbsverbot, dem er als Gesellschafter der OHG gemäß § 112 HGB unterliegt, verstoßen hat und der OHG daraus ein Schaden entstanden ist. Das Wettbewerbsverbot im Sinne des § 112 HGB hat A nur verletzt, wenn er ohne Einwilligung der anderen Gesellschafter in dem Handelszweig der Gesellschaft Geschäfte macht oder an einer gleichartigen Gesellschaft als persönlich haftender Gesellschafter beteiligt ist. Betreibt die OHG, wie im vorliegenden Falle, ein Beratungsunternehmen, so ist nicht jedes Geschäft, das unter den Begriff des Beratungsgeschäfts fällt, verboten. Es kommt vielmehr darauf an, ob es ein Geschäft ist, wie es in dem gerade von der Gesellschaft betriebenen Geschäftszweig vorkommt. Hat sich die OHG auf bestimmte Arten von Beratungsgegenständen spezialisiert, wie z.B. hier auf das Export- und Importgeschäft, so sind nach dem Wettbewerbsverbot solche Geschäfte nicht untersagt, die ganz außerhalb dieses Rahmens liegen, wohl aber solche, die im Betriebe der Gesellschaft auch nur gelegentlich vorgenommen werden. Es ist allerdings nicht erforderlich, daß die Gesellschaft das einzelne Geschäft genauso, wie es vom Gesellschafter getätigt worden ist, auch selbst gemacht hätte. Im zu erörternden Falle befaßt sich die OHG mit der Betriebsrationalisierung überhaupt nicht. A verstieß deshalb nicht gegen das Wettbewerbsverbot, als er sein Beratungsunternehmen mit diesem Spezialgebiet eröffnete und betrieb. Deshalb kann die OHG gemäß § 113 i. Vb. m. § 112 HGB keinen Schadensersatz von ihm verlangen.

252 Im Rahmen der Vertragsfreiheit ist es den Gesellschaftern unbenommen, Wettbewerbsabreden zu treffen, die von § 112 HGB abweichen, insbesondere darüber hinaus reichen. So werden häufig Wettbewerbsverbote für die Zeit nach dem Ausscheiden eines Gesellschafters aus der Gesellschaft vereinbart. Nicht selten kommt es zum Streit darüber, ob solche Wettbewerbsverbotsklauseln gemäß § 138 BGB sittenwidrig sind. Der BGH (BGH WM 1990, 2121, 2122) geht davon aus, daß Wettbewerbsbeschränkungen auf das örtlich, zeitlich und gegenständlich notwendige Maß beschränkt bleiben müssen; sie dürfen nur zum Ziel haben, den Vertragspartner vor der illoyalen Verwertung des Erfolges seiner Arbeit zu schützen. Zu diesem Ergebnis ist der BGH (WM 1990, 2121, 2122) unter Berücksichtigung der auch im Privatrecht zu beachtenden verfassungsmäßigen Grundentscheidung für die Freiheit des Berufes gelangt.

VI. Geschäftsführung und Beschlußfassung

253 1. Die Geschäftsführung

Geschäftsführung ist die auf die Verfolgung des Gesellschaftszweckes gerichtete Tätigkeit der Gesellschafter. Sie kann in tatsächlichen und rechtsgeschäftlichen Handlungen bestehen (siehe dazu oben Rdnr. 62 ff.).

Das Gesetz (§§ 114 ff. HGB) geht bei der OHG von dem Grundsatz der Einzelgeschäftsführung aller Gesellschafter aus. Das bedeutet: Jeder Gesellschafter ist allein zum Handeln berechtigt und verpflichtet. Er ist in seinem Handlungsspielraum allerdings eingeschränkt durch ein *Widerspruchsrecht,* das jedem Gesellschafter eingeräumt ist. Dieses Widerspruchsrecht haben die anderen geschäftsführenden Gesellschafter nicht nur bei ungewöhnlichen Geschäften. Macht ein Gesellschafter von seinem Widerspruchsrecht Gebrauch, so muß die geplante Geschäftsführungsmaßnahme unterbleiben (§ 115 Abs. 1 HGB). Das Widerspruchsrecht hat seinen Grund in der Gleichberechtigung aller geschäftsführenden Gesellschafter (so BGH WM 1988, 968, 969). Die Ausübung des Widerspruchsrechts darf allerdings nicht gegen das Gesellschaftsinteresse verstoßen (vgl. BGH WM 1988, 968, 970).

Ein geschäftsführender Gesellschafter einer OHG muß in allen Angelegenheiten, die das Interesse der Gesellschaft berühren, deren Wohl und nicht seinen eigenen Nutzen oder den Vorteil anderer im Auge haben (so BGH WM 1985, 1444). Verstößt ein geschäftsführender Gesellschafter schuldhaft gegen diese sich aus der gesellschaftlichen Treuepflicht ergebende Verpflichtung, so kann gegen denselben ein Anspruch aus positiver Vertragsverletzung entstehen. **254**

2. Gesellschafterbeschlüsse

Um Geschäftsführungsmaßnahmen handelt es sich nicht, wenn **255**
- der Gesellschaftsvertrag geändert,
- die Gesellschaft aufgelöst,
- außergewöhnliche Maßnahmen getroffen werden sollen (§ 116 Abs. 2 HGB)
- oder verschiedene Maßnahmen in und nach der Liquidation der Gesellschaft zu treffen sind.

Zu den aufgezählten Maßnahmen sind Gesellschafterbeschlüsse notwendig. Zulässig sind Gesellschafterbeschlüsse grundsätzlich bei allen die Gesellschaft betreffenden Angelegenheiten. Das gilt auch für solche Angelegenheiten der Gesellschaft, die in die Zuständigkeit der einzelnen geschäftsführenden Gesellschafter gehören. Auch bei solchen Angelegenheiten können die Gesellschafter sich entschließen, Gesellschafterbeschlüsse herbeizuführen.

Im Gesellschaftsvertrag kann festgelegt werden, daß bei bestimmten Maßnahmen die Gesellschafter einen Beschluß fassen müssen. **256**
Handelt dann ein Gesellschafter ohne den notwendigen Beschluß der Gesellschaft, begeht er eine Vertragsverletzung, die für ihn zu ei-

ner Schadensersatzverpflichtung aus positiver Vertragsverletzung führen kann.

Gemäß § 119 Abs. 1 HGB sind Gesellschafterbeschlüsse, soweit der Gesellschaftsvertrag nichts anderes vorsieht, grundsätzlich einstimmig in einem formfreien Verfahren zu fassen. Eine solche Beschlußfassung muß nicht auf einer Gesellschafterversammlung geschehen. Schriftliche Abstimmung oder entsprechende Absprachen durch Telefongespräche sind zulässig. Der Gesellschaftsvertrag kann auch eine Regelung enthalten, die vorsieht, daß in manchen oder allen Angelegenheiten, in denen Gesellschafterbeschlüsse herbeigeführt werden sollen, Mehrheitsbeschlüsse gefaßt werden müssen. Gemäß § 119 Abs. 2 HGB ist im Zweifel die Mehrheit nach der Zahl der Gesellschafter zu berechnen; jeder Gesellschafter hat dann eine Stimme. Eine allgemein gehaltene Bestimmung im Gesellschaftsvertrag, nach der die Mehrheit der Gesellschafter entscheiden soll, bezieht sich im Zweifel nur auf laufende Geschäftsführungsangelegenheiten, nicht aber auch auf eine Änderung des Gesellschaftsvertrages (vgl. Hueck, Gesellschaftsrecht § 14 III 2; Leenen, in: FS Larenz, S. 372 ff.).

257 Beschlüsse der Gesellschafterversammlung können mangelhaft sein, weil sie gegen das Gesetz (§ 134 BGB), gegen die guten Sitten (§ 138 Abs. 1 BGB) oder gegen den Gesellschaftsvertrag verstoßen. Sie sind grundsätzlich nichtig. Der BGH (BGHZ 81, 263, 264; BGH WM 1995, 615 f.) vertritt die Auffassung, im Personengesellschaftsrecht sei ein Streit über die Wirksamkeit von Gesellschafterbeschlüssen unter den Gesellschaftern selbst auszutragen. Die Regeln des Körperschaftsrechts, nach denen bei Verstößen gegen Gesetz oder Satzung weitgehend nur eine Anfechtbarkeit des Beschlusses vorgesehen ist, sollen nicht entsprechend anwendbar sein (so G. Hueck, Gesellschaftsrecht, § 14 III, 3). Demgegenüber soll nach K. Schmidt (Gesellschaftsrecht, § 15 II 3) u. a. wegen des Bedürfnisses nach Rechtssicherheit die Anfechtungsklage auch auf Personengesellschaften ausgedehnt werden.

258 Nicht selten enthalten die Gesellschaftsverträge von Personenhandelsgesellschaften eine Klausel, die für die Abänderung des Gesellschaftsvertrages einen Mehrheitsbeschluß der Gesellschafter genügen läßt. Zum Streit über die Wirksamkeit solcher Klauseln kommt es häufig dann, wenn sich die Gesellschafter über eine geplante Änderung nicht verständigen können, also vor allem dann, wenn ein Gesellschafter oder eine Minderheit von Gesellschaftern von der Änderung benachteiligt wird oder doch zumindest Nachteile erwartet, wie z.B. bei der nachträglichen Erhöhung von Beiträgen und der Änderung des Gewinnverteilungsbeschlusses oder des Gesellschaftszwecks (vgl. zur Problematik Leenen, in: FS Larenz, S. 371 ff.). Die Rechtsprechung (BGHZ 8, 35, 41; 48, 251) hat sich die Auffassung zu eigen gemacht, daß eine unbeschränkte Unterwerfung der Minderheit unter den Willen der Mehrheit, soweit sie sich im Rahmen des rechtlich Erlaubten (§ 138 BGB) hält, einer besonders sorgfältigen Prüfung in der Richtung bedarf, ob auch wirklich der *erklärte Wille der Gesellschafter* bei der Vielgestaltigkeit und der weittragenden Bedeutung der in Betracht kommenden Beschlußgegenstände jeden dieser Gegenstände erfaßt hat. Die in einem Gesellschaftsvertrag nur allgemein zugelassene Änderung des Vertrages durch Mehrheitsbeschluß bezieht sich nicht ohne weiteres auf solche Vertragsänderungen, deren Vornahme durch Mehrheitsbeschluß ganz ungewöhnlich ist oder für die eine besondere gesetzliche Vorschrift ausdrücklich Einstimmigkeit verlangt. Ob ein entsprechender *Vertragswille* für jeden einzelnen der jeweils in Betracht kommenden Beschlußgegenstände vorhanden ist, ist durch *Auslegung* des Gesellschaftsvertrages zu ermitteln (so zutreffend BGHZ 8, 35, 42). Der BGH (BGHZ 85, 350, 356) hat betont, die Wirksamkeit eines Gesellschafterbeschlusses mit *ungewöhnlichem Inhalt* sei davon abhängig, daß sich der Beschlußgegenstand *unzweideutig* – allerdings auch im Wege der Auslegung – aus dem Gesellschaftsvertrag ergebe. Dieser sog. *Bestimmtheitsgrundsatz* schützt innerhalb der Personengesellschaft die Minderheit dadurch, daß nicht unterstellt werden kann, daß sie sich blindlings der Mehrheit unter Inkaufnahme möglicherweise weittragender Folgen einer gar nicht bedachten Änderung unterwirft. Die Frage, ob der Bestimmtheitsgrundsatz nur eine Auslegungsregel (und deshalb ein ausdrücklicher Verzicht auf seine Anwendung zulässig und wirksam) ist, oder ob er nicht vielmehr als eine formale Regel des Minderheitenschutzes grundsätzlich unverzichtbar ist, hat der BGH (BGHZ 85, 350, 357) nicht beantwortet.

VII. Informations- und Kontrollrechte

Da bei der OHG in der Regel alle Gesellschafter an der Geschäfts- **259**
führung beteiligt sind, haben sie jederzeit die Möglichkeit, sich über alle Angelegenheiten der OHG selbst zu informieren. Deshalb bedarf es keiner besonderen Informations- und Kontrollrechte. Rechte dieser Art müssen allerdings den von der Geschäftsführung ausgeschlossenen Gesellschaftern zugestanden werden (§ 118 HGB).

VIII. Der Aufwendungsersatz

260 Auslagen, die einem Gesellschafter bei der Führung der Geschäfte der Gesellschaft entstehen, sollen nicht von den einzelnen Gesellschaftern selbst getragen werden. Die Gesellschafter haben deshalb Aufwendungsersatzansprüche gegen die Gesellschaft (§ 110 HGB).

Aufwendungen im Sinne des § 110 HGB sind Vermögensopfer jeder Art, die ein Gesellschafter im Interesse der Gesellschaft gemacht hat, ohne dazu aus dem Verhältnis der Gesellschafter untereinander verpflichtet zu sein.

Beispiel: Hat ein geschäftsführender Gesellschafter aus seinem Privatvermögen Geld zur Begleichung von Verbindlichkeiten der Gesellschaft aufgebracht, wozu er nach dem Gesellschaftsvertrag nicht verpflichtet ist, so hat er damit eine Aufwendung gemacht, deren Ersatz er gemäß § 110 HGB von der Gesellschaft verlangen kann.

261 Die Ansprüche, die einem Gesellschafter wegen Aufwendungsersatz gemäß § 110 HGB zustehen, können während des Bestehens der Gesellschaft nur gegen die Gesellschaft, nicht auch gegen die einzelnen Gesellschafter geltend gemacht werden. Das gilt auch für den Fall, daß der berechtigte Gesellschafter Befriedigung aus dem Gesellschaftsvermögen nicht zu erlangen vermag (so BGHZ 37, 299, 301). Für eine solche Gesellschaftsverbindlichkeit haften die Gesellschafter auch nicht gemäß § 128 HGB, weil sonst die Vorschrift des § 707 BGB in weitem Umfange gegenstandslos werden würde. Zu beachten ist stets, daß während des Bestehens der Gesellschaft kein Gesellschafter gegen seinen Willen gezwungen sein soll, über seine versprochene Einlage hinaus weitere Beiträge für die Gesellschaft zu leisten (so BGHZ 37, 299, 301 f.).

262 Es besteht allerdings weitgehend Einigkeit darüber, daß von diesem Grundsatz dann eine Ausnahme zu machen ist, wenn ein Gesellschafter von einem Gesellschaftsgläubiger gemäß § 128 HGB in Anspruch genommen worden ist und er daraufhin eine Gesellschaftsverbindlichkeit getilgt hat. In einem solchen Fall wäre es nicht gerechtfertigt, dem betreffenden Gesellschafter den Rückgriff gegen seine Mitgesellschafter zu versagen, wenn er von der Gesellschaft keine

Befriedigung erlangen kann. Jeder der Mitgesellschafter hätte wie er von den Gesellschaftsgläubigern in Anspruch genommmen werden können und hätte diese befriedigen müssen. Es ist letztlich eine Frage des Zufalls, welcher Gesellschafter von einem der Gläubiger in Anspruch genommen wird. Die Gerechtigkeit erfordert es deshalb, daß jeder der Mitgesellschafter den Teil des von dem in Anspruch genommenen Gesellschafter verauslagten Betrages zu erstatten hat, der nach dem Gesellschaftsvertrag auf den einzelnen Gesellschafter entfällt. Dem steht auch nicht der Grundsatz des § 707 BGB entgegen, daß die persönliche Haftung des Gesellschafters für die Gesellschaftsverbindlichkeiten neben der gesellschaftsvertraglich festgelegten Beitragspflicht steht und die Erstattungspflicht im Verhältnis unter den Gesellschaftern eine mittelbare Folge dieser persönlichen Haftung gegenüber den Gesellschaftsgläubigern darstellt (so BGHZ 37, 299, 302). Der Ausgleichsanspruch beruht auf § 426 Abs. 1 BGB; die pro-rata-Haftung bestimmt sich im Zweifel – abweichend von der Regel des § 426 Abs. 1 BGB – nicht nach Kopfteilen, sondern nach der jeweiligen Verlustbeteiligung (so OLG Koblenz, NJW-RR 1995, 486).

Dieser Ausgleichsanspruch aus § 426 Abs. 1 BGB ist nach Ansicht **263**
des BGH (BGHZ 103, 72, 76) allerdings grundsätzlich subsidiär, d.h. der Gesellschafter muß zunächst versuchen, Befriedigung aus dem Gesellschaftsvermögen zu erlangen, weil Gesamthandsverpflichtungen grundsätzlich aus der Gesellschaftskasse zu begleichen sind. Nur wenn der Gesellschaft frei verfügbare Mittel nicht zur Verfügung stehen, haften die einzelnen Mitgesellschafter. Neben den Ausgleichsanspruch nach § 426 Abs. 1 BGB kann der Anspruch aus der gemäß § 426 Abs. 2 BGB übergegangenen Forderung treten (vgl. BGHZ 103, 72, 77f. betreffend die Ausgleichspflichten unter Gesellschaftern einer Gesellschaft bürgerlichen Rechts).

IX. Das Gesellschaftsvermögen

264 Es ist zu unterscheiden zwischen dem Vermögen der OHG einerseits und dem Privatvermögen der einzelnen Gesellschafter andererseits. Das ausschließlich dem Gesellschafter gehörende Vermögen ist dessen Privatvermögen. Das in die Gesellschaft eingebrachte Vermögen eines Gesellschafters wird zum Vermögen der Gesellschaft (vgl. oben Rdnr. 202).

Da für die OHG besondere Vorschriften über das Gesellschaftsvermögen im HGB fehlen, finden die Regelungen über die BGB-Gesellschaft (§§ 718 ff. BGB) Anwendung (§ 105 Abs. 2 HGB).

265 Zum Gesellschaftsvermögen gehören die Beiträge, die die einzelnen Gesellschafter in die Gesellschaft eingebracht haben, und die durch die Geschäftsführung für die Gesellschaft erworbenen Gegenstände. Dies können sein: bewegliche Sachen, Grundstücke, Forderungen, Patente und sonstige Rechte, z.B. Nutzungsrechte aller Art. Auch Werte tatsächlicher Art, wie z.B. technisches know how, Geschäftserfahrung und Kundenstamm können Gegenstände des Gesellschaftsvermögens sein.

Die OHG ist nach herrschender Meinung ebensowenig wie die BGB-Gesellschaft eine juristische Person. Sie ist allerdings als Gesamtheit fähig, Träger von Rechten und Pflichten zu sein. Das Gesellschaftsvermögen ist deshalb ein Vermögen der Gesellschaft und nicht ein Sondervermögen der Gesellschafter (vgl. oben Rdnr. 202 mit Nachw.).

§ 13. Die Beziehungen der Gesellschafter zu Dritten (Die Außenbeziehungen)

Schrifttum: Buchner, Gesellschaftschuld und Gesellschafterschuld bei der OHG, JZ 1968, 622 ff.; Emmerich, Erfüllungstheorie oder Haftungstheorie. Zur Auslegung der §§ 126 und 128 HGB. In: FS Lukes, S. 639 ff.; Flume, Der Inhalt der Haftungsverbindlichkeit des Gesellschafters nach § 128 HGB. In: FS Reinhardt, S. 223 ff.; derselbe, Gesellschaftsschuld und Haftungsverbindlichkeit des Gesellschafters bei der OHG. In: FS Knur, S. 125 ff.; Hönn, Dauer- und sonstige Schuldverhältnisse als Problem der Haftung ausgeschiedener Gesellschafter unter Berücksichtigung des Gläubigerschutzes, ZHR 149 (1985), 300 ff.; A. Hueck, OHG, §§ 19 bis 22; Müller, Die Einwirkung des Konkurses der OHG auf die persönliche Haftung des Gesellschafters, NJW 1968, 225 ff.; Reichhold, Das neue Nachhaftungsbegrenzungsgesetz, NJW 1994, 1617 ff.; Seibert, Nachhaftungsbegrenzungsgesetz – Haftungsklarheit für den Mittelstand, DB 1994, 461 ff.; von Stebut, die Haftung ausgeschiedener Gesellschafter für Gesellschaftsverbindlichkeiten aus Dauerschuldverhältnissen, ZGR 1981, 183 ff.

I. Die Vertretung

1. Die gesetzliche Regelung

Die Vertretungsmacht als die Befugnis, im Namen der Gesellschaft **266**
mit Wirkung für und gegen alle Gesellschafter rechtsgeschäftliche Erklärungen (Willenserklärungen) abzugeben und entgegenzunehmen, steht nach der gesetzlichen Regelung bei der OHG jedem einzelnen Gesellschafter zu (§ 125 HGB). Das bedeutet: Jeder Gesellschafter kann im Namen der OHG wirksame, diese rechtsgeschäftlich bindende Erklärungen (Willenserklärungen) abgeben und entgegennehmen. Die Rechtsfolgen dieser Erklärungen treffen dann die Gesellschaft und die Gesellschafter, für die der handelnde Gesellschafter die Willenserklärung abgibt oder entgegennimmt.

Beispiel: Bebel, Kraft und Schmitz gründen eine OHG. Gegenstand des **267**
Unternehmens ist der Handel mit Brennstoffen und Erdölprodukten. Die Gesellschaft führt die Firma „Bebel & Co Brennstoffe". Nach dem Gesellschaftsvertrag ist Bebel der alleinige Geschäftsführer. Schmitz kauft im Namen der OHG bei der Erdöl AG 100 000 l Heizöl. Als die Erdöl AG von der OHG den Kaufpreis verlangt, erklären Bebel und Kraft, sie seien mit dem von Schmitz abgeschlossenen Kaufvertrag nicht einverstanden. Gemäß § 125 HGB ist jeder Gesellschafter allein zur Vertretung der OHG ermächtigt, es sei denn, daß im Gesellschaftsvertrag eine andere Regelung getroffen worden ist. Hier war ein Ausschluß des Alleinvertretungsrechts eines jeden Gesellschafters im Gesellschaftsvertrag nicht vereinbart. Die Tatsache, daß Schmitz von der Geschäftsführung ausgeschlossen ist, ist nur im Innenverhältnis der Gesellschafter zueinander bedeutsam. Eine Beschränkung der Vertretungsmacht des Schmitz trat hierdurch nicht ein. Der Widerspruch von Bebel und Kraft ist deshalb für die Wirksamkeit der von Schmitz abgegebenen Willenserklärung belanglos.

Schmitz konnte im Namen der OHG eine für diese wirksame Willenserklärung, die zum Abschluß eines Kaufvertrages führte, abgeben. Zwischen der Erdöl AG und der OHG ist deshalb ein Kaufvertrag zustande gekommen. Die Erdöl AG kann von der OHG Zahlung des Kaufpreises verlangen.

268 Der Gesellschaftsvertrag kann bestimmen, daß alle oder jedenfalls mehrere Gesellschafter nur gemeinsam die OHG vertreten können (Gesamtvertretung). Eine solche Regelung bildet in der Praxis jedoch die Ausnahme.

Gemäß § 126 HGB ist der Umfang der Vertretungsmacht grundsätzlich unbeschränkt. Das bedeutet, daß sich die Vertretungsmacht auf alle gerichtlichen und außergerichtlichen Rechtshandlungen erstreckt; eingeschlossen sind auch die Veräußerung und Belastung von Grundstücken und die Erteilung und der Widerruf einer Prokura (§ 126 Abs. 1 HGB).

269 Was den Inhalt und den Umfang der Vertretungsmacht angeht, so ist im Hinblick darauf der Grundsatz der Vertragsfreiheit wesentlich eingeschränkt. Zum Schutze Dritter, die mit der OHG Rechtsgeschäfte abschließen wollen, ist eine Einschränkung des Umfangs der Vertretungsmacht Dritten gegenüber unwirksam (§ 126 Abs. 2 HGB).

„Alle gerichtlichen und außergerichtlichen Geschäfte und Rechtshandlungen" im Sinne des § 126 Abs. 1 HGB sind nicht nur diejenigen, die der Betrieb des Handelsgewerbes, das die OHG betreibt, mit sich bringt. Der Umfang der Vertretungsmacht ist vielmehr umfassend.

270 Der Grundsatz der Unbeschränkbarkeit der Vertretungsmacht eines vertretungsberechtigten Gesellschafters gilt grundsätzlich nur gegenüber Dritten, die im Rechtsverkehr mit der OHG geschützt werden sollen. Er gilt hingegen nach herrschender Meinung (BGHZ 38, 26 ff.) nicht im Verhältnis der Gesellschafter zu ihrer eigenen Gesellschaft. Der BGH weist zu Recht darauf hin, daß der Grundsatz der Unbeschränkbarkeit der Vertretungsmacht gemäß § 126 HGB dem Schutze Dritter dient, die mit einer Personenhandelsgesellschaft in geschäftliche Verbindungen treten; sie brauche deshalb auch nur gegenüber Dritten rechtlich zwingend zu sein. Die Gesellschafter selber, die mit ihrer Gesellschaft in geschäftliche Verbindung träten, bedürften eines solchen Schutzes nicht, wenn sie selbst eine vom Gesetz abweichende Regelung für richtig gehalten und für die Gestaltung der Vertretungsverhältnisse bei ihren eigenen Geschäftsbeziehungen zu ihrer Gesellschaft einen anderen Weg beschritten hätten. Es sei unbedenklich, den Gesellschaftern in dieser Hinsicht Dispositionsfreiheit zu lassen, ohne damit gegen den gesetzlichen Grundgedanken des § 126 HGB, der den Schutz des Geschäftsverkehrs bezwecke, zu verstoßen.

Der BGH (WM 1983, 60) hat für den Fall, daß die Gesellschaft, vertreten 271
durch alle übrigen Gesellschafter, auf der Grundlage eines Gesellschafterbeschlusses gegen einen Gesellschafter einen Zahlungsanspruch einklagt, angenommen, daß der verklagte Gesellschafter aus Rechtsgründen von der Vertretung der Gesellschaft ausgeschlossen sei, weil er als Beklagter nicht zugleich im Namen der klagenden Gesellschaft auftreten könne. In dieser Situation bleibt kein anderer Weg, als den übrigen Gesellschaftern allein die Vertretungsmacht zuzuerkennen. Nach Ansicht des BGH (WM 1983, 60) werden dabei auch keine schutzwürdigen Interessen anderer Gesellschafter beeinträchtigt, weil weitere Gesellschafter, deren Interessen durch eine Klage gegen den betroffenen Gesellschafter verletzt werden könnten, nicht vorhanden sind.

2. Das Verbot der Drittorganschaft

Für die OHG als Personenhandelsgesellschaft gilt der Grundsatz der 272
Selbstorganschaft bzw. das Verbot der Drittorganschaft (siehe dazu oben Rdnr. 69). Einer der Gesellschafter muß also stets geschäftsführungs- und vertretungsbefugt sein.

Die Problematik der Selbstorganschaft für Personengesellschaften, 273
d.h. des Grundsatzes, daß OHG und KG stets allein durch die Gesellschafter, also ohne die Mitwirkung Dritter, handlungsfähig sein müssen, hängt eng zusammen mit dem sog. *Abspaltungsverbot.* Letzteres besagt folgendes: Die Abspaltung einzelner Verwaltungsrechte von dem Gesellschaftsanteil in der Weise, daß sie auf einen anderen übertragen werden, wie das z.B. bei der Übertragung des Stimmrechts eines Gesellschafters auf eine dritte Person der Fall ist, ist nicht zulässig, weil dies mit dem Wesen der Gesamthandsgemeinschaft nicht zu vereinbaren ist (vgl. auch § 717 S. 1 BGB). Die Verwaltungsrechte eines Gesellschafters sind mit seinem Anteil notwendig verbunden und können

von ihm nicht losgelöst und selbständig übertragen werden (so BGHZ 3, 354, 356). Damit ist die formale Unteilbarkeit des Gesellschaftsanteils festgelegt, was nicht ausschließt, daß andere privatrechtliche Konstruktionen, die nicht die unmittelbare Übertragung des Verwaltungsrechts zum Gegenstand haben, im Ergebnis aber die gleiche Wirkung haben, zulässig sind (vgl. Kübler, § 20 II 3). Deshalb ist es auch nach herrschender Auffassung nicht ausgeschlossen, daß ein Dritter oder mehrere Dritte mit einer umfassenden Vollmacht, die man als Generalvollmacht bezeichnen und die auch noch über den gesetzlich festgelegten Umfang einer Prokura hinausgehen kann, ausgestattet werden, um diesem oder diesen so die Leitung des Unternehmens zu übertragen. In einer Generalbevollmächtigung dieser Art wird keine Umgehung des Verbots einer Übertragung der organschaftlichen Vertretungsbefugnisse gesehen (vgl. dazu BGHZ 36, 292, 295). In solchen Fällen liegt keine echte Drittorganschaft vor, weil die Stellung eines gesetzlichen (organschaftlichen) Vertreters der Personengesellschaft unangetastet bleibt. Die Gesellschafter haben nach wie vor die Möglichkeit, dem Fremdgeschäftsführer Weisungen zu erteilen oder auf sonstige Weise in die Geschäftsführung einzugreifen (vgl. Hueck, Gesellschaftsrecht, § 14 II 1).

274 **Beispiel:** Die A-OHG schließt mit M einen sog. Betriebsführungsvertrag ab. Danach soll M den Hotelbetrieb der A-OHG in deren Namen und auf deren Rechnung führen. Die A-OHG ist nach diesem Vertrag nicht befugt, dem M im Hinblick auf die Führung des Hotels allgemeine oder konkrete Weisungen zu erteilen. Der Vertrag hat eine Laufzeit von 20 Jahren und soll von der A-OHG nur bei Schlechterfüllung durch M und vergeblicher schriftlicher Mahnung kündbar sein. Der BGH (WM 1982, 394, 396 f.) hat mit Hinweis auf seine bisherige Rechtsprechung (BGHZ 36, 292) betont, der *Grundsatz der Selbstorganschaft* verbiete nur, daß sämtliche Gesellschafter von der Geschäftsführung und Vertretung ausgeschlossen würden und diese auf Dritte übertragen werde; damit vereinbar sei es jedoch, daß ein Dritter in weitem Umfange mit Geschäftsführungsaufgaben betraut und mit einer umfassenden Vollmacht ausgestattet werde. Nach Ansicht des BGH (WM 1982, 394, 397) scheidet eine Anwendung dieser Grundsätze nicht in jedem Falle aus, in dem der Dritte bei der Erfüllung der von ihm wahrzunehmenden Geschäftsführungsaufgaben keinen Einzelweisungen unterliegt und nicht jederzeit abberufen werden kann. Für einen ähnlichen wie den zu erörternden Fall hat der BGH einen Verstoß gegen das Verbot der Drittorganschaft verneint, weil seiner Ansicht nach der Betriebsführungsvertrag so gestaltet war, daß die Organstellung der A-OHG

rechtlich unangetastet geblieben und in ihrem Wesensgehalt nicht beeinträchtigt worden ist.

Das Abspaltungsverbot und das Verbot der Drittorganschaft sind jedenfalls dann verletzt, wenn es in der gesellschaftsrechtlichen Organisation und Konstruktion eigenständige Entscheidungsbefugnisse für Dritte (Nichtgesellschafter) „ohne das Korrektiv der gesellschaftsrechtlichen Bindung gegenüber den (Mit-) Gesellschaftern und der (beschränkbaren) persönlichen Haftung gegenüber den Gläubigern" gibt (so zu Recht Kübler, § 20 II 3 c). Der BGH hat eine Überschreitung der Grenze zum Unzulässigen u. a. dort gesehen, wo ein Gesellschafter sich in einem weiten Bereich seiner wirtschaftlichen Betätigung praktisch selbst entmündigt hat (BGHZ 44, 158, 161). 275

Beispiel (nach BGHZ 44, 158ff.): A, B und C sind Gesellschafter einer OHG. A schließt mit T einen Vertrag, in dem T als Treuhänder bezeichnet wird und durch den T das Recht zur Teilnahme an der Gesellschafterversammlung mit der alleinigen Wahrnehmung des Stimmrechts und des Widerspruchsrechts (§ 116 Abs. 2 HGB) des A erhalten soll. Aufgrund des Vertrages soll T auch das Einsichts- und Auskunftsrecht gemäß § 118 HGB ausüben und an Weisungen des A nicht gebunden sein. Der BGH hat in einer derartig weitgehenden Bindung „eine solche Aufgabe der eigenen freien Selbstbestimmung" gesehen, daß er sie als mit „den Grundwerten unserer Rechtsordnung" nicht vereinbar und deshalb gemäß § 138 BGB für sittenwidrig erachtet hat. 276

II. Die Haftung der Gesellschafter für Verbindlichkeiten der Gesellschaft

1. Einleitung

Fall 6: Beitz und Krümel gründen unter der Firma „Beitz & Co Elektroeinrichtungen" eine OHG. Die X-Bank gewährt der OHG ein Darlehen in Höhe von DM 200000,–. Als bei Fälligkeit die Gesellschaft die Darlehenssumme nicht zurückzahlen kann, nimmt die X-Bank den Gesellschafter Beitz in Anspruch. Mit Recht? 277

Unternehmerische Aktivitäten sind häufig mit Risiken verbunden. Hat eine Einzelperson Verluste erlitten, muß sie für diese einstehen und dulden, daß ihr gesamtes Vermögen vom Gläubiger verwertet wird. Es ist deshalb möglich, daß eine Person durch ein mißglücktes Geschäft ihr ganzes Vermögen verliert. Eine allgemeine gesetzliche Haftungsbegrenzung gibt es nicht. Eine Haftungsbeschränkung könnte sich für eine einzelne Person nur aus einem mit einem jeden Gläubiger geschlossenen Vertrag ergeben. Zum Abschluß eines solchen Vertrages sind Gläubiger in der Regel jedoch nicht bereit.

278 Beteiligt sich eine Person an einer Gesellschaft, so entsteht die Frage, welche Vermögensmassen für die Verbindlichkeiten, die im Zusammenhang mit der Gesellschaft entstehen, haften, welche Gegenstände also z.B. im Konkurs der Gesellschaft von den Gläubigern der Gesellschaft verwertet werden können.

Für die OHG ist charakteristisch, daß alle ihre Gesellschafter unbeschränkt auch mit ihrem Privatvermögen für die Verbindlichkeiten der Gesellschaft haften (§ 128 HGB). Gerade diese Eigenheit als Kredit-und Haftungsgemeinschaft gewährleistet die besondere Kreditfähigkeit der OHG. Andererseits ist die Beteiligung an einer OHG für einen Gesellschafter aus diesen Gründen besonders gefährlich.

In Fall 6 kann die Bank ihren Anspruch auf § 607 BGB i. Vb. m. § 128 HGB stützen. Ein Darlehensvertrag ist zwischen der Bank und der OHG zustande gekommen. Aus diesem Vertrag ist für die Bank eine Darlehensrückzahlungsforderung gemäß § 607 BGB entstanden. Bei der Verpflichtung, das Darlehen zurückzuzahlen, handelt es sich um eine Verbindlichkeit der Gesellschaft. Für die Verbindlichkeit der Gesellschaft haften gemäß § 128 HGB alle Gesellschafter der OHG als Gesamtschuldner. Infolgedessen kann sich die Bank an Beitz halten und von ihm Rückzahlung in Höhe von DM 200000,– verlangen (§ 607 BGB i. Vb. m. § 128 HGB).

2. Der Inhalt der Haftungsverbindlichkeit gemäß 128 HGB

279 Die Gesellschafter der OHG haften gemäß § 128 HGB für die Verbindlichkeiten der Gesellschaft unmittelbar. Das bedeutet: Der Gläubiger ist nicht gezwungen, sich, bevor er einen der Gesellschafter in Anspruch nimmt, an das Gesamthandsvermögen der OHG zu halten, um Befriedigung wegen seiner Forderung zu erreichen. Er kann sich, ohne vorher den Anspruch bei der OHG geltend gemacht zu haben, direkt an einen oder mehrere Gesellschafter halten.

Zu Fall 6: Die X-Bank muß sich also nicht zunächst an das Gesamthandsvermögen der OHG, wie z.B. Warenlager oder Geschäftseinrichtungen, halten. Sie kann auch, ohne zuvor einen solchen Versuch gemacht zu haben, den Anspruch sofort gegen Beitz oder Krümel oder gegen beide richten.

Verbindlichkeiten der Gesellschaft sind alle Verbindlichkeiten, die **280**
die OHG als solche eingegangen ist und zu erfüllen hat. Dazu gehören sowohl die Verpflichtungen aus den im Namen der OHG abgeschlossenen Rechtsgeschäften, wie auch die auf Gesetz beruhenden Verbindlichkeiten ohne Rücksicht auf den Schuldgrund, wie z.B. Steuerschulden.

Die unbeschränkte Haftung der Gesellschafter bedeutet im einzelnen:

- Jeder Gesellschafter haftet unmittelbar und primär: Die Gläubiger der Gesellschaft können ihn direkt, ohne zuvor bei der Gesellschaft Befriedigung gesucht und nicht gefunden zu haben, in Anspruch nehmen.
- Jeder Gesellschafter der OHG haftet mit seinem gesamten Privatvermögen und nicht nur mit seinem Anteil am Gesellschaftsvermögen.
- Jeder Gesellschafter haftet mit den anderen Gesellschaftern als Gesamtschuldner.

Umstritten ist die Frage, ob ein Anspruch gegen den Gesellschafter **281**
auf Erfüllung in natura hinsichtlich der Gesellschaftsschuld besteht. Diese Frage wird in erster Linie unter dem Gesichtspunkt erörtert, ob der Gesellschafter mittels eines Erfüllungsanspruchs auch hinsichtlich eines persönlichen Tuns oder Unterlassens und der ihm persönlich gehörenden Gegenstände durch eine Vereinbarung der Gesellschaft mit Dritten zur Erfüllung in natura verpflichtet werden kann (dazu Flume, in: FS Reinhardt, S.223ff.).

Relevant wird diese Problematik u.a. bei folgenden Fragestellungen:

a) Kann die Einhaltung einer Bezugsverpflichtung, die eine OHG eingegangen ist, auch von den einzelnen Gesellschaftern der OHG verlangt werden (RG JW 1902, 78)?

b) Kann eine Wettbewerbsvereinbarung der Gesellschaft mit einem daraus erwachsenden Anspruch auf die Unterlassung des Wettbewerbs auch dem einzelnen Gesellschafter gegenüber geltend gemacht werden (RGZ 136, 266 ff.)?
c) Können Gesellschafter einer OHG aus Verträgen, wie z.B. Dienst- und Werkverträgen, die die OHG eingegangen ist, auch zu persönlichen Leistungen verpflichtet werden?
d) Können Gesellschafter einer OHG aus einem Kaufvertrag, den die OHG abgeschlossen hat, auf Erfüllung in natura durch den Gläubiger des Kaufvertrages in Anspruch genommen werden, etwa dergestalt, daß ein Gesellschafter verpflichtet ist, ihm gehörende Sachen an den Gläubiger zu übereignen?

282 Unbestritten dürfte sein, daß in den Fällen, in denen die Gesellschaftsschuld allein auf eine von der OHG erfüllbare Leistung errichtet ist, eine Verpflichtung der Gesellschafter auf Erfüllung in natura nicht in Betracht kommen kann (Flume, in: FS Reinhardt, S. 223).

Im übrigen wird einerseits die Auffassung vertreten, daß der Inhalt der persönlichen Haftung des einzelnen Gesellschafters die Verpflichtung zur Erfüllung der im Namen der Gesellschaft begründeten Verbindlichkeit sei (Lehre von der Identität von Gesellschaftsschuld und Haftungsverbindlichkeit der Gesellschafter). Diese Auffassung wird damit begründet, daß die persönliche Haftung des einzelnen Gesellschafters nicht Haftung für fremde, sondern für eigene Schuld sei, weil die Gesellschafter der OHG selbst die Schuldner des zwischen der Gesellschaft und einem Dritten bestehenden Rechtsverhältnisses seien; deshalb bestehe nur eine einheitliche Verpflichtung. Die Verbindlichkeiten der Gesellschaft seien zugleich Schulden der Gesellschafter, für die lediglich zwei verschiedene Vermögensmassen, nämlich das Sondervermögen der Gesellschaft einerseits und das Privatvermögen der einzelnen Gesellschafter andererseits, hafteten. Danach ist die Haftungsverbindlichkeit des einzelnen OHG-Gesellschafters nichts anderes als die Verpflichtung zur Erfüllung, d.h. zur Erfüllung in natura (so Buchner, JZ 1968, 622 ff.; Müller, NJW 1968, 225; vgl. zur Problematik Emmerich, in: FS Lukes, S. 639 ff. mit Literaturhinweisen).

283 Andererseits wird die Meinung vertreten, Gesellschaftsschuld und Haftungsverbindlichkeit stünden zueinander in einem Verhältnis von Haupt- und Nebenschuld; die Gesellschafter der OHG hätten nur für die Verbindlichkeiten der Gesellschaft einzustehen, hafteten dem

Gläubiger also nicht auf Erfüllung in natura, sondern hätten vielmehr nur das Interesse zu ersetzen (so u.a. Müller-Erzbach, Deutsches Handelsrecht, 2. u. 3. Aufl. 1928, S. 205).

Heute wird bei der Beantwortung der zur Erörterung stehenden Frage stärker differenziert zwischen der Erfüllung in natura bei nicht auf die Person bezogenen Leistungen einerseits und der Verpflichtung der Gesellschafter zu personenbezogenen Leistungen andererseits (vgl. dazu Flume, in: FS Reinhardt, S. 223, 227 ff.). Flume stützt sich bei seinen Überlegungen darauf, daß nach deutschem Schuldrecht allgemein das Prinzip der Verpflichtung zur Erfüllung in natura im Vordergrund stehe, und zieht Parallelen zum Bürgschaftsrecht: wenn die Haftungsverbindlichkeit der Gesellschafter sehr viel enger mit der Gesellschaftsschuld verbunden sei als die Bürgschaft mit der Hauptschuld, so müsse die für die Bürgschaft bestehende Regelung, daß dem Gläubiger gegen den Bürgen ein Anspruch auf Erfüllung in natura zustehe, erst recht entsprechend für den Gesellschaftsgläubiger gegenüber dem Gesellschafter aufgrund der Haftung nach § 128 HGB gelten. Er macht allerdings insofern eine Einschränkung, als die Haftung des Gesellschafters nur als Interessehaftung zu verwirklichen sei, wenn die von der Gesellschaft geschuldete Leistung, weil sie in einem persönlichen Tun oder Unterlassen bestehe, ihrer Natur nach nur von der Gesellschaft selbst, aber nicht von dem einzelnen Gesellschafter erbracht werden könne. Der BGH (BGHZ 23, 302 ff.) ist der Auffassung, daß ein Gesellschaftsgläubiger gegenüber dem Gesellschafter jedenfalls dann einen Anspruch auf Erfüllung in natura habe, wenn der Gesellschafter der Gesellschaft gegenüber zur Leistung verpflichtet sei. Neuerdings ist der BGH (BGHZ 73, 217 ff.) einen Schritt weitergegangen und hat festgestellt, daß, soweit eine Personenhandelsgesellschaft dazu verpflichtet sei, Mängel zu beseitigen, auch die persönlich haftenden Gesellschafter auf Mängelbeseitigung in Anspruch genommen werden könnten. Er hat diese Entscheidung wie folgt begründet: Der Kredit der Personenhandelsgesellschaften, bei denen es sonst keine gläubigersichernden Maßregeln gebe, beruhe auf den Personen der Gesellschafter und ihrer Haftung. Der Zweck dieser Haftung erfordere es, „daß der Gesellschafter auch bei anderen als Geldverpflichtungen jedenfalls dann dasselbe schuldet wie die Gesellschaft, wenn die Erfüllung den Gesellschafter in seiner gesellschaftsfreien Privatsphäre nicht wesentlich mehr als eine Geldleistung beeinträchtigt" (BGHZ 73, 217, 221; vgl. auch BGH WM 1987, 847, 849).

284 Auch der BGH hält also fest an einer Unterscheidung zwischen Verpflichtungen, aus denen die Gesellschafter in natura in Anspruch genommen werden können, und Verpflichtungen, aus denen die Gesellschafter lediglich eine Geldzahlung leisten müssen. Unterschieden wird hier mit einer Abwägung der Gläubigerinteressen einerseits und der schutzwerten Interessen des Gesellschafters auf Freihaltung seiner Privatsphäre andererseits. Dabei soll berücksichtigt werden, daß der Gesellschafter, wenn er nicht ohnehin auch die Gesellschaft zur Leistung zu veranlassen vermag, z.B. einen Nachbesserungsanspruch ohne persönlichen Einsatz durch Aufwendung von Geld und Beauftragung eines anderen Unternehmens erfüllen kann; ihm wird etwa im Fall der Mängelbeseitigung nicht mehr zugemutet, als was anderenfalls der Gläubiger tun müßte, um sich selber zu helfen (BGHZ 73, 217, 222).

285 Die schwierige Frage, ob bei der persönlichen Haftung der Gesellschafter für Gesellschaftsschulden gemäß § 128 HGB die Gesellschafter dieselbe Leistung wie die OHG schulden oder ob sie nur für eine Haftung auf das Interesse einstehen müssen, dürfte nur zu lösen sein, wenn man zwischen Verpflichtungen zur Erfüllung in natura bei nicht auf die Person bezogenen Leistungen einerseits und der Haftung für die Verpflichtung der Gesellschafter zu personenbezogenen Leistungen andererseits unterscheidet. Bei Verpflichtungen, die die OHG im Hinblick auf Sachleistungen eingegangen ist, ist der Gesellschafter dem Gläubiger der OHG stets zur Erfüllung in natura bezüglich der ihm persönlich gehörenden Gegenstände verpflichtet, ohne daß es darauf ankommt, ob der Gesellschafter der Gesellschaft gegenüber im Hinblick auf diesen Gegenstand zur Leistung verpflichtet ist (so Flume, in: FS Reinhardt, S.223, 234). Von der Haftung gemäß § 128 HGB ist, weil sie eine unbeschränkte ist, also kein Vermögensgegenstand des Gesellschafters ausgenommen.

286 **Beispiel:** A, B und C haben eine OHG gegründet. Die OHG verkauft in einem notariell beurkundeten Vertrag an G ein Grundstück, das nicht im Eigentum der OHG, sondern im Eigentum des A steht. Nachdem sich die OHG

dem G gegenüber außerstande erklärt hat, ihm das Grundstück zu übereignen, verlangt G das Grundstück nunmehr von A. Nach der hier vertretenen Ansicht hat G gegen A einen unmittelbaren Erfüllungsanspruch aus § 433 BGB i. Vb. m. § 128 HGB auf Übereignung des Grundstücks.

Bei *personenbezogenen Leistungen* haften die Gesellschafter einer OHG nur bei solchen von der OHG eingegangenen Verpflichtungen gemäß § 128 HGB auf eigenes Tun oder Unterlassen, soweit sie sich der Gesellschaft gegenüber zu diesem Tun oder Unterlassen verpflichtet haben (so BGHZ 23, 302 ff. und Flume, in: FS Reinhardt, S. 223, 233).

Beispiel: Ein Gläubiger, dem eine offene Handelsgesellschaft zur Rechnungslegung verpflichtet ist, kann den geschäftsführenden Gesellschafter der offenen Handelsgesellschaft auf Erfüllung dieser Verpflichtung unmittelbar in Anspruch nehmen (so BGHZ 23, 302 ff.). Nach der hier vertretenen Auffassung ist der Gläubiger berechtigt, gemäß § 128 HGB von dem Gesellschafter diese Leistung zu verlangen, weil der geschäftsführende Gesellschafter auch der Gesellschaft gegenüber sich zu diesem Tun im Geschäftsvertrag verpflichtet hat.

Bei darüber hinausgehenden Ansprüchen ist nach dem BGH (BGHZ 73, 217, 222) eine Abwägung der Gläubigerinteressen einerseits und der schutzwerten Interessen des Gesellschafters auf Freihaltung seiner Privatsphäre andererseits durchzuführen. **287**

3. Das Verhältnis von Gesellschaftsverbindlichkeit zur Gesellschafterhaftung

Die Literatur geht davon aus, daß die Gesamthandsverbindlichkeit der OHG und die Haftungsverbindlichkeit der einzelnen Gesellschafter nebeneinander bestehen (vgl. u. a. Flume, in: FS Knur, S. 125 f.). Zutreffend wird darauf abgestellt, daß im Hinblick darauf, daß das Gesellschaftsvermögen nicht ein Sondervermögen der Gesellschafter, sondern *Vermögen der Gesellschaft sei,* Gesellschaftsschulden nicht Schulden der Gesellschafter, sondern ausschließlich Schulden der Handelsgesellschaft sind. Die persönliche Haftung der Gesellschafter begründet eigene, von der Gesellschaftsschuld deutlich getrennte Verbindlichkeiten (so zutreffend K. Schmidt, Gesellschaftsrecht, § 46 II 2). Darauf weist nicht zuletzt auch die Formulierung des Gesetzes in § 128 **288**

HGB hin, wo es im Hinblick auf die Haftung der Gesellschaft heißt: „für die Verbindlichkeiten der Gesellschaft". Demnach ist zu unterscheiden zwischen der Schuld der OHG einerseits und der Haftungsverbindlichkeit der Gesellschafter andererseits (so Flume, in: FS Knur, S. 125, 127).

289 Daß zwischen der Verbindlichkeit der OHG und der Haftungsverbindlichkeit der Gesellschafter ein Gesamtschuldverhältnis im Sinne der §§ 421 ff. BGB besteht, wird von der herrschenden Meinung abgelehnt (u. a. Flume, in: FS Knur, S. 125, 128 ff.). Dieser Meinung hat sich auch der BGH angeschlossen (BGHZ 44, 229, 233 und 47, 376, 378). Allerdings wird nicht verkannt, daß die Verbindlichkeit der OHG und die Haftungsverbindlichkeit der Gesellschafter jedenfalls in der Nähe zur Gesamtschuld angesiedelt sind, so daß jeweils im Einzelfall zu prüfen ist, ob hierauf die §§ 421 ff. BGB anzuwenden sind (so BGHZ 47, 376, 378 f.).

4. Die Einwendungen der Gesellschafter

290 Alle diejenigen Einreden und Einwendungen, die der OHG gegenüber dem Gläubiger zustehen, kann auch der Gesellschafter, der von einem Gesellschaftsgläubiger in Anspruch genommen wird, geltend machen. Er kann dies allerdings nur solange tun, wie die Einreden und Einwendungen auch noch von der OHG geltend gemacht werden können.

Beispiel: Der Gläubiger G hat gegen die aus A, B und C bestehende OHG einen Zahlungsanspruch, der verjährt ist. G macht den Anspruch nun gegenüber C geltend. C kann sich gemäß § 129 HGB auf die Einrede der Verjährung berufen.

Ein gegen die Gesellschaft ergangenes rechtskräftiges Urteil hat auch dem Gesellschafter gegenüber im Hinblick auf das Bestehen der Schuld feststellenden Charakter, ohne Rücksicht darauf, ob der Gesellschafter selbst am Prozeß beteiligt war oder nicht. Andererseits folgt aus § 129 HGB auch, daß ein Gesellschafter sich im Hinblick auf einen Anspruch, der gegen die OHG erhoben und vom Gericht rechtskräftig abgewiesen worden ist, auf dieses Urteil berufen kann.

Rdnr. 289, 290

Die persönliche Haftung der Gesellschafter ist nicht abdingbar. Auch ein Erlaßvertrag, der zwischen einem Gläubiger und der OHG unter Herauslassung eines Gesellschafters abgeschlossen wird, ist grundsätzlich unwirksam (BGHZ 47, 376 ff.).

5. Die Haftung der eintretenden und ausscheidenden Gesellschafter

Tritt ein neuer Gesellschafter in die bereits bestehende OHG ein, so **291** haftet dieser zwingend auch für die bereits bestehenden Verbindlichkeiten der Gesellschaft (§ 130 HGB). Der neue Gesellschafter haftet also ebenso wie die anderen Gesellschafter gemäß §§ 128 und 129 HGB für diejenigen Verbindlichkeiten der Gesellschaft, die bereits vor seinem Eintritt in die OHG begründet worden sind. Diese Haftung kann durch eine gesellschaftsvertragliche Vereinbarung nicht ausgeschlossen werden. Eine Vereinbarung dieser Art ist Dritten gegenüber nicht wirksam (§ 130 Abs. 2 HGB).

Ein Haftungsausschluß für bereits bestehende Verbindlichkeiten **292** zugunsten des neu eintretenden Gesellschafters kann auch nicht wie in den Fällen der §§ 25 und 28 HGB durch eine entsprechende Eintragung in das Handelsregister und Bekanntmachung oder eine besondere Mitteilung an einen Dritten geschehen (Fischer, § 130 HGB Anm. 25).

Allein im Innenverhältnis zwischen den Altgesellschaftern und dem neu hinzutretenden Gesellschafter kann vereinbart werden, daß die Altgesellschafter den neu Eintretenden von der Haftung für die bereits bestehenden Verbindlichkeiten der Gesellschaft freizustellen haben. Eine solche Vereinbarkeit entfaltet Wirkung allerdings nur im Verhältnis der Gesellschafter untereinander, nicht aber im Verhältnis zu Dritten (vgl. dazu BGH WM 1989, 1219).

Wenn auch das Gesetz als Regelfall davon ausgeht, daß die Gesell- **293** schaft aufgelöst wird, wenn ein Gesellschafter durch Tod oder durch Kündigung oder aus einem sonstigen Grunde aus der Gesellschaft ausscheidet, so wird in der Realität in der Regel durch den Gesellschaftsvertrag festgelegt, daß eine Gesellschaft trotz des Ausscheidens eines Gesellschafters unter den verbleibenden Gesellschaftern fortbestehen soll. Wenn ein Gesellschafter durch Kündigung oder aus einem sonstigen Grunde aus der Gesellschaft ausscheidet, haftet er auch weiterhin gemäß § 128 HGB persönlich für die Verbindlichkeiten der Gesellschaft, sofern diese vor seinem Ausscheiden entstanden sind. Er haftet auch weiterhin für die Verbindlichkeiten aus langfristigen Verträgen und Dauerschuldverhältnissen, selbst dann, wenn die einzelnen Teilleistungen erst zu einem späteren, auf sein Ausscheiden folgenden Zeitpunkt erfolgen sollen (Hueck, OHG, § 29 II 4). Diese Regelung hat insbesondere für langfristig abgeschlossene Darlehensverträge der OHG Bedeutung. Für Arbeitsverhältnisse folgt daraus, daß sich die Arbeitnehmer einer Personenhandelsgesellschaft wegen ihrer Vergütungsansprüche an alle persönlich haftenden Gesellschafter halten können, die der Gesellschaft vor der Beendigung des Arbeitsverhältnisses angehörten (BGH JZ 1978, 152f.; von Stebut, ZGR 1981, 183ff.). Kein Gesellschafter kann sich also durch das Verlassen der OHG von seiner Haftung ohne weiteres befreien.

Allerdings ist der Anspruch gegen den Gesellschafter zeitlich begrenzt. Bisher unterlag der Anspruch gegen den Gesellschafter der Verjährung gemäß § 159 a.F. HGB. Sofern der Anspruch nicht einer kürzeren Verjährung unterlag, verjährte er in fünf Jahren nach Ausscheiden des Gesellschafters. Am 26.3. 1994 ist das „Gesetz zur zeitlichen Begrenzung der Nachhaftung von Gesellschaftern" (NachhBG) vom 18.3. 1994 in Kraft getreten (BGBl I S. 560). Hierdurch wurden u.a. auch die §§ 159, 160 HGB neu gefaßt. Nunmehr richtet sich die Haftung des ausscheidenden Gesellschafters nach § 160 n.F. HGB, wonach dessen Nachhaftung nach Ablauf von fünf Jahren nach Eintragung seines Ausscheidens in das Handelsregister erlischt.

294 § 160 n.F. HGB trägt dem Bedürfnis des ausgeschiedenen Gesellschafters Rechnung, seine Nachhaftung zeitlich zu begrenzen, weil er mit der Gesellschaft nichts mehr zu tun hat und am Gesellschaftsvermögen nicht mehr beteiligt ist. Vor allem hat er auf die Geschäftsführung der Gesellschaft und damit auf die Abwicklung der betreffenden Geschäfte keinen Einfluß mehr (BGHZ 50, 232, 236; 78, 114, 116f. zu § 159 a.F. HGB). Die Nachhaftung erstreckt sich gemäß § 160 Abs. 1 Satz 1 n.F. HGB auf sämtliche Gesellschaftsverbindlichkeiten, die bis zum Ausscheiden des OHG-Gesellschafters begründet waren.

Rdnr. 294

Daß sich die Nachhaftung des ausscheidenden Gesellschafters lediglich auf Altverbindlichkeiten erstreckt (so der BGH bereits zu § 159 a.F. HGB, vgl. BGH NJW 1986, 1690), wird nunmehr durch die klarstellende Formulierung „für ihre bis dahin begründeten Verbindlichkeiten" zum Ausdruck gebracht (vgl. dazu auch Reichold, NJW 1994, 1617, Fn.39; Seibert, DB 1994, 461 Fn.15).

Schwierigkeiten ergaben sich vor der Neuregelung beim Ausscheiden eines Gesellschafters im Hinblick auf seine Haftung für Verbindlichkeiten aus einem vor seinem Ausscheiden begründeten Dauerschuldverhältnis. Der BGH (BGHZ 70, 132, 136) vertrat die Auffassung, daß ein ausscheidender Gesellschafter *nicht* zeitlich unbegrenzt für laufende Verbindlichkeiten der Gesellschaft haftbar gemacht werden könne, weil das ihm mit einer solchen Haftung aufgebürdete, nicht mehr überschaubare Risiko unzumutbar sei; deshalb müsse die Haftung des Ausscheidenden in solchen Fällen unabhängig von der Verjährungsfrist des § 159 Abs. 1 a.F. HGB, die für jede Einzelleistung bei deren Fälligkeit gesondert zu laufen beginne, zeitlich in vernünftiger Weise begrenzt werden. Der BGH (BGHZ 70, 132, 136) stellte dabei nicht auf den Zeitpunkt des Ausscheidens selbst ab, weil dem Vertragspartner die Möglichkeit gegeben werden müsse, sich, wenn ihm die nach dem Ausscheiden des Gesellschafters verbleibende Haftungsgrundlage nicht ausreiche, rechtzeitig vom Vertrage zu lösen oder zumindest eine Änderungskündigung auszusprechen. Die Haftung des ausscheidenden Gesellschafters wurde deshalb auf den Zeitraum bis zum ersten auf sein Ausscheiden folgenden Kündigungstermin erstreckt; für diejenigen Verbindlichkeiten, die auf erst danach erbrachten Teilleistungen beruhte, mußte er nicht einstehen, weil § 159 a.F. HGB die Dauerschuldverhältnisse nicht erfaßte und diese Gesetzeslücke unter Berücksichtigung der gesetzlichen Grundentscheidung für eine Begrenzung der Haftung beim ausscheidenden Gesellschafter auszufüllen war. **295**

Gem. § 159 Abs. 3 a.F. HGB begann die fünfjährige Verjährungsfrist mit dem Zeitpunkt der Fälligkeit der Forderung, wenn die Forderung gegen die Gesellschaft erst nach der Eintragung des Ausscheidens fällig wurde. Diese Vorschrift hatte ihren guten Sinn in den Fällen, in denen der Gläubiger bei den normalen Austauschgeschäften des täglichen Lebens vor dem Ausscheiden eines Gesellschafters einen Anspruch gegen die Gesellschaft erworben hatte, die Leistungspflicht der Gesellschaft aber aus Gründen des Einzelfalles gestundet oder sonst irgendwie hinausgeschoben worden war. Für Dauerschuldverhältnisse war sie nicht anwendbar. Die im Hinblick auf Dauerschuldverhältnisse ehemals vorhandene Gesetzeslücke hatte der BGH (BGHZ 87, 286), anknüpfend an die genannte Entscheidung (BGHZ 70, 132), noch weiter ausgefüllt und festgestellt, daß der ausgeschiedene Gesellschafter für solche Ansprüche aus Dauerschuldverhältnissen der Gesellschaft nicht hafte, die erst nach fünf Jahren fällig wurden, nachdem sein Ausscheiden aus der Gesellschaft im Handelsregister einge- **296** tragen worden war. Dieser Grundsatz sollte für diejenigen Dauerschuldverhältnisse gelten, bei denen entweder eine baldige Kündigung aus tatsächlichen Gründen ausgeschlossen, nicht zumutbar oder, weil im Vertrage nicht vorgesehen (ohne wichtigen Grund), rechtlich nicht möglich war. Der BGH ging zutreffend davon aus, dem § 159 a.F. HGB sei die gesetzliche Wertung zu entnehmen, daß der ausgeschiedene Gesellschafter, von Ausnahmen abgesehen, grundsätzlich nach fünf Jahren von dem Risiko einer fortbestehenden Haftung freigestellt werden sollte (vgl. zur Problematik Hönn, ZHR 149 (1985), 300ff.).

297 Nach Auffassung des BGH (NJW 1985, 1899) war die für den Gesellschaftsgläubiger bestehende Möglichkeit, ein Dauerschuldverhältnis vorzeitig aus wichtigem Grunde zu kündigen, *kein* Grund für die Enthaftung des ausgeschiedenen Gesellschafters. Der BGH begründete dies vor allem damit, daß auf die Möglichkeit der fristlosen Kündigung des Vertrages durch den Gesellschaftsgläubiger schon deshalb nicht abgestellt werden könne, weil dieser bei einer tatsächlich vorgenommenen Kündigung aus wichtigem Grunde in zahlreichen Fällen mit erheblichen Schwierigkeiten bei deren Durchsetzung zu rechnen hätte und der ausgeschiedene Gesellschafter nicht einmal während dieser Zeit der – möglicherweise gerichtlichen – Durchsetzung der Kündigung haften würde.

298 Nunmehr gilt die Ausschlußfrist gemäß § 160 Abs. 1 Satz 1 n.F. HGB für alle Gesellschaftsverbindlichkeiten, so daß die zum Teil schwierige Abgrenzungsproblematik zwischen Dauerschuldverbindlichkeiten und einfachen Verbindlichkeiten entbehrlich geworden ist (vgl. Reichold, NJW 1994, 1617, 1620; Seibert, DB 1994, 461). Jedoch enthält das Nachhaftungsbegrenzungsgesetz in Art. 35ff. EGHGB Übergangsvorschriften. Danach ist § 160 n.F. HGB auf vor dem Inkrafttreten des Nachhaftungsbegrenzungsgesetzes am 26. März 1994 entstandene Verbindlichkeiten nur anzuwenden, wenn

- das Ausscheiden des Gesellschafters oder sein Wechsel in die Rechtsstellung eines Kommanditisten nach dem 26. März 1994 in das Handelsregister eingetragen worden ist und
- die Verbindlichkeit nicht später als vier Jahre nach der Eintragung fällig wird.

299 In einem derartigen Fall verbleibt dem Gläubiger nach Eintritt der Fälligkeit noch mindestens ein Jahr zur Geltendmachung des Anspruchs. Ist das Ausscheiden aus der Gesellschaft vor dem Inkrafttreten des Nachhaftungsbegrenzungsgesetzes eingetragen worden, bleibt es bei der Verjährung gemäß § 159 a.F. HGB einschließlich der dazu ergangenen Enthaftungsrechtsprechung für Dauerschuldverhältnisse (vgl. die amtliche Begründung BT-Drucks. 12/1868 S.10; Reichold, NJW 1994, 1617, 1621; Seibert, DB 1994, 461, 464).

Dasselbe gilt, wenn die Altverbindlichkeit später als vier Jahre nach der – unter der Geltung des Nachhaftungsbegrenzungsgesetzes erfolgten – Eintragung des Ausscheidens fällig wird. Für diesen Fall ist die Verjährung nach § 159 a.F. HGB durch Art.35 Satz 2 EGHGB auf ein Jahr begrenzt worden (vgl. Reichold, NJW 1994, 1617, 1621; Seibert, DB 1994, 461, 464).

Die gesetzliche Regelung des § 159 a.F. HGB bezog sich allerdings **300**
unmittelbar nur auf ausgeschiedene Gesellschafter, nicht aber auf die Gesellschafter, die für frühere Gesellschaftsverbindlichkeiten gemäß § 128 HGB unbeschränkt hafteten, weil sie zunächst persönlich haftende Gesellschafter und erst nach Entstehung der Gesellschaftsverbindlichkeit in die Rechtsstellung eines Kommanditisten übergewechselt waren (BGHZ 78, 114, 116). In einem solchen Fall war zu prüfen, ob eine entsprechende Anwendung des § 159 a.F. HGB geboten war. Bei der Entscheidung darüber war darauf abzustellen, ob eine Schutzbedürftigkeit des betroffenen Gesellschafters im oben dargestellten Sinne – diese war Voraussetzung für die Anwendung des § 159 a.F. HGB – zu bejahen war. Der BGH (BGHZ 78, 114, 118) hat eine solche Schutzbedürftigkeit für einen ehemaligen persönlich haftenden Gesellschafter, der bei der Umgestaltung der Handelsgesellschaft in eine GmbH & Co KG Kommanditist geworden war und als Geschäftsführer der Komplementär-GmbH die Geschäfte der Gesellschaft geführt hat, verneint. Er hat dies wie folgt begründet: Die fortschreitende Distanz, die die Lage des ausgeschiedenen Gesellschafters kennzeichne und deren Auswirkungen ihn bei fortdauernder Haftung wenigstens in zeitlicher Hinsicht als schutzbedürftig erscheinen lassen, bestehe bei ihm gerade nicht; der Gesellschafter bleibe der Gesellschaft voll verbunden und behalte sogar seinen Einfluß auf die Geschäftsführung. Deshalb könne er auch darauf hinwirken, daß die Verbindlichkeit, für die er unbeschränkt forthafte, aus dem Gesellschaftsvermögen befriedigt werde.

Durch § 160 Abs.3 n.F. HGB wird jetzt für den Fall eine ausdrückliche ge- **301**
setzliche Regelung getroffen, daß ein persönlich haftender Gesellschafter in die Rechtsstellung eines Kommanditisten überwechselt. Für diesen Kommandi-

tisten gelten die gleichen Haftungsbegrenzungen gemäß § 160 Abs. 1 und 2 n. F. HGB wie für einen ausscheidenden persönlich haftenden Gesellschafter, unabhängig davon, ob es sich bei der Gesellschaft schon zuvor um eine Kommanditgesellschaft gehandelt hat oder ob sie es erst durch den Wechsel des persönlich haftenden Gesellschafters in die Kommanditistenstellung geworden ist (vgl. Seibert, DB 1994, 461, 462). Durch § 160 Abs. 3 Satz 2 n. F. HGB wird diese Haftungsbegrenzung nunmehr auch für den Fall angeordnet, daß der ehemals persönlich haftende Gesellschafter in der Gesellschaft oder einem ihr angehörenden Unternehmen geschäftsführend tätig wird. Das gilt in erster Linie für die Fälle, in denen eine OHG oder KG in eine GmbH & Co KG umgewandelt wird und der ehemals persönlich haftende Gesellschafter nicht nur Kommanditist geworden ist, sondern daneben als Geschäftsführer der Komplementär-GmbH die Geschäfte der Gesellschaft führt (vgl. Reichold, NJW 1994, 1617, 1620; Seibert, DB 1994, 461, 462).

302 Diese Haftungsbegrenzung zugunsten des ehemals persönlich haftenden Gesellschafters greift grundsätzlich gemäß Art. 35 Satz 1 EGHGB nur, sofern der Wechsel der Gesellschafterstellung nach dem 26. März 1994 in das Handelsregister eingetragen worden ist und die Fälligkeit der Forderung nicht später als vier Jahre nach der Eintragung eintritt. Im übrigen gilt ebenfalls das bisher geltende Recht mit der Maßgabe, daß die Verjährungsfrist für Forderungen gegen einen ehemals persönlich haftenden Gesellschafter bei dessen Wechsel in die Kommanditistenstellung, die nach dem 26. März 1994 eingetragen worden ist und die später als vier Jahre nach der Eintragung fällig geworden ist, gemäß Art. 35 Satz 2 EGHGB ein Jahr beträgt. In Anbetracht der dem ehemals persönlich haftenden Gesellschafter infolge der Rechtsprechung zum früheren Recht drohenden Endloshaftung bei Dauerschuldverhältnissen enthält Art. 36 EGHGB eine Sonderregelung, durch die eine Enthaftung gemäß § 160 Abs. 3 Satz 2 n. F. HGB auch gewährt wird, wenn die Änderung des Haftungsstatus vor dem Inkrafttreten des Nachhaftungsbegrenzungsgesetzes eingetreten ist. Allerdings werden nur Ansprüche aus fortbestehenden Arbeitsverhältnissen, bei denen der Gläubiger anderweitig abgesichert ist, erfaßt. Für den Beginn der fünfjährigen Ausschlußfrist gemäß §§ 160 Abs. 3 Satz 2 i. Vb. m. Abs. 1 Satz 1 n. F. HGB wird jedoch nicht auf die Eintragung in das Handelsregister, die sehr weit zurückliegen kann, sondern auf das Datum des Inkrafttretens des Nachhaftungsbegrenzungsgesetzes abgestellt (vgl. Seibert, DB 1994, 461, 464).

§ 14. Die Beendigung der Gesellschaft

Schrifttum: A. Hueck, OHG, §§ 23–26; Ulmer in Großkomm. zum HGB, Anm. zu §§ 131 und 133; K. Schmidt, Die Handels-Personengesellschaft in Liquidation. Ein neues Bild des Liquidationsrechts der Gesamthandsgesellschaften, ZHR 153 (1989), 270 ff.

I. Allgemeine Grundsätze

Wie bei der Gesellschaft bürgerlichen Rechts vollzieht sich auch bei der OHG die Beendigung in zwei voneinander zu unterscheidenden Abschnitten. Der erste Abschnitt ist die Auflösung der OHG, der zweite die Auseinandersetzung (Liquidation) der Gesellschaft, nach deren Abschluß die Vollbeendigung der OHG erreicht ist. **303**

Wenn einer der Gründe eintritt, die zur Auflösung der Gesellschaft führen können, so ändert die Gesellschaft zunächst nur ihren Zweck. War die OHG zuvor auf Erwerb gerichtet (Erwerbsgesellschaft), so ist sie jetzt auf die Liquidation, auf die Abwicklung eingestellt. Die Auflösung der OHG führt noch nicht zu ihrer Beendigung. Es hat zunächst noch die Auseinandersetzung zu erfolgen, deren Ziel es ist,

- die Gläubiger aus dem Vermögen der Gesellschaft wegen ihrer Forderungen gegen die Gesellschaft zu befriedigen und
- anschließend das noch übriggebliebene Vermögen der Gesellschaft unter die Gesellschafter zu verteilen.

Erst der Abschluß der Auseinandersetzung führt zur Vollbeendigung der OHG. **304**

K. Schmidt (ZHR 153 (1989), 270, 273 f.) vertritt mit Hinweis auf die historische Entwicklung des Gesellschaftsrechts (ADHGB) die Auffassung, bei den Personenhandelsgesellschaften reiche „ein Prinzip der Kontinuität von ihrer Errichtung bis zu ihrer Vollbeendigung"; dieses „Prinzip der Kontinuität" könne auf Ziel, Zweck und Verfahren der Liquidation nicht ohne Einfluß sein. Deshalb vollzieht sich die Abwicklung der Personengesellschaft – wie die einer Kapitalgesellschaft –

in einem gesellschaftsrechtlich geordneten Verfahren, das auf Vollbeendigung der Gesellschaft als Rechtsträgerin gerichtet ist. Diese lebt bis zu ihrer Vollbeendigung unter ihrem ursprünglichen Status fort, der lediglich durch den Zweck des Liquidationsverfahrens überlagert wird (so K. Schmidt, ZHR 153 (1989), 270, 274).

II. Die Auflösungsgründe

305 Da die OHG ein auf Dauer angelegtes Handelsgewerbe betreibt, bildet ihre Auflösung für die Gesellschafter einen erheblichen Einschnitt. Die Gründe, die zur Auflösung der OHG führen können, weichen deshalb zum Teil erheblich von den Gründen ab, die zur Auflösung einer Gesellschaft bürgerlichen Rechts führen können (vgl. Rdnr. 38).

In § 131 HGB sind die Gründe aufgezählt, die kraft Gesetzes zur Auflösung der Gesellschaft führen. Auflösungsgründe sind demnach:

- Zeitablauf;
- ein Auflösungsbeschluß der Gesellschafter;
- die Eröffnung des Konkurses über das Vermögen der Gesellschaft;
- der Tod eines Gesellschafters, sofern der Gesellschaftsvertrag nicht, was in der Praxis der Regelfall sein wird, die Fortsetzung der Gesellschaft mit den Erben vorsieht;
- die Eröffnung des Konkurses über das Vermögen eines Gesellschafters, nicht jedoch der Nachlaßkonkurs, der über das von einem Gesellschafter ererbte Nachlaßvermögen eröffnet wird (so BGHZ 91, 132, 135 ff. mit eingehender Begründung);
- die Kündigung durch einen Gesellschafter, die gemäß § 132 HGB bei einer für unbestimmte Zeit eingegangenen Gesellschaft allerdings nur für den Schluß eines Geschäftsjahres erfolgen kann und mindestens 6 Monate vor diesem Zeitpunkt stattfinden muß;
- eine gerichtliche Entscheidung (§ 133 HGB).

Zweckerreichung oder Unmöglichwerden des Gesellschaftszweckes sind bei der OHG im Gegensatz zur Gesellschaft bürgerlichen Rechts keine Auflösungsgründe. Sie können allerdings Gründe für eine Kündigung durch einen Gesellschafter oder eine Auflösungsklage sein.

Die Aufzählung der Auflösungsgründe in § 131 HGB ist nicht erschöpfend (anders BGHZ 75, 178, 179), denn gemäß § 131 Nr. 1 HGB kann der Gesellschaftsvertrag jedes Ereignis zu einem Auflösungsgrund erklären, sofern dieses Ereignis nur bestimmt genug festgelegt ist (so zutreffend und zu den Einzelheiten K. Schmidt, ZHR 153 (1989), 270, 278 ff.). 306

Die *außerordentliche Kündigung* eines Gesellschafters, die zur Auflösung der Gesellschaft führen kann, sieht das Gesetz also nicht vor. Stattdessen kann an die Stelle einer außerordentlichen Kündigung die Auflösungsklage gemäß § 133 HGB treten. Allerdings kann im Gesellschaftsvertrag eine außerordentliche Kündigung, also der Verzicht auf die Klageerhebung, vertraglich vereinbart werden (BGHZ 31, 295, 298 ff.).

III. Die Auflösungsklage

Wenn ein wichtiger Grund vorliegt, kann auf Antrag eines Gesellschafters die Auflösung der Gesellschaft vor Ablauf der vorgesehenen Frist durch eine gerichtliche Entscheidung ausgesprochen werden. Diese Möglichkeit hat das Gesetz an die Stelle einer außerordentlichen Kündigung durch einen Gesellschafter gesetzt, damit die beteiligten Gesellschafter durch gerichtliche Entscheidung Gewißheit darüber haben, ob die OHG, deren Auflösung ein Gesellschafter aus wichtigem Grunde verlangt, noch besteht oder nicht. 307

Was als wichtiger Grund für eine Auflösung durch gerichtliche Entscheidung anzusehen ist, ist in § 133 Abs. 2 HGB genannt.

Beispiel: Hat ein geschäftsführender Gesellschafter jahrelang falsche Bilanzen zu Lasten seiner Mitgesellschafter erstellt und vorgelegt und den Gewinn in seine eigene Tasche fließen lassen, können die anderen OHG-Gesellschafter durch eine Auflösungsklage die Gesellschaft durch gerichtliche Entscheidung auflösen lassen.

Das Recht der Gesellschafter, durch eine Auflösungsklage die Auflösung der Gesellschaft zu bewirken, kann weder ausgeschlossen noch beschränkt werden (§ 133 Abs. 3 HGB). Das bedeutet allerdings ledig- 308 lich, daß bei Vorliegen eines wichtigen Grundes die Auflösung der Gesellschaft verlangt werden kann, was im Interesse der Rechtssicherheit und Rechtsklarheit erforderlich ist. Die Rechtsform aber, in der sich ein Gesellschafter von der Gesellschaft lösen kann, ist trotz der Regelung in § 133 Abs. 3 HGB abdingbar (so Ulmer, § 133 HGB Anm. 73). Wesentlich ist, daß dem Gesellschafter anstelle der Gestaltungsklage ein gleichwertiges Recht gewährt wird. Dies kann durch die Vereinbarung eines außerordentlichen Kündigungsrechtes bei Vorliegen eines wichtigen Grundes geschehen (BGHZ 31, 295 ff.; 47, 293, 301 f.; vgl. dazu oben Rdnr. 306).

Im Gesellschaftsvertrag kann vorgesehen werden, daß im Falle einer Auflösungsklage nur der Gesellschafter, der klagt, aus der OHG ausscheidet, die Gesellschaft also unter den übrigen Gesellschaftern fortgesetzt wird. Der Gesellschaftsvertrag kann auch vorsehen, daß im Wege der Auflösungsklage nur der Gesellschafter die Gesellschaft verläßt, in dessen Person der wichtige Grund vorliegt, der zur Auflösung der Gesellschaft durch gerichtliche Entscheidung führt.

§ 15. Der Wechsel von Gesellschaftern

Schrifttum: Behr, Neue Tendenzen im Recht der Ausschließung aus der Personengesellschaft, ZGR 1990, 370 ff.; B. Dauner-Lieb, Abfindungsklauseln bei Personengesellschaften, ZHR 158 (1994), 271 ff.; Eiselt, Die Vererbung der Beteiligung an einer OHG, AcP 158 (1959/60), 319 ff.; Eisenhardt, Sondererbfolge in einen Gesellschaftsanteil bei der Personalgesellschaft, MDR 1969, 521 ff.; derselbe, Die Stellung der Gesellschaftererben am Beispiel der kapitalistisch organisierten Kommanditgesellschaft, JuS 1975, 413 ff.; Esch, Die Nachlaßzugehörigkeit vererbter Personengesellschaftsbeteiligungen, NJW 1984, 339 ff.; Flume, Die Nachfolge in die Mitgliedschaft in einer Personengesellschaft beim Tode eines Gesellschafters. In: FS Schilling, S. 23 ff.; derselbe, Die Nachlaßzugehörigkeit der Beteiligung an einer Personengesellschaft in ihrer Bedeutung für Testamentsvollstreckung, Nachlaßverwaltung und Nachlaßkonkurs und Surrogatserwerb, ZHR 155 (1991), 501 ff.; Fischer, Die Geschäftsführungs- und Vertretungsbefugnis in einer Personengesellschaft des Handelsrechtes, BB 1956, 839 ff.; Großfeld, Zweckmäßige Abfindungsklauseln, AG 1988, 217 ff.; Grunewald, Der Ausschluß aus Gesellschaft und Verein, 1987; Hommelhoff, Zur Abgrenzung von Unternehmenskauf und Anteilserwerb, ZGR 1982,

366ff.; U.Huber, Vermögensanteil, Kapitalanteil und Gesellschaftsanteil an Personalgesellschaften des Handelsrechts, 1970; derselbe, Der Ausschluß des Personengesellschafters ohne wichtigen Grund, ZGR 1980, 177ff.; A.Hueck, OHG, §§ 27 bis 29; Knur, Die Familiengesellschaft, 1941; Marotzke, Die Nachlaßzugehörigkeit ererbter Personengesellschaftsanteile und der Machtbereich des Testamentvollstreckers nach dem Urteil des Bundesgerichtshofs vom 14.Mai 1986, AcP 187 (1987) 233ff.; W.Merle, Die Verbindung von Zustimmungs- und Ausschlußklage bei den Personenhandelsgesellschaften, ZGR 1979, 67ff.; G.Müller, Die Buchwertklausel – ein Dauerthema, ZIP 1995, 1561ff.; Rokas, Die Teilhaberschaft an der OHG und ihre Vererbung, 1965; E.Schmitz, Testamentsvollstreckung bei Personengesellschaftsanteilen, ZGR 1988, 149ff.; Strothmann, Die letztwillige Gesellschaftsgründungsklausel. Ein erbrechtlicher Beitrag zu den Grenzen der Gestaltungsfreiheit im Recht der Unternehmensnachfolge, 1983; Teichmann, Der Nießbrauch an Gesellschaftsanteilen – gesellschaftsrechtlicher Teil – ZGR 1972, 1ff.; Tiedau, Die Abfindungs- und Ausgleichsansprüche der von der gesellschaftlichen Nachfolge ausgeschlossenen Erben, NJW 1980, 2446ff.; Ulmer, Gesellschafternachfolge und Erbrecht, ZGR 1972, 195ff. u. 324ff.; derselbe in Großkomm. zum HGB, Anm.1ff. zu § 139; H.P.Westermann, Die Ausschließungsklage gemäß § 140 HGB – eine stumpfe Waffe?, NJW 1977, 2185ff.; derselbe, Die höchstrichterliche Regelung der Erbfolge in Beteiligungen an Personengesellschaften, JuS 1979, 761ff.; Wiedemann, Die Übertragung und Vererbung von Mitgliedschaftsrechten bei Handelsgesellschaften, 1965.

I. Das Ausscheiden von Gesellschaftern

Das Gesetz geht als Regelfall davon aus, daß die Gesellschaft aufge- 309
löst wird, wenn ein Gesellschafter durch Tod oder durch Kündigung oder aus einem sonstigen Grunde aus der Gesellschaft ausscheidet (§ 131 HGB). Der große Gestaltungsspielraum, den das Gesetz den Gesellschaftern bei der Regelung ihrer Beziehungen zueinander nach ihrem eigenen Interesse einräumt, ermöglicht es den Gesellschaftern auch, durch den Gesellschaftsvertrag festzulegen, daß die Gesellschaft unter den verbleibenden Gesellschaftern fortbestehen soll, wenn ein Gesellschafter durch Tod oder Kündigung aus der Gesellschaft ausscheidet (§ 138 HGB; vgl. oben Rdnr.305f.).

Auf Antrag der übrigen Gesellschafter kann das dafür zuständige Gericht statt der Auflösung der Gesellschaft die Ausschließung eines

Gesellschafters aussprechen, wenn in der Person dieses Gesellschafters der Umstand eintritt, der nach § 133 HGB für die übrigen Gesellschafter das Recht begründet, durch gerichtliche Entscheidung die Auflösung der Gesellschaft herbeizuführen (§ 140 HGB). Gemäß § 140 HGB muß das Ausschlußrecht im Wege der Gestaltungsklage aller übrigen Gesellschafter gegen den Auszuschließenden durchgesetzt werden (siehe dazu Merle, ZGR 1979, 67 ff.). Ein Verschulden des auszuschließenden Gesellschafters muß nicht vorliegen (so BGH LM Nr. 2 zu § 140 HGB; Hueck, OHG, § 29 I 2 c). Nach bisher herrschender Meinung stellt die Ausschließung einen besonders schwerwiegenden Eingriff dar, der deshalb nur ausnahmsweise aus äußerst gewichtigen Gründen zulässig sein soll. Dem ist nun K. Schmidt (Gesellschaftsrecht, § 50 III) mit der zutreffenden Argumentation entgegengetreten, der wichtige Grund i. S. des § 140 HGB unterscheide sich von dem des § 133 HGB nicht durch seine Schwere, sondern durch seine einseitige Gewichtung: § 140 HGB setze voraus, daß zwischen „gesellschaftsfeindlichen" und „gesellschaftsfreundlichen" Gesellschaftern i. S. von „schwarzen und weißen Schafen" unterschieden werden könne. Ist dies der Fall, so liegt ein wichtiger Grund für eine Ausschließung vor.

310 § 140 HGB ist nicht zwingendes Recht. Deshalb kann durch eine entsprechende Regelung im Gesellschaftsvertrag das gesetzlich vorgesehene Ausschließungsverfahren in zulässiger Weise dahin abgeändert werden, daß an die Stelle der Gestaltungsklage nach § 140 HGB ein entsprechendes Gestaltungsrecht der Gesellschafterversammlung tritt. Materiell kann die Ausschließung durch die Bezeichnung weiterer, nicht notwendigerweise in §§ 133 ff. HGB genannter Ausschließungsgründe erleichtert werden (vgl. G. Hueck, § 16 II, 2). Dabei sind der Vertragsfreiheit jedoch Grenzen gesetzt. Stets müssen die allgemeinen Grundsätze der Rechtsordnung (§ 138 BGB) und die Grundprinzipien des Gesellschaftsrechts beachtet werden (vgl. BGHZ 81, 263, 266; 107, 351, 356. Kritisch U. Huber, ZGR 1980, 177 ff.; Krämer, NJW 1981, 2553 ff.). So geht nach der Rechtsprechung des BGH (BGHZ 105, 213, 216 f.) eine gesellschaftsrechtliche Regelung, durch die der Gesellschaftermehrheit, einer bestimmten Gesellschaftergruppe oder einem einzelnen Gesellschafter das Recht eingeräumt wird, einen Mitgesellschafter ohne Vorliegen eines sachlichen Grundes aus der Personengesellschaft auszuschließen, „grundsätzlich über den Rahmen des rechtlich und sittlich Erlaubten (§ 138 Abs.1 BGB) hinaus". Der BGH (BGHZ 105, 213, 217) begründet dies vor allem damit, daß eine Entscheidung der geschilderten Art geeignet sein kann, die das gemeinsame Unternehmen mittragenden Gesellschafter aus sachfremden – eventuell nur emotional bedingten – Gründen auszuschließen und damit einer Willkürherrschaft innerhalb der Gesellschaft Vorschub geleistet werden könne. Damit ist die Zulässigkeit eines vereinbarten Ausschließungsrechts nun vor allem an den gemäß § 138 Abs.1 BGB zu findenden Maßstäben zu messen (vgl. zur neueren Rechtsprechung Behr, ZGR 1990, 370ff.).

Eine Ausschließung ohne wichtigen Grund kann deshalb nicht ohne **311** weiteres im Gesellschaftsvertrag vereinbart werden. In der Literatur wird beklagt, daß die Rechtsprechung von der Ausschließungsmöglichkeit gemäß § 140 HGB als einem wichtigen Mittel zur Erhaltung mittelständischer Betriebe bei einer Zerrüttung des Vertrauensverhältnisses zwischen den Gesellschaftern zu zurückhaltend Gebrauch macht (so H.P. Westermann, NJW 1977, 2185ff.). Diese schwierige Problematik muß als noch nicht endgültig geklärt angesehen werden. Das gilt insbesondere für das Verhältnis zwischen Ausschließung und Abfindung des ausscheidenden Gesellschafters (vgl. dazu K. Schmidt, Gesellschaftsrecht, § 50 III).

Der ausscheidende Gesellschafter haftet auch weiterhin gemäß **312** §§ 128, 160 HGB fünf Jahre lang persönlich für die bis zum Zeitpunkt seines Ausscheidens aus der OHG entstandenen Verbindlichkeiten der Gesellschaft. Kein Gesellschafter kann sich also durch das Verlassen der OHG aus seiner Haftung befreien.

Der Anteil des ausscheidenden Gesellschafters am Gesellschaftsvermögen geht kraft Gesetzes ohne besondere Übergangshandlungen auf die verbleibenden Gesellschafter über (§ 738 BGB), es sei denn, daß vereinbart wird, daß an seine Stelle eine andere Person in die Gesellschaft als Gesellschafter eintreten soll.

II. Der Eintritt von Gesellschaftern in die bestehende OHG

313 Aus vielerlei Gründen kann ein Interesse daran bestehen, daß bisher außenstehende Personen in die Gesellschaft eintreten. Gründe dafür können sein:

– Ein Gesellschafter scheidet aus; die Gesellschaft besteht trotz des Ausscheidens laut Vereinbarung im Gesellschaftsvertrage fort. Die Lücke, die durch das Ausscheiden des einen OHG-Gesellschafters entstanden ist, soll durch den Eintritt einer anderen Person in die OHG geschlossen werden.

Beispiel: Blum, Korf, Nickel und Schulte haben eine OHG gegründet, die die Herstellung und den Vertrieb von Elektrogeräten betreibt. Nur Schulte ist Kaufmann, alle anderen Gesellschafter sind Techniker. Als Schulte ausscheidet, besteht das Bedürfnis, einen kaufmännisch ausgebildeten Gesellschafter aufzunehmen. Die verbliebenen Gesellschafter haben das notwendige persönliche Vertrauen zu dem Kaufmann Granatenberg. Dieser möchte in die OHG als Gesellschafter aufgenommen werden.

– Die Gesellschafter sind der Meinung, daß zu den Gesellschaftern, die bereits der OHG angehören, weitere Gesellschafter stoßen sollten, die Kapital, technisches know how oder die Fähigkeit zur Geschäftsführung mitbringen.

Beispiel: Krüger, Mertsch und Rust haben eine OHG gegründet, die ein Reisebüro betreibt. Die drei Gesellschafter haben zwar das notwendige Kapital eingebracht, verstehen jedoch nicht genug vom Touristikgeschäft. Mit der Auswahl der Angestellten haben sie keine glückliche Hand gehabt. Nach zwei Jahren gehen die Geschäfte schlecht. Die Gesellschafter beschließen deshalb, eine weitere Person in die Gesellschaft aufzunehmen, die über Erfahrungen im Touristikgeschäft verfügt und maßgeblich in der Geschäftsführung mitarbeiten soll. Auch hier besteht das Bedürfnis, daß ein neuer Gesellschafter in die OHG aufgenommen wird.

314 Die Aufnahme eines neuen Gesellschafters in die OHG kann sich auf folgende Arten vollziehen:

a) *Durch Eintritt eines neuen Gesellschafters:* Zwischen den bisherigen Gesellschaftern der OHG und dem Gesellschafter, der eintreten will, wird ein entsprechender Vertrag (Aufnahmevertrag) abgeschlossen

(BGHZ 26, 330ff.). Die Gesellschaft hat damit einen neuen Gesellschafter, dem ein entsprechender Anteil am Gesellschaftsvermögen zuwächst. Die Identität der Gesellschaft wird dadurch nicht berührt. Der neue Gesellschafter wird nur durch den Aufnahmevertrag Gesamthandseigentümer des Gesellschaftsvermögens. Besondere Eigentumsübertragungshandlungen, wie etwa Auflassung und Eintragung in das Grundbuch bei einem der OHG gehörenden Grundstück, sind nicht erforderlich. Der neue Gesellschafter haftet zwingend auch für die bereits bestehenden Verbindlichkeiten der Gesellschaft (§ 130 HGB).

b) *Durch Übertragung des Gesellschaftsanteils:* Mit Zustimmung der übri- **315**
gen Gesellschafter kann ein Gesellschafter seinen Anteil an der Gesellschaft durch Verfügungsgeschäft auf eine andere Person übertragen, die an seine Stelle in die Gesellschaft eintritt. Der Erwerber wird in einem solchen Fall der Rechtsnachfolger des ausscheidenden Gesellschafters (BGHZ 44, 229ff.; 81, 82ff.).

Beispiel: Will, Strahlmann und Behnke betreiben in der Rechtsform einer OHG einen Elektrogroßhandel. Da Strahlmann die Zukunftsaussichten des Unternehmens schlecht beurteilt, möchte er seinen Anteil an der Gesellschaft an Karger veräußern. Da eine arbeitsfähige OHG ein Vertrauensverhältnis zwischen den Gesellschaftern voraussetzt, ist die Mitwirkung der Gesellschafter Will und Behnke erforderlich, wenn Karger an Stelle von Strahlmann Gesellschafter werden soll. Strahlmann kann seinen Anteil an der OHG deshalb nur mit Zustimmung der übrigen Gesellschafter auf Karger übertragen.

Nach der herrschenden Meinung ist sogar eine gleichzeitige Aus- **316**
wechselung aller Gesellschafter einer Personenhandelsgesellschaft in der Weise möglich, daß jeder bisherige Gesellschafter seinen Gesellschaftsanteil mit Zustimmung der anderen auf einen Rechtsnachfolger überträgt (BGHZ 44, 229ff.; Hueck, OHG § 27 II).

Bei der Übertragung aller Gesellschaftsanteile auf einen einzigen Erwerber wird dieser im Wege der Gesamtrechtsnachfolge Übernehmer des Gesellschaftsvermögens, wobei die Gesellschaft erlischt. Die Rechtsnachfolge ist die gleiche wie im Fall des § 142 HGB, wonach das Geschäft einer Personenhandelsgesellschaft von einem Gesellschafter ohne Liquidation im Wege der Gesamtrechtsnachfolge mit der Konsequenz übernommen werden kann, daß die Gesellschaft erloschen ist und daß der Übernehmer Vertragspartner und eigentlicher Schuldner der Gesellschaftsgläubiger geworden ist (BGHZ 71, 296, 300; BGH WM 1979, 249).

317 Nicht selten sind Anteile einer Personengesellschaft Gegenstand eines Kaufvertrages, der das Verpflichtungsgeschäft für die Übertragung des Anteils (= Verfügungsgeschäft) bildet (vgl. zu den dabei auftretenden Problemen Hommelhoff, ZGR 1982, 366 ff. mit Nachw.). Auf einen Kaufvertrag oder sonstigen Vertrag, in dem sich jemand verpflichtet, über Mitgliedschaftsrechte (Anteile) an einer Personengesellschaft zu verfügen oder solche zu erwerben, findet nach herrschender Meinung (BGHZ 86, 367 ff.) § 313 BGB auch dann keine Anwendung, wenn Grundstücke einen mehr oder weniger großen Teil des Gesellschaftsvermögens bilden. Der BGH begründet seinen Auffassung damit, daß die nach § 313 BGB vorausgesetzte Verpflichtung, Grundstückseigentum zu veräußern oder zu erwerben, gerade nicht Gegenstand eines Vertrages sei, mit dem sich jemand verpflichte, in eine Personengesellschaft, zu deren Gesellschaftsvermögen das Eigentum an Grundstücken gehört, einzutreten, aus ihr auszuscheiden oder Anteile an ihr zu übertragen oder zu erwerben. Zutreffend wird der Erwerb oder Verlust der (gesamthänderischen) Mitberechtigung an einem Gesellschaftsgrundstück in Fällen dieser Art nur als eine *gesetzliche Folge* des Erwerbs oder des Verlustes der Mitgliedschaft und als die Konsequenz davon angesehen, daß das Gesellschaftsvermögen auch bei einem Mitgliederwechsel stets dem jeweiligen Gesellschafterkreis zugeordnet bleibt. Für rechtsgeschäftliche Verfügungen über das Eigentum an Gegenständen des Gesellschaftsvermögens, wie z.B. Grundstücken, ist kein Raum (so BGHZ 86, 367, 369 f.).

III. Die Fortsetzung der OHG mit den Erben der Gesellschafter

1. Einleitung

318 Im Gesetz ist die Erbfolge in Beteiligungen an Personengesellschaften nicht besonders geregelt. Das Erbrecht des BGB erfaßt die gesamte „Erbschaft" einer Person; besondere Anordnungen für Unternehmen oder die Beteiligung an einem unternehmerisch genutzten Vermögen in Gestalt eines „Unternehmens-Erbrechts" sind nicht getroffen (vgl. H. P. Westermann, JuS 1979, 761). Die damit angesprochene Problematik ist für die vielfach noch in der Rechtsform einer Personengesellschaft betriebenen mittelständischen Unternehmen von großer praktischer Bedeutung.

Nach der gesetzlichen Regelung (§ 131 Ziff. 4 HGB) wird die Gesellschaft mit dem Tode eines der Gesellschafter aufgelöst. Im Gesellschaftsvertrag kann jedoch vereinbart werden, daß die Gesellschaft unter den verbleibenden Gesellschaftern – und nur unter diesen – fortgesetzt werden soll. Der Gesellschaftsvertrag kann aber auch vorsehen, daß die Gesellschaft mit dem Erben, mehreren Erben oder einem von mehreren Erben des Gesellschafters fortgesetzt werden soll. Ob und gegebenenfalls auf welche Art und Weise ein Erbe, mehrere Erben oder einer von ihnen Gesellschafter einer OHG werden kann, wenn ein Gesellschafter (Erblasser) verstorben ist, bestimmt sich nach Erbrecht im Zusammenwirken mit dem Gesellschaftsrecht.

Ob jemand Erbe eines verstorbenen Gesellschafters ist, ist aus- **319**
schließlich nach dem Erbrecht zu bestimmen. Ob der Erbe allerdings Gesellschafter wird oder werden kann, ist in erster Linie nach Gesellschaftsrecht, insbesondere nach der Gestaltung des Gesellschaftsvertrages zu bestimmen. Voraussetzung dafür, daß ein oder mehrere Erben für den durch Tod ausgeschiedenen Gesellschafter in die Gesellschaft nachrücken können, sind also: Erbenstellung und eine entsprechende Fortsetzungs- bzw. Nachfolgeregelung im Gesellschaftsvertrag.

In Rechtsprechung und Literatur herrscht im Grundsatz Übereinstimmung darüber, daß die Erben eines Gesellschafters auf folgende Arten in die Gesellschafterstellung des durch Tod ausgeschiedenen Gesellschafters nachrücken können:

- durch Erbenstellung und kraft Eintrittsklausel im Gesellschaftsvertrag, verbunden mit einer Eintrittserklärung des Erben,
  oder
- kraft Erbenstellung und Nachfolgeklausel im Gesellschaftsvertrag.

2. Die Nachlaßzugehörigkeit des Gesellschaftsanteils

Nach herrschender Meinung (vgl. BGHZ 98, 48, 50ff. mit Nachw. **320**
auf Rechtspr. und Lit. und auch BGHZ 109, 214) gehört der im Wege der Erbfolge auf einen Gesellschafter-Erben übergegangene Gesellschaftsanteil zum Nachlaß. Der Gesellschaftsanteil des Gesellschafters einer Personengesellschaft ist der Inbegriff seiner Rechtsbeziehungen aus dem Gesellschaftsverhältnis zu der Gesellschaft, zu deren Vermögen und zu den übrigen Gesellschaftern (so BGHZ 65, 79, 82),

kurz seine „Mitgliedschaft" (BGHZ 81, 82, 84). Dieser gehört zum Vermögen des Gesellschafters und kann deshalb Gegenstand einer Verfügung unter Lebenden sein (vgl. BGHZ 98, 48, 50). Beim Tode des Gesellschafters richtet sich der Verbleib des Gesellschaftsanteils, der „Mitgliedschaft", nach Erbrecht, falls darüber nicht schon durch den Gesellschaftsvertrag oder sonst durch Rechtsgeschäft unter Lebenden eine Bestimmung getroffen worden ist. Allerdings kann das Erbrecht die Rechte des Erblassers nur so auf dessen Rechtsnachfolger weiterleiten, wie es diese beim Erbfall vorfindet. Nach Ansicht des BGH (BGHZ 98, 48, 50) muß es „das Erbrecht ohne weiteres hinnehmen, wenn ein Recht oder eine Rechtsstellung des Erblassers nicht oder nur beschränkt vererblich ist". Das kann bei einem Gesellschaftsanteil nicht anders sein als bei anderen Rechten, deren Vererblichkeit eingeschränkt ist. An Besonderheiten dieser Art – und das gilt auch für einen Gesellschaftsanteil – kann und darf die erbrechtliche Weiterleitung nur beschränkt vererblicher Rechte und Rechtsgüter nicht scheitern (vgl. BGHZ 98, 48, 50).

321 Da ein Gesellschaftsanteil an einer Personengesellschaft zum Nachlaß gehört, ist es nur konsequent, die Anordnung einer *Testamentsvollstreckung* darüber in der Regel für zulässig zu halten, und zwar unabhängig davon, ob dies im Gesellschaftsvertrag ausdrücklich zugelassen worden ist oder die Mitgesellschafter ihr zustimmen (so BGHZ 98, 48, 57; 108, 187. Zustimmend Marotzke, AcP 187 [1987] 223; E. Schmitz, ZGR 1988, 140). Nach der Rechtsprechung des BGH (BGHZ 108, 187, 195f. mit Nachw.) kann ein Testamentsvollstrecker den Anteil eines *persönlich haftenden Gesellschafters* allerdings nicht verwalten. Begründet wird das damit, daß – abgesehen von den zu berücksichtigenden Belangen der übrigen Gesellschafter – „der Testamentsvollstrecker den Erben ohne dessen Einverständnis nur im Rahmen des Nachlaßvermögens verpflichten kann, ein persönlich haftender Gesellschafter aber notwendigerweise unbeschränkt haftet" (so BGHZ 108, 187, 195; vgl. auch BayObLG WM 1991, 131). Dies gilt nicht für Kommanditisten, die ja gemäß § 171 Abs. 1 HGB nur beschränkt auf ihre Einlage haften und deshalb, soweit diese geleistet ist, für Gesellschaftsverbindlichkeiten nicht persönlich in Anspruch genommen werden können. Infolgedessen bestehen gegen die Zulässigkeit der Testamentsvollstreckung für einen Kommanditanteil – im Gegensatz zu dem eines persönlich haftenden Gesellschafters – keine Bedenken (so BGHZ 108, 187, 195). Der Testamentsvollstreckung unterliegen jedenfalls der künftige Anspruch auf das Auseinandersetzungsguthaben und die Gewinnansprüche (vgl. BGHZ 98, 48, 57; dazu E. Schmitz, ZGR 1988, 140, 159f.).

Die Frage, ob und inwieweit eine vom Erblasser angeordnete Testamentsvoll- **322**
streckung den von ihm hinterlassenen Gesellschaftsanteil erfaßt, war und ist umstritten (vgl. zum Streitstand G. Hueck, Gesellschaftsrecht, § 16 I 4 und Flume, ZHR 151 (1991), 501ff. jeweils mit Nachw.). Erschwert werden das Verständnis und die Klärung der Problematik noch dadurch, daß der für Gesellschaftsrecht zuständige II. Senat des BGH eine andere Linie zu verfolgen scheint als der „Erbrechts-Senat" (IV a-Zivilsenat). Der II. Zivilsenat (BGHZ 91, 132) hat wohl die sogenannte *Abspaltungsthese* übernommen, d.h. er vertritt die Auffassung, daß die Beteiligung an einer Personengesellschaft als solche *nicht* zum Nachlaß gehöre, der künftige Auseinandersetzungsanspruch und der Gewinnanspruch sich als Vermögenswert aber von der Beteiligung abspalten und dem Nachlaß zuzuordnen sind. Demgegenüber vertritt der IV a-Zivilsenat (BGHZ 98, 48ff.; 109, 214ff.), ohne die Abspaltungsthese auch nur zu erwähnen, die Ansicht, der im Wege der Erbfolge auf einen Gesellschaftererben übergegangene Gesellschaftsanteil gehöre zum Nachlaß (vgl. zu alledem Flume, ZHR 155 (1991), 501ff.).

3. Die Eintrittsklausel

Die Eintrittsklausel ist eine Vereinbarung im Gesellschaftsvertrag, **323**
die einer bestimmten Person das Recht einräumt, in die Gesellschaft einzutreten (so Westermann, Rdnr. I 546). Sie wird so interpretiert, daß der Eintretende mit seinem Eintritt eine gegenüber der Mitgliedschaft des durch den Tod ausgeschiedenen Gesellschafters selbständige Mitgliedschaft erwirbt. Dies ist konsequent, wenn man davon ausgeht, daß der zur Nachfolge Berufene erst mit seinem Eintritt Gesellschafter wird.

Die Mitgliedschaft des verstorbenen Gesellschafters kann nicht unmittelbar auf den Nachfolger übergehen, da sie den überlebenden Gesellschaftern zuwächst (so Flume, in: FS Schilling, S. 23, 49). Überwiegend ist man der Ansicht,

- entweder sind aufgrund der Eintrittsklausel im Gesellschaftsvertrag als einem Vertrag zugunsten Dritter die verbliebenen Gesellschafter verpflichtet, den Eintretenden als Mitglied aufzunehmen – die Aufnahme, auf die dem Nachfolger ein Anspruch zusteht, erfolgt dann durch einen zwischen den überlebenden Gesellschaftern und dem Nachfolger abgeschlossenen Aufnahmevertrag (Ulmer, § 139 HGB Anm. 178 ff.; Wiedemann, S. 163) –,
- oder man sieht in der Eintrittsklausel ein bindendes Angebot an den in der Klausel Benannten für dessen Eintritt in die Gesellschaft (Knur, S. 60 ff.).

Wie immer man die Eintrittsklausel auch werten mag, selbst wenn man wie Wiedemann (S. 164) und Flume (in: FS Schilling, S. 23, 50 f.) davon ausgeht, daß die Eintrittsklauseln zugunsten von Erben eng auszulegen sind und in Wirklichkeit den Sinn der Rechtsnachfolge haben sollen, mag diese auch von dem Eintritt abhängig sein, so gilt doch: der Eintritt des Erben in die Gesellschaft erfolgt *nicht ohne seine Mitwirkung;* der oder die Nachfolger müssen ihren Eintritt erklären.

324 Umstritten ist, ob der Gesellschaftsvertrag in einer entsprechenden Klausel vorsehen kann, daß die Mitgliedschaft in einer Gesellschaft *unmittelbar* beim Tode eines Gesellschafters kraft eines Vertrages zugunsten Dritter auf eine andere Person übergehen kann (sogenannte rechtsgeschäftliche Nachfolgeklausel). Bejaht man die Zulässigkeit einer solchen Regelung, so ginge im Gegensatz zur oben dargestellten Eintrittsklausel die Mitgliedschaft in der Gesellschaft ohne Eintrittserklärung des Nachfolgers unmittelbar mit dem Todesfall auf den Nachfolger über; der Übergang der Mitgliedschaft vollzöge sich nicht nach Erbrecht, sondern kraft eines Rechtsgeschäfts unter Lebenden (vgl. Ulmer, ZGR 1972, 195, 212; Brox, Erbrecht, Rdnr. 754). Der BGH sieht in der Zuwendung von Mitgliedschaftsrechten einer Personenhandelsgesellschaft ein „Bündel" von Rechten und Pflichten. Eine Eintrittsklausel der hier erörterten Art betrachtet er deshalb zum einen als eine unzulässige Verfügung zugunsten Dritter. Vor allem handele es sich aber wegen der gesellschaftsrechtlichen Pflichten, die mit der übertragenen Rechtsposition, auch der eines Kommanditisten, verbunden seien, um einen ebenfalls unzulässigen Vertrag zu Lasten Dritter (BGHZ 68, 225, 231 f.).

Rdnr. 324

4. Die Nachfolgeklausel

Sieht der Gesellschaftsvertrag die Fortsetzung der Gesellschaft mit dem Erben des durch Tod ausscheidenden Gesellschafters vor und hat der durch Tod ausscheidende Gesellschafter durch Testament einen Erben bestellt, so wird beim Tode des Gesellschafters der Erbe kraft Erbenstellung und Nachfolgeklausel Mitglied der Gesellschaft an Stelle des verstorbenen Gesellschafters (Flume, in: FS Schilling, S. 23 ff.; Ulmer, ZGR 1972, 195, 197 ff.). **325**

Die erhebliche praktische Bedeutung des Unterschiedes zwischen Eintrittsklausel einerseits und Nachfolgeklausel andererseits zeigt sich u.a. im Übertragungsakt selbst. Im Gegensatz zur Eintrittsklausel ist bei der Nachfolgeklausel die Erbenstellung des Nachfolgers Voraussetzung. Bei der Übereinstimmung von gesellschaftsvertraglicher und erbrechtlicher Nachfolgeregelung tritt der Übergang automatisch ein. Das bedeutet: Der Nachfolger wird ohne sein Zutun Gesellschafter, hat aber, wenn der Erblasser persönlich haftender Gesellschafter war, gemäß § 139 HGB das Recht zu wählen, ob er in die Stellung des Erblassers einrücken oder Kommanditist werden will. Entscheidet sich der Erbe für die Kommanditistenstellung, so wird aus der OHG eine Kommanditgesellschaft, falls die übrigen Gesellschafter einen entsprechenden Antrag des Erben annehmen (§ 139 HGB).

Schwierigkeiten bereitet die rechtsdogmatische Bewältigung der Nachfolge bei mehreren Erben, wenn der Gesellschaftsvertrag eine Nachfolgeklausel vorsieht und die Nachfolge nicht eines, sondern aller Erben zuläßt. Überwiegend wird heute die Einzelnachfolge unter Durchbrechung des Prinzips der gesamthänderischen Erbennachfolge anerkannt, nachdem das Reichsgericht (RGZ 16, 40, 56 ff.) diese Lösung bereits in einer Grundsatzentscheidung aus dem Jahre 1886 akzeptiert hatte und der BGH (BGHZ 22, 186 ff.) sie übernommen und später wiederholt hat (BGHZ 68, 225, 237; 98, 48; 101, 123). Die rechtliche Begründung für die Annahme einer Einzelnachfolge in die Gesellschafterstellung des Verstorbenen sieht der BGH im wesentlichen darin, daß die rein erbrechtliche Regelung sich nicht mit den gesellschaftsrechtlichen Gegebenheiten bei einer Personenhan- **326** delsgesellschaft vertrage, weil diese in der Regel eine persönlichkeitsbezogene Arbeits- und Haftungsgemeinschaft darstelle, bei der eine Erbengemeinschaft ihrer Natur nach nicht Mitglied sein könne. Im übrigen hat der BGH (BGHZ 98, 48, 50) mit Recht betont, daß das Erbrecht die Rechte des Erblassers nur so auf dessen Rechtsnachfolger weiterleiten könne, wie es sie beim Erbfall vorfindet (vgl. oben Rdnr. 320).

5. Die qualifizierte Nachfolgeklausel

327 Von einer qualifizierten Nachfolgeklausel bzw. Nachfolgeregelung spricht man im Unterschied zur einfachen Nachfolgeregelung dann, wenn der Anteil des verstorbenen Gesellschafters nicht auf alle Erben, sondern auf einen einzelnen oder einen Teil der Erben übergehen soll.

Nach der früher vom BGH (BGHZ 22, 186 ff.) vertretenen Ansicht sollte in Fällen dieser Art der Anteil des verstorbenen Gesellschafters zwar unmittelbar auf den oder die begünstigten Erben übergehen, jedoch nur in Höhe von deren Erbquote; der Rest des Anteils sollte den übrigen, überlebenden Gesellschaftern anwachsen, die allerdings u. U. verpflichtet sein sollten, die ihnen so zugewachsenen Anteile an die Erben, die dem Verstorbenen in die Gesellschaft nachfolgen, zu übertragen. Diese Ansicht des BGH ist in der Literatur auf einhellige Ablehnung gestoßen (siehe dazu Eisenhardt, MDR 1969, 521 ff. und die Übersicht bei Ulmer, ZGR 1972, 195, 205 ff.). Stattdessen hat man sich in der Literatur mit unterschiedlichen dogmatischen Begründungen überwiegend für die unmittelbare Vollnachfolge des oder der durch die qualifizierte Nachfolgeklausel begünstigten Gesellschaftererben ausgesprochen (vgl. dazu Ulmer, ZGR 1972, 195 205 ff. u. H. P. Westermann, JuS 1979, 761, 765 ff.).

Die Frage, ob bei der qualifizierten Nachfolgeregelung dem Erben sofort der gesamte Anteil oder nur ein der Erbquote entsprechender Teil zufällt, gewinnt in der Zeitspanne, in der die übrigen Gesellschafter den Zuwachs noch nicht auf den Erben übertragen haben, an erheblicher praktischer Bedeutung, so etwa dann, wenn der Gesellschaftsvertrag das Stimmrecht nach Kapitalbeträgen vorsieht.

Rdnr. 327

Der BGH (BGHZ 68, 225, 237 f.; 98, 48; 101, 122, 125; 108, 187) hat sich schließlich der herrschenden Meinung in der Literatur angeschlossen. Der BGH vertritt nun zu Recht die Meinung, daß zwingende erbrechtliche Grundsätze einer unmittelbaren Vollnachfolge mehrerer Erben in die Gesellschafterstellung des durch Tod ausgeschiedenen Gesellschafters nicht entgegenstehen. Nach richtiger Ansicht bedeutet die Erbquote, die das Recht des einzelnen Erben umreißt, keine gegenständliche Begrenzung seines Erwerbs im Hinblick auf den Gesellschaftsanteil; sie bestimmt lediglich den Anteil am Wert des Gesamtnachlasses, der ihm im Endergebnis zufließen soll. Die Erbquote behält die volle, ihr nach Erbrecht zukommende Bedeutung für die Ansprüche der Miterben untereinander – einschließlich der Gesellschaftererben – auf Wertausgleich. 328

Um die dogmatische Begründung für dieses Ergebnis ist viel gestritten worden. Daß der Gesellschaftsvertrag die Vererblichkeit eines Gesellschaftsanteils begründen (§ 131 Nr. 4 HGB) oder ausschließen kann und daß – die Gesellschaft betreffend – nicht mehr vererbt werden kann, als der Gesellschaftsvertrag vorsieht, ist unbestritten. Wenn aber der Gesellschaftsvertrag erst einmal die Voraussetzungen für die Vererblichkeit eines Gesellschaftsanteils schaffen muß, ist davon auszugehen, daß der Gesellschaftsvertrag auch festlegen kann, in welchem Umfang ein Gesellschaftsanteil auf die oder den für den Erblasser in die Gesellschaft einrückenden Erben übergehen soll. Wenn auch das Gesellschaftsrecht und der auf diesem beruhende Gesellschaftsvertrag lediglich die Voraussetzungen für die Vererblichkeit eines Anteils an einer Personengesellschaft schafft und der eigentliche Erwerbsvorgang auf erbrechtlichen Regelungen beruht, darf das nicht dazu führen, daß man das Schwergewicht auf das Erbrecht legt (siehe dazu ausführlich Eisenhardt, MDR 1969, 521, 523). Den Schlüssel zum Verständnis der außerordentlich schwierigen Problematik liefert die richtige Kombination gesellschaftsvertraglicher und erbrechtlicher Elemente in der Nachfolgeregelung. Mit Recht betont H.P. Westermann (JuS 1979, 761, 766 f.), daß die nun von der Rechtsprechung für zulässig angesehene Nachfolgeregelung (auch als Sondererbfolge bezeichnet) auf einer echten Rechtsfortbildung beruht, die letztlich nur möglich ist, „wenn das Unbehagen an den Be- 329 gründungsmängeln überwunden und offengelegt wird, daß die Notwendigkeiten des zu regelnden Tatsachenkomplexes eine solche Entwicklung erzwingen".

6. Letztwillige Gesellschaftsgründungsklauseln

330 Der Gesetzgeber hat es weitgehend versäumt, die für die Unternehmensnachfolge so wesentlichen Bereiche des Erbrechts und des Gesellschaftsrechts aufeinander abzustimmen. Die Nachfolgeplanung für ein Unternehmen kann von einer ganzen Reihe von Faktoren abhängen. Sie ist nicht selten verknüpft mit der Problematik der Wahl der „richtigen" Unternehmensform. Dabei können neben erb- und familienrechtlichen sowie handels- und gesellschaftsrechtlichen Aspekten Fragen der Besteuerung und des Arbeitsrechts, insbesondere die Mitbestimmungsproblematik, sowie betriebswirtschaftliche Gesichtspunkte berücksichtigenswert sein. Vor allem bei der Nachfolgeplanung für ein Einzelunternehmen hat sich deshalb häufig das praktische Bedürfnis ergeben, sog. Gesellschaftsgründungsklauseln in die letztwilligen Verfügungen eines Einzelunternehmers aufzunehmen. Eine letztwillige Gesellschaftsgründungsklausel in diesem Sinne ist die in der letztwilligen Verfügung eines Erblassers enthaltene Anordnung, durch die dieser seinen Erben aufgibt, nach seinem Tode eine Gesellschaft zu gründen, die Trägerin seines Unternehmens werden soll (vgl. dazu ausführlich Strothmann).

331 Die Geltung des numerus clausus der Anordnungstypen im Erbrecht sowie der Typenzwang im Recht der Verfügung von Todes wegen begrenzen von vornherein die Möglichkeiten des Erblassers, regelnd in das Rechtsverhältnis der Miterben einzugreifen, da diese mit dem Erbfall kraft Gesetzes eine Miterbengemeinschaft gem. §§ 2032 ff. BGB bilden. Da gesetzliche Ermächtigungsnormen fehlen, sind Anordnungen des Erblassers, die auf eine unmittelbare Abänderung des Rechtsverhältnisses der Miterben hinzielen, unzulässig. Deshalb kann der Erblasser mit dem Erbfall eine Gesellschaft unter den Erben nicht entstehen lassen. Der Erblasser kann lediglich, soweit die vom Gesetz allgemein zur Verfügung gestellten Anordnungstypen dies zulassen, die Erben dazu anhalten, die von ihm gewünschten Änderungen – also z.B. die Gründung einer Gesellschaft – herbeizuführen (vgl. Strothmann, S. 14).

Eine Gesellschaftsgründungsklausel, die den einzelnen Erben eine unbedingte Verpflichtung zur Gründung einer Gesellschaft auferlegt, ist rechtlich als Verbindung einer Auflage mit einer Teilungsanordnung sowie unter Umständen mit einzelnen Vorausvermächtnissen zu charakterisieren. Der Erblasser kann die von ihm durch die Gesellschaftsgründungsklausel zum Ausdruck gebrachte gewünschte Gründung und Ausgestaltung der Gesellschaft durch die Einfügung einer auflösenden Bedingung in die Erbeinsetzung absichern (vgl. Strothmann, S. 37f. Zum Problem der Grenzen der Gestaltungsfreiheit ausführlich derselbe, S. 72ff.).

7. Zusammenfassung

Es bleibt also festzuhalten: **332**

- Der Gesellschaftsvertrag kann nicht nur die grundsätzliche Vererblichkeit eines Gesellschaftsanteils bestimmen, sondern zugleich den Umfang der Vererblichkeit festlegen, indem er z.B. vorschreibt, daß der Gesellschaftsanteil eines verstorbenen Gesellschafters voll auf die im Wege der Sondererbfolge in die Gesellschaft einrückenden Miterben übergehen soll;
- der eigentliche Erwerb des Anteils, d.h. der Übergang vom Erblasser auf die gesellschafterfähigen Erben, vollzieht sich nach Erbrecht;
- bei der Aufteilung des Gesellschaftsanteils zwischen mehreren gesellschafterfähigen Erben ist das Verhältnis ihrer quotenmäßigen Beteiligung an der gesamten Erbmasse zu berücksichtigen. Das bedeutet: Sollen z.B. nach dem Gesellschaftsvertrag von drei vorhandenen Erben nur zwei in die Gesellschaft einrücken können und sind die Erben im Testament zu je einem Drittel bedacht, so erhalten die beiden gesellschafterfähigen Erben kraft Sondererbfolge je die Hälfte des Gesellschaftsanteils, sofern der Gesellschaftsvertrag nicht etwas anderes vorsieht (siehe Eisenhardt, MDR 1969, 521, 524).

8. Der Umfang des Übergangs von Gesellschafterrechten und Gesellschafterpflichten

333 Bei einer Nachfolgeklausel hat der Erbe mit dem Tode des Erblassers, bei der Eintrittsklausel mit der Eintrittserklärung in eine OHG gründsätzlich *alle* Rechte und Pflichten eines Gesellschafters. Geschäftsführungs- und Vertretungspflicht sind bei einer OHG wesentliche Bestandteile der Teilhaberschaft. Wenn der Gesellschaftsvertrag keine abweichende Regelung enthält, gehen sie grundsätzlich auf den Erben über (Fischer, BB 1956, 839 ff.; Hueck, OHG , § 28 II; Rokas, S. 47 ff.). Hinsichtlich der Frage, ob der Erbe die gleiche Stellung einnimmt, die der ausgeschiedene Gesellschafter in der Gesellschaft innehatte, ist man in Literatur und Rechtsprechung übereinstimmend der Meinung, daß sich die Stellung der Erben, wie die des Erblassers auch, in erster Linie aus dem Gesellschaftsvertrag ergibt (Fischer, BB 1956, 839 ff.; BGH DB 1958, 1417 f.). Es wird allerdings nicht deutlich genug betont, daß dann, wenn der Gesellschaftsvertrag die Stellung der Erben nicht klar definiert – er enthält häufig nur die einfache Fortsetzungsklausel, weil zu dem Zeitpunkt der Vereinbarung aus verschiedenen Gründen oft noch keine Bestimmung über die Zukunft der Nachfolge getroffen werden kann –, letztlich durch Auslegung des Vertrages ermittelt werden muß, welche Position der Nachfolger einnehmen soll (Eisenhardt, JuS 1975, 413, 418). Schwierigkeiten können entstehen, wenn zu bestimmen ist, auf welche Anhaltspunkte im Gesellschaftsvertrag die Auslegung gestützt werden muß. Dabei ist darauf zu achten, daß die Grenze der Auslegung dort erreicht ist, wo die gesuchte Antwort nicht mehr aus dem Zweck und dem Sinnzusammenhang der vertraglichen Regelung gefunden werden kann.

Probleme treten schon auf, wenn im Hinblick auf die Geschäftsführungs- und Vertretungsbefugnis nicht alle Gesellschafter gleichgestellt sind und der Gesellschaftsvertrag keine ausdrückliche Regelung über die Stellung des Gesellschaftererben enthält. Hier darf als Regel gelten, daß der Erbe grundsätzlich in die Stellung des Erblassers einrückt (Fischer, BB 1956, 839, 840; Hueck, OHG, § 28 II; Wiedemann, S. 73 ff.). Bestand also für den Erblasser in der OHG eine Pflicht zur

Geschäftsführung, so obliegt sie auch dem Erben. Hatte der Erblasser Einzelvertretungsmacht, ist auch der Erbe allein vertretungsberechtigt.

Mit Recht ist der BGH (DB 1958, 1417 f.) der Auffassung entgegen- **334** getreten, daß bei einer OHG schon jede von den gesetzlichen Vorschriften abweichende Regelung, die der Gesellschaftsvertrag im Hinblick auf die Geschäftsführungs- und Vertretungsmacht trifft, dazu nötige, den höchstpersönlichen Charakter der Geschäftsführungs- und Vertretungsbefugnis anzuerkennen, und diese Befugnisse deshalb nicht auf die Erben übergehen zu lassen (so u.a. Weipert in RGRK, § 139 HGB Anm. 21). Die vom BGH kritisierte Meinung läßt außer acht, daß in einer OHG grundsätzlich jeder Gesellschafter, also auch ein Erbe, der an die Stelle des Erblassers in die Gesellschaft eintritt, zur Geschäftsführung und Vertretung in der Gesellschaft berechtigt und verpflichtet ist (so auch Fischer, BB 1956, 839, 840 und Rokas, S. 49). Nur wenn greifbare Anhaltspunkte dafür vorliegen, daß die Geschäftsführungs- und Vertretungsbefugnis nach der Regelung in dem Gesellschaftsvertrag allein bestimmten Personen vorbehalten sein soll, kann daraus geschlossen werden, daß aus diesem Grunde den Erben diese Befugnis abweichend von dem gesetzlichen Regelfall nicht zustehen soll (so Fischer, BB 1956, 839, 840; ihm folgend BGH DB 1958, 1417 f.). Bei richtiger Auslegung des Gesellschaftsvertrages kann dem Erben die Geschäftsführungs- und Vertretungsbefugnis in einer OHG nur abgesprochen werden, wenn nach der Gestaltung der Verhältnisse im Einzelfall für diese Befugnisse nicht schon allein die Stellung als Gesellschafter ausreichen soll, sondern noch weitere, persönliche oder sonstige Voraussetzungen erfüllt sein müssen (Fischer, a.a.O.; Wiedemann, S. 75).

IV. Die Abfindung des ausscheidenden Gesellschafters

Gemäß § 105 Abs. 2 HGB i. Vb. m. § 738 Abs. 1 S. 1 BGB sind die **335** Gesellschafter, die in der OHG verbleiben, verpflichtet, dem Ausscheidenden dasjenige zu zahlen, was er bei der Auseinandersetzung erhalten würde, wenn die Gesellschaft zur Zeit seines Ausscheidens aufgelöst worden wäre (siehe oben Rdnr. 311). Der ausscheidende Gesellschafter hat einen Anspruch auf das sog. *Abfindungsguthaben,* das gemäß § 155 Abs. 1 HGB und § 738 BGB zu berechnen ist. Diese gesetzliche Regelung ist allerdings nicht zwingend. Die Gesellschafter können im Gesellschaftsvertrag eine davon abweichende Vereinbarung treffen. Solche Vereinbarungen werden häufig als *Abfindungsklauseln* bezeichnet. Diesen wird in der Regel aus folgenden Gründen der Vorzug vor den gesetzlichen Vorschriften gegeben: Ein Abfindungsguthaben, das anhand des wahren Wertes des Gesellschaftsvermögens ermittelt und ausgezahlt werden muß, verringert meist nicht nur die Kapitalbasis des Unternehmens, es beeinträchtigt auch die Liquidität. Mit den entsprechend abgefaßten Abfindungsklauseln wird nicht nur der Zweck verfolgt, die auszuzahlenden Geldbeträge zu verringern; sie sind zugleich ein „Instrument der Disziplinierung" (so Kübler, § 7 VIII 2 c), mit dem davor abgeschreckt werden soll, daß es überhaupt zum Ausscheiden von Gesellschaftern kommt.

336 Vielfach wird in Gesellschaftsverträgen die *Abfindung zum Buchwert* vereinbart. In einem solchen Fall wird der Wert des Gesellschaftsvermögens – und der Wert des Anteils des ausscheidenden Gesellschafters daran – anhand der letzten Jahresbilanz ermittelt, so daß die durch steuerliche Abschreibungen oder durch andere Umstände gebildeten stillen Reserven nicht erfaßt werden. Um die Kapitalbasis des Unternehmens zu schonen und seine Liquidität zu sichern, wird die entsprechende Forderung auf Auszahlung des Abfindungsguthabens häufig in der Weise gestundet, daß der zu zahlende Betrag nicht sofort, sondern auf mehrere Jahre gestreckt in Raten zu leisten ist. Unbestritten ist, daß Abfindungsklauseln nicht uneingeschränkt zulässig sind. Gestritten wird allerdings über die Grenzen der Zulässigkeit. Der BGH (BGHZ 65, 22, 27 ff.) hat in einer grundlegenden Entscheidung aus dem Jahre 1975 festgestellt, daß er Abfindungsklauseln, die das Recht eines ausscheidenden Gesellschafters auf Auszahlung des Wertes seiner Beteiligung jedenfalls dahin begrenzen, daß der Geschäftswert außer Ansatz bleibt, grundsätzlich für zulässig erachtet. Er sieht Sinn und Zweck solcher Beschränkungen darin, vor allem das Gesellschaftsunternehmen zu erhalten, dessen Bestand durch den Zwang zu einer nicht langfristig vorausgeplanten Ausschüttung des vollen Beteiligungswertes – unter Einschluß des good will – gefährdet werden könnte; daneben hätten solche Klauseln den „vernünftigen Sinn, die Berechnung des Abfindungsguthabens zu vereinfachen, so daß schwierige und zeitraubende Auseinandersetzungen, z. B. über Vorhandensein und Höhe eines Geschäftswertes, u. U. auch das hierzu nötige Ausbreiten von Geschäftsgeheimnissen vermieden werden". In einer anderen maßgeblichen Entscheidung hat der BGH (WM 1978, 1044 f. = GmbHRdsch 1978, 266) noch einmal darauf hingewiesen, daß Klauseln, die von der

Vorschrift des § 738 Abs.1 S.2 BGB abweichen und die dem ausscheidenden Gesellschafter den Firmenwert und die stillen Reserven vorenthalten, grundsätzlich als zulässig anzusehen sind. Der BGH hat bei dieser Gelegenheit aber auch betont, dies könne nicht ohne weiteres für den Fall gelten, daß ein Gesellschafter ohne wichtigen Grund nach freiem Ermessen der Gesellschaftermehrheit oder gar eines einzelnen Gesellschafters ausgeschlossen wird; insoweit seien an gesellschaftsvertragliche Abfindungsklauseln strengere Anforderungen zu stellen. Der BGH fordert für diese Fälle einen „rechtlich vertretbaren Interessenausgleich zwischen dem Ausscheidenden und den in der Gesellschaft Verbleibenden", der unter den beschriebenen Umständen im Regelfall nur dann als gegeben angesehen werden könne, wenn dem ausscheidenden Gesellschafter eine „angemessene" Abfindung zugebilligt werde. Der BGH stellt fest, unter welchen Voraussetzungen eine Abfindungsklausel als „angemessen" anzusehen sei, könne nicht allgemein beantwortet werden. Wenn keine besonderen Umstände vorlägen, so sei eine Abfindungsklausel grundsätzlich nur dann als angemessen anzusehen, „wenn die Abfindungsregelung so gestaltet ist, daß sie im Kern der gesetzlichen Regelung entspricht und im wesentlichen zur Abgeltung des vollen Wertes des Geschäftsanteils führt" (so BGH WM 1978, 1045). Nach Ansicht des BGH führen Regelungen, die von diesen Grundsätzen zum Nachteil der von der Ausschließung ohne wichtigen Grund betroffenen Gesellschafter abweichen, zu einer Bereicherung der bevorzugten Gesellschafter und begründen damit einen besonderen Anreiz und die Gefahr, daß die Mehrheit der Gesellschafter von ihrem Ausschließungsrecht aus sachfremden Erwägungen und auch willkürlich Gebrauch macht. Der BGH sieht im Regelfall deshalb eine Beschränkung des Abfindungsanspruchs, die zur Folge hat, daß dieser erheblich hinter dem Wert des Anteils zurückbleibt, grundsätzlich als rechtlich unzulässig an, und zwar gemäß § 138 BGB.

In zwei weiteren Entscheidungen hat der BGH (WM 1984, 1506 und WM 337
1989, 878) nachhaltig betont, daß eine Buchwertklausel zwar grundsätzlich zulässig sei, aber jedenfalls dann als unzulässig angesehen werden müsse, „wenn sie aufgrund wirtschaftlich nachteiliger Folgen, insbesondere wegen eines erheblichen Mißverhältnisses zwischen Buchwert und wirklichem Wert, die Freiheit des Gesellschafters, sich zu einer Kündigung zu entschließen, unvertretbar einengt" (vgl. noch die Entscheidung BGH NJW 1989, 2685 ff.). In dem Urteil vom 17.4. 1989 (MDR 1989, 886 f. = WM 1989, 878) betont der BGH noch einmal nachdrücklich, daß es entscheidend darauf ankomme, ob eine „Abfindungsklausel typischerweise geeignet ist, den kündigungswilligen Gesellschafter in seiner Entschlußfreiheit zu beeinträchtigen" (zur Problematik siehe u.a. Grunewald, S.158 f. u. K. Schmidt, Gesellschaftsrecht, § 50 IV 2).

In seiner neueren Rechtsprechung hat der BGH (BGHZ 123, 281 ff.) zur 338
Frage der Wirksamkeit der in Gesellschaftsverträgen von Personengesellschaften vereinbarten Buchwertklauseln eine Wende vollzogen. Lange Zeit hatte der BGH (vgl. BGHZ 17, 130, 136) die Auffassung vertreten, daß eine wirksam vereinbarte Buchwertklausel unter Umgehungsgesichtspunkten gegen die Kün-

digungsbestimmungen der § 723 Abs. 3 BGB, § 133 Abs. 3 HGB verstößt und *nachträglich* nichtig wird, wenn im Zeitpunkt des Austritts eines Gesellschafters ein erhebliches oder auffälliges Mißverhältnis zwischen dem Buchwert und dem wirklichen Anteilswert besteht. Allerdings konnte der Ausgeschiedene nicht die gesetzliche Abfindung gemäß § 738 BGB und damit den vollen Wert seiner Beteiligung verlangen, da die nichtige Buchwerklausel nach den Grundsätzen der ergänzenden Vertragsauslegung gemäß § 157 BGB mit einem zulässigen Inhalt aufrechterhalten wurde (vgl. u. a. BGH WM 1984, 1506 u. BGHZ 116, 359, 369 für die GmbH; zur Problematik jetzt G. Müller, ZIP 1995, 1561 ff.).

339 Davon abweichend hat der BGH (BGHZ 123, 281 ff.) jetzt entschieden, daß eine Buchwertklausel, die eine unter dem wirklichen Anteilswert liegende Abfindung vorsieht, nicht deswegen unwirksam sei, weil sie infolge eines im Laufe der Zeit eingetretenen groben Mißverhältnisses zwischen dem Betrag, der sich aufgrund der vertraglichen Vereinbarung ergibt, und dem wirklichen Wert geeignet ist, das Kündigungsrecht des Gesellschafters in tatsächlicher Hinsicht zu beeinträchtigen. Der in der Literatur geäußerten Kritik an der bisherigen Rechtsprechung folgend (vgl. u. a. K. Schmidt, Gesellschaftsrecht, § 50 IV 2 c cc mit Hinweisen) ist der BGH (BGHZ 123, 281, 283 f.) nun auch der Meinung, daß eine Abfindungsvereinbarung nicht je nach der Entwicklung des Verhältnisses zwischen Buch- und tatsächlichem Anteilswert zu verschiedenen Zeitpunkten wirksam oder unwirksam sein kann; eine ursprünglich wirksame, zunächst weder nach § 138 BGB zu beanstandende noch das Kündigungsrecht der Gesellschafter entgegen § 723 Abs. 3 BGB faktisch beeinträchtigende Abfindungsklausel wird nicht dadurch nichtig, daß sich – insbesondere bei wirtschaftlich erfolgreichen Unternehmen – Abfindungsanspruch und tatsächlicher Anteilswert im Laufe der Jahre immer weiter voneinander entfernen. Die vertragliche Regelung als solche bleibt wirksam. Es stellt sich dann allerdings die Frage, welchen Inhalt diese Klausel nun unter Berücksichtigung der Grundsätze von Treu und Glauben hat und ob sie gegebenenfalls im Hinblick auf die veränderten Verhältnisse zu ergänzen ist. Der BGH (BGHZ 123, 281, 286) will diese geltungserhaltende Reduktion im Wege der ergänzenden Vertragsauslegung vornehmen, indem „die Grundzüge des konkreten Vertrages zu Ende gedacht" werden; dabei sollen in erster Linie Anhaltspunkte herangezogen werden, die sich dem übrigen Vertragsinhalt und den sonstigen im Zeitpunkt des Vertragsschlusses gegebenen Umständen entnehmen und die auf den tatsächlichen Willen der Parteien schließen lassen. Der BGH (BGHZ 123, 282, 287) läßt ausdrücklich offen, ob es seiner Meinung nach Fallgestaltungen geben kann, in denen durch eine ergänzende Vertragsauslegung kein befriedigendes Ergebnis zu erzielen ist und in denen sodann die Anwendung der Grundsätze über den Wegfall der Geschäftsgrundlage in Betracht kommen kann. Diese Entscheidung des BGH ist auf z. T. berechtigte Kritik gestoßen. Methodisch berechtigte Kritik äußert G. Müller (ZIP 1995, 1561, 1569) insofern, als er darauf hinweist, daß es sich in dem konkret entschiedenen Fall nicht um eine Lückenproblematik gehandelt habe, die im Wege der ergänzenden Vertragsauslegung zu lösen gewesen wäre; vielmehr handele es sich um Fälle der nachträglichen Nichtigkeit rechtsgeschäftlicher Vereinbarungen, die nicht mit der ergänzenden Vertragsauslegung einer Lösung zugeführt werden könnten (zur Methodenkritik siehe auch Dauner-Lieb, ZHR 158 [1994], 271, 277 f. u. 283 ff.).

Die Bewertung eines Unternehmens und die Ermittlung einer angemessenen Abfindung unter Beachtung der oben genannten Grundsätze werfen eine Reihe schwieriger Probleme auf. Für die Bewertung können verschiedene Methoden angewandt werden (vgl. dazu Großfeld, AG 1988, 217 ff.). Eine Vereinbarung im Gesellschaftsvertrag darüber, welche Methode bei der Berechnung einer Abfindung angewandt werden soll, ist häufig empfehlenswert. **340**

Bei der qualifizierten Nachfolgeklausel (vgl. oben Rdnr. 327 ff.) erhalten die nicht in die Gesellschaft nachrückenden Erben keinen Abfindungsanspruch gegen die Gesellschaft. Damit ist noch nichts darüber gesagt, ob und gegebenenfalls welche Ausgleichsansprüche die Erben, die nicht Gesellschafter werden, gegen den oder die in die Gesellschaft nachrückenden Miterben haben können.

§ 16. Die fehlerhafte Gesellschaft

Schrifttum: Habscheid, Faktische Gesellschaften?, BB 1955, 50 ff.; Haupt, Über faktische Vertragsverhältnisse, 1941; Hueck, OHG , § 7; Kuhn, Das Problem der Gründungs- und Beitrittsmängel bei Personalgesellschaften, JR 1951, 513 ff.; K. Schmidt, „Fehlerhafte Gesellschaft" und allgemeines Verbandsrecht, AcP 186 (1986), 421 ff.; Simitis, Die faktischen Vertragsverhältnisse, 1957; MünchKomm-Ulmer, § 705 Rdnr. 243 ff.

I. Die Fragestellung

Bei der Gründung einer Gesellschaft oder bei dem Eintritt einer Person in eine bestehende Gesellschaft können Fehler rechtlicher Art geschehen. Man spricht dann von einer fehlerhaften Gründung oder dem fehlerhaften Beitritt zu einer Gesellschaft. Es stellt sich in Fällen dieser Art die Frage, ob die allgemeinen Grundsätze des Zivilrechts über die Nichtigkeit und die Anfechtbarkeit von Rechtsgeschäften auch auf die Willenserklärungen anzuwenden sind, die zur Gründung einer Gesellschaft führen oder den Eintritt eines Gesellschafters in eine bestehende Gesellschaft bewirken sollen. Die Fragestellung bezieht **341** sich also auf die Wirkung fehlerhafter Erklärungen, wenn auf ihrer Grundlage Rechtsverhältnisse in Vollzug gesetzt worden sind. Bei den Kapitalgesellschaften gewinnt diese Frage nicht in demselben Maße an Bedeutung wie bei den Personengesellschaften, weil das Gesetz eine Regelung getroffen hat. Wenn z.B. die Satzung einer Aktiengesellschaft oder GmbH nicht den vom Gesetz vorgeschriebenen Mindesterfordernissen entspricht, ist die Gesellschaft nicht ohne weiteres nichtig; sie kann vielmehr nur durch eine besondere Klage mit exnunc-Wirkung für nichtig erklärt werden und damit in das Stadium der Liquidation gelangen (vgl. für die Aktiengesellschaft §§ 275 ff. AktG). Für die Personengesellschaften gibt es keine gesetzliche Regelung. Deshalb muß geklärt werden, inwieweit die allgemeinen Regelungen des bürgerlichen Rechts auf die Personengesellschaften Anwendung finden.

342 Zu überlegen ist insbesondere, inwieweit die Nichtigkeits- und Anfechtungsfolgen der allgemeinen Regelungen des bürgerlichen Rechts auf die Personengesellschaften, insbesondere die Handelsgesellschaften, Anwendung finden können. Dabei ist zu unterscheiden zwischen

- dem Verhältnis der Gesellschaft und der Gesellschafter zu Dritten, die mit der nach außen aufgetretenen Gesellschaft in Kontakt gelangt sind, und
- der Frage, wie sich etwaige Nichtigkeits- und Anfechtungsgründe auf das Verhältnis der Gesellschafter untereinander, das sogenannte Innenverhältnis, auswirken.

343 Als Nichtigkeitstatbestände, die zur Fehlerhaftigkeit des Gesellschaftsvertrages führen können, kommen u. a. in Betracht:

- die Anfechtungstatbestände der §§ 119 und 123 BGB,
- die Verletzung gesetzlich vorgeschriebener Formvorschriften, wie z.B. § 313 BGB mit der Folge aus § 125 BGB,
- § 138 BGB, soweit diese Vorschrift zum Schutze eines der Vertragschließenden dient (RG DR 1943, 1221 ff.),
- der versteckte Dissens (BGHZ 3, 285 ff.),
- die fehlende Geschäftsfähigkeit einer oder mehrerer Personen, die sich am Abschluß des Gesellschaftsvertrages beteiligt haben (BGH WM 1983, 305).

Die Entwicklung der Rechtssätze über die fehlerhafte Gesellschaft stellt ein Musterbeispiel richterlicher Rechtsfortbildung dar, bei der der tragende Gedanke der „Bestandsschutz der Unternehmens- und Gesellschaftsorganisation im Interesse der gesellschaftsrechtlichen Bezugsgruppen" war (Wiedemann, Bd. I, § 3 I 2 a).

II. Die Voraussetzungen, bei deren Vorliegen von einer fehlerhaften Gesellschaft gesprochen werden kann

Von einem *fehlerhaften Gesellschaftsvertrag* spricht man, wenn 344
- ein Gesellschaftsvertrag fehlerhaft abgeschlossen oder ein bereits abgeschlossener Gesellschaftsvertrag fehlerhaft abgeändert worden ist *und*
- die Gesellschaft bereits in Vollzug gesetzt worden ist.

1. Der Abschluß eines fehlerhaften Gesellschaftsvertrages oder die fehlerhafte Abänderung eines bereits bestehenden Gesellschaftsvertrages

Von einer fehlerhaften Gesellschaft kann nur gesprochen werden, 345
wenn die Gesellschafter ausdrücklich oder stillschweigend einen mit Fehlern behafteten Gesellschaftsvertrag abgeschlossen haben, weil auch die fehlerhafte Gesellschaft eine Zweckgemeinschaft ist, die einer vertraglichen Grundlage bedarf (vgl. zur Problematik Ulmer in Großkomm. HGB, § 105 Rdnr. 127 ff.). Nach herrschender Meinung (vgl. u. a. BGHZ 55, 5, 8; BGH WM 1983, 305) passen die Nichtigkeits- und Anfechtungsfolgen des bürgerlichen Rechts wegen ihrer Rückwirkung auf den Abschluß des Rechtsgeschäfts im allgemeinen für Gesellschaftsverträge nicht. Die Anwendung der Vorschriften des BGB über die rückwirkende Kraft der Nichtigkeit auf Gesellschaftsverträge würde zu unerträglichen Ergebnissen führen und mit dem recht verstandenen Zweck jener Vorschriften nicht mehr vereinbar sein. Auch durch die mit Fehlern behaftete Gründung einer Gesellschaft ist eine auf Dauer angelegte und tatsächlich vollzogene Lei-

stungsgemeinschaft entstanden, für die die daran Beteiligten Beiträge erbracht und Werte geschaffen, Gewinnchancen genutzt und vor allem gemeinschaftlich das Risiko getragen haben. Eine solche verwirklichte Leistungsgemeinschaft verdient bis zu dem Zeitpunkt, in dem der Anfechtungs- und Nichtigkeitsgrund geltend gemacht wird, Bestandsschutz, sofern nicht „ausnahmsweise die rechtliche Anerkennung des von den Parteien gewollten und tatsächlich vorhandenen Zustands aus gewichtigen Belangen der Allgemeinheit oder bestimmter besonders schutzwürdiger Personen unvertretbar ist" (so BGHZ 55, 5, 8). Aus diesen Überlegungen heraus gehört der Grundsatz, daß eine fehlerhafte Gesellschaft regelmäßig nicht von Anfang an nichtig, sondern wegen des Nichtigkeits- und Anfechtungsgrundes nur mit Wirkung für die Zukunft vernichtet werden kann, inzwischen zum gesicherten Bestand des Gesellschaftsrechts.

346 Im Schrifttum (Haupt und in neuerer Zeit noch Habscheid und Simitis) wird die Meinung vertreten, die Tatsache der Betätigung auch ohne rechtsgeschäftliche Grundlage, d.h. ohne Abschluß eines Gesellschaftsvertrages, begründe ein faktisches Vertragsverhältnis, eine *faktische Gesellschaft,* die gleichberechtigt neben der auf Vertrag beruhenden Gesellschaft bestehe. Daß die Betätigung als Gesellschaft (die faktische Gesellschaft) eine ausreichende Grundlage für die rechtliche Anerkennung als Gesellschaft bietet, wird von der heute herrschenden Meinung abgelehnt (BGHZ 11, 190f.). Im Gegensatz zu der Doktrin von den „faktischen Vertragsverhältnissen" hält die Lehre von der fehlerhaften Gesellschaft an der *rechtsgeschäftlichen Grundlage der Verbände* fest und versagt nur im Einzelfall den Nichtigkeitsgründen die Anerkennung. Diese Lehre stellt einen Kompromiß dar: Zwar wird dem Vertragsrecht des BGB nicht insgesamt der Gehorsam versagt, aber die Nichtigkeitsfolgen werden soweit ausgeschaltet, wie sie mit den Belangen der Verbandsordnung unvereinbar sind (so K. Schmidt, AcP 186 [1986], 421, 423f.).

347 Ebenso wie der fehlerhafte Abschluß eines Gesellschaftsvertrages die fehlerhafte Gesellschaft begründen kann, kann dies durch die fehlerhafte vertragliche Abänderung eines bereits wirksam abgeschlossenen Gesellschaftsvertrages geschehen, wie das z.B. bei dem Eintritt eines neuen Gesellschafters in eine bereits bestehende Gesellschaft durch einen Aufnahmevertrag (siehe dazu oben Rdnr. 314) der Fall sein kann (BGHZ 26, 330, 335).

Die Grundsätze der fehlerhaften Gesellschaft sind also in der Regel auch für den fehlerhaften Beitritt zu einer fehlerfreien Gesellschaft anzuwenden, wenn ein Gesellschafter aufgrund eines unwirksamen Vertrages beigetreten und dieser Beitritt auch vollzogen worden ist (vgl. BGHZ 63, 338, 344; BGH NJW 1988, 1321, 1323).

Wie der Beitritt kann auch das auf Vereinbarung beruhende Aus- **348**
scheiden eines Gesellschafters fehlerhaft sein. Die Grundsätze für die fehlerhafte Gesellschaft können auch darauf anwendbar sein (vgl. BGH NJW 1988, 1324 f.). Die Rechtsfolge des *vollzogenen* fehlerhaften Ausscheidens besteht in dessen Wirksamkeit unter Anwachsen des Gesamthandsanteils des ausgeschiedenen Gesellschafters bei den verbliebenen Mitgesellschaftern und der Entstehung eines Abfindungsanspruchs. Der auf diese Art und Weise fehlerhaft ausgeschiedene Gesellschafter kann jedoch, wenn der Fehler nicht ihm zur Last gelegt werden kann, verlangen, daß er wieder in die Gesellschaft aufgenommen wird (So MünchKomm-Ulmer, § 705 BGB Rdnr. 288).

Die Grundsätze für die fehlerhafte Gesellschaft sind auch für die *feh-* **349**
lerhafte Gesellschafternachfolge anzuwenden. Das gilt z. B. für den Fall, daß die Rechtsnachfolge in der Weise vollzogen wird, daß der Gesellschafter, der ausscheidet, dem nachfolgenden seinen Anteil mit Zustimmung der übrigen Gesellschafter überträgt. Dabei wird durch die Zustimmung der Gesellschafter deren Zusammensetzung – wenn auch fehlerhaft – geändert; diese Änderung kann, wenn sie einmal vollzogen ist, nicht nachträglich wieder geändert werden (so BGH NJW 1988, 1324 f.). Die Anwendung der Grundsätze für die fehlerhafte Gesellschaft führt in solchen Fällen dazu, daß der bisherige Anteilsinhaber zum Nichtgesellschafter wird. Das schließt nicht aus, daß dieser die Rückübertragung seines Anteils und von den übrigen Gesellschaftern die Zustimmung dazu fordern kann (so BGH NJW 1988, 1324, 1325; kritisch zu diesem Problem K. Schmidt, AcP 186 [1986], 421, 439).

2. Das Invollzugsetzen der Gesellschaft

Von einer fehlerhaften Gesellschaft, die lediglich vernichtbar, aber **350**
nicht nichtig ist, kann nur gesprochen werden, wenn über den Abschluß des Gesellschaftsvertrages hinaus die Gesellschaft bereits in Vollzug gesetzt worden ist. Denn nur die Tatsache, daß die Gesell-

schaft bereits am Rechtsverkehr mit Dritten teilgenommen hat, rechtfertigt es, die allgemeinen Nichtigkeitsgründe zu beschränken und deren Rechtsfolgen nicht eintreten zu lassen (vgl. Ulmer in Großkomm. HGB, § 105 Rdnr. 343).

351 In Vollzug gesetzt ist eine Gesellschaft dann, wenn die Gesellschaft „ihre Geschäfte" im Sinne des § 123 Abs. 2 HGB begonnen hat, die Gesellschafter also ihre gemeinsame Geschäftstätigkeit aufgenommen haben. Dies muß in der Weise geschehen, daß die Gesellschafter von Dritten als Gesellschafter angesehen und behandelt werden (RGZ 165, 193, 205).

Nach herrschender Meinung genügt zur Invollzugsetzung nicht die Eintragung in das Handelsregister, weil dadurch keine Tatsachen geschaffen werden, die bei vernünftiger Betrachtungsweise nicht wieder rückgängig gemacht werden können (vgl. Ulmer in Großkomm. HGB, § 105 Rdnr. 343 mit Nachw.). Dagegen meint Hueck (OHG, § 7 III 6), auf diese Art und Weise komme man zu einer wünschenswerten Annäherung in der Behandlung von Innen- und Außenverhältnis, wie es § 123 HGB entspreche.

Die Gesellschaft ist auch noch nicht in Vollzug gesetzt, wenn lediglich im Innenverhältnis mit der Ausführung des Gesellschaftsvertrages begonnen worden ist, ohne daß die Gesellschaft mit Dritten Rechtsgeschäfte abgeschlossen hat.

Bevor die Gesellschaft in Vollzug gesetzt worden ist, kann jeder Gesellschafter die Nichtigkeit des Gesellschaftsvertrages geltend machen. Das bedeutet z. B., daß ein Gesellschafter, dem ein Anfechtungsrecht gemäß § 119 oder § 123 BGB zusteht, den Gesellschaftsvertrag mit der Rechtsfolge der rückwirkenden (ex tunc) Vernichtung des Vertrages anfechten kann (§ 142 BGB).

III. Die auf die in Vollzug gesetzte fehlerhafte Gesellschaft anzuwendenden Rechtssätze

1. Allgemeine Grundsätze

352 Die in Vollzug gesetzte fehlerhafte Gesellschaft ist bis zu ihrer Vernichtung wie eine durch Rechtsgeschäft wirksam zustande gekommene Gesellschaft zu behandeln. Der tatsächlich vollzogene gesellschaftli-

che Zusammenschluß kann nicht rückwirkend vernichtet werden. Er kann nur für die Zukunft durch ein rechtsgestaltendes Urteil aufgelöst werden.

Ist ein Nichtigkeitsgrund nur im Hinblick auf einzelne Regelungen im Gesellschaftsvertrag vorhanden, so ist nach § 139 BGB zu bestimmen, ob der gesamte Gesellschaftsvertrag vernichtbar ist.

Die hier dargestellten, von der Rechtsprechung und Literatur entwickelten Grundsätze über die fehlerhafte Gesellschaft gelten nicht nur für die OHG, sondern auch für die BGB-Gesellschaft und die KG und darüber hinaus für die typischen Formen der stillen Gesellschaft (BGHZ 55, 5ff.; BGH WM 1983, 305f.).

2. Das Innenverhältnis

Jedenfalls bis zur Geltendmachung des Nichtigkeitsgrundes richten **353** sich die Beziehungen der Gesellschafter untereinander grundsätzlich nach den Vereinbarungen, die in dem fehlerhaften Gesellschaftsvertrag enthalten sind (BGHZ 17, 160, 167; Hueck, OHG, § 7 III 2). Soweit Gewinn- und Verlustbeteiligungen, Geschäftsführung und Vertretung und die Einlageverpflichtungen Inhalt des Gesellschaftsvertrages sind, gilt diese Regelung für das Innenverhältnis der Gesellschafter untereinander. Auch Treuepflichten haben die Gesellschafter zu wahren (vgl. BGHZ 17, 160, 167). Auch bei der fehlerhaften Gesellschaft wird Gesellschaftsvermögen in Gestalt von Gesamthandsvermögen gebildet.

Umstritten ist, ob jeder Nichtigkeitsgrund zur Auflösung der Gesellschaft **354** führen kann. Der BGH (BGHZ 3, 285ff.) hat jeden Nichtigkeitsgrund als Auflösungsgrund anerkannt und nicht einen wichtigen Grund im Sinne des § 133 HGB verlangt, weil das Bedürfnis, für die Vergangenheit eine Heilung durch die rechtliche Anerkennung der fehlerhaften Gesellschaft eintreten zu lassen, nicht dazu führen dürfe, auch für die Zukunft die Wirkung des vorhandenen Nichtigkeitstatbestandes „einzuschränken oder überhaupt zu leugnen" (Hueck, OHG, § 7 III 1b). Davon zu trennen ist die zu bejahende Frage, ob das Geltendmachen eines Nichtigkeitsgrundes als Auflösungsgrund im Einzelfall eine mißbräuchliche Rechtsausübung darstellen kann und deshalb unbeachtlich ist (Hueck, a.a.O.).

Auch die Abwicklung der aufgelösten fehlerhaften Gesellschaft geschieht nach den Grundsätzen des Gesellschaftsrechts (BGHZ 3, 285, 288 f.; zu weiteren Einzelheiten siehe G. Hueck, § 13 III 2).

3. Das Außenverhältnis

355 Die Tatsache, daß die fehlerhafte Gesellschaft, die in Vollzug gesetzt worden ist, bis zur Auflösung und Beendigung wie eine wirksam zustande gekommene Gesellschaft behandelt wird, bestimmt auch das Verhältnis zu Dritten. Deshalb kann die fehlerhafte Gesellschaft selbst Trägerin von Rechten und Pflichten sein (§ 124 HGB). Im wesentlichen unterscheidet sich die fehlerhafte Gesellschaft im Verhältnis zu Dritten kaum von der wirksam zustande gekommenen Gesellschaft.

Die Gesellschafter haften für Verbindlichkeiten, die für die fehlerhafte Gesellschaft wirksam begründet werden können, unmittelbar und unbeschränkt mit ihrem gesamten Privatvermögen gemäß § 128 HGB.

IV. Beschränkungen bei der Anerkennung der fehlerhaften Gesellschaft

1. Der Schutz von nichtgeschäftsfähigen oder nicht vollgeschäftsfähigen Personen

356 Der übergeordnete Schutzzweck zugunsten der nicht oder nur beschränkt Geschäftsfähigen gebietet es, daß die Anerkennung der fehlerhaften Gesellschaft *nicht* dazu führen kann, daß nicht Vollgeschäftsfähige in das schuldrechtliche Verpflichtungsverhältnis gesellschaftsrechtlicher Art einbezogen werden können (BGHZ 17, 160, 166; BGH WM 1983, 305 f.). Geschäftsunfähige und beschränkt Geschäftsfähige sollen vor den Rechtsfolgen der von ihnen ohne Zustimmung der gesetzlichen Vertreter abgegebenen Willenserklärung weitestgehend geschützt werden. Deshalb gilt der Grundsatz, daß das allgemeine Vertrauensinteresse hinter dem Schutz der nicht Vollgeschäftsfähi-

gen zurückzustehen hat (so BGH NJW 1992, 1503 ff.). Das gilt auch im Falle des § 105 Abs. 2 BGB und auch beim Ausscheiden aus der Gesellschaft (so BGH NJW 1992, 1503).

Aus dem gleichen Grunde können nicht Vollgeschäftsfähige auch nicht gemäß § 128 HGB für Verbindlichkeiten in Anspruch genommen werden, die für die fehlerhafte Gesellschaft begründet worden sind.

2. Verstöße gegen die guten Sitten (§ 138 BGB)

Eine fehlerhafte Gesellschaft mit einem gegen die guten Sitten ver- **357** stoßenden Gesellschaftszweck kann keine rechtliche Anerkennung erfahren, weil es sich um einen Zusammenschluß handelt, der sich von vornherein jeder rechtlichen Billigung entzieht und aus diesem Grunde von der Rechtsordnung nicht anerkannt werden kann (so Ulmer in Großkomm. HGB § 105 Rdnr. 355). Das ist auch dann der Fall, wenn der Gesellschaftsvertrag aufgrund der Vorschrift des § 134 BGB nichtig ist (vgl. BGHZ 75, 214, 217 f.). Im Verhältnis nach außen haften die Gesellschafter jedoch gemäß § 128 HGB.

3. Die Fehlerhaftigkeit des Gesellschaftsvertrages wegen arglistiger Täuschung (§ 123 BGB)

Für die Verbindlichkeiten der fehlerhaften Gesellschaft haften die **358** Gesellschafter Dritten gegenüber gemäß § 128 HGB. Im Verhältnis der Gesellschafter untereinander sollen denjenigen Personen, die arglistig getäuscht oder gedroht haben, jedoch keine Vorteile erwachsen. Deshalb ist der getäuschte Gesellschafter z. B. nicht verpflichtet, seine Beiträge zu leisten, wenn diese nur denjenigen zugute kommen würden, die vorwerfbar gehandelt haben. Soweit die Beiträge dazu dienen, dritte Personen – Gläubiger der fehlerhaften Gesellschaft – zu befriedigen, sind allerdings auch die Getäuschten zur Leistung verpflichtet (BGHZ 26, 330 ff.).

Fünftes Kapitel

Die Partnerschaftsgesellschaft

Schrifttum: Lenz, Die Partnerschaft – alternative Gesellschaftsform für Freiberufler, MDR 1994, 741 ff.; K. Schmidt, Die Freiberufliche Partnerschaft, NJW 1995, 1 ff.; Seibert, Die Partnerschaft für die Freien Berufe, DB 1994, 2381 ff.; J. Wertenbruch, Partnerschaftsgesellschaft und neues Umwandlungsrecht, ZIP 1995, 712 ff.

§ 17. Grundzüge der neuen Gesellschaftsform

I. Der Begriff und die Rechtsnatur der Partnerschaftsgesellschaft

359 Mit dem am 1. Juli 1995 in Kraft getretenen Gesetz über Partnerschaftsgesellschaften Angehöriger Freier Berufe – PartGG – (BGBl. 1994 Teil I, S. 1744 ff.) eröffnet sich den Freiberuflern – und zwar auch denen, denen es bisher gesellschaftsrechtliche Schranken einerseits und standesrechtliche Einschränkungen andererseits unmöglich gemacht hatten, sich in einer anderen Gesellschaftsform als der Gesellschaft bürgerlichen Rechts zusammenzuschließen (z.B. Rechtsanwälte) – die Möglichkeit, für ihren Zusammenschluß die Rechtsform der Partnerschaft zu wählen, § 1 Abs. 1 Satz 1 PartGG. Ein Rechtsformzwang besteht nicht, so daß z.B. große Wirtschaftsberatungs- und Steuerberatungsgesellschaften weiterhin in den Rechtsformen einer GmbH oder Aktiengesellschaft und andere Zusammenschlüsse von Freiberuflern weiterhin in der Rechtsform der Gesellschaft bürgerlichen Rechts oder der OHG betrieben werden können (vgl. Seibert, DB 1994, 2381; K. Schmidt, NJW 1995, 1, 2), vorausgesetzt, die dafür notwendigen Voraussetzungen liegen vor. Den Hauptanreiz für die Wahl der Rechtsform der Partnerschaft dürfte die Möglichkeit bieten, die Haftung für Schäden wegen fehlerhafter Berufsausübung auch unter Verwendung Allgemeiner Geschäftsbedingungen zu beschränken (§ 8 Abs. 2 und 3 PartGG). Ob und wie weit Rechtsanwälte von der neu geschaffenen Möglichkeit, eine Partnerschaftsgesellschaft zu gründen, Gebrauch machen, wird angesichts der Entscheidung des BayObLG zur Anwalts-GmbH (vgl. dazu oben Rdnr. 37) abzuwarten sein.

Die Partnerschaftsgesellschaft ist eine Personengesellschaft. Auf sie **360**
sind gemäß § 1 Abs. 4 PartGG grundsätzlich die Vorschriften über die Gesellschaft bürgerlichen Rechts anwendbar. Jedoch finden kraft ausdrücklicher Einzelverweisung im Partnerschaftsgesellschaftsgesetz auch wichtige Regeln über die OHG Anwendung (vgl. z.B. §§ 4 Abs. 1, 6 Abs. 3, 7 Abs. 2 und 3 PartGG).

Schon die Gesamthands-BGB-Gesellschaft ist fähig, Trägerin von Rechten und Plichten zu sein. Dies muß wegen der Verweisung in § 7 Abs. 2 PartGG auf die Regelung in § 124 HGB erst recht für die Partnerschaft gelten. Die Partnerschaft kann in ihrer Gesamtheit Trägerin von Rechten und Pflichten sein, sie kann also ebenso wie die OHG als rechtsfähig angesehen werden. Sie ist auch parteifähig, kann also auch Partei eines Prozesses sein. Daraus folgt, daß auch das Gesellschaftsvermögen Vermögen der Partnerschaft ist und nicht Sondervermögen der Partner. Die Partnerschaft ist auch selbst Berechtigte bezüglich der zum Gesellschaftsvermögen gehörenden Sachen und Rechte und Verpflichtete aus den im Namen der Partnerschaft eingegangenen Verbindlichkeiten (vgl. Lenz, MDR 1994, 741, 743; Seibert, DB 1994, 2381, 2383) und nicht etwa die hinter ihr stehenden Partner.

Verbindlichkeiten der Partnerschaft sind daher ausschließlich solche der Gesellschaft und nicht der Gesellschafter. Allerdings haften die Partner gemäß § 8 Abs. 1 PartGG den Gläubigern für die Verbindlichkeiten der Partnerschaft mit ihrem Privatvermögen als Gesamtschuldner.

Die Partnerschaft übt kein Handelsgewerbe aus (§ 1 Abs. 1 Satz 2 **361**
PartGG); Partner kann nur eine natürliche Person werden (§ 1 Abs. 1 Satz 3 PartGG). Jedoch kann die Partnerschaft Anteile an einer juristischen Person erwerben (vgl. Seibert, DB 1994, 2381, 2383).

Durch berufsrechtliche Vorschriften kann die Berufsausübung in der Partnerschaft ausgeschlossen oder eingeschränkt werden (§ 1 Abs. 3 PartGG).

Da der Begriff des Freiberuflers kein feststehender ist und er, wenn es zum einen um die Nichtanwendung des Handelsgesetzbuches und zum anderen um die steuerrechtliche Beurteilung geht, unterschiedlich definiert wird (vgl. K. Schmidt, NJW 1995, 1 mit weiteren Nachw.), enthält § 1 Abs. 2 PartGG eine Aufzählung derjenigen Berufe, die Freie Berufe im Sinne des Partnerschaftsgesellschaftsgesetzes sind, z. B. Rechtsanwälte, Ärzte und Journalisten.

Das Partnerschaftsgesellschaftsgesetz enthält keine Einschränkungen für Zusammenschlüsse von Angehörigen verschiedener Berufe. Jedoch schränken zum Teil berufsrechtliche Bestimmungen interprofessionelle partnerschaftliche Zusammenschlüsse ein. So enthält z. B. der neu eingefügte § 59 a BRAO (BGBl. 1994 Teil I, S. 2278, 2282) eine Beschränkung auf Zusammenschlüsse von Rechtsanwälten mit Patentanwälten, Steuerberatern, Steuerbevollmächtigten, Wirtschaftsprüfern und vereidigten Buchprüfern. (Auch die Neufassungen des Steuerberatungsgesetzes und der Wirtschaftsprüferordnung enthalten eine Zusammenarbeitsregelung in § 56 n. F. StBrG, vgl. BGBl. 1994 Teil I, S. 1387, 1389 und § 44 b WPO, vgl. BGBl. 1994 Teil I, S. 1569, 1575.)

II. Die Errichtung der Partnerschaftsgesellschaft

362 Die Partnerschaft wird durch schriftlichen Gesellschaftsvertrag gegründet (§ 3 Abs. 1 PartGG), der den Namen und Sitz der Partnerschaft, die Namen und Vornamen, den in der Partnerschaft ausgeübten Beruf und den Wohnort eines jeden Partners sowie den Gegenstand der Partnerschaft enthalten muß (§ 3 Abs. 2 PartGG).

Die Partnerschaft ist zu dem bei dem Amtsgericht geführten (§ 160 b FGG [BGBl. 1994 Teil I, S. 1744, 1745]) Partnerschaftsregister anzumelden (§§ 4 Abs. 1 PartGG i. V. m. 106 Abs. 1 HGB), in dessen Bezirk sie ihren Sitz hat.

Wegen der Haftung der Partner gemäß § 8 Abs. 1 Satz 1 PartGG kommt der Beantwortung der Frage besondere Bedeutung zu, zu welchem Zeitpunkt die Partnerschaft gegenüber Dritten wirksam entsteht.

Hinsichtlich des Zeitpunkts des Entstehens der Gesellschaft ist zu unterscheiden zwischen

- dem Innenverhältnis, dem Verhältnis der Partner zu- und untereinander, und
- dem Außenverhältnis, dem Verhältnis der Partnerschaft und der Partner zu Dritten.

In der Zeit zwischen Abschluß des Gesellschaftsvertrages und der Eintragung in das Partnerschaftsregister handelt es sich um eine Gesellschaft bürgerlichen Rechts. Jedoch können auf diese, soweit es um das Innenverhältnis geht, die Vorschriften des Partnerschaftsgesellschaftsgesetzes ergänzend Anwendung finden, weil dies im Zweifel dem Willen der Partner entsprechen dürfte, die die Partnerschaft gründen wollen (vgl. auch K. Schmidt, NJW 1995, 1, 4; zur vergleichbaren Interessenlage bei der OHG siehe Rdnr. 219 mit weiteren Nachw.).

Im Außenverhältnis entsteht die Partnerschaft nicht allein durch den **363**
Abschluß des Partnerschaftsvertrages; denn hierbei handelt es sich lediglich um einen internen Akt zwischen den Partnern, der nach außen für Dritte nicht unbedingt zu erkennen ist. Im Verhältnis zu Dritten ist die Partnerschaft entstanden, wenn sie in das Partnerschaftsregister eingetragen ist (§ 7 Abs. 1 PartGG).

Die Eintragung hat konstitutive Wirkung. Dieser konstitutiven Wirkung bedarf es insbesondere deshalb, weil es bei der Partnerschaft – im Gegensatz zu anderen Personengesellschaften – kein erkennbares Abgrenzungskriterium zur Gesellschaft bürgerlichen Rechts gibt (vgl. Lenz, MDR 1994, 741, 743).

Der Name der Partnerschaft muß den Namen (die Angabe des Vornamens ist nicht erforderlich, § 2 Abs. 2 PartGG i. V. m. § 19 Abs. 3 HGB) mindestens eines Partners, den Zusatz „und Partner" oder „Partnerschaft" sowie die Berufsbezeichnung aller in der Partnerschaft vertretenen Berufe enthalten (§ 2 Abs. 1 PartGG). Im übrigen werden durch § 2 Abs. 2 PartGG die einschlägigen Vorschriften des Firmenrechts des Handelsgesetzbuches für entsprechend anwendbar erklärt. Den Zusatz „und Partner" oder „Partnerschaft" dürfen nur Partnerschaften im Sinne des Partnerschaftsgesellschaftsgesetzes führen. Andere Gesellschaften, die diesen Zusatz führen, dürfen diese Bezeichnung nur noch bis zum 30. 6. 1997 benutzen. Danach müssen sie den Zusatz entweder streichen oder durch einen Rechtsformzusatz (GbR oder OHG) ergänzen (§ 11 PartGG).

III. Die Beziehung der Partner untereinander (Das Innenverhältnis)

364 Das Verhältnis der Partner einer Partnerschaft untereinander ist in § 6 PartGG i. Vb. m. §§ 110 bis 116 Abs. 2 HGB, §§ 117 bis 119 HGB geregelt und, soweit diese Vorschriften keine Sonderregelungen beinhalten, in den §§ 705 ff. BGB.

Aus § 6 Abs. 3 PartGG ergibt sich, daß sich das Rechtsverhältnis der Partner untereinander nach dem Partnerschaftsvertrag richtet; dieser bestimmt also weitgehend das Innenverhältnis zwischen den Partnern. Hierdurch wird für die Partnerschaft lediglich der allgemeine, auch im Handelsrecht geltende Grundsatz der Privatautonomie, der es den Vertragschließenden erlaubt, ihre Rechtsverhältnisse frei zu gestalten, wiederholt.

Zwar bestimmt § 6 Abs. 1 PartGG, daß die Partner ihre beruflichen Leistungen unter Beachtung des jeweils für sie geltenden Berufsrechts erbringen; § 6 Abs. 1 PartGG hat jedoch lediglich klarstellende Funktion: Wenn es sich um die Angehörigen verschiedener Freier Berufe handelt, untersteht die Partnerschaft bei jeder freiberuflichen Tätigkeit dem jeweils einschlägigen Berufsrecht (vgl. K. Schmidt, NJW 1995, 1, 4).

365 Ein einzelner Partner kann von der Geschäftsführung, also von der auf die Verfolgung des Gesellschaftszwecks gerichteten Tätigkeit der Gesellschafter, die in tatsächlichen und rechtsgeschäftlichen Handlungen bestehen kann (vgl. oben Rdnr. 62), nur ausgeschlossen werden, soweit der Ausschluß nicht den von ihm ausgeübten Beruf betrifft (§ 6 Abs. 2 PartGG).

Darüber hinaus kann wegen der Rechte und Pflichten der Partner im Innenverhältnis auf die entsprechend anwendbaren Vorschriften im Recht der OHG, insbesondere über das Wettbewerbsverbot (§§ 112 f. HGB [vgl. dazu oben Rdnr. 249 ff.]), den Aufwendungsersatzanspruch (vgl. oben Rdnr. 260 ff.), die Geschäftsführung (§§ 114–117 HGB [vgl. dazu Rdnr. 253 f.]), die Kontrollrechte (§ 118 HGB [vgl. dazu Rdnrn. 230 und 259]) und die Beschlußfassung (§ 119 HGB [vgl. dazu Rdnr. 255 ff.]) verwiesen werden.

IV. Die Beziehung der Partner zu Dritten (Die Außenbeziehungen)

1. Die Vertretung

Die Vertretungsmacht steht nach der gesetzlichen Regelung bei der Partnerschaft jedem einzelnen Partner zu (§ 7 Abs. 3 PartGG i. Vb. m. § 125 Abs. 1 HGB). Daraus folgt, daß jeder Partner im Namen der Partnerschaft wirksame, die Gesellschaft rechtsgeschäftlich bindende Erklärungen abgeben und entgegennehmen kann. Die Rechtsfolgen einer solchen Willenserklärung treffen die Partnerschaft und die Partner, für die der handelnde Partner die Willenserklärung abgibt oder entgegennimmt. **366**

Gemäß § 7 Abs. 3 PartGG i. Vb. m. § 125 Abs. 2 HGB kann durch den Partnerschaftsvertrag festgelegt werden, daß alle oder mehrere Partner nur in Gemeinschaft die Partnerschaft vertreten können (Gesamtvertretung). Der Ausschluß eines Partners von der Vertretung, die Anordnung einer Gesamtvertretung sowie jede Änderung der Vertretungsmacht bedarf der registerrechtlichen Anmeldung und Eintragung (§ 7 Abs. 3 PartGG i. Vb. m. § 125 Abs. 4 HGB) (vgl. K. Schmidt, NJW 1995, 1, 5).

Der Umfang der Vertretungsmacht ist gemäß § 7 Abs. 3 PartGG i. Vb. m. § 126 HGB grundsätzlich unbeschränkt. Die Vertretungsmacht erstreckt sich also auf alle gerichtlichen und außergerichtlichen Rechtshandlungen. Die Partnerschaft kann jedoch, anders als die OHG (vgl. dazu oben Rdnr. 266 ff.), keinen Prokuristen oder Handlungsbevollmächtigten bestellen, da die Partnerschaft keine Handelsgesellschaft ist (vgl. K. Schmidt, NJW 1995, 1, 5).

Zum Schutze des Rechtsverkehrs sind andere Einschränkungen des Umfangs der Vertretungsmacht Dritten gegenüber, die mit der Partnerschaft Rechtsgeschäfte abschließen wollen, unwirksam (§ 7 Abs. 3 PartGG i. Vb. m. § 126 Abs. 2 HGB). Ausnahmsweise kann der erkennbare Mißbrauch der Vertretungsmacht, dessen Risiko grundsätzlich der Vertretene alleine trägt, dem Dritten entgegengehalten werden, wenn sich diesem der Verdacht des Treueverstoßes aufdrängte (vgl. BGHZ 94, 132, 138; K. Schmidt NJW 1995, 1, 5).

2. Die Haftung der Partner für die Verbindlichkeiten der Partnerschaft

367 Verbindlichkeiten der Partnerschaft sind alle Verbindlichkeiten, die die Partnerschaft als solche eingegangen ist und zu erfüllen hat (vgl. im übrigen zur Haftung nach dem der gesetzlichen Regelung in § 8 Abs. 1 PartGG sinngemäß entsprechenden § 128 HGB oben Rdnr. 277 ff.).

Den Gläubigern haften für die Verbindlichkeiten der Partnerschaft neben dem Vermögen der Partnerschaft die Partner als Gesamtschuldner unmittelbar (§ 8 Abs. 1 PartGG). Ein Gläubiger ist also nicht gezwungen zu versuchen, wegen seiner Forderung Befriedigung aus dem Gesamthandsvermögen der Partnerschaft zu erlangen, bevor er einen der Partner in Anspruch nimmt.

368 Gemäß § 8 Abs. 1 Satz 2 PartGG i. Vb. m. § 129 HGB kann der Partner, der von einem Gläubiger der Gesellschaft in Anspurch genommen wird, alle Einreden und Einwendungen, die der Partnerschaft gegenüber dem Gläubiger zustehen, geltend machen (vgl. des weiteren zu § 129 HGB oben Rdnr. 290).

369 Was die Haftung des eintretenden und ausscheidenden Partners anbetrifft, so trifft das Partnerschaftsgesellschaftsgesetz nunmehr für die Partnerschaft eine Regelung, wie sie von der Literatur schon teilweise für die unternehmenstragende Gesellschaft bürgerlichen Rechts befürwortet worden war (vgl. K. Schmidt, NJW 1995, 1, 5 f.). Tritt ein neuer Partner in die bereits bestehende Partnerschaft ein, haftet er gemäß § 8 Abs. 1 Satz 2 PartGG i. Vb. m. § 130 HGB auch für bereits bestehende Verbindlichkeiten der Partnerschaft (vgl. zur Regelung des § 130 HGB oben Rdnr. 291 ff.).

Ausscheidende Partner haften nur für die Altverbindlichkeiten der Partnerschaft (vgl. K. Schmidt, NJW 1995, 1, 6). Für sie gilt gemäß § 10 Abs. 2 PartGG die Nachhaftungsbegrenzung des § 160 HGB (vgl. dazu oben Rdnr. 294 ff.).

Einen erheblichen Anreiz für die Wahl der Rechtsform der Partner- 370
schaft dürfte die Möglichkeiten der Haftungsbeschränkungen gemäß § 8 Abs. 2 und 3 PartGG bieten.

Nach § 8 Abs. 2 PartGG können die Partner ihre Haftung, die mit der eines OHG-Gesellschafters vergleichbar ist, für Ansprüche wegen fehlerhafter Berufausübung auch unter Verwendung vorformulierter Vertragsbedingungen auf denjenigen von ihnen beschränken, der innerhalb der Partnerschaft die berufliche Leistung zu erbringen oder verantwortlich zu leiten und zu überwachen hat, aus der die in Frage stehenden Schäden entstanden sind. Hierdurch kann die wechselseitige unbeschränkte Schadensersatzhaftung, wie sie nach der Rechtsprechung bei Anwaltssozietäten (vgl. BGHZ 56, 355) oder Gemeinschaftspraxen (vgl. BGHZ 97, 273) besteht, begrenzt werden (vgl. K. Schmidt, NJW 1995, 1, 6). Bei einer Partnerschaft haftet dem Mandanten eines Anwalts oder dem Patienten eines Arztes, wenn von dieser Möglichkeit der Haftungsbeschränkung Gebrauch gemacht wird, nur derjenige Partner, der die Angelegenheit selbst bearbeitet oder verantwortlich geleitet und überwacht hat (vgl. K. Schmidt, NJW 1995, 1, 6; Seibert DB 1994, 2381, 2384. Zur neu eingefügten berufsrechtlichen Zulassung derartiger vertraglicher Haftungsbeschränkungen bei Rechtsanwälten § 51 a BRAO, BGBl. 1994 Teil I, S. 2278, 2281 und bei Steuerberatern § 67 a StBerG, BGBl. 1994 Teil I, S. 1387, 1390).

Neben dieser vertraglichen Möglichkeit der Haftungsbeschränkung kann gemäß § 8 Abs. 3 PartGG auch durch Gesetz für einzelne Berufe eine Beschränkung der Haftung für Ansprüche aus Schäden wegen fehlerhafter Berufsausübung auf einen bestimmten Höchstbetrag zugelassen werden, wenn zugleich eine Pflicht zum Abschluß einer Berufshaftungspflichtversicherung der Partner oder der Partnerschaft begründet wird.

V. Die Fortsetzung der Partnerschaft mit den Erben der Partner

371 Gemäß § 9 Abs. 4 Satz 1 PartGG ist die Beteiligung an einer Partnerschaft grundsätzlich nicht vererblich. Abweichend von § 131 Nr. 4 HGB führt der Tod eines Partners nicht zur Auflösung der Partnerschaft, sondern der verstorbene Partner scheidet aus, und die Partnerschaft wird, sofern mehrere Partner verbleiben, mit diesen fortgesetzt (§ 9 Abs. 2 PartGG). Der Anteil des verstorbenen Partners am Vermögen der Partnerschaft wächst entsprechend § 738 BGB ohne besondere Übergangshandlung den verbleibenden Partnern zu (vgl. Lenz, MDR 1994, 741, 744).

Jedoch kann der Partnerschaftsvertrag bestimmen, daß die Beteiligung an einer Partnerschaft an Dritte vererblich ist, die Partner im Sinne des § 1 Abs. 1 und 2 PartGG sein können (§ 9 Abs. 4 Satz 2 PartGG). Diese Regelung entspricht der qualifizierten Nachfolgeklausel (vgl. dazu oben Rdnr. 327 ff.). Der Anteil des verstorbenen Partners fällt dem durch die Bestimmung im Partnerschaftsvertrag begünstigten Erben unmittelbar und ungeteilt zu (vgl. K. Schmidt, NJW 1995, 1, 5). Der Erbe, der die Nachfolge in die Partnerschaft antritt, kann innerhalb von drei Monaten sein Ausscheiden aus der Partnerschaft erklären und haftet dann nur nach den Grundsätzen der beschränkten Erbenhaftung (§ 9 Abs. 4 Satz 3 PartGG i. Vb. m. § 139 HGB) (vgl. dazu auch K. Schmidt, NJW 1995, 1, 5).

VI. Umwandlung

372 Die Umwandlung einer in der Rechtsform der BGB-Gesellschaft betriebenen Anwaltssozietät in eine Partnerschaftsgesellschaft kann nicht nach dem neuen Umwandlungsgesetz vorgenommen werden, da dieses die Partnerschaftsgesellschaft weder als formwechselnden Rechtsträger noch als neuen Rechtsträger ausdrücklich erwähnt. Das Analogieverbot des § 1 Abs. 2 UmwG dürfte einer analogen Anwendung der für die Personengesellschaften geltenden Vorschriften auf die Partnerschaft entgegenstehen (vgl. Wertenbruch, ZIP 1995, 712, 716).

Sechstes Kapitel

Die Kommanditgesellschaft

§ 18. Begriff und Bedeutung der Kommanditgesellschaft als Sonderform der OHG

I. Der Begriff der Kommanditgesellschaft

Die Kommanditgesellschaft ist eine Gesellschaft im Sinne des § 705 BGB. Sie ist der OHG nachgebildet und muß deshalb als Sonderform der OHG verstanden werden. Infolgedessen sind auf die KG, sofern sich aus den §§ 161 ff. HGB nichts anderes ergibt, die Vorschriften über die OHG (§§ 105 ff. HGB) und diejenigen über die Gesellschaft bürgerlichen Rechts (§§ 705 ff. BGB) anzuwenden. 373

Die KG ist wie die OHG eine Gesellschaft, deren Zweck auf den Betrieb eines vollkaufmännischen Handelsgewerbes unter gemeinschaftlicher Firma gerichtet ist (§ 161 Abs. 1 HGB). Sie ist – auch darin steht sie der OHG gleich – keine juristische Person, kann aber als Unternehmerin eines Handelsgewerbes im Rechtsverkehr mit weitgehender Selbständigkeit auftreten. Das zeigt sich insbesondere darin, daß sie unter ihrer Firma Rechte erwerben und Verpflichtungen eingehen, vor Gericht klagen und verklagt werden kann (§ 124 HGB i. Vb. m. § 161 HGB).

Als Gesellschaft im Sinne des § 705 BGB ist die KG eine *Gesamthandsgemeinschaft.* Träger des Gesellschaftsvermögens sind alle Gesellschafter, sowohl persönlich haftende Gesellschafter (Komplementäre) als auch Kommanditisten. 374

Kraft Rechtsform ist die KG stets Kaufmann (§ 6 HGB).

Gesellschafter einer KG können als Komplementäre und Kommanditisten alle natürlichen und juristischen Personen werden.

Beispiel: Der einzige persönlich haftende Gesellschafter einer KG kann eine GmbH (juristische Person) sein (GmbH & Co KG). Von dieser Möglichkeit wird aus verschiedenen Gründen häufig Gebrauch gemacht.

375 Begrifflich gehört zur KG, daß es zwei Arten von Gesellschaftern gibt, von denen mindestens je einer vorhanden sein muß:

- *Persönlich haftende Gesellschafter (Komplementäre):* Sie haben im wesentlichen die gleiche Stellung wie die Gesellschafter einer OHG;
  und
- *Kommanditisten:* Ihre Haftung den Gesellschaftsgläubigern gegenüber ist auf den Betrag einer bestimmten Vermögenseinlage beschränkt; sie sind in der Regel von der Geschäftsführung ausgeschlossen und zur Vertretung der Gesellschaft nicht befugt (§§ 161 Abs. 1 und 170 HGB).

II. Die Bedeutung der Kommanditgesellschaft

376 Die KG hat im Wirtschaftsleben im Vergleich zur OHG ständig an Bedeutung gewonnen. Zunächst war sie die Gesellschaftsform, in der viele Familienunternehmen betrieben wurden, weil die KG eine Gesellschaftszugehörigkeit auch denjenigen Familienmitgliedern ermöglicht, die zur persönlichen Mitarbeit nicht willens oder geeignet sind und nur ein beschränktes Haftungsrisiko tragen möchten. Gerade aber die Tatsache, daß ein Kommanditist nur ein begrenztes Haftungsrisiko zu tragen hat, hat dann zur Vermehrung der Zahl der Kommanditgesellschaften wesentlich beigetragen, zumal die andere Gesellschaftsform, die typischerweise den Gesellschaftern eine begrenzte Haftung garantiert, die GmbH, im Hinblick auf die steuerliche Belastung in der Vergangenheit im Regelfall für die Gesellschafter weniger günstig war als die KG. Insbesondere die Möglichkeit, bei einer KG eine GmbH zum einzigen persönlich haftenden Gesellschafter zu machen, hat die Zahl der Kommanditgesellschaften sehr vergrößert, weil die Verbindung der Gesellschaftsformen KG und GmbH eine Reihe von Vorteilen für die Gesellschafter mit sich bringt, die auf andere Art und Weise nicht zu erzielen sind:

- Da bei der GmbH – der persönlich haftenden Gesellschafterin – den Gläubigern gegenüber nur das Gesellschaftsvermögen für die

Verbindlichkeiten der Gesellschaft haftet, haftet, soweit die Kommanditisten ihre Einlage geleistet haben, kein Gesellschafter der KG mit seinem Privatvermögen. Bei allen Gesellschaftern ist die Haftung auf die Einlage beschränkt.

- Für die KG gilt das im Vergleich zum Recht der Kapitalgesellschaft sehr viel flexiblere Personengesellschaftsrecht, über das eine entsprechende Gestaltung des Gesellschaftsvertrages zu dem Zweck, dem die Gesellschaft dienen soll, leichter möglich ist.
- Da auf die GmbH selbst, den persönlich haftenden Gesellschafter, das GmbH-Recht Anwendung findet, gilt das Verbot der Drittorganschaft nicht. Geschäftsführer der GmbH können auch Nichtgesellschafter sein. Deshalb kann bei einer KG dieser Ausgestaltung die wirkliche Geschäftsführung in den Händen von Personen liegen, die weder Gesellschafter der KG noch der GmbH sind.
- Da die KG eine Personengesellschaft ist, ist ihre Gründung wesentlich weniger bindenden Vorschriften unterworfen, als sie bei der Gründung einer Kapitalgesellschaft – bei der AG in stärkerem Maße als bei der GmbH – beachtet werden müssen.

Die einfache – weil auch kaum nachprüfbare – Gründung, die Möglichkeit, über eine entsprechende Ausgestaltung des Gesellschaftsvertrages die KG weitgehend dem mit ihr verfolgten Zweck anzupassen, sowie die Haftungsbeschränkung haben auch dazu geführt, daß viele sogenannte Publikumsgesellschaften, die meist *„Abschreibungsgesellschaften"* mit mehreren hundert Personen sind, in der Rechtsform der KG gegründet worden sind und noch werden. Auch durch die Gründung solcher Gesellschaften ist die Zahl der Kommanditgesellschaften wesentlich erhöht worden. **377**

Abschreibungs- oder Verlustzuweisungsgesellschaften, die meist in der Rechtsform der GmbH & Co KG als *Publikumsgesellschaften* betrieben werden, sind ein gesellschaftlicher Zusammenschluß zahlreicher Personen – in der Regel Privatpersonen –, der in erster Linie dem Zweck dient, bei beschränkter Haftung im Wege mitunternehmerischer Beteiligung an einem Wirtschaftsunternehmen der Investitionsbranche hohe Buchverluste aufgrund steuerlicher Abschreibungsmöglichkeiten zu erzielen.

§ 19. Die Gesellschafter einer Kommanditgesellschaft

Schrifttum: Eckert, Rechtsfolgen des Kommanditistenwechsels, ZHR 147 (1983), 565 ff.; Häsemeyer, Kommanditistenhaftung und Insolvenzrecht, ZHR 149 (1985), 42 ff.; U. Huber, Eintragungsfehler bei der Abtretung von Kommanditanteilen, ZGR 1984, 146 ff.; A. Hueck, Der gemeinschaftliche Vertreter mehrerer Erben in einer Kommanditgesellschaft, ZHR 125 (1962), 1 ff.; Kreutz, Hinauskündigungsklauseln im Recht der Personenhandelsgesellschaften, ZGR 1983, 109 ff.; Michel, Die Rechtsfolgen von Vermögensverschiebungen nach einer Kommanditanteilsübertragung, ZGR 1993, 118 ff.; K. Schmidt, Kommanditisteneinlage – Kapitalaufbringung und Kapitalerhaltung in der KG, ZGR 1976, 307 ff.; Ulmer, Testamentsvollstreckung am Kommanditanteil – Voraussetzungen und Rechtsfolgen, NJW 1990, 73 ff.

I. Die persönlich haftenden Gesellschafter (Komplementäre)

378 Die persönlich haftenden Gesellschafter einer KG, die auch Komplementäre genannt werden, nehmen innerhalb der Gesellschaft und auch nach außen, d.h. Dritten gegenüber, die gleiche Stellung ein wie die Gesellschafter einer OHG. Sie führen die Geschäfte und vertreten die Gesellschaft nach außen. Außerdem haften sie unbeschränkt für die Erfüllung der Verbindlichkeiten der Gesellschaft mit ihrem gesamten Privatvermögen. Die persönlich haftenden Gesellschafter einer KG können den Gesellschaftsgläubigern gegenüber ebenso in natura zur Leistung verpflichtet sein wie die Gesellschafter einer OHG (BGHZ 73, 217 ff.; vgl. oben Rdnr. 283).

Die KG muß jedenfalls einen persönlich haftenden Gesellschafter, sie kann auch mehrere haben. Den Gläubigern haften mehrere persönlich haftende Gesellschafter als Gesamtschuldner. In seiner Eigenschaft als Gesellschafter ist der persönlich haftende Gesellschafter *Kaufmann.*

379 Auch bei der KG kann die organschaftliche Vertretungsbefugnis eines vertretungsberechtigten Gesellschafters grundsätzlich nicht auf Dritte übertragen werden (Verbot der Drittorganschaft; vgl. oben Rdnr. 69 und 272 ff.). Das schließt nicht aus, daß ein Dritter mit einer umfassenden Vollmacht (Generalvollmacht), die noch über den gesetzlich festgelegten Umfang einer Prokura hinausgeht, ausgestattet wird (so OLG Hamm, MDR 1979, 848 f.). Auch wenn darüber hinaus der Dritte bei der Erfüllung der von ihm wahrzunehmenden Geschäftsführungsaufgaben keinen Einzelanweisungen unterliegt und nicht jederzeit abberufen werden kann, muß darin nicht in jedem Fall ein Verstoß gegen das Verbot der Drittorganschaft zu sehen sein (vgl. BGH WM 1982, 394 ff.).

Nach dem Ausscheiden aus der Gesellschaft haftet der Komplemen- **380**
tär aus den vor seinem Ausscheiden entstandenen Verbindlichkeiten gemäß § 159 HGB noch fünf Jahre.

In einer Kommanditgesellschaft kann derselbe Gesellschafter nicht zugleich Kommanditist und Komplementär sein, auch nicht durch späteren Eintritt als weiterer Komplementär (OLG Hamm, MDR 1982, 55).

Eine BGB-Gesellschaft kann ebensowenig, wie sie Gesellschafterin einer OHG sein kann, Komplementärin oder Kommanditistin in einer KG sein (so BGHZ 46, 291, 296; vgl. auch OLG Zweibrücken, OLGZ 1982, 155. Siehe dazu oben Rdnr. 34 und 197 ff.).

II. Die Kommanditisten

1. Einleitung

Jede KG muß mindestens einen Kommanditisten haben. Das be- **381**
deutet: Begriffsnotwendigerweise muß bei einer KG jedenfalls bei einem Gesellschafter die Haftung für die Verbindlichkeiten der Gesellschaft auf den Betrag einer bestimmten Vermögenseinlage beschränkt sein (§ 161 Abs. 1 HGB).

Es ist bei der Kommanditistenstellung zu unterscheiden zwischen der Haftung nach außen (den Gesellschaftsgläubigern gegenüber) einerseits und der Verpflichtung zur Leistung einer Vermögenseinlage im Verhältnis der Gesellschafter untereinander andererseits. Das Gesetz läßt diese Unterscheidung nicht mit der wünschenswerten Klarheit erkennen (Schilling in Großkomm. HGB, § 161 Rdnr. 12). Die Verpflichtung zur Leistung einer Einlage, die der Kommanditist im

Gesellschaftsvertrag übernommen hat, ist darauf gerichtet, für die Erreichung des Gesellschaftszweckes eine umfangmäßig festgesetzte, vermögenswerte Leistung zur Verfügung zu stellen. Die erbrachte Leistung wird Bestandteil des Gesellschaftsvermögens und ist damit auch dem Zugriff der Gläubiger der Gesellschaft ausgesetzt.

382 Die *Haftsumme* bestimmt den Umfang der Haftung eines Kommanditisten nach außen. Der Kommanditist hat seiner Haftpflicht genügt und kann wegen Verbindlichkeiten der Gesellschaft von deren Gläubigern nicht mit seinem Privatvermögen in Anspruch genommen werden, soweit und solange er der Gesellschaft den der Haftsumme entsprechenden Betrag als Einlage zur Verfügung stellt. Das bedeutet nicht, daß der Kommanditist, der seine Einlage einmal erbracht hat, für die Zukunft von jeder Haftpflicht befreit ist. Die persönliche Haftung ist nur solange ausgeschlossen, wie er den der Haftsumme entsprechenden Betrag in das Gesellschaftsvermögen eingebracht hat und dort beläßt. Die persönliche Haftung des Kommanditisten lebt also wieder auf, wenn und soweit ihm die Einlage zurückgezahlt wird (§ 172 Abs. 4 HGB).

2. Die Stellung des Kommanditisten im Verhältnis der Gesellschafter untereinander

383 #### a) Die Geschäftsführung

Nach der gesetzlichen Regelung nimmt der Kommanditist an der Geschäftsführung nicht teil (§ 164 HGB). § 164 HGB ist allerdings nicht zwingendes Recht. Der Gesellschaftsvertrag kann eine abweichende Regelung vorsehen. So kann abweichend von § 164 HGB zwischen den Gesellschaftern vereinbart werden, daß diese zur Geschäftsführung berechtigt und sogar verpflichtet sind (BGHZ 17, 392 ff.).

Die Geschäftsführungsbefugnis kann dem Kommanditisten neben dem persönlich haftenden Gesellschafter oder auch unter Ausschließung von dessen Geschäftsführungsbefugnis erteilt werden.

Ist ein Kommanditist geschäftsführungsbefugt, so nimmt er im Verhältnis der Gesellschafter untereinander diesbezüglich die gleiche Stellung ein wie ein persönlich haftender Gesellschafter.

b) Die Beteiligung an Gewinn und Verlust

Der Kommanditist ist gemäß § 167 HGB an Gewinn und Verlust der Gesellschaft beteiligt. Die Grundlage für die Ermittlung des Gewinns oder Verlustes der Gesellschaft und des Anteils des Kommanditisten daran ist der für das abgelaufene Geschäftsjahr festgestellte Jahresabschluß. **384**

Der auf den Kommanditisten entfallende Gewinnanteil wird gemäß § 167 Abs. 2 HGB seinem Kapitalkonto nur solange gutgeschrieben, bis der Betrag der bedungenen Einlage erreicht ist. Der Grund für diese durch den Gesetzgeber festgesetzte Beschränkung liegt darin, daß der Kommanditist Dritten nur mit dem festen Betrag seines Kapitalanteils haftet, der persönlich haftende Gesellschafter aber unbeschränkt. Am Verlust nimmt der Kommanditist nach § 167 Abs. 3 HGB lediglich bis zur Höhe seines Kapitalanteils und seiner noch rückständigen Einlage teil.

Da § 167 HGB nur das Verhältnis der Gesellschafter untereinander regelt, handelt es sich nicht um zwingendes Recht (§§ 167, 120, 109 HGB). Die Gesellschafter können im Gesellschaftsvertrag eine davon abweichende Regelung treffen. In der Praxis werden häufig die Errichtung und Führung von Festkapitalkonten und Privatsonderkonten (siehe dazu oben Rdnr. 242) und Entnahmebeschränkungen derart vereinbart, daß Teile des Gewinns nicht ausgeschüttet werden dürfen.

Gemäß § 169 Abs. 1 S. 2 HGB hat der Kommanditist Anspruch auf Auszahlung des ihm zukommenden Gewinns. Diese gesetzliche Regelung ist jedoch abdingbar. Die Gesellschafter einer KG können deshalb im Gesellschaftsvertrag vereinbaren, daß Kommanditisten Zahlungen auch dann erhalten sollen, wenn die Gesellschaft keine Gewinne erzielt (BGH WM 1979, 803 f.).

c) Die Kontrollrechte

Da der Kommanditist im Regelfall von der Geschäftsführung ausgeschlossen ist, er aber gleichwohl an Gewinn und Verlust beteiligt ist und sogar bis zur Höhe seiner Einlage mit seinem Privatvermögen haftet, räumt ihm das Gesetz *Kontrollrechte* ein. **385**

aa) Dazu zählen die in § 166 HGB genannten Informations- und Prüfungsrechte.

386 Der Kommanditist ist berechtigt, die Richtigkeit der Jahresbilanz der Gesellschaft nachzuprüfen, bzw. nachprüfen zu lassen. § 166 Abs. 1 HGB gewährt dem Kommanditisten zum Zwecke der sachgerechten Prüfung der Bilanz ein Einsichtsrecht. Der Kommanditist hat also grundsätzlich das Recht zur Einsicht in alle Bücher und Papiere der Gesellschaft. Er darf allerdings nur in dem Umfang Einsicht nehmen, der für die Prüfung der Bilanz erforderlich ist (BGH WM 1979, 1061). Nach § 166 Abs. 3 HGB hat der Kommanditist ein *außerordentliches Prüfungsrecht,* wenn das Prüfungsrecht des § 166 Abs. 1 HGB nicht ausreicht, um seine Belange zu wahren. Ein *wichtiger Grund,* der einen Anspruch auf eine außerordentliche Prüfung gibt, liegt immer dann vor, wenn die Erfüllung der ordentlichen Informationsrechte für die sachgemäße Ausübung eines Mitgliedschaftsrechts nicht ausreicht und ein besonderer Gefährdungstatbestand vorliegt. Dafür genügt

- ein durch Tatsachen gerechtfertigter Verdacht, daß eine Schädigung der Gesellschaft oder der Rechte der Kommanditisten droht (so Schilling in Großkomm. HGB, § 166 Rdnr. 11)
  oder
- daß einem Kommanditisten die Abschrift der Jahresbilanz oder die zum Zwecke der Prüfung erforderliche Einsicht in die Bücher und Papiere der Gesellschaft verweigert wird (OLG Hamm, BB 1970, 509).

387 Das ordentliche Prüfungsrecht des Kommandisten im Sinne des § 166 Abs. 1 HGB kann durch entsprechende Vereinbarungen im Gesellschaftsvertrag erweitert, aber auch beschränkt werden.

Beispiel: Der Gesellschaftsvertrag einer KG sieht vor, daß das ordentliche Prüfungsrecht der Kommanditisten durch einen von den Gesellschaftern zu wählenden Beirat wahrzunehmen ist, der die Kommanditisten über das Ergebnis der Prüfung unterrichtet.

Aus Sinn und Zweck des § 166 Abs. 3 HGB, nämlich den Kommanditisten einen Mindestschutz zu gewähren, ergibt sich, daß das außerordentliche Prüfungsrecht aus wichtigem Grund durch Vereinbarungen im Gesellschaftsvertrag weder ausgeschlossen noch beschränkt werden kann (OLG Hamm, DB 1970, 724, 725).

bb) Kommanditisten können Geschäftsführungsmaßnahmen der persönlich haftenden Gesellschafter widersprechen, soweit diese über den gewöhnlichen Betrieb des Handelsgewerbes der Gesellschaft hinausgehen (§ 164 HGB). 388

Die herrschende Meinung in Literatur und Rechtsprechung geht davon aus, daß § 164 HGB ein *Zustimmungserfordernis für außergewöhnliche Geschäfte* aufstellt, weil sonst die von der Geschäftsführung ausgeschlossenen Kommanditisten keine Möglichkeit hätten, von ihrem Widerspruchsrecht Gebrauch zu machen (RGZ 158, 302, 305f.; A. Hueck, ZHR 125 (1963), 1, 20). Das Zustimmungserfordernis berührt allerdings nur das Verhältnis der Gesellschafter untereinander. Mit außenstehenden Dritten vorgenommene Rechtsgeschäfte sind trotz fehlender Zustimmung voll wirksam.

cc) Dem ausgeschiedenen Kommanditisten stehen zwar die Kontrollrechte gemäß § 166 HGB nicht mehr zu; bei Vorliegen eines rechtlichen Interesses kann er jedoch auf der Grundlage der §§ 810, 242 BGB die Bücher und Papiere aus der Zeit seiner Zugehörigkeit zur Gesellschaft einsehen. Das gilt insbesondere für den Fall, daß diese Unterlagen für die Berechnung seines Abfindungsguthabens von Bedeutung sind (so BGH GmbH-Rdsch. 1989, 289f.).

d) Treuepflicht und Wettbewerb 389

Auch den Kommanditisten ist die für Personengesellschaften typische Treuepflicht auferlegt. Allerdings hat der Gesetzgeber die Kommanditisten ausdrücklich von dem für persönlich haftende Gesellschafter geltenden Wettbewerbsverbot des § 112 HGB ausgenommen (§ 165 HGB). Damit ist den Beteiligten aber nicht die Möglichkeit genommen, derartige Verbote sowohl für die Zeit während des Bestehens der Gesellschaft, als auch für die Zeit nach ihrer Auflösung vertraglich zu vereinbaren. Daß Wettbewerbsabreden handelsrechtlich zulässig sind, bedeutet jedoch nicht, daß sie in jedem Fall mit anderen gesetzlichen Vorschriften vereinbar sind. Nicht nur § 138 BGB setzt der privatautonomen Gestaltungsfreiheit der Gesellschafter Grenzen. Fraglich dürfte häufig auch sein, ob zwischen den Gesellschaftern vereinbarte Wettbewerbsabreden von § 1 GWB erfaßt werden (vgl. dazu BGHZ 70, 331, 335f.; 89, 162, 189). Ist ein Kommanditist Wettbewerber der Gesellschaft, so kann aus § 242 BGB und der Treuepflicht, die ihm obliegt, folgen, daß er das ihm sonst zustehende Recht, selbst Einsicht in die Bücher und Papiere zu nehmen, nicht ausüben darf, soweit überwiegende Interessen der Gesellschaft entgegenstehen. Entscheidend ist in einem solchen Fall darauf abzustellen, ob und inwieweit die Einsicht in die Bücher und Papiere für die Gesellschaft die Gefahr begründet, daß die dadurch von dem Kommanditisten gewonnenen Kenntnisse zu wettbewerblichen Zwecken – zum Nachteil der Gesellschaft – verwendet werden (zum Wettbewerbsverbot bei einer beherrschenden Beteiligung an einer GmbH & Co KG siehe unten Rdnr. 415).

390 Der BGH (vgl. u.a. WM 1989, 1216ff.) neigt dazu, die Treuepflichten der Kommanditisten weiter auszudehnen und vertritt die Ansicht, ein Kommanditist dürfe auch dann, wenn er, wie im Regelfall, keinem Wettbewerbsverbot unterliegt, „wegen der ihm als Gesellschafter obliegenden Treuepflicht" keine Geschäfte an sich ziehen, die in den Geschäftsbereich der Gesellschaft fallen und dieser aufgrund bestimmter konkreter Umstände bereits zugeordnet sind.

3. Die Stellung des Kommanditisten im Verhältnis zu Dritten (Außenverhältnis)

391 **a) Die Vertretung**

Nach der gesetzlichen Regelung bleiben die Kommanditisten von der Vertretung der Gesellschaft ausgeschlossen (§ 170 HGB). Diese obliegt den persönlich haftenden Gesellschaftern.

§ 170 HGB ist, weil er das Verhältnis der Gesellschaft zu schutzwürdigen Dritten regelt, zwingendes Recht. Der Gesellschaftsvertrag kann deshalb eine davon abweichende Bestimmung, die den Kommanditisten die gesetzliche Vertretung der Gesellschaft und damit eine Organstellung überträgt, nicht wirksam treffen.

Der Kommanditist kann jedoch gewillkürter, d.h. durch Rechtsgeschäft bestimmter Vertreter der Gesellschaft werden. Diese Vollmacht kann auf bestimmte Rechtshandlungen beschränkt sein. Die Möglichkeit, einem Kommanditisten in großem Umfange Vertretungsmacht einzuräumen, bietet die Erteilung der Prokura an ihn (BGHZ 17, 392 ff.). Von dieser Möglichkeit wird insbesondere dann Gebrauch gemacht, wenn dem Kommanditisten auch die Geschäftsführungsbefugnis übertragen worden ist. 392

Beispiel: Kunz ist Kommanditist einer KG, deren Gegenstand die Herstellung und der Vertrieb von Scherzartikeln ist. Während der Winterferien, die Kunz in St. Anton am Arlberg verbringt, lernt er den Kaufmann Groß kennen, der mit Reinigungsmitteln handelt. Er erzählt dem Groß, daß er Gesellschafter der oben genannten KG sei und kauft, um Groß einen Gefallen zu tun, im Namen der KG für diese Reinigungsmittel im Werte von DM 2500,–. Der persönlich haftende Gesellschafter der KG erklärt, der Betrieb könne mit den Reinigungsmitteln nichts anfangen; er denke nicht daran, sie zu bezahlen. Ein Kaufvertrag mit der KG ist nicht zustande gekommen, weil Kunz gemäß § 170 HGB nicht zur Vertretung der Gesellschaft befugt ist. Er hat als Vertreter ohne Vertretungsmacht im Sinne des § 177 BGB gehandelt. Der zunächst schwebend unwirksame Vertrag ist vom persönlich haftenden Gesellschafter nicht genehmigt worden. Kunz kann daher von Groß aus § 179 BGB in Anspruch genommen werden; die KG selbst haftet nicht.

b) Die Haftung 393

Fall 7: K ist Kommanditist der Hein-Dachau-Elektroartikel KG. Er hat die Einlage in Höhe von DM 15000,– bei der Gründung der Gesellschaft im Jahre 1982 durch eine Geldzahlung in bar erbracht. In den Jahren 1982, 1983 und 1984 werden Gewinne von insgesamt DM 400000,– erwirtschaftet, von denen DM 100000,– auf K entfallen, der davon nichts entnimmt. 1985 und 1986 entstehen der KG Verluste in Höhe von insgesamt DM 500000,–; DM 125000,– davon entfallen auf K. Als im Frühjahr 1987 eine Betriebsprüfung durch das Finanzamt durchgeführt wird, stellt sich heraus, daß K für die Jahre 1982 und 1983 zu wenig Einkommensteuer entrichtet hat. Als das Finanzamt von ihm eine Einkommen- und Kirchensteuernachzahlung in Höhe von DM 11000,– verlangt, veranlaßt K, daß dieser Betrag aus der Gesellschaftskasse gezahlt wird. Bereits 1982 hatte die KG bei der X-Bank AG ein Darlehen in Höhe von DM 120000,– aufgenommen, dessen Rückzahlung am 1. Juli 1987 fällig wird. Die X-Bank AG verlangt von K nun Rückzahlung eines Teilbetrages in Höhe von DM 40000,–. Zu Recht?

Rdnr. 392, 393

394 Die Haftung der Kommanditisten für Verbindlichkeiten der Gesellschaft Dritten gegenüber ist auf die Höhe ihrer Einlage beschränkt. Soweit die Einlage geleistet ist, d.h. wenn der Gesellschaft in Höhe der Einlage ein Vermögenswert zugewachsen ist, ist die Haftung ausgeschlossen. Für die Haftungsbefreiung des Kommanditisten durch Leistung der Haftsumme gilt ähnlich wie im Recht der Kapitalgesellschaften das *Kapitalaufbringungsprinzip* (so BGHZ 109, 334, 337). Das bedeutet, daß der Kommanditist nur in Höhe des objektiven Wertes seiner Leistung von seiner Haftung gegenüber den Gesellschaftsgläubigern frei wird (so BGHZ 95, 188, 197 und 109, 334, 337).

Der Kommanditist, der die Einlage erbracht hat, ist allerdings nicht unter allen Umständen für die Zukunft von der Haftung ausgeschlossen. Die Haftungsbefreiung dauert nur so lange, wie der Kommanditist den seiner Haftsumme entsprechenden Vermögenswert im Gesellschaftsvermögen beläßt. Gemäß § 172 Abs. 4 HGB kann der Kommanditist wieder haftbar gemacht werden, wenn und soweit er die Einlage zurückbezahlt erhält. Den Gesellschaftsgläubigern gegenüber gilt die Einlage in Höhe der Rückzahlung als nicht geleistet (Zur dogmatischen Deutung der Kommanditistenhaftung vgl. Häsemeyer, ZHR 149 (1985), 42, 44 ff.).

395 Unter Rückzahlung im Sinne des § 172 Abs. 4 HGB ist jede Zuwendung aus dem Gesellschaftsvermögen an den Kommanditisten zu verstehen, mit der dem Gesellschaftsvermögen in Höhe der geleisteten Einlage Vermögenswerte entzogen werden, ohne daß dafür eine gleichwertige Gegenleistung erbracht wird, und die damit die Fähigkeit der Gesellschaft vermindert, die Gläubiger zu befriedigen (OLG Düsseldorf, GmbH-Rdsch. 1959, 114). Der Rückzahlung stehen gemäß § 172 Abs. 4 Satz 2 HGB die Entnahmen von Gewinnanteilen gleich, wenn diese erfolgen, während der Kapitalanteil des Entnehmenden unter den Betrag der geleisteten Einlage gesunken ist oder soweit durch die Entnahme der Kapitalanteil unter den Betrag der geleisteten Einlage herabgemindert wird.

Im oben geschilderten **Fall 7** könnte die X-Bank AG gemäß § 607 BGB i.Vb.m. § 172 Abs. 4 HGB einen Anspruch auf Zahlung von DM 40 000,– gegen K haben. K haftet den Gläubigern der Gesellschaft gegenüber, zu denen auch die X-Bank AG gehört, gemäß § 171 HGB nur in Höhe seiner Einlage.

Rdnr. 394, 395

Die Haftung ist ausgeschlossen, soweit die Einlage erbracht ist und der Kommanditist sie zur Verfügung durch die Gesellschaft beläßt. Durch die Zahlung von DM 15000,– ist K zunächst von der Haftung ausgeschlossen worden. Die Haftung könnte jedoch durch die Zahlung von DM 11000,– an das Finanzamt wieder aufgelebt sein, wenn es sich dabei um eine Entnahme im Sinne des § 172 Abs. 4 HGB handelte. Durch die Verluste der Jahre 1985 und 1986 waren die Gewinnanteile des K aus den Vorjahren aufgezehrt und sein Kapitalkonto negativ geworden. Der Kapitalanteil des K war unter den Betrag der geleisteten Einlage herabgesunken. Die Einkommen- und Kirchensteuerforderung des Finanzamtes an K bildete eine persönliche Verpflichtung des K, denn dieser und nicht die KG waren einkommen- und kirchensteuerpflichtig. Wenn diese persönliche Verbindlichkeit des K aus der Kasse der Gesellschaft beglichen wurde, so handelte es sich dabei um eine Entnahme im Sinne des § 172 Abs. 4 HGB. Dadurch lebte die Haftung des K in Höhe von DM 11000,– wieder auf. Gemäß § 607 BGB i. Vb. m. § 172 Abs. 4 HGB haftet K der X-Bank AG deshalb in Höhe von DM 11000,–, nicht aber in Höhe von DM 40000,–.

§ 172 Abs. 4. HGB gewährleistet im Ergebnis den Gesellschaftsgläubigern *nicht* eine bestimmte, aus dem Gesellschaftsvermögen und dem haftenden Gesellschaftervermögen gebildete Gesamthaftungsmasse, die es verbietet, aus dem Vermögen des persönlich haftenden Gesellschafters Einlagen des Kommanditisten in die Gesellschaft mit haftungsbefreiender Wirkung oder eine Rückzahlung der Einlage an ihn mit haftungsbegründender Wirkung zu leisten. Deshalb lebt die Haftung des ausgeschiedenen Kommanditisten nicht wieder auf, wenn ihm der persönlich haftende Gesellschafter aus eigenem Vermögen eine Leistung an Gesellschaftsgläubiger vergütet und aus rechtlichen oder tatsächlichen Gründen bei der Kommanditgesellschaft nicht Rückgriff nehmen kann (so BGHZ 93, 246). **396**

Wer als Kommanditist in eine bereits bestehende Handelsgesellschaft eintritt, haftet gemäß § 173 HGB auch für die Verbindlichkeiten, die bereits vor seinem Eintritt begründet worden sind. Aus der Kommanditistenstellung des Eintretenden ergibt sich allerdings, daß er nur beschränkt nach Maßgabe der §§ 171, 172 HGB haftet.

Beginnt die Kommanditgesellschaft mit ihrer Geschäftstätigkeit **397** schon vor ihrer Eintragung in das Handelsregister, haften diejenigen Kommanditisten, die dem Geschäftsbeginn zugestimmt haben, wie persönlich haftende Gesellschafter, also unmittelbar und unbeschränkt mit dem gesamten Privatvermögen für die bis zur Eintragung begründeten Verbindlichkeiten, es sei denn, der Gläubiger wußte um die Kommanditistenstellung (§ 176 Abs. 1 HGB). Daraus wird besonders deutlich, daß die Eintragung der Gesellschaft in das Handelsregister die Beschränkung der Haftung der Kommanditisten bewirkt.

398 Gemäß § 176 Abs. 2 HGB haftet der als Kommanditist in eine bereits bestehende Handelsgesellschaft Eintretende ebenfalls unmittelbar und unbeschränkt, soweit es sich um Verbindlichkeiten handelt, die in der Zeit zwischen seinem Eintritt und der Eintragung des Eintritts in das Handelsregister entstehen. Voraussetzung für die unbeschränkte Haftung des eintretenden Kommanditisten ist nicht eine Zustimmungserklärung desselben zu dem Beginn des Geschäftes oder dessen Weiterführung. Sinn und Zweck des § 176 Abs. 2 HGB entspricht es, daß „unterschiedslos ohne Rücksicht auf interne Erklärungen haftet, wer mitverantwortlich in den Kreis der Gesellschafter eingetreten ist und auf wessen Rechnung das Gesellschaftsunternehmen fortan betrieben wird“ (so BGHZ 82, 209, 212). Wenn der beitretende Kommanditist die unbeschränkte Haftung vermeiden will, muß er das Wirksamwerden seines Beitritts von der Eintragung im Handelsregister abhängig machen (vgl. BGHZ 82, 209, 212).

Ein nicht eingetragener Kommanditist haftet einem Gläubiger der Gesellschaft gemäß § 176 HGB auch dann unbeschränkt, wenn der Gläubiger von der Beteiligung dieses Kommanditisten keine Kenntnis hat (so BGH WM 1986, 1280).

III. Der Wechsel von Gesellschaftern und die Beendigung der Kommanditgesellschaft

1. Der Wechsel von Gesellschaftern

a) Ausscheiden und Eintritt von Gesellschaftern bei der KG

399 Für das Ausscheiden und den Eintritt von Gesellschaftern gilt bei der KG im wesentlichen das gleiche wie bei der OHG (vgl. dazu oben ausführlich Rdnr. 309 ff.). Ein wesentlicher Unterschied besteht allerdings darin, daß gem. § 177 HGB der Tod eines Kommanditisten die Auflösung der Gesellschaft nicht zur Folge hat.

Der Gesellschafterwechsel – meist ein Kommanditistenwechsel – **400** vollzieht sich heute, soweit es sich nicht um die Fortsetzung der KG mit den Erben eines Gesellschafters handelt, in der Regel in der Weise, daß der ausscheidende Gesellschafter seinen Anteil an der Gesellschaft mit der Zustimmung der übrigen Gesellschafter auf die Person überträgt, die für ihn in die Gesellschaft eintreten soll. Der Erwerber des Anteils rückt, wenn nichts anderes vereinbart ist, ohne weiteres in die Rechtsstellung ein, die bis dahin der ausscheidende Gesellschafter innehatte (vgl. BGHZ 81, 82, 84; dazu Eckert, ZHR 147 [1983], 565 ff.).

Bei dem Wechsel von Gesellschaftern können Schwierigkeiten bei der Be- **401** stimmung der Haftungsfolgen auftreten. Gemäß § 173 HGB haftet der *neue Gesellschafter* grundsätzlich für alte und neue Verbindlichkeiten gemäß §§ 171 und 172 HGB, d.h. seine Haftung ist grundsätzlich ausgeschlossen, wenn die Einlage vollständig erbracht und weder ganz noch teilweise wieder zurückgezahlt ist (§ 172 Abs. 4 HGB). Ob bei einem Gesellschafterwechsel die Haftung des Altkommanditisten gemäß § 172 Abs. 4 HGB wieder auflebt, hängt davon ab, wie der Wechsel der Gesellschafter gestaltet wird:

– Tritt der Altkommanditist aus der Gesellschaft aus und läßt sich von dieser **402** abfinden, während der Neukommanditist unter Zahlung seiner Einlage eintritt, so ist in der Abfindung eine Rückzahlung gemäß § 172 Abs. 4 HGB zu sehen, die die Haftung des Altkommanditisten wieder aufleben läßt.

  Wenn diese im Regelfall ja nicht gewünschte Haftungsfolge aus der Kombination von Austritt und Eintritt vermieden werden soll, müßte die Anteilsübertragung direkt vom Altkommanditisten an den Neukommanditisten erfolgen (vgl. dazu auch oben Rdnr. 315 f.). Das ist möglich, wenn die übrigen Gesellschafter zustimmen oder der Gesellschaftsvertrag dies vorsieht. Allerdings lebt die Haftung des ausscheidenden Kommanditisten nur dann nicht nach § 172 Abs. 4 HGB wieder auf, wenn ein entsprechender *Rechtsnachfolgevermerk* im Handelsregister eingetragen ist (vgl. BGHZ 81, 82, 86). Im übrigen ist zu berücksichtigen, daß die Kommanditisteneinlage nicht doppelt, sondern nur einmal abgedeckt sein muß (vgl. dazu K. Schmidt, Gesellschaftsrecht, § 54 IV 3).

– *Fehlt ein solcher Rechtsnachfolgevermerk,* kann der Anschein erweckt sein, es sei **403** ein neuer Gesellschafter mit einer neuen Einlage in die Gesellschaft eingetreten, und zwar ohne rechtlichen Zusammenhang mit dem Ausscheiden eines anderen (vgl. BGHZ 81, 82, 86 f.). Nach § 15 Abs. 1 HGB ist in einem solchen Fall die Haftungssituation im Verhältnis zu den Gläubigern wie diejenige beim Eintritt eines neuen Gesellschafters zu bewerten. Der neue Gesellschafter haftet also gemäß § 173 HGB neben dem alten, kann sich allerdings im Gegensatz zu dem Altkommanditisten auf die erbrachte Einlageleistung berufen. Denn in einem solchen Fall lebt die Haftung des früheren Kommanditisten wieder auf, „weil mit der Übertragung der Rechtsposition auf den neuen Kommanditisten auf diesen auch das Recht übergegangen ist, sich auf die Einlageleistung seines Rechtsvorgängers und die Wirkung des § 171 Abs. 1 Halbs. 2 HGB zu berufen, so daß die im Handelsregister weiter eingetragene Haftsumme des früheren Kommanditisten durch seine frühere Einlageleistung fortan nicht mehr gedeckt ist"; § 172 Abs. 4 HGB ist entsprechend anzuwenden (so BGHZ 81, 82, 89. Vgl. zu der Problematik K. Schmidt, Gesellschaftsrecht, § 54 IV 3).

404 Besonders schwierig ist die Frage zu beantworten, ob der durch Anteilsübertragung ausgeschiedene Altkommanditist erneut gem. § 172 Abs. 4 HGB in die Haftung genommen werden soll, wenn die Einlagenrückzahlung an den neuen Kommanditisten erfolgt. Unbestritten ist, daß den *Neugläubigern* nur der neu eingetretene Kommanditist haftet, wenn der ausgeschiedene seine Einlage geleistet und er darauf nichts zurückerhalten hat (so das RG in einer Entscheidung aus dem Jahre 1944, die wegen ihrer Bedeutung 1964 (WM 1964, 1130 ff.) noch einmal veröffentlicht worden ist). Umstritten ist allerdings, ob in solchen Fällen der ausgeschiedene Kommanditist den Altgläubigern haftet. Das RG hat in dieser grundlegenden Entscheidung die Auffassung vertreten, daß die Haftung des ausscheidenden Kommanditisten wieder auflebt, wenn der Nachfolger sich Rückzahlungen gewähren läßt. Das RG meint, dies folge „notwendig aus dem allgemeinen Rechtssatz, daß sich kein Gläubiger gegen seinen Willen einen anderen Schuldner aufzwingen zu lassen braucht"; eine andere Rechtsgestaltung würde „eine offenbar unbillige Verkürzung" der Rechte der Altgläubiger bedeuten. Die vom RG (WM 1964, 1130, 1133) angenommene Rechtsfolge ergibt sich nicht zwingend aus den §§ 171 ff. oder § 15 HGB, wenn der Rechtsnachfolgevermerk in das Handelsregister eingetragen worden ist und der ausscheidende Kommanditist seine Einlage erbracht hatte (kritisch dazu Michel, ZGR 1993, 118 ff.).

405 Umstritten ist, ob § 176 Abs. 2 HGB nach Sinn und Zweck nur auf den „echten Neueintritt" (so K. Schmidt, Gesellschaftsrecht, § 55 II 2) oder auch auf den derivativen Anteilserwerb anzuwenden ist. K. Schmidt (Gesellschaftsrecht, § 55 II 2) will die strenge Haftung nach § 176 Abs. 2 HGB auf den Fall beschränken, daß die Gesellschaft durch Bildung eines neuen Anteils erweitert wird. Demgegenüber wendet der BGH (u. a. BGHZ 66, 98, 100) § 176 Abs. 2 HGB auch auf Fälle der Rechtsnachfolge an (neuerdings allerdings nicht auf den in die Gesellschaft eintretenden Erben, so BGHZ 108, 187, 197).

Nach Ansicht des BGH (WM 1983, 651 f.) haftet gem. § 176 Abs. 2 HGB auch derjenige im Handelsregister nicht eingetragene Kommanditist unbeschränkt mit seinem Privatvermögen, der den Kommanditanteil mit Zustimmung der übrigen Gesellschafter durch Übertragung erworben hat. Der BGH betont, der *Gesetzeszweck* – die beschränkte Haftung soll generell von einer entsprechenden Eintragung im Handelsregister abhängig gemacht werden, damit der Rechtsverkehr vor nicht öffentlich bekannt gemachten Haftungsbeschränkungen geschützt und Klarheit über die Höhe der einzelnen Beteiligungen und des gesamten Kommanditistenkapitals einer Gesellschaft herbeigeführt wird (BGHZ 82, 209, 213) – werde nur erreicht, wenn die unbeschränkte Haftung zu Lasten nicht eingetragener Gesellschafter an die bloße Tatsache ihrer Zugehörigkeit zu der Handelsgesellschaft anknüpfe; dabei dürfe nicht unterschieden werden, auf welche Weise diese Mitgliedschaft – durch Mitgründung der Gesellschaft, späteren gesellschaftsvertraglichen Beitritt, Erbfolge der Übertragung im oben bezeichneten Sinne – zustande gekommen ist (kritisch dazu Huber, ZGR 1984, 146, 160ff.).

Über § 161 Abs. 2 HGB findet auch § 140 HGB auf die KG Anwendung (vgl. oben Rdnr. 309f.). Da Kommanditisten, anders als die Gesellschafter einer OHG, nicht auf eine sehr enge Zusammenarbeit angewiesen sind, können persönliche Spannungen und gesellschaftsbezogene Meinungsverschiedenheiten die Ausschließung eines Kommanditisten aus der Gesellschaft nur in besonders schwerwiegenden Fällen rechtfertigen. Das ist dann der Fall, wenn der Verbleib eines Gesellschafters für die anderen Gesellschafter unzumutbar ist (vgl. BGH ZIP 1995, 113).

Nicht selten werden in die Gesellschaftsverträge sog. „Hinauskündigungsklauseln“ aufgenommen. Es handelt sich dabei um Vereinbarungen, mit Hilfe derer an die Stelle des gesetzlich vorgesehenen Ausschließungsverfahrens (Gestaltungsklage gem. § 140 HGB) ein entsprechendes Gestaltungsrecht der Gesellschafterversammlung oder einzelner Gesellschafter treten soll. Darüber hinaus wird nicht selten auch materiellrechtlich festgelegt, daß nicht nur ein wichtiger Grund i. S. der §§ 140 und 133 HGB die Ausschließung eines Gesellschafters rechtfertigen soll. Der BGH (BGHZ 68, 212ff.; 81, 263ff.) hält solche „Hinauskündigungsklauseln“ zwar für grundsätzlich zulässig, betont aber, daß stets die der Vertragsfreiheit immanenten Grenzen zu beachten seien. Deshalb dürfen durch solche Klauseln die allgemeinen Grundsätze der Rechtsordnung, vor allem aber auch die Grundprinzipien des Gesellschaftsrechts nicht verletzt werden. Klauseln dieser Art dürfen in Gesellschaftsverträgen nicht so gestaltet sein, daß sie „die nach dem Gesellschaftsvertrag erforderliche Zusammenarbeit der Gesellschafter im Kern treffen, die Erfüllung der dem einzelnen Gesellschafter obliegenden Aufgaben gefährden und die im Rahmen des gemeinsamen Unternehmens gebotene gesellschaftstreue Mitarbeit in Frage stellen“ (so BGHZ 81, 263, 266. Dazu Kreutz, ZGR 1983, 109ff.). Der BGH (JZ 1985, 1105ff.) hat im Hinblick auf die Wirksamkeit sog. „Hinauskündigungsklauseln“ den Charakter der Personengesellschaft als „Arbeits- und Haftungsgemeinschaft“ betont, der in besonderem Maße auf gegenseitigem Vertrauen beruhe und deshalb eine besondere Treuepflicht begründe. Der BGH (JZ 1985, 1105f.) hat deshalb eine Klausel im Gesellschaftsvertrag gemäß § 138 BGB für sittenwidrig und damit nichtig gehalten, die einzelnen Gesellschaftern das Recht einräumen sollte, Mitgesellschafter nach freiem Ermessen aus der Gesellschaft auszuschließen. Der BGH sieht durch eine solche Klausel die nach dem Gesellschaftsvertrag erforderliche Zusammenarbeit der Gesellschafter im Kern getroffen und die Erfüllung der dem einzelnen Gesellschafter obliegenden Auf- **406** gaben gefährdet (vgl. zur Problematik auch BGHZ 105, 213, 216f. u. 107, 351ff.).

b) Die Fortsetzung der KG mit den Erben der Gesellschafter

407 Der oder die Erben rückten mit dem Erbfall automatisch in die ihnen zugedachte Gesellschafterstellung – Komplementär oder Kommanditist – ein, ohne daß es dazu einer besonderen Erklärung der Erben bedarf. Bei einer entsprechenden Regelung im Gesellschaftsvertrag wird der Gesellschaftsanteil eines persönlich haftenden Gesellschafters unter der vorausbestimmten Umwandlung in eine Kommanditbeteiligung vererbt (so BGHZ 101, 123, 125). Der Kommanditist einer KG kann, wenn er Erbe des persönlich haftenden Gesellschafters wird, bei entsprechender gesellschaftsvertraglicher und gesetzlicher Regelung durch Erbfall zum Komplementär werden. Das Kommanditistenverhältnis entfällt allerdings (so OLG Schleswig, OLGZ 1991, 44). Daß in einer KG derselbe Gesellschafter nicht zugleich Kommanditist und Komplementär sein kann, beruht auf dem Grundsatz, daß derselbe Gesellschafter nicht zugleich beschränkt und unbeschränkt haften kann (vgl. OLG Hamm, NJW 1982, 835; OLG Schleswig, OLGZ 1991, 44).

Wie oben (Rdnr. 321) bereits erwähnt, kann ein Testamentsvollstrecker nach Ansicht des BGH (BGHZ 108, 187) den Anteil eines persönlich haftenden Gesellschafters *nicht* verwalten. Für den Kommanditisten gilt dies hingegen nicht, soweit er nicht geschäftsführungs- und vertretungsbefugt ist. Der Kommanditist haftet gemäß § 171 Abs. 1 HGB beschränkt auf seine Einlage. Soweit diese geleistet ist, kann er für Gesellschaftsverbindlichkeiten nicht in Anspruch genommen werden. Deshalb bestehen nach Ansicht des BGH (BGHZ 108, 187, 195) gegen die Zulässigkeit der Testamentsvollstreckung für einen Kommanditanteil keine Bedenken (vgl. zur Problematik Ulmer, NJW 1990, 73ff.).

2. Die Beendigung der Kommanditgesellschaft

408 Auf die Auflösung der KG finden gem. § 161 HGB die §§ 131ff. HGB Anwendung (vgl. dazu oben Rdnr. 305ff.).

Auch der einzige persönlich haftende Gesellschafter (Komplementär) einer KG kann in entsprechender Anwendung des § 140 HGB ausgeschlossen werden (BGHZ 6, 113). Das Ausscheiden des einzigen Komplementärs führt zur Auflösung der Gesellschaft, weil eine KG ohne Komplementär nicht bestehen kann (vgl. G.Hueck, Gesellschaftsrecht, § 18 VII 3).

Stirbt bei einer zweigliederigen Gesellschaft der eine der beiden Gesellschafter und wird er von dem anderen allein beerbt, so wird dadurch die Gesellschaft nicht nur aufgelöst, sondern gleichzeitig beendet. Der verbleibende Gesellschafter wird Alleininhaber des Unternehmens (vgl. BGHZ 65, 79, 82f.; BGH WM 1991, 224f.). Das Gesellschaftsvermögen geht wie im Falle der Geschäftsübernahme nach § 142 HGB im Wege der Gesamtrechtsnachfolge auf den früheren Gesellschafter über (vgl. BGHZ 113, 132ff.). Der Kommanditist, der dadurch Alleininhaber des Gesellschaftsvermögens wird, daß er die Beteiligung seines einzigen, persönlich haftenden Gesellschafters erbt, haftet für die bisherigen Gesellschaftsverbindlichkeiten unter den Voraussetzungen des § 27 HGB (so BGHZ 113, 132).

§ 20. Die GmbH & Co KG

Schrifttum: Th. Raiser, Recht der Kapitalgesellschaften, §§ 42ff.; K.Schmidt, Die GmbH & Co – eine Zwischenbilanz, GmbH-Rdsch. 1984, 242ff.

I. Einleitung

Von der Möglichkeit, eine GmbH als einzige persönlich haftende Gesellschafterin einer Kommanditgesellschaft einzusetzen, wird besonders häufig Gebrauch gemacht. **409**

Die GmbH & Co KG ist eine Kommanditgesellschaft, also als Personengesellschaft einzuordnen. Als solche unterliegt sie den §§ 1ff. und 161 HGB. Das bedeutet u.a., daß sie nur dann in das Handelsregister eingetragen werden kann, wenn sie ein den §§ 1ff. HGB entsprechendes Gewerbe betreibt; dazu gehört die planmäßige, entgeltliche und nach h.M. auch gewinnorientierte Unternehmenstätigkeit (vgl. BayObLG, JuS 1985, 416f. mit Anm. v. K.Schmidt).

Die rechtliche Zulässigkeit der GmbH & Co. KG steht schon lange **410**
außer Frage, zumal das HGB nach entsprechenden Änderungen als

selbstverständlich von der Existenz dieser Rechtsform ausgeht (vgl. §§ 130a und b sowie § 177a HGB). Zweifel an der Zulässigkeit der GmbH & Co KG sind früher in erster Linie im Hinblick auf den Gläubigerschutz geäußert worden. Dabei ist die Auffassung vertreten worden, bei der GmbH & Co KG gäbe es letztlich keinen Gesellschafter, der unbeschränkt hafte, weil die GmbH als einzige persönlich haftende Gesellschafterin nur mit ihrem Gesellschaftsvermögen hafte. Dazu ist allerdings zu bemerken, daß die Haftung der Komplementär-GmbH eine unbeschränkte – wenn auch auf das Gesellschaftsvermögen beschränkte – ist. Auch wenn eine natürliche Person persönlich haftende Gesellschafterin einer KG ist und als solche unbeschränkt mit ihrem Privatvermögen haftet, darf nicht übersehen werden, daß das Privatvermögen einer natürlichen Person oft ebenso wenig wie das Gesellschaftsvermögen einer GmbH ausreicht, um alle Gläubiger der Gesellschaft zu befriedigen.

II. Die Struktur der GmbH & Co KG

411 Eine GmbH & Co KG kann auf verschiedene Arten strukturiert sein. Im wesentlichen kommen zwei Arten in Betracht:
- die Gesellschafter der geschäftsführenden GmbH sind insgesamt oder zum Teil andere Personen als diejenigen, die die Kommanditisten der KG sind, oder
- alle Gesellschafter sind sowohl Gesellschafter der GmbH als auch gleichzeitig Kommanditisten der KG.

Beispiel: Schmitz und Kargus sind die Gesellschafter einer GmbH, die einzige persönlich haftende Gesellschafterin einer Kommanditgesellschaft ist. Kohn und Gutzeit sind Kommanditisten. Hier sind verschiedene natürliche Personen an der GmbH einerseits und der Kommanditgesellschaft unmittelbar andererseits beteiligt.

Beispiel für eine GmbH & Co KG, bei der alle Kommanditisten auch Gesellschafter der GmbH sind: Merker und Fasel sind zu gleichen Teilen Gesellschafter der GmbH, die die einzige persönlich haftende Gesellschafterin der Kommanditgesellschaft ist. Sie sind zugleich auch die einzigen Kommanditisten.

III. Das auf die GmbH & Co KG anzuwendende Recht

Bei der GmbH & Co KG werden zwei Gesellschaftsformen miteinander verbunden. Deshalb ist sowohl das Recht der GmbH als auch das Recht der Kommanditgesellschaft anzuwenden. Auf die Kommanditgesellschaft sind die §§ 161 ff. HGB und auf die GmbH die Vorschriften des GmbH-Gesetzes anzuwenden. 412

So werden z.B. die Geschäftsführer der GmbH nach GmbH-Recht bestellt und abberufen. Durch Gesellschaftsvertrag kann allerdings eine andere Regelung getroffen werden.

Wenn im Namen der GmbH & Co KG ein nicht unter § 1 HGB fallender Geschäftsbetrieb eröffnet wird, bevor die Komplementär-GmbH und die KG im Handelsregister eingetragen worden sind, so besteht zunächst eine Gesellschaft bürgerlichen Rechts. Mit der Eintragung beider Gesellschaften wird die KG, soweit nichts anderes vereinbart ist, ohne weiteres Schuldnerin der ursprünglich für die BGB-Gesellschaft begründeten Geschäftsverbindlichkeiten (BGHZ 69, 95, 97 ff.). Wird jedoch im Namen einer GmbH & Co KG ein unter § 1 HGB fallender Geschäftsbetrieb eröffnet, bevor die GmbH und die Kommanditgesellschaft eingetragen worden sind, so besteht schon vor der Eintragung der GmbH eine Personengesellschaft des Handelsrechts. Wenn es sich dabei um eine OHG handelt, so haften die Gesellschafter für die bis zur Eintragung begründeten Verbindlichkeiten der Gesellschaft gemäß § 128 HGB (BGHZ 70, 132, 134).

Auf das Verhältnis der Kommanditisten zur GmbH ist das Recht der Kommanditgesellschaft (§§ 161 ff. HGB) anzuwenden. Das bedeutet z.B., daß die GmbH und ihre Geschäftsführer im Hinblick auf die Geschäftsführung nicht von den Weisungen der Kommanditisten abhängig sind, soweit der Gesellschaftsvertrag nicht eine andere Regelung vorsieht. Auch in der GmbH & Co KG haftet der nicht im Handelsregister eingetragene Kommanditist gemäß § 176 HGB unbeschränkt (BGH WM 1979, 1057 f.). 413

Ist die GmbH & Co KG so strukturiert, daß die Kommanditisten gleichzeitig Gesellschafter der GmbH sind, ist die Rechtslage komplizierter. In einem solchen Falle können z.B. den Gesellschaftern Infor- 414 mationsrechte einmal gemäß § 166 HGB als Kommanditisten und darüber hinaus als Gesellschafter der GmbH (gemäß § 51 a GmbHG) zustehen (vgl. BGH WM 1988, 1447f. u. OLG Hamm, NJW 1986, 1693 f.). So können in der Regel die Gesellschafter als Gesellschafter der GmbH durch einfachen Mehrheitsbeschluß jederzeit Auskunft und Vorlage aller Geschäftspapiere von den Geschäftsführern verlangen. Gegenstand des Auskunftsanspruchs gemäß § 51 a GmbHG, d.h. Angelegenheiten der GmbH, die Komplementärin einer KG ist, sind auch die Angelegenheiten der KG. Deshalb erstreckt sich das Einsichtsrecht als Teil eines einheitlichen Informationsanspruchs auch auf die Bücher und Schriften der KG (so OLG Düsseldorf WM 1990, 1823). Der Geschäftsführer der GmbH unterliegt einem Wettbewerbsverbot, das sich nicht aus dem Recht der Kommanditgesellschaft, sondern aus dem Recht der GmbH, der Treuepflicht der GmbH-Gesellschafter gegenüber der GmbH, ergibt (Schilling in: Hachenburg, § 35 GmbHG Anm. 52).

415 Führen Zahlungen der Kommanditgesellschaft an einen oder mehrere Gesellschafter dazu, daß das Vermögen der Komplementär-GmbH nach Abzug der Verbindlichkeiten nicht mehr der Höhe des Stammkapitals entspricht, so liegt darin ein Verstoß gegen § 30 GmbHG (Erhaltung des Stammkapitals) (so BGHZ 60, 324, 328; 69, 274, 279). Das gilt auch für den Fall, daß der Kommanditist nicht gleichzeitig Gesellschafter der GmbH ist (so BGHZ 110, 342).

In der KG trifft das Wettbewerbsverbot nach dem Wortlaut des Gesetzes (§§ 161, 165, 112 HGB) nur den Komplementär. Da sich das Wettbewerbsverbot auf das *Innenverhältnis der Gesellschafter* bezieht, kann es jedoch nicht entscheidend darauf ankommen, welche Stellung der verpflichtete Gesellschafter nach außen einnimt. Maßgeblich ist vielmehr seine Stellung im Innenverhältnis. Bestimmt er im Innenverhältnis ausschlaggebend die Geschicke der Gesellschaft, so trifft ihn auch eine erhöhte Treuepflicht und daraus folgend ein Wettbewerbsverbot. Letzteres gilt insbesondere auch für den die Gesellschaft beherrschenden Mehrheitsgesellschafter oder eine die Gesellschaft beherrschende Gruppe, weil für die Gesellschaft eine besondere Gefährdungslage entsteht, wenn ein herrschender Gesellschafter außerhalb der Gesellschaft unternehmerisch tätig wird (so BGHZ 89, 162, 166). Deshalb kann in einer GmbH & Co KG auch derjenige einem Wettbewerbsverbot unterliegen, der mit hoher Mehrheit sowohl am Kommanditkapital als auch am Kapital der Komplementär-GmbH beteiligt ist und aufgrund dieser mehrheitlichen Beteiligung die Gesellschaft beherrscht (BGHZ 89, 162). Das Wettbewerbsverbot gilt gem. §§ 161,

112 HGB auch für die Komplementär-GmbH (a.A. gegen den Wortlaut des Gesetzes OLG Frankfurt [BB 1982, 1383 f.] mit nicht vertretbarer Begründung).

Die Gesellschaftszusätze „GmbH" und „KG" müssen in dieser Rei- 416
henfolge hintereinander gesetzt werden, weil bei einer anderen Reihenfolge der Eindruck entstehen könnte, daß es sich nicht um eine Kommanditgesellschaft, sondern um eine GmbH handelt.

Der BGH (BGHZ 62, 216, 226; 65, 103, 105; 71, 354, 356) hat nachhaltig betont, daß die Firma einer Kommanditgesellschaft, deren alleinige persönlich haftende Gesellschafterin eine GmbH ist, in entsprechender Anwendung des § 4 Abs. 2 GmbHG und des § 4 Abs. 4 AktG einen Zusatz wie etwa „GmbH & Co KG" haben muß. Eine entsprechende Anwendung der genannten Vorschriften ist geboten, weil bei der GmbH & Co KG, obwohl es sich bei ihr um eine Personengesellschaft handelt, den Gläubigern letztlich nur eine beschränkte Vermögensmasse haftet und zum Schutz der Gläubiger diese Haftungsbeschränkung durch einen die wirkliche Rechtsform bezeichnenden Zusatz in der Firma offenbart werden muß (vgl. zu den Einzelheiten Kübler, § 21 III). Für den Fall der Firmenneubildung ergibt sich die Notwendigkeit einer solchen Bezeichnung bereits aus § 19 Abs. 1 und 2 HGB.

Der Geschäftsführer einer Komplementär-GmbH haftet bei Verlet- 417
zung seiner Geschäftsführungspflichten auch gegenüber der Kommanditgesellschaft. Bei einer vernünftigen, Treu und Glauben und der Interessenlage entsprechenden Betrachtung ist davon auszugehen, daß das wohlverstandene Interesse der ausschließlich oder vorwiegend zur Geschäftsführung der KG eingesetzten Komplementär-GmbH ebenfalls auf eine ordnungsmäßige Leitung der KG gerichtet ist, weil die GmbH auf eine günstige wirtschaftliche Entwicklung ihrer Beteiligung bedacht sein muß und als persönlich haftende Gesellschafterin selbst aus dem Gesellschaftsverhältnis gegenüber der KG zu einer sorgfältigen Geschäftsführung verpflichtet ist. Daraus folgt, daß in einem solchen Fall die Verantwortlichkeit des Geschäftsführers aufgrund seines Dienstverhältnisses zur GmbH und dementsprechend die Haftung aus § 43 Abs. 2 GmbHG auch auf die Kommanditgesellschaft zu erstrecken ist (BGH WM 1980, 593; vgl. auch BGHZ 75, 321 ff.). Ne-

ben Ansprüchen gegen den Geschäftsführer aus § 43 GmbHG können gegen diesen auch deliktische Ansprüche aus § 823 Abs. 2 BGB i. Vb. m. § 266 StGB bestehen (vgl. BGHZ 100, 190). Auch wenn der einzige persönlich haftende Gesellschafter eine GmbH ist, kann dieser (der Komplementär-GmbH) in der GmbH & Co KG gem. §§ 161 Abs. 2, 117 HGB die Geschäftsführungsbefugnis grundsätzlich entzogen werden. Die GmbH muß sich in einem solchen Fall das Tun und Unterlassen ihrer Geschäftsführer zurechnen lassen (BGH NJW 1984, 173).

418 Wenn ein ehemaliger persönlich haftender Gesellschafter einer OHG oder KG bei der Umgestaltung der Handelsgesellschaft in eine GmbH & Co KG Kommanditist wird und als Geschäftsführer der Komplementär-GmbH die Geschäfte der Gesellschaft weiterführt, kann er wegen seiner unbeschränkten Haftung für die vor der Umwandlung entstandenen Gesellschaftsverbindlichkeiten nicht die Sonderverjährung des § 159 HGB in Anspruch nehmen (BGHZ 78, 114, 117 f.; vgl. oben Rdnr. 299 f.).

Nunmehr wird durch § 160 Abs. 3 Satz 2 n. F. HGB die Haftungsbegrenzung gemäß § 160 Abs. 1 und 2 n. F. HGB, die für einen ausscheidenden persönlich haftenden Gesellschafter gilt, auch für den Fall angeordnet, daß der ehemalige persönlich haftende Gesellschafter in der Gesellschaft oder einem ihr angehörenden Unternehmen geschäftsführend tätig wird; also auch für die Fälle, in denen der ehemalige persönlich haftende Gesellschafter einer OHG oder KG, die in eine GmbH & Co KG umgewandelt worden ist, nicht nur Kommanditist geworden ist, sondern auch als Geschäftsführer der Komplementär-GmbH die Geschäfte der Gesellschaft führt (vgl. dazu und zu den Übergangsregelungen in Art. 35 und 36 EGHGB oben Rdnr. 291 ff.).

419 Wenn ein Konkursverfahren über die Hauptgesellschaft (die KG) eröffnet wird, so ist das für diese Auflösungsgrund gem. § 131 Nr. 3 HGB. Der Konkurs der Hauptgesellschaft zieht nicht notwendig den Konkurs der Komplementär-GmbH mit sich (vgl. Th. Raiser, § 46 II). Anders als bei den übrigen Personengesellschaften löst bei der GmbH & Co KG nicht nur die Zahlungsunfähigkeit, sondern – wie bei den Kapitalgesellschaften – auch die Überschuldung die Verpflichtung aus, den Konkurs anzumelden (§§ 130 a, 177 a HGB).

Für den Fall, daß ein Kommanditist einer GmbH & Co KG sich im Gesellschaftsvertrag verpflichtet, *neben* seiner Kommanditeinlage als Teil seiner Einlagepflicht der Gesellschaft ein Darlehen zu gewähren, das nach der ihm zugedachten Funktion Eigenkapitalcharakter hat, so ist jedenfalls für die Konkurssituation zu klären, ob dieses Darlehen zur Haftungsmasse der KG gehört, die deren Gläubigern zur Verfügung steht (vgl. BGHZ 104, 33).

§ 21. Die kapitalistisch organisierte Kommanditgesellschaft

Schrifttum: Berg, Hauptprobleme bei den Personengesellschaften des Handelsrechts, JuS 1974, 685 ff.; Eisenhardt, Die Stellung der Gesellschaftererben am Beispiel der kapitalistisch organisierten Kommanditgesellschaft, JuS 1975, 413 ff.; U. Hüffer, Der Aufsichtsrat in der Publikumsgesellschaft, ZGR 1980, 320 ff.; derselbe, Organpflichten und Haftung in der Publikumspersonengesellschaft, ZGR 1981, 348 ff.; Köhler, Die Willensbildung in der OHG und KG, JA 1983, 168 ff.; H. P. Westermann, Vertragsfreiheit und Typengesetzlichkeit im Recht der Personengesellschaften, 1970.

I. Die Gründe für die mögliche Abweichung vom gesetzlichen Vorbild der KG und der Begriff der kapitalistisch organisierten Kommanditgesellschaft

1. Die Gründe für die Abweichung vom gesetzlichen Vorbild der Kommanditgesellschaft

Verschiedene Gründe lassen es häufig geboten erscheinen, eine Kommanditgesellschaft durch den Gesellschaftsvertrag anders zu gestalten, als es die gesetzliche Regelung vorsieht. Dies begegnet rechtlich keinen Bedenken, weil die gesetzliche Typenregelung der Parteidisposition in weitem Umfange freie Hand läßt. **420**

So kann z.B. die Zahl der Kommanditisten, wie insbesondere bei den sogenannten Familiengesellschaften durch Erbfolge, so stark anwachsen, daß es unzweckmäßig wäre, allen Kommanditisten die Ausübung der Rechte, die ihnen nach dem Gesetz zustehen, unbeschränkt zu überlassen, weil die Mitwirkung aller Kommanditisten die Handlungsfähigkeit der Gesellschaft wesentlich einengen würde.

Beispiel: Drei Personen gründen eine Kommanditgesellschaft. Der Gesellschaftsvertrag sieht vor, daß die Gesellschaft mit den Erben fortgesetzt werden soll. Nach 40 Jahren gehören der Gesellschaft 45 Gesellschafter an. Bei einer so großen Zahl von Gesellschaftern ist es im Regelfall unmöglich, alle Gesellschafter in der gebotenen Eile zu einer Entscheidung zu den Problemen zu bewegen, bei denen die Kommanditisten ihre Zustimmung erteilen müssen. Es ist deshalb zweckmäßig, die den Kommanditisten zustehenden Befugnisse einigen Kommanditisten zu übertragen, die diese für alle Kommanditisten in einem sogenannten Kommanditistenausschuß, Beirat oder Verwaltungsrat ausüben. Häufig ist die Übertragung aller Mitwirkungsrechte der Kommanditisten, die überhaupt übertragbar sind, auf einen solchen Beirat oder Kommanditistenausschuß empfehlenswert.

421 Andererseits können es aber auch die Zusammensetzung der Gesellschaft und ihre Zielsetzung erforderlich machen, die Rechte der Kommanditisten zu vermehren. Dies dürfte in der Regel der Fall sein, wenn der wirtschaftliche Schwerpunkt bei den Kommanditisten liegt, d.h. wenn die Hauptgeldgeber diejenigen Gesellschafter sind, die nicht bereit sind, persönliche Haftung zu übernehmen und sich, wozu der persönlich haftende Gesellschafter im Zweifel verpflichtet ist, um die alltäglichen Geschäfte zu kümmern. Bei derart strukturierten Gesellschaften werden die Hauptgeldgeber, wenn die Form einer Kommanditgesellschaft gewählt wird, mehr Einfluß auf die Geschäftsführung zu gewinnen suchen, als das Gesetz den gewöhnlichen Kommanditisten zuspricht.

422 **Beispiel:** Zwei Geschäftsleute haben ein Patent erworben, mit dem sie Zubehörteile für die Automobilindustrie herstellen wollen. Das Unternehmen soll die Rechtsform einer Kommanditgesellschaft haben, an der die beiden Geschäftsleute allerdings nur als Kommanditisten beteiligt sein wollen, weil sie weder die volle Haftung übernehmen noch die Geschäfte führen wollen. Der bisher bei einem der Gesellschafter beschäftigte kaufmännisch erfahrene Angestellte A kann dafür gewonnen werden, sich mit einem geringen Kapitalanteil als persönlich haftender Gesellschafter zur Verfügung zu stellen. Er soll für seine Tätigkeit ein angemessenes Gehalt bekommen, seine Rechte als Gesellschafter werden im Interesse der beiden Kommanditisten im Gesellschaftsvertrag soweit als möglich beschnitten. Im Gesellschaftsvertrag wird vereinbart, daß die beiden Hauptgeldgeber dem persönlich haftenden Gesellschafter im weiten Umfange Weisungen erteilen können. Der Gesellschaftsvertrag sieht vor, daß ein aus den beiden Kommanditisten gebildeter Aufsichtsrat nicht nur die Geschäftsführung des persönlich haftenden Gesellschafters kontrolliert, sondern alle wichtigen Geschäftsführungsmaßnahmen selbst entscheidet und den persönlich haftenden Gesellschafter mit deren Ausführung beauftragt.

2. Der Begriff der kapitalistisch organisierten Kommanditgesellschaft

Gesellschaften, die so, wie oben geschildert, strukturiert sind, nennt man kapitalistisch organisierte Kommanditgesellschaften oder kapitalistische Kommanditgesellschaften. Es handelt sich dabei um Personenhandelsgesellschaften, die in mancher Hinsicht durch Elemente des Kapitalgesellschaftsrechts geprägt sind. 423

Ähnlichkeiten mit den Kapitalgesellschaften werden insbesondere dadurch erreicht, daß die kapitalistische KG in der Regel über drei oder zwei „Organe" verfügt. Bei einer größeren Anzahl von Gesellschaften gibt es, ähnlich wie bei der Aktiengesellschaft, drei Organe:

- die Gesellschafterversammlung als das Organ der Basis,
- den von dieser gewählten Aufsichts- oder Beirat als kontrollierendes, weisungsberechtigtes Organ im Hinblick auf die Komplementäre; häufig dürfte der Aufsichtsrat auch dasjenige Organ sein, bei dem der Schwerpunkt der Geschäftsführung liegt, und
- der oder die Komplementäre, die mehr oder weniger stark durch den Aufsichtsrat in ihren Befugnissen eingeschränkt sind.

Bei nur wenigen geldgebenden Kommanditisten, die wesentlichen Einfluß auf die Geschäftsführung ausüben wollen, erübrigt sich in der Regel eines der Organe, nämlich die Gesellschafterversammlung. Den Interessen dieser Kommanditisten ist Genüge getan, wenn sie einen Aufsichts- oder Beirat bilden, der wesentlichen Einfluß auf die Geschäftsführung nimmt. 424

Welche Aufgaben ein Gremium, das als Aufsichtsrat oder Beirat bezeichnet wird, hat, ist häufig eine Frage der Vertragsauslegung. Dabei geht es vor allem um die Abgrenzung zwischen Überwachung und Beratung der Geschäftsführung. Die Bezeichnung des Gremiums kann ein Gesichtspunkt bei der Auslegung sein. So ist z.B. bei der Verwendung des Begriffes Aufsichtsrat zu berücksichtigen, daß die Kommanditisten damit den durch das Aktienrecht vorgeprägten Eindruck eines überwachenden Einflusses verbinden (vgl. Hüffer, ZGR 1980, 320, 323 f.). Hat der Aufsichtsrat eine Überwachungsaufgabe, so muß dieses Gremium sich im Zweifel neben der Prüfung des Jahresabschlusses regelmäßig von der Geschäftsleitung Bericht erstatten lassen; darüber hinaus muß es die wichtigen Unterlagen einsehen und auftretenden Bedenken nachgehen (vgl. dazu BGHZ 69, 207, 221; Hüffer, ZGR 1980, 320, 335 ff.).

425 Von dem gesetzlichen Vorbild der Kommanditgesellschaft, wie sie in den §§ 161 ff. HGB geregelt ist, wird häufig bei der Gründung der sogenannten Massen- oder Publikumsgesellschaften abgewichen, in denen eine große Zahl von Kapitalanlegern zusammengefaßt sind, die in erster Linie in den Genuß von steuerlichen Abschreibungsmöglichkeiten gelangen möchten.

Bei Gesellschaften dieser Art besteht das Interesse der Geschäftsführung häufig darin, die Rechte der Kommanditisten so weit wie möglich zu beschränken.

426 Es ist schwer festzustellen, wie viele Kommanditgesellschaften mehr oder weniger stark kapitalistisch ausgestaltet sind. Es ist allerdings davon auszugehen, daß diejenigen, die einen Gesellschaftsvertrag abschließen, nur selten das gesetzliche Muster der KG, wie es in den §§ 161 ff. HGB vorgezeichnet ist, übernehmen und diese Regelung der Gestaltung ihrer Rechtsverhältnisse zugrunde legen (Raisch, Unternehmensrecht I, S. 159). Einen Hinweis darauf, daß die kapitalistische Kommanditgesellschaft in der Praxis eine nicht unerhebliche Rolle spielt, gibt letztlich die nicht geringe Zahl der in der höchstrichterlichen Rechtsprechung entschiedenen Fälle, die eine kapitalistische KG betreffen. Außerdem haben die zahlreichen Publikumsgesellschaften, die in erster Linie zur Kapitalanlage und zur Erreichung steuerlicher Abschreibungsmöglichkeiten dienen sollen, die Zahl der kapitalistisch organisierten Kommanditgesellschaften stark vermehrt. Die wirkliche Zahl der kapitalistischen Kommanditgesellschaften und ihre Bedeutung in der Rechtspraxis festzustellen, wäre eine dankbare Aufgabe für die Rechtstatsachenforschung.

II. Die möglichen Abweichungen von der im Gesetz vorgesehenen Struktur der Kommanditgesellschaft

427 Die in Grenzen garantierte Vertragsfreiheit ermöglicht eine weitgehende Anpassung des Gesellschaftsvertrages an die Erfordernisse des Einzelfalles. So begegnet es keinen Bedenken, daß der Gesellschafts-

vertrag vorsieht, daß der oder die persönlich haftenden Gesellschafter generell an die Weisungen der Kommanditisten gebunden sind oder eine Reihe von den im Gesellschaftsvertrag genannten Geschäften nur mit Zustimmung der Kommanditisten vorgenommen werden dürfen. Im Verhältnis der Gesellschafter untereinander kann also vereinbart werden, daß der Schwerpunkt der Geschäftsführung bei den Kommanditisten liegen soll. Die mit der Geschäftsführungsbefugnis ausgestatteten Kommanditisten nehmen im Zweifel im Verhältnis der Gesellschafter untereinander dieselbe Stellung ein wie ein persönlich haftender Gesellschafter, der Geschäftsführer ist. Es ist sogar möglich, einem oder mehreren Kommanditisten unter Ausschluß des Komplementärs Geschäftsführungsbefugnis zu erteilen (so BGHZ 51, 198, 201; dazu Schilling in Großkomm. HGB, § 164 Rdnr. 8). Eine Beschränkung des Umfangs der Vertretungsmacht der persönlich haftenden Gesellschafter ist Dritten gegenüber allerdings ebenso wie bei der OHG unwirksam. Der BGH (BGHZ 51, 198ff.) geht davon aus, daß dann, wenn dem einzigen persönlich haftenden Gesellschafter die Vertretungsmacht entzogen wird, ein rechtlich unmöglicher Zustand erreicht wird und die Gesellschaft zwangsläufig in das Abwicklungsstadium eintreten muß. Die Stellung der zur Geschäftsführung laut Gesellschaftsvertrag berufenen Kommanditisten kann dadurch noch weiter gestärkt werden, daß ihnen Prokura erteilt wird (BGHZ 17, 392ff.). Dennoch bleibt eine Vertretung allein durch die persönlich haftenden Gesellschafter auch durch die Bestellung eines oder mehrerer Kommanditisten zu Prokuristen unberührt.

Der BGH (BGHZ 85, 350ff.) hat es bei einer durch die Größe der Mitglie- **428**
derzahl und die körperschaftliche Verfassung vom gesetzlichen Leitbild abweichenden Kommanditgesellschaft für zulässig erachtet, daß die Gesellschafter im Gesellschaftsvertrag vereinbaren, eben dieser Gesellschaftsvertrag könne, auch soweit er die Grundlagen des Gesellschaftsverhältnisses regelt, mit Mehrheit geändert werden, ohne daß der mit Mehrheit beschlossene Eingriff in die Stellung der Gesellschafter im Vertrag konkret geregelt ist. Der BGH (BGHZ 85, 350, 359) hat dabei das Selbstbestimmungsrecht der Minderheit einerseits und das Interesse der Gesellschaft an unvorhergesehenen, aber vielleicht dringend notwendigen Änderungen des Gesellschaftsvertrages andererseits gegeneinander abgewogen. Er hat dabei dem Interesse der Gesellschaft den Vorzug gegeben und den einstimmigen Verzicht der Gesellschafter auf die Anwendung des Bestimmtheitsgrundsatzes als rechtswirksam angesehen.

Bei einer auf die geschilderte Art und Weise an den Interessen der geldgebenden Kommanditisten orientierten und gestalteten Kommanditgesellschaft sind die Kommanditisten die eigentlichen Herren des Unternehmens. Die Stellung des persönlich haftenden Gesellschafters kann dadurch noch weitergehend eingeengt werden, daß der Gesellschaftsvertrag seine Abberufung oder seine Ausschließung durch Mehrheitsbeschluß der Gesellschafter vorsieht (dazu H. P. Westermann, S. 259 f.).

429 Schwierig zu beantworten ist die Frage nach der Zulässigkeit der Übertragung von Aufsichtsbefugnissen auf Dritte. Es geht dabei um die Frage, ob Dritte (Nichtgesellschafter) auch in Aufsichts- oder Beiräten mitwirken dürfen, denen Kontroll-, Zustimmungs- und Weisungsbefugnisse zustehen. Die Gründe für die Hinzuziehung Dritter können vielfältig sein; u. a. kann das Bestreben ausschlaggebend sein, der Gesellschaft den Rat erfahrener Fachleute zukommen zu lassen. Die Zulässigkeit der Mitwirkung Dritter in Bei- oder Aufsichtsräten ist nicht mit dem Hinweis auf das Verbot der Drittorganschaft zu verneinen, da dieses sich nur auf die Vertretungs- und Geschäftsführungsbefugnis bezieht. Köhler (JA 1983, 168, 173) stellt zutreffend darauf ab, unter welchen Voraussetzungen sich die Gesellschafter des gesellschaftsfremden Einflusses wieder entledigen können: Unter der Voraussetzung, daß die Abberufung durch Gesellschafterbeschluß jederzeit und ohne Angabe von Gründen möglich ist, ist gegen die Beteiligung Dritter an einem Bei-oder Aufsichtsrat nichts einzuwenden (so Köhler, JA 1983, 168, 173 mit Nachw.).

430 Umstritten ist, ob die Gesellschafter einen Dritten unmittelbar an der Willensbildung innerhalb der Gesellschaft beteiligen können, indem sie ihm ein zusätzliches Stimmrecht gewähren, das *neben* dem Stimmrecht der einzelnen Gesellschafter steht (bejahend BGH JZ 1960, 490; kritisch dazu Köhler, JA 1983, 168, 173). Mit Recht wird die *Übertragung* des Stimmrechts eines Gesellschafters auf einen Dritten für unzulässig gehalten, weil die „Rechtsfigur des bloßen Stimmrechts-Gesellschafters" nicht existiert (so Flume, AT I 1, § 14 IV).

Etwas anderes als die Übertragung von Stimmrechten auf Dritte sind Stimmbindungsvereinbarungen, die durch *Stimmbindungsverträge* geschaffen werden. Unter letzteren sind solche Verträge zu verstehen, die lediglich schuldrechtlich eine Verpflichtung eines Gesellschafters schaffen, das Stimmrecht in bestimmter Weise auszuüben, ohne formal in das Stimmrecht des Gesellschafters einzugreifen (vgl. Wiedemann, Bd. I, § 7 II 1). Stimmbindungsverträge werden grundsätzlich für zulässig erachtet. Bei der Beurteilung der Zulässigkeit solcher Verträge ist die Grenze mit Rücksicht auf den Schutz der Gesellschafter so zu ziehen, daß sichergestellt wird, daß der einflußberechtigte Vertragspartner nicht selbst Gesellschafter ist. Die auf den Vertrag gestützte Stimmbindung darf nicht zu gesellschaftschädlichem Verhalten führen; außerdem darf der „Verband in keine unangemessene Abhängigkeit von außenstehenden Dritten geraten" (so Wiedemann, Bd. I, § 7 II 1). Die Grenzen der Zulässigkeit (§ 138 BGB) sind jedenfalls dann überschritten, wenn einem Außenstehenden, wie z.B. einem Kreditinstitut, ein Weisungsrecht für die Stimmabgabe eingeräumt wird, das auf eine Selbstentmündigung des Gesellschafters und eine Preisgabe der Verbandsautonomie hinausliefe (so Köhler, JA 1983, 168, 174).

Der Gesellschaftsvertrag einer kapitalistisch organisierten Komman- **431**
ditgesellschaft kann vorsehen, daß bei Streitigkeiten aus dem Vertrage der Rechtsweg erst dann beschritten werden darf, wenn der nach dem Gesellschaftsvertrag vorgesehene Beirat oder Kommanditistenausschuß einen Schlichtungsversuch unternommen hat. Eine solche Regelung, die insbesondere bei sogenannten Massengesellschaften sinnvoll sein kann, hat der BGH (MDR 1978, 31 ff.) für grundsätzlich zulässig erachtet, weil sie sich im Rahmen der Vertragsfreiheit bewege. Der BGH hat bei seiner Begründung weiterhin darauf abgestellt, daß die Einschaltung einer Güteinstanz gerade aus den weitgehend von einer persönlichen Vertrauensbeziehung abgelösten und durch den besonderen Einfluß der Geschäftsführung bestimmten Verhältnissen einer Massengesellschaft zur rascheren Erfüllung berechtigter Ansprüche führen könne, als wenn gleich die Gerichte in Anspruch genommen würden; dem stehe auch nicht entgegen, daß ein Gesellschaftsorgan wie der Beirat als Güteinstanz vorgesehen sei. Nach Ansicht des BGH kann nämlich nicht ohne weiteres unterstellt werden, daß der Beirat unbesehen die Auffassung der Geschäftsführung übernimmt. Der BGH hat allerdings darauf hingewiesen, daß man dann zu anderen Ergebnissen kommen müsse, wenn der Gesellschafter, der die Ansprüche stellt, aufgrund des Gesellschaftsvertrages oder der tatsächlichen Handhabung davon ausgehen muß, daß der Einfluß der Geschäftsführung auch im Beirat dominiert.

Die Mitglieder der Beiräte oder Aufsichtsräte in kapitalistisch orga- **432**
nisierten Kommanditgesellschaften haften der Gesellschaft gegenüber

in entsprechender Anwendung der §§ 116 und 93 AktG, wenn sie, wie z.B. bei einer Publikumsgesellschaft häufig vereinbart, die Geschäftsführung überwachen und kontrollieren; sie können sich dann nicht auf die Haftungsbeschränkung des § 708 BGB berufen (BGHZ 69, 207, 208ff.). Eine Haftung dieser Art dürfte allerdings nur dann zum Tragen kommen, wenn die Kommanditgesellschaft in sehr starkem Maße einer Kapitalgesellschaft angeglichen ist. Das ist z.B. dann der Fall, wenn der Gesellschaftsvertrag die Besonderheit aufweist, daß er auf die Mitgliedschaft einer unbestimmten Vielzahl rein kapitalistisch beteiligter Gesellschafter angelegt ist und daß der persönlich haftende Gesellschafter ohne Mitwirkung und Zustimmung der übrigen Gesellschafter weitere Kommanditisten aufnehmen darf. In einer so strukturierten Gesellschaft sind die Kommanditisten weder tatsächlich noch rechtlich in der Lage, über den Kreis ihrer Partner zu bestimmen. Das für eine Personengesellschaft typische persönliche Verhältnis untereinander entsteht hier nicht. Deshalb wäre es auch mit dem Sinn und Zweck einer solchen Massengesellschaft unvereinbar anzunehmen, ein Gesellschafter, der die Aufgaben eines Verwaltungsrats- oder Aufsichtsratsmitglieds übernommen hat und daraus zur Überwachung der Geschäftsführung verpflichtet ist, könne sich auf § 708 BGB berufen (BGHZ 69, 207, 209f.). Der BGH hat m.E. zu Recht auf den gebotenen Schutz der Anlagegesellschafter abgestellt; er ist davon ausgegangen, daß ein solcher nur bestehe, wenn die Überwachungstätigkeit, die insbesondere dazu dienen solle, fehlerhafte Maßnahmen und Unredlichkeiten der Geschäftsführungsorgane festzustellen oder zu verhindern, so ausgeübt werde, daß unter Beachtung der im Verkehr erforderlichen Sorgfalt gehandelt werde und das einzelne Mitglied des Aufsichts- oder Verwaltungsrats schon dann hafte, wenn es bei der Erfüllung seiner Pflichten diese Sorgfalt außer acht läßt.

Konsequent hat es der BGH (BGHZ 87, 84) unter Berücksichtigung der Interessen aller Beteiligten als angemessen und sachgerecht angesehen, auch die Vorschrift des § 116 i.Vb.m. § 93 Abs. 6 AktG entsprechend anzuwenden, so daß die Schadensersatzansprüche gegen Beiratsmitglieder, die aus ihrer Tätigkeit erwachsen, in fünf Jahren verjähren.

Rdnr. 432

III. Die rechtlichen Grenzen der kapitalistisch organisierten Kommanditgesellschaft

Wenn auch grundsätzlich davon auszugehen ist, daß die gesetzliche Typenregelung im Gesellschaftsrecht der Parteidisposition in weitem Umfange freie Gestaltungsmöglichkeiten läßt, so sind die Grenzen in der Zulässigkeit der Ausgestaltung und Praktizierung der kapitalistischen KG dort erreicht, wo Formen mißbraucht werden und anderen Schaden zugefügt wird (BGHZ 45, 204ff.). Damit wird aber weniger die Möglichkeit, eine Gesellschaft in der geschilderten Art und Weise zu strukturieren, in Frage gestellt, als vielmehr das Problem angesprochen, ob und in wieweit der Kommanditist, der gesellschaftsvertraglich mit der Machtfülle eines persönlich haftenden Gesellschafters ausgestattet ist, Dritten gegenüber, d.h. den Gläubigern der Kommanditgesellschaft gegenüber, unbeschränkt mit seinem Privatvermögen haftet. Der BGH (BGHZ 45, 204ff.) hat die Grenzen, die bei einer Ausgestaltung der kapitalistisch organisierten Kommanditgesellschaft gezogen sind, aufzuzeigen versucht und festgestellt, daß der der dispositiven gesetzlichen Regelung zugrunde liegende Zusammenhang zwischen Handlungsbefugnis und Haftung bei den Personenhandelsgesellschaften allein nicht dazu führen könne, daß der mit besonderen Befugnissen ausgestattete Kommanditist in einer kapitalistischen KG auch unbeschränkt haftet. Der BGH vertritt die Ansicht, daß der gesetzlichen Regelung der Personengesellschaften zwar das Prinzip zugrunde liege, daß Unternehmensleitung und persönliche Haftung in einem inneren und unmittelbaren Zusammenhang zueinander stehen, dies jedoch nicht ein zwingender wirtschaftsverfassungsrechtlicher Grundsatz sei, der bei einer andersartigen gesellschaftsvertraglichen Verteilung der Machtverhältnisse in einer Gesellschaftsform stets zu beachten sei. Die Vertragschließenden haben also nach Ansicht des BGH die Möglichkeit, den dispositiv zugrunde gelegten Zusammenhang zwischen Handlungsbefugnis und Haftung in mehr oder weniger starkem Maße aufzulösen. Deshalb haftet nicht schon derjenige Kommanditist unbeschränkt persönlich für die Gesellschaftsverbindlichkeiten, der wirtschaftlich gesehen der Alleininhaber des Unternehmens **433** ist und als persönlich haftenden Gesellschafter eine vermögenslose Person zugezogen hat.

434 Eine Grenze für die zulässige Haftungsbegrenzung bei den Kommanditisten einer kapitalistischen Kommanditgesellschaft sieht die Rechtsprechung allerdings bei solchen Gesellschaftsverhältnissen, bei denen durch das Hinzutreten bestimmter Umstände bei Außenstehenden ein falscher Eindruck oder eine irrige Vorstellung über den Umfang der Haftung oder über die Vermögensverhältnisse der haftenden Gesellschafter erweckt werden (BGHZ 45, 204 ff.; OLG Hamm, MDR 1963, 849 f.).

§ 22. Gesellschaftsanteile und Treuhandverhältnisse

Schrifttum: Assmann, Entwicklungstendenzen der Prospekthaftung, WM 1983, 138 ff.; v. Bar, Vertrauenshaftung ohne Vertrauen, ZGR 1983, 476 ff.; Coing, Die Treuhand kraft privaten Rechtsgeschäfts, 1973; Eisenhardt, Kapitalanlegerschutz und Schadensersatz nach geltendem Recht, 1978; Ebenroth/Autenrieth, Gesellschaftsrechtliche Besonderheiten der Publikums-KG, JA 1980, 8 ff.; Hopt, Inwieweit empfiehlt sich eine allgemeine gesetzliche Regelung des Anlegerschutzes? Verhandlungen des einundfünfzigsten Deutschen Juristentages, Bd. I, 1976, Gutachten G; A. Hueck, Stimmbindungsverträge bei Personenhandelsgesellschaften. In: FS Nipperdey, Bd. 1, S. 401 ff.; von Knopp, Abschreibungsgesellschaften und negativer Kapitalanteil, Diss. Göttingen 1972; Lutter, Zur Haftung des Emissionsgehilfen im grauen Kapitalmarkt. In: FS Bärmann, S. 605 ff.; Sack, Zur Rechtsnatur der sog. Steuerabschreibungs-Kommanditgesellschaft, DB 1974, 1657 ff.; Schwark, Die Haftung aus dem Prospekt über Kapitalanlagen, BB 1979, 897 ff.

I. Publikumsgesellschaften und Treuhandkonstruktionen

435 Publikumsgesellschaften, die in der Rechtsform der GmbH & Co KG organisiert sind, sind ein gesellschaftlicher Zusammenschluß zahlreicher Personen – in der Regel von Privatpersonen –, der in erster Linie dem Zweck dient, bei beschränkter Haftung im Wege mitunternehmerischer Beteiligung an einem Wirtschaftsunternehmen der Investitionsbranche hohe Buchverluste aufgrund steuerlicher Abschreibungsmöglichkeiten zu erzielen. Die entstehenden Verluste werden

mit anderen positiven Einkünften der Gesellschafter verrechnet; dadurch verringert sich die Bemessungsgrundlage für die Einkommensteuer der einzelnen Gesellschafter, was zu einer entsprechenden Steuerersparnis führt. Publikumsgesellschaften dieser Art dienen zur Kapitalansammlung durch eine unbestimmte Vielzahl rein kapitalistisch beteiligter Gesellschafter; in der Regel bestimmen die Kommanditisten den Kreis ihrer Mitgesellschafter – abgesehen von der Einführungsphase – nicht selbst. Ihnen wird häufig das Recht eingeräumt, durch einfache Kündigungserklärung aus der Gesellschaft auszuscheiden. Das Gesellschaftsverhältnis wird dadurch geprägt, daß die Kommanditisten in erster Linie das Gesellschaftskapital aufzubringen haben, aber weder Einfluß auf die Geschäftsführung nehmen können, noch die Möglichkeit zu einer ausreichenden Kontrolle erhalten (vgl. BGHZ 69, 207, 209).

Gesellschaften dieser Art werden auch als Massen-KG, Anlage- oder **436**
Abschreibungs-KG bezeichnet. Der Form nach handelt es sich um Personengesellschaften; ihrer rechtlichen Ausgestaltung nach kommen sie Kapitalgesellschaften recht nahe.

Die Publikumskommanditgesellschaft weist im Gegensatz zur üblichen KG eine Reihe gesellschaftsrechtlicher Besonderheiten auf. Abgesehen von den steuerrechtlichen Bedürfnissen, die den Zusammenschluß in dieser Rechtsform nahelegen, zeichnen sich die Verträge der Publikums-KG häufig durch folgende Besonderheiten aus:

- In der Regel werden die Gesellschaftsverträge durch einen kleinen Kreis von Gründungsgesellschaftern (Initiatoren) bestimmt;
- später eintretende Gesellschafter (die Kapitalanleger) werden von einem oder mehreren Gründern, die häufig Gesellschafter der Komplementär-GmbH sind, mit Prospekten geworben (vgl. dazu im einzelnen unten Rdnr. 443 ff.) und von ihnen in Vertretung aller Gesellschafter aufgenommen;
- die hinzukommenden Anlagegesellschafter haben keinen Einfluß auf die Ausgestaltung der Verträge (vgl. zu alledem Ebenroth/-Autenrieth, JA 1980, 8 f.).

Gegenstand solcher Publikumsgesellschaften sind u. a. gewesen: Die Errich- **437**
tung und der Betrieb von Feriensiedlungen und Hotelketten im In- und Ausland, der Bau und die Verpachtung von Bohrinseln, die Produktion und der Ver-

leih von Filmen, der Bau und die Verpachtung von Schiffen, der Bau und der Vertrieb von SB-Warenhäusern, der Wohnungsbau nach dem sog. Bauherrenmodell.

Nach h. M. war es lange Zeit nicht nur handels-, sondern auch steuerrechtlich zulässig, den Jahresverlust eines in der Rechtsform einer Handelsgesellschaft betriebenen Unternehmens nach dem jeweiligen Verteilungsschlüssel dem Kapitalkonto des Gesellschafters – bei einer Kommanditgesellschaft auch des Kommanditisten – voll zu belasten. Allerdings sind Abschreibungsgesellschaften dieser Art niemals als völlig unproblematisch angesehen worden, weil das Vorliegen einer Gewinnerzielungsabsicht und die Zulässigkeit sogenannter negativer Kapitalkonten bei Kommanditisten von vielen bezweifelt worden sind (vgl. dazu Hopt, S. G 30 ff.). Die Rechtsprechung hatte aber anerkannt, daß eine gewerbliche Tätigkeit nicht nur dann vorliege, wenn ein Gewinn nicht unmittelbar im Geschäftsbetrieb realisiert worden war, sondern auch dann, wenn sich diese gewerbliche Tätigkeit in anderen damit verbundenen wirtschaftlichen Vorteilen, Steuervorteilen niederschlägt (so BFH, DB 1972, 1515). In der Tat ist es problematisch zu gestatten, daß Unternehmen gegründet werden, deren Zweck von vornherein nicht darauf gerichtet ist, Gewinne zu erwirtschaften, wie es der Normalzweck eines Handelsunternehmens gebietet, sondern Verluste zu erzielen. Es ist u. a. unter wettbewerbsrechtlichen Gesichtspunkten bedenklich, wenn Unternehmen mit dem Ziel, Verluste zu erwirtschaften, gegründet werden.

438 Wegen der Zwitterstellung, die die Publikums-Kommanditgesellschaften – auch Massen KG genannt – einnehmen, und im Hinblick auf die erheblichen Mißstände, die bei solchen Gesellschaften aufgetreten sind, hat der BGH seit 1972 eine Art Sonderrecht für Publikumsgesellschaften herausgebildet. Diese Sonderregelungen, die den Kapitalanleger schützen sollen, sind häufig dem Recht der Kapitalgesellschaften angenähert; sie beruhen einerseits auf der vom gesetzlichen Leitbild abweichenden, köperschaftlichen Struktur der Publikumsgesellschaft, andererseits auf dem öffentlichen Vertrieb der Anteile auf dem Kapitalmarkt an unbestimmte Anleger ähnlich Aktien (vgl. Baumbach-Hopt, Anhang zu § 177 a HGB Rdnr. 52 ff. mit Nachw.).

439 Die Gründe für die Einschaltung von Treuhändern sind vielfältiger Art. Dazu zählt vor allem das Interesse an Verwaltungsvereinfachung bei der GmbH & Co KG dergestalt, daß die Geschäftsführer der GmbH, die die einzige persönlich haftende Gesellschafterin der KG ist, nicht mit einer Vielzahl von Kapitalanlegern direkt zu tun haben sollen, zumal die Anleger in der Regel über die gesamte Bundesrepublik verstreut wohnen. Außerdem verstehen die Kapitalanleger – häufig Freiberufler wie Ärzte, Zahnärzte etc. – von den Geschäften, die die Gesellschaft betreibt, nichts und sind schon deshalb an einer treuhänderischen Wahrnehmung ihrer Rechte insbesondere bei Versammlungen, Wahlen und der Ausübung von Prüfungsrechten interessiert.

II. Die echte Treuhand

Bei der sogenannten echten Treuhand schließt der Kapitalanleger **440** mit dem Treuhänder, der gleichzeitig Gesellschafter (Kommanditist) einer Kommanditgesellschaft ist, einen Vertrag, der darauf abzielt, daß der Treuhänder den Gesellschaftsanteil des Anlegers hält. Das hat zur Folge, daß die Treugeber nicht Gesellschafter (Kommanditisten) werden. Sie werden weder in das Handelsregister eingetragen noch wird ihre Beteiligung auf andere Weise nach außen bekanntgegeben (dazu OLG Frankfurt, OLGZ 1977, 339 ff.). Da die Kapitalanleger selbst nicht Gesellschafter werden, können sie Ansprüche nicht gegen die Gesellschaft geltend machen, sondern nur gegen den Treuhänder aus ihrem vertraglichen Verhältnis mit ihm (so OLG Frankfurt, OLGZ 1977, 339 ff.). Daraus, daß die Kapitalanleger nicht selbst Kommanditisten werden, ergibt sich auch, daß der Publikums-KG mit dieser Treuhandkonstruktion keine Einlageansprüche gegen die Kapitalanleger zustehen (OLG München, WM 1984, 810). Aus dieser Treuhandkonstruktion folgt weiter, daß den Kapitalanlegern in der Gesellschaft keine Stimmrechte oder sonstigen Verwaltungsrechte zustehen. Der Anleger bzw. Treugeber kann also auf die Ausübung des Stimmrechts in der Gesellschaft keinen unmittelbaren Einfluß nehmen (BGHZ 3, 354 ff.; OLG Frankfurt, OLGZ 1977, 339 ff.). Der Anleger (Treugeber) kann allerdings mit dem Treuhänder einen Stimmbindungsvertrag schließen und auf diese Art und Weise Einfluß auf die Ausübung des Stimmrechts in der Gesellschaft gewinnen (A. Hueck, in: FS Nipperdey, Bd. 1, S. 401 ff. Zu den Stimmbindungsverträgen siehe oben Rdnr. 430).

Das Rechtsverhältnis zwischen dem Treuhänder und dem Treuge- **441** ber richtet sich nach den Verträgen, die zwischen Treuhänder und Treugeber abgeschlossen worden sind. Seinem allgemeinen Charakter nach ist der Treuhandvertrag, wenn die Treuhandschaft entgeltlich geführt wird, ein Geschäftsbesorgungsvertrag gemäß § 675 BGB (vgl. Coing, S. 92; dazu BGHZ 76, 127, 131). Ob zwischen den Treugebern aber überhaupt rechtliche Bindungen bestehen, hängt von den Umständen des Einzelfalles ab. In der Regel wird dies zu verneinen sein. Es ist jedoch nicht ausgeschlossen, daß die Treugeber sich zur Erreichung eines gemeinsamen Zweckes zusammenschließen und eine Gesellschaft bürgerlichen Rechts gründen (vgl. dazu Schilling, § 161 HGB Anm. 29; vgl. auch BGHZ 73, 294, 298).

Derjenige, der wie ein Kommanditist mittelbar über einen Treuhand-Kommanditisten in der geschilderten Weise an einer Publikumsgesellschaft beteiligt ist, muß dem Treuhand-Kommanditisten einen Betrag bis zur Höhe der ihm zurückgezahlten Einlage erstatten, den dieser wegen der wiederaufgelebten Haftung gemäß § 172 Abs. 4 HGB einem Gesellschaftsgläubiger geleistet hat (BGHZ 76, 127 ff.). Dieser Anspruch kann sich aus der Treuhandvereinbarung in Verbindung mit §§ 675, 670 BGB ergeben.

III. Die unechte Treuhand

442 Bei der sogenannten unechten Treuhand sind die Kapitalanleger selbst Gesellschafter der Kommanditgesellschaft, also Kommanditisten. Sie haben jedoch mit einem Treuhänder, der ebenfalls Gesellschafter sein kann, aber nicht sein muß, einen Treuhandvertrag abgeschlossen, der zum Inhalt hat, daß der Treuhänder für den Treugeber die Rechte, die diesem als Gesellschafter zustehen, wahrnimmt.

IV. Ansprüche der Kapitalanleger (Kommanditisten) aus Prospekthaftung

443 Wenn eine Publikumsgesellschaft, an der sich ein Kommanditist als Kapitalanleger beteiligt hat, scheitert oder sich nicht so entwickelt, wie er sich das vorgestellt hat oder wie es ihm versprochen worden ist und den Gesellschaftern ein Schaden entstanden ist, so entsteht die Frage, ob und gegebenenfalls von wem er Schadensersatz verlangen kann. Bei der Beantwortung dieser Frage ist wesentlich darauf abzustellen, mit wem und auf welche Art und Weise der Kommanditist vor dem Abschluß des Gesellschaftsvertrages in Kontakt getreten ist.

Nur selten vertreibt ein Unternehmen das von ihm getragene Projekt durch entsprechende Werbeaktionen und Kontaktaufnahmen mit potentiellen Kunden (Kommanditisten) selbst. In der Regel wird eine Organisation eingeschaltet, die – meist mit erheblichem Werbeaufwand – versucht, Kommanditisten als Kapitalanleger zu gewinnen. Das geschieht häufig in der Weise, daß zwischen dem Unternehmen, dessen Anteile vertrieben werden sollen, und dem Vermittler ein Vertrag abgeschlossen wird, der den Vermittler verpflichtet, für das Projekt zu werben und dem Unternehmen Kunden zuzuführen. Die übernommene Aufgabe führt der Vermittler dadurch aus, daß er mehr oder minder umfangreiche Prospekte über das Projekt herstellt oder solche von dem Unternehmen übernimmt und damit bei einem ausgesuchten Kundenkreis mit dem Ziel wirbt, daß die Angesprochenen sich an dem Projekt kapitalmäßig beteiligen. Die Prospekte enthalten in der Regel – mehr oder minder ausführlich – Beschreibungen der Projekte sowie Ausführungen über die Art und Weise der Beteiligung, die Finanzierung, die steuerrechtlichen Probleme, die zu erwartenden Vorteile für den Anleger und die Vertragsgestaltung. Die Vermittler können Einzelkaufleute sein. In der Regel sind es jedoch Handelsgesellschaften, auch Vertriebsgesellschaften genannt (im folgenden wird der Einfachheit halber nur noch von Vertriebsorganisationen die Rede sein; vgl. zu alledem Eisenhardt, Kapitalanlegerschutz).

In Fällen dieser Art hat der BGH (BGHZ 71, 284 ff.) dem geschädig- **444**
ten Kommanditisten bei Vorliegen bestimmter Voraussetzungen einen Anspruch aus culpa in contrahendo unmittelbar gegen den persönlich haftenden Gesellschafter, der die KG ihm gegenüber vertreten hat, zugestanden. Da es sich bei dem persönlich haftenden Gesellschafter in der Regel um eine GmbH handelt, deren Gesellschaftsvermögen zur Leistung von Schadensersatz kaum ausreichen dürfte, sind nach BGHZ 71, 284 ff. auch die Initiatoren, die als Geschäftsführer der Komplementär-GmbH auftreten, aus culpa in contrahendo für die Vollständigkeit und Richtigkeit der mit ihrem Wissen und Willen in Verkehr gebrachten Werbeprospekte verantwortlich; sie haften deshalb nach den Grundsätzen für die culpa in contrahendo auf Schadensersatz.

Häufig treten jedoch weder die Komplementär-GmbH noch deren **445**
Geschäftsführer an potentielle Kapitalanleger heran, um dieselben als Gesellschafter (Kommanditisten) zu gewinnen. In der Regel treten die künftigen Kommanditisten mit selbständigen gewerblichen Ver-

mittlern – Gesellschaften oder Einzelpersonen – in Kontakt. Die Art und Weise, in der solche Vertriebsorganisationen den potentiellen Kunden (Kommanditisten) gegenübertreten und wie sie dem Unternehmen, dessen Anteile sie vertreiben, Anleger zuführen, ist entscheidend für die Beantwortung der Frage, ob die Anleger (Kommanditisten) dann, wenn das Projekt gescheitert oder nicht so durchgeführt worden ist, wie ihnen das versprochen worden ist, von der Vertriebsorganisation Schadensersatz verlangen können. Es sind verschiedene Vertriebsarten zu unterscheiden:

- Die Vertriebsorganisation (eine Gesellschaft oder Einzelperson) schließt mit dem Anleger einen Maklervertrag im Sinne des § 652 BGB ab;
- die Vertriebsorganisation schließt mit dem Anleger einen Beratungs- (Vermögensberatungs-) und Auskunftsvertrag, u. U. verbunden mit einem Maklervertrag ab;
- die Vertriebsorganisation vermeidet es, mit dem Anleger in irgendeinen vertraglichen Kontakt zu treten. Sie wirbt lediglich für das Unternehmen, dessen Anteile sie vertreibt und leitet Angebote der Anleger, die auf den Abschluß von Verträgen mit dem Unternehmen gerichtet sind, an das Unternehmen weiter.

446 Für den Fall, daß zwischen der Vertriebsorganisation und dem künftigen Kommanditisten ein Maklervertrag im Sinne des § 652 BGB zustande kommt, kommen Ansprüche aus positiver Vertragsverletzung wegen Verletzung von Nebenverpflichtungen durch die Vertriebsorganisation, wie z. B. Aufklärungs- und Beratungspflichten, in Betracht.

Voraussetzung für das Entstehen eines vertraglichen Schadensersatzanspruches aus einem Auskunfts- oder Beratungsvertrag ist es, daß ein solcher Vertrag zwischen dem Anleger (Kommanditisten) und der Vertriebsorganisation zustande gekommen ist. Probleme ergeben sich nicht, wenn ein solcher Vertrag ausdrücklich abgeschlossen worden ist. Sehr schwierig ist jedoch häufig eine Entscheidung darüber zu treffen, ob ein Vertrag zustande gekommen ist oder nicht, wenn ein solcher Vertrag nicht ausdrücklich, sondern durch schlüssiges Verhalten zustande gekommen sein könnte.

447 Eine Haftung der Vertriebsorganisation wegen schuldhafter Verletzung von Aufklärungs-, Informations- und Beratungspflichten kann vor allem auch aus culpa in contrahendo entstehen. Nach herrschender Meinung kommt eine eigene Haftung desjenigen, der den Abschluß eines Vertrages nachweist und vermittelt (also z.B. eine Vertriebsorganisation im o.g. Sinne), auch dann in Betracht, wenn er nicht selbst Vertragspartner ist. Ein solches gesetzliches Schuldverhältnis aus culpa in contrahendo kann dann angenommen werden, wenn die Vertriebsorganisation die eigentliche Vertrauensperson ist, auf deren besondere Sachkunde der vertragschließende Anleger vertraut. Eine Inanspruchnahme dieser Art wird von manchen als Sachwalterhaftung bezeichnet (vgl. zu der Problematik allgemein: Ballerstedt, AcP 151 (1950/51), 501 ff.; Eisenhardt, Kapitalanlegerschutz, S. 26 ff.). In erster Linie ist darauf abzustellen, ob und gegebenenfalls in welchem Umfange die Vertriebsorganisation durch ihr Verhalten Vertrauen bei dem Anleger weckt. Nach der Rechtsprechung des BGH treten alle diejenigen in ein gesetzliches Schuldverhältnis mit dem künftigen Kapitalanleger ein, die für die Vollständigkeit und Richtigkeit der in Verkehr gebrachten Werbeprospekte einer Publikumskommanditgesellschaft Vertrauen in Anspruch genommen und damit auf den Willensentschluß des Kapitalanlegers Einfluß genommen haben (BGHZ 74, 103, 109). Der BGH sieht gerade in den oben bezeichneten Vertriebsorganisationen solche Personen, die einen zusätzlichen Vertrauenstatbestand schaffen. Er vertritt die Ansicht, daß Personen und Unternehmen, die solche Beteiligungen vertreiben oder vermitteln, dann, wenn sie als in dieser Branche vielfältig erfahren und damit sachkundig auftreten, „den Eindruck besonderer persönlicher Zuverlässigkeit erwecken und so für ihre Verhandlungspartner eine zusätzliche, wenn nicht gar die ausschlaggebende Gewähr für die Richtigkeit der in dem Werbeprospekt oder anderweitig über die Kapitalanlage gemachten Angaben bieten" (BGHZ 74, 103, 109). Für den Fall, daß eine Vertriebsorganisation die ihr aus diesem Vertrauensverhältnis erwachsenden Verpflichtungen (z.B. Aufklärungs- und Auskunftspflichten) schuldhaft verletzt, haftet sie dem Anleger aus culpa in contrahendo auf Schadensersatz. Der BGH bezeichnet diese Art der Haftung als *Prospekthaftung* (BGHZ 77, 172, 175).

Unter den Ausdruck Prospekthaftung faßt der BGH einen umfang- **448**
reichen Tatbestand zusammen: Für die Vollständigkeit und Richtigkeit der in Verkehr gebrachten Werbeprospekte einer Publikumskomman-

ditgesellschaft soll jeder einstehen müssen, der durch von ihm in Anspruch genommenes und ihm entgegengebrachtes Vertrauen auf den Willensentschluß des Kapitalanlegers Einfluß genommen hat. Die Beitrittsinteressenten (die künftigen Kommanditisten) schenken bei den Beitrittsverhandlungen ihr Vertrauen nicht ihren von der Mitwirkung in der Geschäftsführung der Gesellschaft weitgehend ausgeschlossenen künftigen Mitkommanditisten, sondern allein den persönlich haftenden Gesellschaftern, den Initiatoren, Gestaltern und Gründern sowie den Personen, die daneben Einfluß in der Gesellschaft ausüben und Mitverantwortung tragen; dazu zählt auch eine etwa auftretende Vertriebsorganisation (vgl. BGHZ 77, 172, 175 f.).

Der BGH (BGHZ 111, 314 u. 115, 213) hat die Prospekthaftung auch auf die sogenannten Bauherrenmodelle ausgedehnt. Es haften den Kommanditisten alle das Management bildenden Initiatoren, Gestalter und Gründer der Gesellschaft aus culpa in contrahendo für die Vollständigkeit und Richtigkeit der mit ihrem Wissen und Wollen in den Verkehr gebrachten Prospekte (vgl. Baumbach-Hopt, Anhang zu § 177 a HGB Rdnr. 63).

Festzuhalten ist, daß es sich bei der aus culpa in contrahendo hergeleiteten Prospekthaftung um eine *Verschuldenshaftung* und *nicht* um eine verschuldensunabhängige Garantiehaftung handelt (vgl. Baumbach-Hopt, Anhang zu § 177 a HGB Rdnr. 65).

449 Der BGH (BGHZ 79, 337 ff. u. 83, 222 ff.) hat für den Bereich der Prospekthaftung den Grundgedanken einer Vertrauenshaftung also dahin weiterentwikkelt, daß Grundlage der Haftung nicht nur das von einem bestimmten Menschen ausgehende persönliche Vertrauen sein muß. Es kann dies auch ein Vertrauen sein, das sich aus einer Garantenstellung herleitet, die kraft Amtes oder Berufes entsteht oder auf einer besonderen Fachkunde oder einer allgemein anerkannten und hervorgehobenen wirtschaftlichen Stellung beruht. Garanten dieser Art müssen weder aus dem Prospekt ersichtlich noch dem Beitrittsinteressenten vor oder bei den Vertragsverhandlungen bekannt geworden sein. Als Anknüpfungspunkt genügt nach Auffassung des BGH (BGHZ 83, 222, 224) „die Tatsache, daß sie für die Geschicke der Gesellschaft und damit für die Herausgabe der Prospekte verantwortlich sind". Konsequenterweise haftet nach Ansicht des BGH (BGHZ 84, 141, 143) deshalb in entsprechender Anwendung des § 278 BGB auch ein Treuhandkommanditist den Kapitalanlegern für unzutreffende, unvollständige und irreführende Prospektangaben, wenn er die Herausgeber des Prospektes zum Abschluß des zwischen ihm und den Kapitalanlegern zustande gekommenen Treuhandvertrages und zur Führung der damit zusammenhängenden Verhandlungen ermächtigt hatte. Im Ergebnis wird damit, was den verantwortlichen Personenkreis angeht, eine weitgehende Übereinstimmung mit der gesetzlich geregelten Haftung für solche unrichtigen Prospekte erzielt, die die Grundlage für die Zulassung von Wertpapieren zum Börsenhandel bilden (§ 45 Börsengesetz). Nach dieser gesetzlichen Bestimmung haften nicht nur diejenigen, die den Prospekt formell herausgeben, sondern auch diejenigen, von denen der Erlaß des Prospektes ausgeht (so BGHZ 79, 337, 340ff.; vgl. zur Problematik auch Lutter, in: FS Bärmann, S. 605ff. Zur Rechtsprechung des BGH siehe Assmann, WM 1983, 138ff. und v. Bar, ZGR 1983, 476ff. Zur Anwendung der Prospekthaftungsgrundsätze beim Bauherrenmodell BGH NJW 1990, 2461).

Ein Anspruch aus culpa in contrahendo setzt allerdings stets ein Verschulden **450**
des Schädigers voraus. Schuldhaft handeln z.B. diejenigen Personen, die Prospekte mit unrichtigen Angaben herausbringen und diese in Kenntnis der wahren Verhältnisse zur Werbung von Kapitalanlegern verwenden (so BGHZ 84, 141, 148). In der Praxis bereitet der Nachweis des Verschuldens häufig Schwierigkeiten. Der BGH (NJW 1992, 3296) geht davon aus, daß sich aus der Tatsache, daß die Verwender von Prospekten mit unrichtigen Angaben in Kenntnis der wahren Verhältnisse Anleger werben, im Regelfall nicht nur die Verletzung der Aufklärungspflicht der handelnden Personen, sondern auch deren Verschulden ergebe; eine nähere Prüfung des Verschuldens werde nur dann unerläßlich, wenn besondere Umstände vorgetragen werden, die die unterlassene Aufklärung als nicht schuldhaft erscheinen lassen können.

Dem geschädigten Anleger ist der Vertrauensschaden zu ersetzen, d.h. der **451**
Schaden, der ihm daraus entstanden ist, daß er auf bestimmte Erklärungen oder Auskünfte vertraut hat (vgl. u.a. BGH WM 1984, 1529ff.). Dieser Schaden ist nicht nach oben hin durch das Erfüllungsinteresse begrenzt (vgl. BGHZ 69, 53, 56 u. BGH WM 1990, 145, 148). Wenn der Geschädigte nachweisen kann, daß er ohne die schädigende Handlung einen günstigeren Vertrag abgeschlossen – sein Geld also besser angelegt – hätte, so ist dies für die Bemessung des Schadens maßgeblich (BGH BB 1969, 696f.; vgl. dazu Eisenhardt, Kapitalanlegerschutz, S. 41). Problematisch ist die Dauer der Verjährungsfrist dieser Ansprüche. Der BGH (BGHZ 83, 222) differenziert u.a. zwischen „Prospekthaftungsansprüchen im engeren Sinne" (deren Grundlage das typisierte, aus einer bestimmten Garantenstellung hergeleitete Vertrauen ist) einerseits und sonstigen Ansprüchen aus Verschulden bei Vertragsschluß andererseits, bei denen an ein dem Verhandlungspartner persönlich entgegengebrachtes Vertrauen angeknüpft wird. Während letztere in 30 Jahren verjähren, unterliegen erstere einer kurzen Verjährungsfrist. Die Prospekthaftungsansprüche im engeren Sinne verjähren in 6 Monaten, gerechnet von dem Zeitpunkt an, in dem der Gesellschafter von der Unrichtigkeit oder Unvollständigkeit des Prospektes Kenntnis erlangt, spätestens jedoch in 3 Jahren seit dem Beitritt zur Gesellschaft (vgl. dazu ausführlich BGHZ 83, 222 u. BGH NJW 1984, 2523).

§ 23. Die Inhaltskontrolle im Hinblick auf Gesellschaftsverträge bei Publikumskommanditgesellschaften

Schrifttum: Flume, „Hinauskündigung" aus der Personengesellschaft und Abfindung, DB 1986, 629 ff.; Knobbe-Keuk, Das Steuerrecht – eine unerwünschte Rechtsquelle?, 1986; Kreutz, Hinauskündigungsklauseln im Recht der Personenhandelsgesellschaften, ZGR 1983, 109 ff.; Martens, Bestimmtheitsgrundsatz und Mehrheitskompetenzen im Recht der Personengesellschaften, DB 1973, 413 ff.; Schneider, Die Inhaltskontrolle von Gesellschaftsverträgen, ZGR 1978, 1 ff.; Schwark, Kapitalanlegerschutz im deutschen Gesellschaftsrecht, ZGR 1976, 271 ff.; H. P. Westermann, Kautelarjurisprudenz, Rechtsprechung und Gesetzgebung im Spannungsfeld zwischen Gesellschafts- und Wirtschaftsrecht, AcP 175 (1975), 375 ff.; Wiedemann, Die Legitimationswirkung von Willenserklärungen im Recht der Personengesellschaften. In: FS Westermann, S. 585 ff.

452 Gemäß § 23 AGBG findet das AGBG keine Anwendung bei Verträgen auf dem Gebiet des Gesellschaftsrechts. Gleichwohl wird eine Inhaltskontrolle auch bei Verträgen von Personengesellschaften für unausweichlich gehalten, soweit eine interessengerechte Regelung fehlt und „soweit im Erwerb der Mitgliedschaft keine Willenslegitimation, sondern nur eine Willensakklamation liegt" (so Wiedemann, Bd. I, § 3 II 3 a). Dabei lassen sich normative Wertungen des AGB-Gesetzes auf bestimmte Arten von Gesellschaftsverträgen übertragen. Wer, wie eine Mitglieder aufnehmende Gesellschaft, in der Lage ist, bei Abschluß des Vertrages fast ausschließlich seine Vorstellungen durchzusetzen, muß sich eine richterliche Angemessenheitskontrolle, die den mangelnden Verhandlungsspielraum der Betroffenen ersetzen soll, gefallen lassen. Da das AGBG gerade einem Mißbrauch der Gestaltungsmacht des Verwenders entgegenwirken soll, entspricht eine solche Angemessenheitskontrolle dem Ansatzpunkt des AGB-Gesetzes (vgl. U. Schneider, ZGR 1978, 1, 7; Wiedemann, Bd. I, § 3 II 3 a). Darüber besteht allerdings keine Einmütigkeit (vgl. zum Streitstand Kreutz, ZGR 1983, 109 ff.).

453 Wenn Gesellschaftsverträge einer Inhaltskontrolle unterzogen werden, so zeigen sich im Vergleich zur Inhaltskontrolle von Allgemeinen

Geschäftsbedingungen Unterschiede, sowohl was den Gegenstand, als auch was die Folgen angeht (vgl. dazu im einzelnen U. Schneider, ZGR 1978, 1, 10ff.). Das wird z.B. daran deutlich, daß sich die Inhaltskontrolle von Gesellschaftsverträgen im Gegensatz zu derjenigen von Allgemeinen Geschäftsbedingungen in der Regel nicht auf vertragliche Nebenbestimmungen, sondern gerade auf die wichtigen Bestandteile des Vertrages, die die Rechte und Pflichten der Mitglieder untereinander festlegen, erstreckt. Gerade daraus, daß ein Gesellschaftsvertrag als Gesamtvertragswerk zu kontrollieren ist, ergeben sich im Gesellschaftsrecht die besonderen Schwierigkeiten einer Inhaltskontrolle (vgl. Wiedemann, Bd. I, § 3 II 3 b).

Es nimmt deshalb nicht wunder, daß der BGH gerade die Verträge 454 der sogenannten Publikumskommanditgesellschaften einer Inhaltskontrolle unterzogen und dabei die bisherige Zurückhaltung im Hinblick auf die Inhaltskontrolle von Gesellschaftsverträgen aufgegeben hat. Der BGH (BGHZ 104, 50, 53ff.) unterzieht auch die Verträge solcher Publikumskommanditgesellschaften der Inhaltskontrolle, die so organisiert sind, daß sich die Anleger an ihr nur mittelbar über einen Treuhänder – über ein zusammengehörendes Bündel von Gesellschaftsvertrag und Treuhandabrede – beteiligen können. In solchen Fällen sind die Kapitalanleger nach der gewählten Vertragsgestaltung weder Kommanditisten der Gesellschaft noch aufgrund schuldrechtlicher Vereinbarungen in das Gesellschaftsverhältnis einbezogen. Obwohl die Rechte und Pflichten der Kapitalanleger auf einem Treuhandverhältnis beruhen, nimmt dies der KG nicht die Eigenschaft einer Publikumsgesellschaft (so zutreffend BGHZ 104, 50, 54ff.).

Für Publikumskommanditgesellschaften, an denen eine große An- 455 zahl von Kommanditisten beteiligt ist, ist es typisch, daß die beitretenden Gesellschafter nicht in der Lage sind, den Gesellschaftsvertrag auszuhandeln und auf dessen Inhalt Einfluß zu nehmen. Es handelt sich vielmehr bei den Gesellschaftsverträgen in der Regel um vorformulierte Verträge, die die Beitrittswilligen nur noch unterzeichnen können, ohne daß sie einen mitgestaltenden Einfluß ausüben können. Der BGH (BGHZ 64, 238, 241) hat deshalb mit Recht festgestellt, daß die Rechtslage ähnlich wie bei Allgemeinen Geschäftsbedingungen und Formularverträgen ist, die nicht zwischen den Vertragspartnern ausgehandelt werden, bei denen vielmehr für eine Vielzahl von gleichgelagerten Fällen die künftigen Vertragsbeziehungen einseitig festgelegt werden und infolgedessen der Vertragskompromiß als Gewähr dafür fehlt, daß die Interessen aller Beteiligten berücksichtigt werden (siehe zu dieser Entscheidung die Besprechung von Schulte, ZGR 1976, 97 ff.). Weil die Lage ähnlich wie bei Allgemeinen Geschäftsbedingungen ist, hat der BGH zum Schutze der Anlagegesellschafter ein Bedürfnis bejaht, dem unter solchen Umständen leicht möglichen Mißbrauch der Vertragsfreiheit mit Hilfe einer an den Maßstäben von Treu und Glauben ausgerichteten Inhaltskontrolle durch die Gerichte zu begegnen, und sich dabei auf § 242 BGB gestützt (so auch Martens, DB 1973, 413 ff.; H. P. Westermann, AcP 175 (1975), 375, 408 ff.; Wiedemann, in: FS Westermann, S. 585 f.). Bei anderer Gelegenheit (es ging um die Zulässigkeit sog. „Hinauskündigungsklauseln", siehe dazu oben Rdnr. 141 d) hat der BGH (BGHZ 81, 263, 266) sich bei der Inhaltskontrolle auf § 138 BGB und die „Grundprinzipien des Gesellschaftsrechts" gestützt. Schwierig dürfte es sein festzulegen, wie weit diese Inhaltskontrolle gehen soll. Der BGH (BGHZ 64, 238, 242; 84, 11) vertritt die Auffassung, die Inhaltskontrolle diene der Wiederherstellung der Vertragsgerechtigkeit. Er formuliert vorsichtig, daß auf die Prüfung von Gesellschaftsverträgen wegen der ineinander verflochtenen Rechtsbeziehungen zwischen Gesellschaft, einzelnen Gesellschaftern und Gesellschaftergruppen die bei den Austauschverträgen entwickelten Grundsätze nur mit Vorsicht übertragen werden könnten und u. U. auch ein gewisser Vertrauensschutz zugunsten eines an der Vertragsformulierung nicht beteiligten Gesellschafters bei der Abwägung nach Treu und Glauben eine Rolle spielen könne.

456 Der BGH (BGHZ 64, 238 ff.) hatte einen Fall zu beurteilen, in dem in einer Publikumskommanditgesellschaft ein Aufsichtsrat gebildet worden war, der neben der Kontrolle der Geschäftsführung auch wesentliche Aufgaben der Geschäftsführung ausführen sollte, die für den Bestand und die Entwicklung der Gesellschaft und das Interesse der kapitalgebenden Kommanditisten von erheblicher Bedeutung waren. In § 18 des Gesellschaftsvertrages hieß es u. a.: „Ansprüche gegen die GmbH oder gegen die Mitglieder des Aufsichtsrates wegen

Verletzung ihrer gesellschaftlichen Obliegenheiten verjähren in drei Monaten. Die Haftung der GmbH und der Mitglieder des Aufsichtsrates beschränkt sich Gesellschaftern und ehemaligen Gesellschaftern gegenüber auf das in der Gesellschaft angelegte Vermögen der zum Schadensersatz verpflichteten Personen.“ Der BGH ist bei der aus den oben dargestellten Gründen bejahten Inhaltskontrolle des Gesellschaftsvertrages zu dem Ergebnis gekommen, daß der Gesellschaftsvertrag die in dem Aufsichtsrat tätigen Gesellschafter einseitig und in einer Weise unausgewogen begünstige, daß der erforderliche Schutz der Anlagegesellschafter nicht annähernd angemessen gewährleistet sei; ein solcher Schutz wäre hier aber umso mehr erforderlich gewesen, als dem Aufsichtsrat, wie sein Aufgabenbereich zeige, außer der Kontrolle der Geschäftsführung auch wesentliche Aufgaben der Geschäftsführung selbst übertragen worden seien, die für den Bestand und die Entwicklung der Gesellschaft und das Interesse der kapitalgebenden Kommanditisten von beträchtlicher Bedeutung seien. Den Kommanditisten sei aber durch diese Regelung im Gesellschaftsvertrag die Möglichkeit genommen, wenigstens bei offenkundigen und schnell aufgedeckten Verfehlungen den Bestand des Gesellschaftsvermögens zu erhalten. Außerdem führe die im Gesellschaftsvertrag verankerte Beschränkung der Haftenden auf das in der Gesellschaft angelegte Vermögen zu dem Ergebnis, daß deren Haftung umso geringer werde, je schwerer durch ihre Verstöße das Gesellschaftsvermögen geschädigt und damit auch ihr Anteil verringert werde.

Die Rechtsprechung des BGH zur Inhaltskontrolle von Publikumsgesellschaften ist in der Literatur auf zum Teil heftige Kritik gestoßen. **457** So vertreten z.B. Flume (DB 1986, 631) und Knobbe-Keuk (S.11f.) die Auffassung, eine solche Kontrolle sei rechtspolitisch nicht erwünscht, weil der um steuerliche Vorteile bemühte Kapitalanleger keines Schutzes bedürfe. Der BGH (BGHZ 104, 50, 53f.) räumt zwar ein, daß Personen mit höherem Einkommen, die sich in erster Linie wegen der steuerlichen Vorteile am Beitritt zu einer Abschreibungsgesellschaft interessiert zeigen, in der Regel geschäftlich nicht unerfahren sind und die Möglichkeit haben, sich zu ihrem Schutz der Hilfe von Fachberatern zu bedienen. Der BGH (BGHZ 104, 50) hält gleichwohl mit der Begründung an seiner bisherigen Rechtsprechung fest, bei der Inhaltskontolle von Publikumsgesellschaftsverträgen gehe es nicht nur um die Frage, ob und inwieweit sich beteiligende Anleger – gegebenenfalls fachkundig beraten – eine sie benachteiligende Vertragsgestaltung hätten erkennen und deshalb den Vertragsabschluß hätten unterlassen können; in erster Linie gehe es vielmehr darum, daß Anleger, wenn sie bei ihrem Beitritt ein bereits fertig vorformuliertes Vertragswerk vorfinden, erwarten dürfen, daß die Gründer und Initiatoren des Projektes bei dessen Erstellung nicht einseitig und ausschließlich ihre Interessen durchzusetzen versuchen, indem sie unter Ausnutzung der für ganz andere Beteiligungsverhältnisse eingeräumten Vertragsgestaltungsfreiheit die Anleger in einer der rechtlichen Wertung widersprechenden Weise rechtlos stellen.

Rdnr. 457

Siebtes Kapitel

Die stille Gesellschaft

§ 24. Begriff und Bedeutung der stillen Gesellschaft

Schrifttum: Paulick/Blaurock, Handbuch der stillen Gesellschaft, 4. Aufl. 1988; Schön, Die stille Beteiligung an dem Handelsgewerbe einer Kommanditgesellschaft, ZGR 1990, 220ff.; R. Weimar, Die GmbH & Still im Fortschritt des Gesellschaftsrechts, ZIP 1993, 1509ff.; Zutt in Großkomm. HGB, § 230ff.

I. Der Begriff der stillen Gesellschaft

Die stille Gesellschaft ist eine Gesellschaft, bei der sich eine Person 458
an dem Handelsgewerbe eines Kaufmanns in der Weise beteiligt, daß sie eine Vermögenseinlage leistet, die in das Vermögen eines anderen übergeht, und dafür am Gewinn, aber nicht notwendigerweise auch am Verlust teilhat.

Die stille Gesellschaft i.S. des § 230 HGB entsteht mit dem Abschluß eines formlosen Gesellschaftsvertrages zwischen dem Geschäftsinhaber und dem stillen Gesellschafter (auch der „Stille" genannt). Sie ist eine Gesellschaft, denn die Beteiligten schließen sich zusammen, um durch die Leistung von Beiträgen einen gemeinsamen Zweck zu erreichen, aber keine Handelsgesellschaft, weil das Handelsgewerbe nur vom Inhaber des Handelsgeschäfts betrieben wird. Hier wird die Besonderheit der stillen Gesellschaft deutlich: sie ist keine Außengesellschaft, sondern lediglich eine sogenannte Innengesellschaft. Das bedeutet: Die stille Gesellschaft tritt als Gesellschaft nicht nach außen in Erscheinung; sie hat keine Firma und auch kein Gesellschaftsvermögen. Die Vermögensmassen der Beteiligten bleiben unabhängig voneinander. Es entsteht kein Gesamthandsvermögen.

459 Aus den bei dem Betrieb abgeschlossenen Geschäften wird lediglich der Inhaber des Handelsgeschäfts, nicht aber der Stille verpflichtet (§ 230 Abs. 2 HGB). Der stille Gesellschafter steht also außerhalb der vom Inhaber des Handelsgeschäfts mit Dritten abgeschlossenen Rechtsgeschäfte.

Beispiel: Klucks handelt mit Kosmetica. Alt und Klucks begründen durch Abschluß eines entsprechenden Vertrages eine stille Gesellschaft. Wenn Klucks nach Gründung der Gesellschaft bei dem Großhändler Huber für DM 15 000,– Kosmetica einkauft, hat Huber einen Anspruch auf Zahlung des Kaufpreises aus § 433 Abs. 2 BGB nur gegen Klucks, nicht aber gegen Alt (§ 230 Abs. 2 HGB).

460 Die stille Gesellschaft kann nur aus zwei Gesellschaftern bestehen, dem Inhaber des Handelsgeschäfts und dem Stillen. Der Geschäftsinhaber muß nicht eine Einzelperson sein. Es kommen auch Handelsgesellschaften, d. h. OHG, KG, Kommanditgesellschaft auf Aktien, GmbH und Aktiengesellschaft in Betracht. Ebenso kann der stille Gesellschafter eine Handelsgesellschaft sein. Der Begriff der stillen Gesellschaft setzt ein Handelsgewerbe voraus, das ein anderer betreibt (§ 230 Abs. 1 HGB). Nicht notwendig ist, daß der Gewerbebetrieb des Kaufmanns ein Grundhandelsgeschäft i. S. des § 1 Abs. 2 HGB zum Gegenstand hat. Deshalb kann eine stille Gesellschaft auch mit einer im Handelsregister eingetragenen GmbH (Kaufmann gem. § 6 HGB) begründet werden, die kein Handelsgewerbe betreibt (vgl. BFH WM 1983, 1066 ff.). Beteiligt sich ein Anleger still an einer GmbH, spricht man auch von einer GmbH & Still (vgl. zu den Einzelheiten R. Weimar, ZIP 1993, 1509 ff.).

461 **Beispiel:** Die Bauträgergesellschaft Treufix GmbH schließt mit dem Makler Schütz einen Vertrag ab, in dem dieser sich zu einer Einzahlung von DM 100 000,– verpflichtet. Schütz soll am Gewinn, nicht aber am Verlust beteiligt sein. In dem Vertrage wird auch verankert, daß Schütz „in keiner Weise haften" und das Verhältnis zwischen der GmbH und Schütz nach außen nicht in Erscheinung treten soll. Es handelt sich hier um eine stille Gesellschaft im Sinne des § 230 HGB.

Beispiel: Die Südwestfälische Kunststoff AG möchte sich ohne Risiko, d. h. ohne Haftungsrisiko und ohne daß dies bekannt wird, an einer SB-Warenhauskette, die in der Rechtsform einer GmbH betrieben wird, beteiligen. Dies kann zweckmäßigerweise durch die Gründung einer stillen Gesellschaft geschehen.

Nach Ansicht des BGH (BGH JuS 1995, 268f. mit Anm. von K.Schmidt) ist die stille Gesellschaft eine Gesellschaft i.S. des § 705 BGB; die Bereichsausnahmeregelung des § 23 Abs.1 AGB-Gesetz erfaßt deshalb auch die stille Gesellschaft.

II. Die Bedeutung der stillen Gesellschaft

Die wirtschaftliche Bedeutung der stillen Gesellschaft wird durch die Möglichkeiten bestimmt, die diese Gesellschaftsform eröffnet: **462**

- da die stille Gesellschaft Rechtsbeziehungen nur zwischen den Gesellschaftern schafft, also eine reine Innengesellschaft ist, tritt sie nach außen nicht in Erscheinung. Es erfolgt auch keine Handelsregistereintragung. Der stille Gesellschafter kann sich also beteiligen, ohne daß dies bekannt wird;
- der stille Gesellschafter ist zur Mitarbeit nicht verpflichtet;
- er haftet nicht unmittelbar;
- er kann seinen Kapitaleinsatz begrenzt halten.

In neuerer Zeit hat die stille Gesellschaft vor allem dadurch an Bedeutung gewonnen, daß sie in zunehmendem Maße dazu verwandt wird, Kapitalanleger über eine stille Beteiligung an einer Publikumskommanditgesellschaft als Mitunternehmer i.S. des § 15 Nr.2 EStG in den Genuß steuerlicher Vergünstigungen gelangen zu lassen (vgl. BGH BB 1980, 381f.). **463**

Auch der stille Gesellschafter kann mit einer stillen Beteiligung an einer GmbH & Co KG ohne Teilhabe am Verlust Mitunternehmer i.S. des § 15 Nr.2 EStG sein, wenn er rechtlich und tatsächlich eine Stellung erhält, die ihm einen unternehmerischen Einfluß auf die KG bei gleichzeitig hohem Kapitaleinsatz sichert (BFH WM 1979, 316f.). Mitunternehmer ist nach der Rechtsprechung des BFH derjenige, der „eine Unternehmerinitiative entfalten kann und ein Unternehmerrisiko trägt" (BFH WM 1979, 316). Ob diese Voraussetzungen vorliegen, ist unter Berücksichtigung aller, die rechtliche oder wirtschaftliche Stellung einer Person insgesamt bestimmenden Umstände zu würdigen.

III. Rechte und Pflichten der Gesellschafter

464 Der Inhaber des Handelsgeschäftes ist nach dem Innenverhältnis zum Betrieb des Handelsgewerbes für die Rechnung der Gesellschafter verpflichtet. Daraus ergibt sich, daß ihm die Geschäftsführungspflicht obliegt.

Der stille Gesellschafter ist verpflichtet, die versprochene Einlage in das Vermögen des Geschäftsinhabers zu erbringen.

Beispiel: Hat der stille Gesellschafter sich im Vertrage verpflichtet, eine Einlage in Form einer Geldleistung zu erbringen, so hat er die vereinbarte Geldzahlung an den Geschäftsinhaber zu zahlen.

465 Wer sich als stiller Gesellschafter am Handelsgewerbe einer GmbH beteiligt, unterliegt den Grundsätzen zur Erhaltung des Stammkapitals entsprechend § 30 GmbHG nach Ansicht des BGH (BGHZ 106, 7, 9) ebenso wie ein GmbH-Gesellschafter, wenn er – ähnlich wie dieser – die Geschicke der GmbH bestimmt sowie an Vermögen und Ertrag beteiligt ist (zu den Einzelheiten vgl. BGHZ 106, 7, 9 f.).

Der stille Gesellschafter hat einen Anspruch auf Beteiligung am Gewinn (§§ 231 und 232 HGB). Seine Kontrollrechte sind nicht besonders stark ausgeprägt (vgl. § 233 HGB). Der stille Gesellschafter kann allerdings unter gewissen Voraussetzungen ein Einsichtsrecht auch in die Bücher und Papiere von Unternehmen haben, an denen der Geschäftsinhaber beteiligt ist (vgl. BGH NJW 1984, 2470 f.).

466 Aus dem Gesellschaftsvertrag erwachsen für beide daran beteiligte Parteien Treuepflichten, die im wesentlichen darauf gerichtet sind, daß die Beteiligten dem gemeinsamen Gesellschaftszweck nicht zuwiderhandeln dürfen (vgl. BGH NJW 1988, 413 f.). Verwendet der Geschäftsinhaber die Einlage des stillen Gesellschafters nicht bestimmungsgemäß oder entzieht er dem Unternehmen bestimmungswidrig Vermögen, so verletzt er damit seine vertraglichen Verpflichtungen. Dem stillen Gesellschafter kann daraus ein Anspruch aus *positiver Vertragsverletzung* entstehen, aufgrund dessen er verlangen kann, so gestellt zu werden, als seien die schädigenden Handlungen nicht vorgenommen worden (vgl. dazu BGH NJW 1988, 413 f.).

Rdnr. 464–466

IV. Die Abgrenzung der stillen Gesellschaft von der Gesellschaft bürgerlichen Rechts und vom partiarischen Darlehen

1. Die Abgrenzung zur Gesellschaft bürgerlichen Rechts

Während die BGB-Gesellschaft in der Regel eine Außengesellschaft ist, bei der auch ein Gesamthandsvermögen gebildet wird, ist die stille Gesellschaft lediglich eine Innengesellschaft, die nach außen nicht in Erscheinung tritt. Da die Vermögensmassen des Inhabers des Handelsgeschäfts einerseits und des stillen Gesellschafters andererseits getrennt bleiben, entsteht bei der stillen Gesellschaft kein Gesamthandsvermögen. 467

2. Die Abgrenzung zum partiarischen Darlehen

In der Praxis kann es Schwierigkeiten bereiten, eine stille Gesellschaft von einem partiarischen Darlehen zu unterscheiden, weil beiden gemeinsam ist, daß eine Einlage in das Vermögen eines anderen übergeht und eine Vergütung in Form einer Beteiligung an einem Gewinn vereinbart werden kann. 468

Bei einem *partiarischen Darlehen* besteht die Gegenleistung für die zeitweilige Überlassung der Darlehenssumme nicht in einem festen Zins, sondern in einer Beteiligung an den vom Darlehensnehmer mit Hilfe des überlassenen Kapitals erwirtschafteten Gewinnen. Es fehlt der für die stille Gesellschaft typische gemeinsame Zweck, nämlich die Verbindung des Inhabers des Handelsgewerbes mit dem stillen Gesellschafter zum Betrieb des Handelsgewerbes durch den Geschäftsinhaber im Interesse der Gesellschaft (vgl. BFH NJW 1978, 1280). Wird bei einem Rechtsgeschäft, bei dem dem Vertragspartner eine Geldsumme überlassen wird, eine Beteiligung am Verlust ausgeschlossen, so muß es sich dabei nicht notwendigerweise um ein partiarisches Darlehen handeln, weil auch bei der stillen Gesellschaft die Verlustbeteiligung ausgeschlossen werden kann. Andererseits ist eine

Beteiligung am Verlust mit dem Charakter des Darlehens nicht zu vereinbaren. Deshalb ist, wenn eine Gewinn- und Verlustbeteiligung vereinbart worden ist, davon auszugehen, daß es sich im Zweifel um eine stille Gesellschaft und nicht um ein partiarisches Darlehen handeln soll.

469 Bei der Beantwortung der Frage, ob es sich um eine stille Gesellschaft oder ein partiarisches Darlehen handelt, ist entscheidend darauf abzustellen, ob das Verhältnis der beteiligten Personen zueinander eine wirkliche Zweckgemeinschaft im Sinne einer Gesellschaft darstellt. Zu berücksichtigen sind dabei die wirtschaftlichen Ziele der Parteien, ihre bisherigen persönlichen Beziehungen, die geplante Dauer der Beteiligung, das Streben des Geldgebers, sein Risiko zu verringern, sowie das Interesse des Geschäftsinhabers an der Person des Geldgebers (vgl. BFH NJW 1978, 1280). Wenn die Beteiligten ohne jeden gemeinsamen Zweck lediglich ihre eigenen Interessen verfolgen und ihre Beziehungen ausschließlich durch die Verschiedenheit ihrer Interessen bestimmt werden, handelt es sich im Zweifel um ein partiarisches Darlehen. Haben sich die Parteien hingegen durch den Vertrag zur Erreichung eines gemeinsamen Zweckes verbunden und tragen die schuldrechtlichen Beziehungen ein gesellschaftsrechtliches Element in sich, liegt eine stille Gesellschaft vor (vgl. BFH WM 1983, 1066, 1067). Indizien dafür, daß eine gesellschaftliche Bindung im Sinne einer Zweckgemeinschaft gewollt ist, können vereinbarte Kontrollrechte zugunsten des stillen Gesellschafters bieten, wenngleich auch Darlehensgeber sich Aufsichtsrechte auszubedingen pflegen. Insbesondere lassen sich kreditgewährende Banken häufig die Bilanzen der Darlehensnehmer vorlegen. Je stärker die Kontrollrechte des Geschäftspartners ausgebildet sind, desto mehr Anhaltspunkte sprechen dafür, daß der Parteiwille dahin geht, daß eine stille Gesellschaft gewollt ist (vgl. G. Hueck, § 19 IV 4). Das dürfte insbesondere dann zutreffen, wenn der Geschäftsinhaber bei wichtigen Geschäften im Innenverhältnis an die Zustimmung des Geldgebers gebunden ist (vgl. dazu auch BGH WM 1992, 1576 f.).

Rdnr. 469

§ 25. Die Unterbeteiligungsgesellschaft

Schrifttum: Bilsdorfer, Gesellschafts- und steuerrechtliche Probleme bei Unterbeteiligung von Familienangehörigen, NJW 1980, 2785 ff.; Blaurock/Berninger, Unterbeteiligung an einem GmbH-Anteil in zivilrechtlicher Sicht, GmbH-Rdsch. 1990, 11 ff. und 87 ff.; Costede, Unterbeteiligte als Mitunternehmer, ZGR 1976, 188 ff.; Janberg, Die Unterbeteiligung im Gesellschaftsrecht, DB 1953, 77 ff.; Marsch-Barner, Gesetz über Unternehmensbeteiligungsgesellschaften – Eine Zwischenbilanz –, ZGR 1990, 294 ff.; Menzel, Das neue Gesetz über Unternehmensbeteiligungsgesellschaften, WM 1987, 705 ff.; Paulick/Blaurock, Handbuch der stillen Gesellschaft, 4. Aufl. 1988; Schimke, Die historische Entwicklung der Unterbeteiligungsgesellschaft in der Neuzeit, Schriften zur Rechtsgeschichte Heft 49, 1991; U. Wagner, Die Unterbeteiligung an einem OHG-Anteil, 1975.

I. Das Bedürfnis, Unterbeteiligungsgesellschaften zu gründen

In der Praxis hat sich ein starkes Bedürfnis gezeigt, Personen durch formlosen Vertrag in der Art an der Gesellschafterstellung einer anderen Person zu beteiligen, daß der Gewinn und der Verlust oder auch nur der Gewinn zwischen dem Gesellschafter und der anderen Person geteilt wird. Gründe für eine solche Unterbeteiligung können sein: 470

- die Gesellschafterstellung, an der die andere Person beteiligt werden soll, ist wegen der Verweigerung der Zustimmung der anderen Gesellschafter nicht übertragbar;
- der Unterbeteiligte will nach außen nicht in Erscheinung treten;
- der künftige Nachfolger eines Gesellschafters soll, schon bevor er Gesellschafter wird, an den Vorteilen einer Gesellschafterstellung beteiligt werden;
- bei dem Tode eines Gesellschafters, der mehrere Erben hat, von denen aber nur einer in die Gesellschafterstellung nachfolgen soll, kann eine Unterbeteiligung an der Gesellschafterstellung des Nachfolgeerben den Zweck erfüllen, die übrigen Erben abzufinden;
- der Kapitalbedarf eines Hauptgesellschafters: um seine Einlagepflicht in der Hauptgesellschaft erfüllen zu können, sucht der

Hauptgesellschafter einen Geldgeber, der sich bereitfindet, sein Geld zu investieren, wenn er an den Gewinnen der Hauptgesellschaft beteiligt wird;

– durch eine Verteilung des Einkommens auf mehrere Personen – insbesondere im Familienkreis – kann mittels einer entsprechenden Gewinnverteilung ein beträchtlicher Progressionsvorteil erzielt werden (vgl. Bilsdorfer, NJW 1980, 2785, 2786).

471 **Beispiel:** Albers, Knoll und Rüttgers wollen eine OHG gründen, deren Gegenstand ein Reifengroßhandel sein soll. Jeder Gesellschafter soll eine Einlage von DM 200 000,– erbringen. Nach Abschluß des Gesellschaftsvertrages merkt Knoll, daß er sich finanziell übernommen hat. Er kann nur DM 100 000,– für die Einlage aufbringen. Weil er gerne Gesellschafter bleiben möchte, sucht er einen Geldgeber. Zenz ist bereit, DM 100 000,– zu der Einlage des Knoll beizusteuern, wenn er an der Gesellschafterstellung des Knoll in der Weise beteiligt wird, daß er auf die Dauer der Gesellschaft 50% des auf Knoll entfallenden Gewinns – bei Nichtbeteiligung am Verlust – erhält. Wenn Knoll sich damit einverstanden erklärt, handelt es sich um ein Unterbeteiligungsverhältnis.

Beispiel: Der Unterbeteiligte ist nicht nur Lieferant der Gesellschaft, bei der die Unterbeteiligung begründet werden soll, sondern auch der Lieferant der Konkurrenzunternehmen, die von der Beteiligung nichts wissen sollen, weil der Unterbeteiligte fürchtet, die Konkurrenzunternehmen als Kunden zu verlieren.

472 Die Unterbeteiligungsgesellschaft, von der hier die Rede ist, darf nicht verwechselt werden mit der Unternehmensbeteiligungsgesellschaft, die nun durch das Gesetz über Unternehmensbeteiligungsgesellschaften (UBGG) vom 17. Dezember 1986 (in Kraft getreten am 1. Januar 1987) geregelt ist. Sinn und Zweck dieses Gesetzes ist es, den nicht börsennotierten mittelständischen Unternehmen den indirekten Zugang zum Kapitalmarkt zu eröffnen und auf diese Weise ihre Außenfinanzierungsmöglichkeiten zu verbessern. Darüberhinaus werden mit dem Gesetz noch weitere Ziele verfolgt, u. a. das, einem breiten Anlegerpublikum die Möglichkeit zu verschaffen, sich mittelbar an mittelständischen Unternehmen zu beteiligen. Das UBGG schafft den zur Verwirklichung dieser Ziele notwendigen Organisationsrahmen (vgl. zu alledem Menzel, WM 1987, 705 ff.). § 2 UBGG läßt als Rechtsform für Unternehmensbeteiligungsgesellschaften nur die Aktiengesellschaft zu. Eine solche Gesellschaft muß mit einem voll einge-

zahlten Mindestgrundkapital von DM 2 Millionen ausgestattet sein; sie muß Sitz und Geschäftsleitung im Inland haben. Ausschlaggebend für diesen Rechtsformzwang war die Überlegung, daß auf diese Weise eine Öffnung der Unternehmensbeteiligungsgesellschaft für das breite Publikum gewährleistet sei und auch die Anlegerinteressen durch die bewährten Regelungen des Aktiengesetzes angemessen berücksichtigt und geschützt würden. Bislang sind die Gründung und der Ausbau von Unternehmensbeteiligungsgesellschaften über ein – allerdings nicht unbeachtliches – Anfangsstadium nicht hinausgekommen (zu den Gründen vgl. Marsch-Barner, ZGR 1990, 294 ff.).

II. Die Rechtsform der Unterbeteiligungsgesellschaft

Die herrschende Meinung (vgl. BGHZ 50, 316 ff.; Westermann, **473** Rdnr. I 947 ff.) geht als selbstverständlich davon aus, daß Unterbeteiligungen der genannten Art rechtlich möglich und zulässig sind. Sie qualifiziert das auf einem Vertrag beruhende Unterbeteiligungsverhältnis als BGB-Gesellschaft. Um eine stille Gesellschaft im Sinne der §§ 230 ff. HGB kann es sich nicht handeln, weil der Unterbeteiligte sich nicht „an dem Handelsgewerbe, das ein anderer betreibt" – nach § 230 HGB eine zwingende Voraussetzung – beteiligt (zur Abgrenzung zu verwandten Rechtsverhältnissen vgl. u. a. Schimke, S. 20 ff.).

Eine Unterbeteiligungsgesellschaft ist demnach eine Innengesellschaft, mit der der Unterbeteiligte an der Gesellschafterstellung eines Hauptgesellschafters beteiligt wird, ohne in direkte Beziehungen zur Hauptgesellschaft selbst zu treten. Der formlos wirksame Gesellschaftsvertrag, der zwischen dem Hauptgesellschafter und dem Unterbeteiligten geschlossen wird, bestimmt, in welchem Maße der Unterbeteiligte an den Rechten und Pflichten des Hauptgesellschafters teilhat. Auf das Rechtsverhältnis zwischen dem „Hauptgesellschafter" und dem Unterbeteiligten finden vor allem die Regelungen der §§ 705 ff. BGB Anwendung. Allerdings wird *kein* Gesamthandsvermögen gebildet, weil der Gesellschaftsanteil, auf den sich die Beteiligung bezieht, allein dem Hauptbeteiligten zuzuordnen ist (so zutreffend Blaurock/Berninger, GmbH-Rdsch. 1990, 12). Neben den §§ 705 ff.

BGB kann für einige Bereiche des Rechtsverhältnisses zwischen dem Hauptgesellschafter und dem Unterbeteiligten eine entsprechende Anwendung der §§ 230 ff. HGB geboten sein (vgl. Blaurock/Berninger, GmbH-Rdsch. 1990, 13 u. K. Schmidt, Gesellschaftsrecht, § 63 II).

474 Die vorherrschende Meinung in der rechtswissenschaftlichen Literatur geht davon aus, daß die Unterbeteiligungsgesellschaft auch ohne Zustimmung und ohne Kenntnis der übrigen Hauptgesellschafter zustande kommen kann (u. a.: Janberg, DB 1953, 77 ff.; Westermann, Rdnr. I 954). Das ist nicht unbedenklich, wenn man berücksichtigt, daß das Verhältnis des Hauptgesellschafters zu den anderen Gesellschaftern durch die Unterbeteiligung erheblich belastet werden kann. Derjenige Hauptgesellschafter, der mit einem Unterbeteiligten eine Unterbeteiligungsgesellschaft gegründet hat, ist im Hinblick auf die Hauptgesellschafter eine doppelte gesellschaftliche Bindung eingegangen. Das kann zu Interessenkollisionen und damit verbundenen Konflikten führen.

Beispiel: Köster, Schmalz und Zander haben eine OHG gegründet, die nach dem neuesten Stand der Technik elektronische Geräte herstellt und veräußert. Faber, der an dem Gesellschaftsanteil des Köster ohne Wissen der übrigen Gesellschafter unterbeteiligt ist, verlangt von Köster, über die streng geheimgehaltenen Produktionsverfahren unterrichtet zu werden. Hier kollidieren die Pflicht des Köster aus dem Vertrag mit den anderen OHG-Gesellschaftern zur Geheimhaltung und die Informationspflicht, die Köster aus dem Gesellschaftsverhältnis (BGB-Gesellschaft) mit Faber erwächst.

475 Jede natürliche und juristische Person kann mit dem Hauptgesellschafter eine Unterbeteiligungsgesellschaft gründen.

Eine Unterbeteiligung ist auch an dem Gesellschaftsanteil eines GmbH-Gesellschafters möglich und durchaus üblich (vgl. dazu Blaurock/Berninger, GmbH-Rdsch. 1990, 11 f.

Achtes Kapitel

Die Aktiengesellschaft

§ 26. Die Bedeutung der Aktiengesellschaft

Schrifttum: Bericht über die Verhandlungen der Unternehmensrechtskommission. Herausgegeben vom Bundesministerium der Justiz, 1980; P. Kindler, Die Aktiengesellschaft für den Mittelstand. Das Gesetz für kleine Aktiengesellschaften und zur Deregulierung des Aktienrechts, NJW 1994, 3041 ff.

I. Die Aktiengesellschaft als die geeignete Gesellschaftsform für große Unternehmen

Die Aktiengesellschaft ist aus vielerlei Gründen die geeignete Ge- 476
sellschaftsform für Großunternehmen:

- Sie ermöglicht es, daß ein *großer Kapitalbedarf*, der das Vermögen von einzelnen Personen oder Familien übersteigen würde, durch den Verkauf von Gesellschaftsanteilen an eine Vielzahl von anderen Personen gedeckt wird. Das Kapital wird dadurch aufgebracht, daß eine große Anzahl von – meist anonym bleibenden – Personen Aktien gegen eine Einlage – in der Regel die Zahlung eines Geldbetrages – übernimmt.
- Das *Risiko* der an der Gesellschaft beteiligten Aktionäre, der Kapitalgeber, ist begrenzt. Da nur die Aktiengesellschaft als juristische Person mit ihrem Vermögen haftet, nicht aber die Gesellschafter (Aktionäre) mit ihrem Privatvermögen in Anspruch genommen werden können, kann der Aktionär nicht mehr verlieren als den Betrag, den er für den Erwerb der Aktie gezahlt hat.
- Die Bindung des Aktionärs an die Aktiengesellschaft ist eine denkbar lose. Der Aktionär kann in der Regel die Aktien jederzeit an jede beliebige Person veräußern.

- Durch die einfache Form der Beteiligung, das geringe Risiko, die freie Übertragbarkeit der Aktien und die Möglichkeit, sich ohne kaufmännische oder sonstige Fähigkeiten an einem Wirtschaftsunternehmen zu beteiligen, können Aktien an eine Vielzahl von Personen verkauft werden, die kein eigenes Interesse an einer wirtschaftlichen Betätigung haben, im Aktienerwerb aber eine zweckmäßige und günstige Form der Geldanlage sehen.
- Die Aktie ist eine geeignete Möglichkeit, eine große Anzahl von Personen am Produktivvermögen zu beteiligen. Durch eine breite Streuung der Aktien könnte der Verteilungskampf um das Bruttosozialprodukt erheblich entschärft werden, weil den Arbeitnehmern bei niedrigen Tariflohnabschlüssen der hierdurch entstehende höhere Gewinn in Form von Aktiendividenden zugute kommen könnte und die Unternehmen notwendige Investitionsmittel zur Verfügung hätten.
- Die Struktur der Aktiengesellschaft ermöglicht im besonderen Maße die Konzentration von Unternehmen.

477 Über Funktion und Bedeutung der Aktiengesellschaft gehen die Meinungen insbesondere insoweit auseinander, als es um die Bestimmung des *Unternehmensinteresses* und die daraus zu ziehenden praktischen Konsequenzen geht. Im Gesetz ist nur vom „Wohl der Gesellschaft" (§ 121 Abs. 1 AktG) die Rede. Der BGH hat darüber hinaus ein „Interesse des Unternehmens" ausdrücklich anerkannt (BGHZ 64, 325, 329). Die beim Bundesministerium der Justiz gebildete Unternehmensrechtskommission, die Ende 1979 ihre Arbeit abgeschlossen hat, konnte sich auf eine inhaltliche Bestimmung des Unternehmensinteresses nicht einigen (vgl. Bericht der Unternehmensrechtskommission, S. 139 ff. u. 165 ff.). Bedeutung kommt insbesondere der Beantwortung der Frage zu, ob und gegebenenfalls wie weit die Mitglieder von Unternehmensorganen bei ihren Handlungen an ein Unternehmensinteresse gebunden sein können (vgl. dazu unten Rdnr. 570 ff.).

478 Die Zahl der deutschen Aktiengesellschaften ging zunächst etwa 60 Jahre lang ständig zurück, ohne daß die wirtschaftliche Bedeutung der Aktiengesellschaft gesunken wäre. Während es im Jahre 1925 in Deutschland noch etwa 13 000 Aktiengesellschaften gab, sank die Zahl der Aktiengesellschaften über 2558 (1960) auf 2190 (Jahresende 1986). Seit 1987 steigt die Zahl der Aktiengesellschaften wieder. Ende

1987 existierten 2508, 1992 3219 Aktiengesellschaften, davon 201 in den neuen Bundesländern. 1993 stieg die Zahl der Aktiengesellschaften weiter auf 3400, 1994 auf (geschätzte) 3600. Das Grundkapital ist allerdings ständig gestiegen: Betrug das Grundkapital aller Aktiengesellschaften im Jahre 1960 DM 31,7 Milliarden, so waren es 1986 DM 116,4 Milliarden, Ende 1987 DM 136 Milliarden, 1992 DM 173,8 Milliarden, 1993 DM 175,1 Milliarden und 1994 (geschätzte) DM 192,6 Milliarden. Im Vergleich dazu brachten im Jahre 1986 346.371 Gesellschaften mit beschränkter Haftung ein Gesamtstammkapital von DM 147,4 Milliarden auf. Ende 1987 existierten 401.687 Gesellschaften mit beschränkter Haftung (Kapital: DM 180 Milliarden), Ende 1991 465.660 (Kapital: DM 209 Milliarden) (Zahlen aus: AG-Report, AG 1987 R 186; AG-Report, AG 1991 R 60; AG-Report, AG 1993 R 64; AG-Report, AG 1995 R 272; Statistisches Jahrbuch 1990; Statistisches Jahrbuch 1992).

Die genannten Zahlen können allerdings nicht darüber hinwegtäuschen, daß die Aktiengesellschaft nach wie vor die typische Form der Großbetriebe in der Bundesrepublik Deutschland darstellt.

II. Die Aktiengesellschaft als Gegenstand von Kritik und Reform

Weil die Aktiengesellschaften immer noch die für Großunterneh- 479
men typische Gesellschaftsform darstellen, bilden sie nach wie vor eine große wirtschaftliche und deshalb auch politische Macht. Eine Reihe von Gründen hat dazu geführt, daß das Aktienrecht in den letzten Jahrzehnten immer wieder Gegenstand von Reformbestrebungen war. Ansatzpunkte für Reformvorhaben boten die Aktiengesellschaften in vielerlei Hinsicht:

- Die große wirtschaftliche Macht der Aktiengesellschaft berührt das Interesse der Allgemeinheit. Die Öffentlichkeit hat deshalb ein Interesse daran, Einblick in die wirtschaftlichen Verhältnisse der großen Aktiengesellschaften zu nehmen. Das gilt allerdings ebenso für die in anderen Rechtsformen betriebenen Großunternehmen. Die Aktienrechtsreform, die ihren Niederschlag im Aktiengesetz von

1965 gefunden hat, brachte deshalb eine Verschärfung der Publizitätsvorschriften, die das sogenannte Publizitätsgesetz aus dem Jahre 1969 auf solche Großunternehmen ausdehnte, die in anderen Rechtsformen betrieben werden.

– Das Aktienrecht räumt mit seinen Vorschriften über Kapitalbeteiligung und Stimmrecht demjenigen, der über 50% des Grundkapitals hält, die Möglichkeit ein, das Schicksal der Aktiengesellschaft weitgehend zu bestimmen, ohne selbst das volle Risiko zu tragen. Die meisten Aktiengesellschaften in der Bundesrepublik Deutschland befinden sich auf diese Weise in der Abhängigkeit von Großaktionären. Deshalb war die Stärkung des Minderheitenschutzes dringend geboten, ein Ziel, das die Aktienrechtsreform von 1965 teilweise verwirklichen konnte.

480 – Die große Masse der kleineren Aktionäre, die ihre Aktien bei einer Bank deponiert haben, läßt sich in der Regel in der Hauptversammlung von dieser Bank vertreten, insbesondere ihr Stimmrecht ausüben (sog. Depotstimmrecht der Banken). Da viele Kleinaktionäre ihre Aktien bei wenigen Großbanken verwahren lassen, konzentriert sich bei diesen Banken eine große Macht, ohne daß die Banken einen Kapitaleinsatz erbringen müssen. Eine Reform hätte die schwierige Aufgabe zu lösen, diesen aus gesellschaftspolitischen und wettbewerbspolitischen Gesichtspunkten bedenklichen Zustand zu verändern, ohne den Einfluß der Kleinaktionäre, der ohne die Mitwirkung der Großbanken in der Regel geringer ist – ein Gesichtspunkt, der oft wenig berücksichtigt wird –, zu schmälern. Die Bundestagsfraktion der SPD hat in dem Entwurf eines Transparenz- und Wettbewerbsgesetzes 1995 vorgeschlagen, das Depotstimmrecht der Banken wesentlich einzuschränken. Dieser Vorschlag begegnet rechtsdogmatischen und rechtspraktischen Bedenken (vgl. dazu H. Hommen, ZIP 1995, 1301 ff.).

– Die Bestrebungen, Arbeitnehmer und Gewerkschaften am Betriebsgeschehen und den wesentlichen wirtschaftlichen Entscheidungen zu beteiligen und sie bei der Leitung der Unternehmen mitbestimmen zu lassen, haben zur Einführung der Mitbestimmung von Arbeitnehmern in den Großbetrieben geführt. Diese Reform wirkt sich nachhaltig auf die Verfassung der Aktiengesellschaft aus.

Rdnr. 480

Trotz vieler Reformen konnte und kann es auch nicht gelingen, den Interessen aller derjenigen gerecht zu werden, die einer Aktiengesellschaft als Arbeitnehmer oder Aktionär verbunden sind. Während es den Großaktionären in erster Linie um die Beherrschung des Unternehmens als Feld für die eigene unternehmerische Tätigkeit geht, haben andere Aktionäre vorrangig ein Interesse daran, eine möglichst hohe und häufig wiederkehrende Rendite zu erzielen. Die Arbeitnehmerinteressen orientieren sich u.a. vorwiegend an der Erhaltung der Arbeitsplätze, höheren Löhnen, der Verbesserung der Arbeitsverhältnisse und – in Verfolgung alter Forderungen der Gewerkschaftsbewegung – einem möglichst hohen Maß an Mitbestimmung. **481**

§ 27. Begriff und Rechtsnatur der Aktiengesellschaft

I. Begriff und Typen von Aktiengesellschaften

1. Der Begriff

Die Aktiengesellschaft ist eine auf Dauer angelegte private Organisation, die gegründet wird, um einen selbstgesetzten Zweck zu erreichen. Sie ist eine juristische Person, für deren Verbindlichkeiten nur das Gesellschaftsvermögen haftet. Die Mitgliedschaftsrechte der Gesellschafter (Aktionäre) ergeben sich aus ihren Anteilen an dem in Aktien zerlegten Grundkapital. **482**

Die Aktiengesellschaft ist als juristische Person Eigentümerin des Gesellschaftsvermögens. Sie ist Subjekt der sie betreffenden Rechte und Pflichten.

Kraft ihrer Mitgliedschaft stehen die Aktionäre lediglich mit der Aktiengesellschaft in Rechtsbeziehungen. Nach der Organisation der Aktiengesellschaft bestehen zwischen den einzelnen Gesellschaftern (Aktionären) untereinander keine rechtlichen Beziehungen persönlicher Art (BGHZ 18, 350, 365. Zur Frage der Treuepflicht für Aktionäre siehe unten Rdnr. 646 ff.).

2. Typen von Aktiengesellschaften

483 Je nach der Verteilung von Aktien kann man verschiedene Typen von Aktiengesellschaften unterscheiden:

- die sog. *majorisierten Gesellschaften,* bei denen die Mehrheit der Aktien von einer kleinen Zahl von Personen gehalten wird. Die Mehrzahl der Aktiengesellschaften gehört zu dieser Gruppe;
- die sog. *Publikumsgesellschaften:* die Aktien befinden sich in den Händen einer Vielzahl von Aktionären, ohne daß ein Aktionär oder eine kleine Gruppe von Aktionären die Gesellschaft beherrschen. Bei Gesellschaften, die so strukturiert sind, konzentriert sich die Macht allerdings tatsächlich bei Vorstand und Aufsichtsrat, die aber in der Regel von denjenigen Banken abhängig sind, die für die meisten Aktionäre das Stimmrecht ausüben.

484 Bislang scheint das deutsche Kapitalgesellschaftsrecht von der Vorstellung ausgegangen zu sein, daß kleinere und mittelständische Unternehmen in der Rechtsform der GmbH und große Unternehmen in der Form der AG, und zwar der großen Publikumsgesellschaft, geführt werden sollten. Auch mag die besondere Strenge des Aktienrechts dazu beigetragen haben, daß der Mittelstand die AG weitgehend gemieden hat. Man hat sogar von einer „Flucht des Mittelstandes in die GmbH" gesprochen, die mit dazu beigetragen hätte, daß die Eigenkapitalausstattung deutscher Unternehmen im internationalen Vergleich zu gering sei (vgl. Kindler, NJW 1994, 3041). Eine der Ursachen für die im Durchschnitt schwache Kapitalausstattung der Gesellschaften mit beschränkter Haftung liegt darin, daß dieser Gesellschaftsform der Zugang zur Börse und damit zum Eigenkapitalmarkt verwehrt ist.

Das im August 1994 in Kraft getretene „Gesetz für kleine Aktiengesellschaften und zur Deregulierung des Aktienrechts" verfolgt den Zweck, die Aktiengesellschaft auch für mittelständische Unternehmer wieder interessant zu machen, indem es Anreize für diese Unternehmen schafft, in die Rechtsform der Aktiengesellschaft zu wechseln und sich so den Zugang zur Börse zu erschließen.

Der Begriff „kleine Aktiengesellschaft" wird lediglich zur Veranschaulichung benutzt. Er stellt *keine* neue Rechtsform dar.

Rdnr. 483, 484

II. Die Rechtsnatur der Aktiengesellschaft

Die Aktiengesellschaft ist körperschaftlich strukturiert und daher auf die Grundform des rechtsfähigen Vereins zurückzuführen. Sie ist eine Gesellschaft mit eigener Rechtspersönlichkeit(§ 1 AktG). **485**

Als juristische Person ist die Aktiengesellschaft rechtsfähig. Sie ist selbst Träger von Rechten und Pflichten.

Beispiel: Eigentümer eines Grundstücks, das der Gesellschaft gehört, ist nur die Aktiengesellschaft. Die Inhaber der Aktien sind nicht die Eigentümer.

Für Verbindlichkeiten der Aktiengesellschaft haftet den Gläubigern nur das Gesellschaftsvermögen, weil nur die Gesellschaft selbst, aber nicht die Aktionäre Schuldnerin der Gesellschaftsverbindlichkeiten ist. § 1 AktG führt also mit der Personifizierung der AG zu einer Beschränkung der Haftung.

Beispiel: Die Chemiefaser Süd-AG hat von der Westfälischen Bank AG ein Darlehen in Höhe von DM 20 Millionen erhalten. Für die Rückzahlung der Darlehenssumme haftet nur das Gesellschaftsvermögen. Wenn die Chemiefaser Süd-AG nicht imstande ist, die Darlehenssumme zurückzuzahlen, kann die Westfälische Bank AG sich nicht an die Aktionäre der Chemiefaser Süd-AG halten.

Da auch bei einer juristischen Person Menschen handeln müssen, **486**
muß das Gesetz regeln, welche natürlichen Personen im Namen der Aktiengesellschaft wirksam für diese handeln können.

Die Aktiengesellschaft handelt durch ihre Organe. Geschäftsführung und Vertretung der Aktiengesellschaft liegen grundsätzlich beim Vorstand. Als Kontrollorgan des Vorstandes dient der Aufsichtsrat, der auch den Vorstand bestellt. Die Aktionäre üben ihre Rechte durch die Hauptversammlung aus, die u.a. über die Verwendung des Bilanzgewinns, Satzungsänderungen und die Besetzung des Aufsichtsrates mit Aktionärsvertretern entscheidet.

Die Aktiengesellschaft ist aufgrund ihrer Rechtsform stets Handelsgesellschaft (§ 3 AktG). Das bedeutet: Die Aktiengesellschaft unterliegt stets den HGB-Vorschriften für Kaufleute. Ihre Geschäfte sind Handelsgeschäfte i.S. der §§ 343 ff. HGB.

Die Aktiengesellschaft hat als Namen eine Firma, und zwar grundsätzlich eine Sachfirma, die dem Gegenstand des Unternehmens zu entnehmen ist. Sie muß außerdem die Bezeichnung „Aktiengesellschaft" enthalten (§ 4 AktG).

487 Ebenso wie jede natürliche Person kann sich auch eine Aktiengesellschaft als juristische Person an anderen Gesellschaften beteiligen. Sie kann z.B. Aktien anderer Gesellschaften erwerben. So werden tatsächlich viele Aktiengesellschaften von anderen Aktiengesellschaften beherrscht, die sich den Mehrheitsbesitz der Aktien verschafft haben oder gar selbst die beherrschte Aktiengesellschaft gegründet haben.

Das Recht der Aktiengesellschaft ist im wesentlichen im Aktiengesetz geregelt. Ergänzend ist das Vereinsrecht des BGB anzuwenden. Da das Aktiengesetz eine fast erschöpfende Regelung aller Probleme enthält, bleibt für eine ergänzende Anwendung des Vereinsrechts jedoch wenig Raum. Anwendbar ist aber z.B. § 31 BGB.

§ 28. Das Grundkapital

Schrifttum: Füchsel, Probleme des Bezugsrechtsausschlusses im deutschen Aktienrecht, BB 1972, 1533 ff.; Hirte, Bezugsrechtsausschluß und Konzerninteresse, 1986; Knobbe-Keuk, Obligatorische Nutzungsrechte als Sacheinlagen in Kapitalgesellschaften? ZGR 1980, 214 ff.; Lutter, Materielle und förmliche Erfordernisse eines Bezugsrechtsausschlusses, ZGR 1978, 401 ff.; Lutter/Gehling, Verdeckte Sacheinlagen. Zur Entwicklung der Lehre und zu den europäischen Aspekten, WM 1989, 1445 ff.; Marsch-Barner, Die Erleichterung des Bezugsrechtsausschlusses nach § 186 Abs. 3 Satz 4 AktG, AG 1994, 532 ff.; Martens, Der Ausschluß des Bezugsrechts, ZIP 1992, 1677 ff.; derselbe, Richterliche und gesetzliche Konkretisierungen des Bezugsrechtsausschlusses, ZIP 1994, 669 ff.; Quack, Die Schaffung genehmigten Kapitals unter Ausschluß des Bezugsrechtes der Aktionäre, ZGR 1983, 257 ff.; K. Schmidt, Die sanierende Kapitalerhöhung im Recht der Aktiengesellschaft, ZGR 1982, 519 ff.; Schockenhoff, Gesellschaftsinteresse und Gleichbehandlung beim Bezugsrechtsausschluß, 1988; Zöllner, Die Schranken mitgliedschaftlicher Stimmrechtsmacht bei den privatrechtlichen Personenverbänden, 1963.

I. Der Begriff Grundkapital

Gemäß § 1 Abs.2 AktG hat die AG ein in Aktien zerlegtes Grundkapital. Das Grundkapital ist der in der Satzung festgesetzte Kapitalbetrag, den aufzubringen sich die Gründer durch die Übernahme von Aktien verpflichten. Das Grundkapital muß mindestens DM 100000,- betragen, und die Aktien müssen auf einen Nennbetrag in Deutscher Mark lauten (§§ 6 und 7 AktG). Damit enthält das deutsche Aktienrecht eine Entscheidung für die Nennwertaktie. Das Aktiengesetz ist so gefaßt, daß durch eine Vielzahl von Vorschriften erreicht werden soll, daß dieses Grundkapital den Gläubigern der Aktiengesellschaft als Haftungsmasse ungeschmälert erhalten bleibt. 488

II. Grundkapital und Gesellschaftsvermögen

Das Grundkapital der Aktiengesellschaft ist weder mit ihrem Gesellschaftsvermögen identisch noch mit dem Kurswert der Aktien der Aktiengesellschaft. Das Grundkapital ist eine feste, in der Satzung festgelegte Geldziffer; es ist in Anteile, die Aktien, zerlegt. Der Kurswert der Aktien ergibt sich aus einem Marktprozeß, bei dem der auf die Aktien zukünftig entfallende Gewinn eine entscheidende Einflußgröße ist. 489

Das *Gesellschaftsvermögen* der Aktiengesellschaft ist die Summe aller der Aktiengesellschaft zustehenden Gegenstände. Es setzt sich in der Regel zusammen aus Barmitteln, Guthaben, Eigentum an Grundstükken und anderen Sachen (z.B. Maschinen), Forderungen, Beteiligungen und sonstigen Rechten. Das Gesellschaftsvermögen ist daher nicht wie das Grundkapital eine festgelegte Geldziffer, sondern es schwankt je nach der wirtschaftlichen Situation der Aktiengesellschaft. Das Gesellschaftsvermögen kann höher, aber auch niedriger sein als das Grundkapital. Das Gesellschaftsvermögen ist regelmäßig dann höher als das Grundkapital, wenn die Geschäftstätigkeit der Gesellschaft erfolgreich war.

Beispiel: Die Badische Schaumstoff-Wernheim-AG hat mit einem Grundkapital von DM 1 Million begonnen. Im ersten Jahr machte sie einen Gewinn von DM 150 000,–, im zweiten Jahr einen solchen in Höhe von DM 250 000,–. In jedem Jahr schüttete die AG je DM 50 000,– als Gewinn aus, der Rest (DM 300 000,–) wurde investiert in Grundstücke (DM 180 000,–) sowie Maschinen und Fahrzeuge (DM 120 000,–). Die Wertsteigerung der Grundstücke und die Abnutzung der Maschinen und Geräte heben sich gegeneinander auf. Am Ende des zweiten Jahres beträgt das Vermögen der Aktiengesellschaft DM 1,3 Millionen (Grundkapital plus Wert der erworbenen Gegenstände). Das Grundkapital beträgt unverändert DM 1 Million.

490 Das Gesellschaftsvermögen kann jedoch auch niedriger sein als das ausgewiesene Grundkapital.

Beispiel: Eine Aktiengesellschaft büßt im ersten Jahr durch nicht erfolgreiche Geschäftstätigkeit einen Teil der als Grundkapital eingezahlten Beträge ein.

Die Kursentwicklung der Aktien wird in der Regel der Entwicklung des Gesellschaftsvermögens folgen, da nur das Gesellschaftsvermögen etwas über die wirtschaftliche Situation der AG und damit über die zu erwartende Dividende aussagt.

Das Gesellschaftsvermögen der AG haftet den Gläubigern für die Verbindlichkeiten der Gesellschaft. Es stellt die ausschließliche Haftungsgrundlage dar, weil die Aktionäre selbst nicht haften (§ 1 AktG). Die Bedeutung der Grundkapitalziffer liegt darin, daß das Aktiengesetz die Aufbringung und Erhaltung eines dem Grundkapital entsprechenden Gesellschaftsvermögens durch eine Vielzahl von Vorschriften zu sichern sucht, um den Gläubigern der Aktiengesellschaft eine Haftungsbasis in dieser Höhe zu sichern.

491 Das Aktiengesetz kann nicht den Eintritt von Verlusten verhindern, durch die das Grundkapital der Aktiengesellschaft aufgezehrt wird. Es verbietet jedoch Auszahlungen und andere Maßnahmen, die eine Verminderung des Gesellschaftsvermögens unter die Höhe der Grundkapitalziffer bewirken würden. Wichtige Vorschriften, die diesem Zweck, der Erhaltung des Grundkapitals, dienen, sind:
- die Aktien dürfen nicht unter Nennwert ausgegeben werden (§ 9 AktG);
- die Pflicht zur Einzahlung der übernommenen Einlage kann nicht erlassen werden. Die geleisteten Einlagen dürfen auch nicht zurückgezahlt werden (§§ 57 und 66 AktG);

– es darf kein Gewinn ausgeschüttet werden, solange das Gesellschaftsvermögen den Betrag des Grundkapitals nicht übersteigt. Ist in einem Jahr ein Verlust am Grundkapital entstanden, so muß dieser erst aus den Gewinnen der nächsten Jahre gedeckt werden, ehe wieder ein Gewinn verteilt werden kann.

III. Die Einlagepflicht

Die Einlagepflicht des Aktionärs ist die Pflicht, eine Geld- oder Sacheinlage an die Gesellschaft zu leisten. Sie entsteht bei der Gründung der Gesellschaft, bei dem Erwerb einer noch nicht voll eingezahlten Aktie oder durch die Zuteilung der gezeichneten Aktie bei der Kapitalerhöhung. Die Aktiengesellschaft hat einen Anspruch gegen den Aktionär auf Erfüllung der Einlagepflicht. **492**

Die Höhe der Einlage richtet sich nach dem Nennbetrag oder nach dem erhöhten Ausgabebetrag der Aktien. Aktien dürfen nicht für einen geringeren Betrag als den Nennbetrag ausgegeben werden (§ 9 AktG). Damit soll sichergestellt werden, daß das Gesellschaftsvermögen voll aufgebracht wird, um den Gläubigern der Gesellschaft zur Befriedigung ihrer Forderungen gegen die Gesellschaft zur Verfügung zu stehen.

Die Anmeldung der AG zur Eintragung in das Handelsregister darf erst erfolgen, wenn auf jede Aktie, soweit nicht Sacheinlagen vereinbart sind, der eingeforderte Betrag ordnungsgemäß einbezahlt worden ist (§ 36 Abs.2 S.1 AktG). Bei der Einmanngründung soll die Erfüllung der verbleibenden Bareinlagenverpflichtung dadurch gewährleistet werden, daß der Gründer zusätzlich eine Sicherung zu bestellen hat (§ 36 Abs.2 S.2 AktG). Das Gesetz bestimmt nicht, was hier unter Sicherung zu verstehen ist. Es dürften deshalb die üblichen Sicherungsmittel, wie z.B. Grundschuld, selbstschuldnerische Bürgschaft und Schuldbeitritt, in Betracht kommen.

§ 27 AktG regelt, auf welche Art und Weise *Sacheinlagen* erbracht werden können. Als solche kommen nur Vermögensgegenstände in Betracht, deren wirtschaftlicher Wert feststellbar ist. Verpflichtungen zu Dienstleistungen können nicht Sacheinlagen sein (§ 27 Abs. 2 AktG). **493**

Dies entspricht dem für das deutsche Aktien- und GmbH-Recht geltenden Prinzip, daß als Einlage nur solche vermögenswerten Gegenstände erbracht werden können, die Objekt des Rechtsverkehrs sein können und einen faßbaren wirtschaftlichen Wert haben (vgl. BGHZ 29, 300, 304). Deshalb kann eine nicht in Geld bestehende Einlage nur als der Geldeinlage gleichwertig erachtet werden, wenn sie im Hinblick auf eine reale Kapitalaufbringung „so gut wie Geld" ist, d.h. für die Gesellschaft keine Risiken mehr bestehen, die aus der Sphäre des Einbringenden herrühren. Aus diesem Grunde sind Geldeinlagen nicht durch schuldrechtliche Verpflichtungen des „einlegenden" Gesellschafters – etwa durch die Einräumung eines obligatorischen Nutzungsrechts – surrogierbar (vgl. Knobbe-Keuk, ZGR 1980, 214, 221 f.).

494 Eine Darlehensforderung, die ein Aktionär gegen die Aktiengesellschaft hat, kann als Sacheinlage in die Gesellschaft eingebracht werden. Gegenstand der Sacheinlage ist in diesem Fall die Forderung. Die Verpflichtung zur Leistung der Sacheinlage wird entweder dadurch erfüllt, daß die Forderung auf die Gesellschaft übertragen wird, so daß sie durch Konfusion erlischt, oder dadurch, daß der Aktionär sie erläßt (so BGHZ 110, 47, 60). Die Umwandlung von Verbindlichkeiten in haftendes Kapital vollzieht sich als Veränderung nur auf der Passivseite der Bilanz. Dabei wird die Forderung allerdings nicht zu ihrem Nennwert umgewandelt, sondern nur in der Höhe, in der die Gesellschaft sie entsprechend ihrem Leistungsvermögen erfüllen kann, weil sich danach ihre Werthaltigkeit bemißt (vgl. BGHZ 110, 47, 61. Zum Problem der verdeckten Sacheinlage siehe Lutter/Gehling, WM 1989, 1445 ff.).

495 Eine Befreiung einzelner Aktionäre von der Einlagepflicht ist nicht erlaubt (RGZ 156, 23, 25). Aktionäre können gegen ihre Verpflichtung, die Einlage zu erbringen, nicht mit einer gegen die Gesellschaft gerichteten Forderung aufrechnen (§ 66 AktG).

Den Aktionären ist keine Nachschußpflicht auferlegt. Eine solche kann auch nicht durch die Satzung begründet werden (Würdinger, § 15 I 4 a). Das hindert jedoch nicht, das sich Aktionäre untereinander und gegenüber der Gesellschaft vertraglich zu Nachzahlungen verpflichten können, um z.B. etwaige Unterbilanzen zu decken.

IV. Gesetzliche Rücklagen und freie Rücklagen

496 Gemäß § 150 AktG ist eine gesetzliche Rücklage zu bilden. Das bedeutet, daß der Mehrbetrag, um den das Reinvermögen der Gesellschaft, d.h. die Aktiva abzüglich Verbindlichkeiten, das Grundkapital übersteigt, nicht ohne weiteres voll verteilt werden kann. Zweck dieser Regelung ist es, in der Zukunft etwa entstehende Verluste bilanzmäßig auszugleichen.

Darüber hinaus ist es möglich, *freie Rücklagen,* deren Bildung nicht gesetzlich bestimmt ist, zu bilden.

Während die Auflösung der gesetzlichen Rücklagen an bestimmte Voraussetzungen geknüpft ist (§ 150 Abs. 4 AktG), können freie Rücklagen nach Belieben wieder aufgelöst werden, indem sie etwa dem Bilanzgewinn zufließen oder zur Kapitalerhöhung aus Gesellschaftsmitteln verwendet werden (§ 208 AktG).

V. Die Kapitalerhöhung

1. Überblick

Das bei der Gründung in der Satzung festgesetzte Grundkapital kann **497** bei Kapitalbedarf erhöht werden. Die Kapitalerhöhung kann eine geeignete Maßnahme der Unternehmenssanierung, aber auch ein Instrument der Finanzierung von Expansionen sein. Das die Kapitalerhöhung regelnde Recht kann nur ein Beitrag dazu sein, die praktische Durchführbarkeit ökonomisch realisierbarer Sanierungen zu erleichtern und die Konsequenzen für die Zeichner oder Übernehmer von Beteiligungen nicht über das wirtschaftlich unumgängliche Maß hinaus inakzeptabel zu machen (vgl. dazu K. Schmidt, ZGR 1982, 519 ff.).

2. Die Kapitalerhöhung gegen Einlagen

a) Das Verfahren

Das Verfahren der Kapitalerhöhung richtet sich folgendermaßen **498** nach den §§ 182 ff. AktG:
- Zunächst beschließt die Hauptversammlung die Kapitalerhöhung (§ 182 AktG);
- erfolgt die Kapitalerhöhung mit Sacheinlagen, so hat eine Prüfung durch gerichtlich bestellte Prüfer (Sachverständige) stattzufinden (§ 183 Abs. 3 AktG);

- sodann erfolgt die Anmeldung des Kapitalerhöhungsbeschlusses zum Handelsregister (§ 184 AktG);
- daraufhin erfolgt die Zeichnung der neuen Aktien durch die Aktionäre, denen ein Bezugsrecht zusteht und die von diesem Bezugsrecht Gebrauch machen können (§§ 185, 186 AktG). Bei einem Ausschluß des Bezugsrechts erfolgt die Zeichnung durch diejenigen, die durch den Ausschluß des Bezugsrechts begünstigt sind.
- Nach der Einzahlung des gesetzlichen Mindestbetrages (§ 188 Abs. 2 in Verbindung mit § 36 Abs. 2 AktG) erfolgt die Anmeldung der Durchführung der Kapitalerhöhung zur Eintragung in das Handelsregister.
- Mit der Eintragung der Durchführung der Erhöhung des Grundkapitals ist das Grundkapital erhöht (§ 189 AktG). Damit sind die neuen Mitgliedschaften entstanden.
- Sodann werden die neuen Aktien ausgegeben (vgl. § 191 AktG).

b) Der Kapitalerhöhungsbeschluß

499 Die Voraussetzungen, unter denen ein Kapitalerhöhungsbeschluß wirksam zustandekommt, regeln §§ 182 und 183 AktG.

In der Praxis erfolgt eine Kapitalerhöhung in der Regel unter Einschaltung von Banken, die die neuen Aktien mit der Verpflichtung übernehmen, sie den Aktionären nach Maßgabe des Bezugsrechts anzubieten. Ein solches Verfahren ist vom Aktiengesetz (§ 186 Abs. 5) ausdrücklich zugelassen. Der Kapitalerhöhungsbeschluß muß mit einer Mehrheit, die mindestens drei Viertel des bei der Beschlußfassung vertretenen Grundkapitals umfaßt, gefaßt werden (§ 182 Abs. 1 AktG). Mit dieser Kapitalmehrheit muß nicht eine Dreiviertel-Mehrheit der Stimmen verbunden sein; es genügt vielmehr gemäß § 133 Abs. 1 AktG die einfache Stimmenmehrheit. Die Satzung kann eine andere Kapitalmehrheit vorsehen (vgl. dazu Würdinger, § 35 III).

500 Der Beschluß hat anzugeben, um welchen Betrag das Grundkapital erhöht werden soll. Die Kapitalerhöhung kann nur durch die Ausgabe neuer Aktien ausgeführt werden (§ 182 Abs. 1 S. 4 AktG). Der Kapitalerhöhungsbeschluß muß den Nennbetrag der neuen Aktien bestimmen. Wenn die neuen Aktien zu einem höheren Betrag als dem Nennbetrag ausgegeben werden sollen, muß auch dieser sogenannte Mindestbetrag, unter dem sie nicht ausgegeben werden sollen, im Kapitalerhöhungsbeschluß festgelegt werden (§ 182 Abs. 3 AktG).

Eine Kapitalerhöhung ist bei angemessener Bewertung von Leistung und Gegenleistung auch durch Sacheinlagen möglich (§ 183 AktG. Zum Problem der Sacheinlagen s. oben Rdnr. 493 f.).

Ein Kapitalerhöhungsbeschluß kann in einem Anfechtungsprozeß durch Urteil für nichtig erklärt werden (§ 241 Nr. 5 AktG), wenn die Anfechtung begründet ist (zur Anfechtungsklage siehe unten Rdnr. 632 ff.).

c) Die Durchführung der Kapitalerhöhung

Aufgrund der von der Hauptversammlung beschlossenen Kapitalerhöhung ist der Vorstand zur Durchführung derselben nach Maßgabe des Beschlusses verpflichtet. Diese beginnt mit der Zeichnung der neuen Aktien unter Verwendung eines Zeichnungsscheines, dessen Inhalt in § 185 AktG festgelegt ist. **501**

Nach herrschender Meinung (vgl. Lutter in Kölner Kommentar § 185 Rdnr. 5 mit Nachw.) ist die Zeichnung ein *korporationsrechtlicher Vertrag,* den der Zeichnende mit der Aktiengesellschaft schließt. Die Zeichnung ist eine Willenserklärung des Zeichnenden, die zum Abschluß des Zeichnungsvertrages mit der Aktiengesellschaft führen soll. Damit dieser Vertrag zustandekommt, muß auch die Aktiengesellschaft eine entsprechende Willenserklärung abgeben (vgl. Lutter in Kölner Kommentar § 185 Rdnr. 7 ff. mit weiteren Nachw.). Nach Ansicht des RG (vgl. u. a. RGZ 79, 112, 114) und Wiedemanns (in Großkomm. zum AktG, § 185 Rdnr. 1) soll in der Zeichnung zugleich auch eine Erklärung gegenüber der Allgemeinheit liegen.

Daß sich der Zeichner neuer Aktien einerseits und die Aktiengesellschaft andererseits als Vertragspartner gegenüberstehen, ergibt sich aus folgenden Überlegungen: Bei einer Aktiengesellschaft haben nicht die einzelnen Mitglieder über die Aufnahme weiterer Mitglieder zu befinden; sie haben allerdings einen Anspruch auf Beachtung von Gesetz, Satzung und Erhöhungsbeschluß. Nach den allgemeinen Grundsätzen des Korporationsrechts ist die Aufnahme neuer Mitglieder allein Sache der betreffenden Körperschaft, hier also der Aktiengesellschaft (so zutreffend Lutter in Kölner Kommentar § 185 Rdnr. 6). **502**

503 Mit der Zeichnung gibt der Zeichner die rechtsgeschäftliche Erklärung (Willenserklärung) ab, seine Aufnahme in die Gesellschaft als deren Mitglied herbeiführen zu wollen (vgl. Lutter in Kölner Kommentar § 185 Rdnr. 11; Wiedemann, in: Großkomm. zum AktG, § 185 Rdnr. 1). In der Regel dürfte deshalb in dem Zeichnungsschein das an die Aktiengesellschaft gerichtete Angebot zum Abschluß eines entsprechenden Zeichnungsvertrages zu sehen sein. Die notwendige Annahmeerklärung der Aktiengesellschaft, die zum Zustandekommen des Vertrages führt, kann in der Bestätigung der Zeichnung, der Aufforderung zur Einlageleistung oder auch gemäß § 151 BGB in der Anmeldung der Durchführung der Kapitalerhöhung zur Eintragung in das Handelsregister liegen (vgl. Lutter in Kölner Kommentar § 185 Rdnr. 11).

504 Der Zeichnungsvertrag kann allerdings auch dadurch zustandekommen, daß die Aktiengesellschaft das Angebot zum Abschluß des Vertrages abgibt. Davon kann jedoch nur dann die Rede sein, wenn die Aktiengesellschaft bestimmten einzelnen Personen Zeichnungsangebote unterbreitet, die nach Betrag und Gattung der neuen Aktien bestimmt genug sind, um die Mindestanforderungen an ein Vertragsangebot zu erfüllen (vgl. dazu Lutter in Kölner Kommentar § 185 Rdnr. 11).

Sobald die gezeichneten Aktien zugeteilt sind, erfolgt die Einzahlung der Bareinlage in der vorgeschriebenen Mindesthöhe. Bei einer Bareinlage muß der angeforderte Betrag jedenfalls ein Viertel des Nennbetrages und bei der Ausgabe der Aktien für einen höheren als den Nennbetrag auch den Mehrbetrag umfassen (§ 36 a AktG). Bei einer Kapitalerhöhung mit Sacheinlagen im Sinne des § 183 AktG müssen die Sacheinlagen zur Zeit der Anmeldung der Durchführung der Kapitalerhöhung bei Eintragung in das Handelsregister noch nicht erbracht sein (§ 36 a Abs. 2 AktG).

Die Durchführung der Kapitalerhöhung ist gemäß § 188 AktG zur Eintragung in das Handelsregister anzumelden. Mit der Eintragung der Durchführung der Kapitalerhöhung ist das Grundkapital erhöht (§ 189 AktG). Gleichzeitig sind die neuen Mitgliedschaften entstanden. Nunmehr dürfen die neuen Aktien ausgegeben werden (§ 191 AktG).

Rdnr. 503, 504

3. Genehmigtes Kapital

Während bei der gewöhnlichen Kapitalerhöhung (vgl. oben Rdnr. 498 ff.) die Entscheidung aller wesentlichen Fragen durch Beschluß der Hauptversammlung erfolgt und der Vorstand verpflichtet ist, den Erhöhungsbeschluß auszuführen, besteht die Bedeutung des genehmigten Kapitals im Sinne der §§ 202 ff. AktG darin, daß der Vorstand durch Ermächtigungsbeschluß der Hauptversammlung dazu befugt ist, innerhalb der durch Hauptversammlungsbeschluß und Gesetz gezogenen Grenzen nach eigenem Ermessen die Kapitalerhöhung durchzuführen. Der Vorstand kann nicht nur ermächtigt werden, das Grundkapital bis zu einem bestimmten Nennbetrag durch Ausgabe neuer Aktien gegen Einlagen zu erhöhen (§ 202 Abs. 1 AktG); er kann darüber hinaus sogar ermächtigt werden, über den Ausschluß des Bezugsrechts der Aktionäre zu entscheiden (§ 203 Abs. 2 AktG). **505**

Sinn und Zweck des genehmigten Kapitals sind darin zu sehen, daß die Aktiengesellschaft damit Bewegungsfreiheit und Handlungsspielraum bei der Beschaffung von Kapital, insbesondere im Hinblick auf den Erwerb bzw. die Angliederung anderer Unternehmen erlangt. Der Vorstand hat dadurch die Möglichkeit, das Grundkapital zu einem von ihm als geeignet angesehenen Zeitpunkt, insbesondere auch unter Ausnutzung einer besonders günstigen Börsensituation, zu erhöhen, ohne den schwerfälligen und teuren Apparat einer Hauptversammlung in Anspruch nehmen zu müssen. **506**

Wie über jede andere Kapitalerhöhung muß auch über das genehmigte Kapital ein Beschluß der Hauptversammlung herbeigeführt werden. Der Hauptversammlungsbeschluß hat eine Ermächtigung des Vorstandes zum Gegenstand, die diesen in die Lage versetzt, anstelle der Hauptversammlung über eine Kapitalerhöhung zu bestimmen. Der Hauptversammlungsbeschluß läßt offen, ob überhaupt eine Kapitalerhöhung stattfindet; sie kann auch deren etwaigen Umfang offen lassen. Dem Vorstand wird demnach nicht nur die Ausführung der Kapitalerhöhung überlassen, sondern auch die Entscheidung darüber, zu welchem Zeitpunkt und in welchem Umfange sie stattfindet.

Durch die Schaffung genehmigten Kapitals durch Hauptversammlungsbeschluß wird die Stellung des Vorstandes wesentlich gestärkt.

Sieht die auf Beschluß der Hauptversammlung erfolgte Ermächtigung dies vor, können neue Aktien auch gegen Sacheinlagen ausgegeben werden (§ 205 AktG).

507 Die Durchführung der Kapitalerhöhung richtet sich gemäß § 203 Abs. 1 AktG nach den gleichen Vorschriften wie die Kapitalerhöhung gegen Einlagen gemäß § 182 ff. AktG (vgl. dazu oben Rdnr. 498 ff.).

4. Die Kapitalerhöhung aus Gesellschaftsmitteln

508 Eine Kapitalerhöhung kann auch aus Gesellschaftsmitteln, bei der bereits vorhandene Mittel der Gesellschaft, nämlich offene, d. h. bilanzmäßig ausgewiesene Rücklagen, in Grundkapital umgewandelt werden, erfolgen (§§ 207 ff. AktG).

Beispiel: Die S-Bau AG hat über mehrere Jahre größere Gewinne erzielt und diese im Hinblick auf die unsichere Marktlage nicht an die Aktionäre ausgeschüttet, sondern in die freien Rücklagen gestellt. Nun entschließen sich die Aktionäre auf Vorschlag des Vorstandes, das Geld dauerhaft der Aktiengesellschaft zu belassen. Durch einen Beschluß der Hauptversammlung können die freien Rücklagen in Grundkapital umgewandelt werden, wobei die dann notwendige Ausgabe der neuen Aktien zwingend an die alten Aktionäre gemäß ihrem bisherigen Anteil am Grundkapital zu erfolgen hat (§ 212 AktG).

Eine solche Kapitalerhöhung aus Mitteln der Gesellschaft hat nicht den Zweck, der Gesellschaft neues Vermögen durch Einlagen zuzuführen. Sie dient vielmehr dazu, vorhandenes freies Vermögen in gebundenes Gesellschaftsvermögen zu überführen. Sie ist eine Buchmaßnahme, durch die das Gesellschaftsvermögen in seinem Bestand nicht berührt, sondern lediglich dessen rechtliche Lage verändert wird (vgl. Würdinger, § 37 I).

5. Die bedingte Kapitalerhöhung

Hat eine Aktiengesellschaft Wandelschuldverschreibungen oder Optionsanleihen ausgegeben, so muß sie diejenigen Aktien, die bei Fälligkeit der Bezugsrechte zur Bedienung derselben notwendig sind, in der Regel durch eine Kapitalerhöhung beschaffen. Diese Kapitalerhöhung erfolgt gemäß §§ 192 ff. AktG. 509

Wandelschuldverschreibungen sind Obligationen, mit denen sich für den Inhaber das Recht zum Bezug einer Aktie (Bezugsrecht) verbindet, und zwar in der Weise, daß der Obligationär bei Fälligkeit der Obligation die Wahl hat, statt Rückzahlung des Kapitals die Obligation gegen eine Aktie zu tauschen oder für den Fall, daß er dazu befugt ist, zu seiner Obligation eine Aktie gegen Zahlung des Einlagebetrages hinzuzuerwerben (sog. „Optionsanleihe"). Optionsanleihen sind Schuldverschreibungen, aufgrund derer den Gläubigern das Recht zusteht, nach Ablauf einer bestimmten Frist zusätzlich zur Obligation gegen Bezahlung des schon bei Obligationsausgabe festgesetzten Bezugsbetrages eine Aktie der emittierenden Gesellschaft zu beziehen; sie gewähren also anstelle des Rechts auf Umtausch ein Bezugsrecht (§ 221 AktG; vgl. zu alledem Würdinger, § 19 IV und V).

6. Das Bezugsrecht der Aktionäre und sein Ausschluß

a) Das Bezugsrecht

Das Bezugsrecht dient dem einzelnen Aktionär dazu, seine mitgliedschaftliche und vermögensmäßige Stellung in der Gesellschaft auch im Falle der Kapitalerhöhung zu erhalten. Da der Umfang des Stimmrechts des einzelnen Aktionärs in der Hauptversammlung und damit sein Einfluß auf die Geschäftspolitik der Gesellschaft sich nach dem Verhältnis seines Aktienanteils zum Grundkapital bemißt (vgl. § 134 Abs. 1 S. 1 AktG), sinkt seine relative Stimmacht, wenn das Grundkapital erhöht wird, der Aktienanteil des einzelnen Aktionärs jedoch gleich bleibt. Das Bezugsrecht gibt dem Aktionär eine Handhabe, diese für ihn unerwünschte Konsequenz zu vermeiden. Nimmt er 510 es in Anspruch und zeichnet er ein seiner bisherigen prozentualen Beteiligung am Grundkapital entsprechendes Kontingent neuer Aktien, so bleibt die ursprüngliche Relation zwischen Aktienanteil und Grundkapital erhalten. Seine Stimmacht in der Hauptversammlung ändert sich nicht (vgl. K. Schmidt, Gesellschaftsrecht, § 29 III 2d; BGHZ 71, 40, 45).

Das den Aktionären gemäß § 186 AktG gesetzlich zustehende Bezugsrecht kann also die erforderliche Kompensation für die aufgrund einer Kapitalerhöhung drohenden Nachteile verschaffen; es stellt ein eng mit den Mitgliedschaftsrechten der Aktionäre verbundenes Recht dar. § 186 Abs. 1 S. 1 AktG gewährt jedem Aktionär einen Anspruch auf den Bezug neuer Aktien aus einer Kapitalerhöhung entsprechend dem Verhältnis des Nennwertes seiner Aktien zum bisherigen Grundkapital.

b) Die Problematik der Zulässigkeit des Bezugsrechtsausschlusses

511 In der jüngeren Vergangenheit hat kaum ein anderer aktienrechtlicher Streitgegenstand die Gerichte so umfänglich beschäftigt wie Beschlüsse über eine Kapitalerhöhung mit Bezugsrechtsausschluß (vgl. dazu Martens, ZIP 1992, 1677). § 186 Abs. 3 und Abs. 4 AktG regeln den Bezugsrechtsausschluß durch Beschluß der Hauptversammlung. Die Hauptversammlung kann in demselben Beschluß, mit dem sie die Kapitalerhöhung selbst beschließt, auch das Bezugsrecht ausschließen. Die Beschlußfassung über die Kapitalerhöhung und der Ausschluß des Bezugsrechts müssen unzertrennlicher Bestandteil ein und desselben Beschlusses sein (vgl. Lutter in Kölner Kommentar § 186 Rdnr. 52 mit Nachweisen).

512 Heute wird die Behandlung des Bezugsrechts auf junge Aktien oder neue Gesellschaftsanteile aus Anlaß einer Kapitalerhöhung als klassischer Konfliktfall zwischen Mehrheit und Minderheit begriffen (vgl. dazu u. a. Wiedemann, Gesellschaftsrecht, § 8 III 2b; Lutter in Kölner Kommentar § 186 Rdnr. 50 ff.). Deshalb besteht Einigkeit darüber, daß die Verkürzung oder Beseitigung eines solch bedeutsamen Aktionärsrechts, wie das Bezugsrecht es darstellt, nicht im freien Belieben der Aktionärsversammlung (Hauptversammlung) stehen kann, weil mit ihm regelmäßig ein schwerwiegender Eingriff in die Vermögensinteressen der betroffenen Aktionäre verbunden ist (vgl. u.a. Hefermehl-Bungeroth in Geßler/Hefermehl/Eckardt/Kropff, § 186 Rdnr. 104; Lutter in Kölner Kommentar § 186 Rdnr. 58 ff.).

Im übrigen ergeben sich die Grenzen für den Ausschluß des Bezugsrechts aus der Stellung und den Befugnissen der Hauptversammlung. Diese ist als Organ der Gesellschaft dem Gesellschaftsinteresse verpflichtet. Ihre Befugnisse leiten sich aus dem Gesellschaftsinteresse ab und sind gleichzeitig durch dasselbe beschränkt. Eine Hauptversammlung, die in vermögenswerte Interessen der Aktionäre eingreift, ohne damit Gesellschaftsinteressen zu verfolgen, überschreitet ihre Befugnisse (so zutreffend Zöllner, Die Schranken mitgliedschaftlicher Stimmrechtsmacht, S. 350; Füchsel, BB 1972, 1533, 1536).

Ein schwerwiegender Eingriff in die Aktionärsrechte, wie ihn der **513** Bezugsrechtsausschluß darstellt, bedarf deshalb eines im Gesellschaftsinteresse liegenden sachlichen Grundes. Fehlt es an einem solchen oder erfolgt der Ausschluß in gesellschaftsfremdem Interesse, also etwa im Interesse einzelner Aktionäre oder außenstehender Dritter, so ist der Bezugsrechtsausschluß nicht zulässig. Die Notwendigkeit eines solchen, den Bezugsrechtsausschluß rechtfertigenden Grundes ergibt sich u.a. aus § 186 Abs. 4 AktG. Danach hat der Vorstand der Hauptversammlung vor der Beschlußfassung über den Bezugsrechtsausschluß einen Bericht über „den Grund" für den teilweisen oder vollständigen Ausschluß zu geben. Der BGH (BGHZ 83, 319, 326) sieht gerade in dieser Berichtspflicht „eine sinnvolle Ergänzung der in Rechtsprechung und Schrifttum aufgestellten materiellen Grundsätze über die sachliche Rechtfertigung eines Bezugsrechtsausschlusses", hält also das Vorliegen eines sachlichen Grundes für den Bezugsrechtsausschluß für erforderlich. Nach Ansicht des BGH (BGHZ 125, 239, 241) ist der Ausschluß des Bezugsrechts der Aktionäre nur dann zulässig, wenn er aus einer auf den Zeitpunkt der Beschlußfassung bezogenen Beurteilung – unter gebührender Berücksichtigung der für die zum Bezug ausgeschlossenen Aktionäre eintretenden Folgen – durch sachliche Gründe im Interesse der Gesellschaft gerechtfertigt ist. In diese Prüfung ist die Abwägung der Interessen und der Verhältnismäßigkeit von Mittel und Zweck einzubeziehen.

514 Nach heute herrschender Meinung (BGHZ 33, 175, 186; 71, 40, 44ff.; 83, 319ff.; 125, 239ff.; Lutter in Kölner Kommentar § 186, Rdnr. 58ff. mit weiteren Nachw.; Zöllner, Die Schranken mitgliedschaftlicher Stimmrechtsmacht, S. 349ff.) ist die materielle Rechtmäßigkeit eines Bezugsrechtsausschlusses stets in mehreren Stufen zu prüfen:

1. Zunächst ist festzustellen, ob im Zeitpunkt der Beschlußfassung ein spezifisches Interesse der Gesellschaft an einer Kapitalerhöhung unter Bezugsrechtsausschluß besteht (Erforderlichkeit eines Sachgrundes).
2. Ist ein solches Interesse festgestellt, so ist des weiteren zu untersuchen, ob der Bezugsrechtsausschluß zur Erreichung des angestrebten Zieles geeignet und erforderlich ist, d.h. der erstrebte Zweck nicht auf andere, schonendere Weise erreicht werden kann (Grundsatz der Erforderlichkeit, auch Prinzip des schonendsten Mittels genannt).
3. Schließlich ist in einem letzten Prüfungsschritt die Frage nach der Verhältnismäßigkeit von Mittel und Zweck zu stellen, d.h. es ist der Grad des Gesellschaftsinteresses am Bezugsrechtsausschluß mit den Nachteilen der Maßnahme für die betroffenen Aktionäre gegeneinander abzuwägen; es muß also geprüft werden, ob der mit dem Bezugsrechtsausschluß verbundene Nachteil für die Gesellschafter nicht außer Verhältnis zu dem für die Gesellschaft erstrebten Vorteil steht (Grundsatz der Verhältnismäßigkeit; vgl. dazu Martens, ZIP 1992, 1677, 1692ff.).

515 Nur wenn sämtliche Voraussetzungen vorliegen, ist der Bezugsrechtsausschluß gerechtfertigt.

Ein sachliches Interesse der Gesellschaft, das den Ausschluß des Bezugsrechts rechtfertigen kann, hat der BGH (BGHZ 125, 239ff.) in der Zulassung der Aktie einer größeren AG (Deutsche Bank AG) zum Handel an der ausländischen Börse oder die Erweiterung ihrer Präsenz an ausländischen Finanzmärkten, an denen die Aktie bereits zum Börsenhandel zugelassen war, anerkannt. Dabei hat er die sachlichen Vorteile einer Auslandsnotierung hervorgehoben, die u.a. darin zu sehen sind, daß die Beschaffung von Fremdmitteln erleichtert wird und Finanzierungskonditionen sich günstiger gestalten können. Hervorzuheben ist, daß der BGH (BGHZ 125, 239, 246) das „unternehmerische Ermessen“ betont, das nicht unangemessen beschränkt werden dürfe (vgl. dazu Martens, ZIP 1994, 669, 672).

Seit 1994 soll § 186 Abs. 3 S. 4 AktG die Kapitalerhöhung unter Bezugsrechtsausschluß erleichtern. Diese Vereinfachung beschränkt sich allerdings auf den Ausschluß des Bezugsrechts bei Kapitalerhöhungen gegen Bareinlagen, die nicht mehr als 10% des Grundkapitals betragen sofern der Ausgabepreis den Börsenpreis nicht wesentlich unterschreitet. Damit regelt zum ersten Mal das AktG für die genannte bestimmte Konstellation auch die materielle Zulässigkeit des Bezugsrechtsausschlusses. Das bedeutet, daß ein Bezugsrechtsausschluß, der gemäß § 186 Abs. 3 S. 4 AktG vorgenommen worden ist, nicht mehr der materiellen Prüfung daraufhin unterliegt, ob er im überwiegenden Interesse der Gesellschaft liegt und sachlich gerechtfertigt ist (vgl. Marsch-Barner, AG 1994, 532). Diese Neuregelung hat erhebliche praktische Konsequenzen. Sie ermöglicht den Unternehmen einen, wenn auch begrenzten Bezugsrechtsausschluß zum Zwecke der Unternehmensfinanzierung; es entfällt auch die Rechtsunsicherheit, die mit einer gerichtlichen Überprüfung der sachlichen Rechtfertigung für einen Bezugsrechtsausschluß verbunden ist (vgl. dazu Marsch-Barner, AG 1994, 532 ff.).

c) Der Bezugsrechtsausschluß aufgrund eines Vorstandsbeschlusses

Der Bezugsrechtsausschluß kann gemäß § 203 Abs. 2 AktG bei ge- **516**
nehmigtem Kapital auch durch Vorstandsbeschluß herbeigeführt werden. Dazu bedarf es zunächst eines den Bezugsrechtsausschluß anordnenden Vorstandsbeschlusses. Dieser muß auf eine Ermächtigung gestützt werden, die auf einer Satzungsänderung beruht, die die Hauptversammlung beschlossen hat. Schließlich ist die Zustimmung des Aufsichtsrates zum Vorstandsbeschluß über den Bezugsrechtsausschluß erforderlich (§ 204 Abs. 1 S. 2, 2. Halbs. AktG).

Fraglich ist, ob ein Bezugsrechtsausschluß durch Vorstandsbeschluß **517**
gemäß § 203 Abs. 2 AktG ohne Berücksichtigung der obengenannten materiellrechtlichen Schranken zulässig ist. § 203 Abs. 2 AktG verweist unmittelbar lediglich auf § 186 Abs. 4 AktG. Diese Verweisung betrifft nur die Ermächtigung im Wege der Satzungsänderung, die die Haupt-

versammlung beschließen muß, und hat im übrigen nur Verfahrensvorschriften zum Gegenstand. Gleiches gilt für die Verweisung in § 203 Abs. 1 AktG auf § 186 Abs. 1 bis 3 AktG. Für die mitgliedschafts- und vermögensrechtliche Stellung des vom Bezugsrecht ausgeschlossenen Aktionärs bedeutet es allerdings keine geringere Belastung, wenn der Ausschluß des Bezugsrechts statt durch Beschluß der Hauptversammlung durch einen Vorstandsbeschluß erfolgt. Eher das Gegenteil ist der Fall. Erfolgt der Ausschluß durch Hauptversammlungsbeschluß, so hat der Aktionär immerhin noch die Möglichkeit, den Bezugsrechtsausschluß durch Ausübung seines Stimmrechts (§ 186 Abs. 3 S. 2 AktG schreibt eine Dreiviertel-Mehrheit vor) zu verhindern und notfalls einen gegen seinen Willen gefaßten Beschluß durch eine Anfechtungsklage anzugreifen. Diese Möglichkeit besteht im Hinblick auf einen das Bezugsrecht ausschließenden Vorstandsbeschluß nicht. Daraus folgt: Ist bereits der Bezugsrechtsausschluß durch Hauptversammlungsbeschluß im Interesse eines effektiven Aktionärsschutzes vom Vorliegen materieller Voraussetzungen abhängig, so muß dies auch für den Ausschluß des Bezugsrechts durch Vorstandsbeschluß gemäß § 203 Abs. 2 AktG gelten, denn „der Eingriff in die mitgliedschafts- und vermögensrechtliche Stellung der vom Bezugsrecht ausgeschlossenen Aktionäre, um dessentwillen eine besondere sachliche Rechtfertigung notwendig ist, wiegt nicht minder schwer, wenn anstelle der Hauptversammlung die Verwaltung über den Ausschluß des Bezugsrechts entscheidet" (so BGHZ 83, 319, 321. Vgl. auch Lutter in Kölner Kommentar § 203 Rdnr. 22 ff.). Demnach darf auch der Vorstand von der Ermächtigung nach § 203 Abs. 2 AktG nur Gebrauch machen, „wenn er nach pflichtgemäßer kaufmännischer Prüfung der Überzeugung sein darf, der Ausschluß sei das angemessene und am besten geeignete Mittel zur Verfolgung überwiegender Gesellschaftsinteressen"; dazu bedarf es ebenfalls einer Abwägung der Interessen und der Prüfung der Verhältnismäßigkeit von Mittel und Zweck (vgl. BGHZ 83, 319, 321). Der Vorstand hat also auch die ungeschriebenen Wirksamkeitsvoraussetzungen für den Ausschluß des Bezugsrechts zu berücksichtigen, weil dieselben die dem Vorstand erteilte Ermächtigung materiell einschränken. Der Vorstand hat bei seiner Entscheidung über den Bezugsrechtsausschluß also auch die oben bereits genannten

Grundsätze der Erforderlichkeit des Sachgrundes, das Prinzip des schonendsten Mittels und den Grundsatz der Verhältnismäßigkeit zu berücksichtigen (vgl. oben Rdnr. 516ff.).

Fraglich kann allenfalls sein, ob und gegebenenfalls in welchem Umfange schon die Hauptversammlung, die über diese Ermächtigung beschließt, wegen der mit dem Ausschluß des Bezugsrechts für die betroffenen Aktionäre verbundenen Gefahren gezwungen ist, selbst eine sorgfältige sachliche Prüfung vorzunehmen. Nach Auffassung des BGH (BGHZ 83, 319, 322) ist es unzulässig, die Ermächtigung zum Bezugsrechtsausschluß ohne jeden konkreten Anlaß, gewissermaßen „auf Vorrat", mit einem Beschluß nach § 202 Abs. 2 AktG zu verbinden, weil anderenfalls die Abwägung und Entscheidung über die zu erwartenden Nachteile für die vom Bezugsrecht ausgeschlossenen Aktionäre, die in übergeordnetem Gesellschaftsinteresse in Kauf zu nehmen sind, ohne aktuellen triftigen Grund zeitweise völlig auf die Verwaltung der Aktiengesellschaft verlagert werden könnte; dies würde aber der Tragweite einer solchen Entscheidung nicht gerecht und könnte die Möglichkeit, berechtigte sachliche Einwendungen gegen diese Entscheidung vorzubringen, jedenfalls für den Augenblick erschweren. Nach Auffassung des BGH (BGHZ 83, 319, 322) müssen deshalb schon bei der Beschlußfassung der Hauptversammlung bestimmte tatsächliche Anzeichen dafür vorliegen, „daß der Vorstand während der Dauer seiner Ermächtigung im Gesellschaftsinteresse genötigt sein könnte, die Kapitalerhöhung mit einem Bezugsrechtsausschluß durchzuführen". Insofern bedarf auch der Hauptversammlungsbeschluß nach § 203 Abs. 2 S. 2 AktG bereits einer sachlichen Rechtfertigung. **518**

Die Verweisung des § 203 Abs. 2 AktG ist nicht ausdrücklich auf den Satz 1 des § 186 Abs. 4 AktG beschränkt. Deshalb ist auch der Satz 2 über die Berichtspflicht sinngemäß anwendbar. Die konkreten Anhaltspunkte dafür, daß ein Bezugsrechtsausschluß zu einem späteren Zeitpunkt notwendig werden und vertretbar sein könnte, sind offenzulegen (vgl. Lutter in Kölner Kommentar § 203 Rdnr. 25ff. u. 37ff.). Der BGH (BGHZ 83, 319, 326) geht davon aus, daß der vorgeschriebene Bericht über die Gründe des Bezugsrechtsausschlusses (vorgeschaltete Berichtspflicht) die Hauptversammlung zuverlässig in **519** die Lage versetzen soll, die Interessen der Gesellschaft an einer Kapitalerhöhung mit Bezugsrechtsausschluß gegenüber anderen Alternativen zu bewerten, die Nachteile für die ausgeschlossenen Aktionäre zu erkennen und beides gegeneinander abzuwägen. Zugleich bildet der Bericht in einem etwaigen Anfechtungsprozeß eine sichere Ausgangsbasis für die gerichtliche Nachprüfung (im Ergebnis ebenso OLG Frankfurt, WM 1986, 616, 617).

Für die Fälle, in denen sich noch nicht sicher voraussagen läßt, ob und unter welchen näheren Umständen der Vorstand von der gewünschten Ermächtigung wird Gebrauch machen müssen, sind die Gründe für ihre Erteilung zumindest so weit offenzulegen, wie es den Umständen nach ohne eine für die Gesellschaft schädliche vorzeitige Preisgabe schwebender Planungen möglich und auch notwendig ist, damit die Hauptversammlung eine ausreichende sachliche Grundlage für ihre Entscheidungen hat.

VI. Die Kapitalherabsetzung

520 Durch einen Hauptversammlungsbeschluß kann mit $^3/_4$-Mehrheit der Stimmen des bei der Beschlußfassung vertretenen Grundkapitals auch eine *Kapitalherabsetzung* beschlossen werden, durch die die satzungsmäßig festgesetzte Höhe des Grundkapitals vermindert wird. Die Kapitalherabsetzung kann u. a. durch die Reduzierung der Zahl der vorhandenen Aktien oder durch die Verminderung des Nennwerts der Aktien erfolgen (§ 222 AktG).

Eine Kapitalherabsetzung kann zu folgenden Zwecken geschehen:
- Ausgleich von Verlusten oder von Wertberichtigungen;
- Erhöhung der gesetzlichen Rücklagen;
- Zurückzahlung des freigewordenen Betrages an die Aktionäre oder Gewinnausschüttung;
- Sanierung.

521 Um eine *Kapitalherabsetzung zur Sanierung* handelt es sich, wenn eine Kapitalherabsetzung mit einer Kapitalerhöhung verbunden wird. Das hat folgenden Sinn: Die Kapitalherabsetzung paßt die satzungsmäßig festgelegte Grundkapitalziffer dem tatsächlichen Vermögensstand der Gesellschaft an. Dadurch wird verhindert, daß ein durch Verluste auf-

gezehrtes Grundkapital über Jahre hinweg bis zur Bereinigung des Verlustes die Ausschüttung von Gewinnen verhindert, was künftige Geldgeber abschrecken würde. Durch die Kapitalherabsetzung wird der Verlust dann nur von den alten Aktionären getragen, während die neuen Aktionäre sofort in den Genuß von Gewinnausschüttungen kommen können. Die gleichzeitige Kapitalerhöhung durch die Ausgabe neuer Aktien führt der Aktiengesellschaft die zur Sanierung notwendigen Mittel zu.

§ 29. Die Aktien. Erwerb und Verlust der Mitgliedschaft

Schrifttum: Adams, Höchststimmrechte, Mehrfachstimmrechte und sonstige wundersame Hindernisse auf dem Markt für Unternehmenskontrolle, AG 1990, 63 ff.; Immenga, Vertragliche Vinkulierung von Aktien?, AG 1992, 79 ff.; U.H. Schneider, Gesetzliches Verbot für Stimmrechtsbeschränkungen bei der Aktiengesellschaft?, AG 1990, 56 ff.

I. Aktie und Mitgliedschaft

Die Aktie bezeichnet die Mitgliedschaft an einer Aktiengesellschaft. **522**
Sie besteht in einem Anteil am Grundkapital (§ 1 Abs. 2 AktG).

Beispiel: Von der Dieta-Bau-AG, deren Grundkapital von DM 150 000,– in 1500 Aktien zu je DM 100,– zerlegt wurde, besitzen Ertel 1000 Aktien, Michels und Hommen je 250 Aktien. Unabhängig vom wirklichen Gesellschaftsvermögen der Dieta-Bau-AG lauten die Aktien stets auf je DM 100,–.

Die Rechte der einzelnen Aktionäre, insbesondere ihr Anspruch auf die Dividende, bestimmen sich nach der Anzahl der Aktien, die ihnen gehören.

Unter *Mitgliedschaft* werden die gesamten Rechte und Pflichten der Aktionäre gegenüber der Gesellschaft verstanden. Zu den aus der Mitgliedschaft erwachsenden Rechten gehören vor allem der Anspruch auf Gewinn, das Anteilsrecht, das dem Aktionär den Wertanteil am Gesellschaftsvermögen vermittelt, und die Mitverwaltungsrechte.

Das Aktiengesetz bezeichnet die Mitgliedschaft als Aktie (z.B. §§ 12 und 64 AktG).

523 Nicht ganz einfach ist es zu bestimmen, wie sich die Eigentumsverhältnisse hinsichtlich der neuen Aktienurkunden gestalten. Als unstreitig kann angesehen werden, daß die Entstehung der Mitgliedschaftsrechte an einer AG von der Schaffung von Aktienurkunden unabhängig ist. Aktien verbriefen die Mitgliedschaft an der Aktiengesellschaft; sie können deshalb Inhaber- oder Orderpapiere sein (vgl. dazu Zöllner, Wertpapierrecht, § 29 II 1). Bei der Neugründung der AG entstehen die Mitgliedschaftsrechte mit Eintragung der Gesellschaft in das Handelsregister, bei der Kapitalerhöhung mit der Eintragung der Durchführung der Kapitalerhöhung in das Handelsregister als *unverbriefte* Rechte (vgl. Lutter in Kölner Kommentar § 67 Rdnr. 3; ders., Anhang zu § 68 Rdnr. 9).

524 Die Frage, wie sich die Verbindung von Mitgliedschaftsrecht und Recht an der Aktienurkunde vollzieht, ist streitig. Das Reichsgericht ging davon aus, daß mit der Schaffung der Aktienurkunde das Eigentum hieran gemäß § 952 Abs. 2 BGB originär beim Inhaber des Mitgliedschaftsrechts, d.h. beim neuen Aktionär entsteht (vgl. RGZ 85, 327, 330 f.; 94, 61, 64).

Auch die ältere Literatur sprach sich für den originären Eigentumserwerb gemäß § 952 BGB der Neuaktionäre aus (vgl. Ulmer, Recht der Wertpapiere, S. 69; v. Godin-Wilhelmi, AktG, § 68 Anm. 2). Dagegen wendet sich die heute wohl herrschende Meinung, die davon ausgeht, daß die neuen Aktionäre das Eigentum an den Aktienurkunden von der AG abgeleitet erwerben und zwar aufgrund eines *Begebungsvertrages* zwischen der AG und den neuen Aktionären (vgl. Lutter in Kölner Kommentar § 67 Rdnr. 3 und Anh. § 68 Rdnr. 9 jeweils mit weiteren Nachw.).

II. Rechtsnatur und Arten von Aktien

525 Da das Gesetz die Mitgliedschaft in einer Aktiengesellschaft an die Innehabung der Aktienurkunde geknüpft hat, kann man die Aktie auch als Verbriefung der Mitgliedschaftsrechte an der Aktiengesellschaft bezeichnen.

Man unterscheidet zwischen Aktien, die auf den Inhaber (Inhaberaktien), und solchen, die auf den Namen lauten (Namensaktien). Beide Arten von Aktien sind *Wertpapiere.* Die Übertragung der Mitgliedschaft erfolgt deshalb nach wertpapierrechtlichen Grundsätzen.

Die meisten existierenden Aktien sind Inhaberaktien, d.h. sie gehören zur Gruppe der Inhaberpapiere, die dadurch gekennzeichnet ist, daß das in der Urkunde verbriefte Recht von jedem Inhaber geltend gemacht werden kann und die Übertragung des verbrieften Rechts durch die Eigentumsübertragung der Urkunde gemäß §§ 929 ff. BGB erfolgt. Die in der Inhaberaktie verbrieften Mitgliedschaftsrechte an der Aktiengesellschaft werden also wie eine bewegliche Sache gemäß § 929 BGB durch Einigung und Übergabe der Aktienurkunde übertragen. Mit dem Eigentum an der Aktienurkunde geht auch das in dem Papier verbriefte Mitgliedschaftsrecht an der Aktiengesellschaft auf den Erwerber über.

Die Satzung einer Aktiengesellschaft kann festlegen, daß *Namensaktien* ausgegeben werden. Wenn die Aktiengesellschaft Namensaktien ausgibt, muß sie ein förmliches *Aktienbuch* führen (§ 67 Abs.1 AktG). Auch die auf den Namen lautenden Aktien können übertragen werden. Die Namensaktie ist ebenso wie die Inhaberaktie ein Wertpapier. Sie wird allerdings nicht wie die Inhaberaktie, sondern als Orderpapier wie der Wechsel, d.h. durch Einigung und Übergabe der mit der Übertragungserklärung (Indossament) versehenen Aktienurkunde übertragen (§ 68 AktG). **526**

Die Übertragbarkeit von *Namensaktien,* nicht aber von Inhaberaktien, kann durch die Satzung in der Weise beschränkt werden, daß sie der Zustimmung der Gesellschaft – erteilt durch den Vorstand – bedarf (§ 68 Abs.2 AktG). Ist dies geschehen, spricht man von *vinkulierten Aktien,* hinsichtlich derer eine dinglich wirkende Verfügungsbeschränkung besteht. **527**

Um sogenannte „feindliche Übernahmen" von Aktiengesellschaften abzuwehren, werden zunehmend Vereinbarungen zwischen Vorständen von Aktiengesellschaften und Aktionären getroffen, die Veränderungen des Aktionärskreises verhindern oder zumindest einer Kontrolle unterstellen sollen. Dazu zählen vertragliche Erwerbs- oder Veräußerungsverbote, Vorkaufsrechte oder Vorbehalte zur Bestimmung des Erwerbers von Aktien. Verträge dieser Art, die der Vorstand als gesetzlicher Vertreter der Aktiengesellschaft abschließt, haben lediglich schuldrechtlichen Charakter. Das bedeutet, daß sie *keine* dingliche Wirkung haben können, d.h., daß die Übertragung von Aktien zwischen den daran beteiligten Parteien in ihrer Rechtswirksamkeit unberührt bleibt. Die Übertragung als dingliches Verfügungsgeschäft kann nur im Wege der Vinkulierung i. S. des § 68 Abs. 2 AktG (vgl. oben) erschwert werden (vgl. zu alledem Immenga, AG 1992, 79 ff.).

528 Es ist zulässig, Aktien mit vermögens- oder verwaltungsrechtlichen Besonderheiten auszustatten.

So können z. B. *Vorzugsaktien ohne Stimmrecht* ausgegeben werden. Es handelt sich dabei um solche Aktien, die mit einem nachzuzahlenden Vorzug bei der Verteilung des Gewinns ausgestattet sind; das Stimmrecht kann ausgeschlossen werden (§ 139 AktG). Der Vorzug bei der Gewinnverteilung bedeutet, daß eine bestimmte Dividende an die Vorzugsaktionäre zu zahlen ist, bevor eine Dividende an die Stammaktionäre gezahlt werden kann. Die Vorzugsdividende ist also in der Regel vor der Dividende auf die Stammaktien bis zur Höhe der Vorzugsdividende zu verteilen. Außer dem Stimmrecht haben die Vorzugsaktionäre sämtliche sich aus der Aktie ergebenden Mitgliedschafts- und Vermögensrechte (§ 140 Abs. 1 AktG).

529 *Aktien, die Mehrstimmrechte gewähren,* sind heute grundsätzlich unzulässig (§ 12 Abs. 2 AktG). Sie können nur ausnahmsweise zugelassen werden, wenn die dafür zuständige Landesbehörde zur Wahrung überwiegender gesamtwirtschaftlicher Belange eine Ausnahme zuläßt (§ 12 Abs. 2 Satz 2 AktG).

In den letzten Jahren hat eine wachsende Zahl sogenannter „unerwünschter Übernahmen" von Aktiengesellschaften und die Sorge vor „feindlichen Übernahmen" die Diskussion über die satzungsmäßige Stimmrechtsbeschränkung belebt (vgl. dazu u. a. Schneider, AG 1990, 56 ff. u. Adams, AG 1990, 63 ff.). Für den Fall, daß ein Aktionär mehrere Aktien besitzt, kann die Satzung eine Beschränkung des Stimmrechts vorsehen. § 134 Abs. 1 S. 2 AktG gestattet es, die von einem Aktionär ausübbare Stimmenzahl durch die Festsetzung einer Höchstzahl oder von Abstufungen zu beschränken. Eine solche Beschränkung ändert nicht die Aktie und schafft auch nicht Aktien einer besonderen Gattung; sie betrifft vielmehr nur die Ausübung des Stimmrechts durch den Aktionär. Auf diese Art und Weise besteht die Möglichkeit, die mit einem Aktienpaket verbundene Herrschaftsmacht zu beschneiden (vgl. Würdinger, § 17 I).

Rdnr. 528, 529

Beispiel für eine das Stimmrecht beschränkende Klausel in der Satzung einer AG: „Hat ein Aktionär Aktien im Nennbetrag von mehr als 10% des Grundkapitals erworben, so ist das Stimmrecht auf die Anzahl von Stimmen beschränkt, die Aktien im Nennbetrag von 10% des Grundkapitals gewähren" (vgl. zu einer solchen Klausel Würdinger, § 17 I).

Der Erwerb *eigener Aktien* durch die Gesellschaft ist grundsätzlich 530
verboten. Die Gründe dafür sind vielfältig. Der entgeltliche Erwerb eigener Aktien durch die Gesellschaft gefährdet ihr Vermögen. Wirtschaftlich entspricht der endgültige Erwerb eigener Aktien einer Einlagenrückgewähr. Dies ist mit dem den Interessen des Gläubigerschutzes dienenden Grundsatz der Aufbringung und Erhaltung des Grundkapitals unvereinbar. Zudem bestünde die Gefahr, daß der Vorstand einer AG den Kurs manipuliert, indem er etwa zur Stützung eines sinkenden Kurses Aktien mit Mitteln der Gesellschaft ankauft (vgl. G. Hueck, Gesellschaftsrecht, § 26 I 4).

§ 30. Gründung und Entstehung der Aktiengesellschaft

Schrifttum: Weimar, Die Haftungsverhältnisse bei der Vor-AG in neuer Sicht, AG 1992, 69ff.; Werner, Ausgewählte Fragen zum Aktienrecht, AG 1990, 1ff.

I. Die einfache Gründung

1. Überblick

Die Gründung einer Aktiengesellschaft vollzieht sich in mehre- 531
ren Abschnitten. Das Gründungsverfahren ist im Gesetz genau geregelt.

Die Gründung beginnt mit der Feststellung der Satzung durch Abschluß eines Vertrages zwischen den Gründern und endet mit der Eintragung der Aktiengesellschaft in das Handelsregister.

2. Der Abschluß des Gesellschaftsvertrages und die Rechtsnatur der errichteten Gesellschaft

Die Entstehung der Aktiengesellschaft setzt wie bei jeder anderen Gesellschaft den Abschluß eines Vertrages voraus. An der Feststellung des in § 2 AktG als Gesellschaftsvertrag (Satzung) bezeichneten Vertrages „müssen sich eine oder mehrere Personen beteiligen". Er hat die Verpflichtung des Gründers oder der Gründer zum Gegenstand, Aktien gegen Einlagen zu übernehmen und die Satzung mit Bindung auch für alle späteren Aktionäre, die an der Feststellung der Satzung nicht beteiligt waren, festzustellen. Es handelt sich dabei um einen *Organisationsvertrag*, der, soweit § 23 Abs. 5 AktG dies zuläßt, gesetzliche Vorschriften ersetzen oder ergänzen kann. Der Vertrag erzeugt unter den Gründern auch wechselseitige subjektive Ansprüche und Pflichten, so z. B. die Verpflichtungen zur Mitwirkung, um die Aktiengesellschaft als Rechtsperson entstehen zu lassen (vgl. Würdinger, § 21 I 2).

Mußten nach § 2 AktG a. F. noch fünf Personen an der Gründung beteiligt sein, ist nun auch, wie bei der GmbH, die *Einmann-Gründung* möglich. Wird eine AG nur durch eine Person errichtet, liegt in der Feststellung der Satzung notwendigerweise ein einseitiges Rechtsgeschäft, weil Verträge nur durch die Abgabe von Willenserklärungen von mindestens zwei Personen zustande kommen können (vgl. Hüffer, AktG, § 2 Rdnr. 4 a).

532 Mit der Übernahme aller Aktien durch die Gründer ist die Aktiengesellschaft errichtet (§ 29 AktG). Aus § 41 Abs. 1 AktG ergibt sich, daß sie damit allerdings noch nicht rechtsfähig ist. Welche Rechtsnatur der Gesellschaft in diesem Stadium zuzuerkennen ist, ist umstritten (siehe zum Streitstand Wiedemann, Bd. I, § 3 I 1 a). Nach heute wohl herrschender Meinung ist die handelsrechtliche Gründungsgesellschaft „eine Aufbaugemeinschaft auf dem Weg zu der letztlich angestrebten Organisationsform" (so Wiedemann, Bd. I, § 4 I 1 a). Es handelt sich deshalb um eine „Organisation, die einem Sonderrecht untersteht", das aus den im Gesetz oder im Gesellschaftsvertrag gegebenen Gründungsvorschriften und dem Recht der rechtsfähigen Gesellschaft, soweit dies nicht die Eintragung voraussetzt, besteht (so BGHZ 21,

242, 246). Überwiegend wird heute die entstehende, noch nicht eingetragene Aktiengesellschaft als *Vor-Aktiengesellschaft* bezeichnet (Kraft in Kölner Kommentar § 41 Rdnr. 18 ff.; K. Schmidt, Gesellschaftsrecht, § 27 II 4; Werner, AG 1990, 1, 5 ff.). Auf die Vor-Aktiengesellschaft ist ein Sonderrecht anwendbar, das sich zusammensetzt aus den im Gesetz und in der Satzung enthaltenen Gründungsvorschriften und aus dem Recht der rechtsfähigen Aktiengesellschaft, soweit nicht die Eintragung in das Handelsregister Voraussetzung ist (vgl. Würdinger, § 21 II 1 a; Kraft in Kölner Kommentar § 41 Rdnr. 23).

Bei der Einmann-Gründung gibt es keine Vorgesellschaft (Vor- **533**
Aktiengesellschaft), weil die Gesamthandsstruktur einer solchen Gesellschaft die Mitwirkung mehrerer Personen voraussetzt (str., vgl. dazu Hüffer, AktG, § 41 Rdnr. 3 ff.).

Gemäß § 41 Abs. 1 S. 2 AktG haften diejenigen Personen, die vor der Eintragung im Namen der zukünftigen Aktiengesellschaft handeln, persönlich und unbeschränkt. Schließt der Vorstand im Namen der Vor-Aktiengesellschaft im Rahmen seiner Vertretungsmacht Rechtsgeschäfte ab, so werden daraus die Gründer als Gesamtschuldner verpflichtet. Umstritten ist, in welchem Umfange die Gründer persönlich haften. Überwiegend wird angenommen, daß die Gründer lediglich mit ihrem Anteil am Vermögen der Vor-Aktiengesellschaft haften, weil die Vertretungsmacht des Vorstandes insoweit beschränkt sei (vgl. Kraft in Kölner Kommentar § 41 mit Nachw.).

Die im Namen der Gesellschaft vor ihrer Eintragung entstandenen vertraglichen Verpflichtungen werden in der Regel erst Verpflichtungen der entstandenen Aktiengesellschaft, wenn sie von ihr übernommen werden; dies kann unter Befreiung der bis dahin gemäß § 41 Abs. 1 S. 2 AktG persönlich haftenden Gründer geschehen (§ 41 Abs. 2 AktG) (Zur Problematik siehe Weimar, AG 1992, 69 ff.).

Umstritten ist die Haftung für unerlaubte Handlungen, die der Vorstand bei seiner Tätigkeit für die Vor-Aktiengesellschaft begeht. Da die Vor-Aktiengesellschaft körperschaftlich strukturiert ist, gibt es keinen Grund, die Anwendung des § 31 BGB zu verneinen (vgl. Kraft in Kölner Kommentar § 41 Rdnr. 54 mit Nachw.; a. A. Würdinger, § 21 II 1 e).

3. Die Satzung

Die *Satzung* kann man als die Summe derjenigen rechtsgeschäftlich **534**
aufgestellten Normen bezeichnen, die in Ergänzung oder – soweit rechtlich möglich – Abänderung des Gesetzes die körperschaftlichen

Rechtsverhältnisse der Gesellschaft regeln und damit die Gesellschaft gegenüber den übrigen Aktiengesellschaften individualisieren (Würdinger, § 10 I 1 a).

Die Satzung muß den vom Gesetz bestimmten Mindestinhalt haben. Dazu gehören gemäß § 23 AktG u. a. die Feststellungen über

- die Firma,
- den Sitz der Gesellschaft,
- den Gegenstand des Unternehmens,
- die Höhe des Grundkapitals,
- die Nennbeträge der einzelnen Aktien und die Zahl der Aktien eines jeden Nennbetrages und
- die Zusammensetzung des Vorstandes.

535 Neben dem Mindestinhalt kann die Satzung auch andere Regelungen treffen. Während die Vorschriften des HGB über die OHG und die KG in großem Umfang von den Gesellschaftern abbedungen werden können, sind die Regelungen des Aktiengesetzes überwiegend zwingend. Abweichungen sind nur dort möglich, wo das Aktiengesetz dies zuläßt. Ergänzungen können erfolgen, soweit das Aktiengesetz keine abschließende Regelung enthält. Im Interesse der Verläßlichkeit und Sicherheit sowie zum Schutze vor unterschiedlicher, ja willkürlicher Satzungsauslegung müssen Abweichungen von der gesetzlichen Regelung klar und eindeutig zum Ausdruck gebracht werden (BGHZ 9, 279, 283). Die innere und äußere Organisation der Aktiengesellschaft ist vom Gesetzgeber sehr detailliert festgelegt worden. Diese starre Festlegung kann für bestimmte Gesellschaftszwecke nachteilig sein, so daß sich für die Gesellschafter die Wahl anderer Gesellschaftsformen – z.B. der durch weniger zwingende Vorschriften geregelten GmbH – empfehlen kann.

Beispiel: Durch die Satzung kann nicht wirksam bestimmt werden, daß es in der Aktiengesellschaft, für die die Satzung festgestellt wird, keinen Aufsichtsrat geben soll.

536 Mit der Feststellung der Satzung müssen die Gründer sich verpflichten, alle Aktien selbst zu übernehmen. Dies besagt, daß die Gründer die Verpflichtung zur Einzahlung des Grundkapitals persönlich übernehmen müssen. Ist dies geschehen, ist die Aktiengesellschaft errichtet. Das bedeutet noch nicht, daß die Aktiengesellschaft als juristische Person entstanden ist, sondern nur, daß die Beteiligten nunmehr rechtlich gebunden sind.

Was die *Auslegung* von Satzungsbestimmungen angeht, so ist zu unterscheiden zwischen formellen und materiellen Satzungsvorschriften. Die formellen Satzungsbestimmungen können gemäß §§ 133, 157 BGB ausgelegt werden (vgl. Hüffer, AktG, § 23 Rdnr. 40). Auf materielle Satzungsbestimmungen finden hingegen trotz des Vertragscharakters der Satzung die allgemeinen Bestimmungen der §§ 133, 157 BGB keine Anwendung. Materielle Satzungsbestimmungen werden nach der Eintragung in das Handelsregister objektiv ausgelegt. Das bedeutet, sie sind lediglich aus ihrem Inhalt heraus auszulegen; Willensäußerungen oder Interessen der Gründer, sonstige tatsächliche Umstände aus der Entstehungsgeschichte oder der späteren Entwicklung der juristischen Person dürfen nicht verwertet werden (so BGHZ 96, 245, 250). Objektive Auslegung von Satzungsbestimmungen heißt, daß Wortlaut, Sinn und Zweck der Regelung ebenso eine maßgebliche Bedeutung zukommen wie dem systematischen Bezug der Klausel zu anderen Satzungsvorschriften; Umstände, für die sich keine ausreichenden Anhaltspunkte in der Satzung finden, können zur Auslegung grundsätzlich nicht herangezogen werden (so BGHZ 123, 347, 350; zur Problematik vgl. Hüffer, AktG, § 23 Rdnr. 39 f.).

4. Satzungsänderungen

Die Satzung einer Aktiengesellschaft kann geändert werden, etwa **537**
um ihren Inhalt den inzwischen veränderten Verhältnissen anzupassen. Jede Satzungsänderung bedarf eines Beschlusses der Hauptversammlung, um wirksam zu sein (§ 179 AktG). Bei dieser Regelung des Aktiengesetzes handelt es sich um zwingendes Recht. Die Hauptversammlung kann ihre Befugnis, die Satzung zu ändern, nicht auf ein anderes Organ übertragen.

Der Vorstand muß jede Satzungsänderung, die die Hauptversamm- **538**
lung beschlossen hat, zur Eintragung in das Handelsregister anmelden (§ 181 AktG). Der Beschluß der Hauptversammlung über die Satzungs-

änderung wird erst mit der Eintragung wirksam. Die Eintragung ist also konstitutiv (§ 181 Abs. 3 AktG).

Beschließt die Hauptversammlung einer AG über Satzungsänderungen, so hat sie u. a. den *Grundsatz der gleichmäßigen Behandlung aller Aktionäre* zu beachten, der sich zwar nicht unmittelbar aus dem Aktiengesetz ergibt, aber auch ohne ausdrückliche und gesetzliche Regelung für die AG wie für alle anderen Gesellschaften gilt, weil er dem Charakter jeder Gesellschaft entspricht (vgl. BGH WM 1987, 1070; G. Hueck, Gesellschaftsrecht, § 28 III). Aus § 180 AktG ergibt sich, daß ein Beschluß, der Aktionären Nebenverpflichtungen auferlegt, der Zustimmung aller betroffenen Aktionäre bedarf, um wirksam zu sein.

539 Die Hauptversammlung kann mit einer Mehrheit von mindestens 3/4 des vertretenen Grundkapitals die Satzung ändern (§ 179 Abs. 2 AktG). Diese Änderung darf sich im allgemeinen auf alles erstrecken, was in der ursprünglichen Satzung enthalten sein kann, d. h. entweder im Gesetz selbst als Regel aufgestellt oder als Abweichung von dieser Regel ausdrücklich zugelassen ist (§ 23 Abs. 5 S. 1 AktG). Der BGH (BGHZ 70, 117 ff.) hat die Einführung eines Höchststimmrechts durch satzungsändernden Beschluß auch ohne die Zustimmung der betreffenden Aktionäre für zulässig erachtet. In nicht unbedenklicher Weise hat der BGH (BGHZ 70, 117, 120) den Grundsatz der gleichmäßigen Behandlung aller Aktionäre als nicht verletzt angesehen und darüber hinaus auch noch eine Benachteiligung derjenigen Aktionäre, die nicht zugestimmt haben, verneint.

Die Frage, ob satzungsändernde Beschlüsse, die gegen zwingende gesetzliche Vorschriften verstoßen, stets nichtig i. S. der zweiten Alternative des § 241 Nr. 3 AktG sind, oder ob es Fälle gibt, in denen das Gesetz die Anfechtbarkeit genügen läßt, ist umstritten (vgl. BGH WM 1987, 1070 mit Nachw., der diese Frage offenläßt).

5. Die Bestellung von Organen

540 Der nächste Schritt, der vom ersten Abschnitt der Errichtung zur selbständigen Rechtspersönlichkeit der Aktiengesellschaft führt, ist die Bestellung von Organen, durch die die entstehende juristische Person handlungsfähig wird.

Organe der Aktiengesellschaft sind: Hauptversammlung, Aufsichtsrat und Vorstand.

Als erstes Organ bestellen die Gründer, die sämtliche Aktien übernommen haben, einen Aufsichtsrat. Außerdem bestimmen die Gründungsaktionäre auch die Abschlußprüfer (meist Wirtschaftsprüfungsunternehmen) für das erste Geschäftsjahr. Der Aufsichtsrat hat den Vorstand zu bestellen.

6. Gründungsbericht und Gründungsprüfung

Die Gründer erstellen über den Gründungshergang einen schriftlichen Bericht, der die Grundlage für die darauf folgende Gründungsprüfung durch die inzwischen bestellten Organe, Vorstand, Aufsichtsrat und besondere Gründungsprüfer, bildet. Dieses komplizierte Verfahren dient dem Zweck, unseriöse Gründungen zu vermeiden, um zukünftige Aktionäre und andere Personen, die mit der Aktiengesellschaft in Rechtsbeziehungen treten, zu schützen. **541**

7. Die Einlage

Die Gründeraktionäre müssen ihre Einlage leisten. Bei der einfachen Gründung heißt das: Sie müssen den vereinbarten Geldbetrag für die übernommenen Aktien zur Verfügung des Vorstandes einzahlen (vgl. dazu oben Rdnr. 492 ff.). **542**

8. Die Anmeldung zum Handelsregister und die Eintragung

Die darauf erfolgende Anmeldung der Gesellschaft bei dem zuständigen Registergericht führt nicht nur zu einer Nachprüfung der Formalien. Das Gericht prüft auch die Ordnungsmäßigkeit der Errichtung selbst. Stellt das Gericht Mängel bei der Errichtung fest, hat es die Eintragung abzulehnen. Das hat zur Folge, daß die Aktiengesellschaft als juristische Person nicht zur Entstehung gelangt. **543**

Mit der Eintragung in das Handelsregister entsteht die Aktiengesellschaft als juristische Person. Sie erlangt also eigene Rechtspersönlichkeit und ist damit rechtsfähig. Die Vor-Aktiengesellschaft wird zur juristischen Person. K. Schmidt (Gesellschaftsrecht, § 27 II 4) spricht von der „Identität zwischen Vorgesellschaft und AG".

II. Die qualifizierte Gründung

544 Einem noch strenger geregelten Gründungsverfahren unterliegt die sog. qualifizierte Gründung. Eine solche liegt vor, wenn Regelungen geschaffen werden, die für die künftigen Gläubiger oder für die Aktionäre besonders gefährlich sein können. Unter Regelungen dieser Art fallen:

- Die *Einräumung von Sondervorteilen* für einzelne Aktionäre (§ 26 AktG).

Beispiel: Einigen Aktionären werden besondere Gewinnanteile zugesichert.

Beispiel: Eine GmbH, die einen Baustoffgroßhandel betreibt, gehört zu den Gründeraktionären einer sich im Gründungsstadium befindenden Aktiengesellschaft, bei der der Gegenstand des Unternehmens ein Baugeschäft (Hochbau) sein soll. In die Satzung der AG wird aufgenommen, daß die GmbH, die zu den Aktionären gehört, einen Anspruch darauf haben soll, daß die Aktiengesellschaft pro Jahr eine bestimmte Menge Baustoffe bei der GmbH abnehmen soll.

- *Sacheinlagen* (§ 27 AktG), d. h. Einlagen, die nicht in einer Bargeldzahlung bestehen. Gegenstand von Sacheinlagen kann jeder übertragbare Gegenstand sein, der einen „faßbaren" Vermögenswert darstellt (vgl. oben Rdnr. 492 ff.).

  Beispiel: Es wird vereinbart, daß von fünf Gründeraktionären drei ihre Einlage durch eine Geldzahlung erbringen. Die übrigen leisten Sacheinlagen: der eine verpflichtet sich zur Übereignung eines Grundstücks, der andere zur Einbringung eines Patentes.

545 Um die Gefahr einer Schädigung zu Lasten künftiger Aktionäre und Gläubiger weitgehend einzudämmen, schreibt das Aktiengesetz vor, daß Regelungen dieser Art in der Satzung festgelegt werden müssen,

um für alle, die ein Interesse daran haben können, eine Nachprüfungsmöglichkeit zu schaffen (§§ 26, 27 AktG). Regelungen dieser Art, die nicht in der Satzung festgelegt sind, haben keine Gültigkeit.

§ 31. Die Organe der Aktiengesellschaft

Schrifttum: Baums, Der fehlerhafte Aufsichtsratsbeschluß, ZGR 1983, 300ff.; Brüggemeier, Die Einflußnahme auf die Verwaltung einer Aktiengesellschaft, AG 1988, 93ff.; M.Dreher, Das Ermessen des Aufsichtsrats, ZHR 158 (1994), 614ff.; Eisenhardt, Zum Problem der Haftung der Aufsichtsratsmitglieder von Aktiengesellschaft und GmbH gegenüber der Gesellschaft, Jura 1982, 289ff.; Erle, Das Vetorecht des Vorstandsvorsitzenden in der AG, AG 1987, 7ff.; Götz, Zustimmungsvorbehalte des Aufsichtsrats der Aktiengesellschaft, ZGR 1990, 633ff.; Hefermehl, Umfang und Grenzen des Auskunftsrechts des Aktionärs in der Hauptversammlung. In: FS Duden, S.109ff.; derselbe, Zur Haftung der Vorstandsmitglieder bei Ausführung von Hauptversammlungsbeschlüssen. In: FS Schilling, S.159ff.; Hengeler, Zum Beratungsgeheimnis im Aufsichtsrat einer Aktiengesellschaft. In: FS Schilling, S.175ff.; Hommelhoff, Die Autarkie des Aufsichtsrats, ZGR 1983, 551ff.; Krieger, Zum Aufsichtsratspräsidium, ZGR 1985, 338ff.; Martens, Die Entscheidungsautonomie des Vorstandes und die „Basisdemokratie" in der Aktiengesellschaft, ZHR 147 (1983), 377ff.; Meyer-Landrut, Der „Mißbrauch" aktienrechtlicher Minderheits- oder Individualrechte, insbesondere des Auskunftsrechts. In: FS Schilling, S.235ff.; Priester, Stichentscheid bei zweiköpfigem Vorstand, AG 1984, 191ff.; Quack, Beschränkungen der Redezeit und des Auskunftsrechts der Aktionärs, AG 1985, 145ff.; Raisch, Zum Begriff und zur Bedeutung des Unternehmensinteresses als Verhaltensmaxime von Vorstands- und Aufsichtsratsmitgliedern. In: FS Hefermehl, S.347ff.; Säcker, Aktuelle Probleme der Verschwiegenheitspflicht der Aufsichtsratsmitglieder, NJW 1986, 803ff.; E.Scheffler, Der Aufsichtsrat – nützlich oder überflüssig?, ZGR 1993, 63ff.; Schreyögg, Der Aufsichtsrat als Steuerungsinstrument des Vorstands – die Verwaltung der Aktiengesellschaft im Lichte der neueren Managementlehre, AG 1983, 278ff.; Th.Raiser, Organklagen zwischen Aufsichtsrat und Vorstand, AG 1989, 185ff.; W.Werner, Zuständigkeitsverlagerungen in der Aktiengesellschaft durch Richterrecht? ZHR 147 (1983), 429ff.

I. Das Verhältnis der Organe zueinander

Da die Aktiengesellschaft eine juristische Person ist, bedarf sie, um 546
handeln zu können, bestimmter Organe. Das Aktiengesetz schreibt

zwingend drei Organe vor: Vorstand, Aufsichtsrat und Hauptversammlung.

Während bei der typischen Personenhandelsgesellschaft, der OHG, das mit der Gesellschaft verbundene Risiko und die Unternehmensleitung dieselben Personen trifft, gehört es zu den Wesensmerkmalen der Aktiengesellschaft, daß die Unternehmensleitung und die Mitgliedschaft an der Aktiengesellschaft grundsätzlich getrennt sind. Für die Aktiengesellschaft ist es typisch, daß der einzelne Aktionär zwar das wirtschaftliche Risiko trägt – das allerdings auf den beim Erwerb der Aktien erbrachten Kapitaleinsatz beschränkt ist –, er aber nicht an der Unternehmensleitung beteiligt ist.

Nach der gesetzlichen Regelung liegt die Leitung der Aktiengesellschaft beim Vorstand (§ 76 AktG). Das Kontrollorgan ist der Aufsichtsrat. Er überwacht die Geschäftsführung des Vorstandes und beruft ihn ab. Die Aktionäre üben ihre Rechte in der Hauptversammlung und durch diese aus.

547 Das Verhältnis der Organe zueinander hängt in der Praxis in erster Linie von der Verteilung der tatsächlichen Macht, nämlich von der Verteilung der Aktien und von den Persönlichkeiten ab, die den Aktienbesitz repräsentieren. Mag das Gesetz auch den Vorstand als das eigentliche Leitungsorgan vorsehen, bei den großen Aktiengesellschaften liegt die wirkliche Macht häufig beim Aufsichtsrat, der von den Aktionären, den Arbeitnehmern und den Gewerkschaften bestellt wird. Eine wesentliche Machtquelle des Aufsichtsrates beruht auf seinen personalpolitischen Befugnissen. Er bestellt die Vorstandsmitglieder auf höchstens fünf Jahre. Aus wichtigem Grund kann der Aufsichtsrat die Bestellung von Vorstandsmitgliedern jederzeit widerrufen (§ 84 Abs. 3 AktG).

II. Der Vorstand

548 Als das Leitungsorgan der Aktiengesellschaft führt der Vorstand die Geschäfte. Er vertritt die Gesellschaft gerichtlich und außergerichtlich.

Die Vorstandsmitglieder haben sich als Geschäftsleiter grundsätzlich um *alle* Angelegenheiten der Gesellschaft zu kümmern. Sie haben insbesondere die Angestellten zu beaufsichtigen, die mit der Erledigung von Geschäftsführungsangelegenheiten betraut sind. Neben der allgemeinen Aufgabe der Leitung der Aktiengesellschaft hat der Vorstand insbesondere noch folgende Befugnisse:

- die Ausführung der Hauptversammlungsbeschlüsse (§ 83 Abs. 2 AktG),
- die Berichterstattung an den Aufsichtsrat (§ 90 AktG),
- die Führung der Handelsbücher (§ 91 AktG),
- Die Aufstellung und Vorlegung des Jahresabschlusses und des Geschäftsberichts (§ 148 AktG).

Die Vorstandmitglieder werden vom Aufsichtsrat auf höchstens **549** fünf Jahre bestellt. Die Anstellung erfolgt aufgrund eines privatrechtlichen Dienstvertrages. Vertragspartner sind auf der einen Seite das Vorstandsmitglied und auf der anderen Seite die Aktiengesellschaft, vertreten durch den Aufsichtsrat. Nach herrschender Meinung sind Vorstandsmitglieder nicht Angestellte im arbeitsrechtlichen Sinne (so BGHZ 12, 1, 8). Für diese Auffassung spricht, daß die arbeitsrechtlichen Gesetze die Vorstandsmitglieder der Aktiengesellschaft durchweg nicht als Arbeitnehmer behandeln (so § 5 BetriebsverfassungsG, § 5 ArbeitsgerichtsG, § 14 KündigungsschutzG, § 1 Arbeitszeitordnung).

Ein Aufsichtsratsmitglied kann nicht zugleich Mitglied des Vorstandes sein, weil der Aufsichtsrat sonst seiner Aufgabe, die Geschäftsführung des Vorstandes zu überwachen, nicht nachkommen könnte (§ 105 AktG).

Der Vorstand, der aus einer oder mehreren Personen bestehen kann, **550** leitet die Gesellschaft unter eigener Verantwortung (§ 76 AktG). Gem. § 77 Abs. 1 S. 1 AktG gilt das Prinzip der Gesamtgeschäftsführung: Besteht der Vorstand aus mehreren Personen, so sind sämtliche Vorstandsmitglieder nur gemeinschaftlich zur Geschäftsführung befugt, so daß schon der Widerspruch eines Vorstandsmitgliedes die Durchführung einer geplanten Maßnahme verhindern kann. Da aber ein essentielles praktisches Interesse an der Funktionsfähigkeit des Vorstandes besteht, läßt § 77 Abs. 1 S. 2 AktG es zu, daß die Satzung oder die Geschäftsordnung Bestimmungen treffen, die vom Grundsatz der Gesamtgeschäftsführung abweichen. In der Praxis wird von dieser Möglichkeit in erheblichem Umfange Gebrauch gemacht, so daß ein mehrköpfiger Vorstand seine Entscheidungen in der Regel durch Mehrheitsbeschluß faßt. Dabei kann es zu Pattsituationen kommen, wenn bei einem Vorstand mit gerader Mitgliederzahl die eine Hälfte für und die andere Hälfte gegen einen gestellten Antrag stimmt. Pattsituationen dieser Art werden in der Regel dadurch aufgelöst, daß in der Satzung oder in der Geschäftsordnung des Vorstandes bestimmt wird, daß bei Stimmengleichheit die Stimme eines Vorstandsmitgliedes – regelmäßig die des Vorstandsvorsitzenden – den Ausschlag geben soll. Ein Stichentscheid dieser Art ist nach herrschender Meinung (vgl. Priester, AG 1984, 253 mit Nachw.) von der durch § 77 Abs. 1 S. 2 AktG eingeräumten Gestaltungsfreiheit gedeckt.

551 Umstritten ist, ob ein Stichentscheid auch bei einem zweiköpfigen Vorstand zulässig ist. Die herrschende Meinung (vgl. v. Godin-Wilhelmi, § 77 AktG, Anm. 4; Mayer-Landrut in Großkomm. AktG, § 77 Anm. 4; Hefermehl, § 77 AktG, Rdnr. 8) verneint dies mit dem Hinweis auf das in § 77 AktG festgelegte Kollegialprinzip: Ein Stichentscheid führe zur Alleinherrschaft dessen, dem er gewährt sei; das andere Vorstandsmitglied sei dann zu einem bloßen Gehilfen degradiert (a. A. Priester, AG 1984, 253 ff.).

Umstritten ist auch, ob für den Fall, daß die Satzung für einen mehrköpfigen Vorstand das Mehrheitsprinzip vorsieht, dem Vorsitzenden des Vorstandes ein Vetorecht eingeräumt werden darf. Im Hinblick auf ein der Mitbestimmung unterliegendes Unternehmen hat der BGH (BGHZ 89, 48) es mit Rücksicht auf die Rechtsstellung des Arbeitsdirektors für unzulässig erachtet, dem Vorsitzenden ein solches Vetorecht einzuräumen. Nach richtiger Ansicht kann wegen der durch § 77 Abs. 1 S. 2, 2. Halbs. AktG für ein nicht der Mitbestimmung unterliegendes Unternehmen nichts anderes gelten (vgl. dazu mit ausführlicher Begründung Erle, AG 1987, 7 ff.).

552 Entsprechend dem hohen Maß an Verantwortung, das der Vorstand zu tragen hat, unterliegen die Vorstandsmitglieder auch einer scharfen persönlichen Haftung gegenüber der Aktiengesellschaft. Aus § 93 AktG kann der Aktiengesellschaft ein Schadensersatzanspruch gegen ein oder mehrere Vorstandsmitglieder erwachsen.

Beispiel: Infolge einer durch Bestechung verursachten Fehlentscheidung des Vorstandes verliert die Aktiengesellschaft bei einem Investitionsprojekt DM 2 Millionen. Hier kann die Aktiengesellschaft, vertreten durch den Aufsichtsrat, den Ersatz des verursachten Schadens von den Vorstandsmitgliedern als Gesamtschuldnern verlangen.

Für zum Schadensersatz verpflichtende Handlungen, die der Vorstand oder ein Mitglied des Vorstandes in Ausführung der ihm zustehenden Verrichtungen begangen hat, entsteht gegenüber Dritten eine Haftung der Aktiengesellschaft aus § 31 BGB i. Vb. m. der gesetzlichen Vorschrift, die dem Geschädigten einen Schadensersatzanspruch gewährt. Zum Schadensersatz verpflichten z. B. unerlaubte Handlungen (§§ 823 ff. BGB) und Leistungsstörungen bei der Abwicklung von Verträgen. **553**

Beispiel: Die Behnke-Textil-AG hatte sich verpflichtet, zum 31.1. 1977 700 blaue Röcke für die Frühjahrskollektion an den Einzelhändler Will zu liefern. Als die Röcke trotz einer sofortigen Nachfristsetzung mit Ablehnungsandrohung am 27.3. 1977 noch nicht eingetroffen waren, weil das für den Versand zuständige Vorstandsmitglied der Aktiengesellschaft die Bestellung vergessen hatte, verlangt Will von der Behnke-Textil-AG Schadensersatz wegen Nichterfüllung gemäß § 326 BGB. Da die Aktiengesellschaft nicht selbst handeln kann, muß ihr das Handeln der für sie im Rahmen ihrer Zuständigkeit tätigen Personen zugerechnet werden. Für die Vorstandsmitglieder muß die Aktiengesellschaft nach § 31 BGB eintreten, während sie für Erfüllungsgehilfen und Verrichtungsgehilfen nach den allgemeinen Vorschriften der §§ 278 und 831 BGB einzustehen hat. Die Behnke-Textil-AG muß für den durch ihr vergeßliches Vorstandsmitglied eingetretenen Schaden gemäß §§ 326, 31 BGB einstehen.

III. Der Aufsichtsrat

1. Die Aufgaben des Aufsichtsrates

Der Aufsichtsrat ist das eigentliche Kontrollorgan der Aktiengesellschaft. Aufgrund seiner personalpolitischen Befugnisse und der Tatsache, daß in vielen Aktiengesellschaften wichtige Maßnahmen des Vorstandes der Zustimmung des Aufsichtsrates bedürfen (§ 111 Abs. 4 Satz 2 AktG), übt der Aufsichtsrat in der Regel den wesentlichen Einfluß in der Gesellschaft aus. **554**

Die Hauptaufgaben des Aufsichtsrates sind:

– die Bestellung und Abberufung des Vorstandes (§ 84 AktG),
– die Überwachung der Geschäftsführung des Vorstandes (§ 111 AktG).

555 Nach § 111 Abs. 1 AktG hat der Aufsichtsrat also in erster Linie die Geschäftsführung zu überwachen. Nach Ansicht des BGH (BGHZ 114, 127, 129) bezieht sich diese Kontrolle nicht nur auf abgeschlossene Sachverhalte, sondern sie erstreckt sich auch auf grundsätzliche Fragen der künftigen Geschäftspolitik. Das bedeutet, daß die Kontrolle nicht auf eine Rechtmäßigkeitsprüfung beschränkt ist; sie muß vielmehr die „Zweckmäßigkeit und Wirtschaftlichkeit der Geschäftsführung einbeziehen". Einer in der Literatur weit verbreiteten Meinung folgend vertritt der BGH (BGHZ 114, 127, 130 mit Nachw.) die Ansicht, eine so verstandene Kontrolle könne wirksam nur durch ständige Diskussion mit dem Vorstand und insofern durch dessen *laufende Beratung* ausgeübt werden; die *Beratung* sei deshalb das vorrangige Mittel der in die Zukunft gerichteten Kontrolle des Vorstands (ablehnend E. Scheffler, ZGR 1993, 63, 69).

Damit der Aufsichtsrat seiner Überwachungsfunktion gerecht werden kann, hat der Vorstand ihm gemäß § 90 AktG umfangreich Bericht zu erstatten. Der Vorstand muß u. a. regelmäßig berichten über die beabsichtigte Geschäftspolitik, die Rentabilität der Gesellschaft und über den Gang der Geschäfte, insbesondere den Umsatz, und die Lage der Gesellschaft (§ 90 Abs. 1 AktG). Der Aufsichtsrat kann über Angelegenheiten der Gesellschaft vom Vorstand jederzeit einen Bericht fordern (§ 90 Abs. 3). Dieses Recht steht auch einem einzelnen Aufsichtsratsmitglied zu; allerdings kann der Bericht nur an den Aufsichtsrat, nicht an das einzelne Mitglied verlangt werden.

556 Maßnahmen der Geschäftsführung können dem Aufsichtsrat nicht übertragen werden (§ 111 Abs. 4 AktG). Dieser soll – diese Vorstellung steht hinter der strengen Funktionsabgrenzung – sicherstellen, daß die Interessen der Aktionäre gegenüber dem Vorstand gewahrt bleiben. Zu diesem Zweck wird der Aufsichtsrat mit Mehrheitsentscheidung von der Hauptversammlung gewählt. Nicht ganz unzutreffend ist der Aufsichtsrat deshalb gelegentlich auch als „Aktionärsausschuß" bezeichnet worden (vgl. dazu Schreyögg, AG 1983, 278 mit Hinweisen).

Das Bild, das das Aktiengesetz vom Aufsichtsrat zeichnet, steht allerdings in scharfem Kontrast zu dem, was an realer Funktionsweise von Aufsichtsräten in der Praxis bekannt geworden ist. Viele Aufsichtsräte nehmen regelmäßig Aufgaben wahr, die über eine bloße Überwachung weit hinausgehen. So findet z.B. in vielen Aktiengesellschaften häufig schon im Frühstadium bedeutsamer Entscheidungen eine Abstimmung zwischen Vorstand und Aufsichtsrat statt, die einer de-facto-Integration des Aufsichtsrats in den unternehmenspolitischen Entscheidungsprozeß gleichkommt (vgl. Schreyögg, AG 1983, 278).

Die Aufsichtsratsmitglieder haben nicht die Angelegenheiten der **557** Gesellschaft von Grund auf zu prüfen. Der Umfang der ihnen auferlegten Pflichten in dieser Hinsicht bestimmt sich nach den ihnen zu erstattenden Berichten und den für die Beurteilung einzelner Aufgaben nötigen Unterlagen.

Überwachung der Geschäftsführung durch den Aufsichtsrat (§ 111 Abs.1 AktG) bedeutet in erster Linie die Aufsicht darüber, daß keine Mißwirtschaft betrieben wird (vgl. dazu Mertens, ZGR 1977, 270, 277). Keine Mißwirtschaft betreiben heißt vor allem, für die Erhaltung und Förderung des Unternehmens im Sinne der Kapitalerhaltung als Minimum des Rentabilitätszieles zu sorgen. Das ergibt sich u.a. aus § 90 AktG, aus dem sich ein Mindestkatalog konkretisierter Aufgaben des Aufsichtsrats ableiten läßt.

Als besonders wirksames Instrument unter denjenigen, die das Akti- **558** engesetz für die Überwachung des Vorstandes durch den Aufsichtsrat vorsieht, ist der Zustimmungsvorbehalt des Aufsichtsrats anzusehen. Gemäß § 111 Abs.4 S.2 AktG kann die Satzung oder der Aufsichtsrat bestimmen, daß bestimmte Arten von Geschäften nur mit Zustimmung des Aufsichtsrats vorgenommen werden dürfen. Für den Fall, daß der Aufsichtsrat seine Zustimmung verweigert, kann der Vorstand verlangen, daß die Hauptversammlung über die Zustimmung beschließt (§ 111 Abs.4 S.2 AktG). In der Regel werden nur solche Geschäfte, die für die Gesellschaft von herausragender Bedeutung sind, zustimmungspflichtig gemacht (vgl. zu den Einzelheiten Götz, ZGR 1990, 633ff.).

2. Die Besetzung des Aufsichtsrates

Diejeningen Aufsichtsratmitglieder, die weder nach dem Mitbestim- **559** mungsrecht gewählt noch entsandt werden (§ 101 Abs.2 AktG), werden von der Hauptversammlung gewählt (§ 101 Abs.1 AktG). Ein solches Aufsichtsratsmitglied kann vor Ablauf der Amtszeit von der Hauptversammlung mit einer Mehrheit von mindestens drei Viertel der abgegebenen Stimmen abberufen werden, wenn die Satzung nicht etwas anders bestimmt (§ 103 Abs. 1 AktG).

Auf Antrag des Aufsichtsrats (für den Beschluß bedarf es lediglich der einfachen Mehrheit) kann das Gericht ein Aufsichtsratsmitglied abberufen, wenn in der Person des abzuberufenden Mitglieds ein wichtiger Grund vorliegt (§ 103 Abs. 3 AktG). Fraglich ist, ob für die Qualifizierung des wichtigen Grundes i. S. von § 103 Abs. 3 AktG nur ein kraß gesellschaftswidriges Verhalten bzw. sonst schlechthin untragbare Fälle einer Zugehörigkeit zum Aufsichtsrat in Betracht kommen (vgl. BGHZ 39, 116, 123) oder ob auch weitere Tatbestände, die bei Abwägung der beteiligten Interessen eine Unzumutbarkeit des weiteren Verbleibens im Amt gegenüber der Gesellschaft begründen, ausreichen (vgl. zum Streitstand Hans. OLG Hamburg WM 1990, 311, 314). Der Tatbestand des wichtigen Grundes ist im einzelnen nicht auf Umstände beschränkt, die in der Art und Weise der Mitarbeit im Aufsichtsrat begründet sind oder die sich auf die Funktionsfähigkeit des Aufsichtsrats auswirken. Nach überwiegender Ansicht (vgl. Hans. OLG Hamburg WM 1990, 311, 314 mit Literaturnachw.) kommen auch andere Sachverhalte in Betracht, die das Verhalten des Organmitglieds außerhalb des Aufsichtsrats betreffen, z. B. bei eindeutig gegen das Unternehmensinteresse (vgl. zu diesem Begriff unten Rdnr. 570 ff.) gerichteten Verbindungen zu Konkurrenzunternehmen, jedenfalls dann, wenn dadurch das Organmitglied einem Interessenwiderstreit ausgesetzt ist, der die konkrete Befürchtung eines Handelns zum Nachteil der Gesellschaft auslöst.

560 **Beispiel:** Der Energieminister eines Bundeslandes, der ein entschiedener und aktiver Kernkraftgegner ist, ist Aufsichtsratsmitglied eines Energieversorgungsunternehmens, das auch Kernkraftanlagen betreibt. Wenn dieser Minister in seiner Amtsführung mit Engagement das Ziel verfolgt, dem Unternehmen die Möglichkeit für die von ihm praktizierte Erzeugung von Energie aus Kernkraftanlagen zu nehmen, mit der Folge, daß dem Unternehmen schwere wirtschaftliche Nachteile entstehen, so betätigt sich der Minister gegen die wirtschaftlichen Ziele der Gesellschaft. Für letztere ist es unzumutbar, daß der Minister die Geschicke des Unternehmens im Aufsichtsrat mitgestalten soll. Eine gerichtliche Abberufung gemäß § 103 Abs. 3 AktG ist möglich (vgl. Hans. OLG Hamburg WM 1990, 311 ff.).

Damit der Aufsichtsrat seine Aufgaben wirksam erfüllen kann, dürfen seine Mitglieder weder dem Vorstand angehören noch leitende Angestellte der Aktiengesellschaft sein (§ 105 AktG). Die Vertreter der Aktionäre im Aufsichtsrat werden von der Hauptversammlung durch Mehrheitsbeschluß auf höchstens vier Jahre gewählt (§ 102

AktG). Um seine Verhandlungen und Beschlüsse vorzubereiten oder die Ausführung seiner Beschlüsse zu überwachen, kann der Aufsichtsrat aus seiner Mitte einen oder mehrere Ausschüsse bestellen (§ 107 Abs. 3 AktG. Zu Besetzung dieser Ausschüsse siehe unten Rdnr. 617 f.).

Es gilt der Grundsatz, daß die Rechtsstellung aller Aufsichtsratsmit- **561**
glieder gleichwertig ist (vgl. u. a. BGHZ 99, 211, 215).

Gem. § 111 Abs. 5 AktG hat ein Mitglied des Aufsichtsrats sein Amt persönlich und eigenverantwortlich auszuüben. Dabei wird vorausgesetzt, daß ein Aufsichtsratsmitglied diejenigen Mindestkenntnisse und -fähigkeiten entweder schon hat oder sich aneignen muß, die es benötigt, um alle *normalerweise* anfallenden Geschäftsvorgänge auch ohne fremde Hilfe verstehen und sachgerecht beurteilen zu können. Mit diesem Grundsatz ist unvereinbar, daß ein Aufsichtsratsmitglied seine Aufgaben oder einen wesentlichen Teil davon laufend einem Außenstehenden zur selbständigen Erledigung überträgt oder auch nur bei ihrer Wahrnehmung jeweils einen „ständigen Berater" einschaltet. Denn dadurch könnte nicht nur die Vertraulichkeit leiden, es bestünde auch die Gefahr, daß die vom Aufsichtsrat in eigener Verantwortung zu treffenden Entscheidungen entgegen dem Grundsatz des § 111 Abs. 5 AktG allgemein zu stark nach außen verlagert würden. Dies gilt für die Aufsichtsratsmitglieder der Arbeitnehmer und der Anteilseigner in gleicher Weise (so BGHZ 85, 293, 295 f.). Die Mitglieder des Aufsichtsrats dürfen sich also weder vertreten lassen noch ihre Aufgaben delegieren (vgl. dazu eingehend Hommelhoff, ZGR 1983, 551, 554 ff.).

Allerdings ist nicht zu erwarten, daß sämtliche Aufsichtsratsmitglieder auf al- **562**
len Gebieten, in denen der Aufsichtsrat tätig wird, Spezialkenntnisse besitzen. Außerdem können in jedem Aufsichtsrat Probleme auftauchen, zu deren Lösung die Fachkunde und Möglichkeiten der Aufsichtsratsmitglieder nicht ausreichen. Für diese Fälle gibt das Aktiengesetz dem Aufsichtsrat die Möglichkeit und die Befugnis, Sachverständige zur Beratung über *einzelne* Gegenstände hinzuzuziehen (§ 109 Abs. 1 S. 2 AktG) oder solche für *bestimmte* Prüfungsaufgaben zu beauftragen (§ 111 Abs. 2 S. 2 AktG). In dieser gesetzlichen Regelung mit ihrer Beschränkung auf konkrete Einzelangelegenheiten kommt nach Ansicht des BGH (BGHZ 85, 293, 296) wiederum der für den Aufsichtsrat in seiner Gesamtheit, aber nicht minder für seine einzelnen Mitglieder geltende allgemeine Grundsatz zum Ausdruck, daß sie ihre Funktionen nicht generell auf andere ab-

wälzen dürfen (vgl. zur Problematik eingehend Hommelhoff, ZGR 1983, 551 ff.). Deshalb hat das einzelne Mitglied auch nicht ohne weiteres einen Anspruch darauf, bei der Einsicht in den Prüfungsbericht der Abschlußprüfer, den der Vorstand gem. § 171 AktG dem Aufsichtsrat vorzulegen hat, einen Sachverständigen zuziehen zu dürfen (vgl. dazu BGHZ 85, 293, 297 ff. mit eingehender Begründung).

3. Aufsichtsratspräsidium und Aufsichtsausschüsse

563 In der Praxis spielen heute diese Ausschüsse eine große Rolle. Personalausschüsse (vgl. dazu BGHZ 79, 38), Kreditausschüsse (bei Banken) und Bilanzausschüsse nehmen wichtige Aufgaben wahr. Etwa 40% der größeren deutschen Aktiengesellschaften verfügen über ein sogenanntes *Aufsichtsratspräsidium,* für das keine gesetzlichen Bestimmungen existieren. Diese Präsidien beschäftigen sich de facto häufig mit Personalangelegenheiten, der Behandlung von Finanzierungsfragen und Fragen der Investitionspolitik. Der Kern der Tätigkeit besteht vielfach darin, mit dem Vorstand des Unternehmens ständig Fühlung zu halten; daneben koordiniert ein solches Gremium üblicherweise die Arbeit im Aufsichtsrat und wirkt bei der Sitzungsvorbereitung mit (vgl. zu alledem Krieger, ZGR 1985, 338 ff. und BGHZ 83, 106, 114). Die herrschende Meinung (vgl. BGHZ 83, 106 ff. mit Literaturhinweisen) sieht in einem Präsidium dieser Art einen Aufsichtsratsausschuß i. S. des § 107 Abs. 3 AktG, auf den die allgemeinen Regeln über Aufsichtsratsausschüsse anzuwenden sind (a. A. Krieger, ZGR 1985, 338, 364, der in dem Präsidium keinen Ausschuß, sondern ein Gremium eigener Art neben dem Vorsitzenden sieht).

4. Pflichten der Aufsichtsratsmitglieder

564 Gemäß § 116 i. V. m. § 93 AktG haben die Mitglieder des Aufsichtsrats über vertrauliche Angaben und Geheimnisse der Gesellschaft, die ihnen durch ihre Tätigkeit im Aufsichtsrat bekannt geworden sind, grundsätzlich Stillschweigen zu bewahren. Nach Ansicht des BGH (BGHZ 64, 325, 327) ist das einzelne Aufsichtsratsmitglied allerdings

keinem unbeschränkten Schweigegebot unterworfen; die Schweigepflicht soll *objektiv* nach der Geheimhaltungsbedürftigkeit im Interesse des Unternehmens (siehe dazu Rdnr. 570 ff.) bestimmt werden und nicht subjektiv danach, daß Vorstand oder Aufsichtsrat die Geheimhaltung bestimmter Tatsachen beschlossen haben. Nach Auffassung des BGH (BGHZ 64, 325, 327) wäre ein unbeschränktes Schweigegebot mit den hohen Anforderungen, die das Amt an seine Träger stellt, nicht vereinbar; es würde dem Ratsmitglied die Freiheit nehmen, mit der gebotenen Sorgfalt im Einzelfall eigenverantwortlich zu prüfen und zu entscheiden, ob es schweigen soll oder ob es sogar notwendig ist, „über bestimmte Angelegenheiten offen zu reden" (vgl. zur gesamten Problematik Säcker, NJW 1986, 803 ff.). *Abstimmungsvorgänge* unterfallen im Aufsichtsrat nur insoweit der Verschwiegenheitspflicht, als dies für die Funktionsfähigkeit des Aufsichtsrates erforderlich ist. Zur Sicherung unbefangener Beratungs- und Abstimmungsteilnahme unterliegt das Abstimmungsverhalten *anderer* Aufsichtsratsmitglieder der Schweigepflicht. Das gilt nicht für das *eigene* Abstimmungsverhalten. Dieses kann von einem Aufsichtsratsmitglied offenbart werden, schon um den Kontakt zu den gesellschaftsrechtlichen und mitbestimmungsrechtlichen Trägern des Unternehmens zu sichern, die es gewählt haben (so zutreffend Säcker, NJW 1986, 803, 811).

5. Beschlüsse des Aufsichtsrats und das Klagerecht der Mitglieder des Aufsichtsrats

Der Aufsichtsrat trifft seine Entscheidungen durch Beschluß (§ 108 565
Abs. 1 AktG). Umstritten ist, wie zu verfahren ist, wenn ein Aufsichtsratsbeschluß fehlerhaft ist. Nichtig ist ein Aufsichtsratsbeschluß z.B. dann, wenn er in der Form seines Zustandekommens oder in seinem Inhalt gegen Gesetz oder Satzung verstößt (vgl. u.a. BGH ZIP 1993, 1862, 1866). Verfolgt ein Mitglied des Aufsichtsrats das Ziel, die Nichtigkeit eines Aufsichtsratsbeschlusses aussprechen zu lassen, so muß es eine Feststellungsklage gemäß § 256 ZPO gegen die Gesellschaft erheben, weil der Aufsichtsrat den Beschluß als ihr Organ gefaßt hat und sie durch die von ihm getroffene Entscheidung und deren weitere Fol-

gen berechtigt und verpflichtet werden kann (so BGHZ 122, 342, 344; 124, 111, 115). Die mit akzeptablen Argumenten vertretene Gegenmeinung, die im Falle der Geltendmachung der Fehlerhaftigkeit von Aufsichtsratsbeschlüssen eine entsprechende Anwendung der aktienrechtlichen Vorschriften über die Anfechtbarkeit und Nichtigkeit fehlerhafter Hauptversammlungsbeschlüse befürwortet (so vor allem Baums ZGR 1983, 300; OLG Hamburg, AG 1992, 197 ff.), ist vom BGH (BGHZ 122, 342 ff.) verworfen worden. Eine entsprechende Anwendung der §§241 ff. AktG auf Aufsichtsratsbeschlüsse ist nach Ansicht des BGH (BGHZ 122, 342, 351) vor allem deshalb nicht angemessen, weil Aufsichtsratsbeschlüsse, die in verfahrensmäßiger oder inhaltlicher Beziehung gegen zwingendes Gesetzes- oder Satzungsrecht verstoßen, im Grundsatz nichtig und nicht nur anfechtbar sind.

566 Wenn man es einem großen Personenkreis ermöglicht, ohne jede zeitliche Begrenzung die Fehlerhaftigkeit von Aufsichtsratsbeschlüssen geltend zu machen, kann es zu Unzuträglichkeiten kommen. Der BGH (BGHZ 122, 342) hat deshalb im Grundsatz ein gewichtiges Interesse anerkannt, die Möglichkeit zur gerichtlichen Nachprüfbarkeit von Aufsichtsratsbeschlüssen nicht ausufern zu lassen. Allerdings hat er offengelassen, wie eine solche Eingrenzung erfolgen soll. Dem ist das OLG Düsseldorf (ZIP 1995, 1183 ff.) gefolgt und hat dazu ausgeführt, eine Beschränkung der gerichtlichen Kontrolle sei notwendig, um die Arbeit des Aufsichtsrats nicht in einem zu starken Maße zu verrechtlichen und dem Aufsichtsrat vor allem Spielräume für autonome unternehmerische Entscheidungen zu belassen; denn derartige Entscheidungen würden in aller Regel nicht allein durch rechtliche Gesichtspunkte, sondern ganz wesentlich auch durch Zweckmäßigkeits- und Wirtschaftlichkeitserwägungen bestimmt, zu deren Abwägung allein die hierfür zuständigen Geschäftführungsorgane berufen seien. Nach Ansicht des OLG Düsseldorf (ZIP 1995, 1183, 1190) sind Beurteilungen in bezug auf die Zweckmäßigkeit und Wirtschaftlichkeit der Unternehmensführung in Anlehnung an den in § 114 VwGO normierten Umfang der gerichtlichen Nachprüfung von verwaltungsrechtlichen Ermessensentscheidungen einer gerichtlichen Kontrolle entzogen. Nach Ansicht des OLG Düsseldorf steht dem Aufsichtsrat bei der Wahrnehmung seiner Aufgaben im Rahmen der Gesetzmäßigkeit seines Handelns also ein Ermessensspielraum zu; die Ausübung des pflichtgemäßen Ermessens hat sich an dem Gesellschaftsinteresse zu orientieren.

567 Gestritten wird darüber, ob einzelne Aufsichtsratsmitglieder oder die Gruppe der Arbeitnehmervertreter im Aufsichtsrat gegen die Gesellschaft und gegen den Vorstand auf Unterlassung rechtswidriger Geschäftsführungsmaßnahmen klagen können. Dabei geht es um mehrere Problemkreise, u. a. um folgende:

- Können dem Gesamtaufsichtsrat als Unternehmensorgan derartige Unterlassungsansprüche zustehen? Dabei ist zu berücksichtigen, daß einzelne Aufsichtsratsmitglieder schwerlich weitergehende Rechte beanspruchen können als das Organ, dem sie angehören.
- Damit steht das Verhältnis zwischen den einzelnen Mitgliedern und dem von der Mehrheitsentscheidung geprägten Gesamtorgan zur Debatte (vgl. dazu und zum Streitstand in der Literatur Th. Raiser, AG 1989, 185 ff. mit Nachw.).

Der BGH (BGHZ 106, 54) verneint ein Klagerecht eines einzelnen Auf- 568
sichtsratsmitglieds; als „Eigenrecht" ergebe sich eine solche Klagebefugnis weder aus dem Aktiengesetz noch aus dem Mitbestimmungsgesetz (§ 25). Der BGH (BGHZ 106, 54, 62) geht davon aus, daß dem einzelnen Mitglied als Eigenrecht das Recht auf Berichterstattung durch den Vorstand (§ 90 Abs. 3 S. 2 AktG) und auf Kenntnisnahme des erstatteten Berichts zusteht; damit werde das einzelne Aufsichtsratsmitglied in die Lage versetzt, die seiner Ansicht nach für die Erfüllung der ihm obliegenden Überwachungspflicht i.S. des § 111 Abs. 1 AktG erforderlichen Informationen zu erlangen. Der BGH (BGHZ 106, 54, 62) will aus der Tatsache, daß das Gesetz neben dem Aufsichtsrat auch dem einzelnen Mitglied ein Recht auf Berichterstattung gegen den Vorstand einräumt, *keine* dem einzelnen Mitglied zustehende Klagebefugnis herleiten, da das Überwachungsrecht i.S. des § 111 Abs. 1 AktG, um dessen Schutz es bei Eingriffen in die Informationsrechte nach § 90 AktG geht, dem Aufsichtsrat als Kollegialorgan zustehe; weil der Gesamtaufsichtsrat Träger des Überwachungsrechts sei, könne auch nur er sich auf ein Abwehrrecht gegen Maßnahmen des Vorstandes berufen. Die Frage, ob ein einzelnes Aufsichtsratsmitglied Rechte des Gesamtaufsichtsrats gegenüber dem Vorstand mit Hilfe der Regeln der actio pro socio geltend machen kann, hat der BGH (BGHZ 106, 54, 66) offengelassen. Allerdings hat er einschränkend darauf hingewiesen, daß die Rechtsfigur der actio pro socio nicht dazu dienen dürfe, „Konflikte, die zwischen Mehrheit und Minderheit im Aufsichtsrat auftreten, über den Umweg einer gerichtlichen Inanspruchnahme des Vorstandes auszutragen".

6. Die Begrenzung der Aufsichtsratsmandate

Nach § 100 AktG können Personen, die bereits in 10 Handelsgesell- 569
schaften oder bergrechtlichen Gewerkschaften Mitglieder des Aufsichtsrates sind (innerhalb eines Konzernverbandes ist die Höchstzahl nach § 100 Abs. 2 AktG allerdings auf 15 erhöht), und solche, die gesetzliche Vertreter eines von der Aktiengesellschaft abhängigen Unternehmens sind, nicht Mitglieder des Aufsichtsrates werden. Außerdem kann nicht Aufsichtsratsmitglied werden, wer gesetzlicher Vertreter ei-

ner anderen Kapitalgesellschaft oder bergrechtlichen Gewerkschaft ist, derem Aufsichtsrat ein Vorstandsmitglied der Gesellschaft angehört (Verbot der sog. Überkreuzverflechtung).

Mit § 100 AktG soll eine Garantie dafür geschaffen werden, daß die in Aufsichtsräte gewählten Personen in der Lage sind und bleiben, die Kontrollaufgaben, die ihnen obliegen, sachgemäß zu erfüllen. Außerdem soll verhindert werden, daß zuviel Macht bei wenigen Personen konzentriert wird.

7. Das Unternehmensinteresse als Verhaltensmaxime für Vorstand und Aufsichtsrat

570 Nachdem der BGH (BGHZ 64, 325, 329 ff.) das „Interesse des Unternehmens" als einen Maßstab für die Wahrnehmung von Sorgfaltspflichten anerkannt hat, ist das *Unternehmensinteresse* als Verhaltensmaxime sowohl für den Vorstand wie auch für den Aufsichtsrat eingehend diskutiert worden (zum Diskussionsstand siehe Eisenhardt, Jura 1982, 289 ff.). Nach einer inzwischen weit verbreiteten Auffassung sollen Vorstand und Aufsichtsrat einer Aktiengesellschaft dem Unternehmensinteresse verpflichtet sein (vgl. Mertens, ZGR 1977, 270, 275 ff.; Raisch, in: FS Hefermehl, S. 347; Th. Raiser in: FS Reimer Schmidt, S. 101 ff.; H. P. Westermann, ZGR 1977, 219, 222 ff.).

571 Darüber, was unter der Wahrnehmung des Unternehmensinteresses im einzelnen zu verstehen ist, besteht allerdings keine Einigkeit (das geht u.a. aus dem Bericht der Unternehmensrechtskommission [Rdnr. 132 ff.] hervor, in dem viele unterschiedliche Auffassungen zu diesem Komplex festgehalten sind. Vgl. zum Meinungsstand Eisenhardt, Jura 1982, 289, 294 ff.). Übereinstimmung besteht im wesentlichen insoweit, daß die Wahrnehmung des Unternehmensinteresses jedenfalls die Verpflichtung zur Erhaltung und Förderung des Unternehmens, nicht zuletzt durch die Kapitalerhaltung als Minimum des Rentabilitätszieles bedeutet (vgl. auch M. Dreher, ZHR 158 [1994], 614, 623). Darüber hinaus betonen viele Autoren, wenn auch mit unterschiedlicher Gewichtung, daß das Gemeinwohl bzw. die Interessen der Allgemeinheit – manche reden von „öffentlichem Interesse" – zu beachten sind, wenn es um die Wahrnehmung des Unternehmensinteresses geht.

Das Unternehmensinteresse ist bisher in keinem Gesetz ausdrücklich geregelt. Noch nicht einmal Anhaltspunkte dafür, was unter dem Unternehmensinteresse zu verstehen ist, können der gesetzlichen Regelung des Gesellschaftsrechts entnommen werden. Dem steht die teilweise recht weit gefaßte Interpretation dieses Begriffes in der Literatur gegenüber. Die Hauptschwierigkeit dürfte, folgt man manchen Autoren, darin bestehen, die Erhaltung und Förderung des Unternehmens einerseits und die Wahrnehmung des Gemeinwohls bzw. des öffentlichen Interesses andererseits in Einklang zu bringen. Da das Unternehmensinteresse nicht ohne weiteres mit dem Interesse der Aktionäre, aber auch nicht mit dem Arbeitnehmerinteresse gleichzusetzen ist (vgl. dazu Flume, ZGR 1978, 678, 689), sind eine Reihe von Fällen denkbar, in denen ein Widerspruch der Interessen der Anteilseigner einerseits und der Arbeitnehmer andererseits entstehen kann. **572**

Beispiel: Ein Großunternehmen gerät in wirtschaftliche Schwierigkeiten. Die Verluste der letzten beiden Jahre betragen 350 bzw. 450 Millionen DM. Bei der gegenwärtigen Konjunkturlage gilt es als sicher, daß die Verluste in den nächsten Jahren eher steigen als geringer werden. Ein ausländisches Unternehmen beabsichtigt, das notleidende Unternehmen mit dem Ziel zu erwerben, einen Teil der Produktion, die zur eigenen in Konkurrenz steht, stillzulegen, was einen Verlust von ca. 10 000 Arbeitsplätzen bedeuten würde. Geht man einmal davon aus, daß der Erwerb durch das ausländische Unternehmen für die Anteilseigner die optimale Lösung darstellen würde, tritt der Konflikt mit den Interessen der Arbeitnehmer deutlich zutage.

Für eine stärkere Berücksichtigung des Interesses der Allgemeinheit, etwa in Gestalt von kurzfristiger Erhaltung von Arbeitsplätzen auf Kosten des Kapitalerhaltungsinteresses der Anteilseigner, findet sich – auch wenn man dies als wünschenswertes rechtspolitisches Ziel ansehen mag – im Gesellschaftsrecht bisher keine Stütze.

Dem Aufsichtsrat wird im Hinblick auf die Beurteilungen in bezug **573**
auf die Zweckmäßigkeit und Wirtschaftlichkeit der Unternehmensführung ein Ermessensspielraum eingeräumt, der gerichtlich nicht nachprüfbar ist (vgl. OLG Düsseldorf, ZIP 1995, 1183, 1190). Bei der Ausübung des pflichtgemäßen Ermessens hat sich der Aufsichtsrat

am Unternehmensinteresse zu orientieren (vgl. M. Dreher, ZHR 158 [1994], 614, 644).

8. Die aktienrechtliche Haftungsklausel

574 Wer als Aktionär, Mitglied des Verwaltungsorgans der Gesellschaft oder aber auch als außenstehender Dritter vorsätzlich unter Benutzung seines Einflusses auf die Gesellschaft ein Mitglied des Vorstandes oder Aufsichtsrates, einen Prokuristen oder Handlungsbevollmächtigten dazu bestimmt, zum Schaden der Gesellschaft oder ihrer Aktionäre zu handeln, ist der Gesellschaft zum Ersatz des dieser daraus entstehenden Schadens verpflichtet (§ 117 Abs. 1 Satz 1 AktG). Dieser Schadensersatzanspruch ist ein Anspruch der Gesellschaft. Der Anspruch kann aber auch von den Gläubigern der Gesellschaft geltend gemacht werden, wenn sie wegen ihrer Forderungen gegen die Gesellschaft von dieser keine Befriedigung erlangen können (§ 117 Abs. 5 AktG).

575 § 117 AktG hat den Sinn, die Gesellschaft vor Schädigungen durch eine mißbräuchliche Einflußnahme zu schützen. Der Gesetzgeber hat den Konflikt, der sich zwischen den Ansprüchen des Aktionärs einerseits und der Gesellschaft andererseits ergeben kann, durch § 117 Abs. 1 S. 2 AktG gelöst. Dadurch soll ausgeschlossen werden, daß der Aktionär eine mittelbare Auswirkung der Schädigung der Gesellschaft auf sein Vermögen geltend machen und mit einem darauf gestützten Schadensersatzanspruch zu dem Ersatzanspruch der Gesellschaft selbst in Konkurrenz treten kann (so BGHZ 99, 55, 58). Damit wird außer dem Grundsatz der Kapitalerhaltung insbesondere die allen Gesellschaftern gemeinsame Zweckwidmung des Gesellschaftsvermögens berücksichtigt. Insbesondere der zuletzt genannte Gesichtspunkt schließt einen Anspruch des mittelbar geschädigten Gesellschafters auf Leistung an sich im Regelfall aus; er gibt ihm vielmehr nur einen solchen auf Leistung an die Gesellschaft. Dadurch wird zugleich auch das Aktionärsinteresse erfüllt (so BGH NJW 1987, 1078 f.). Daß § 117 Abs. 1 S. 2 AktG einen verallgemeinerungsfähigen Rechtsgedanken enthält, zeigt § 317 Abs. 1 S. 2 AktG (zu Einzelheiten siehe Brüggemeier, AG 1988, 93 ff.).

Nach heute herrschender Meinung kann § 117 AktG neben § 826 BGB geltend gemacht werden (Barz, § 117 AktG Anm. 16). Im übrigen haften Mitglieder des Vorstandes (§ 93 AktG) und des Aufsichtsrats (§ 116 AktG i. Vb. m. § 93 AktG bzw. § 25 Abs. 1 MBG) gegenüber der Gesellschaft wegen Pflichtverletzungen. § 93 AktG regelt allein die Pflichten von Organmitgliedern aus ihrem durch die Bestellung begründeten Rechtsverhältnis zur Gesellschaft. § 93 Abs. 1 und 2 AktG sind deshalb keine Schutzgesetze zugunsten der Gesellschaftsgläubiger i. S. des § 823 Abs. 2 BGB. Streitig ist allerdings, ob durch diese Vorschriften zugleich die Gesellschafter geschützt werden sollen (vgl. BGH MDR 1980, 126). **576**

Gemäß § 93 AktG haften die Vorstandsmitglieder, wenn sie bei ihrer Geschäftsführung die „Sorgfalt eines ordentlichen und gewissenhaften Geschäftsleiters" außer acht lassen. Der Aufsichtsrat hat keine Geschäftsführungs- und Geschäftsleitungsbefugnis. Aus diesem Grunde kann die in § 116 AktG angeordnete sinngemäße Anwendung des § 93 AktG jedenfalls nicht bedeuten, daß ein Aufsichtsratsmitglied das gleiche Maß an Sorgfalt zu beobachten hat wie ein gewissenhafter Geschäftsleiter (vgl. zu den Einzelheiten Eisenhardt, Jura 1982, 289, 290f.).

IV. Die Hauptversammlung

1. Aufgaben der Hauptversammlung

Die Aktionäre üben ihre Rechte in den Angelegenheiten der Gesellschaft überwiegend in der Hauptversammlung, der Versammlung aller Aktionäre der Gesellschaft, aus. Die Entscheidungsrechte der Hauptversammlung ergeben sich aus § 119 AktG. Die Hauptversammlung entscheidet durch Beschluß u. a. über: **577**

- die Bestellung der Aktionärsvertreter im Aufsichtsrat,
- die Verwendung des Bilanzgewinns,
- die Satzungsänderungen,
- Maßnahmen der Kapitalbeschaffung und der Kapitalherabsetzung,
- die Entlastung der Mitglieder des Vorstandes und des Aufsichtsrates.

Diese sog. ordentliche Zuständigkeit der Hauptversammlung ist in ihrem wesentlichen Umfang in § 119 Abs. 1 AktG zusammengefaßt.

Darüber hinaus ergibt sie sich im Detail noch aus einer Reihe von Einzelvorschriften, die in § 119 Abs. 1 AktG nicht vollständig angesprochen sind, wie z.B. aus § 293 AktG. Die Hauptversammlung kann die ihr aufgrund der ordentlichen Zuständigkeit gegebenen Kompetenzen autonom ausüben. Vorstand und Aufsichtsrat sind an konkrete Einzelentscheidungsbeschlüsse gebunden. Der Vorstand ist gem. § 83 Abs. 2 AktG zudem „verpflichtet, die von der Hauptversammlung im Rahmen ihrer Zuständigkeit beschlossenen Maßnahmen auszuführen". Insoweit kann man von einem an den Vorstand gerichteten Weisungsrecht der Hauptversammlung sprechen (vgl. Martens, ZHR 147 [1983], 377, 385).

578 Von der ordentlichen Zuständigkeit der Hauptversammlung zu unterscheiden ist grundsätzlich die durch den Vorstand initiierte Zuständigkeit über Fragen der Geschäftsführung i.S. des § 119 Abs. 2 AktG. Nach früherem Interpretationsverständnis des § 119 Abs. 2 AktG konnte der Vorstand autonom darüber befinden, ob die Hauptversammlung außerhalb des in § 119 Abs. 1 AktG genannten Rahmens in den Entscheidungsprozeß einbezogen werden soll. Der BGH (BGHZ 83, 122) hat dann die Ansicht vertreten, bei schwerwiegenden Eingriffen in die Rechte und Interessen der Aktionäre könne der Vorstand ausnahmsweise nicht nur berechtigt, sondern auch verpflichtet sein, gem. § 119 Abs. 2 AktG eine Entscheidung der Hauptversammlung herbeizuführen. Der BGH (BGHZ 83, 122, 131) geht in dieser Entscheidung davon aus, daß es grundlegende Entscheidungen gibt, die durch die Außenvertretungsmacht des Vorstandes formal noch gedeckt sind, die aber gleichwohl so tief in die Mitgliedsrechte der Aktionäre und deren im Anteilseigentum verkörpertes Vermögensinteresse eingreifen, daß der Vorstand vernünftigerweise nicht annehmen kann, er dürfe sie in ausschließlich eigener Verantwortung treffen, ohne die Hauptversammlung zu beteiligen. In solchen Fällen verletzt der Vorstand nach Ansicht des BGH seine Sorgfaltspflicht, wenn er von der Möglichkeit des § 119 Abs. 2 AktG keinen Gebrauch macht. Es geht dabei um das Problem der „ungeschriebenen Hauptversammlungszuständigkeiten". Im konkreten Fall hat der BGH die Ausgliederung eines Betriebes, der den wertvollsten Teil des Gesellschaftsvermögens bildete, auf eine dazu gegründete Tochtergesellschaft als einen schwerwiegenden Eingriff in die Rechte und Interessen der Aktionäre angesehen.

Diese Entscheidung des BGH ist überwiegend auf Kritik gestoßen. W. Werner (ZHR 147 [1983], 429) spricht von einem Eingriff in die vom Aktiengesetz vorgesehene Zuständigkeitsordnung der Aktiengesellschaft und einer Erweiterung der Rechte der Aktionäre bzw. der Hauptversammlung zu Lasten des Vorstandes und warnt vor einer Fortentwicklung der diese Entscheidung tragenden Gedanken. Martens (ZHR 147 [1983], 377, 427) sieht in der Begründung des BGH die Tendenz, die Hauptversammlung in der Zukunft mit außerordentlichen Kompetenzen zu betrauen und sie gleichsam als basisdemokratisches Entscheidungsorgan der AG auszuweisen; er weist darauf hin, daß die vor allem als Organisationsform für Großunternehmen verfaßte Aktiengesellschaft zwingend einer mit umfassender Entscheidungsautonomie betrauten Unternehmensführung bedürfe. Sowohl Martens (a.a.O.) wie auch Werner (a.a.O.) kritisieren den methodischen Ansatz im Hinblick auf die Erweiterung der Hauptversammlungskompetenz auf der Grundlage des § 119 Abs. 2 AktG. 579

Über Maßnahmen der Konzernbildung und Konzernleitung hinaus lassen sich ohne weiteres Bereiche konkretisieren, in denen die Frage zu stellen ist, ob zu bestimmten Vorstandsmaßnahmen die Zustimmung der Hauptversammlung einzuholen ist. Dazu können z.B. gehören: Investitionen von großer Tragweite, langfristige Investitionspläne und Entwicklungsprogramme und auch besonders risikoreiche Geschäfte ab einer bestimmten Größenordnung (vgl. dazu Hommelhoff, ZHR 151 [1987], 493, 506f. mit Nachw.).

2. Die Ausübung des Stimmrechts in der Hauptversammlung

Entscheidungen der Hauptversammlung erfolgen durch Beschlüsse. 580
Dabei ist die einfache Stimmenmehrheit (die Mehrheit der abgegebenen Stimmen) ausschlaggebend (§ 133 AktG). Gemäß § 133 Abs. 1 AktG kann die Satzung für Beschlüsse der Hauptversammlung eine größere als die gesetzlich vorgeschriebene einfache Stimmenmehrheit oder andere Erfordernisse vorschreiben. Für Wahlen erweitert § 133 Abs. 2 AktG diese Möglichkeit einer Abweichung dahin, daß auch erleichternde Stimmregelungen erlaubt sind. Auch Erschwerungen der gesetzlichen Voraussetzungen etwa durch das Erfordernis einer qualifi-

zierten Mehrheit sind möglich. Dem Verlangen einer erhöhten Mehrheit in der Satzung können dann Bedenken entgegenstehen, wenn dadurch der Gesellschaft die Erfüllung im öffentlichen Interesse gelegener Pflichten unmöglich gemacht werden könnte (so BGHZ 76, 191, 193). Jeder Beschluß bedarf zu seiner Wirksamkeit der notariellen Beurkundung (§ 130 AktG).

581 Jedem Aktionär steht in der Hauptversammlung das Stimmrecht zu (§ 12 AktG). Dabei bemißt sich das Stimmrecht nach den Nennbeträgen der Aktien (§ 134 Abs. 1 Satz 1 AktG). Grundsätzlich ist damit im Aktienrecht die Rechtsstellung der Gesellschafter nach ihrer Kapitalbeteiligung bestimmt. Daran hat sich auch eine Gleichbehandlung der Aktionäre im allgemeinen zu orientieren (so BGHZ 70, 117, 121; Immenga, BB 1975, 1042 ff.). Dieser Maßstab ist jedoch, wie § 134 Abs. 1 S. 2 bis 4 und § 139 AktG zeigen, nicht zwingend. Unter Umständen muß ein Aktionär selbst solche Eingriffe in sein Mitgliedschaftsrecht, die ihn unter den konkreten Umständen des Einzelfalles ungleich stärker als andere Gesellschafter belasten, hinnehmen, wenn eine genügend große Mehrheit es im Gesamtinteresse des Unternehmens für notwendig hält, der Gesetzgeber das damit verfolgte Ziel als schutzwürdig anerkennt und Willkür ausgeschlossen ist. Dazu gehört auch die nachträgliche Beschränkung des Stimmrechts auf einen Höchstbetrag (BGHZ 70, 117, 121).

582 Gemäß § 134 Abs. 3 AktG kann das Stimmrecht durch einen Bevollmächtigten ausgeübt werden. Es steht dem Aktionär frei, sich durch eine beliebige Person vertreten zu lassen. Eine Abweichung davon hat das Gesetz nicht zugelassen. Deshalb wird auch eine ergänzende Satzungsbestimmung, die vorsieht, daß der Kreis der Bevollmächtigten auf die Aktionäre beschränkt sein soll, nicht für zulässig erachtet (so OLG Stuttgart, AG 1991, 69).

Daß die Aktionäre ihr Stimmrecht in der Hauptversammlung auch persönlich ausüben, ist bei den großen Aktiengesellschaften – oft Publikumsgesellschaften mit sechsstelligen Zahlen von Aktionären – nicht der Regelfall. Die ursprüngliche Konzeption des Aktiengesetzes, die davon ausging, daß die Aktionäre ihre Interessen durch die Hauptversammlung unmittelbar wahrnehmen, ist nur noch bei kleineren Aktiengesellschaften mit einer überschaubaren Zahl von Aktionären zu verwirklichen. Bei den großen Aktiengesellschaften lassen sich die Aktionäre in der Hauptversammlung meist vertreten, so daß aus der Hauptversammlung, die als die Aktionärsversammlung konzipiert war, immer mehr eine „Aktionärsvertreterversammlung" geworden ist (so Barz, Vorbem. zu §§ 118ff. AktG).

Diese Hauptversammlungen werden entscheidend von den auf- **583**
grund ihres Depotstimmrechts als Aktionärsvertreter auftretenden Banken bestimmt. Die starke Stellung der Banken beruht darauf, daß die meisten Kleinaktionäre ihre Aktien bei einer Bank deponiert haben, durch die sie sich in der Regel in der Hauptversammlung vertreten und durch die sie ihr Stimmrecht ausüben lassen (zum Depotstimmrecht der Banken vgl. § 135 Abs. 1 bis 6 AktG).

Bei Inhaberaktien dürfen die Banken das Stimmrecht nur im Namen, grundsätzlich unter Benennung des Aktionärs ausüben, wenn der Aktionär schriftlich eine entsprechende Vollmacht erteilt hat. Wesentlich ist, daß mit der Vollmachterteilung keine anderen Erklärungen verbunden werden dürfen. Die Vollmachterteilung kann deshalb nicht Gegenstand Allgemeiner Geschäftsbedingungen sein. Die Vollmacht kann nur einer bestimmten Bank auf die Dauer von höchstens 15 Monaten erteilt werden. Sie ist jederzeit widerruflich.

Zweck dieser Regelung ist es, das Abstimmungsverhalten der **584**
Banken mehr der Kontrolle der vertretenen Aktionäre zu unterwerfen. Bei aller Kritik am Depotstimmrecht der Banken sollte nicht übersehen werden, daß ohne eine Vertretung der Aktionäre durch die Banken Vorstand und Aufsichtsrat von Publikumsgesellschaften noch weniger, als dies ohnehin der Fall ist, von den zahlreichen und damit einflußlosen Kleinaktionären abhängig und kontrolliert wären.

Auch Aktionäre können Stimmbindungsverträge (vgl. dazu oben Rdnr. 430 u. 440) schließen. Es handelt sich dabei um Vereinbarungen, die Aktionäre untereinander oder mit Dritten treffen, die Stimme allgemein oder in Einzelfragen in bestimmter Weise abzugeben. Stimmbindungsverträge dieser Art haben allerdings nur schuldrechtliche Wirkung. Das hat u. a. zur Folge, daß die unter Verletzung des Stimmbindungsvertrages abgegebene Stimme des Aktionärs gültig ist (vgl. G. Hueck, § 25 V 7; Würdinger, § 17 IV, 4). Werden für die Verpflichtung, die Stimmen nur in bestimmter Weise abzugeben, besondere Vorteile gewährt oder versprochen, so handelt es sich um einen Stimmrechtskauf, der als Ordnungswidrigkeit zu ahnden ist (§ 405 Abs. 3 Nr. 5 AktG).

585 Aktionäre können *Stimmrechtskonsortien* bilden, indem sie sich gegenseitig zur gemeinsamen Ausübung ihres Stimmrechts in der Aktiengesellschaft zusammenschließen. Solche Zusammenschlüsse in der Rechtsform der Gesellschaft bürgerlichen Rechts (vgl. oben Rdnr. 38) sind grundsätzlich zulässig (vgl. Jan Schröder, ZGR 1978, 578f. mit Nachweisen). Aktionäre bilden solche Konsortien z. B. mit dem Ziel, ihrem Unternehmen den Charakter einer Familiengesellschaft zu erhalten und fremde Einflüsse abzuwehren.

3. Das Auskunftsrecht des Aktionärs

586 **Fall 8:** Bolte ist Aktionär der Westdeutschen Brauhaus-AG. Er hält 80 Aktien zu einem Nennwert von je DM 50,– . Das Grundkapital der Westdeutschen Brauhaus-AG beträgt DM 2 Millionen. Auf der Hauptversammlung der Westdeutschen Brauhaus-AG werden nach der Tagesordnung u. a. folgende Tagesordnungspunkte erörtert:

a) Errichtung eines Zweigwerkes in Bayern.
b) Künftige Produktion alkoholfreier Getränke.
c) Gewinnverwendungsbeschluß; den Aktionären soll eine geringere Dividende als im Vorjahr gewährt werden.

Bolte verlangt in der Hauptversammlung Auskunft über folgende Fragen:

1. Welche Chancen sieht der Vorstand, mit einem Zweigwerk in Bayern angesichts der starken dort ansässigen Brauwirtschaft erfolgreich zu arbeiten?
2. Wie sollen die Mittel für das Zweigwerk aufgebracht werden? Inwiefern sollen Teile des Jahresgewinnes auch für das Zweigwerk verwendet werden?
3. Warum sollen künftig auch alkoholfreie Getränke produziert werden, zumal der Umsatz des letzten Geschäftsjahres einen Anstieg im Absatz der bisher ausschließlich produzierten alkoholischen Getränke ausweist?
4. Warum soll angesichts der günstigen Umsatzentwicklung die Dividende herabgesetzt werden? Bolte verbindet mit dieser Frage die Drohung, einen Hauptversammlungsbeschluß über die Zahlung einer niedrigeren Dividende anzufechten.

In der Hauptversammlung erklärt der Vorstand zu Frage 1, daß bezüglich der Zweigwerkerrichtung in Bayern ein umfangreiches Papier vorliege, das allen Aktionären zur Vorbereitung dieses Tagesordnungspunktes in der Hauptversammlung zugesandt worden sei. Aus diesem Grunde könne Bolte keine weiteren Auskünfte zu dieser Frage verlangen. Zu Frage 2 meint der Vorstand, über die aufzubringenden Mittel könne ebenfalls keine Auskunft verlangt werden. Zu Frage 3 ist der Vorstand der Ansicht, daß die von ihm darüber eingeholten komplizierten Marktanalysen, die zu dem Entschluß geführt hätten, künftig auch alkoholfreie Getränke zu produzieren, ohnehin das Verständnis eines wirtschaftlich nicht genauestens informierten Aktionärs überstiegen. Frage 4 braucht nach Auffassung des Vorstandes nicht beantwortet zu werden, weil Bolte mit einer Beschlußanfechtung drohe. Er brauche die Auskunft also nicht zur sachgemäßen Beurteilung der Tagesordnung, sondern nur zur Vorbereitung seiner Anfechtung. Sind die Antworten des Vorstandes zutreffend?

Ein wesentliches Recht des Aktionärs ist es, daß er in der Hauptver- **587**
sammlung vom Vorstand Auskunft über alle Angelegenheiten der Gesellschaft verlangen kann, sofern solche Auskünfte zur sachgemäßen Beurteilung der Gegenstände der Tagesordnung erforderlich sind (§ 131 AktG). Mit dem Auskunftsrecht soll dem Aktionär die Möglichkeit eröffnet werden, sich die Informationen und Einblicke in die Angelegenheiten der Gesellschaft zu verschaffen, die erforderlich sind, um sich zu den Gegenständen der Tagesordnung für die Hauptversammlung eine Meinung bilden und für die Teilnahme an der Beschlußfassung eine sachgerechte Entscheidung fällen zu können. Das Merkmal der Erforderlichkeit der Auskunft zur sachgemäßen Beurteilung eines Gegenstandes der Tagesordnung der Hauptversammlung soll dazu dienen, Mißbräuche des Auskunftsrechts zu verhindern und einen ordnungsgemäßen Ablauf der Hauptversammlung zu gewährleisten; die Hauptversammlung soll nicht durch Fragen gestört werden, die zwar mit dem Gegenstand der Verhandlung im Zusammenhang stehen, deren Beantwortung jedoch nicht notwendig ist, um ihn sachgemäß zu beurteilen. Diese gesetzliche Regelung will den Auskunftsanspruch des Aktionärs deshalb auf dasjenige Maß beschränken, das ein objektiv urteilender Aktionär zur Meinungsbildung über die Gegenstände der Tagesordnung tatsächlich benötigt (vgl. OLG Zweibrücken, WM 1990, 185f.). Ein Mißbrauch des Fragerechts, der durch das Merkmal der Erforderlichkeit verhindert werden soll, liegt dann vor, wenn die Verfolgung sachfremder Ziele derart überwiegt, daß bei der Abwägung nach Treu und Glauben das Verhalten des Aktionärs nicht gebilligt werden kann (so OLG Karlsruhe, AG 1990, 82).

588 Der Aktionär kann sein Auskunftsrecht, wenn ihm die verlangte Auskunft nicht gegeben worden ist, gerichtlich durchsetzen (§ 132 AktG). Auf Antrag des Aktionärs (§ 132 Abs. 2 AktG) entscheidet das Landgericht, in dessen Bezirk die AG ihren Sitz hat, darüber, ob der Vorstand die geforderte Auskunft zu geben hat (§ 132 Abs. 1 AktG).

Das Auskunftsrecht des Aktionärs in der Hauptversammlung ist nicht auf einfache und leicht zu beschaffende Auskünfte beschränkt. Es erfaßt auch solche Gegenstände, auf die der Vorstand bei angemessener Vorbereitung und unter Beiziehung bereitzuhaltender Unterlagen und sachkundiger Mitarbeiter ohne wesentliche Verzögerung der Hauptversammlung eingehen kann (so OLG Düsseldorf, WM 1991, 2148). Der die Auskunft begehrende Aktionär muß sich grundsätzlich *nicht* auf eine schriftliche Beantwortung seiner Fragen verweisen lassen (vgl. OLG Düsseldorf WM 1991, 2148).

589 Da das Auskunftsrecht an die Gegenstände der Tagesordnung gebunden ist, kommt der Frage, wer die Tagesordnung bestimmt, besondere Bedeutung zu. Die Bekanntmachung der Tagesordnung ist mit der Einberufung der Hauptversammlung zwingend verbunden (§ 124 AktG). Die Einberufung der Hauptversammlung mit der Festlegung der Tagesordnung geschieht durch den Vorstand (§ 121 AktG). Nach § 111 Abs. 3 AktG hat auch der Aufsichtsrat eine Hauptversammlung einzuberufen, wenn das Wohl der Gesellschaft dies erfordert. Gemäß § 122 Abs. 2 AktG kann jedoch auch eine Minderheit von Aktionären – sie müssen zusammen Anteile von $^1/_{20}$ des Grundkapitals halten oder den Nennbetrag von DM 1 Million erreichen – weitere Gegenstände zur Beschlußfassung der Hauptversammlung bekanntgeben und damit zu Tagesordnungspunkten machen lassen. Will eine Minderheit von Aktionären zu Angelegenheiten der Gesellschaft Auskunft gemäß § 131 AktG verlangen, die der Vorstand nicht auf die Tagesordnung hat setzen lassen – vielleicht gerade deshalb nicht, um den Aktionären nicht Auskunft geben zu müssen –, so muß sie zunächst von ihrem Recht gemäß § 122 Abs. 2 AktG Gebrauch machen und eine entsprechende Erweiterung der Tagesordnung verlangen.

590 **Lösung zu Fall 8:** Zu Frage 1 ist die Auffassung des Vorstandes zutreffend, wenn aufgrund des vorgelegten Papiers der Inhalt der zu dieser Frage mögli-

chen Auskünfte bereits allen Aktionären bekannt ist. Insofern ist eine weitere Auskunft hier zur sachgemäßen Beurteilung des Tagesordnungspunktes nicht mehr erforderlich. Frage 2 muß beantwortet werden, weil die Beschaffung von Mitteln für ein Zweigwerk eine Angelegenheit der Gesellschaft (§ 131 Abs.1 Satz 1 AktG) und zur sachgemäßen Beurteilung des Gewinnverteilungsbeschlusses als Tagesordnungspunkt erforderlich ist. Frage 3 muß gleichfalls beantwortet werden. Es handelt sich auch hier um eine Angelegenheit der Gesellschaft. Dabei kommt es nicht darauf an, was der Vorstand für erforderlich hält und ob der einzelne Aktionär in der Lage ist, die Erforderlichkeit zu beurteilen. Entscheidend ist hier der Standpunkt des vernünftigen durchschnittlichen Aktionärs. Dies bedeutet, daß über Produktionsveränderungen und ihre Gründe Auskunft erteilt werden muß. Auch Frage 4 muß beantwortet werden. Der Aktionär muß sich ein Bild über die Gründe machen können, die für die Gesellschaft zum Entschluß einer Dividendenherabsetzung führen. Die Frage wird auch nicht dadurch unsachgemäß, daß der fragende Aktionär mit einer Anfechtung droht.

Der Vorstand darf nur unter den im Gesetz genannten Vorausset- **591**
zungen die Auskunft verweigern (§ 131 Abs.3 AktG). Der Vorstand kann von dieser Möglichkeit z.B. dann Gebrauch machen, wenn die Erteilung der Auskunft nach vernünftiger kaufmännischer Beurteilung geeignet ist, der Gesellschaft einen nicht unerheblichen Schaden zuzufügen. Beurteilungsmaßstab dafür ist schon die bloße *Eignung* der Auskunft zur Nachteilszufügung; diese muß jedoch, bezogen auf den Einzelfall, mit an Sicherheit grenzender Wahrscheinlichkeit vorhanden sein und darf nicht nur als mehr oder weniger entfernte Möglichkeit in Betracht kommen. Dieser Maßstab ist objektiv und unterliegt der gerichtlichen Nachprüfung (so OLG Karlsruhe, AG 1990, 82 mit Nachw.). Die Frage, ob der Vorstand verpflichtet ist, seine die Auskunftserteilung ablehnende Entscheidung in der Hauptversammlung zu begründen, ist umstritten (bejahend BGHZ 32, 159, 168; zurückhaltend später BGHZ 101, 1, 8f. mit Literaturhinweisen).

Der Vorstand darf gem. § 131 Abs.4 AktG Auskünfte nicht nach § 131 Abs.3 **592**
S.1 Nr.1 bis 4 AktG verweigern, wenn er sie bereits einem anderen Aktionär „wegen seiner Eigenschaft als Aktionär" außerhalb der Hauptversammlung gegeben hat. Das trifft allerdings nicht auf solche Informationen zu, die jemandem in seiner Eigenschaft als Aufsichtsratsmitglied oder einem Aktionär aufgrund einer außerhalb des Gesellschaftsverhältnisses begründeten Beziehung zu einem Aufsichtsratsmitglied zugänglich geworden sind (so BGHZ 86, 1, 7). In aller Regel darf der Vorstand die Auskunft auf Fragen eines Aktionärs nicht unter Hin-

weis auf Nachteile für die Gesellschaft verweigern, wenn bestimmte Tatsachen objektiv den hinreichenden Verdacht schwerwiegender Pflichtverletzung der Verwaltung begründen und die Auskunft dazu geeignet sein kann, den Verdacht zu erhärten (BGHZ 86, 1).

593 Gerade bei der Ausübung des Auskunftsrechts durch die Aktionäre taucht immer wieder das Problem auf, unter welchen Voraussetzungen der Versammlungsleiter berechtigt ist, die Redezeit eines Aktionärs zu beschränken und ihm danach das Wort zu entziehen. Die Beschränkung der weiteren Redezeit eines Aktionärs, der Wortentzug und sogar die Verweisung eines Aktionärs aus dem Saal gehören zur Zuständigkeit des Leiters der Hauptversammlung. Von diesen Maßnahmen kann bzw. muß er Gebrauch machen, wenn andernfalls eine sachgemäße Durchführung der Hauptversammlung nicht möglich ist (so BGHZ 44, 245). Der Versammlungsleiter hat allerdings stets abzuwägen zwischen dem Recht des Aktionärs, in ausreichender Zeit sachdienliche Ausführungen zum Gegenstand der Verhandlung zu machen, und dem Gebot, die Hauptversammlung in angemessener Frist durchzuführen (vgl. LG Frankfurt, AG 1984, 192, 194). Rede- und Fragerechtsbeschränkung können geeignete Mittel sein, um Hauptversammlungen in zumutbarer Zeit abzuwickeln. Eingriffe in das Rederecht des Aktionärs, die auf diese Art und Weise erfolgen, lassen – gleichgültig, ob sie allgemein angeordnet werden oder nur einen bestimmten Redner treffen – das aus § 131 Abs. 1 AktG erwachsende Auskunftsrecht grundsätzlich unberührt. Gesetzliche Regelungen, die hin und wieder gefordert werden, um der Schwierigkeiten Herr zu werden, die seit etlichen Jahren bei der Durchführung von Hauptversammlungen auftreten, könnten verfassungsrechtlichen Bedenken begegnen (vgl. zur Problematik Quack, AG 1985, 145, 148 f.).

594 **Beispiel** (nach OLG Frankfurt, WM 1983, 1071 f.): Ein Aktionär fordert in der Hauptversammlung der AG die Bekanntgabe der Einzelheiten jedes einzelnen Erwerbs und jeder einzelnen Veräußerung eigener Aktien der Gesellschaft. Das Auskunftsverlangen erfaßt damit annähernd fünftausend Einzelvorgänge. Zur vollen Beantwortung der Fragen müßten fünfundzwanzigtausend Einzelangaben gemacht werden. Das OLG Frankfurt hat die geforderte Bekanntgabe der Einzelheiten als zur sachgemäßen Beurteilung des Gegenstandes der Tagesordnung erforderlich angesehen, dem Auskunftsverlangen jedoch mit folgender, nicht unproblematischer Begründung nicht stattgegeben: Der Aktionär habe durch den Umfang seiner Fragen den Ablauf der Hauptversammlung blockiert: ein Auskunftsverlangen des Aktionärs müsse sich, insbesondere was seinen Umfang anlange, im Rahmen des der Hauptversammlung Zumutbaren halten; schließlich finde das Auskunftsrecht seine Schranken dort, wo dem Vorstand die Beantwortung der Fragen nur nach umfangreichen Vorbereitungen aufgrund der Unterlagen möglich wäre. Diese Entscheidung des OLG Frankfurt (WM 1983, 1071) ist nicht unproblematisch, weil sie sich nicht auf ein Auskunftsverweigerungsrecht gem. § 131 Abs. 3 AktG stützt. Über die in § 131 Abs. 3 AktG genannten Gründe hinaus hätte die Verweigerung des Auskunftsverlangens allenfalls auf das Schikaneverbot des § 226 BGB gestützt werden können. Denn wie die Geltendmachung aller anderen Rechte unterliegt auch das Auskunftsrecht dem Schikaneverbot (§ 226 BGB), dem Verbot bewußter sittenwidriger Schädigung (§ 826 BGB) und auch dem Gebot von Treu und Glauben (§ 242 BGB) (vgl. Barz, in Großkomm. AktG § 131 Anm. 12). Allerdings dürfte eine Schikane bei Geltendmachen des Auskunftsrechts nur schwer nachweisbar sein.

Der Vorstand kann sich gegenüber einem entsprechenden Auskunftsbegehren eines Aktionärs nicht ohne weiteres darauf berufen, die Auskunft sei ihm unmöglich, weil die Frage das präsente Wissen des Vorstandes übersteige. Andererseits ist allerdings auch der Aktionär gehalten, dem Vorstand im Hinblick auf solche Fragen, deren sachgemäße Beantwortung gründlich vorbereitet werden muß, so rechtzeitig vor der Hauptversammlung Kenntnis zu geben, daß eine ausreichende Vorbereitungszeit vorhanden ist (vgl. BGHZ 32, 159, 165 f.). **595**

V. Die Mitbestimmung

Schrifttum: Loritz, Sinn und Aufgabe der Mitbestimmung heute, ZfA 1991, 1 ff.; Lux, Die Einleitung der Arbeitnehmerwahl nach dem Mitbestimmungsgesetz, BB 1977, 905 ff.; Krämer, Zur Rechtsstellung der leitenden Angestellten im Mitbestimmungsgesetz und den Wahlordnungen, NJW 1977, 2142 ff.; Martens, Mitbestimmungsrechtliche Bausteine in der Rechtsprechung des Bundesgerichtshofes, ZGR 1983, 237 ff.; derselbe, Das Recht der unternehmerischen Mitbestimmung, JuS 1983, 329 ff.; Raisch, Mitbestimmung und Koalitionsfreiheit, 1975; T. Raiser, Mitbestimmung im Betrieb und im Unternehmen. In: FS Duden, S. 423 ff.; Rüthers, Tarifautonomie im Umbruch?, 1977; Wißmann, Das Montan-Mitbestimmungsänderungsgesetz: Neuer Schritt zur Sicherung der Montan-Mitbestimmung, NJW 1982, S. 423 ff.; derselbe, Neues Gesetz zur Sicherung der Montanmitbestimmung, DB 1989, 426 ff.; Zöllner/Seiter, Paritätische Mitbestimmung und Art. 9 Abs. 3 GG, 1970.

1. Überblick

Inzwischen ist die Diskussion über die Mitbestimmung der Arbeit- **596**
nehmer in den Aufsichtsräten der Großunternehmen in Wissenschaft und Praxis zu einer Beruhigung gelangt (vgl. dazu ausführlich Loritz,

ZfA 1991, 1 ff.). In den siebziger Jahren und auch noch zu Beginn der achtziger haben die Forderung nach Einführung der paritätischen Mitbestimmung in den Großunternehmen und die Bestrebungen, diese Forderung durchzusetzen, sowie die Bemühungen, die Einführung der paritätischen Mitbestimmung zu verhindern, wie kaum eine andere Frage die gesellschaftspolitische Diskussion in der Bundesrepublik Deutschland beherrscht.

Die Regelung der Mitbestimmung der Arbeitnehmer durch das Mitbestimmungsgesetz vom 4. Mai 1976 wirkt sich auf die Verfassung der Aktiengesellschaft erheblich aus. Wenn der Begriff Mitbestimmung verwandt wird, ist zu unterscheiden zwischen der *betrieblichen Mitbestimmung* einerseits und der sog. *wirtschaftlichen Mitbestimmung,* der Beteiligung an unternehmerischen Entscheidungen, andererseits. Nur die letztere, also die wirtschaftliche Mitbestimmung, ist gemeint, wenn von einer Regelung der Mitbestimmung, die Auswirkungen auf die Verfassung der Aktiengesellschaft hat, die Rede ist.

2. Die betriebliche Mitbestimmung

597 Unter betrieblicher Mitbestimmung wird die an den einzelnen Betrieb und nicht die an das Unternehmen anknüpfende Mitwirkung des Betriebsrates bei Entscheidungen, die ursprünglich der Arbeitgeber aufgrund des ihm zugesprochenen Direktionsrechts und seiner Dispositionsbefugnisse allein treffen konnte, verstanden. Als Gegenstand des Arbeitsrechts ist die betriebliche Mitbestimmung im Betriebsverfassungsrecht geregelt. Sie betrifft im wesentlichen soziale und personelle Angelegenheiten. Die Leitungs- und Organisationskompetenz des Unternehmers bleibt dadurch unberührt. Mit der Einführung der betrieblichen Mitbestimmung wollte man in erster Linie einen ausreichenden Schutz für Arbeitnehmer schaffen.

Aufgrund der Neufassung des BetrVG vom 23.12. 1988 (bekanntgemacht im BGBl. 1989, Teil I, S. 1 ff.) ist die betriebliche Mitbestimmung nicht mehr nur im BetrVG geregelt. Ergänzend tritt nunmehr das Gesetz über Sprecherausschüsse der leitenden Angestellten (SprAnG, BGBl. 1988, Teil I, S. 2316 ff.) hinzu. Mit diesem Gesetz wird ein sog.

Sprecherausschuß als ein weiteres Organ der betrieblichen Mitbestimmung für die Gruppe der leitenden Angestellten neben dem Betriebsrat geschaffen. Für den Bereich der Unternehmensmitbestimmung ergeben sich aus der Neufassung des BetrVG keine Konsequenzen.

3. Die Montanmitbestimmung

In der Diskussion um die Einführung der paritätischen Mitbestimmung ist häufig wenig beachtet worden, daß vor dem Mitbestim- **598**
mungsgesetz vom 4. Mai 1976 in weiten Bereichen die wirtschaftliche Mitbestimmung schon in größerem Umfange verwirklicht worden war. In den Unternehmen des Bergbaus und der Eisen und Stahl erzeugenden Industrie ist die paritätische Mitbestimmung seit dem Jahre 1951 verwirklicht. Sie wird allgemein als Montan-Mitbestimmung bezeichnet. Das Montan-MBG gilt für Unternehmen, die selbst Bergbau betreiben oder Eisen und Stahl erzeugen; das Montan-MBErgG gilt für Konzernobergesellschaften, die zwar selbst keine Montanproduktion haben und deshalb selbst dem Montan-MBG nicht unterfallen, aber einen Konzern beherrschen, der wesentlich von dem Montan-MBG unterfallenden Tochtergesellschaften geprägt ist (vgl. Wißmann, DB 1989, 426). In den Aufsichtsräten aller Unternehmen der Montan-Industrie, die die Rechtsform der Aktiengesellschaft, der GmbH und der bergrechtlichen Gewerkschaft mit eigener Rechtspersönlichkeit haben und mehr als 1000 Arbeitnehmer beschäftigen, ist der *Aufsichtsrat* paritätisch besetzt. Ihm gehören dieselbe Zahl von Vertretern der Anteilseigner und der Arbeitnehmer und ein weiteres von beiden Gruppen zu berufendes Mitglied an. Im *Vorstand* (bzw. in der Geschäftsführung bei der GmbH) der Montanbetriebe ist ein *Arbeitsdirektor* gleichberechtigtes Vorstandsmitglied. Er wird, wie die übrigen Vorstandsmitglieder auch, vom Aufsichtsrat bestellt. Er darf allerdings nicht gegen die Stimmen der Mehrheit der Arbeitnehmervertreter im Aufsichtsrat bestellt werden (Rechtsquellen: Mitbestimmungsgesetz für Unternehmen des Bergbaus und der Eisen und Stahl erzeugenden Industrie vom 21. Mai 1951; Mitbestimmungsergänzungsgesetz für Holding-Gesellschaften solcher Unternehmen vom 7. August 1956; Gesetz über die befristete

Fortgeltung der Mitbestimmung in bisher den Mitbestimmungsgesetzen unterliegenden Unternehmen vom 29. November 1971).

599 Das Montan-Mitbestimmungsänderungsgesetz (vom 21.5. 1981, BGBl. I, 441) hat zur Sicherung der Montan-Mitbestimmung eine sogenannte Fortgeltungsklausel eingefügt (§ 1 Abs. 3 Montan-MBG). Danach bleibt die Montan-Mitbestimmung auch nach dem Wegfall der gesetzlichen Anwendungsvoraussetzungen für 6 weitere volle Geschäftsjahre für ein Unternehmen anwendbar. Damit ist der Fall gemeint, daß ein Unternehmen die in § 1 Abs. 1 Montan-MBG geforderten Voraussetzungen im Hinblick auf die Unternehmenstätigkeit (Bergbau, Eisen- und Stahlerzeugung) nicht mehr erfüllt oder mit einer Belegschaft die Grenze von 1000 Arbeitnehmern unterschreitet (vgl. Wißmann, NJW 1982, 423, 424).

Mit der Fortgeltungsklausel von 1981 wollte der Gesetzgeber Zeit für eine dauerhafte Sicherung der Montanmitbestimmung gewinnen. Da ein entsprechendes rechtzeitiges Gesetzesvorhaben jedoch nicht durchgeführt werden konnte und einige Unternehmen trotz der Fortgeltungsklausel aus der Montanmitbestimmung herauszufallen drohten (Mannesmann-AG, Salzgitter-AG), wurde durch ein weiteres Gesetz die Fortgeltung erneut, diesmal bis zum 31.12.1988 angeordnet (Gesetz zur Verlängerung von Auslaufzeiten in der Montan-Mitbestimmung vom 23. Juli 1987, BGBl. I, 1676). Nunmehr hat der Bundestag das Gesetz zur Änderung des Betriebsverfassungsgesetzes, über Sprecherausschüsse der leitenden Angestellten und zur Sicherung der Montan-Mitbestimmung vom 20. Dez. 1988 (BGBl. I, 2312 ff.) verabschiedet. Im Zuge dieses Gesetzes wurde auch das Montan-MBErgG mit dem Ziel geändert, die Montanmitbestimmung dauerhaft zu sichern.

600 Nach § 3 Abs. 2 Montan-MBErgG genügt es zukünftig für die Anwendung der Montanmitbestimmung, daß der Konzern eine Montanquote von 20% aufweist *oder* in der Regel mehr als 2000 Arbeitnehmer beschäftigt.

Im Hinblick auf Unternehmen, die bereits in der Vergangenheit dem Montan-MBErgG unterfielen, bleibt es also bei dessen Anwendung, sofern die Voraussetzungen des § 3 Abs. 2 Montan-MBErgG gegeben sind.

Für Unternehmen, für die bislang das Montan-MBG galt, ändert sich bis zum Ablauf der 6-jährigen Auslauffrist zunächst nichts. Nach

Ablauf dieser Frist ist zu prüfen, ob das Unternehmen nunmehr den Bestimmungen der §§ 1, 3 Abs. 2 Montan-MBErgG unterfällt.

Für Unternehmen schließlich, die bislang nicht montanmitbestimmt waren, gilt § 3 Abs. 2 Montan-MBErgG *nicht*. Hierfür gilt § 16 Abs. 1 Montan-MBErgG mit den wesentlich strengeren Voraussetzungen für die Anwendung der Montanmitbestimmung (vgl. zum gesamten Komplex Wißmann, DB 1989, 426 ff.).

Der Montanmitbestimmung unterliegen nach § 1 Abs. 1 b Montanmitbestimmungsgesetz auch Aktiengesellschaften, die im Gesetz Nr. 27 der Alliierten Hohen Kommission vom 16. Mai 1950 nicht genannt sind, weil sie später gegründet worden sind, die aber dieselben sachlichen Merkmale wie die dort genannten Unternehmen aufweisen. Daß das Montanmitbestimmungsgesetz seine Anwendung auf die im oben genannten Gesetz Nr. 27 aufgezählten Unternehmen beschränkt wissen wollte, läßt sich weder seinem Wortlaut noch seiner Entstehungsgeschichte entnehmen (so BGHZ 87, 52). 601

4. Die wirtschaftliche Mitbestimmung nach dem Betriebsverfassungsgesetz

Für den übrigen Bereich der Privatwirtschaft schreibt das Betriebsverfassungsgesetz von 1952 in den §§ 76 und 77 – diese Vorschriften gelten trotz der 1972 erfolgten Novellierung des Betriebsverfassungsgesetzes weiter – die Mitbestimmung der Arbeitnehmer in Gestalt einer Beteiligung von Arbeitnehmervertretern im Aufsichtsrat vor. Ein Drittel der Mitglieder des Aufsichtsrats sind Arbeitnehmervertreter, die von den Arbeitnehmern der Betriebe des Unternehmens zu wählen sind. Diese Regelung gilt nicht für sog. Tendenzbetriebe. Diese sind zur Sicherung ihrer künstlerischen, geistigen, journalistischen oder caritativen Tendenz, die von ihrer Leitung festgelegt wird, von der Mitbestimmung ausgeschlossen (§ 118 BetrVG). 602

Der im Betriebsverfassungsgesetz vorgeschriebenen Mitbestimmungsregelung unterliegen alle Aktiengesellschaften und Kommanditgesellschaften auf Aktien mit Ausnahme der sog. Familiengesellschaften mit weniger als 500 Arbeitnehmern, außerdem die Gesellschaften mit beschränkter Haftung, die eingetragenen Genossenschaften, die rechtsfähigen bergrechtlichen Gewerkschaften und die Versicherungsvereine auf Gegenseitigkeit dann, wenn sie mehr als 500 Arbeitnehmer beschäftigen.

Mitbestimmungsfrei sind nach dem Betriebsverfassungsgesetz also Personengesellschaften und Einzelunternehmen.

5. Das Mitbestimmungsgesetz vom 4. Mai 1976

603 Das Mitbestimmungsgesetz (MBG) vom 4. Mai 1976 beruht auf einem Kompromiß der Koalitionsparteien SPD und FDP des Deutschen Bundestages. Ein wesentliches Ziel war es, Arbeitnehmer an den Planungs- und Entscheidungsprozessen von Großunternehmen stärker als bisher zu beteiligen. Soweit bestand Einigkeit innerhalb der SPD/FDP-Koalition. Umstritten waren vor allem Verfahrens- und Gewichtungsfragen, insbesondere im Hinblick auf eine gesonderte Beteiligung der leitenden Angestellten.

Das Mitbestimmungsgesetz gilt für alle Kapitalgesellschaften mit mehr als 2000 Arbeitnehmern. Ausgenommen sind einerseits Montan-Unternehmen – hier gilt das Montanmitbestimmungsgesetz vom 21. Mai 1951 mit seinen Ergänzungs- und Änderungsgesetzen fort –, andererseits die sog. Tendenzunternehmen, d.h. solche, die politischen, konfessionellen, caritativen, erzieherischen, künstlerischen und wissenschaftlichen Bestimmungen oder Zwecken der Meinungsäußerung und der Berichterstattung (Presse, Rundfunk, Fernsehen) dienen (§ 1 MBG).

604 Die Aufsichtsräte der vom Mitbestimmungsgesetz erfaßten Unternehmen bestehen – je nach Beschäftigungszahl – aus je 6 (bei weniger als 10000 Arbeitnehmern), je 8 (bei einer Beschäftigungszahl zwischen 10000 und 20000 Arbeitnehmern) oder je 10 (bei mehr als 20000 Arbeitnehmern) Vertretern der Anteilseigner und der Arbeitnehmer (§ 7 MBG). Die Vertreter der Anteilseigner werden von ihrem gesetzlichen Wahlorgan, der Hauptversammlung der Aktionäre oder der Gesellschafterversammlung bei der GmbH, bestellt (§ 8 MBG). Bei den Arbeitnehmervertretern im Aufsichtsrat ist zunächst zu berücksichtigen, daß ein Teil von ihnen Gewerkschaftsvertreter sind, die dem Unternehmen nicht angehören müssen. Von 6 oder 8 Arbeitnehmervertretern sind zwei, von 10 drei Gewerkschaftsvertreter (§ 7 Abs. 2 MBG). Gewählt werden die Arbeitnehmervertreter in Unternehmen mit nicht mehr als 8 000 Arbeitnehmern unmittelbar von der Belegschaft, in größeren Unternehmen durch Wahlmänner (§ 9 MBG).

Das Verfahren bei der Wahl der Wahlmänner ist kompliziert. Es **605**
greift auf Wahlgrundsätze des Betriebsverfassungsgesetzes und des Montanmitbestimmungsgesetzes zurück. Arbeiter und Angestellte wählen ihre Wahlmänner in getrennter und geheimer Wahl nach den Grundsätzen des Verhältniswahlrechts (§ 10 MBG).

Grundsätzlich entfällt auf je 60 wahlberechtigte Arbeitnehmer ein Wahlmann. Unter den Wahlmännern der Angestellten müssen die leitenden Angestellten entsprechend ihrem zahlenmäßigen Verhältnis vertreten sein (§ 11 Abs. 2 Satz 2 MBG). Wenn mindestens 9 Wahlmänner zu wählen sind, muß mindestens je ein Wahlmann auf die Gruppe der Arbeiter, Angestellten und leitenden Angestellten entfallen. Umfaßt aber eine dieser Gruppen in einem Betrieb nicht mehr als fünf Beschäftigte, so stellt sie keinen Wahlmann (§ 11 Abs. 2 Satz 2, 2. Halbsatz MBG).

Diejenigen Arbeitnehmervertreter im Aufsichtsrat, die Gewerkschaftsvertre- **606**
ter (§ 7 MBG) sind, werden aufgrund der Wahlvorschläge der im Unternehmen vertretenen Gewerkschaften von den Wahlmännern – in Unternehmen mit nicht mehr als 8 000 Arbeitnehmern unmittelbar von der Belegschaft – gewählt.

Arbeiter, Angestellte und leitende Angestellte müssen entsprechend ihren zahlenmäßigen Verhältnissen im Unternehmen repräsentiert sein. Unter den Arbeitnehmervertretern im Aufsichtsrat muß aber mindestens je ein Vertreter jeder Gruppe vertreten sein (§ 15 Abs. 2 und 3 MBG). Die Wahl der Aufsichtsratsmitglieder erfolgt aufgrund der Wahlvorschläge einer jeden Gruppe (§ 15 Abs. 4 MBG).

Die Minderheit der leitenden Angestellten, deren zahlenmäßiger Anteil an der Gesamtbelegschaft stets gering ist, genießt einen besonders starken Schutz. Die leitenden Angestellten können ihre Aufsichtsratskandidaten innerhalb der Gruppe der Angestellten selbst auswählen. Ein Aufsichtsratssitz ist ihnen stets garantiert. Diese Regelung ist auf den Kompromiß der Koalitionsparteien SPD/FDP bei der Ausgestaltung der Unternehmensmitbestimmung zurückzuführen.

607 Der Aufsichtsrat wählt mit einer Mehrheit von $^2/_3$ seiner Mitglieder einen Vorsitzenden und einen Stellvertreter aus seiner Mitte (§ 27 MBG). Kommt eine $^2/_3$-Mehrheit im ersten Wahlgang nicht zustande, so wählen im zweiten Wahlgang die Vertreter der Anteilseigner den Aufsichtsratsvorsitzenden, die Arbeitnehmervertreter den Stellvertreter. Die Anteilseignervertreter können hierdurch die Wahl des Aufsichtsratsvorsitzenden an sich ziehen. Diese Regelung hat wegen der Sonderstellung, die der Aufsichtsratsvorsitzende bei Abstimmungen hat, große Bedeutung.

Beschlüsse des Aufsichtsrats kommen mit der Mehrheit der abgegebenen Stimmen zustande (§ 29 Abs. 1 MBG). Ergibt eine Abstimmung Stimmengleichheit, wird erneut abgestimmt. Wenn sich wieder eine Stimmengleichheit ergibt, hat der Vorsitzende des Aufsichtsrats zwei Stimmen (§ 29 Abs. 2 MBG).

608 Der Aufsichtsrat wählt die Vorstandsmitglieder des Unternehmens mit einer Mehrheit von $^2/_3$ seiner Mitglieder (§ 31 Abs. 2 MBG). Wird diese Mehrheit nicht erreicht, macht ein Vermittlungsausschuß des Aufsichtsrats, der nach § 27 Abs. 3 MBG aus dem Aufsichtsratsvorsitzenden, seinem Stellvertreter und je einem Vertreter der Anteilseigner- und der Arbeitnehmerseite besteht, einen Wahlvorschlag, über den der Aufsichtsrat dann mit einfacher Mehrheit entscheidet (§ 31 Abs. 3 MBG). Eine weitere Beteiligung der Arbeitnehmer an der Unternehmensleitung soll dadurch erreicht werden, daß dem Vorstand ein Arbeitsdirektor als gleichberechtigtes Mitglied angehört (§ 33 Abs. 1 MBG).

Die Regelungen des MBG gelten subsidiär hinter den Montanmitbestimmungsgesetzen (§ 1 Abs. 2 MBG). Sie gehen allerdings den §§ 76 ff. BetrVerfG 1952 vor (§ 1 Abs. 3 MBG).

6. Der Einfluß der Anteilseigner auf die Geschäftsführung in mitbestimmten Unternehmen

609 Das MBG hat das Verhältnis zwischen Vorstand und Hauptversammlung bei der AG bzw. bei der GmbH zwischen Geschäftsführung und Gesellschafterversammlung unangetastet gelassen. Das hat zur Folge, daß die Auswirkungen der paritätischen Mitbestimmung

auf das einzelne mitbestimmte Unternehmen sehr unterschiedlich sind. Im entscheidenden Maße sind die Auswirkungen abhängig von der Rechtsform der mitbestimmten Kapitalgesellschaft (vgl. Raiser, Mitbestimmungsgesetz § 25 Rdnr. 6 m.w.N.; Fitting-Wlotzke-Wißmann, Mitbestimmungsgesetz Vorbem. 98).

a) Bei der *Aktiengesellschaft* obliegt die Geschäftsführung zwingend dem Vorstand in eigener Verantwortung (vgl. § 76 AktG), während die Hauptversammlung (der Anteilseigner) nur in Ausnahmefällen über Fragen der Geschäftsführung entscheiden kann (vgl. z.B. §§ 119 Abs. 2, 111 Abs. 4 AktG). Von allen durch das MBG betroffenen Gesellschaftsarten paßt die Aktiengesellschaft am ehesten unter das Mitbestimmungsstatut. Hierdurch werden Vorstand (einschließlich Verwaltung) und Aufsichtsrat von der Hauptversammlung weitgehend unabhängig. Der Aufsichtsrat gewinnt – allerdings teilweise in anderer Funktion als bisher – erheblich an Gewicht. Das AktG sah den Aufsichtsrat in erster Linie als Kontrolleur und Berater des Vorstandes in Verantwortung gegenüber den Interessen der Aktionäre vor. Das MBG zwingt den Aufsichtsrat nunmehr zur paritätischen Repräsentation zweier antagonistisch gedachter Gruppeninteressen. Ein auf diese Art und Weise zusammengesetzter Aufsichtsrat ist gezwungen, Kompromisse auszuhandeln, wenn Sach- und Personalfragen zu entscheiden sind (vgl. Rittner, Wirtschaftsrecht, § 9 D II 3).

b) Bei der *GmbH* dagegen ist zwar die vom paritätisch zusammenge- **610**
setzten Aufsichtsrat gewählte Geschäftsführung grundsätzlich zur Führung der Geschäfte befugt (vgl. § 37 GmbHG). Im Gegensatz zur Aktiengesellschaft ist es der Gesellschafterversammlung (der Anteilseigner) aber unbenommen, den Geschäftsführern Weisungen für ihre Geschäftspolitik zu erteilen und die Geschäftsführung zu überwachen (vgl. § 37 i.Vb.m. §§ 45, 46, Nr. 6 GmbHG). Damit bleibt auch bei der mitbestimmten GmbH die Gesellschafterversammlung oberstes Gesellschaftsorgan, wodurch – im Gegensatz zur Aktiengesellschaft – bei der mitbestimmten GmbH ein weitgehender direkter Einfluß der Anteilseigner auf die Geschäftsführung besteht (vgl. Mertens, ZHR 138, 179 ff.).

7. Das Urteil des Bundesverfassungsgerichts vom 1.3. 1979 zum Mitbestimmungsgesetz

611 Von Anfang an war die Einführung der paritätischen Mitbestimmung äußerst umstritten. Ein wesentliches Argument der Gegner war der Vorwurf der Verfassungswidrigkeit.

Das Bundesverfassungsgericht hat durch sein Urteil vom 1.3. 1979 (BVerfGE 50, 290ff.) aufgrund eines Vorlagebeschlusses des Landgerichts Hamburg (MDR 1979, 1336) sowie der Verfassungsbeschwerde mehrerer Unternehmen und Arbeitgebervereinigungen entschieden, daß die Regelungen im Mitbestimmungsgesetz vom 4.5. 1976 mit dem Grundgesetz vereinbar sind. Am Anfang seiner Begründung weist das Gericht darauf hin, daß das Grundgesetz – im Gegensatz zur Weimarer Reichsverfassung (Art. 151 Abs. 2) – keine unmittelbare Festlegung und Gewährleistung einer bestimmten Wirtschaftsordnung enthält, das Grundgesetz mithin wirtschaftspolitisch neutral ist. Das bedeutet für den Gesetzgeber, daß er „jede ihm sachgerecht erscheinende Wirtschaftspolitik verfolgen (darf), sofern er dabei das Grundgesetz, insbesondere die Grundrechte beachtet" (BVerfGE 50, 290, 338).

612 Bei der Frage der Vereinbarkeit des MBG mit einzelnen Grundrechtsartikeln war insbesondere die Vereinbarkeit mit Art. 14 Abs. 1 GG (Eigentumsgarantie) umstritten. Da dieser Artikel die wesentliche Schranke der Gestaltungsfreiheit des Gesetzgebers im wirtschaftspolitischen Bereich darstellt, nimmt die Auseinandersetzung mit diesem Artikel auch im Urteil des Bundesverfassungsgerichts einen zentralen Platz ein. Wesentlich für die Vereinbarkeit des MBG mit Art. 14 Abs. 1 GG hat das Gericht das Maß des Einflusses der Arbeitnehmerseite im Unternehmen angesehen. Es macht sich den im Schrifttum überwiegend vertretenen Begriff von Parität zu eigen, wonach als Parität in diesem Bereich ein Verhältnis zweier Partner aufzufassen ist, in dem keine Seite imstande ist, eine von ihr gewünschte Entscheidung ohne die Zustimmung der anderen Seite oder doch eines Teils von ihr zu erzwingen, in dem daher auch jede Seite die andere hindern kann, ihre Ziele allein durchzusetzen. Daran gemessen bleibt die Mitbestimmung nach dem Mitbestimmungsgesetz unterhalb der Parität; der Anteilseignerseite kommt sogar ein leichtes Übergewicht zu, das auf § 27 MBG, der die Wahl des Aufsichtsratsvorsitzenden regelt, sowie den §§ 29 und 31 MBG beruht, wonach der Aufsichtsratsvorsitzende im Konfliktsfall eine Zweitstimme hat.

Auch wenn es durch die paritätische Besetzung des Aufsichtsrates ermöglicht wird, daß die Mehrheit der Anteilseignervertreter im Aufsichtsrat beim Zusammengehen einer Minderheit mit den Arbeitnehmervertretern überstimmt werden kann, so liegt darin keine grundlegende Veränderung des Anteilseigentums; infolge seiner gesellschaftsrechtlichen Zuordnung gehört es von vornherein nicht zu den Strukturmerkmalen des Anteilseigentums, daß es dem einzelnen Rechtsinhaber stets die autonome Durchsetzung seines Willens ermöglicht. Verfügungsrechte können immer gegen den Willen in der Minderheit bleibender Anteilseigner durchgesetzt werden. Daran ändert sich im Prinzip nichts, wenn nach dem Mitbestimmungsgesetz zu der überstimmenden Mehrheit Nicht-Anteilseigner gehören können.

Obwohl das Bundesverfassungsgericht einerseits die Vereinbarkeit des Mitbe- **613**
stimmungsgesetzes mit Art. 14 Abs. 1 bejaht, zeigt es an anderer Stelle aber auch die Grenzen der Unternehmensmitbestimmung auf:

„Wie weit die Befugnis des Gesetzgebers zur Inhalts- und Schrankenbestimmung des Eigentums bei Organisationsmaßnahmen sozial ordnender Art reicht, bedarf keiner abschließenden Festlegung. Der Gesetzgeber hält sich jedenfalls dann innerhalb der Grenzen zulässiger Inhalts- und Schrankenbestimmung, wenn die Mitbestimmung der Arbeitnehmer nicht dazu führt, daß über das im Unternehmen investierte Kapital gegen den Willen aller Anteilseigner entschieden werden kann, wenn diese nicht aufgrund der Mitbestimmung die Kontrolle über die Führungsauswahl im Unternehmen verlieren und wenn ihnen das Letztentscheidungsrecht belassen wird“ (BVerfGE 50, 290, 350).

Nach der heftig geführten Auseinandersetzung um die Einführung **614**
der paritätischen Mitbestimmung kann es nicht verwundern, daß das Urteil des Bundesverfassungsgerichts zur Verfassungsmäßigkeit des Mitbestimmungsgesetzes von verschiedenen Seiten mehr oder minder stark kritisiert wurde. Vielfach wird die Zurückhaltung, die das BVerfG bei der Urteilsbegründung geübt hat, gelobt (vgl. u. a. Meessen, NJW 1979, 833, 837; Ulmer, BB 1979, 398, 401). Andere Autoren vermissen eine Konzeption für „die verfassungsrechtliche Würdigung der Binnenorganisation des Unternehmens und der Koordination der an ihm beteiligten Anteilseigner und Arbeitnehmer“ (so Th. Raiser, JZ 1979, 489, 496); so hätte das Gericht Anteilseigner und Arbeitnehmer „auch verfassungsrechtlich als gleichgeordnete und im Ansatz gleichberechtigte Grundrechtsträger im Unternehmen gegenüberstellen“ müssen (Th. Raiser, JZ 1979, 489, 494). In der Tat hat das BVerfG seinem Urteil die bisher herrschende Auffassung darüber, was unter einem „Unternehmen“ zu verstehen ist, zugrunde gelegt (Rittner, JZ 1979, 743, 747, spricht

in diesem Zusammenhang von der „Unternehmenskonzeption des geltenden Rechts") und das Mitbestimmungsgesetz danach ausgelegt. Deshalb ist es gerechtfertigt, davon zu sprechen, daß auch nach der Einführung der fast paritätischen Mitbestimmung durch das MBG und dessen Interpretation durch das BVerfG die dem MBG unterfallenden Gesellschaften trotz der kräftig erweiterten Mitbestimmung der Arbeitnehmer privatautonome Vereinigungen bleiben (vgl. Rittner, JZ 1979, 743, 747).

8. Probleme des mitbestimmten Aufsichtsrats

615 Gemäß § 108 Abs. 2 AktG kann die Beschlußfähigkeit des Aufsichtsrats durch die Satzung bestimmt werden, soweit sie nicht gesetzlich geregelt ist. § 28 MBG enthält eine Regelung, kraft derer der Aufsichtsrat nur dann beschlußfähig ist, wenn mindestens die Hälfte seiner Mitglieder an der Abstimmung teilnimmt. Neben manchen anderen Problemen hat das MBG die Frage aufgeworfen, ob die Satzung das Verfahren des paritätisch besetzten Aufsichtsrats regeln, namentlich zugunsten der Anteilseignerseite modifizieren kann.

616 So hatte der BGH (BGHZ 83, 151 ff.) die Frage zu entscheiden, ob die Beschlußfähigkeit des Aufsichtsrats davon abhängig gemacht werden kann, daß mindestens die Hälfte der an der Beschlußfassung teilnehmenden Aufsichtsratsmitglieder Vertreter der Anteilseigner sind und sich unter ihnen der Aufsichtsratsvorsitzende befindet. Nach Meinung des BGH verstößt eine solche Bestimmung gegen den schon im Aktiengesetz verankerten und in das Mitbestimmungsgesetz eingegangenen Grundsatz, daß alle Mitglieder des Aufsichtsrats die gleichen Rechte und Pflichten haben. Abgesehen davon, daß dem Vorsitzenden des Aufsichtsrats durch die genannte Satzungsbestimmung praktisch ein Vetorecht eingeräumt wird, wird seiner stimmberechtigten Teilnahme ein ungleich größeres Gewicht beigelegt, als ihr im Verhältnis zu den anderen Mitgliedern des Aufsichtsrats nach dem Mitbestimmungsgesetz zukommt. Unterscheidungen, die an die Zugehörigkeit zu der einen oder anderen Gruppe anknüpfen, sind nur zulässig, soweit das Gesetz sie ausdrücklich vorsieht. Als Bestandteile einer in sich abgeschlossenen Regelung sind diese gesetzlichen Bestimmungen einer Erweiterung durch die Satzung nicht zugänglich (BGHZ 83, 151, 155).

617 Nach der abschließenden Regelung des § 107 Abs. 3 S. 1 AktG ist allein der Aufsichtsrat befugt, aus seiner Mitte einen oder mehrere Ausschüsse mit bestimmten Aufgaben und einer bestimmten personellen Besetzung zu errichten. Heftig gestritten wurde und wird noch über die Frage, ob bei der Zusammensetzung der vom Aufsichtsrat einzusetzenden Aufsichtsratsausschüsse (§ 107 Abs. 3 AktG) von der Zusammensetzung des Aufsichtsrats selbst abgewichen werden darf. Unter bestimmten Voraussetzungen kann eine Ungleichbehandlung gerechtfertigt sein, wobei privatautonome Gestaltungen in einer Satzung oder Geschäftsordnung aber nicht dazu führen dürfen, zwingendes Mitbestimmungsrecht nach dessen Sinn und Zweck zu unterlaufen oder zu umgehen. Auch darf die Satzung der AG in die *Organisationsfreiheit des Aufsichtsrates* bei der Entscheidung darüber, ob er Ausschüsse bilden will und wer ihnen angehören soll, nicht dadurch eingreifen, daß sie bindende Vorschriften über die Zuständigkeit und Aufgaben von Ausschüssen mit einer bestimmten personellen Besetzung enthält. Zulässig sind hingegen Klauseln, die das Verfahren in den Ausschüssen generell in bestimmter Weise regeln, soweit diese das pflichtgemäße Ermessen des Aufsichtsrats, wie er seine Arbeit sachlich und personell gestalten will, nicht auf eine dem Wortlaut und Sinn des § 107 Abs. 3 S. 1 AktG widersprechende Weise einengen. Zu solchen zulässigen Satzungsvorschriften zählt auch die über einen *Stichentscheid des Ausschußvorsitzenden.* Aus den gleichen Gesichtspunkten ist es auch zulässig, dem Vorsitzenden des Aufsichtsrats für den Fall, daß er einem Ausschuß angehört und sich dort bei einer Abstimmung Stimmengleichheit ergibt, ein Zweitstimmrecht einzuräumen (BGHZ 83, 106 ff.). Die Zulässigkeit solcher Regelungen ergibt sich letztlich daraus, daß das Mitbestimmungsgesetz – abgesehen von § 27 Abs. 3 – keine Vorschriften über die Bildung, Zusammensetzung und Organisation von Ausschüssen des Aufsichtsrats enthält. Das im Gesetz angelegte leichte Übergewicht der Anteilseigner kann deshalb auch in den Ausschüssen zur Geltung gebracht werden (so BGHZ 83, 144).

Die Rechtsprechung des BGH zeichnet sich dadurch aus, daß sie auf jede **618** mitbestimmungsspezifische Lückenergänzung verzichtet und stattdessen die Verweisung auf das Aktienrecht voll ausschöpft. In konsequenter Verarbeitung von mitbestimmungs- und aktienrechtlichen Vorschriften gelangt der BGH zu nicht nur vertretbaren, sondern auch methodisch nachvollziehbaren und gesicherten Ergebnissen (so Martens, ZGR 1983, 237, 256).

In Anknüpfung an die Rechtsprechung des BGH hat das Hans. OLG Hamburg (WM 1984, 965 ff.) betont, das im Mitbestimmungsgesetz angelegte Paritätsprinzip könne – mit Ausnahme des Vermittlungsausschusses gem. § 27 Abs. 3 MBG – nicht auf die Besetzung einzelner Aufsichtsratsausschüsse angewendet werden. Nach Meinung des Hans. OLG Hamburg hat eine „interessen- und funktionsgerechte Ausschußbesetzung" nach dem „Grundsatz der Gleichbehandlung aller Aufsichtsratsmitglieder" zu erfolgen. Darauf gestützt hat es die Bildung eines Aufsichtsratsausschusses zur Regelung der Vorstandsangelegenheiten ohne Beteiligung von Arbeitnehmervertretern zugelassen, jedoch gefordert, daß ein oder zwei Arbeitnehmervertretern das Recht eingeräumt werden müsse, an den Sitzungen dieses Ausschusses – ohne Stimmrecht – teilnehmen und alle Vorlagen, Unterlagen und Protokolle einsehen zu können.

Gemäß § 25 MBG haften die Arbeitnehmervertreter im Aufsichtsrat ebenso nach §§ 116, 93 AktG wie die von der Anteilseignerseite entsandten Aufsichtsratsmitglieder.

§ 32. Rechte und Pflichten der Aktionäre

Schrifttum: Th. Baums, Höchststimmrechte, AG 1990, 221 ff.; Becker, Der Ausschluß aus der Aktiengesellschaft, ZGR 1986, 383 ff.; Brondics, Die Aktionärsklage, 1988; Bühring-Uhle/Nelle, Aktionärsklage und Konzernklage im amerikanischen Recht – ein Modell?, AG 1989, 41 ff.; Geßler, Nichtigkeit von Hauptversammlungsbeschlüssen und Satzungsbestimmungen, ZGR 1980, 427 ff.; Heinze, Einstweiliger Rechtsschutz im aktienrechtlichen Anfechtungs- und Nichtigkeitsverfahren, ZGR 1979, 293 ff.; J. Hennrichs, Treuepflichten im Aktienrecht, AcP 195 [1995], 222 ff.; Heuer, Wer kontrolliert die „Kontrolleure"?, WM 1989, 1401 ff.; Hommelhoff, 100 Bände BGHZ: Aktienrecht, ZHR 151 [1987], 493 ff.; Knobbe-Keuk, Das Klagerecht des Gesellschafters einer Kapitalgesellschaft wegen gesetz- und satzungswidriger Maßnahmen der Geschäftsführung, in: FS Ballerstedt 1975, 239 ff.; Lutter, Zur Treuepflicht des Großaktionärs, JZ 1976, 224 ff.; Noack, Der Widerspruch des Aktionärs in der Hauptversammlung, AG 1989, 78 ff.; Wardenbach, Mißbrauch des Anfechtungsrechts und „nachträglicher" Aktienerwerb, ZGR 1992, 563 ff.; Wiedemann, Organverantwortung und Gesellschafterklagen in der Aktiengesellschaft. Vorträge, Rheinisch-Westfälische Akademie der Wissenschaften: Geisteswissenschaften; G 296, 1989; Th. Raiser, Das Recht der Gesellschafterklagen, ZHR 153 [1989], 1 ff.; Timm, Treuepflichten im Aktienrecht, WM 1991, 81 ff.; Zöllner, Die sogenannten Gesellschafterklagen im Kapitalgesellschaftsrecht, ZGR 1988, 392 ff.; derselbe, Folgen der Nichtigerklärung durchgeführter

Kapitalerhöhungsbeschlüsse, AG 1993, 68 ff.; Zöllner/Noack, One share – one vote? Stimmrecht und Kapitalbeteiligung bei der Aktiengesellschaft, AG 1991, 117 ff.

I. Die Rechte aus der Mitgliedschaft

1. Überblick

Der *Erwerb der Mitgliedschaft* – der Rechtsstellung des Aktionärs – **619**
kann *originär* durch Übernahme von Aktien bei der Gründung (§§ 2, 29 AktG) oder durch Zeichnung neuer Aktien bei einer späteren Kapitalerhöhung (§ 185 AktG) geschehen. Die Mitgliedschaft kann auch von einem Aktionär durch rechtsgeschäftliche Übertragung oder durch Gesamtrechtsnachfolge, etwa bei einem Erbfall, erworben werden (*abgeleiteter* Erwerb). Die rechtsgeschäftliche Übertragung erfolgt nach wertpapierrechtlichen Regeln. Bei *Inhaberaktien* werden Aktienurkunden gem. §§ 929 ff. BGB übereignet. *Namensaktien* können als Orderpapiere gem. § 68 AktG durch Indossament übertragen werden.

Der *Verlust der Mitgliedschaft* kann eintreten durch Tod, Übertragung, Einziehung (Amortisation bei Kapitalherabsetzung), Auflösung der AG und Ausschluß. Letzterer ist nur im Rahmen eines Kaduzierungsverfahrens gem. § 64 AktG bei Säumnis des Aktionärs mit seiner Geldeinlage möglich.

Diskutiert wird die Frage, ob man für die Ausschließung eines Ak- **620**
tionärs aus wichtigem Grund ein Bedürfnis bejahen und demgemäß die Vorschriften über den Ausschluß eines Gesellschafters aus einer Personengesellschaft (§ 737 BGB und § 140 HGB) auf den Aktionär für entsprechend anwendbar halten soll. Der BGH (BGHZ 9, 157, 163) hatte dies ehemals verneint; neuerdings hat er diese Frage aber ausdrücklich offengelassen (BGHZ 103, 183, 192). Becker (ZGR 1986, 383, 387 ff.) meint, als Rechtsgrundlage für den Ausschluß von Aktionären aus der AG könne wie im GmbH-Recht auf § 140 HGB zurückgegriffen werden; der Anerkennung eines Ausschlusses aus der AG stünden keine aus dem Wesen dieser Rechtsform entspringenden Hindernisse entgegen.

Grundsätzlich haben alle Aktionäre die gleichen Rechte. Man spricht vom Grundsatz der gleichmäßigen Behandlung aller Aktionäre, der das Aktienrecht beherrscht, oder vom „Gleichauf zwischen mitgliedschaftlicher Kapitalbeteiligung und Stimmrecht" (so Zöllner/Noack, AG 1991, 117).

621 Wenn es in § 12 Abs.1 S.1 AktG heißt: „Jede Aktie gewährt das Stimmrecht", so soll damit ausgedrückt werden: „bei gleichem Nennbetrag gleiches Stimmrecht" (so Zöllner/Noack, AG 1991, 117). Dieser Grundsatz kann jedoch in dreifacher Hinsicht durchbrochen werden:

- Gemäß § 12 Abs.1 S.2 i.Vb. mit §§ 139 ff. AktG können Aktien ohne Stimmrecht geschaffen werden, wenn mit ihnen ein Gewinnvorzugsrecht verbunden ist (Vorzugsaktien ohne Stimmrecht).
- Eine weitere wichtige Durchbrechung des oben genannten Prinzips ist die Beschränkung des Stimmrechts durch Festsetzung von Höchstbeträgen durch entsprechende Satzungsbestimmungen, die gemäß § 134 Abs.1 S.2 AktG auch in Abstufungen möglich ist. So kann die Satzung z.B. bestimmen, daß das Stimmrecht von einem Aktionär nur für Aktien im Gesamtnennbetrag von 5% des Grundkapitals ausgeübt werden kann. Eine nicht unerhebliche Anzahl von großen Aktiengesellschaften hat von dieser Möglichkeit Gebrauch gemacht und ein Höchststimmrecht dieser Art eingeführt (vgl. zu dieser Problematik Baums, AG 1990, 221). Zu diesen Gesellschaften zählen u.a. Bayer (5%), Deutsche Bank (5%), Hoesch (15%) und VW (20%) (Angaben nach Baums, AG 1990, 221).
- Die dritte Ausnahme bilden die ein mehrfaches Stimmrecht gewährenden Aktien. Zwar verbietet § 12 Abs.2 S.1 AktG dieselben grundsätzlich (vgl. oben Rdnr. 529). Jedoch können mit behördlicher Genehmigung Mehrstimmrechtsaktien zur Wahrung überwiegender gesamtwirtschaftlicher Belange geschaffen werden (§ 12 Abs.2 S.2 AktG). Verglichen mit der Zahl der Aktiengesellschaften ist von dieser Möglichkeit eher in geringem Umfange Gebrauch gemacht worden (vgl. Zöllner/Noack, AG 1991, 117).

2. Vermögensrechte und Mitgliedschaftsrechte

Die Rechte des Aktionärs kann man in zwei Gruppen einteilen, nämlich in 622
- die *Vermögensrechte* und
- die *Mitverwaltungsrechte* (nichtvermögenswerte Rechte).

a) Das wichtigste *Vermögensrecht* ist das Dividendenrecht, der Anspruch auf Teilhabe am Bilanzgewinn nach dem Verhältnis der Aktiennennbeträge. Ein Anspruch auf Zahlung einer bestimmten Geldsumme entsteht jedoch erst, wenn die Hauptversammlung einen Gewinnverwendungsbeschluß gefaßt hat (§§ 60, Abs. 1, 58 Abs. 4, 174 AktG).
Ein weiteres Vermögensrecht ist der Anspruch auf den Anteil, der dem Aktionär im Falle der Liquidation der Gesellschaft an dem nach der Liquidation noch vorhandenen Vermögen der Gesellschaft verbleibt (§ 271 AktG).

b) Zu den wesentlichen *Mitverwaltungsrechten* zählen: 623
- das Recht auf Teilnahme an der Hauptversammlung,
- das Stimmrecht,
- das Auskunftsrecht,
- das Recht, bei Vorliegen bestimmter Voraussetzungen die Einberufung der Hauptversammlung verlangen zu können,
- das Recht, die Hauptversammlungsbeschlüsse anfechten zu können.

Gemäß § 134 AktG wird das Stimmrecht nach den Nennbeträgen der Aktien ausgeübt. Der Aktionär ist rechtlich nicht in der Lage, seine Mitgliedschaftsstellung beizubehalten und zugleich das ihm zustehende Stimmrecht einem anderen als eigenes Recht zu verschaffen (so BGH WM 1987, 70 f.).

II. Nichtigkeit und Anfechtbarkeit von Hauptversammlungsbeschlüssen

1. Überblick

624 Hauptversammlungsbeschlüsse können mangelhaft sein. Das kann dazu führen, daß sie entweder nichtig sind oder zunächst wirksam, aber anfechtbar sind.

In den letzten Jahren ist eine deutliche Zunahme gewichtiger aktienrechtlicher Anfechtungs- und Nichtigkeitsverfahren zu verzeichnen, die den Anfechtungs- und Nichtigkeitsklagerechten vor allem in ihrer Form als Individualrechten der Aktionäre besondere Aufmerksamkeit verschafft haben. Dabei bildeten häufig aktuelle Fusions- und Konzentrationsbewegungen den Ausgangspunkt. Gleichzeitig gelangten hierdurch oftmals Interessengegensätze unter den Aktionären zum Ausbruch (vgl. Heinze, ZGR 1979, 293, 294).

2. Die Nichtigkeitsgründe

a) Überblick

625 Nichtigkeit eines Hauptversammlungsbeschlusses bedeutet, daß er aufgrund des ihm anhaftenden Mangels ipso iure unwirksam ist (vgl. K. Schmidt, Gesellschaftsrecht, § 15 II 1 b bb). Nichtigkeit als Rechtsfolge tritt nur ein, wenn ein besonderer Nichtigkeitsgrund vorliegt. Solche Nichtigkeitsgründe sind im AktG enumerativ aufgeführt. Sie finden sich in den §§ 241, 250, 253 und 256 AktG (vgl. Zöllner in Kölner Kommentar, § 241 Rdnr. 27).

626 Die Unwirksamkeit muß nicht in einer besonderen Form geltend gemacht werden, insbesondere muß sie nicht im Klagewege durch ein Gericht festgestellt werden. Eine solche „Nichtigkeitsklage“ ist zwar vom Aktiengesetz vorgesehen, allerdings bestimmt § 249 Abs. 1 S. 2 AktG ausdrücklich, daß die Nichtigkeit auch auf jede andere Weise geltend gemacht werden kann. Die Nichtigkeit eines Hauptversammlungsbeschlusses kann von jedermann zu jeder Zeit geltend gemacht

werden, notfalls im Wege einer Feststellungsklage gemäß § 256 ZPO (vgl. G. Hueck, Gesellschaftsrecht, § 25 VI 1).

Mängel materieller Art wie auch solche formeller Art können Gründe für die Nichtigkeit von Hauptversammlungsbeschlüssen sein (vgl. z.B. § 241 Nr. 1 und 2 AktG).

b) Der Verstoß gegen § 241 Nr. 3 AktG

Inhaltliche Verstöße eines Hauptversammlungsbeschlusses gegen **627** Rechtsvorschriften i.S. des § 241 Nr. 3 AktG führen nicht stets zur Nichtigkeit; der Beschluß ist vielmehr nur dann nichtig, wenn solche Vorschriften verletzt werden, die „ausschließlich oder überwiegend zum Schutze der Gläubiger der Gesellschaft oder sonst im öffentlichen Interesse gegeben sind" (so § 241 Nr. 3 AktG). Diese Fassung des Gesetzes führt zu schwierigen Problemen der Auslegung (vgl. Zöllner, Kölner Kommentar, § 241 Rdnr. 99 ff.). Unstreitig ist allerdings, daß zur Nichtigkeit nach § 241 Nr. 3 AktG nur solche Hauptversammlungsbeschlüsse führen, durch deren Inhalt materielles Recht verletzt wird. Verstöße im Bereich des Zustandekommens oder der Form des Beschlusses führen zur Nichtigkeit nur aufgrund anderer Vorschriften, wie z.B. § 241 Nr. 1 und 2 AktG, bzw. aufgrund einer erfolgreichen Anfechtungsklage (vgl. Zöllner, Kölner Kommentar, § 241 Rdnr. 100). Nach herrschender Meinung (vgl. Zöllner, Kölner Kommentar, § 241 Rdnr. 100 mit Nachw.) ist dabei der Inhalt des Beschlusses „für sich allein genommen" an den Rechtsvorschriften zu messen, d.h. in einem „objektiven, von Motiv und Zweck des Beschlusses losgelösten Sinn". Falls der Unrechtsgehalt eines Beschlusses aus Motiv und Zweck herrührt, kommt grundsätzlich nur Anfechtbarkeit gemäß § 243 AktG in Betracht. In diesem wesentlich eingeschränkten Sinn zählen zum Inhalt des Beschlusses nicht die durch ihn verursachten Wirkungen, so z.B. *nicht* der einem anderen durch den Beschluß zugefügte Schaden.

Vorschriften, die ausschließlich oder überwiegend dem Schutze der **628** Gläubiger der Gesellschaft i.S. des § 241 Nr. 3 AktG dienen, sind relativ leicht zu identifizieren. Aber auch solche Bestimmungen, die lediglich den Schutz der gegenwärtigen Aktionäre bezwecken, können bei Verletzung die Nichtigkeit des Hauptversammlungsbeschlusses begründen, jedenfalls dann, wenn diese auf den Schutz nach dem Willen des Gesetzgebers nicht verzichten dürfen (so h.M., vgl. Zöllner, Kölner Kommentar, § 241 AktG Rdnr. 111 mit Nachw.). Daraus läßt sich ableiten: werden durch einen Hauptversammlungsbeschluß solche Normen des Aktienrechts verletzt, von denen auch mit Zustimmung der Betroffenen nicht abgewichen werden darf, so ist der Beschluß nichtig. Die so vorgenommene Abgrenzung ist *nicht* mit derjenigen zwischen zwingendem und dispositivem Recht gleichzusetzen. Deshalb soll auch ein Verstoß gegen den Gleichbehandlungsgrundsatz zulässig sein, wenn die dadurch Betroffenen zustimmen (so Zöllner, Kölner Kommentar, § 241 AktG Rdnr. 112). Folgt man dem, so führt ein Verstoß, dem der Betroffene nicht zugestimmt hat, nicht zur Nichtigkeit, sondern zur Anfechtbarkeit des Beschlusses. Ähnlich soll zu entscheiden sein, wenn durch einen Hauptversammlungsbeschluß die Minderheit geschädigt wird (vgl. Zöllner, Kölner Kommentar, § 241 AktG Rdnr. 113).

629 Es haben sich diejenigen Fälle gemehrt, in denen Gerichte wegen Verstoßes von satzungsändernden Hauptversammlungsbeschlüssen gegen das MBG angerufen worden sind. Die Vorschriften der §§ 25ff. MBG über die innere Ordnung und die Rechte und Pflichten des Aufsichtsrats sind solche, die im öffentlichen Interesse i.S. des § 241 Nr. 3 AktG gegeben sind und deren Verletzung deshalb ohne Rücksicht darauf, ob hierdurch die Anteilseigner oder die Arbeitnehmer benachteiligt werden, einen Nichtigkeitsgrund i.S. dieser gesetzlichen Bestimmung darstellen (BGHZ 83, 106). Der BGH begründet dies damit, daß dem MBG von 1976 als dem Ergebnis grundlegender, nach langjährigen Auseinandersetzungen gefundenen Entscheidungen ein besonderes gesellschaftspolitisches Gewicht zukomme; das MBG solle über das Interesse der unmittelbar Betroffenen hinaus dem Wohl der Allgemeinheit dienen (BVerfGE 50, 290, 305f.) und nehme mit seiner gesamtwirtschaftlichen Zielsetzung innerhalb der Rechtsordnung einen Rang ein, der es grundsätzlich ausschließe, einzelnen seiner Bestimmungen das öffentliche Interesse i.S. von § 241 Nr. 3 AktG abzusprechen. Das gilt nach Ansicht des BGH (BGHZ 83, 106, 110) jedenfalls für die Vorschriften der §§ 25ff. MBG, die „als in sich geschlossenes System von Normen über Rechte, Pflichten und innere Ordnung des Aufsichtsrats ein Kernstück des Gesetzes bilden" (zum selben Ergebnis gelangt mit anderer Begründung Geßler, ZGR 1980, 427, 450).

c) Verstoß gegen die guten Sitten gemäß § 241 Nr. 4 AktG

630 Nach herrschender Meinung (vgl. insbesondere BGHZ 15, 383, 385; 105, 113, 116f.; Zöllner, Kölner Kommentar, § 241 AktG

Rdnr. 124 mit Literaturnachweisen) ist ein Beschluß gemäß § 241 Nr. 4 AktG nur dann nichtig, wenn er allein durch seinen Inhalt gegen die guten Sitten verstößt. Das bedeutet: Der Beschluß muß „für sich allein betrachtet" gegen die guten Sitten verstoßen (so schon RGZ 131, 141, 145). So ist Nichtigkeit auch dann angenommen worden, wenn der Beschluß seinem Wortlaut nach zwar keine Sittenwidrigkeit beinhaltet, aber seinem Inhalt nach in einer sittenwidrigen Schädigung nicht anfechtungsberechtigter Personen besteht (so RGZ 161, 129, 144 f.; BGHZ 15, 382, 386). „Sittlich indifferente Beschlüsse" hingegen, d.h. Beschlüsse, bei denen nicht der eigentliche Beschlußinhalt, sondern nur Beweggrund oder Zweck unsittlich sind, oder bei denen die Sittenwidrigkeit in der Art des Zustandekommens liegt, sind lediglich anfechtbar (so schon RG DR 1942, 276 f.; RGZ 166, 129, 132; BGHZ 8, 348, 355 f.; 15, 382, 385; 101, 113, 116 f.). Eine Ausnahme soll nur dann gemacht werden, d.h. ein Beschluß soll ausnahmsweise nicht nur anfechtbar, sondern nichtig sein, wenn der Beschluß in unverzichtbare Rechte des Gesellschafters eingreift oder Gläubiger schädigt, weil diese im Gegensatz zum Gesellschafter kein Anfechtungsrecht haben (so BGHZ 15, 382, 385; 101, 113, 116 f.). Anders ausgedrückt: Die Nichtigkeit beim Eingriff in Aktionärspositionen entfällt immer dann, wenn die Position verzichtbar ist, d.h. wenn der Eingriff mit Zustimmung des Aktionärs zulässig wäre (so Zöllner, Kölner Kommentar, § 241 AktG Rdnr. 125).

d) Die Heilung der Nichtigkeit

Die Heilung nichtiger Hauptversammlungsbeschlüsse richtet sich **631**
nach § 242 AktG. Gemäß § 242 Abs. 2 AktG kann die Nichtigkeit eines nach § 241 Nr. 1, 3 oder 4 AktG nichtigen Hauptversammlungsbeschlusses nicht mehr geltend gemacht werden, wenn der Beschluß in das Handelsregister eingetragen worden ist *und* seitdem drei Jahre verstrichen sind. Das gilt auch für diejenigen Hauptversammlungsbeschlüsse, deren Nichtigkeit darauf beruht, daß sie eine Satzungsänderung zum Gegenstand haben, die mit dem Wesen der Aktiengesellschaft nicht vereinbar ist oder zwingende Vorschriften verletzt, die ausschließlich oder überwiegend zum Schutze der Gläubiger der Gesellschaft oder sonst im öffentlichen Interesse gegeben sind (so BGHZ 99, 211).

3. Das Anfechtungsrecht

632 **Fall 9:** Am 25. März 1976 berief der Vorstand der Badischen Leichtmetall-AG Dornweiler durch ordnungsgemäße Bekanntmachung die ordentliche Hauptversammlung ein. Auf der bekanntgemachten Tagesordnung stand u. a. der Punkt „Entlastung für das Geschäftsjahr 1975 für Vorstand und Aufsichtsrat auf deren Antrag". Vorsitzender des Vorstandes der Badischen Leichtmetall-AG, die u. a. Rüstungsgüter herstellt und an Waffengeschäften beteiligt ist, ist Dr. Tresch. Nachdem in einem Nachrichtenmagazin ein Bericht darüber erschienen ist, daß im Zusammenhang mit Waffengeschäften mit Staaten des Nahen Ostens, an denen die Badische Leichtmetall-AG beteiligt ist, erhebliche Beträge an Verteidigungsminister und Generäle in Staaten des Nahen Ostens geflossen sind, schrieb der Kleinaktionär Zelter der Badischen Leichtmetall-AG an Vorstand und Aufsichtsrat. Er kündigte an, in der Hauptversammlung Auskunft darüber verlangen zu wollen, ob der Vorstandsvorsitzer Dr. Tresch bei seinen Besuchen in Staaten des Nahen Ostens im Jahre 1975 3 Millionen DM an Verteidigungsminister und Generäle der besuchten Staaten bezahlt habe. Für den Fall, daß diese Berichte zutreffend sein sollten, kündigte Zelter an, daß er einen Antrag auf Verweigerung der Entlastung des Vorstandes stellen werde. Der Vorstand der Badischen Leichtmetall AG kündigte den Aktionären das Auskunftsverlangen von Zelter sowie die Androhung eines Antrages auf Verweigerung der Entlastung an. In der Hauptversammlung verweigerte der Vorstand die Auskunft über die Frage, ob der Vorstandsvorsitzer Dr. Tresch Geld an Verteidigungsminister und Generäle von Staaten des Nahen Ostens gezahlt habe. Die Hauptversammlung beschloß, Vorstand und Aufsichtsrat zu entlasten. Zelter überlegt nun, ob er den Entlastungsbeschluß der Hauptversammlung anfechten kann.

633 In der Regel führen Mängel von Hauptversammlungsbeschlüssen nur zur Anfechtbarkeit. Sofern ein Hauptversammlungsbeschluß anfechtbar ist, kann er im Wege der Anfechtungsklage (§ 246 AktG) mit dem Ziel angegriffen werden, den Beschluß durch Urteil für nichtig erklären zu lassen (§ 241 Nr. 5 AktG). Ein Anfechtungsgrund liegt insbesondere dann vor, wenn der Beschluß der Hauptversammlung gegen das Gesetz oder die Satzung verstößt (§ 243 AktG). Gemäß § 243 Abs. 1 AktG kann die Anfechtung dadurch begründet sein, daß ein Hauptversammlungsbeschluß Gesetze verletzt. Es handelt sich bei § 243 Abs. 1 AktG um eine Generalklausel, die stets dann anzuwenden ist, wenn die Rechtsverletzung nicht zur Nichtigkeit des Beschlusses führt. Unter Gesetzen i. S. des § 243 Abs. 1 AktG sind vor allem solche

Vorschriften zu verstehen, die dem Interesse und dem Schutze der Aktionäre dienen, wie z.B. die Bestimmungen über die Zulassung zur Teilnahme an der Hauptversammlung, über die Auskunftspflicht und über die gleichmäßige Behandlung der Aktionäre (vgl. Würdinger, § 30 III 1). Auch der § 186 AktG über das Bezugsrecht der Aktionäre zählt zu diesen Vorschriften. Verweigert der Vorstand auf ein entsprechendes Verlangen eines Aktionärs die Auskunft zu Unrecht, so liegt darin ein Verstoß gegen § 131 AktG (vgl. oben Rdnr. 586 ff.). Der Aktionär kann einen Hauptversammlungsbeschluß in einem solchen Fall mit der Begründung anfechten, der Vorstand habe eine Auskunft zu Unrecht verweigert. Da ein öffentliches Interesse an der Beseitigung eines anfechtbaren Beschlusses fehlt, liegt es bei den Aktionären oder den Organen der Aktiengesellschaft, ob sie den Beschluß, der das Gesetz oder die Satzung verletzt, anfechten und damit die Nichtigkeit des Beschlusses herbeiführen wollen. Die Anfechtung wird im Wege der Anfechtungsklage durch diejenigen, die zur Anfechtung befugt sind, durchgeführt (§§ 245 und 246 AktG).

Wenn der Beschluß der Hauptversammlung durch ein rechtskräftiges Urteil für nichtig erklärt worden ist, wirkt dieses Urteil für und gegen alle Aktionäre sowie gegen die Mitglieder des Vorstandes und des Aufsichtsrates (§ 248 AktG). Nach herrschender Auffassung (vgl. Zöllner, AG 1993, 68, 71 f. mit Nachw.) wirkt die Nichtigkeit im Anfechtungsprozeß grundsätzlich auf den Zeitpunkt des Beschlusses zurück. 634

Die Anfechtungsbefugnis gem. § 245 AktG ist Bestandteil des Mitgliedschaftsrechts. Deshalb ist die Aktionärsstellung die materiell-rechtliche Voraussetzung für eine erfolgreiche Anfechtungsklage (vgl. OLG Celle, AG 1984, 266, 271). Die herrschende Meinung (vgl. OLG Celle, a. a. O. mit Nachw.) leitet daraus ab, daß der Anfechtende sowohl zur Zeit der Hauptversammlung als auch während des gesamten Rechtsstreits Aktionär sein muß. 635

Die Anfechtungsbefugnis hat der in der Hauptversammlung anwesende Aktionär allerdings nur, sofern er gegen den Beschluß Widerspruch zur Niederschrift erklärt hat (§ 245 Nr. 1 AktG). Die Widerspruchseinlegung berührt den Beschluß selbst nicht, sondern bewahrt den Aktionär, der ihn erklärt, lediglich vor dem Verlust der Anfechtungsmöglichkeit (zu den Einzelheiten vgl. Noack, AG 1989, 78 ff.).

Lösung zu Fall 9: Zelter kann eine Anfechtungsklage gegen den Entlastungsbeschluß der Hauptversammlung mit der Behauptung, daß das Gesetz 636 verletzt worden sei, erheben. Ein Anfechtungsgrund könnte sich aus § 243 Abs. 1 AktG ergeben. Die gesetzliche Vorschrift, die hier verletzt sein könnte, ist § 131 AktG. Der Vorstand könnte mit der Verweigerung der Auskunft über die von Zelter gestellten Fragen gegen § 131 AktG verstoßen haben. Ein solcher Verstoß liegt nur dann vor, wenn der Aktionär Zelter überhaupt ein Auskunftsrecht hatte. § 131 Abs. 1 AktG gibt dem Aktionär das Recht, Auskunft betreffend die Angelegenheiten der Gesellschaft zu verlangen, wenn die gewünschte Auskunft erforderlich ist, um die Gegenstände der Tagesordnung sachgemäß beurteilen zu können. Einen Hauptversammlungsbeschluß kann ein Aktionär auch dann mit der Begründung anfechten, der Vorstand habe in der Hauptversammlung eine Auskunft zu Unrecht verweigert, wenn er nicht zuvor ein Auskunftserzwingungsverfahren nach § 132 AktG (vgl. oben Rdnr. 588) eingeleitet hat (so BGHZ 86, 1). Die gewünschten Auskünfte bezogen sich auf die Geschäftsführung des Vorstandes, für die Entlastung erteilt werden sollte. Grundsätzlich ist davon auszugehen, daß die Aktionäre die gewissenhafte Geschäftsführung des Vorstandes nur dann in einem Entlastungsbeschluß zum Ausdruck bringen können, wenn sie sich ein Bild über die Geschäftsführung des Vorstandes machen können. Deshalb muß auch eine Frage nach Spenden und spendenähnlichen Beträgen im Berichtsjahr als zulässig angesehen werden. Fraglich kann allerdings sein, ob der Vorstand im zu erörternden Fall die Auskunft gemäß § 131 Abs. 3 Ziff. 1 AktG verweigern durfte, weil die Erteilung der Auskunft nach vernünftiger kaufmännischer Beurteilung geeignet gewesen wäre, der Gesellschaft einen nicht unerheblichen Nachteil zuzufügen. Beurteilungsmaßstab ist nach herrschender Meinung stets die Frage, ob aus der in ihrem konkreten Inhalt dahinstehenden Auskunft abstrakt eine Schadensgefahr erwächst. Die Gefahr der Entstehung reicht aus. Es wird auf die Eignung der Auskunft zur Nachteilszufügung abgestellt. Da sich nicht ausschließen läßt, daß das Nahost-Geschäft des Unternehmens durch Auskünfte der von Zelter geforderten Art Schaden nimmt, dürfte die herrschende Meinung in diesem Fall zu dem Ergebnis kommen, daß die Auskunft, gestützt auf § 131 Abs. 3 Ziff. 1 AktG, verweigert werden darf (vgl. dazu Barz, in Großkomm. AktG § 131 Anm. 14).

637 In den letzten Jahren ist über Mißbräuche des Anfechtungsrechts intensiv diskutiert und gestritten worden. Anlaß waren die Aktivitäten einer Reihe von „finanzinnovativen Berufsopponenten", die begonnen hatten, das Anfechtungsrecht zu kommerzialisieren und als käufliche Handelsware in einen „Deal" mit dem Vorstand einzubringen (vgl. dazu Heuer, WM 1989, 1401 ff.) Manche Aktionäre erklärten in der Hauptversammlung gegen deren Beschlüsse Widerspruch und drohten mit einer Anfechtungsklage, die in vielen Fällen auch erhoben wurde. Anschließend forderten diese Aktionäre vom Vorstand für

„Wohlverhalten" – d.h. Verzicht auf die Anfechtungsklage oder Klagerücknahme – finanzielle Zuwendungen. Der Rechtsmißbrauch einer Anfechtungsklage ist durch eine subjektive Zweck-Mittel-Relation gekennzeichnet, indem die Anfechtungsklage dazu benutzt wird, daß der Kläger sich ungerechtfertigt finanzielle Vorteile verschaffen will (so Wardenbach, ZGR 1992, 563, 565).

Nach inzwischen gefestigter Rechtsprechung des BGH (vgl. insbesondere BGHZ 107, 296, 311 f.) ist die Erhebung einer Anfechtungsklage dann rechtsmißbräuchlich und damit unbegründet, wenn der Kläger damit das Ziel verfolgt, die verklagte Gesellschaft in grob eigennütziger Weise zu einer Leistung zu veranlassen, auf die er keinen Anspruch hat und billigerweise auch nicht erheben kann. Dabei muß der Kläger nicht von der Vorstellung ausgehen, daß er die Gesellschaft zur Leistung auffordern muß, es genügt, daß er mit der Klage erstrebt und erwartet, die Gesellschaft werde sich unter dem Druck der infolge dieses Vorgehens befürchteten wirtschaftlichen Nachteile an ihn wenden und ihm Zahlungsangebote unterbreiten (so auch OLG Düsseldorf, WM 1994, 337, 339).

In seinem „Kochs-Adler" Urteil hat sich der BGH (BGHZ 107, 297) eingehend mit dieser Problematik befaßt und zunächst daran festgehalten, daß eine Anfechtungsklage nicht der Darlegung eines besonderen Rechtsschutzinteresses bedürfe; dieses ergebe sich bereits daraus, daß die Erhebung der Klage der Herbeiführung eines Gesetz und Satzung entsprechenden Zustandes diene (BGHZ 107, 297, 308). Der BGH (BGHZ 107, 297, 310) betont den im allgemeinen Interesse liegenden Kontrollzweck des Anfechtungsrechts, der einerseits einen institutionellen Rechtsmißbrauch ausschließe, dem Einwand des individuellen Rechtsmißbrauchs aber auch nicht entgegenstehe; so könne in Ausnahmefällen eine eigensüchtige Interessenverfolgung den Vorwurf des Rechtsmißbrauchs begründen. Die Voraussetzungen dafür liegen nach Ansicht des BGH (BGHZ 107, 297, 311) z.B. dann vor, wenn jemand die Anfechtungsklage mit dem Ziel erhebt, die verklagte Gesellschaft werde die geforderte Leistung erbringen, weil sie hoffe, daß der Eintritt anfechtungsbedingter Nachteile und Schäden dadurch vermieden oder zumindest gering gehalten werden könnte (ebenso BGH AG 1990, 259, 262 und BGH AG 1991, 102, 104). Dem Einwand des Rechtsmißbrauchs kann auch eine aktienrechtliche Nichtigkeitsklage ausgesetzt sein (so OLG Frankfurt, AG 1991, 208). **638**

Nach Ansicht des BGH (AG 1992, 86) kann einer Anfechtungsklage i.S. des § 246 AktG auch dann noch mit dem Einwand des individuellen Rechtsmißbrauchs begegnet werden, wenn sich der Kläger erst nach der Erhebung der **639**

Anfechtungsklage dazu entschließt, die Gesellschaft in grob eigennütziger Weise zu einer Leistung zu veranlassen, auf die er keinen Anspruch hat und billigerweise auch nicht erheben kann.

Da das Anfechtungsrecht des Aktionärs ein privates Gestaltungsrecht ist, führt die rechtsmißbräuchliche Ausübung desselben zum Verlust der materiellen Berechtigung und damit zum Verlust der Anfechtungsbefugnis. Nach Auffassung des BGH (ZIP 1992, 1391 ff.) ist die rechtsmißbräuchliche Anfechtungsklage eines Aktionärs nicht als unzulässig, sondern als unbegründet abzuweisen.

In solchen Fällen, in denen ein Rechtsanwalt als Rechtsberater von Anfechtungsklägern an dem Abschluß eines Vertrages über die Zahlung eines unzulässigen Abfindungsbetrages gegen Rücknahme der Klage und den dazu geführten Verhandlungen mitgewirkt hat, ist daran zu denken, ob die AG gegen den Anwalt Ansprüche aus § 826 BGB geltend machen kann (vgl. dazu BGH AG 1992, 317).

4. Die Aktionärsklage

640 Nach dem Text des Aktiengesetzes können die Aktionäre nur in einem sehr begrenzten Umfang auf das Verhalten des Vorstandes Einfluß nehmen, nämlich

- durch Beschlüsse im Rahmen ihrer Zuständigkeit gemäß § 119 i. Vb. m. § 82 Abs. 2 AktG

  sowie
- durch die Versagung der Entlastung nach § 120 AktG;
- weitere Einflußmöglichkeiten können sich u. a. aus §§ 122, 131 und § 147 AktG ergeben.

Das *geschriebene* Aktienrecht kennt weder einen Anspruch der Aktionäre auf Verhinderung gesellschaftswidrigen Verhaltens der Gesellschaftsorgane („Abwehrklage"), noch einen Anspruch auf gesetz-und statutenmäßiges Verhalten der Gesellschaft. Die Verweigerung einer solchen Aktionärsklage durch das Aktiengesetz ist als Eigenart des deutschen Rechts beklagt worden (vgl. Th. Raiser, § 12 III; vgl. zum Streitstand u. a. Hommelhoff, ZHR 151 [1987], 493, 512 ff. und Zöllner, ZGR 1988, 392, 420 ff.). In diesem Zusammenhang wird gern auf die Aktionärsklage nach amerikanischem Recht hingewiesen (vgl. u. a. Bühring-Uhle/Nelle, AG 1989, 41 ff.). Im Anschluß an die 1975 von Knobbe-Keuk vorgetragene Ansicht (in: FS Ballerstedt, S. 239 ff.) und die sog. „Holzmüller"-Entscheidung des BGH (BGHZ 83, 122) hat nun allerdings eine Entwicklung eingesetzt, deren Konsequenzen schwer einzuschätzen sind. Wiedemann (S. 54) weist darauf hin, daß man tastend am Anfang einer Entwicklung stehe, „deren Ergebnisse noch nicht abzusehen sind".

Knobbe-Keuk (in: FS Ballerstedt, S. 246 ff.) weist in einer auch **641** rechtshistorisch orientierten Untersuchung darauf hin, daß das Reichsoberhandelsgericht (ROHG) mit Selbstverständlichkeit dem Aktionär ein Klagerecht gegen die Gesellschaft wegen gesetz- und satzungswidriger Maßnahmen des Vorstandes und des Aufsichtsrates gewährt habe (vgl. u.a. ROHG 23, 273 ff. und 25, 310), obwohl das ADHGB durch die Aktiennovelle von 1884 lediglich das Anfechtungsrecht gegen gesetz- und satzungswidrige Generalversammlungsbeschlüsse als *eine Erscheinungsform* des allgemeinen Grundrechts des Aktionärs auf gesetz- und satzungsmäßige Betätigung der Gesellschaft übernommen habe. Nach Auffassung des ROHG (23, 273 ff.) stand dem Aktionär eine Klagebefugnis zu, mit der er sein Recht verfolgen konnte, „um der Gesellschaft und seiner Mitgliedschaft willen zu verlangen, daß der Geschäftswille sich entsprechend den Gesetzen und den statuarischen Bestimmungen betätige". Nach Ansicht von Knobbe-Keuk (in: FS Ballerstedt, S. 251) hat die gesetzliche Regelung der Anfechtungsklage „das fundamentale Recht jedes Aktionärs auf gesetz- und satzungsmäßiges Gebaren" nicht beseitigt, vielmehr sei die Anfechtungsklage gar nicht anders zu begreifen, als daß sie dem Aktionär zur Verwirklichung seines Rechts gegeben sei, „daß der Wille der Gesellschaft gemäß den gesetzlichen und statuarischen Vorschriften betätigt wird".

Aus dem Recht des einzelnen Aktionärs auf gesetz- und satzungs- **642** mäßige Betätigung der Gesellschaft leitet Knobbe-Keuk (in: FS Ballerstedt, S. 251) ein Klagerecht des Aktionärs auch über den Bereich hinaus ab, in dem die Hauptversammlung als Organ der Gesellschaft fungiert. Dabei nimmt sie auf einen allgemein anerkannten Rechtsgrundsatz Bezug, der schon im Allgemeinen Landrecht für die Preußischen Staaten von 1794 (Einleitung § 89) seinen Niederschlag gefunden hat: „Wem die Gesetze ein Recht geben, dem bewilligen sie auch die Mittel, ohne welche dasselbe nicht ausgeübt werden kann."

Nach Knobbe-Keuk (in: FS Ballerstedt, S. 253) steht dem Aktionär ein *Klagerecht gegen die Gesellschaft* zu, wenn der Vorstand durch einen

Verstoß gegen Vorschriften des Aktiengesetzes und der Satzung die der Aktiengesellschaft gesetzte Rechtsordnung sprengt und deshalb das Handeln des Vorstandes nicht mehr als eine Maßnahme der Geschäftsführung zu werten ist. Soweit die gesetz- und satzungswidrigen Maßnahmen der Geschäftsführung noch nicht durchgeführt sind, soll der Aktionär auf Unterlassung und nach der Durchführung auf Beseitigung (= Rückgängigmachung der Maßnahme, falls dies noch möglich ist) klagen können.

Wiedemann (S. 54) vertritt die Auffassung, die Aktionäre hätten keinen Anspruch darauf, daß in der Gesellschaft alles „mit rechten Dingen" zugehe, und zwar schon deshalb nicht, weil ein solcher Anspruch für einen Klageanspruch nicht ausreichend konkretisiert werden könne. Auch Wiedemann lehnt eine Aktionärsklage allerdings nicht strikt ab, sondern meint, daß die Einzelaktionärsklage mit dem System des deutschen Aktienrechts ohne weitere verträglich sei. Brondics (S. 93, 103 ff.) bejaht die Aktionärsklage ebenfalls und bezeichnet sie als das Instrument, mit dessen Hilfe ein einzelner Aktionär seinen verletzten oder gefährdeten mitgliedschaftlichen Rechten verbandsinterne Geltung verschaffen kann.

643 In seinem „Holzmüller"-Urteil (BGHZ 83, 122) hat der BGH eine „Aktionärsklage auf Unterlassung oder Wiederherstellung" anerkannt (BGHZ 83, 122, 134) und damit die „Aktionärsklage als Individualrecht" (so Hommelhoff, ZHR 151 [1987], 513). Nach Auffassung des BGH (BGHZ 83, 122, 133) hat „jeder Aktionär einen verbandsrechtlichen Anspruch darauf, daß die Gesellschaft seine Mitgliedsrechte achtet und alles unterläßt, was sie über das durch Gesetz und Satzung gedeckte Maß hinaus beeinträchtigt". Dieser Anspruch werde verletzt, wenn der Vorstand die Hauptversammlung und damit auch die einzelnen Aktionäre bei einer Entscheidung von der nach der Sachlage gebotenen Mitwirkung ausschließe. Wenn ein Aktionär sich dagegen zur Wehr setzen wolle, so brauche er sich nicht auf eine Klage gegen den Vorstand verweisen zu lassen.

644 Der BGH (BGHZ 83, 122, 133 ff.) gewährt ein Klagerecht also nur insoweit, wie der Vorstand die Hauptversammlung und damit auch den einzelnen Aktionär bei einer zu treffenden Entscheidung von der gebotenen Mitwirkung ausschließt. Sanktioniert werden sollen also allein Übergriffe des Vorstandes in den Kompetenzbereich der Hauptversammlung, nicht etwa Pflichtwidrigkeiten in jenem Bereich, den der Vorstand eigenverantwortlich wahrzunehmen hat (vgl. Hommelhoff, ZHR 151 [1987], 493, 513).

Der BGH (BGHZ 83, 122, 134) begründet die Zulassung einer Aktionärsklage mit Rechtsschutzgesichtspunkten. Eine vom Aktionär erhobene Leistungs- oder Unterlassungsklage soll den Zweck haben, die vom Vorstand verletzte Ordnung zu erhalten oder wiederherzustellen und damit die eigenen Rechte (des Aktionärs) wahren; wenn ein Aktionär nicht rechtlos gestellt werden solle, müsse er eine solche Klage jedenfalls dann erheben können, „wenn zur Wahrung seiner Rechte ebenso geeignete aktienrechtliche Behelfe nicht zur Verfügung stehen oder nur auf schwierigen Umwegen zum Ziele führen könnten" (so BGHZ 83, 122, 134f.).

Die Zulässigkeit von Leistungsklagen einzelner Aktionäre trotz des Fehlens entsprechender Regelungen im AktG hat auch das OLG München (AG 1994, 134) im Anschluß an BGHZ 83, 122ff. grundsätzlich anerkannt.

Die Zulassung der Aktionärsklage mit dem Charakter der Abwehr- **645**
klage ist auf Zustimmung gestoßen (vgl. K. Schmidt, Gesellschaftsrecht, § 21 V 3; Brondics, S. 85ff.; Hommelhoff, ZHR 151 [1987], 493, 512ff. m. Nachw.), aber auch auf Zurückhaltung und Ablehnung. Kritisch äußert sich Zöllner (ZGR 1988, 392, 425ff.) zum „Klagemodell à la Holzmüller" und betont, das praktische Problem der Zuerkennung einer solchen Klagemöglichkeit liege darin, daß zu viele ausschließliche Kompetenzen der Gesellschafter behauptet werden könnten. Th. Raiser (ZHR 153 [1989], 1, 30) hingegen begrüßt, daß der BGH sich die individualrechtliche Begründung der Aktionärsklage zu eigen gemacht habe und meint, die Mitgliedschaft verlange den Schutz der Aktionäre davor, daß ihre Mitwirkung an der Willensbildung der Gesellschaft nicht durch eine „unzulässige Ausschaltung der Hauptversammlung" und eine „faktische Satzungsänderung" unterlaufen werde.

III. Die Pflichten aus der Mitgliedschaft, insbesondere die Treuepflichten

646 Die Hauptverpflichtung des Aktionärs ist die *Einlagepflicht,* die in der Regel durch Einzahlung von Geld erfolgt und die durch den Nennbetrag oder den höheren Ausgabebetrag der Aktien begrenzt ist (§ 54 Abs. 1 AktG).

Der Aktionär muß weder einen Nachschuß bei Verlusten der AG leisten, noch trifft ihn beim Konkurs der AG irgendeine Haftung.

Ob und gegebenenfalls inwieweit die Aktionäre gegenüber der Gesellschaft und auch untereinander durch Treue- und Loyalitätspflichten gebunden sind, ist inzwischen kaum mehr umstritten. Der BGH (BGHZ 9, 157, 163; 14, 25, 38; 18, 350, 365) hatte zunächst eine Treuepflicht der Aktionäre nicht anerkannt; später hat er (BGHZ 103, 183) seine Meinung deutlich korrigiert.

647 In der Literatur hatte die Auffassung an Boden gewonnen, die davon ausgeht, daß Konflikte zwischen Mehrheitsgesellschaftern und Aktionärsminderheit oder zwischen Aktionären und Unternehmensleitung Situationen schaffen, die auch bei der AG ebenso wie bei den Personengesellschaften und bei der GmbH nicht anders als mit Hilfe der Treuepflicht der Gesellschafter (Aktionäre) gelöst werden müssen. Zunehmend wurde die Anerkennung der Treuepflicht als Generalklausel auch im Aktienrecht aus einer veränderten Gesamtsicht heraus verlangt, die das Gesellschaftsrecht überhaupt stärker als früher mit rechtsethischen Maßstäben zu durchdringen suchte (vgl. Th. Raiser, § 12 IV 1; insbesondere Lutter, JZ 1976, 224 ff.). Die Treuepflicht wurde auch als Verhaltensregel vor allem für Großaktionäre und stabile Aktionärsgruppen angesehen, die in der Lage sind, maßgeblichen Einfluß auf die Unternehmensleitung zu nehmen und die „außenstehenden Aktionäre" zu übervorteilen (so Th. Raiser, § 12 IV 3).

648 Der BGH (BGHZ 103, 183, 194 f.) hat nicht nur eine Treuepflicht zwischen Aktionär und Gesellschaft angenommen, sondern das Bestehen einer „gesellschaftlichen Treuepflicht" auch zwischen den Aktionären als möglich anerkannt. Er ist damit von seiner früheren Rechtsprechung (vgl. BGHZ 18, 350, 365) abgerückt und hat dies damit be-

gründet, daß er bisher von einer Überbewertung der körperschaftlichen Struktur der AG ausgegangen sei, die zu der Vorstellung geführt hätte, Rechtsbeziehungen bestünden nur zwischen der Gesellschaft und den Aktionären. Der BGH folgt damit der im Schrifttum (vgl. insbesondere Lutter, JZ 1976, 224ff.; Wiedemann, Bd. I, § 8 II 3; K. Schmidt, Gesellschaftsrecht, § 28 I 4) vertretenen Auffassung, nach der auch das Verhältnis der Mitglieder einer Korporation untereinander den Charakter einer Sonderverbindung haben kann. Der BGH (BGHZ 103, 183, 195) betont, daß insbesondere einen Mehrheitsaktionär eine Treuepflicht treffen könne, weil dieser die Möglichkeit habe, durch Einflußnahme auf die Geschäftsführung die gesellschaftsbezogenen Interessen der Mitgesellschafter zu beeinträchtigen; deshalb sei als Gegengewicht dazu die gesellschaftsrechtliche Pflicht – also Treuepflicht – zu fordern, auf diese Interessen Rücksicht zu nehmen. Der BGH (BGHZ 103, 183, 195) hat gleichzeitig darauf hingewiesen, daß die Gesellschafterpflichten eines Kleinaktionärs in der Regel nicht von der gesellschaftsrechtlichen Treuepflicht bestimmt werden.

In einer neueren Entscheidung ist der BGH (WM 1995, 882ff.) nun **649**
noch einen Schritt weiter gegangen und hat betont, in der Aktiengesellschaft sei nicht nur der Mehrheitsaktionär dem Minderheits- oder Kleinaktionär zur Treue verpflichtet; es bestehe umgekehrt auch eine Treuepflicht des Minderheits- oder des Kleinaktionärs gegenüber dem Mehrheitsaktionär oder gegenüber anderen Minderheits- oder Kleinaktionären. Der BGH (WM 1995, 882, 884) begründet das wie folgt: Bestehe der Kern des Treupflichtgedankens, soweit er im Kapitalgesellschaftsrecht allgemein Geltung beanspruchen könne, darin, daß dem Maß des Einflusses des Gesellschafters das Maß seiner Verantwortung mit der sich daraus ergebenden Pflicht zur Rücksichtnahme auf die Interessen der Gesellschaft und die gesellschaftsbezogenen Belange der Mitgesellschafter entspreche, so treffe dieser Gedanke nicht nur auf das Verhalten des Mehrheitsgesellschafters, sondern auch auf das des Minderheitsgesellschafters zu. Der BGH räumt ein, daß Verantwortung und Pflicht zur Rücksichtnahme gegenüber den gesellschaftsbezogenen Belangen von Mitgesellschaftern in der AG häufig nur bei dem Mehrheitsgesellschafter oder einer Mehrheit von Aktionären zum Tragen komme, weil die Einflußnahme meist in der Ausübung von Herrschafts-

macht besteht und eine solche nur bei Vorhandensein einer entsprechenden Mehrheit denkbar ist, während die Möglichkeiten des Kleinaktionärs zur Einflußnahme eher gering sind. Allerdings stehen auch dem Kleinaktionär Rechte zu, deren Wahrnehmung im Einzelfall in einer Art und Weise möglich ist, die den gesellschaftsbezogenen Belangen der übrigen Aktionäre nachteilig sein kann und deren Ausübung daher unter das Gebot der Rücksichtnahme auf diese Interessen zu stellen ist. Der BGH (WM 1995, 882, 884) nennt in diesem Zusammenhang das Recht auf Teilnahme an der Hauptversammlung, dessen Wahrnehmung zu Mißbräuchen durch Störung der Hauptversammlung oder bei der Ausübung des Rederechts führen könne; in derartigen Fällen erlangten die von der Treuepflicht gesetzten Grenzen durchaus Bedeutung.

650 War die Diskussion über die gesellschaftsrechtliche Treuepflicht in der Aktiengesellschaft zunächst vornehmlich unter dem Aspekt einer Pflichtenbindung der Mehrheit gegenüber der Minderheit erörtert worden, so hat sie sich nunmehr den genau umgekehrt gelagerten Konflikten zugewandt, die in der Praxis gelegentlich tatsächlich auftreten (siehe dazu Timm, WM 1989, 484 ff.). Geht man davon aus, daß das Bestehen von Treuepflichten unabdingbarer Bestandteil jeglicher Mitgliedschaft und deshalb von der Höhe der Beteiligung unabhängig ist, so können lediglich Inhalt und Ausmaß der Treuepflichten für die einzelnen Korporationsmitglieder unterschiedlich sein. Folgt man dem, so ist die Treuepflicht keinesweges ein Instrument des Minderheitenschutzes (so Timm, WM 1991, 481, 483). Nach Timm (WM 1991, 481, 483) soll „Adressat" der Treuepflicht schlechthin jeder Gesellschafter sein, auch mitgliedschaftliche Einzelbefugnisse dürften nicht treuwidrig ausgeübt, d. h. nicht mißbraucht werden; dieser Gedanke gelte in besonderem Maße für die Geltendmachung von Sperrminoritäten bei Änderungen des Gesellschaftsvertrages oder bei Satzungsänderungen (vgl. auch K. Schmidt, Gesellschaftsrecht, § 20 IV 3). Ob darüber hinaus die Treuepflicht als aktive Seite i. S. eines „Fördergebotes" etwa eine Stimmpflicht begründen kann, wie z. B. die Verpflichtung, bei der Anpassung der Satzung an veränderte Umstände mitzuwirken, ist fraglich (bejahend Timm, WM 1991, 481, 483).

651 Erörtert wird, ob bei schuldhafter Verletzung von Treuepflichten der Aktionär zum Schadensersatz aus § 117 AktG, § 826 BGB oder positiver Vertragsverletzung verpflichtet sein kann (vgl. jetzt BGH WM 1995, 882, 889ff.; J.Hennrichs, AcP 195 [1995], 222ff. und Timm, WM 1991, 481, 486ff.).

Auch für die Aktiengesellschaft gilt der verbandsrechtliche Grundsatz der Gleichbehandlung der Gesellschafter, demzufolge die Aktionäre unter gleichen Voraussetzungen gleich zu behandeln sind. Dies bedeutet allerdings keine schematische Gleichberechtigung aller Aktionäre; die Schranken liegen dort, wo eine mögliche unterschiedliche Behandlung gegen Gesetz und gute Sitten verstößt (so OLG Frankfurt, WM 1986, 1144, 1149). In § 53a AktG, der bei der Durchführung der Zweiten EG-Richtlinie zur Koordinierung des Gesellschaftsrechts mit Wirkung vom 1.7. 1979 in das Aktiengesetz eingefügt worden ist, ist der Gleichbehandlungsgrundsatz nunmehr normiert. Auch in vielen anderen Vorschriften des Aktiengesetzes hat dieser Grundsatz seinen Niederschlag gefunden, so u.a. bei der Verteilung der Dividende (§ 60 AktG), bei dem Stimmrecht (§ 134 Abs.1 S.1 und 2 AktG) und beim Bezugsrecht (§ 186 AktG). Eine ungleiche Behandlung der Aktionäre ist allerdings zulässig, wenn sie sachlich berechtigt ist und damit nicht den Charakter der Willkür trägt (BGHZ 33, 175ff.). An diesem Rechtszustand hat sich auch dadurch nichts geändert, daß dieser Grundsatz mit der Bestimmung des § 53a in das Aktiengesetz aufgenommen worden ist. Eine sachliche Änderung des geltenden Rechtszustandes war mit der Einführung dieser Vorschrift nicht verbunden (so BGHZ 120, 141, 150).

IV. Der Minderheitenschutz

Unter Minderheit kann man denjenigen Personenkreis in einer Gesellschaft oder Körperschaft verstehen, „der dauernd und institutionell auf die Willensbildung in einem Verband keinen Einfluß gewinnen kann und dessen Angelegenheiten daher ständig, soweit die Verbandssphäre reicht, von der Mehrheit mitbesorgt werden“ (so Wiedemann, Bd.I, § 8 I 3). Um der Gefahr vorzubeugen, daß die Mehrheit der Aktionäre die Leitung der Aktiengesellschaft auch in grundlegenden Entscheidungen allein bestimmt oder daß die Mehr- **652** heit sich gar auf Kosten der Minderheit bereichert, sieht das Aktiengesetz einen *Minderheitenschutz* vor. Darunter sind jene Tatbestände zu verstehen, in denen eine Minderheitsgruppe von Aktionären in der Lage ist, auf legale Weise einen Mehrheitsbeschluß zu blockieren oder aber ihren Willen auch gegen die ablehnende Haltung der Mehrheit durchzusetzen (vgl. Würdinger, § 29 I). Die Realisierung des Willens der geschützten Minderheit geschieht entweder durch eine entsprechende Erklärung der Minderheit oder durch Einschaltung der Gerichte.

Abgeleitet werden die Minderheitsrechte aus der Mitgliedschaft. Berechnet wird die Minderheit deshalb danach, ob sie eine bestimmte Quote des Grundkapitals repräsentiert oder ob die Nennbeträge der Aktien eine bestimmte Summe erreichen (vgl. Würdinger, § 29 I). Minderheitsrechte, die ein bestimmtes Kapital- oder Stimmenquorum voraussetzen, werden auch formelle Minderheitsrechte genannt (zum Minderheitenschutz, der nicht von quantitativen Größen abhängt, siehe Wiedemann, Bd. I, § 8).

653 Zu einer Anzahl von Regelungen, die eine Minderheit von Aktionären schützen soll, gehören:

a) Eine Aktionärsminderheit, die $^1/_{20}$ des Grundkapitals repräsentiert, kann die Einberufung einer Hauptversammlung erzwingen, wenn sie Zweck und Gründe angibt (§ 122 Abs. 1 AktG).

b) Eine Aktionärsminderheit, die $^1/_{20}$ des Grundkapitals oder das Aktienkapital von 1 Million DM repräsentiert, kann verlangen, daß bestimmte Gegenstände auf die Tagesordnung gesetzt werden (§ 122 Abs. 2 AktG).

654 c) Eine Aktionärsminderheit kann unter den in § 142 AktG genannten Voraussetzungen die Bestellung von Sonderprüfern erzwingen.

d) Eine Minderheit von Aktionären, die $^1/_{10}$ des Grundkapitals repräsentiert, kann die gesonderte Abstimmung über die Entlastung von Vorstands- oder Aufsichtsratsmitgliedern herbeiführen.

e) Eine Minderheit von 25% des Grundkapitals und einer Stimme kann jede Satzungsänderung verhindern, weil ein Beschluß der Hauptversammlung, der eine Satzungsänderung herbeiführen soll, die Mehrheit von mindestens $^3/_4$ des bei der Beschlußfassung vertretenen Grundkapitals erfordert (§ 179 AktG).

f) Eine Kapitalerhöhung gegen neue Einlagen sowie eine ordentliche Kapitalherabsetzung können ebenfalls von 25% und einer Stimme des repräsentierten Grundkapitals verhindert werden (§§ 182 und 222 AktG).

§ 33. Jahresabschluß und Gewinnverwendung

Schrifttum: Schulze-Osterloh, Zur öffentlichen Funktion des Abschlußprüfers, ZGR 1976, 411 ff.; derselbe, Die Bilanzierung künftiger Dividendenforderungen, ZGR 1977, 104 ff.

I. Jahresabschluß und Geschäftsbericht

Die Pflicht des Vorstandes zur Aufstellung eines Jahresabschlusses **655** ergibt sich nunmehr aus §§ 242, 264 HGB. Der Jahresabschluß besteht gemäß §§ 264, 242 HGB aus der Jahresbilanz, der Gewinn- und Verlustrechnung sowie einem Anhang.

Welche Verpflichtungen für eine Kapitalgesellschaft im einzelnen bestehen, ist zum Teil größenabhängig geregelt. Entsprechend den Vorgaben der 4. EG-Richtlinie werden die Kapitalgesellschaften in kleine, mittelgroße und große unterteilt (§ 267 HGB). Größenmerkmale sind die Bilanzsumme, die Umsatzhöhe in den letzten 12 Monaten vor dem Abschlußstichtag und die Zahl der im Jahresdurchschnitt beschäftigten Arbeitnehmer. Die Größenmerkmale, die in § 267 Abs. 1 bis 3 HGB geregelt sind, sind in der folgenden Abbildung dargestellt.

Größenmerkmale	Größenklassen der Kapitalgesellschaften		
	klein	mittelgroß	groß
Bilanzsumme in Mio-DM	≤ 3,9	≤ 15,5	> 15,5
Umsatz in Mio-DM	≤ 8,0	≤ 32,0	> 32,0
Zahl der Arbeitnehmer	≤ 50	≤ 250	> 250

656 Die Zuordnung einer Gesellschaft zu einer der drei Größenklassen setzt voraus, daß am Abschlußstichtag mindestens zwei der aufgeführten drei Kriterien erfüllt sind (§ 267 Abs. 4 S. 1 HGB). Unabhängig von diesen Größenklassen gelten sogenannte börsennotierte Kapitalgesellschaften stets als groß, § 267 Abs. 3 S. 2 HGB.

Der Aufbau der Bilanz ist in § 266 HGB, der Aufbau der Gewinn- und Verlustrechnung in § 275 HGB geregelt. Ferner sind allgemeine Grundsätze für die Gliederung von Bilanz *und* Gewinn- und Verlustrechnung in § 265 HGB enthalten. Im einzelnen ergeben sich Inhalt und Umfang des Jahresabschlusses aus einer Vielzahl von speziellen Bestimmungen insbesondere des durch das BiRiLiG neu geschaffenen 3. Buchs des HGB. Zur Interpretation einzelner unklarer Spezialregelungen und zur Lückenfüllung kann auf die Generalklausel des § 264 Abs. 2 HGB zurückgegriffen werden (Schulze-Osterloh, ZHR 150 [1986], 532, 541; Glanegger/Niedner/Reinkl, Ruß, HGB, 1987, § 264 Rdnr. 5). Danach muß der Jahresabschluß „unter Beachtung der Grundsätze ordnungsgemäßer Buchführung ein den tatsächlichen Verhältnissen entsprechendes Bild der Vermögens-, Finanz- und Ertragslage der Kapitalgesellschaft vermitteln".

657 Diesem Zweck dient auch der Anhang, der nach näherer Maßgabe der §§ 284–288 HGB, § 160 AktG Bilanz sowie Gewinn- und Verlustrechnung näher erläutern muß. Mit der Pflicht zur Anhangerstellung werden zwei Zielsetzungen verfolgt: zum einen dient der Anhang zur Erläuterung der Bilanz und der Gewinn- und Verlustrechnung, § 284 HGB. Zum anderen muß der Anhang eine Vielzahl sonstiger betriebswirtschaftlich relevanter Informationen enthalten. Welche dies im einzelnen sind, ergibt sich aus dem Katalog der Pflichtangaben in § 285 HGB. Zur Anhangerstellung sind grundsätzlich alle Kapitalgesellschaften – unabhängig von ihrer Größe – verpflichtet. Für mittlere und kleinere Unternehmen sind zwar Erleichterungen bei der Erstellung und Veröffentlichung vorgesehen. Selbst für eine kleine GmbH besteht aber noch die Verpflichtung, ca. 80% der zum Anhang erforderlichen Angaben zu machen (vgl. Göllert, Ringling, Bilanzrichtlinien-Gesetz: Einführung, Texte, Materialien, 1986, S. 26).

658 Gemäß § 264 Abs. 1 HGB ist ein Lagebericht nach Maßgabe des § 289 HGB aufzustellen. Der Lagebericht ist kein Bestandteil des Jahresab-

schlusses, sondern ergänzt diesen. Er muß zukunftorientiert sein und ein *den tatsächlichen Verhältnissen entsprechendes Bild* der Kapitalgesellschaft vermitteln, um den Adressaten die notwendigen Entscheidungsinformationen an die Hand zu geben. Der Lagebericht hat den Sinn, den Jahresabschluß durch zusätzliche Informationen allgemeiner Art zu ergänzen. Zur Darstellung des Geschäftsverlaufs und der Lage i. S. des § 289 HGB gehören Angaben über Marktstellung und Struktur der Gesellschaft sowie Ausführungen über Auftragseingang, Produktion, Beschäftigungsgrad, Umsatzentwicklung (Menge und Wert), Kostenentwicklung, Rentabilität, Liquidität und Finanzierung (u. a. mit Hilfe sogenannter Kapitalflußrechnungen). Der Sozialbericht ist in der Regel Bestandteil des Lageberichts (vgl. Niedner in: Glanegger/Niedner/Renkl/Ruß, Rdnr. 2 zu § 289 HGB). Zu den in den Lagebericht aufzunehmenden Vorgängen von besonderer Bedeutung i. S. von § 289 Abs. 2 Nr. 1 sind u. a. zu zählen: wichtige Vertragsabschlüsse, Erwerb und Veräußerung von Immobilien und Beteiligungen, besondere Verluste und Kurzarbeit (vgl. Niedner in: Glanegger/Niedner/Renkl/Ruß, Rdnr. 2 zu § 289 HGB). Jahresabschluß und Lagebericht mittlerer und großer Aktiengesellschaften i. S. d. § 267 Abs. 2 und 3 HGB unterliegen gemäß § 316 Abs. 1 HGB der Prüfung. Die Prüfung erfolgt durch Abschlußprüfer, die von der Aktionärsversammlung gewählt werden (§ 318 Abs. 1 HGB). Ergibt die Prüfung keine Beanstandungen, so ist dies gemäß § 322 Abs. 1 HGB durch einen Bestätigungsvermerk zu bestätigen.

Die Aktiengesellschaft ist publizitätspflichtig. Sowohl Umfang als **659**
auch Art und Weise der Offenlegung sind von der Größe der Gesellschaft abhängig.

Bei großen und mittleren Aktiengesellschaften unterliegen der Jahresabschluß nebst Bestätigungsvermerk oder Vermerk über dessen Versagung, ferner der Lagebericht, der Bericht des Aufsichtsrats gemäß § 171 Abs. 1 AktG sowie der Ergebnisverwendungsvorschlag und -beschluß der Offenlegungspflicht, § 325 Abs. 1 und 2 HGB. Bei kleinen Aktiengesellschaften bezieht sich die Publizitätspflicht nur auf die Bilanz nebst Anhang sowie den Ergebnisverwendungsvorschlag und -beschluß.

Während kleine und mittlere Aktiengesellschaften ihrer Offenlegungspflicht durch Einreichung der Unterlagen beim Handelsregister nachkommen (§§ 325 Abs. 1, 326 HGB), müssen große Aktiengesellschaften sie zuvor im Bundesanzeiger bekanntmachen (§ 325 Abs. 2 HGB).

II. Die Gewinnverwendung

660 Weist die Bilanz einen Gewinn aus, so beschließt die Hauptversammlung darüber, wie dieser Gewinn zu verwenden ist. Die Hauptversammlung ist an die Vorschläge des Vorstandes über die Verwendung des Gewinns nicht gebunden (§ 174 AktG). Die Entscheidung darüber, ob ein Gewinn vorhanden ist und wie hoch er ist, ist bereits durch die Feststellung des Jahresabschlusses getroffen. An die festgestellte Gewinnhöhe ist die Hauptversammlung gebunden. Nur in der Gewinnverwendung ist die Hauptversammlung von Vorstand und Aufsichtsrat unabhängig.

Beispiel: Ist die Hauptversammlung der Meinung, der Vorstand habe infolge überhöhter Abschreibungen einen zu niedrigen Gewinn im Jahresabschluß festgestellt, so kann sie weder die Höhe der Abschreibungen ändern, noch einen höheren als den festgestellten Gewinn verteilen. (Zur Bilanzierung künftiger Dividendenforderungen siehe BGHZ 65, 230 ff. und Schulze-Osterloh, ZGR 1977, 104 ff.).

§ 34. Aktuelle Probleme des Aktienrechts

Schrifttum: Th. Baums, Der Aufsichtsrat – Aufgaben und Reformfragen, ZIP 1995, 11 ff.; H. Hammen, Zur geplanten Neuregelung des Depotstimmrechts, ZIP 1995, 1301 ff.; Hüffer, Harmonisierung des aktienrechtlichen Kapitalschutzes, NJW 1979, 1065 ff.; Kolvenbach, Die Fünfte EG-Richtlinie über die Struktur der Aktiengesellschaft (Strukturrichtlinie), DB 1983, 2235 ff.; Konzen, Paritätische Mitbestimmung im Montanbereich, AG 1983, 289 ff.; Schwark, Zum DGB-Entwurf eines Mitbestimmungsgesetzes 1982, AG 1983, 303 ff.; Zöllner/Noack, Zulässigkeitsgrenzen des gesetzgeberischen Eingriffs in Gesellschaftsrechte. Verfassungsrechtliche Fragen der Beseitigung bestehender Höchst- und Mehrstimmrechte, AG 1991, 157 ff.

I. Die Machtverteilung in der Hauptversammlung

Die Hauptversammlungen der großen Aktiengesellschaften, deren Grundkapital nicht selten unter mehreren tausend Aktionären aufgeteilt ist, werden häufig von wenigen Banken beherrscht, weil nur ein Bruchteil der Aktionäre persönlich an den Hauptversammlungen teilnehmen kann. Die überragende Mehrzahl der Aktionäre läßt sich von Banken vertreten, die dadurch häufig in der Hauptversammlung über eine $^2/_3$ Mehrheit der abgegebenen Stimmen verfügen (Problematik des Depotstimmrechts). Zudem haben die Banken häufig selbst auch erhebliche eigene Beteiligungen. Die Hauptversammlungsbeschlüsse dieser Aktiengesellschaften werden daher entscheidend von den Banken bestimmt, die sich zudem durch die Besetzung des Aufsichtsrates mit eigenen Vorstandsmitgliedern eine laufende Kontrolle über die Aktiengesellschaft sichern. Neben gesellschaftspolitischen Bedenken begegnet dieser Sachverhalt auch wettbewerbspolitischen Vorbehalten, da häufig ein und derselbe Bankenvertreter in den Aufsichtsräten von miteinander konkurrierenden Aktiengesellschaften an der Beschlußfassung über wichtige unternehmerische Angelegenheiten teilnimmt. Eine negative Beeinflussung des Wettbewerbs kann hierdurch nicht ausgeschlossen werden. Zudem wird durch die Dominanz der Banken die Anzahl der unabhängigen wirtschaftlichen Entscheidungszentren in der Volkswirtschaft herabgesetzt. Eine Neuregelung des Depotstimmrechts wird deshalb diskutiert (vgl. dazu H. Hammen, Zur geplanten Neuregelung des Depotstimmrechts, ZIP 1995, 1301 ff.). **661**

Auf EG-Ebene sind rechtspolitische Pläne aktuell, Höchststimmrechte und Mehrstimmrechte bei Aktiengesellschaften (siehe zu beiden oben Rdnr. 621) zu verbieten. Wenn solche Verbote nicht nur die künftige Satzungsgestaltung der Aktiengesellschaften binden, sondern auch bestehende Höchst- und Mehrstimmrechte beseitigen sollen, so wirft dies eine Reihe schwerwiegender Fragen auf, zumal es zu Konflikten mit Schutzgewährleistungen des geltenden Verfassungsrechts kommen kann. Zöllner/Noack (AG 1991, 157 ff.) vertreten die Auffassung, die grundrechtlich durch die Eigentumsgewährleistung ge- **662** schützte Rechtsposition des Aktionärs umfasse auch das Stimmrecht als wichtigstes mitgliedschaftliches Verwaltungsrecht. Ihrer Meinung nach folgt daraus, daß eine unvermittelte Beseitigung bestehender Mehrstimmenrechte einen Eigentumseingriff darstellt, der als teilweise Entziehung einer nach Art. 14 Abs. 1 GG geschützten Rechtsstellung zu qualifizieren ist (zu den Konsequenzen siehe Zöllner/-Noack, AG 1991, 165). Die Abschaffung bestehender Höchststimmrechte kann nach Zöllner/Noack (AG 1991, 157, 165) die mitgliedschaftliche Position des einzelnen Aktionärs zwar ebenfalls nachteilig beeinflussen; sie entzieht jedoch keine selbständige Rechtsstellung. Darin kann eine Inhaltsbestimmung des aktienrechtlichen Eigentums nach Art. 14 Abs. 1 S. 2 GG liegen, die eine Wahrung des Vertrauensschutzes durch entsprechende Übergangsregelungen erfordert.

II. Das Verhältnis des Aufsichtsrats und des Aktionärs zum Vorstand

663 Nach dem Gesetz ist der Vorstand das Leitungsorgan der Aktiengesellschaft. Er hat die Gesellschaft grundsätzlich in eigener Verantwortung zu leiten (§ 76 AktG). Der Aufsichtsrat ist nach dem Aktiengesetz das Kontrollorgan der Gesellschaft; er überwacht die Geschäftsführung des Vorstandes (§ 111 AktG). Maßnahmen der Geschäftsführung können ihm nicht übertragen werden (§ 111 Abs. 4 AktG). In der Realität sind jedoch häufig alle wichtigen Entscheidungen an die Zustimmung des Aufsichtsrats gebunden (diese Möglichkeit eröffnet § 111 Abs. 4 Satz 2 AktG). In der Praxis dürfte kaum ein Vorstand eine wesentliche Entscheidung treffen, ohne sich zuvor zumindest mit dem Vorsitzenden des Aufsichtsrates abgesprochen zu haben. Auf diese Weise üben der Aufsichtsrat oder einzelne seiner Mitglieder nicht nur eine Überwachungsfunktion aus. Der Aufsichtsrat oder einzelne Mitglieder des Aufsichtsrates sind vielmehr an den wesentlichen Entscheidungen der Geschäftsführung beteiligt, ja häufig ausschlaggebend für diese. Das Schwergewicht bei wichtigen Entscheidungen dürfte bei etlichen Aktiengesellschaften nicht beim Vorstand, sondern bei einigen Mitgliedern des Aufsichtsrates liegen.

Rdnr. 663

In den letzten Jahren wird darüber Klage geführt, daß die Aufsichtsräte mancher Unternehmen ihre Aufsichts- und Kontrollfunktion nicht mit der gebotenen Sorgfalt wahrnehmen oder gar dazu nicht in der Lage sind. U.a. wird die Frage diskutiert, wer denn die „Kontrolle der Kontrolleure" ausübe. Die Bundesregierung hat eine Reform des Aufsichtsratsrechts angekündigt (vgl. zu alledem Th. Baums, ZIP 1995, 11 ff.). **664**

Streitig war und ist teilweise noch, ob einzelne Aufsichtsratsmitglieder gegen den Vorstand auf Unterlassung rechtswidriger Geschäftsführungsmaßnahmen klagen können (siehe oben Rdnr. 193 b). Nachdem der BGH (BGHZ 106, 54) ein „Eigenrecht" des Aktionärs dafür verneint hat, bleibt die Frage, ob etwaige Rechte des Gesamtaufsichtsrates durch ein Mitglied mit Hilfe der „actio pro socio" verfolgt werden können, offen. Im Verhältnis des Aktionärs zum Vorstand wird seit der „Holzmüller"-Entscheidung des BGH (BGHZ 83, 122) das Ob und das Wie von Aktionärsklagen heftig diskutiert (siehe dazu oben Rdnr. 640 ff.). Im Hinblick auf die Zulassung der Aktionärsklage mit dem Charakter einer Abwehrklage steht man wohl am Anfang einer Entwicklung, deren Ende durchaus offen ist.

III. Die Europäische Gemeinschaft und die Angleichung des Aktienrechts

Seit Abschluß der Römischen Verträge ist die Angleichung des Gesellschaftsrechts in der EG eingehend diskutiert worden. Bisher ist das Aktienrecht ein Mittelpunkt der Harmonisierungsbestrebungen und der Rechtsangleichung gewesen. Gegenstand dieser Bestrebungen waren bislang folgende Bereiche: die Struktur der Aktiengesellschaft und die Rechte und Pflichten ihrer Organe, die gesellschaftsrechtliche Publizität, die Gründung und damit auch der Schutz der Kapitalgrundlagen, die Rechnungslegung, die Fusion und das Konzernrecht. Versucht man, aus den bisherigen Richtlinien und Vorschlägen der EG die Summe zu ziehen, so ergibt sich als ein der Rechtsangleichung zugrundeliegendes Konzept eine Aktiengesellschaft mit einem festen Mindestgrundkapital, dessen Aufbringung **665** und Erhaltung gesetzlich geregelt ist, einer dreigliedrigen Organstruktur und einer weitreichenden Publizität (vgl. Hüffer, NJW 1979, 1065, 1070).

666 Am 13.12. 1976 hat der Rat der Europäischen Gemeinschaften die Zweite Richtlinie zur Koordinierung des Gesellschaftsrechts (Kapitalschutzrichtlinie) verabschiedet. Das vom deutschen Bundestag am 13.12. 1978 beschlossene und am 1.7. 1979 in Kraft getretene Gesetz zur Durchführung dieser Richtlinie (BGBl. I, 1959 ff.) hat das Aktienrecht in etlichen nicht unwesentlichen Punkten verändert.

Gemäß § 26 Abs. 1 AktG müssen nunmehr nicht nur die einem Aktionär, sondern auch die einem Dritten eingeräumten Sondervorteile in der Satzung festgelegt sein. § 27 Abs. 2 AktG schreibt den bisher im deutschen Recht schon praktizierten Grundsatz gesetzlich fest, daß nur solche Gegenstände einlagefähig sind, deren wirtschaftlicher Wert feststellbar ist. § 36 a Abs. 2 AktG spricht die dem deutschen Aktienrecht bislang unbekannte Pflicht aus, Sacheinlagen vor der Anmeldung zu leisten. Die Vorschriften über eigene Aktien sind umgestaltet und z. T. wesentlich erweitert. Das Verbot, eigene Aktien zu zeichnen, ist nun in den Gesetzestext (§ 56 Abs. 1 AktG) ausdrücklich aufgenommen. Bei der Kapitalerhöhung mit Sacheinlagen muß eine Prüfung der Sacheinlagen durch unabhängige Prüfer stattfinden (§ 183 Abs. 3 AktG) (zu den Einzelheiten siehe Hüffer, NJW 1979, 1065 ff.).

667 Am 28.7. 1983 hat die Kommission der Europäischen Gemeinschaften die endgültige Fassung der fünften gesellschaftsrechtlichen Richtlinie verabschiedet („Fünfte Richtlinie des Rates nach Art. 54 Abs. 3 g des Vertrages über die Struktur der Aktiengesellschaft sowie der Befugnisse und Verpflichtungen ihrer Organe"). Dieser Vorschlag der Kommission geht davon aus, daß die Mitbestimmungsregelungen in den Mitgliedstaaten inzwischen zu einem Bestandteil des Gesellschaftsrechts geworden sind. Die Mitgliedstaaten der EG müssen danach nun im Prinzip das dualistische System, also die Trennung zwischen Leitungsorgan (Vorstand) und Aufsichtsorgan (Aufsichtsrat) einführen, können allerdings auch eine Wahlmöglichkeit zwischen diesem dualistischen System und dem monistischen System, nämlich der Kombination von Leitung und Verwaltung in *einem* Verwaltungsorgan, zulassen (vgl. zu alledem Kolvenbach, DB 1983, 2235 ff.). Was die Beteiligung von Arbeitnehmervertretern im Aufsichtsorgan anbetrifft, so reicht die Spannbreite von mindestens einem Drittel bis zu höchstens der Hälfte der Mitglieder. Die Kommission hat sich an das deutsche Mitbestimmungsmodell angelehnt, indem sie festgelegt hat, daß bei Abstimmungen innerhalb des Aufsichtsorgans sichergestellt sein muß, daß bei Pattsituationen die Entscheidung letztlich von den von der Hauptversammlung (also von der Anteilseignerseite) bestellten Mitgliedern gefällt werden kann (vgl. zu den Einzelheiten Kolvenbach, DB 1983, 2238 ff.).

IV. Rechtsmißbräuchliches Verhalten von Aktionären

In der jüngeren Vergangenheit sind zunehmend Mißbräuche von Anfechtungsrechten, aber auch von Nichtigkeitsklagen festzustellen (vgl. dazu oben Rdnr. 637 ff.). Dabei fallen insbesondere die Fälle ins Gewicht, in denen Aktionäre das Anfechtungsrecht kommerzialisieren und sich vom Vorstand abkaufen lassen wollen. Gerade die Problematik der „räuberischen Anfechtungsklage" hat die Diskussion über Bestehen und Umfang von Treuepflichten der Aktionäre belebt (vgl. dazu oben Rdnr. 646 ff.). So wird u. a. zu prüfen sein, ob durch rechtsmißbräuchliches Ausnutzen von Anfechtungsmöglichkeiten Treuepflichten verletzt werden, was zum Entstehen von Schadensersatzansprüchen führen kann (vgl. dazu Timm, WM 1991, 481, 489 ff.). Zu begrüßen ist, daß der BGH mit seiner „Kochs-Adler"-Entscheidung (BGHZ 107, 297) versucht hat, diesem Treiben dadurch Einhalt zu gebieten, daß er in Ausnahmefällen einer eigensüchtigen Interessenverfolgung einen individuellen Rechtsmißbrauch sieht. In der Zukunft wird die Frage größere Beachtung finden müssen, ob der Anfechtungskläger und die an der Androhung und Durchführung der Klage beteiligten Anwälte gemäß § 826 BGB zum Schadensersatz heranzuziehen sind (ansatzweise nun schon BGH, AG 1992, 317). **668**

Neuntes Kapitel

Die Kommanditgesellschaft auf Aktien

§ 35. Die Kommanditgesellschaft auf Aktien als Mischform aus Elementen der Aktiengesellschaft und Kommanditgesellschaft

Schrifttum: Elschenbroich, Die Kommanditgesellschaft auf Aktien, 1959; Fischer, Die Kommanditgesellschaft auf Aktien nach dem Mitbestimmungsgesetz, 1982; H. A. Graf, Die Kapitalgesellschaft & Co. KG auf Aktien. Gesichtspunkte der Unternehmensformwahl und Zulässigkeit der Gesellschaftsrechtsform. Augsburger Rechtsstudien Bd. 14, 1993; Kallmeyer, Rechte und Pflichten des Aufsichtsrates in der Kommanditgesellschaft auf Aktien, ZGR 83, 57 ff.; Martens, Der Beirat in der Kommanditgesellschaft auf Aktien, AG 82, 113 ff.; derselbe, Mitbestimmung, Konzernbildung und Gesellschaftereinfluß, ZHR 138 (1974), 179 ff.; Mertens, Zur Existenzberechtigung der Kommanditgesellschaft auf Aktien, in: FS Barz, S. 253 ff.; Reuter/Körnig, Mitbestimmung und gesellschaftsrechtlich Gestaltungsfreiheit, ZHR 140 (1976), 494 ff.; Steindorf, Kommanditgesellschaft auf Aktien und Mitbestimmung, in: FS Ballerstedt, S. 127 ff.; Wiesner, Die Enthaftung ausgeschiedener persönlich haftender Gesellschafter einer KGaA, ZHR 148 (1984), 56 ff.

I. Begriff, Bedeutung und Organe der Kommanditgesellschaft auf Aktien

1. Überblick

669 Die Kommanditgesellschaft auf Aktien ist eine Mischform, in der Elemente der Aktiengesellschaft und der Kommanditgesellschaft miteinander verbunden sind. Die Kommanditgesellschaft auf Aktien ist eine juristische Person. Von der Aktiengesellschaft unterscheidet sie sich dadurch, daß es zwei Arten von Gesellschaftern gibt:
– die Kommanditaktionäre, die das in Aktien zerlegte Grundkapital

halten und die für die Verbindlichkeiten der Kommanditgesellschaft nicht haften, und
- mindestens einen persönlich haftenden Gesellschafter, der eine ähnliche Stellung einnimmt wie der Komplementär einer Kommanditgesellschaft.

Der Anzahl nach gesehen spielt die Kommanditgesellschaft auf Aktien in der Praxis keine bedeutende Rolle. Am 31. Dezember 1989 gab es in Deutschland nur 27 Kommanditgesellschaften auf Aktien mit einem Grundkapital von 2016 Millionen DM (vgl. Graf, S. 1 ff.). Die Anzahl bedeutender Unternehmen hat insbesondere in der Zeit vor und nach der Verabschiedung des Mitbestimmungsgesetzes 1976 zugenommen (z.B. Henkel KGaA 1974, Friedrich Flick Industrieverwaltung KGaA 1977, Michelin Reifenwerke KGaA 1977, Klöckner & Co KGaA 1984).

2. Die Organe der Kommanditgesellschaft auf Aktien

Die Stellung der persönlich haftenden Gesellschafter entspricht der der Komplementäre einer Kommanditgesellschaft. Für alle Verbindlichkeiten der Gesellschaft haften sie daher den Gläubigern der Gesellschaft unbeschränkt. Ihre Haftung kann nicht beschränkt werden. Geht eine Kommanditgesellschaft auf Aktien in Konkurs, haftet der Komplementär für die Schulden der Kommanditgesellschaft auf Aktien auch persönlich mit seinem Privatvermögen, während die Kommanditaktionäre von jeder persönlichen Haftung befreit sind. **670**

Die persönlich haftenden Gesellschafter haben Vertretungsmacht. Ihnen steht die Geschäftsführung zu (vgl. auch § 283 AktG). Sie können ihre Stellung allein aus der Satzung, d.h. ohne Einwirkungsmöglichkeiten von Aufsichtsrat und Hauptversammlung herleiten; ihre Stellung ist damit eine wesentlich unabhängigere als die des Vorstandes einer Aktiengesellschaft. Andererseits kann die Satzung die Stellung der Komplementäre aber auch wesentlich schwächer ausgestalten.

671 Ob der persönlich haftende Gesellschafter bei einer Kommanditgesellschaft auf Aktien auch eine juristische Person oder nur eine natürliche Person sein kann, ist heftig umstritten. Das OLG Hamburg (NJW 1969, 1030) hält die GmbH & Co KGaA für zulässig. Die herrschende Meinung in der Literatur (vgl. u. a. Würdinger, § 56 I; G. Hueck, Gesellschaftsrecht, § 33 III mit weiteren Nachw.) geht davon aus, daß die für Komplementäre der KGaA geltende Regelung in den Einzelheiten ganz auf natürliche Personen ausgerichtet ist und juristische Personen deshalb nicht Komplementäre einer KGaA sein können. Demgegenüber vertritt Graf (vgl. S. 266) die Meinung, eine gesetzliche Zulässigkeitsvermutung aus § 278 AktG gegen die Zulässigkeit der Kapitalgesellschaft & Co. KG auf Aktien bestehe nicht; aus den Aktienrechtsreformen, der GmbH-Novelle und dem Bilanzrichtliniengesetz lasse sich ein gegenteiliger Standpunkt des Gesetzgebers nicht belegen. Nach Ansicht von Graf (S. 266) läßt dagegen das Kultur- und Stiftungsförderungsgesetz den eindeutigen Willen des Gesetzgebers für die Zulässigkeit der Kapitalgesellschaft & Co. KG auf Aktien erkennen. Der herrschenden Meinung in der Literatur ist nicht zuletzt mit dem Hinweis darauf zuzustimmen, daß, ließe man eine juristische Person als Komplementär einer KGaA zu, zusätzliche Umgehungsmöglichkeiten sowohl im Bereich der Mitbestimmung als auch im Recht der verbundenen Unternehmen eröffnet würden (so zutreffend G. Hueck, Gesellschaftsrecht, § 33 III).

672 Für die Kommanditaktionäre ist grundsätzlich das Aktienrecht anzuwenden. Sie bilden die Hauptversammlung nach den aktienrechtlichen Vorschriften. Die Komplementäre haben in der Hauptversammlung kein Stimmrecht, es sei denn, sie besäßen Aktien und seien deshalb zugleich Kommanditaktionäre. Aber auch wenn sie zugleich Kommanditaktionäre sind, können die Komplementäre ein Stimmrecht in der Hauptversammlung nicht ausüben bei der Wahl und Abberufung des Aufsichtsrats, der Entlastung der persönlich haftenden Gesellschafter und bei einigen anderen der in § 285 AktG genannten Gelegenheiten.

Auch für den kraft zwingenden Rechts zu bildenden Aufsichtsrat der Kommanditgesellschaft auf Aktien gelten dieselben Vorschriften wie für den Aufsichtsrat der Aktiengesellschaft. Darüber hinaus hat der Aufsichtsrat, soweit die Satzung keine andere Regelung trifft, die Beschlüsse der Hauptversammlung auszuführen und insoweit Aktionärsinteressen wahrzunehmen und durchzusetzen (§ 287 AktG).

673 Scheidet ein persönlich haftender Gesellschafter aus der KGaA aus, so haftet er gemäß § 278 Abs. 2 AktG i. Vb. m. §§ 161 Abs. 2, 128, 159 HGB für die vor seinem Ausscheiden begründeten Verbindlichkeiten

auch noch nach seinem Ausscheiden; § 159 HGB ist anwendbar (Zweifel an der Anwendung dieser Vorschriften äußert Wiesner, ZHR 148 (1984), 56 ff.).

II. Die Auswirkungen des Mitbestimmungsgesetzes auf die Kommanditgesellschaft auf Aktien

Das Mitbestimmungsgesetz 1976 findet auch auf die Kommanditge- **674**
sellschaft auf Aktien Anwendung (§ 1 Abs. 1 MBG). Im Gegensatz zu den übrigen vom Mitbestimmungsgesetz erfaßten Gesellschaftsformen bestellt aber bei der Kommanditgesellschaft auf Aktien nicht der paritätisch zusammengesetzte Aufsichtsrat die Mitglieder des zur gesetzlichen Vertretung des Unternehmens befugten Organs (§ 31 Abs. 1 S. 2 MBG). Die persönlich haftenden Gesellschafter werden durch die Satzung bestimmt. In der mitbestimmten Kommanditgesellschaft auf Aktien ist kein Arbeitsdirektor zu bestellen (§ 33 Abs. 1 S. 2 MBG).

Da der Aufsichtsrat das gesetzliche Vertretungsorgan (den oder die persönlich haftenden Gesellschafter) weder bestellen noch abberufen kann, sind die persönlich haftenden Gesellschafter der Kommanditgesellschaft auf Aktien in ihrer Stellung weitgehend unabhängig (vgl. Martens, ZHR 138 [1974], 179, 212 ff.; Reuter/Körnig, ZHR 140 [1976], 494, 514 ff.). Dem mitbestimmten Aufsichtsrat verbleiben das Recht zur Überwachung der Geschäftsführung und die eng damit zusammenhängenden Berichts- und Informationsansprüche. Die mitbestimmungsrechtliche Sonderregelung für die Kommanditgesellschaft auf Aktien findet ihren Grund und ihre Rechtfertigung in der teilweise personenrechtlichen Ausgestaltung der Kommanditgesellschaft auf Aktien, insbesondere in der unbeschränkten Haftung der persönlich haftenden Gesellschafter (vgl. Reuter/Körnig, ZHR 140 [1976], 516; Martens, ZHR 138, 212; kritisch Steindorf, in: FS Ballerstedt, 127, 130 ff.).

Zehntes Kapitel

Die Gesellschaft mit beschränkter Haftung

§ 36. Der Begriff der GmbH und die Bedeutung der GmbH für das Wirtschaftsleben

Schrifttum: B. Dauner-Lieb, Durchbruch für die Anwalts-GmbH?, GmbH-Rdsch. 1995, 259 ff.; Immenga, Die personalistische Kapitalgesellschaft, 1970; Scholz-H. P. Westermann, Einleitung vor § 1 GmbHG; Ulmer, Die GmbH und der Gläubigerschutz, GmbH-Rdsch. 1984, 256 ff.

I. Begriff und Rechtsnatur der GmbH

675 Die Gesellschaft mit beschränkter Haftung (GmbH) ist eine mit Rechtspersönlichkeit ausgestattete Gesellschaft (juristische Person), an der sich die Gesellschafter mit Einlagen auf das in Stammanteile zerlegte Stammkapital beteiligen, ohne persönlich für die Verbindlichkeiten der Gesellschaft zu haften. Die GmbH kann zu jedem vom Gesetz zugelassenen Zweck errichtet werden (§ 1 GmbHG); sie ist eine Handelsgesellschaft und als solche stets Kaufmann (§ 6 HGB). Wenn die GmbH auch ebenso wie die Aktiengesellschaft eine juristische Person ist, so hat sie doch manche Ähnlichkeit mit den Personengesellschaften. Die Nähe zur Personengesellschaft wird z. B. dadurch deutlich, daß die Gesellschafter die innere Struktur der Gesellschaft ohne wesentliche Einschränkungen frei regeln können. Die gesetzlichen Vorschriften über das Innenverhältnis der Gesellschafter sind grundsätzlich abdingbar, während die Struktur der Aktiengesellschaft fast völlig durch zwingendes Recht festgelegt wird. Die hohe Anpassungsfähigkeit im Hinblick auf das Verhältnis der Gesellschafter untereinander bei der GmbH hat den wichtigen Vorteil, daß die GmbH durch den Gesellschaftsvertrag weitgehend so ausgestaltet werden kann, wie die Zwecke

der Gesellschaft dies verlangen, Gesellschafter können ihre Beziehungen in der Gesellschaft z.B. in erheblichem Umfange nach den für Personengesellschaften geltenden Grundsätzen ordnen (Immenga, S.104).

Die GmbH kann wie jede andere natürliche oder juristische Person Gesellschafter einer anderen Gesellschaft sein.

Beispiel: Die „Wurstwaren Dornseifen-GmbH" kann mit dem Metzger Panschmann eine Kommanditgesellschaft gründen, deren Betrieb auf einen Fleischhandel gerichtet ist. Haben die „Wurstwaren Dornseifen-GmbH" und Panschmann vereinbart, daß die GmbH der persönlich haftende Gesellschafter und Panschmann Kommanditist sein soll, handelt es sich um eine GmbH & Co KG.

Die GmbH & Co KG hat als eine der möglichen Gesellschaftsformen, an denen eine GmbH als Gesellschafterin beteiligt sein kann, erhebliche wirtschaftliche Bedeutung erlangt. Ihre Verwendung ist besonders dann zweckmäßig, wenn die Gesellschafter der GmbH und der Kommanditgesellschaft dieselben Personen sind und eine allseitige Haftungsbeschränkung erreichen wollen; als Gesellschafter der GmbH haften diese Personen überhaupt nicht, als Kommanditisten der GmbH & Co KG haften sie nur beschränkt mit ihrer Einlage, soweit diese noch nicht an die GmbH & Co KG geleistet wurde (vgl. oben Rdnr. 394). Ein weiterer Hauptzweck für die häufige Verwendung der GmbH & Co KG als Gesellschaftsform war die Vermeidung der bis zum 1.1. 1977 bestehenden Doppelbesteuerung der Gewinne bei der GmbH mit der Körperschaftsteuer und bei den Gesellschaftern nochmals mit der Einkommensteuer. Seitdem die Doppelbesteuerung dieser Art nicht mehr besteht, wird die GmbH & Co KG überwiegend zu dem Zweck verwandt, die persönliche Haftung den Gläubigern der Gesellschaft gegenüber auszuschließen. **676**

II. Die Bedeutung der GmbH für das Wirtschaftsleben in der Bundesrepublik Deutschland

Die GmbH hat sich seit ihrer Einführung durch den Gesetzgeber im **677**
Jahre 1892 schnell zu einer bevorzugten Gesellschaftsform entwickelt. Während die Zahl, nicht aber der Umsatz der Aktiengesellschaften

wegen der Konzentrationsvorgänge ständig abgenommen hat, ist die Zahl der Gesellschaften mit beschränkter Haftung in den letzten Jahrzehnten ständig gestiegen. Ende 1991 gab es in der Bundesrepublik Deutschland 465 660 Gesellschaften mit beschränkter Haftung mit einem Stammkapital von ca. 209 Milliarden DM (Zahlen aus: Statistisches Jahrbuch 1992). Bis Ende 1992 stieg die Zahl der Gesellschaften mit beschränkter Haftung auf 549 659 mit einem Stammkapital von ca. 246 Milliarden DM. Für den Beginn des Jahres 1995 wird der GmbH-Bestand auf mehr als 650 000 Gesellschaften geschätzt (vgl. H. Hansen, GmbH-Rdsch. 1995, 507).

678 Schon diese Zahlen zeigen, daß die Bedeutung der GmbH für das Wirtschaftsleben in der Bundesrepublik Deutschland erheblich ist.

Die Möglichkeiten, die die GmbH bietet, sind Vorzüge vielerlei Art. Sie führen dazu, daß die meisten Neugründungen in der Gesellschaftsform der GmbH erfolgen. Zu diesen Vorzügen zählen:

a) Die GmbH ist juristische Person. Den Gläubigern haftet deshalb nur das Gesellschaftsvermögen. Die Gesellschafter haften nicht mit ihrem Privatvermögen.

b) Die GmbH kann zu jedem Zweck gegründet werden; sie muß kein Handelsgewerbe betreiben.

c) Da das Verhältnis der Gesellschafter untereinander nur durch wenige zwingende gesetzliche Vorschriften bestimmt wird, kann die GmbH über den Gesellschaftsvertrag den Besonderheiten des Einzelfalles besonders gut angepaßt werden.

d) Das Gesetz beschränkt die Zahl der Gesellschafter nicht. Während nach altem Recht zur Gründung einer GmbH mindestens zwei Personen erforderlich waren, ist seit dem Inkrafttreten der Novellierung des GmbH-Gesetzes am 1. Januar 1981 auch die Gründung einer *Einmann-GmbH* zulässig (vgl. § 1 GmbHG). Durch diese Möglichkeit kann ein Einzelunternehmer seinen Betrieb ohne jegliche persönliche Haftung führen. Bereits nach altem Recht konnte allerdings im Ergebnis auch eine GmbH gegründet werden, hinter der letztlich nur eine Person stand. Dies geschah auf die Weise, daß das zweite Gründungsmitglied nach der Gründung seinen Geschäftsanteil an das erste abtrat. Dieser umständliche Weg entfällt nunmehr.

Rdnr. 678

e) Ein Wechsel der Gesellschafter ist im Gegensatz zur OHG und KG ohne große Schwierigkeiten unter Lebenden wie auch von Todes wegen möglich. Die Übertragung des Gesellschaftsanteils erfolgt unter Lebenden durch einen notariell zu beurkundenden Vertrag, der grundsätzlich nicht der Zustimmung der Gesellschafter unterliegt.

f) Die Gründung einer GmbH ist, was das zur Gründung notwendige Kapital anbetrifft, relativ einfach. Das Mindestkapital beträgt lediglich DM 50000,– (bis zum Inkrafttreten der Neuregelung am 1.1. 1981 waren DM 20000,– ausreichend).

g) Für Familienunternehmen ist die GmbH eine geeignete Gesellschaftsform, weil ein oder mehrere Geschäftsführer, die nicht Gesellschafter sein müssen, das Unternehmen leiten können, wenn es an geeigneten oder am Unternehmen interessierten Familienmitgliedern fehlt.

h) Geschäftsführergehälter sind als Betriebsausgaben zu verbuchen und verringern den zu versteuernden Gewinn.

Nachdem die sog. Anwalts-GmbH, d.h. der Zusammenschluß von Rechtsanwälten zur gemeinsamen Berufsausübung in einer GmbH, erstmals für zulässig erklärt worden ist (vgl. dazu oben Rdnr. 37), ist die GmbH für die Angehörigen der freien Berufe eine noch interessantere Rechtsform geworden (vgl. zu den Einzelheiten B. Dauner-Lieb, GmbH-Rdsch. 1995, 259ff.).

Das Recht der GmbH ist im wesentlichen im GmbH-Gesetz von **679**
1892 geregelt, das zuletzt durch die am 1.1. 1981 in Kraft getretene Novellierung in wichtigen Punkten geändert worden ist.

In der Vergangenheit ist die Rechtsform der GmbH vielfach zur Begehung schwerer Betrugsdelikte mißbraucht worden. Die Konkursanfälligkeit der GmbH ist überdurchschnittlich hoch. Unabhängig vom Konkursverlauf scheitern in weit über 50% der Fälle die Konkurseröffnungen mangels Masse. 1982 wurden gar 71,7% aller GmbH-Konkursanträge mangels Masse abgelehnt (vgl. Ulmer, GmbH-Rdsch. 1984, 256 mit Nachweisen). Ursache der häufigen Mißstände waren der Ausschluß der persönlichen Haftung der Gesellschafter bei einem sehr geringen Grundkapital (bis zum 1.1. 1981 DM 20000,–, nun DM 50000,–) und das Fehlen der unabhängigen Prüfung der Rechnungslegung der Gesellschaft. Durch diese Gefahren genießt die GmbH im allgemeinen keinen guten Ruf. Ihre Kreditbasis ist daher in der Regel schmaler als diejenige einer OHG, KG oder AG gleicher Größe. Nachdem bereits vor Jahrzehnten auf die mit riesigen Schäden verbundenen Mißstände hingewiesen worden war, hat man sich seit den sechziger Jahren verstärkt um eine Reform des GmbH-Rechts bemüht. Nach mehreren Entwürfen eines völlig neuen GmbH-Gesetzes ist am 1.1. 1981 das Gesetz zur Änderung des Gesetzes betreffend die Gesellschaften mit beschränkter Haftung und anderer handelsrechtlicher Vorschriften in Kraft getreten, durch welches das GmbH-Gesetz von 1892 zwar geändert, aber im wesentlichen beibehalten worden ist. Ziel der Novelle ist es vor allem, den Schutz der Gesellschaftsgläubiger zu verbessern sowie die Vorschriften des Gesetzes an die praktischen Erfordernisse der Zeit anzupassen. Dabei wird der teilweise in den früheren Entwürfen enthaltene Perfektionismus und damit eine Bürokratisierung im Bereich des Sachgründungsrechts vermieden. Ein Hauptakzent liegt aus den oben genannten Gründen auf der Verbesserung des Gläubigerschutzes. Neben der Anhebung des Mindestkapitals sind vor allem die Vorschriften über Sacheinlagen verschärft (§§ 5 Abs. 4, 9 ff., 57 a GmbHG) und Sonderregelungen über Gesellschafterdarlehen eingeführt worden (§§ 32 a u. b GmbHG).

§ 37. Errichtung und Entstehung der GmbH

Schrifttum: Flume, Zur Enträtselung der Vorgesellschaft, NJW 1981, 1753 ff.; Koch, Die Beteiligung einer Gesellschaft bürgerlichen Rechts an der GmbH-Gründung, ZHR 146 (1982), 118 ff.; W.-H. Roth, Die Gründerhaftung im Recht der Vor-GmbH, ZGR 1983, 597 ff.; K. Schmidt, Die Vor-GmbH als Unternehmerin und als Komplementärin, NJW 1981, 1345 ff.; derselbe, Grundzüge der GmbH-Novelle, NJW 1980, 1769 ff.; derselbe, Theorie und Praxis der Vorgesellschaft nach gegenwärtigem Stande, GmbH-Rdsch. 1987, 72 ff.; D. Schultz, Rechtsfragen der Vor-GmbH im Lichte der jüngsten höchstrichterlichen Rechtsprechung – BGHZ 80, 129, JuS 1982, 732 ff.; Ulmer, Die wirtschaftliche Neugründung einer GmbH unter Verwendung eines GmbH-Mantels, BB 1983, S. 1116 ff.

I. Der Gesellschaftsvertrag

Wie jede Gesellschaft beruht auch die Gesellschaft mit beschränkter Haftung auf einem Vertrag, den die Gesellschafter miteinander abschließen (Gesellschaftsvertrag). Der Gesellschaftsvertrag, auch *Satzung* der GmbH genannt, erfüllt eine doppelte Funktion: **680**

– er enthält einerseits die *Einigung der Gründer* über die Errichtung der GmbH, die Zweckbestimmung der Gesellschaft, die von den Gesellschaftern übernommenen Verpflichtungen zur Leistung der Beiträge und die Aufteilung der Geschäftsanteile;
– andererseits bildet der Gesellschaftsvertrag (die Satzung) die *Grundlage der Gesellschaft* und prägt sowohl Charakter und Aufbau der GmbH als juristische Person, als auch die Beziehungen der in der Zukunft hinzutretenden Gesellschafter zur GmbH und untereinander (so Ulmer in Hachenburg, § 2 GmbHG Rdnr. 4).

Das Gesetz schreibt für den Gesellschaftsvertrag einen *Mindestinhalt* **681**
vor (§ 3 GmbHG). Dazu gehört die Einigung der Gesellschafter (Gründer) über:

a) den Gegenstand des Unternehmens,
b) die Firma und den Sitz des Unternehmens,
c) den Betrag des Stammkapitals,
d) den Betrag der von jedem Gesellschafter auf das Stammkapital zu leistenden Einlage (Stammeinlage).

Das *Stammkapital der GmbH* entspricht dem Grundkapital bei der Aktiengesellschaft. Es ist die Kapitalgrundlage der GmbH und entspricht grundsätzlich der Summe der von den Gesellschaftern übernommenen Stammeinlagen.

Der Abschluß des Gesellschaftsvertrages bedarf der notariellen Form. Der Gesellschaftsvertrag muß von allen Gesellschaftern unterzeichnet sein (§ 2 GmbHG).

II. Die Entstehung der GmbH

1. Überblick über den Entstehungsvorgang

682 Ähnlich wie die Aktiengesellschaft entsteht auch die GmbH in mehreren Abschnitten. In der Regel beginnt der eigentliche Entstehungsvorgang mit dem Abschluß des Gesellschaftsvertrages. Dies ist jedoch meist nicht die erste Stufe der Entwicklung. Fast immer treffen diejenigen Personen, die eine GmbH gründen wollen, schon vor dem Abschluß des Gesellschaftsvertrages verbindliche Abreden im Hinblick auf die Errichtung der Gesellschaft.

Beispiel: Bertram, Klose und Freske erörtern am abendlichen Stammtisch die Möglichkeit, eine GmbH zu gründen, die auf einem Grundstück der zu gründenden GmbH Eigentumswohnungen errichten und an Interessenten veräußern soll. Sie errechnen die möglichen Gewinne und äußern übereinstimmend, der Sache näher treten zu wollen. Hier ist die Möglichkeit, eine GmbH gründen zu wollen, lediglich erörtert worden, ohne daß sich diejenigen, die darüber gesprochen haben, rechtlich binden wollten. Bertram, Klose und Freske haben deshalb keine Willenserklärungen abgegeben, die eine rechtliche Bindung herbeigeführt haben.

683 Sobald die Verhandlungen über die Gründung einer GmbH ihren unverbindlichen Charakter verloren und zu rechtsverbindlichen Vereinbarungen zwischen den Personen geführt haben, die eine GmbH errichten wollen, beginnt die erste Phase der Gründung. Diese Phase ist in der Regel erreicht, wenn die Gründer *vertragliche Vereinbarungen* über den Zweck und die Ausgestaltung der zu gründenden GmbH sowie über die Höhe des Stammkapitals getroffen haben.

Zu dem oben genannten **Beispiel:** Bertram, Klose und Freske kommen überein, eine Bauträger-GmbH zu gründen, die auf einem noch zu erwerbenden Grundstück Eigentumswohnungen bauen und veräußern soll. Das Stammkapital soll DM 300 000,– betragen und zu je einem Drittel von jedem Gesellschafter aufgebracht werden. Sie beschließen, alle Anstrengungen zu unternehmen, um die GmbH möglichst bald zu errichten. Bertram und Klose verhandeln bereits mit der Westfälischen Bank AG über einen Kredit, Freske bemüht sich, ein geeignetes Grundstück für die GmbH zu erwerben. In diesem Stadium haben die Gespräche, die die Gründer der GmbH miteinander geführt haben, ihren rechtlich unverbindlichen Charakter verloren.

Nach Ansicht des BGH (BGHZ 78, 311) können Gesellschafter des bürgerlichen Rechts bei der Errichtung der GmbH gemeinsam eine Stammeinlage mit der Folge übernehmen, daß der so erworbene Geschäftsanteil Gesamthandsvermögen wird, nachdem im älteren Schrifttum mit Hinblick auf die der BGB-Gesellschaft fehlende Partei-und Rechtsfähigkeit verneint worden war, daß die BGB-Gesellschaft als Gründer einer GmbH auftreten könne. Mit Recht verweist der BGH (BGHZ 78, 311, 313) darauf, daß das GmbHG keine ausdrückliche Regelung darüber enthält, ob eine Personenmehrheit wie die BGB-Gesellschaft Gründer einer GmbH sein kann, sich aus § 18 GmbHG allerdings ergebe, daß auch eine Personengesamtheit Inhaberin eines ungeteilten Geschäftsanteils mit allen darauf beruhenden gemeinschaftlich wahrzunehmenden Mitgliedschaftsrechten und -pflichten sein kann (kritisch dazu Koch, ZHR 146 [1982], 118ff.). **684**

Die Firma der GmbH kann gemäß § 4 GmbHG eine Sachfirma oder eine Personenfirma sein; sie muß in allen Fällen die zusätzliche Bezeichnung „mit beschränkter Haftung" enthalten. Die *Sachfirma* muß dem Gegenstand des Unternehmens i.S. des § 3 Abs. 1 Nr. 2 GmbHG entlehnt sein und denselben für das Publikum erkennen lassen. Nach h.M. (vgl. OLG Hamm, OLGZ 1978, 38ff.) gilt für die Firma einer GmbH zusätzlich zu § 4 GmbHG die allgemeine Vorschrift des § 17 HGB. Daraus folgt, daß die Firma in jedem Falle dazu dient, eine Namensfunktion auszuüben (BGHZ 21, 66, 68ff.). Zum Inhalt der Namensfunktion gehört wesentlich, daß die Verkehrskreise die Kennzeichnung als individualisierenden Hinweis auf das Unternehmen ansehen. Deshalb soll sich derjenige, der eine Firma nennt oder hört, darunter nur dieses und kein anderes Unternehmen vorstellen. Diese Kennzeichnungskraft fehlt den Branchen- oder Gattungsbezeichnungen, die bei Lesern und Hörern nicht die Assoziation mit einem bestimmten Unternehmen wecken (so OLG Hamm, OLGZ 1978, 38ff.). **685**

Beispiel (nach OLG Hamm, OLGZ 1978, 38ff.): Die Firma „Industrie- und Baubedarf Gesellschaft mit beschränkter Haftung" ist eine bloße Branchenbezeichnung. Es fehlt die für eine Sachfirma notwendige Kennzeichnungs- und Unterscheidungskraft. Die Sachfirma einer GmbH bedarf eines individualisierenden Zusatzes, um der Namensfunktion der Firma gerecht zu werden.

686 Die Personenfirma einer GmbH muß den Namen mindestens eines Gesellschafters enthalten (§ 4 Abs. 1 GmbHG). Haben sich die Gesellschafter für eine Personenfirma entschieden, sind sie nicht daran gehindert, gleichwohl noch eine zusätzliche Sachfirmenbezeichnung hinzuzufügen. Letztere muß dann nicht von dem Gegenstand des Unternehmens entlehnt sein (OLG Bremen, OLGZ 1978, 42 ff.).

Wird durch eine Satzungsänderung die bisherige Firma geändert, so muß die neue Firma den Grundsätzen des § 4 GmbHG ebenso wie bei der erstmaligen Bildung einer Firma entsprechen (vgl. BayObLG WM 1984, 1535).

2. Die Vorgründungsgesellschaft

687 Werden vor dem Abschluß des Gesellschaftsvertrages der GmbH im Sinne der §§ 2 ff. GmbHG zwischen den Gründern verbindliche Vereinbarungen im Hinblick auf die Errichtung der GmbH getroffen, so entsteht damit eine *Vorgründungsgesellschaft*. Es handelt sich dabei um eine Gesellschaft bürgerlichen Rechts, deren gemeinsamer Zweck, der erreicht werden soll, die Vorbereitung der GmbH-Gründung ist (Ulmer in Hachenburg, § 11 GmbHG Rdnr. 17; BGH WM 1984, 1507).

Beispiel (nach BGH WM 1984, 1507): Die Ehepartner A u. B mieten von M ein Gebäude in der Absicht, darin ein Hotel in der Rechtsform einer noch zu gründenden GmbH zu betreiben. Spätestens mit Abschluß des Mietvertrages haben sich A u. B zu einer Gesellschaft bürgerlichen Rechts zusammengeschlossen, denn ihr Zusammenwirken bei Abschluß des Mietvertrages vor Gründung der GmbH läßt erkennen, daß sie sich dem gemeinschaftlichen Zweck verpflichtet haben, den Betrieb des Hotels durch die in Aussicht genommene GmbH bis zu deren Gründung durch bestimmte, auch rechtsgeschäftliche Maßnahmen vorzubereiten.

688 Auch diese BGB-Gesellschaft beruht auf einem Gesellschaftsvertrag. Der Gründungsvertrag, durch den sich mehrere Personen zur Gründung einer GmbH verpflichten, bedarf der Form des § 2 GmbHG (notarielle Form), da anderenfalls der mit der Form bezweckte Schutz vereitelt würde (so BGH WM 1988, 163 f.). War eine Verpflichtung

zur Gründung gewollt und ist diese wegen Formmangels nichtig, so scheitert ein Schadensersatzanspruch wegen Nichterfüllung mit dem Inhalt, so gestellt zu werden, als ob die GmbH gegründet worden wäre, an der Formnichtigkeit des Vorgründungsvertrages (so BGH WM 1988, 163, 164). Allenfalls kommt ein Anspruch aus culpa in contrahendo in Betracht, wenn die eine Partei den Vertragsschluß als sicher dargestellt und dann die Vertragsverhandlungen ohne triftigen Grund überraschend abgebrochen hat (vgl. BGH WM 1988, 163, 164. Dazu Brandes, WM 1988, Sonderbeilage Nr. 2, S. 3).

Eine auf diese Weise schon bestehende, die spätere GmbH-Tätigkeit vorbereitende Personenvereinigung hat mit der in Aussicht genommenen GmbH im Rechtssinne noch nichts zu tun. Es handelt sich um eine eigenständige Gesellschaft bürgerlichen Rechts oder, falls bereits ein vollkaufmännisches Handelsgewerbe betrieben wird, um eine OHG (vgl. BGHZ 22, 240). Für die Verbindlichkeiten haften alle Beteiligten unbeschränkt und persönlich. Da das GmbH-Recht noch keine Anwendung findet, gehen die entstandenen Rechte und Verbindlichkeiten mit der GmbH-Gründung *nicht* automatisch auf die Vorgesellschaft (Rdnr. 239 ff.) oder später auf die GmbH über (so BGHZ 91, 148; BGH GmbH-Rdsch 1992, 164). Allerdings kann eine die Mitglieder der Vorgründungsgesellschaft befreiende Schuldübernahme zwischen den entsprechenden Gläubigern und der Vor-GmbH vereinbart werden (vgl. BGH WM 1985, 479). Solange nicht der Gesellschaftsvertrag notariell beurkundet worden ist, greift die in § 11 Abs. 2 GmbHG bestimmte Haftung dessen, der im Namen der GmbH handelt, nicht ein (vgl. BGHZ 91, 148; BGH WM 1985, 479).

3. Die Vorgesellschaft

Der auf die Schaffung der Vorgründungsgesellschaft folgende Abschnitt im Verlauf des Gründungsgeschehens beginnt mit dem Abschluß des Gesellschaftsvertrages gemäß §§ 2 ff. GmbHG. Die GmbH entsteht allerdings noch nicht mit dem Abschluß des Gesellschaftsvertrages in notarieller Form. Mit dem *Abschluß des Gesellschaftsvertrages als dem Zeitpunkt der Errichtung* beginnt vielmehr ein Durchgangsstadium 689 im Gründungsvorgang der GmbH, das mit der *Eintragung der GmbH in das Handelsregister als dem Zeitpunkt der Entstehung der GmbH als juristischer Person* endet.

690 Mit dem Abschluß des Gesellschaftsvertrages haben die Gründer eine *Vorgesellschaft* (auch Vor-GmbH genannt) entstehen lassen, über deren Rechtsnatur und Verhältnis zur GmbH keine einheitliche Meinung besteht. Der BGH sieht in der mit dem Abschluß des Gesellschaftsvertrages entstehenden Vorgesellschaft „eine Organisation, die einem Sonderrecht untersteht, das aus den im Gesetz oder im Gesellschaftsvertrag gegebenen Gründungsvorschriften und dem Recht der rechtsfähigen GmbH, soweit es nicht die Eintragung voraussetzt, besteht" (BGHZ 21, 242, 246; 45, 338, 347; 51, 30, 32; 80, 129). Bei dieser Einordnung der Vorgesellschaft läßt sich der BGH davon leiten, daß die Vorgesellschaft durch die angestrebte Rechtsform der GmbH weitgehend vorgeprägt ist, sich von der GmbH aber durch die mangelnde Rechtsfähigkeit und den Zweck, der bei der Vorgesellschaft auf die Erlangung der Rechtsfähigkeit gerichtet ist, unterscheidet. Eine Vor-GmbH ist als ein auf die künftige juristische Person hin angelegtes Rechtsgebilde bereits körperschaftlich strukturiert und daher imstande, persönlich haftende Gesellschafterin einer KG zu sein (so BGHZ 80, 129; vgl. dazu K. Schmidt, NJW 1981, 1345 ff.; Flume, NJW 1981, 1753 ff.) Hinsichtlich der unter den Gesellschaftern und zwischen ihnen und der Gesellschaft bestehenden Verhältnisse unterliegt die Vorgesellschaft also schon denjenigen Rechtsregeln, die für die fertige GmbH gelten (vgl. K. Schmidt, GmbH-Rdsch. 1987, 77, 81 f.).

691 Schon vor der Eintragung der GmbH in das Handelsregister werden von den Gründern eine Reihe von Rechtsgeschäften mit Dritten getätigt, die nicht nur der Entstehung der GmbH dienen, sondern mit dem Zweck zusammenhängen, zu dem die GmbH gegründet wird. Für die Verbindlichkeiten der Vorgesellschaft, die vor allem durch Rechtsgeschäfte des Geschäftsführers im Rahmen seiner Vertretungsmacht begründet werden, haften die Gesellschafter mit dem Gesellschaftsvermögen. Da § 13 GmbHG noch keine Anwendung finden kann (der Vorgesellschaft fehlt die eigene Rechtspersönlichkeit), haften die Gesellschafter ganz allgemein persönlich, allerdings beschränkt auf die Höhe ihrer Einlage, soweit sie nicht schon erbracht ist (BGHZ 65, 378, 384; 72,

45; G. Hueck, Gesellschaftsrecht, § 32 II 3). Außerdem haften die Handelnden persönlich und gesamtschuldnerisch gem. § 11 Abs. 2 GmbHG. Dabei kann es zu einer Konkurrenz der sog. Handelndenhaftung aus § 11 Abs. 2 GmbHG mit der Haftung der Vorgesellschaft kommen (so BGHZ 80, 129, 136). Die Rechte und Pflichten aus solchen Geschäften gehen mit der Eintragung der GmbH voll auf diese über (BGHZ 80, 129 mit ausführlicher Begründung). Eine Folge des Überganges aller Verbindlichkeiten der Vorgesellschaft auf die GmbH bei deren Entstehung ist, daß die oben genannte persönliche Haftung der Gesellschafter erlischt. Als Schuldner haftet den Gläubigern nun die GmbH, auf die die Rechtsgeschäfte mit der Vorgesellschaft schließlich auch ausgerichtet waren (vgl. G. Hueck, Gesellschaftsrecht, § 35 II 4).

Der BGH (WM 1996, 581 ff.) hat neuerdings seine oben geschilderte Rechtsprechung zu dem Problem, ob die Gesellschafter einer Vor-GmbH für die Verbindlichkeiten dieser Gesellschaft unbeschränkt oder beschränkt haften, in Frage gestellt und den gemeinsamen Senat der obersten Gerichtshöfe des Bundes um eine Entscheidung gebeten. Damit hat sich der BGH der in der Literatur gegen die bisherige Rechtsprechung vorgebrachten Kritik (vgl. u. a. K. Schmidt, Gesellschaftsrecht, § 34 III 3c mit Nachweisen) nicht mehr verschlossen. Im Hinblick auf die Entscheidung der Frage, ob die Gesellschafter der Vor-GmbH für Geschäfte, die mit ihrer Zustimmung aufgenommen worden sind, beschränkt oder unbeschränkt haften, ist vor allem zu beachten, daß nach den allgemeinen Grundsätzen des bürgerlichen Rechts und des Handelsrechts derjenige, der als Einzelperson oder in Gemeinschaft mit anderen Geschäfte betreibt, für die daraus entstehenden Verpflichtungen haftet. Dieser Grundsatz gilt jedenfalls solange, wie er nicht durch gesetzliche Regelungen (wie z. B. §§ 171 ff. HGB) abgeändert wird oder der Gesellschafter mit dem Geschäftspartner im Rahmen des gesetzlich Zulässigen keine vertragliche Beschränkung der Haftung herbeiführt. Aus dieser gesetzlichen Konzeption kann gefolgert werden, daß auch außerhalb der gesetzlich geregelten Fälle nicht etwa die Annahme einer unbeschränkten, sondern diejenige einer beschränkten Haftung begründungsbedürftig ist. Der BGH (WM 1996, 581, 582) weist in diesem Zusammenhang auch noch darauf hin, daß einer ausdehnenden Anwendung des § 13 Abs. 2

GmbHG die Haftungsregelung des § 11 Abs. 2 GmbHG entgegensteht.

Bislang war nur von solchen Vor-GmbH's die Rede, die durch eine Eintragung in das Handelsregister zur GmbH und damit zur juristischen Person werden. Davon zu unterscheiden sind diejenigen Fälle, in denen die Eintragung scheitert oder nicht ernsthaft betrieben wird. Hier sprechen rechtsdogmatische Gründe für eine unbeschränkte Außenhaftung. Eine solche begründet Kübler (§ 24 III 1 c) mit dem allgemeinen Grundsatz, daß die gemeinsame Ausübung eines Grundhandelsgewerbes die Haftung gemäß § 128 HGB auch dann auslöse, wenn die Beteiligten diese Rechtsfolge nicht wünschen.

692 Der Übergang der Haftung *kann* bei Verbindlichkeiten, die mit einer satzungsgemäß eingebrachten Sacheinlage, wie z. B. einem Handelsgeschäft, notwendigerweise verbunden sind, zur Folge haben, daß der Wert des eingebrachten Gegenstandes den Betrag der dafür übernommenen Stammeinlage in Wirklichkeit nicht (oder nicht mehr) erreicht. In einem solchen Fall müssen die Gesellschafter der Gesellschaft gegenüber den Fehlbetrag gem. § 9 GmbHG in Geld ausgleichen (sog. *Differenzhaftung;* vgl. BGHZ 80, 129, 140). Der BGH (BGHZ 80, 129, 140 f.) will den in § 9 GmbHG verankerten Rechtsgedanken auch bei Bargründungen zur Geltung kommen lassen: Auch bei einer Bargründung haften die Gesellschafter der Gesellschaft (GmbH) gegenüber anteilig für die Differenz zwischen dem Stammkapital (abzüglich solcher Gründungskosten, die der Sache nach zu Lasten der GmbH gehen, wie z. B. Eintragungs- und Bekanntmachungsgebühren) und dem Wert des Gesellschaftsvermögens *im Zeitpunkt der Eintragung;* das schließt gegebenenfalls eine Ausfallhaftung gem. § 24 GmbHG ein. Auf diese Weise kann also eine beschränkte anteilige Nachzahlungspflicht der Gesellschafter entstehen (vgl. zur Problematik und zum Streitstand dazu W.-H. Roth, ZGR 1984, 597, 622 ff.; D. Schultz, JuS 1982, 732 ff.; G. Hueck, Gesellschaftsrecht, § 35 II 4 mit Nachw.). Da diese Haftung nicht auf die Höhe des Stammkapitals beschränkt ist, sondern unbegrenzt jede darüber hinausgehende Überschuldung ausgleicht, kommt es nicht darauf an, worauf die Kapitallücke zurückzuführen ist. Es kann sein, daß das Stammkapital durch Verbindlichkeiten der Vorgesellschaft wertmäßig geschmälert oder daß es, weil von den Gesellschaftern schon vor der Eintragung freiwillig aufgebracht, bis dahin verbraucht worden ist. Der BGH (BGHZ 105, 300 ff.) spricht in diesem Zusammenhang auch von *Unterbilanzhaftung* (vgl. auch BGHZ 124, 382).

693 Ein Personenzusammenschluß, der nicht dem Ziel dient, bloßes Durchgangsstadium bei der Entstehung einer GmbH zu sein, ist keine Vorgesellschaft im oben genannten Sinne (vgl. Rdnr. 240). Auf einen solchen Zusammenschluß ist das Recht derjenigen Gesellschaftsform anzuwenden, deren Tatbestandsmerkmale verwirklicht werden. Eine solche „unechte Vorgesellschaft" kann eine Gesellschaft bürgerlichen Rechts, aber auch eine OHG sein, wenn bereits ein vollkaufmännisches Handelsgewerbe betrieben wird (BGHZ 22, 240). Im letzteren Fall ist u. a. § 128 HGB anwendbar. Nichts anderes kann dann gelten, wenn bei einer Vorgesellschaft das ursprüngliche Ziel der Gründung einer GmbH später aufgegeben, gleichwohl aber ein Handelsgewerbe weiterbetrieben wird (vgl. zu weiteren Einzelheiten G. Hueck, Gesellschaftsrecht, § 35 II 5).

Die Haftung gemäß § 11 Abs. 2 GmbHG trifft nur die Handelnden. **694**
Darunter sind in der Regel die bereits bestellten Geschäftsführer zu verstehen. Allerdings können auch andere Personen als Handelnde im Sinne dieser Vorschrift angesehen werden, wie z.B. Gesellschafter (so BGH GmbH-Rdsch. 1961, 127). Der Handelnde haftet nach Inhalt und Umfang so, als sei das abgeschlossene Rechtsgeschäft bereits mit der GmbH zustande gekommen.

Bis 1984 hatte die herrschende Meinung (u. a.: RGZ 122, 172 ff.; **695**
BGH GmbH-Rdsch. 1962, 118; BGH LM Nr. 6 zu § 11 GmbHG) eine Haftung aus § 11 Abs. 2 GmbHG auch für solche Handlungen entstehen lassen, die noch vor dem Abschluß des Gesellschaftsvertrages getätigt werden. Die Haftung sollte überall dort entstehen, wo die Gesellschaft jedenfalls schon im Keim vorhanden ist, wo also durch die Verhandlungen zwischen den Gründern schon greifbare Ansätze zu der künftigen Gesellschaft geschaffen sind. Diese Rechtsprechung hat der BGH (BGHZ 91, 148 ff.) 1984 mit dem Hinweis darauf aufgegeben, daß sich die Rechtslage nach der „notariellen Gesellschaftsgründung" von dem vorher bestehenden Rechtszustand grundlegend unterscheide. Da die Vorgründungsgesellschaft eine eigenständige Gesellschaft bürgerlichen Rechts oder OHG ist, deren Rechte und Verbindlichkeiten nicht automatisch auf die Vor-GmbH (Vorgesellschaft) oder später auf die GmbH übergehen (vgl. Rdnr. 238), besteht zwischen der Vorgründungsgesellschaft und der Vor-GmbH (Vorgesellschaft) *keine* Kontinuität. Deshalb kann auch das GmbH-Recht – wie z.B. § 11 Abs. 2 GmbHG – auf die Zeit vor dem Gründungsvertrag nicht übergreifen (so überzeugend BGHZ 91, 148, 151 f.).

Solange der Gesellschaftsvertrag noch nicht notariell beurkundet ist, **696**
greift die Haftung nach § 11 Abs. 2 GmbHG also nicht ein (vgl. BGH WM 1985, 479).

Der BGH (BGHZ 91, 148, 151 f.) verweist mit Recht darauf, daß, wenn eine Person im Namen einer GmbH oder einer GmbH in Gründung auftritt, der wahre Rechtsträger aus dem (betriebsbezogenen) Rechtsgeschäft berechtigt und verpflichtet wird, falls der Handelnde bevollmächtigt war; fehlt die Vollmacht, haftet der Handelnde selbst nach § 179 BGB.

Die Haftung des Handelnden aus Geschäften, die er mit Ermächtigung aller Gründer im Namen der Gesellschaft abgeschlossen hat, erlischt ohne Rücksicht darauf, ob es sich um eine Sach- oder um eine Bargründung handelt, mit der Eintragung der GmbH (BGHZ 80, 182).

4. Die Eintragung in das Handelsregister

697 Vor der Eintragung in das Handelsregister ist durch Abschluß des Gesellschaftsvertrages oder durch einen danach gefaßten Beschluß der Gesellschafter ein Geschäftsführer zu benennen.

Ebenfalls vor der Eintragung in das Handelsregister sind $1/4$ von jeder Stammeinlage einzuzahlen; der Gesamtbetrag der erbrachten Bareinlagen zuzüglich der Sacheinlagen muß jedoch mindestens DM 25 000,– erreichen (§ 7 Abs. 2 GmbHG). Alle Stammeinlagen müssen von den Gründern selbst übernommen werden; Sacheinlagen sind zulässig. Wenn solche geleistet werden sollen, so müssen im Gesellschaftsvertrag der Gegenstand der Sacheinlage und der Betrag der Stammeinlage, auf die sich die Sacheinlage bezieht, festgesetzt sein (§ 5 Abs. 4 GmbHG). Falls der Wert der Sacheinlage im Zeitpunkt der Anmeldung der Gesellschaft zur Eintragung in das Handelsregister nicht den Betrag der dafür übernommenen Stammeinlage erreicht, hat der betreffende Gesellschafter gem. § 9 GmbHG eine Geldeinlage in Höhe des Fehlbetrages zu leisten (Differenzhaftung). Mit der Novellierung des GmbH-Gesetzes ist für Sacheinlagen insofern eine Sonderregelung eingeführt worden, als dieselben vor der Anmeldung der Gesellschaft so zu bewirken sind, daß sie endgültig zur freien Verfügung der Geschäftsführer stehen (§ 7 Abs. 3 GmbHG).

698 Nach der Rechtsprechung des BGH (vgl. BGHZ 118, 107 ff. mit Hinweisen) hat derjenige, der als sogenannter Hintermann mittelbar eine Beteiligung an einer GmbH über einen auf seine Rechnung handelnden Mittels- oder Strohmann hält (= Gesellschaftsgründung durch Strohmann), sowohl für die Aufbringung des Stammkapitals nach den §§ 19, 24 GmbHG als auch für dessen Erhaltung im Rahmen der §§ 30, 31 und der §§ 32a, 32b GmbH wie der unmittelbare Gesellschafter einzustehen. Die innere Berechtigung dafür ergibt sich für den BGH (BGHZ 118, 107, 111) aus der Notwendigkeit, im Interesse des Gläubigerschutzes für eine wirksame und praktikable Aufbringung und Erhaltung des Haftungsfonds der Gesellschaft zu sorgen, die unabdingbare Voraussetzung für das Privileg der bei Kapitalgesellschaften auf das Gesellschaftsvermögen beschränkten Haftung sind.

Im GmbHG findet sich keine ausdrückliche Regelung über die nachträgliche Umwandlung von im Gesellschaftsvertrag vereinbarten Bareinlagen in Sacheinlagen und umgekehrt. Die Umwandlung einer vereinbarten, aber noch nicht erbrachten Sacheinlage in eine Bareinlage durch einstimmigen Gesellschafterbeschluß ist grundsätzlich möglich. Hingegen ergibt sich aus §§ 5 und 19 GmbHG, daß die nachträgliche Umwandlung einer in der Satzung vereinbarten Bareinlage in eine Sacheinlage gegen Sinn und Zweck der zwingenden Vorschriften des § 19 Abs. 2 und 3 GmbHG verstößt und deshalb unzulässig ist.

Die Gesellschaft ist zur Eintragung in das Handelsregister anzumelden. Das Registergericht prüft, ob die Voraussetzungen vorliegen, unter denen es eine Eintragung vornehmen kann. Eine Gründungsprüfung, wie sie zum Schutze der Gesellschafter und von Dritten, die mit einer Aktiengesellschaft in Beziehung treten, bei der Aktiengesellschaft gesetzlich vorgeschrieben ist, gibt es bei der GmbH nicht. Der Gesetzgeber ist davon ausgegangen, auch zukünftig auf eine umständliche Gründungsprüfung verzichten zu können (vgl. K. Schmidt, NJW 1980, 1769, 1771). Allerdings hat nun eine intensive Prüfung durch das Registergericht stattzufinden. Sollen Sacheinlagen geleistet werden, haben die Gesellschafter dem Registergericht einen Sachgründungsbericht vorzulegen (§ 8 Abs. 1 Ziff. 4 GmbHG). Darin haben die Gesellschafter persönlich diejenigen Umstände darzutun, die für die Angemessenheit der Leistungen der Sacheinlagen wichtig sind. (§ 5 Abs. 4 S. 2 GmbHG). Bei einer Überbewertung der Sacheinlagen hat das Gericht die Eintragung der GmbH abzulehnen (§ 9c GmbHG). **699**

Die neu gegründete GmbH kann nur eingetragen werden, wenn der Gesellschaftsvertrag vollständig und in sich geschlossen in einem Schriftstück enthalten ist (BGH WM 1982, 698, 699). Gem. § 9c GmbHG hat das Registergericht bei der Anmeldung der GmbH zur Eintragung in das Handelsregister auch zu überprüfen, ob der Gesell- **700** schaftsvertrag wegen Verstoßes gegen eine gesetzliche Bestimmung nach § 134 BGB nichtig ist. Wenn dies der Fall ist, so ist die Eintragung abzulehnen (so OLG Köln, GmbH-Rdsch. 1984, 156f. mit der h.M. in der Literatur, u.a. Roth, § 9c GmbHG, Anm. 2.1 mit Nachw.).

Das OLG Köln (GmbH-Rdsch. 1984, 156f.) hat die Eintragung einer GmbH wegen der Nichtigkeit des Gesellschaftsvertrages gem. § 134 BGB abgelehnt. Das OLG hat den Gesellschaftsvertrag gem. § 134 BGB für nichtig erachtet, weil mit ihm das gesetzliche Verbot der Zuwiderhandlung gegen die einem Ausländer mit der Aufenthaltserlaubnis erteilten Auflagen umgangen werden sollte (Umgehung des Verbots einer selbständigen Erwerbstätigkeit oder einer vergleichbaren unselbständigen Erwerbstätigkeit).

Hat das Registergericht gegen die Eintragung der GmbH keine Bedenken, so nimmt es die Eintragung in das Handelsregister vor. Die Eintragung ist durch eine entsprechende Veröffentlichung bekanntzumachen (§ 10 GmbHG). Erst mit der Eintragung in das Handelsregister entsteht die GmbH als juristische Person mit eigener Rechtspersönlichkeit. Die Eintragung ist also ebenso wie bei der Aktiengesellschaft konstitutiv.

5. Die Gründerhaftung

701 Um die Beteiligten zur Einhaltung der Gründungsvorschriften zu zwingen, hat der Gesetzgeber in das novellierte GmbH-Gesetz eine neue, an die §§ 46ff. AktG angelehnte Gründerhaftung aufgenommen. Werden zum Zwecke der Errichtung einer GmbH falsche Angaben gemacht, so haben die Gesellschafter und die Geschäftsführer der Gesellschaft u.a. als Gesamtschuldner fehlende Einzahlungen zu leisten und für den sonst entstandenen Schaden Ersatz zu leisten (§ 9a Abs. 1 GmbHG).

Nach § 9a Abs. 2 GmbHG sind ferner alle Gesellschafter als Gesamtschuldner *der Gesellschaft* gegenüber zum Schadensersatz verpflichtet, wenn diese von Gesellschaftern durch Einlagen oder Gründungsaufwand vorsätzlich oder infolge grober Fahrlässigkeit geschädigt wird.

Die Gründerhaftung ist eine Haftung aus vermutetem Verschulden. § 9a Abs. 3 GmbHG gestattet den Gesellschaftern und den Geschäftsführern, den Entlastungsbeweis anzutreten.

Rdnr. 701

Um Hintermänner bei der Strohmanngründung zu erfassen, haften nach § 9a Abs. 4 GmbHG auch diejenigen Personen, für die die Gesellschafter Stammeinlagen übernommen haben. Dabei wird den Hintermännern auch das Verschulden des für ihre Rechnung handelnden Gesellschafters zugerechnet.

III. Die Gründung einer GmbH unter Ankauf eines GmbH-Mantels

Unter einem *GmbH-Mantelkauf* versteht man den Erwerb der Ge- **702**
schäftsanteile einer GmbH, die in der Regel ihren Betrieb eingestellt hat und über kein nennenswertes Vermögen mehr verfügt, durch eine oder mehrere Personen. Letztere verfolgen in der Regel das Ziel, die noch fortbestehende juristische Person für ihre eigenen, von denjenigen der bisherigen Gesellschafter regelmäßig stark abweichenden Zwecke zu verwenden (vgl. Ulmer, BB 1983, 1123, 1124). Auch wird häufig beabsichtigt, Gründungskosten und -formalitäten zu ersparen und die Aufbringung von Mindestkapital und Mindesteinlage zu vermeiden. Gerade letzteres hat Rechtsprechung und Wissenschaft bewogen, der Praxis von Mantelkauf und Mantelverwendung skeptisch gegenüberzustehen und die Nichtigkeit derartiger Rechtsgeschäfte wegen Gesetzesverstoßes (§ 134 BGB) und Verstoßes gegen die guten Sitten (§ 138 BGB) zu erörtern (vgl. dazu Scholz-Emmerich, GmbHG, § 3, Rdnr. 20 ff.). Die Gründung einer GmbH unter Ankauf eines GmbH-Mantels wird heute überwiegend für zulässig gehalten (vgl. u. a. OLG Hamburg, BB 1983, 1116; Ulmer, BB 1983, 1123; kritisch Scholz-Emmerich, GmbHG, § 3, Rdnr. 20 ff.). Mit Recht werden Probleme im Hinblick auf die Umgehung der Gründungsvorschriften, insbesondere betreffend die Mindestkapitalausstattung, gesehen. Um einen wirksamen Gläubigerschutz zu gewährleisten, sollten die für die Neugründung geltenden Grundsätze der §§ 5, 7 Abs. 2, 9 GmbHG etc. Anwendung finden. (vgl. Hueck in Baumbach/Hueck, § 3 Rdnr. 15).

§ 38. Die Verfassung der GmbH

Schrifttum: Eisenhardt, Zum Weisungsrecht der Gesellschafter in der nicht mitbestimmten GmbH, in: FS Pfeiffer, S. 839 ff.; Gaul, Information und Vertraulichkeit der Aufsichtsratsmitglieder einer GmbH, GmbH-Rdsch. 1986, 286 ff.; Klamroth, Auswirkung des Mitbestimmungsgesetzes auf die GmbH & Co KG, BB 1977, 305 ff.; Lindacher, Haftung des GmbH-Geschäftsführers und Einwand des Auswahl-und Überwachungsmitverschuldens, JuS 1984, 672 ff.; G. Müller, Zur Haftung des Gesellschafter-Geschäftsführers aus culpa in contrahendo und aus § 64 Abs. 1 GmbHG, ZIP 1993, 1531 ff.; U. H. Schneider, Die Abberufung des Gesellschafter-Geschäftsführers einer zweigliedrigen GmbH, ZGR 1983, 535 ff.; Sudhoff, Rechte und Pflichten des Geschäftsführers einer GmbH, 9. Aufl. 1976; Vollmar, Die mitbestimmte GmbH – Gesetzliches Normalstatut, mitbestimmungsrechtliche Satzungsgestaltungen und gesellschaftsrechtlicher Minderheitenschutz-, ZGR 1979, 135 ff. Zöllner/Noack, Geltendmachung von Beschlußmängeln im GmbH-Recht, ZGR 1989, 525 ff.

I. Unterschiede zur Aktiengesellschaft

703 Im Vergleich mit der Verfassung der Aktiengesellschaft ist die Verfassung der GmbH nicht nur einfacher, sie ist auch durch weniger zwingende Vorschriften des Gesetzes geprägt, läßt also den Gesellschaftern einen erheblich größeren Gestaltungsspielraum bei der Regelung der inneren Struktur der Gesellschaft.

Die GmbH hat nur zwei zwingend vorgeschriebene Organe, nämlich einen oder mehrere *Geschäftsführer* und die *Gesamtheit der Gesellschafter.* Die Bildung eines *Aufsichtsrates* liegt im Belieben der Gesellschafter. Sie können einen Aufsichtsrat bilden, müssen dies aber in der Regel nicht. Allerdings müssen Aufsichtsräte gebildet werden bei Gesellschaften mit beschränkter Haftung, für die die Mitbestimmungsgesetzgebung das vorschreibt.

Anders als bei der Aktiengesellschaft liegt der Schwerpunkt der Zuständigkeit bei der Gesamtheit der Gesellschafter, soweit der Gesellschaftsvertrag nicht etwas anderes vorsieht (§ 46 GmbHG).

II. Geschäftsführer

Die Geschäftsführer führen die Geschäfte der Gesellschaft und vertreten die Gesellschaft gerichtlich und außergerichtlich. Geschäftsführer kann nur eine natürliche, unbeschränkt geschäftsfähige Person sein. Auch Gesellschafter können zu Geschäftsführern bestellt werden (§ 6 Abs. 3 GmbHG). Die Zahl der Geschäftsführer wird durch die Satzung bestimmt. 704

Wer wegen einer Konkursstraftat (§§ 283–283 d StGB) verurteilt worden ist, kann auf die Dauer von fünf Jahren nicht zum Geschäftsführer bestellt werden. Ein Berufs- oder Gewerbeverbot führt zur Untauglichkeit für die Geschäftsführung für die Dauer des Verbots (§ 6 Abs. 2 GmbHG).

Beschränkungen der Vertretungsbefugnis, die dem Geschäftsführer durch die Satzung oder die Gesellschafter auferlegt werden, sind nur im Innenverhältnis wirksam. Gegenüber außenstehenden Dritten, z. B. Kunden oder Lieferanten der GmbH, haben sie keine Wirkung. 705

Beispiel: Kahlhoff ist alleiniger Geschäftsführer der „Neue Heimat Filmproduktion GmbH". Wenn Kahlhoff bei der Firma Adolf Gruner Büroausstatter im Namen der GmbH Möbel für insgesamt DM 29 000,– kauft, kommt ein Kaufvertrag zwischen der GmbH, für die Kahlhoff als Vertreter aufgetreten ist, und der Firma Gruner zustande, auch wenn Kahlhoff nach der Satzung der GmbH und nach seinem Dienstvertrag mit der GmbH den Kaufvertrag nur nach vorheriger Zustimmung der Gesellschafter hätte abschließen dürfen.

Die Geschäftsführer werden im Gegensatz zur Aktiengesellschaft durch den Gesellschaftsvertrag (§ 6 Abs. 3 GmbHG) oder von der Gesellschafterversammlung bestellt (§ 46 Ziff. 5 GmbHG). Ausnahmen hiervon gelten nur für Großbetriebe, die dem Mitbestimmungsgesetz unterliegen. Ein Geschäftsführer einer GmbH, die nicht der Mitbestimmung unterliegt, kann jederzeit abberufen werden (§ 38 Abs. 1 GmbHG). Allerdings kann der Gesellschaftsvertrag die Zulässigkeit der Abberufung auf den Fall beschränken, daß dieselbe aus wichtigen Gründen (z. B. grobe Pflichtverletzung oder Unfähigkeit zur ordnungsmäßigen Geschäftsführung) notwendig ist (§ 38 Abs. 2 GmbHG).

Gemäß § 46 Ziff. 5 GmbHG entscheidet die Gesellschafterver- 706
sammlung auch über die Entlastung der Geschäftsführer. In diesem

Rahmen befindet sie auch darüber, ob diese innerhalb der Grenzen, die Gesetz, Satzung oder Einzelanweisung ihrer unternehmerischen Entscheidungsfreiheit und Verantwortung ziehen, ihre unternehmerischen Entschließungen zweckmäßig getroffen, ob sie – mit anderen Worten – bei der Führung des Unternehmens eine „glückliche Hand" gehabt haben (so BGHZ 94, 324, 326f.). Bei der Beurteilung dieser Frage hat die Gesellschafterversammlung eine breite Spanne des Ermessens, die es ihr erlaubt, die Entlastung zu erteilen oder zu verweigern, ohne gegen das Gesetz zu verstoßen. Sie kann die Entlastung auch aus unsachlichen Gründen, also willkürlich verweigern, ohne daß der betroffene Geschäftsführer die Entlastung durch die Gesellschafterversammlung im Wege der Klage erzwingen kann. Der BGH (BGHZ 94, 324, 327) versagt eine solche Klagemöglichkeit mit der Begründung, daß auch eine willkürliche Entscheidung der Gesellschafter „regelmäßig zugleich indiziert, daß ihr Vertrauen in die Geschäftsführung – wenn auch unbegründet – unwiederbringlich verschüttet ist."

707 Das GmbHG unterscheidet nicht zwischen der Abberufung eines Gesellschafter-Geschäftsführers und der Abberufung eines Fremdgeschäftsführers. Problematisch ist, ob ein Gesellschafter, der zugleich Geschäftsführer ist, von der Ausübung des Stimmrechts ausgeschlossen ist, wenn über seine Abberufung abgestimmt wird. Diese Problematik verschärft sich noch, wenn der Gesellschafter-Geschäftsführer die Mehrheit der Anteile hält oder zusammen mit einem anderen Gesellschafter je zur Hälfte an der Gesellschaft beteiligt ist (vgl. dazu BGHZ 86, 122; dazu U.H. Schneider, ZGR 1983, 535ff.).

Der Bestellung als Geschäftsführer einer GmbH liegt ein von dieser zu unterscheidendes *Anstellungsverhältnis* zugrunde, das rein gesellschaftsrechtlicher Art sein kann, bei Fremdgeschäftsführern aber im Regelfall ein Dienstvertrag ist.

In einer GmbH, die dem Mitbestimmungsgesetz 1976 oder der Montanmitbestimmung unterliegt, erfolgt die Anstellung von Geschäftsführern ausschließlich durch den Aufsichtsrat (vgl. u.a. § 31 MBG). Auf die Bestellung und Abberufung von Geschäftsführern finden §§ 84, 85 AktG Anwendung. Außerdem ist ein Arbeitsdirektor als gleichberechtigter Geschäftsführer zu bestellen (vgl. u.a. § 33 MBG). Bestellungs- und Anstellungskompetenz liegen beim Aufsichtsrat. Das bedeutet: In der mitbestimmten GmbH ist der Aufsichtsrat auch für Abschluß, Änderung und Aufhebung der Anstellungsverträge mit Geschäftsführern und die dazu notwendigen Entscheidungen zuständig (BGHZ 89, 48).

Das Bestellungsrecht des Aufsichtsrats schließt es grundsätzlich nicht aus, daß der Gesellschaftsvertrag einer mitbestimmten GmbH über die im GmbHG (§ 6) genannten Voraussetzungen für die Bestellung zum Geschäftsführer hinaus weitere Qualifikationserfordernisse festlegt. Als solche Erfordernisse können z.B. in Betracht kommen: fachliche Qualifikationen, Staatsangehörigkeit, Anteilsbesitz und Zugehörigkeit zu einem bestimmten Personenkreis. Voraussetzung ist allerdings, daß die Eignungsvoraussetzung sachlich begründbar ist und daß für den mitbestimmten Aufsichtsrat noch eine angemessene Auswahlmöglichkeit besteht (so Scholz-Schneider, GmbHG, § 6, Rdnr. 25). Im Hinblick auf die Rechtsstellung des Arbeitsdirektors ist es in einem der Mitbestimmung unterliegenden Unternehmen unzulässig, dem Vorsitzenden der Geschäftsführung ein allgemeines Vetorecht einzuräumen (BGHZ 89, 48). **708**

Geschäftsführer, die ihre Pflicht verletzen, in den Angelegenheiten der Gesellschaft die Sorgfalt eines ordentlichen Geschäftsmannes anzuwenden, haften gemäß § 43 Abs. 2 GmbHG der *Gesellschaft* gegenüber solidarisch für den entstandenen Schaden. Den Gläubigern der GmbH gegenüber besteht eine direkte Haftung in der Regel nicht, es sei denn, es ist eine Haftung aus Delikt entstanden. In Betracht kommen Ansprüche aus § 826 BGB (vgl. OLG Düsseldorf WM 1993, 1747) und § 823 Abs. 2 BGB insbesondere bei Verletzung solcher Normen des GmbHG, die als Schutzgesetze zugunsten der Gläubiger anzusehen sind (vgl. Zöllner in: Baumbach/Hueck, § 43 GmbHG Rdnr. 4). In Betracht kann auch eine Eigenhaftung der Geschäftsführer aus culpa in contrahendo kommen (zu den Voraussetzungen vgl. u. a. BGHZ 87, 27 und BGH MDR 1983, 305. Aus neuester Zeit BGH WM 1993, 1882 = ZIP 1993, 763. Kritisch dazu G. Müller, ZIP 1993, 1531 ff.). **709**

III. Das Weisungsrecht der Gesellschafter

Die Gesellschafter können den Geschäftsführern gem. § 37 GmbHG *Weisungen* erteilen. Diese Weisungen, die gem. §§ 47, 48 GmbHG durch Gesellschafterbeschluß gebildet werden, können jede beliebige Angelegenheit der Geschäftsführung, auch der laufenden, **710** mit beliebigem Inhalt betreffen, so weit dies nicht durch die Satzung ausgeschlossen ist. Sie sind bindend.

Streitig ist, ob und gegebenenfalls wieweit den Gesellschaftern das oben beschriebene Weisungsrecht in der mitbestimmten GmbH zusteht. Unbestritten dürfte sein, daß auch in der mitbestimmten GmbH die Gesellschafterversammlung das oberste Organ geblieben ist. Die Gesellschafter entscheiden deshalb über die Grundsätze der Unternehmens- und Geschäftspolitik sowie auch über außergewöhnliche Geschäftsführungsmaßnahmen. Zu letzteren können z.B. zählen: Änderungen des Geschäftsgegenstandes, Aufnahme neuer Produktionen und der Erwerb von Beteiligungen. Gestützt auf § 37 Abs. 1 GmbHG können den Geschäftsführern Weisungen auch unterhalb der Ebene der Grundsätze der Unternehmens- und Geschäftspolitik sowie für außergewöhnliche Geschäftsführungsmaßnahmen erteilt werden. Die Weisungsbefugnis der Gesellschafter kann sich in der mitbestimmten GmbH allerdings nur auf grundsätzliche und wesentliche Angelegenheiten beziehen, nicht aber auf die laufenden Tagesgeschäfte (so Fitting-Wlotzke-Wißmann, § 25 MBG Rdnr. 63; a. A. Roth, GmbHG, § 37, Anm. 2.4). Andernfalls wäre die Mitbestimmung im Aufsichtsrat völlig sinnentleert: Die Geschäftsführer würden zwar vom Aufsichtsrat bestellt und abberufen, könnten aber über ein in die Tagesgeschäfte eingreifendes Weisungsrecht der Gesellschafter zu deren „Marionetten" werden (so zutreffend Fitting-Wlotzke-Wißmann, § 25 MBG Rdnr. 63). Für den Arbeitsdirektor sind ohnehin gewisse Mindestzuständigkeiten im Personal- und Sachbereich anerkannt, was allerdings nicht bedeutet, daß er in diesen Angelegenheiten nicht überstimmt werden oder überhaupt keinen Weisungen unterliegen könnte (vgl. Roth, GmbHG, § 37, Anm. 3).

711 Bei der nicht mitbestimmten GmbH können sich im Hinblick auf Umfang und Grenzen des Weisungsrechts der Gesellschafter unterschiedliche Konsequenzen daraus ergeben, ob ein (fakultativer) Aufsichtsrat gebildet ist oder nicht. In einer nicht mitbestimmten GmbH *ohne fakultativen* Aufsichtsrat haben die Gesellschafter nach herrschender Meinung eine umfangreiche Befugnis, den Geschäftsführern Weisungen zu erteilen, soweit dies nicht durch die Satzung in mehr oder minder großem Umfange ausgeschlossen ist. Diese Befugnis wird aus

§ 37 Abs.1 GmbHG sowie aus der Grundstruktur der GmbH abgeleitet (vgl. Zöllner in: Baumbach/Hueck, § 37 GmbHG Rdnr.10; Rowedder/Koppensteiner, § 37 GmbHG Rdnr.2, 3, 25). Die bindende Wirkung der Weisungen durch Gesellschafterbeschluß wird zutreffend nicht allein aus § 37 Abs.1 GmbHG abgeleitet, sondern auch mit der dominierenden Stellung der Gesellschafterversammlung in der Verfassung der GmbH begründet, wie sie seit Erlaß des Gesetzes nie zweifelhaft war (vgl. Zöllner in: Baumbach/Hueck, § 37 GmbHG Rdnr.10). Weisungen im o.g. Sinne können als generelle Handlungsweisungen ergehen, aber auch als Weisungen für den konkreten Einzelfall (vgl. Scholz/Schneider, § 37 GmbHG Rdnr.30, 54; OLG Düsseldorf, ZIP 1984, S.1476, 1478). Wird in der nicht mitbestimmten GmbH ein fakultativer Aufsichtsrat gebildet, findet gemäß § 52 GmbHG der § 111 Abs.4 AktG entsprechende Anwendung, soweit der Gesellschaftsvertrag keine davon abweichende Regelung enthält. Zutreffend wird darauf hingewiesen, daß in der Praxis besondere Gremien der GmbH, die neben der Gesellschafterversammlung und den Geschäftsführern gebildet werden und nicht immer Aufsichtsrat, sondern auch „Beirat", „Verwaltungsrat" etc. genannt werden, eine große Rolle spielen (siehe dazu Scholz/Schneider, § 52 GmbHG Rdnr.4ff.). Bei entsprechender Anwendung des § 111 Abs.4 AktG auf den Aufsichtsrat der GmbH ergibt sich, daß bei Fehlen entgegenstehender Regelungen im Gesellschaftsvertrag der Aufsichtsrat den Geschäftsführern Weisungen *nicht* erteilen kann. Das Weisungsrecht der Gesellschafter kann jedoch durch eine entsprechende Regelung im Gesellschaftsvertrag auf den Aufsichtsrat übertragen werden (vgl. dazu Zöllner in: Baumbach/Hueck, § 37 GmbHG Rdnr.14; Rowedder/Koppensteiner, § 37 GmbHG Rdnr.29). In welchem Umfange das Weisungsrecht der Gesellschafter auf den Aufsichtsrat übertragen ist, muß gegebenenfalls im Wege der Auslegung des Gesellschaftsvertrages bestimmt werden. Der Aufsichtsrat kann bestimmte Arten von Geschäften an seine Zustimmung binden (vgl. § 111 Abs.4 AktG i.Vb.m. § 52 Abs.1 GmbHG). Heftig umstritten ist die Frage, wie zu verfahren ist, wenn die Gesellschafter den Geschäftsführer zu einer Maßnahme anweisen, der Aufsichtsrat jedoch seine Zustimmung dazu nicht erteilt (sog. *Organkonflikt*) (vgl. dazu Eisenhardt in: FS Pfeiffer, 839, 847ff.).

Probleme können im Hinblick auf die Folgepflicht der Geschäftsführer entstehen, wenn die Weisungen der Gesellschafter auf Beschlüssen beruhen, die fehlerhaft sind. Grundsätzlich sind die Geschäftsführer nur verpflichtet, wirksame Beschlüsse der Gesellschafter zu befolgen (vgl. dazu Eisenhardt in: FS Pfeiffer, 839, 848 ff.).

712 Die Geschäftsführer sind für eine betriebswirtschaftlich einwandfreie Geldpolitik des Unternehmens verantwortlich. Sie haben stets darauf zu achten, daß Stammkapital, Anlagevermögen und Betriebsmittel so zueinander stehen, daß die GmbH nicht illiquide wird (OLG Stuttgart GmbH-Rdsch. 1957, 59). Sie haften der Gesellschaft für Schäden, die durch schuldhafte Pflichtverletzungen entstehen (§ 43 GmbHG). Diese Ersatzpflicht der Geschäftsführer gegenüber der Gesellschaft kommt in erster Linie den Gesellschaftern als den Kapitaleignern zugute, und zwar *allen* Gesellschaftern, auch einem Minderheitsgesellschafter (vgl. Lindacher, JuS 1984, 672, 673).

Von praktischer Bedeutung ist die Frage, ob und inwieweit der Geschäftsführer, der wegen Pflichtwidrigkeit von der GmbH in Anspruch genommen wird, sich entlastend auf seine den Gesellschaftern bekannte, bzw. erkennbare geschäftliche Unerfahrenheit berufen kann. Der BGH (GmbH-Rdsch. 1983, 300) bejaht dies (kritisch dazu Lindacher, JuS 1984, 672 ff.).

IV. Die Gesamtheit der Gesellschafter

713 Oberstes Willensorgan der GmbH ist die Gesamtheit der Gesellschafter. Nur die Vertretung der Gesellschaft ist nicht durch die Gesamtheit der Gesellschafter möglich. Die Gesellschafter können gem. § 37 GmbHG den Geschäftsführern Weisungen erteilen (vgl. dazu oben Rdnr. 710 f.).

Anders als bei der Aktiengesellschaft liegt auch die Feststellung der Bilanz bei der GmbH in den Händen der Gesellschafter.

Zur nichtentziehbaren Grundlagenkompetenz der Gesamtheit der Gesellschafter zählen Satzungsänderungen (§ 53 GmbHG), die Einforderung von Nachschüssen (§ 26 GmbHG) und die Auflösung der Gesellschaft (§ 60 Abs. 1 Nr. 2 GmbHG). Im übrigen ist die Aufzählung der Angelegenheiten, in denen die Gesamtheit der Gesellschafter bestimmt, nicht zwingend. Gemäß § 45 Abs. 1 GmbHG kann die Satzung der Gesamtheit der Gesellschafter weitere Aufgaben zuweisen.

Die Entscheidungen, die die Gesamtheit der Gesellschafter in den ihr obliegenden Angelegenheiten faßt, trifft sie in Gesellschafterversammlungen durch Beschluß. Die Stimmen in der Gesellschafterversammlung sind nach Geschäftsanteilen gewichtet. Wenn keine andere Regelung getroffen ist, geben je DM 100,– eine Stimme (§ 47 GmbHG). **714**

Gemäß § 47 Abs. 2 GmbHG kann die Stimmrechtsausübung in der Gesellschafterversammlung durch Bevollmächtigte stattfinden. Die Person des Bevollmächtigten kann der Gesellschafter frei wählen. Eine Vertretung durch Mitgesellschafter verstößt nicht gegen § 181 BGB, weil die Stimmabgabe nicht gegenüber den Mitgesellschaftern erfolgt, sondern gegenüber der Gesellschaft (vgl. BGHZ 52, 316, 318).

Nach der Grundsatzregelung des § 48 Abs. 1 GmbHG ist das Beschlußorgan die Gesellschafterversammlung der erschienenen Gesellschafter. Das bedeutet, daß bei ordnungsgemäßer Einberufung der Gesellschafterversammlung die Zahl der erschienenen Gesellschafter und deren Beteiligung am Stammkapital für die *Beschlußfähigkeit* der Gesellschafterversammlung unerheblich ist. Der oder die zusammengetretenen Gesellschafter können wirksam Beschlüsse fassen (vgl. Zöllner in: Baumbach/Hueck, § 48 Rdnr. 2). Allerdings kann die Satzung die Beschlußfähigkeit der Versammlung regeln, indem sie entweder generell oder für bestimmte Gegenstände der Beschlußfassung eine Mindestanzahl von Erschienenen oder eine Mindestbeteiligungshöhe (am Stammkapital) vorschreibt. Sinn und Zweck von Satzungsregelungen über die Beschlußfähigkeit bestehen darin, den Entscheidungsprozeß auf einer hinreichend breiten Basis stattfinden zu lassen (vgl. OLG Hamburg, WM 1992, 272). **715**

§ 48 Abs. 2 GmbHG erlaubt die Beschlußfassung ohne Abhaltung einer Gesellschafterversammlung nach zwei dort genannten schriftlichen Verfahren. **716**

Über die Nichtigkeit und Anfechtbarkeit von Beschlüssen, die die Gesamtheit der Gesellschaft faßt, enthält das Gesetz keine Vorschriften. Nach herrschender Meinung (BGHZ 11, 231; 87, 1; 101, 113, 116. Vgl. zur Problematik Zöllner/Noack, ZGR 1989, 525 ff.) ist die Lücke durch eine entsprechende Anwendung der aktienrechtlichen Vorschriften, insbesondere der §§ 241 ff. AktG, auszufüllen. So ist z. B. nach dem für die GmbH entsprechend geltenden § 241 Nr. 1 AktG i. Vb. m. § 121 Abs. 2 AktG der Beschluß einer Gesellschafterversammlung nichtig, wenn diese von Personen einberufen worden ist, die dazu nicht befugt waren (BGHZ 87, 1). Sittenwidrige Beschlüsse der Gesellschafterversammlung einer GmbH sind nicht nach § 138 BGB, sondern nur dann nichtig, wenn ihr Inhalt gem. § 241 Nr. 4 AktG gegen die guten Sitten verstößt (BGHZ 15, 382, 384 f.; 101, 113, 116 f.).

717 Ob § 246 Abs. 1 AktG – Anfechtungsklage innerhalb eines Monats nach Beschlußfassung – auf die GmbH entsprechend anwendbar ist, hat der BGH (BGHZ 80, 212, 217; 104, 66, 72) bisher offengelassen. Der BGH (BGHZ 104, 66, 71 f.) geht schon seit einiger Zeit davon aus, daß die dem Aktionär zugebilligte Zeitspanne von einem Monat nach unten hin das *absolute Minimum* dessen ist, was auch dem Gesellschafter der GmbH zur Verfügung stehen muß, so daß eine kürzere Frist – die etwa durch eine entsprechende Satzungsbestimmung festgesetzt wird – keinesfalls mehr als angemessen gelten kann. Wegen typischer Unterschiede zwischen den Gesellschaftsformen der Aktiengesellschaft und der GmbH sieht der BGH (BGHZ 111, 224) seit 1990 die Monatsfrist des § 246 Abs. 1 AktG lediglich als Leitbild an und meint, für die Anfechtung von Gesellschafterbeschlüssen gelte im GmbH-Recht nicht die Monatsfrist des § 246 Abs. 1, sondern eine nach den Umständen des Einzelfalles zu bemessende angemessene Frist; welche Frist nun angemessen sei, hänge auch davon ab, ob zur Vorbereitung der Klage schwierige tatsächliche oder rechtliche Fragen zu klären sind (vgl. jetzt auch BGH WM 1992, 2017).

V. Der Aufsichtsrat

1. Überblick über die Regelung im GmbH-Gesetz

718 Bei allen Gesellschaften mit beschränkter Haftung, die regelmäßig weniger als 500 Arbeitnehmer beschäftigen, steht es den Gesellschaftern frei, ob sie im Gesellschaftsvertrag verankern wollen, daß ein Aufsichtsrat gebildet wird oder nicht. Ein Aufsichtsrat ist nach dem Gesetz nicht zwingend vorgeschrieben (§ 52 GmbHG).

Sieht der Gesellschaftsvertrag einen Aufsichtsrat vor, so sind, wenn nicht der Gesellschaftsvertrag dies anders regelt, eine Reihe von aktienrechtlichen Vorschriften entsprechend anwendbar. Abweichend von der Regelung im Aktiengesetz, die für die Aktiengesellschaft zwingend ist, kann der Gesellschaftsvertrag bei der GmbH Funktion und Aufgabenstellung des Aufsichtsrates anders gestalten. So kann z.B. bestimmt werden,

- daß bestimmte Personen Mitglieder des Aufsichtsrates sein sollen;
- daß die Mitglieder des Aufsichtsrates nicht von der Gesamtheit der Gesellschafter gewählt, sondern von einem Dritten oder einer Reihe von Dritten bestellt werden;
- daß der Aufsichtsrat gegenüber den Geschäftsführern Weisungs-und Kontrollbefugnisse ausüben soll.

Gemäß § 52 GmbHG ist auch § 105 AktG anwendbar, wonach ein **719** Aufsichtsratsmitglied nicht zugleich auch Vorstandsmitglied bzw. Geschäftsführer der Gesellschaft sein kann. Die Satzung einer GmbH vermag zwar die Anwendbarkeit von § 105 AktG abzubedingen, dabei aber nicht das auch für die GmbH zwingend geltende Organisationsprinzip, wonach eine Tätigkeit als Geschäftsführer mit der eines Aufsichtsratsmitgliedes unvereinbar ist, weil dem Aufsichtsratsmitglied Kontrollfunktionen zukommen; denn niemand kann im Rechtssinne sich selbst kontrollieren (vgl. OLG Frankfurt WM 1981, 1095).

Aufsichtsratsmitglieder haften der Gesellschaft gegenüber für Schäden, die durch schuldhafte Pflichtverletzungen entstehen (§ 52 GmbHG i. Vb. mit §§ 116 und 93 AktG).

Die Aufsichtsratsmitglieder einer GmbH sind grundsätzlich zur Ver- **720** schwiegenheit verpflichtet. Das ergibt sich auch aus § 52 GmbHG, der auf die entsprechenden Vorschriften über die Verschwiegenheitspflicht der Aufsichtsratsmitglieder und Organvertreter einer AG verweist. Danach sind Gegenstand der Verschwiegenheitspflicht vor allem „vertrauliche Angaben und Geheimnisse der Gesellschaft, namentlich Betriebs- oder Geschäftsgeheimnisse" (§ 93 Abs. 1 AktG). (Zu den Einzelheiten vgl. Gaul, GmbH-Rdsch. 1986, 296 ff.).

2. Der Aufsichtsrat in der mitbestimmten GmbH

Nach den Vorschriften des *Betriebsverfassungsgesetzes* ist der Aufsichts- **721** rat bei Gesellschaften mit beschränkter Haftung, die regelmäßig mehr als 500 Arbeitnehmer beschäftigen, zwingend vorgeschrieben. Für die Zusammensetzung des nach dem Betriebsverfassungsgesetz vorgeschriebenen Aufsichtsrates gelten die gleichen Vorschriften wie für die Aktiengesellschaft.

Das Mitbestimmungsgesetz 1976, das Montanmitbestimmungsgesetz und das Montanmitbestimmungsergänzungsgesetz gelten für die GmbH grundsätzlich ebenso wie für die Aktiengesellschaft.

722 Die GmbH ist in § 1 Abs. 1 Satz 1 MBG ausdrücklich als der paritätischen Mitbestimmung unterliegende Gesellschaftsform erwähnt. Wenn bei einer GmbH mehr als 2000 Arbeitnehmer regelmäßig beschäftigt sind, muß sie einen paritätisch besetzten Aufsichtsrat bilden. Der Aufsichtsrat in der mitbestimmten GmbH hat nicht denselben Umfang an Aufgaben wie der der AG. Jedenfalls hat er die Personalkompetenz im Hinblick auf die Leitung der GmbH. Der Aufsichtsrat bestellt nicht nur die Geschäftsführer (§ 31 MBG), er ist auch für die Gestaltung und den Abschluß der Anstellungsverträge mit ihnen zuständig (BGHZ 89, 48). Dem Aufsichtsrat obliegt als wichtige Aufgabe die Überwachung der Geschäftsführung (§ 25 Abs. 1 Nr. 2 MBG i. Vb. m § 111 AktG). Daß den Gesellschaftern ungeachtet der Kompetenz des Aufsichtsrats gegenüber den Geschäftsführern noch ein Weisungsrecht (§ 37 GmbHG) zusteht, ist unstreitig. Umstritten ist hingegen, wie weit dieses Weisungsrecht reicht (vgl. oben Rdnr. 704 ff.). Gem. § 111 Abs. 4 S. 2 AktG ist der Aufsichtsrat befugt festzulegen, daß bestimmte Arten von Geschäften nur mit seiner Zustimmung vorgenommen werden dürfen.

723 Die zahlenmäßige Zusammensetzung des Aufsichtsrates, das Wahlverfahren sowie die Vorschriften über Ordnung, Rechte und Pflichten des Aufsichtsrates und über das gesetzliche Vertretungsorgan der Gesellschaft einschließlich des Arbeitsdirektors sind im Mitbestimmungsgesetz für AG und GmbH mit mehr als 2000 Arbeitnehmern in gleicher Weise geregelt. Der Wortlaut des § 1 MBG läßt vermuten, daß in einer GmbH & Co KG nur die GmbH der Mitbestimmung unterliegt, denn in dieser Gesellschaftskonstruktion ist nur die GmbH Kapitalgesellschaft. Wäre dies zutreffend, so ließe sich die Mitbestimmungsregelung in einer GmbH & Co KG mit über 2000 regelmäßig beschäftigten Arbeitnehmern dadurch umgehen, daß die GmbH mit möglichst wenig eigenen Arbeitnehmern ausgestattet wird, so daß die in § 1 Abs. 1 MBG vorgeschriebene Beschäftigtenzahl unterschritten wird. Die KG als Personengesellschaft würde dann, auch wenn sie regelmäßig mehr als 2000 Arbeitnehmer beschäftigt, nicht der Mitbestimmung unterliegen. Auf diese Weise könnten sich auch große Unternehmen der Mitbestimmung entziehen, wenn sie die Gesellschaftsform der GmbH & Co KG wählten.

Diese Möglichkeit will § 4 MBG verbauen. Danach unterliegt eine Kapitalgesellschaft (AG und GmbH), wenn sie persönlich haftende Gesellschafterin einer KG ist, unter bestimmten Voraussetzungen der paritätischen Mitbestimmung. Wenn die Mehrheit der Kommanditisten in der KG gleichzeitig an der GmbH mit Mehrheit beteiligt ist, gelten die Arbeitnehmer der KG, sofern die GmbH nicht einen eigenen Geschäftsbetrieb mit regelmäßig mehr als 500 Beschäftigten hat, als Arbeitnehmer der GmbH. § 4 Abs.2 MBG sieht zusätzlich vor, daß die mitbestimmte GmbH von der Führung der Geschäfte der KG nicht ausgeschlossen werden kann. Bei der GmbH & Co KG ist die Mitbestimmung allerdings auf die Komplementär-GmbH beschränkt (vgl. dazu Klamroth, BB 1977, 305, 307). Das hat allerdings zur Folge, daß bei der Komplementär-GmbH ein Aufsichtsrat zu bilden ist, der die Geschäftsführer bestellt, abberuft etc. (vgl. dazu G. Hueck, Gesellschaftsrecht, § 37 II 3). 724

Beispiel: A, B, C und D sind Gesellschafter der „ABC Verwaltungs-GmbH" mit einem Kapital von DM 100 000,–. Diese GmbH ist persönlich haftende Gesellschafterin der „ABCD Verwaltungs-GmbH & Co KG". Die KG produziert Möbel und beschäftigt regelmäßig 2100 Arbeitnehmer. Die GmbH hat lediglich 50 Angestellte. Die Kommanditanteile sind gleichmäßig auf die vier GmbH-Gesellschafter verteilt. In diesem Fall werden die Arbeitnehmer der KG den Arbeitnehmern der GmbH zugerechnet. Es gibt dann also 2150 nach dem Mitbestimmungsgesetz wahlberechtigte Arbeitnehmer.

§ 39. Die Mitgliedschaft

Schrifttum: Gessler, Zur Buchwertabfindung bei Ausscheiden aus einer GmbH, GmbH-Rdsch. 1984, 29 ff.; Grunewald, Einsichts- und Auskunftsrecht des GmbH-Gesellschafters nach neuem Recht, ZHR 146 (1982), 211 ff.; Gustavus, Das Informationserzwingungsverfahren nach § 51 b GmbHG in der Praxis; Immenga/Werner, Der Stimmrechtsausschluß eines GmbH-Gesellschafters, GmbH-Rdsch. 1976, 53 ff.; Lessmann, Vinkulierungsklauseln bei der Vererbung von GmbH-Geschäftsanteilen, GmbH-Rdsch. 1986, 409 ff.; Lutter, Zum Informationsrecht des GmbH-Gesellschafters nach neuem GmbH-Recht, ZGR

1982, 1 ff.; Martens, Die GmbH und der Minderheitsschutz, GmbH-Rdsch. 1984, 265 ff.; D. Mayer, Die Zulässigkeit von Stimmrechtsvereinbarungen im GmbH-Recht, GmbH-Rdsch. 1990, 61 ff.; K. Müller, Schranken des Informationsrechtes nach § 51 a GmbHG, GmbH-Rdsch. 1987, 87 ff.; Priester, Nachfolgeklauseln im GmbH-Vertrag, GmbH-Rdsch. 1981, 206 ff.; Th. Raiser, 100 Bände BGHZ: GmbH-Recht, ZHR 151 (1987), 422 ff.; Reuter, Stimmrechtsvereinbarungen bei treuhänderischer Abtretung eines GmbH-Anteils, ZGR 1978, 633 ff.; Schopp, Einberufung einer GmbH-Gesellschafterversammlung durch eine Minderheit, GmbH-Rdsch. 1976, 126 ff.; Schwerdtner, Das Kündigungsrecht des GmbH-Gesellschafters, GmbH-Rdsch. 1976, 101 ff.

I. Der Begriff der Mitgliedschaft

725 Die Mitgliedschaft eines Gesellschafters einer GmbH stellt die Gesamtheit der Rechte und Pflichten dar, in der der Gesellschafter zur Gesellschaft und zu den übrigen Gesellschaftern steht. Das Gesetz bezeichnet die Mitgliedschaft als Geschäftsanteil.

II. Rechte und Pflichten der Gesellschafter

726 Wie bei der Aktiengesellschaft kann man die Rechte des Gesellschafters an einer GmbH in zwei Gruppen einteilen, in:
- die *Vermögensrechte* und
- die *Mitverwaltungsrechte.*

Der verbandsrechtliche Grundsatz der Gleichbehandlung der Gesellschafter gilt auch für das Recht der GmbH. Demzufolge ist eine willkürliche, sachlich nicht gerechtfertigte unterschiedliche Behandlung der Gesellschafter verboten. Das bedeutet allerdings nicht, daß die Gewährung unterschiedlicher Rechte im Gesellschaftsvertrag nicht erlaubt ist; sie muß lediglich sachlich gerechtfertigt sein und darf nicht den Charakter der Willkür tragen (zu alledem BGHZ 116, 359, 373).

727 Zu den Vermögensrechten zählen vor allem die Ansprüche auf den Gewinnanteil und auf die Abwicklungsquote. Die Verteilung erfolgt im Verhältnis der Gesellschaftsanteile, sofern die Satzung nichts anderes bestimmt (§ 29 GmbHG). Gemäß § 29 Abs. 1 GmbHG können

die Gesellschafter grundsätzlich Vollausschüttung des Gewinns verlangen. Da aber eine ständige Vollausschüttung oder auch nur die Ausschüttung eines überwiegenden Teils der Gewinne betriebswirtschaftlich in der Regel nicht vertretbar ist, wird in der Praxis häufig von der Möglichkeit Gebrauch gemacht, durch den Gesellschaftsvertrag eine andere als die gesetzliche Regelung zu treffen. Gemäß § 29 Abs. 2 GmbHG kann durch Beschluß der Gesellschafterversammlung mit einfacher Mehrheit von der Vollausschüttung des Gewinns abgesehen und Beträge in Rücklagen eingestellt oder als Gewinn vorgetragen werden. Allerdings gilt § 29 Abs. 2 GmbHG zunächst nur für GmbH's, die nach dem 1.1. 1986 in das Handelsregister eingetragen worden sind. Alt-GmbH's können von dieser Bestimmung nur Gebrauch machen, wenn sie eine dem § 29 Abs. 2 GmbHG entsprechende Regelung in die Satzung aufnehmen (Art. 12, § 7 BiRiliG) (vgl. zu der Übergangsregelung Liebs, GmbH-Rdsch. 1986, 145 ff.).

Die Mitverwaltungsrechte übt der Gesellschafter in der Gesellschaf- **728**
terversammlung aus.

§ 51 a GmbHG gewährt jedem Gesellschafter ein *Auskunfts- und Einsichtsrecht.* Von dieser gesetzlichen Regelung kann im Gesellschaftsvertrag nicht abgewichen werden (§ 51 a Abs. 3 GmbHG).

Die Geschäftsführer müssen jedem Gesellschafter auf Verlangen unverzüglich Auskunft über die Angelegenheiten der Gesellschaft geben und die Einsicht in Bücher und Schriften gestatten. Gegenstand des Auskunftsrechts sind die Angelegenheiten der Gesellschaft.

Die Einschränkung, die sich für die AG aus § 131 Abs. 1 AktG ergibt (die Auskunft muß zur Beurteilung des Gegenstands der Tagesordnung der Hauptversammlung erforderlich sein), existiert im GmbH-Recht nicht. Der im Vergleich mit dem Aktienrecht weitere Umfang des Auskunftsrechts bei der GmbH wird mit dem sehr viel größeren Risiko der Beteiligung an einer GmbH erklärt (so Zöllner in: Baumbach/Hueck, § 51 e Rdnr. 9).

Angelegenheiten der Gesellschaft sind vor allem solche Tatsachen, **729**
die die Unternehmensleitung betreffen und für die Gewinnermittlung und -verwendung wesentlich sind (vgl. K. Schmidt, NJW 1980, 1769, 1773). Zu den Angelegenheiten der Gesellschaft i. S. des § 51 a GmbHG gehören bei einer GmbH & Co. KG zu denen der GmbH auch stets

diejenigen der KG (vgl. OLG Hamm, GmbH-Rdsch. 1986, 384; vgl. auch BGH WM 1988, 1447, 1448). Das bedeutet, daß das Einsichtsrecht als Teil eines einheitlichen Informationsanspruchs des GmbH-Gesellschafters sich auch auf die Bücher und Schriften der KG erstreckt. Dafür spricht, daß sich in einer GmbH & Co. KG das unternehmerische Geschehen dann, wenn eine GmbH keinen eigenen Geschäftsbetrieb hat, sondern nur der Geschäftsführung und Verwaltung der KG dient, allein in der KG abspielt. Darüber hinaus wird die Komplementär-GmbH wegen ihrer unbeschränkten Haftung von allen Angelegenheiten der KG maßgeblich berührt (so OLG Düsseldorf, WM 1990, 1823).

730 § 51 a S. 1 GmbHG gewährt dem Gesellschafter ein umfassendes Informationsrecht, für dessen Inanspruchnahme es nicht erforderlich ist, daß er ein besonderes Interesse an dem Erhalt der Information dartut (OLG Stuttgart, OLGZ 1983, 184 ff.). Das bedeutet allerdings nicht, daß der einzelne Gesellschafter ein Recht hat, nach den Alltäglichkeiten in der GmbH zu fragen (vgl. Grunewald, ZHR 146 [1982], 211, 237). Jedoch kann das Informationsrecht des Gesellschafters aus § 51 a GmbHG auch den Bereich des GmbH-Aufsichtsrates umfassen (vgl. OLG Karlsruhe, GmbH-Rdsch. 1985, 59).

731 Ein Recht zur Verweigerung der Auskunft besteht, wenn zu besorgen ist, daß der Gesellschafter die Information zu gesellschaftsfremden Zwecken verwenden und dadurch der Gesellschaft oder einem verbundenen Unternehmen einen nicht unerheblichen Nachteil zufügen wird. Die Verweigerung bedarf eines Beschlusses der Gesellschafter (§ 51 a Abs. 2 GmbHG). Das Informationsrecht des GmbH-Gesellschafters gemäß § 51 a GmbHG ist Element seiner Mitgliedschaft, ihm aber zugleich individuell zugeordnet: ein „mitgliedschaftliches Individualrecht" (so Lutter, ZGR 1982, 1, 3). Als solches unterliegt es nicht nur den allgemeinen Rechtsausübungsschranken, die sich aus § 242 BGB (Rechtsmißbrauch) ergeben, sondern auch den übrigen Schranken, die aus der mitgliedschaftlichen Förder- und Treuepflicht eines jeden Gesellschafters erwachsen. Dennoch ist zu betonen, daß die allgemeine materielle Schranke des Informationsrechts des Gesellschafters sehr weit gezogen ist. Deshalb können nur solche Informationswünsche ausgeschlossen werden, die erkennbar funktionslos und zweckwidrig sind. Darunter fallen solche, die „ersichtlich (nur) Sand in das Getriebe der Gesellschaft streuen, unter keinem Gesichtspunkt aber dem Gesellschafter nützen" (so Lutter, ZGR 1982, 1, 3). Auch im Rahmen des § 51 a GmbHG kann ein Informationsanspruch dort nicht bestehen, wo die Informationsgewährung gegen eine Verbotsnorm – etwa eine solche des Bundesdatenschutzgesetzes – verstoßen würde (vgl. K. Müller, GmbH-Rdsch. 1987, 87, 92).

Wird einem Gesellschafter das Auskunfts- und Einsichtsrecht gemäß § 51 a GmbHG verweigert, kann er ein Informationserzwingungsverfahren gemäß § 51 b GmbHG einleiten (zur Praxis und zu Verfahrensfragen siehe Gustavus, GmbH-Rdsch. 1989, 181 ff.).

Das Informationsrecht des GmbH-Gesellschafters endet, wenn er nicht mehr Gesellschafter ist (BGH NJW 1989, 225).

Als *Hauptpflicht* übernimmt der Gesellschafter einer GmbH die 732
Pflicht, die Stammeinlage zu erbringen. Das Gesetz erlegt allen Gesellschaftern eine kollektive Haftung nach Anteilen gestaffelt auf, wenn einzelne Gesellschafter ihre Stammeinlage nicht erbringen und die vom Gesetz vorgeschriebenen Maßnahmen, den säumigen Gesellschafter zur Einlage zu zwingen, erfolglos geblieben sind (sog. Ausfallhaftung, § 24 GmbHG).

Die Gesellschafter müssen die bei der Gründung der Gesellschaft übernommenen Bareinlagen erbringen. Die nachträgliche Umwandlung von im Gesellschaftsvertrag vereinbarten Bareinlagen in Sacheinlagen und umgekehrt ist im Gesetz nicht ausdrücklich geregelt. Die Umwandlung einer vereinbarten, aber noch nicht erbrachten Sacheinlage in eine Bareinlage ist durch einen einstimmig gefaßten Gesellschafterbeschluß grundsätzlich möglich. Dagegen ist den §§ 5 und 19 GmbHG zu entnehmen, daß die nachträgliche Umwandlung einer in dem Gesellschaftsvertrag vereinbarten Bareinlage in eine Sacheinlage gegen Sinn und Zweck zwingender gesetzlicher Vorschriften (§ 19 Abs. 2 und 3 GmbHG a. F., jetzt § 19 Abs. 2 und 5 GmbHG n. F.) verstößt (so BayObLG WM 1978, 526).

Anders als das Aktiengesetz kennt das GmbH-Gesetz eine Nach- 733
schußpflicht der Gesellschafter. Eine solche Nachschußpflicht kann durch den Gesellschaftsvertrag festgelegt werden. Die Gesellschafter können dann beschließen, daß weitere Einzahlungen von den Gesellschaftern erbracht werden müssen (§§ 26 und 27 GmbHG).

Durch Beschluß der Gesellschafter kann eine *effektive Kapitalerhöhung,* d.h. eine Kapitalerhöhung unter Zuführung neuer Mittel, beschlossen werden (§ 56 GmbHG). Nach herrschender Meinung (vgl. Zöllner in: Baumbach-Hueck, § 55 Rdnr. 13 mit Nachw.) haben die Gesellschafter der GmbH in analoger Anwendung des § 186 AktG ein *gesetzliches Bezugsrecht* auf das erhöhte Stammkapital. Der Ausschluß des Bezugsrechts ist nur unter den gleichen Voraussetzungen wie im Aktienrecht (vgl. dazu auch oben Rdnr. 511 ff.) zulässig (vgl. Zöllner in Baumbach-Hueck, § 55 Rdnr. 15). Die *nominelle Kapitalerhöhung* ist eine Kapitalerhöhung aus Gesellschaftsmitteln (Umwandlung von Rücklagen in Stammkapital). Sie ist im Gesetz über die Kapitalerhöhung aus Gesellschaftsmitteln und über die Verschmelzung von Gesellschaften mit beschränkter Haftung vom 23.12. 1959, zuletzt geändert durch das BiRiLiG vom 19.12. 1985, geregelt.

734 Durch den Gesellschaftsvertrag können den Gesellschaftern *Nebenleistungspflichten* der verschiedensten Art auferlegt werden. Zu solchen durch den Gesellschaftsvertrag festzulegenden Nebenleistungen können z.B. zählen: die Verpflichtung, die Stellung eines Geschäftsführers zu übernehmen, besondere Zahlungspflichten, Dienstleistungspflichten.

Auch bei der GmbH gilt der Grundsatz der gleichmäßigen Behandlung der Gesellschafter. Allerdings kann die Satzung die Rechtsstellung der Gesellschafter verschieden ausgestalten, insbesondere Vorzugsrechte und Mehrfachstimmrechte einräumen.

735 Ebenso wie das Aktienrecht kennt auch das GmbH-Recht einen *Minderheitenschutz,* der durch die Verleihung von Minderheitsrechten gewährleistet wird. Allerdings weist das GmbH-Recht keinen dem Aktienrecht vergleichbar hohen Standard eines effizienten Minderheitenschutzes auf (vgl. Martens, GmbH-Rdsch. 1984, 265). Ein Minderheitsrecht ist z.B. das Recht von Gesellschaftern, deren Geschäftsanteile jedenfalls 10% des Stammkapitals entsprechen, die Einberufung der Gesellschafterversammlung verlangen zu können (§ 50 Abs. 1 GmbHG). Die gleiche Minderheit kann auch verlangen, daß Gegenstände zur Beschlußfassung der Versammlung angekündigt werden (§ 50 Abs. 2 GmbHG). Zum Instrumentarium des gesetzlichen Minderheitenschutzes zählen auch das Auskunfts- und Einsichtsrecht (§§ 51 a, 51 b GmbHG).

Der BGH (BGHZ 65, 15, 18) hat anerkannt, daß nicht nur die Beziehungen zwischen den Gesellschaftern und der GmbH, sondern auch die der Gesellschafter untereinander von der *gesellschaftsrechtlichen Treuepflicht* bestimmt sein können. Der BGH sieht den Grund dafür darin, daß bei der GmbH unbeschadet ihrer körperschaftlichen Verfassung die nähere Ausgestaltung ihrer Organisation und ihre wirtschaftliche Betätigung oft in erheblichem Maß dem unmittelbaren Einfluß ihrer Gesellschafter unterliegen und die inneren Verhältnisse der GmbH daher auf eine deutliche Nähe zu den Personengesellschaften angelegt sein können. Zudem verlange insbesondere die für eine Gesellschaftermehrheit bestehende Möglichkeit, durch Einflußnahme auf die Geschäftsführung die gesellschaftsbezogenen Interessen der Mitgesellschafter zu beeinträchtigen, als Gegengewicht die gesellschaftsrechtliche Pflicht, auf diese Interessen Rücksicht zu nehmen (BGHZ 65, 15, 19). Die im Personengesellschaftsrecht geltenden Grundsätze, nach denen die Gesellschafter unter dem Gesichtspunkt der gesellschaftlichen Treuepflicht gehalten sein können, einer Änderung des Gesellschaftsvertrages zuzustimmen, finden deshalb grundsätzlich auch auf die personalistisch ausgestaltete GmbH Anwendung (so BGHZ 98, 276. Grundlegend BGHZ 64, 253, 257). Der BGH (GmbH-Rdsch. 1991, 62) ist auch der Ansicht, die gesellschaftliche Treuepflicht gebiete es allen Gesellschaftern, der Abberufung eines Gesellschafters zuzustimmen, in dessen Person wichtige Gründe vorliegen, die sein Verbleiben in der Organstellung für die Gesellschaft unzumutbar machen. 736

Auch in der Literatur wird die gesellschaftliche Treuepflicht bei der GmbH in der Regel mit dem typischen Mehrheits- Minderheitskonflikt in Verbindung gebracht (vgl. Wiedemann, Bd. I, § 8 I 2 b u. Martens, GmbH-Rdsch. 1984, 267 f.). G. Hueck (Gesellschaftsrecht, § 36 II 3) vertritt gar die Ansicht, Inhalt und Tragweite der Treuepflicht seien sowohl im Verhältnis der Gesellschafter untereinander als auch im Verhältnis gegenüber der Gesellschaft grundsätzlich ebenso zu bestimmen wie bei den Personengesellschaften; allerdings könne die Treuebindung je nach Ausgestaltung durch den Gesellschaftsvertrag unterschiedliche Intensität haben. Während die Treuepflicht der Gesellschafter bei einer stark personalistisch geprägten GmbH ähnlich der 737 eines Gesellschafters einer Personengesellschaft sein kann, können bei einer betont kapitalistisch strukturierten GmbH ebenso wie bei der AG deutlich weniger Treuepflichten bestehen.

Festzuhalten ist, daß die Gesellschafter einer GmbH eine allgemeine Treuepflicht mit dem Inhalt trifft, als Mitglieder der GmbH deren Interessen und auch die Interessen der Mitgesellschafter zu wahren, sie insbesondere nicht durch schädigendes Verhalten zu beeinträchtigen. Das Ausmaß der Treuepflichten wird in erster Linie dadurch bestimmt, ob die GmbH mehr kapitalistisch oder mehr personalistisch strukturiert ist. Die Verletzung der sowohl gegenüber der GmbH als auch gegenüber den einzelnen Mitgesellschaftern bestehenden Treuepflicht kann Schadensersatzansprüche sowohl der Gesellschaft als auch eigene des betroffenen Mitgesellschafters begründen (vgl. OLG Düsseldorf, GmbHR-RdSch. 1994, 172, 175). Als Anspruchsgrundlage kommt vor allem die positive Vertragsverletzung in Betracht.

738 Das Recht der GmbH kennt kein gesetzliches Wettbewerbsverbot wie das Personengesellschaftsrecht in §§ 112 f. HGB, das allgemein als Ausprägung der Treuepflicht angesehen wird (vgl. dazu oben Rdnr. 249 ff.). Im Recht der GmbH ist es von vornherein aus der Treuepflicht abzuleiten (vgl. Th. Raiser, ZHR 151 (1987), 422, 428 f.). Der BGH hat ein Wettbewerbsverbot für die Gesellschafter zwar nicht generell anerkannt, es im Ergebnis aber, gestützt auf die Treuepflicht, bejaht (zurückhaltend BGHZ 104, 246, 251 f.).

Die schuldhafte Verletzung von Treuepflichten kann eine Schadensersatzpflicht gegenüber der Gesellschaft, aber auch gegenüber einem Gesellschafter begründen, wenn ein entsprechender Schaden entstanden ist (vgl. BGHZ 65, 15, 21; BGH GmbH-Rdsch. 1992, 104 ff.). Ein solcher Anspruch ist aus dem Rechtsinstitut der positiven Vertragsverletzung herzuleiten. Möglich ist auch eine zum Schadensersatz führende Treuepflichtverletzung der GmbH einem Gesellschafter gegenüber. Dabei hat sich die selbst nicht handlungsfähige GmbH ein etwaiges Verschulden ihres für sie handelnden Geschäftsführers gemäß § 31 BGB zurechnen zu lassen (so BGH GmbH-Rdsch. 1992, 104, 105).

739 Die Verfolgung mitgliedschaftlicher Ansprüche der Gesellschaft gegen ihre Gesellschafter ist in erster Linie eine Aufgabe der Gesellschaftsorgane. Die herrschende Meinung (vgl. Hueck in: Baumbach-Hueck § 13 Rdnr. 32 ff. mit Nachw.) erkennt auch ein Recht des einzelnen Gesellschafters zur Geltendmachung und gerichtlichen Durchsetzung solcher Ansprüche gegen die Gesellschafter an *(Gesellschafterklage)*. Es handelt sich dabei um eine Klage im eigenen Namen auf Leistung an die Gesellschaft (actio pro socio). Sie hat ausschließlich *Ansprüche der Gesellschaft gegenüber Gesellschaftern* zum Gegenstand, nicht aber solche gegenüber Dritten und Geschäftsführern.

III. Der Erwerb der Mitgliedschaft

Die Mitgliedschaft an einer GmbH kann auf verschiedene Art und Weise erworben werden: **740**
- bei der Gründung durch die Übernahme einer Stammeinlage;
- später durch Erwerb des Geschäftsanteils durch ein Veräußerungsgeschäft oder durch Erbfolge.

Der Geschäftsanteil ist grundsätzlich ohne die Zustimmung der anderen Gesellschafter frei veräußerlich und vererblich. In der Satzung ist jedoch häufig bestimmt, daß die Veräußerung eines Geschäftsanteils der Genehmigung der übrigen Gesellschafter bedarf (§ 15 Abs. 1 und 5 GmbHG). Wenn die Satzung einer GmbH vorsieht, daß die Gesellschaftsanteile nur mit Genehmigung der Gesellschaft abgetreten werden können (§ 15 Abs. 5 GmbHG), so erteilt diese Genehmigung der Geschäftsführer. Falls die Satzung ihm nicht die alleinige Entscheidungsbefugnis zuweist, bedarf er dazu im Innenverhältnis allerdings eines Beschlusses der Gesellschafter (so BGH NJW 1988, 2241).

Die Veräußerung eines Geschäftsanteils geschieht durch ein Verpflichtungsgeschäft, in dem die Verpflichtung zur Abtretung des Geschäftsanteils begründet wird (in der Regel ein Kaufvertrag), und ein Verfügungsgeschäft, in dem die Abtretung vorgenommen wird (Abtretung). Verpflichtungs- und Verfügungsgeschäfte bedürfen der notariellen Beurkundung (§ 15 GmbHG).

Die Abtretung eines GmbH-Anteils kann wegen arglistiger Täuschung (§ 123 Abs. 1 BGB) oder Irrtums (§ 119 BGB) nach den bürgerlich-rechtlichen Vorschriften angefochten werden. Die Rückwirkung der Anfechtung (§ 142 BGB) erfaßt allerdings lediglich die Rechtsbeziehungen zwischen Veräußerer und Erwerber. Die Fehlerhaftigkeit des Anteilserwerbs und eine daran anknüpfende Rückwirkungsfolge der Anfechtung ist auf die Rechtsbeziehungen zwischen Gesellschaft und Gesellschafter ohne Einfluß. Der Bestand der Gesellschaft wird ebenfalls nicht berührt (so BGH NJW 1990, 1915).

741 Der GmbH-Anteil ist vererblich (§ 15 Abs. 1 GmbHG). Mit dem Tode seines Inhabers geht er auf den oder die Erben über (§ 1922 BGB). Einer Mitwirkung der übrigen Gesellschafter dazu bedarf es nicht. Ob dann aber der oder die Erben Gesellschafter bleiben können, richtet sich danach, welche Regelung für diesen Fall in dem Gesellschaftsvertrag getroffen worden ist.

742 Der Gesellschaftsvertrag kann bestimmen, daß an Stelle des durch Tod ausscheidenden Gesellschafters ein oder mehrere neue Gesellschafter in die GmbH eintreten sollen. Er kann auch den Kreis der nachfolgeberechtigten Erben einschränken. (Zur Problematik siehe BGHZ 92, 386 ff.) Das kann durch namentliche Nennung, durch zahlenmäßige Beschränkung (Beispiel: „nur ein Erbe"), durch Eingrenzung mittels bestimmter Kriterien (Beispiel: „Der eintretende Gesellschafter muß Betriebswirt sein") oder auch durch ein Auswahlrecht der Mitgesellschafter aus dem Kreise der Erben geschehen. Der Gesellschaftsvertrag kann auch vorsehen, daß bestimmte Personen unabhängig von ihrer Erbenstellung neue Gesellschafter werden sollen (Beispiel: Ein leitender Angestellter wird im Gesellschaftsvertrag als Nachfolger benannt) (siehe zu alledem Priester, GmbH-Rdsch. 1981, 206, 208 und Lessmann, GmbH-Rdsch. 1986, 409 ff.).

Gemäß § 18 Abs. 1 GmbHG können mehrere Erben die Rechte aus dem Geschäftsanteil nur gemeinschaftlich ausüben.

743 Daß die GmbH eigene Anteile erwerben kann, soweit sie damit nicht gegen die Vorschriften des § 33 Abs. 1 und 2 GmbHG verstößt, eine Vorschrift, die der Erhaltung des Stammkapitals dient, ist unbestritten. Diskutiert wird sogar, ob die GmbH sämtliche Geschäftsanteile erwerben kann. In diesem Zusammenhang wird der Begriff der Keinmann-GmbH benutzt (vgl. Hueck, in: Baumbach/Hueck, § 33 Rdnr. 14 mit Nachw.). Die Keinmann-GmbH spielt in der Praxis keine große Rolle. Grundsätzlich wird aber das Halten sämtlicher Anteile durch die GmbH selbst (also die Keinmann-GmbH) als Dauerzustand für nicht zulässig erachtet, da dann kein funktionsfähiges Willensbildungsorgan mehr vorhanden ist. Gestritten wird lediglich darüber, ob die Gesellschaft für einen nur kurzen Übergangszeitraum als Kein-

mann-GmbH bestehen kann (vgl. dazu Hueck, in: Baumbach/Hueck, § 33 Rdnr. 14; Scholz/Westermann, § 33 Rdnr. 44; Hachenburg/Hohner, § 33 Rdnr. 85 ff.).

IV. Der Verlust der Mitgliedschaft

Der Verlust der Mitgliedschaft tritt in der Regel durch Veräußerung des Geschäftsanteils oder durch die Beendigung der Gesellschaft ein. Außerdem gibt es noch eine Reihe von Möglichkeiten, der Mitgliedschaft verlustig zu gehen. Es handelt sich dabei um praktisch wenig bedeutsame Fälle, wie z.B. das Verfahren betreffend die Einziehung eines Geschäftsanteils gemäß § 34 GmbHG. **744**

Im Gegensatz zum Personengesellschaftsrecht kennt das GmbH-Recht kein ordentliches Kündigungsrecht der Gesellschafter. Wegen der grundsätzlich freien Übertragbarkeit der Anteile spielen weder das Kündigungsrecht noch das Austrittsrecht für die Gesellschafter von Kapitalgesellschaften, die aus der Gesellschaft ausscheiden wollen, eine Rolle. Die Frage nach einem ordentlichen Kündigungsrecht bei Kapitalgesellschaften wird nur dann aktuell, wenn die Übertragung der Anteile der Zustimmung der Gesellschaft bedarf, was gemäß § 15 Abs. 5 GmbHG durch den Gesellschaftsvertrag festgelegt werden kann. Der Austritt eines Gesellschafters aus der Gesellschaft aus wichtigem Grunde ist zulässig. Die Zulässigkeit eines solchen Austritts, der Kündigung aus wichtigem Grund, ist auch ohne entsprechende Satzungsregelung nach herrschender Meinung möglich (vgl. dazu BGHZ 9, 157, 161 f.; Hueck, in: Baumbach/Hueck, Anhang zu § 34 Rdnr. 15). Der BGH (BGHZ 9, 157, 161 f.) sieht die rechtliche Begründung für den Austritt von Gesellschaftern (die Kündigung durch den Gesellschafter) aus wichtigem Grund darin, daß Rechtsverhältnisse von längerer Dauer stark in die Lebensverhältnisse der Beteiligten eingreifen oder eine besondere gegenseitige Interessenverflechtung mit sich bringen und ein persönliches Zusammenarbeiten, ein gutes Einvernehmen oder ein ungestörtes gegenseitiges Vertrauen der Beteiligten erfordern. Nach Ansicht des BGH (BGHZ 116, 359, 369) gehört das Recht des Gesellschafters einer GmbH, bei Vorliegen eines wichtigen Grundes aus der GmbH auszutreten, als *Grundprinzip des Verbandsrechts* zu den zwingenden, unverzichtbaren Mitgliedschaftsrechten.

745 Ebensowenig wie das Aktiengesetz kennt das GmbH-Gesetz die Ausschließung eines Gesellschafters bei Vorliegen eines wichtigen Grundes. Da die Situation bei einer GmbH im Hinblick auf ein Ausschließungsbedürfnis in der Regel derjenigen bei Personengesellschaften entspricht, haben Rechtsprechung und Literatur schon seit langem die Möglichkeit der Ausschließung eines GmbH-Gesellschafters anerkannt und sich dabei in Analogie zu § 737 BGB und § 140 HGB auf das diesen gesetzlichen Vorschriften zugrundeliegende Prinzip der Lösbarkeit von personengebundenen Dauerrechtsverhältnissen gestützt (BGHZ 9, 157 ff.; 16, 317 ff.; 80, 346 ff.; G. Hueck, Gesellschaftsrecht, § 36 IV 2). Der BGH (BGHZ 9, 157, 159) hat überzeugend ein starkes und dringendes Bedürfnis für die Ausschließung eines Gesellschafters beim Vorliegen eines ausschließlich in der Person eines Gesellschafters liegenden Grundes, der die Fortsetzung des Gesellschaftsverhältnisses mit diesem Mitglied unzumutbar macht, bejaht. Der BGH hat in diesem Zusammenhang darauf hingewiesen, daß es eine Möglichkeit geben müsse, „den Störenfried aus der Gesellschaft auszuschließen und das Unternehmen, die Firma, den Betrieb mit allen darin steckenden Werten und die vorhandenen Arbeitsplätze zu erhalten". Eine Ausschließung aus wichtigem Grund ist auch möglich, wenn die Satzung dies nicht vorsieht (vgl. u. a. BGH GmbH-Rdsch. 1987, 302). Die Ausschließung als äußerste Maßnahme kann nur im Wege der *Ausschließungsklage* erfolgen (BGHZ 9, 157). Der Gesellschaftsvertrag kann die Ausschließung regeln, insbesondere Ausschließungsgründe festlegen und das Ausschließungsverfahren vereinfachen.

746 So kann z. B. die Satzung einer auf die Mitarbeit aller Gesellschafter angelegten GmbH bestimmen, daß die Beendigung der Mitarbeit ein Ausschließungsgrund ist (BGH NJW 1983, 2880). Nach Ansicht des BGH (WM 1990, 1457) ist eine vertragliche Vereinbarung, die einem Gesellschafter das Recht einräumt, die Gesellschafterstellung eines Mitgesellschafters nach freiem Ermessen zu beenden, gemäß § 138 BGB nichtig, es sei denn, daß eine solche Regelung wegen der besonderen Umstände sachlich gerechtfertigt ist.

Mit der Ausschließung verliert der Gesellschafter seinen Geschäftsanteil entweder durch Abtretung an andere Gesellschafter oder durch Einziehung (Amortisation) (vgl. G. Hueck, Gesellschaftsrecht, § 36 IV 2). So können z. B.

die Gesellschafter einer GmbH, wenn sie die Satzung dazu ermächtigt, einen Mitgesellschafter dadurch ausschließen, daß sie seinen Geschäftsanteil an Mitgesellschafter oder Dritte, in letzterem Fall mit Zustimmung der Mitgesellschafter, abtreten (BGH NJW 1983, 2880). In allen Fällen der Ausschließung eines Gesellschafters aus wichtigem Grund und des Austritts eines Gesellschafters aus wichtigem Grund wird die Abfindungsproblematik aktuell. Die Satzung *kann* die Abfindung regeln. Die Satzung *kann* auch Art und Höhe der Abfindung, das Berechnungsverfahren und die Zahlungsmodalitäten regeln; denn ebenso wie bei den Personenhandelsgesellschaften (siehe dazu oben Rdnr. 335 ff.) sind aufgrund der Satzungsautonomie gesellschaftliche Beschränkungen des Abfindungsrechts eines GmbH-Gesellschafters grundsätzlich zulässig. Ihr Zweck ist darin zu sehen, den Bestandsschutz der Gesellschaft durch Einschränkung des Kapitalabflusses zu gewährleisten und/oder die Berechnung der Höhe des Abfindungsanspruches zu vereinfachen (so BGHZ 116, 359, 368). Allerdings können derartige Beschränkungen auch unter der Berücksichtigung solcher Zwecke nicht schrankenlos vorgenommen werden, weil sie den Grenzen, die durch § 138 BGB gezogen werden, unterliegen. Der BGH (BGHZ 116, 359, 368 f.) sieht diese Grenze insbesondere dann überschritten, wenn durch die im Gesellschaftsvertrag enthaltene Abfindungsbeschränkung ein grobes Mißverhältnis zwischen dem vertraglichen Abfindungsanspruch und dem nach dem vollen wirtschaftlichen Wert zu bemessenden Anspruch entsteht und darin ein Umstand gesehen wird, durch den das Recht des austrittswilligen Gesellschafters, sich zum Austritt zu entschließen, in unvertretbarer Weise eingeengt wird (so BGHZ 116, 359, 369 mit Literaturhinweisen. Siehe im übrigen oben Rdnr. 337).

Der Informationsanspruch aus § 51 a GmbHG steht nur dem Gesellschafter, nicht aber dem ausgeschiedenen Gesellschafter zu. Letzterem kann aber ein Einsichtsrecht nach § 810 BGB in die Geschäftsunterlagen zustehen, soweit diese für die Prüfung der Frage von Bedeutung sind, ob ihm Forderungen gegen die Gesellschaft aus der Zeit vor seinem Ausscheiden zustehen (vgl. BGH WM 1988, 1447, 1448). **747**

Die Einziehung von Geschäftsanteilen mit und ohne Zustimmung des betroffenen Gesellschafters setzt deren Zulassung in der Satzung voraus (§ 34 GmbHG). Eine solche Regelung ist trotz der Zustimmung des betroffenen Gesellschafters nicht entbehrlich, weil durch die Einziehung die Kräfteverhältnisse innerhalb der Gesellschaft durch Veränderung des Stimmengewichts beeinflußt werden können und deshalb gesellschaftsrechtliche Pflichten der verbleibenden Gesellschafter erhöht werden können. Die Einziehung eines Geschäftsanteils gemäß § 34 GmbHG bedeutet Vernichtung des Geschäftsanteils und damit der entsprechenden Mitgliedschaftsrechte durch die GmbH. Die Einziehung eines Geschäftsanteils ist vom Erwerb des Anteils durch die GmbH zu unterscheiden. Der Erwerb läßt den Anteil bestehen. Sinn und Zweck der Einziehung bestehen in folgendem: Der Ausschluß eines mißliebigen Gesellschafters wird dadurch ermöglicht; außerdem kann das Eindringen unerwünschter Dritter verhindert werden, wie es etwa durch die Pfändung des Geschäftsanteils eines Gesellschafters oder durch die Insolvenz eines Gesellschafters geschehen kann. Außerdem kann die Einziehung in gewissem Umfange auch eine Strafe für Zuwiderhandlungen eines Gesellschafters gegen die Zwecke der Gesellschaft darstellen.

Wenn die Gesellschaft eigene Anteile erworben hat, ist es ihr unbenommen, dieselben jederzeit wieder zu veräußern.

V. Die Auflösung der GmbH

748 Unter den in §§ 60, 61 GmbHG genannten Gründen kann eine GmbH aufgelöst werden. Auflösung bedeutet bei der GmbH ebenso wie bei anderen Gesellschaftsformen Eintritt in das Liquidations- oder Abwicklungsstadium, nicht aber sofortige Beendigung. § 60 GmbHG nennt eine Reihe von Auflösungsgründen, wie z.B. einen Auflösungsbeschluß, der, wenn der Gesellschaftsvertrag nichts anderes bestimmt, einer Mehrheit von drei Vierteln der abgegebenen Stimmen bedarf. § 60 Abs. 2 GmbHG läßt es zu, daß im Gesellschaftsvertrag weitere Auflösungsgründe festgelegt werden.

§ 61 GmbHG sieht die Auflösung der GmbH durch ein gerichtliches Gestaltungsurteil aufgrund einer Auflösungsklage vor, die von einem oder mehreren Gesellschaftern erhoben werden kann, deren Geschäftsanteile mindestens den zehnten Teil des Stammkapitals ausmachen. Dieses Auflösungsrecht ist zwingend; es kann durch den Gesellschaftsvertrag auch nicht abgeschwächt werden. Es ist gegeben, wenn die Erreichung des Gesellschaftszwecks unmöglich wird, oder wenn andere, in den Verhältnissen der Gesellschaft liegende wichtige Gründe für die Auflösung vorhanden sind (§ 61 Abs. 1 GmbHG). Auch ein tiefgreifendes unheilbares Zerwürfnis zwischen den Gesellschaftern kann einen wichtigen Grund zur Auflösung der GmbH bilden. Zwar müssen gemäß § 61 Abs. 1 GmbHG die wichtigen Gründe, die eine Auflösung der Gesellschaft rechtfertigen sollen, in den Verhältnissen der Gesellschaft – nicht der Gesellschafter – liegen. Bei einer GmbH aber, die auf die persönliche Zusammenarbeit aller Gesellschafter angelegt und angewiesen ist, sind diese Voraussetzungen auch gegeben, wenn „Zerwürfnisse zwischen den Gesellschaftern eine gedeihliche Zusammenarbeit unmöglich machen. In Fällen dieser Art wird unmittelbar der Bestand der Gesellschaft gefährdet" (BGHZ 80, 346, 348).

VI. Stimmrechtsausschluß und Stimmbindung

Anders als bei der Aktiengesellschaft durch die Ausgabe stimmrechtsloser Vorzugsaktien kann durch die Satzung der GmbH das Stimmrecht der Gesellschafter ausgeschlossen werden (RGZ 167, 65, 73; BGHZ 14, 264, 269). Allerdings kann der Stimmrechtsausschluß nur für einzelne Gesellschafter, nicht aber für alle Gesellschafter eingeführt werden (so Immenga/Werner, GmbH-Rdsch. 1976, 53). Die Stimmrechtsmacht, die einem Gesellschafter nach dem GmbHG zukommt, unterliegt also der freien Satzungsgestaltung durch die Gesellschafter; Grenzen sind nur dort erreicht, wo die allgemeinen Schranken der Mehrheitsherrschaft – die u. a. durch den Gleichbehandlungsgrundsatz und die Treuepflichten errichtet sind –, überschritten werden (vgl. D. Mayer, GmbH-Rdsch. 1990, 61, 65). **749**

Unter Berücksichtigung des allgemeinen Grundsatzes des Personenverbandsrechts, daß die aus einer Mitgliedschaft fließenden unübertragbaren Verwaltungsrechte, wie das *Stimmrecht,* nicht von der Mitgliedschaft selbständig und von ihr losgelöst übertragen, somit „abgespalten" werden können, gilt auch für das GmbH-Recht: Das Stimmrecht eines Gesellschafters kann von seinem durch Anteilserwerb begründeten Mitverwaltungsrecht nicht derart abgespalten werden, daß es einem anderen, insbesondere einem Nichtgesellschafter übertragen wird, während die übrigen Mitverwaltungs- und sonstigen Beteiligungsrechte dem Inhaber des Geschäftsanteils verbleiben. Bei einer ju- **750** ristischen Person folgt dies schon aus der „Einheitlichkeit der Mitgliedschaft" (so BGHZ 43, 261, 267; vgl. auch BayObLG WM 1986, 226 f.).

751 Das GmbH-Gesetz enthält in § 47 Abs. 4 einige Fälle, in denen Gesellschafter von Gesetzes wegen kein Stimmrecht haben und ausüben dürfen (Stimmverbote). So dürfen Gesellschafter, die von folgenden Beschlußgegenständen betroffen werden, nicht mitstimmen: Entlastung von Geschäftsführern und Aufsichtsratsmitgliedern, Vornahme von Rechtsgeschäften sowie Einleitung oder Erledigung eines Rechtsstreites, Befreiung von einer Verbindlichkeit. Diese Regelung beruht auf der Erwägung, „daß von einem selbst Beteiligten eine Zurückhaltung seiner eigenen Interessen nicht erwartet werden kann" (BGHZ 51, 209, 215). Allerdings kann dieser Gedanke nicht schon immer dann zu einem Stimmrechtsausschluß führen, wenn sich ein Gesellschafter überhaupt in einem Interessenkonflikt befindet; „eine solche Lösung ginge auf Kosten der Rechtssicherheit und könnte ein sachgerechtes Zusammenwirken der Gesellschafter entsprechend dem Gewicht ihrer Beteiligungen in Frage stellen" (BGHZ 68, 107, 109).

Vereinbarungen eines Gesellschafters mit anderen Gesellschaftern oder Dritten über die Ausübung des Stimmrechts sind grundsätzlich zulässig (vgl. BGHZ 48, 163). *Stimmbindungsvereinbarungen* dieser Art können eine einmalige Abstimmung betreffen, aber auch auf Dauer angelegt sein.

752 In der Praxis gewinnen zunehmend *Treuhandverhältnisse* mit *Vereinbarungen über die Ausübung des Stimmrechts* an GmbH-Anteilen an Bedeutung. Einen typischen Treuhandvertrag, der sich nach bestimmten Regeln richtet, gibt es nicht. Im Einzelfall sind die Rechtsbeziehungen jeweils aus den Umständen oder den ausdrücklich getroffenen Vereinbarungen zu entnehmen. Die Rechtsbeziehungen zwischen Treugeber und Treuhänder können durchaus so gestaltet sein, daß sich der Treugeber nicht mit einem schuldrechtlichen Weisungsrecht und der Möglichkeit, durch Kündigung des Treuhandverhältnisses das Treugut wieder an sich zu ziehen, zufrieden gibt, sondern zusätzlich bestimmte Befugnisse sich persönlich vorbehält oder tatsächlich wahrnimmt (vgl. BGH WM 1976, 1247). So kann u. a. jemand seinen Anteil an einer GmbH zu treuen Händen an einen Nichtgesellschafter abtreten, sich

aber zumindest schuldrechtlich die Ausübung des Stimmrechts wirksam vorbehalten (BGH WM 1976, 1247; vgl. zur Problematik Reuter, ZGR 1978, 633ff.).

VII. Der Erwerb eigener Anteile

Was für den Fall des Erwerbs eigener Geschäftsanteile durch die GmbH mit den aus dem Geschäftsanteil erwachsenden Rechten und Pflichten geschieht, ist nicht gesetzlich geregelt. Grundsätzlich ist wohl davon auszugehen, daß Rechte und Pflichten ruhen (vgl. zu den Einzelheiten Hueck, in: Baumbach/Hueck, § 33 Rdnr. 18 m. Nachw.). 753

Nach herrschender Meinung (vgl. BGH GmbH-Rdsch. 1995, 291; Hueck, in: Baumbach/Hueck, § 33 Rdnr. 19; Scholz/Westermann, § 33 Rdnr. 37) ruhen die Stimmrechte in der Zeit, in der die GmbH Anteilseigner ist. Das ergibt sich schon aus der Überlegung, daß die Geschäftsführung an einer Abstimmung nicht teilnehmen darf, durch die *ihr* Wille erst gebildet wird. Ließe man die Geschäftsführung das Stimmrecht für eigene Anteile der GmbH ausüben, so könnte das zu einer unangemessenen Verschiebung der Stimmverhältnisse zugunsten der Verwaltung führen.

Ruhen des Stimmrechts bedeutet, daß es nicht ausgeübt werden kann. Bei 754
der Berechnung der Stimmenmehrheit zählen eigene Anteile nicht mit; auch bei der Berechnung einer statuarischen oder gesetzlichen Quote des Stammkapitals sind eigene Geschäftsanteile nicht mitzurechnen (vgl. u.a. Hueck, in: Baumbach/Hueck, § 33 Rdnr. 19; Rowedder, § 33 Rdnr. 29). Auf diese Weise sind die Gesellschaftsanteile, die sich in den Händen der übrigen Gesellschafter befinden, gleich 100% (vgl. Rowedder, § 33 Rdnr. 29). Die Konsequenz daraus ist, daß die Stimmkraft der anderen Geschäftsanteile sich ändert. Das kann sogar dazu führen, daß ein bis dahin knapp unter der Grenze der Mehrheitsbeteiligung beteiligter Gesellschafter die Mehrheit gewinnt (vgl. Rowedder, § 33 Rdnr. 29; Scholz/Westermann, § 33 Rdnr. 37). Zu den übrigen Mitverwaltungsrechten zählen insbesondere die Minderheitsrechte aus § 50 GmbHG (u.a. das Recht auf Einberufung einer Gesellschafterversammlung), das Auskunfts-und Einsichtsrecht (§ 51a GmbHG) sowie das Recht zur klageweisen Anfechtung eines Gesellschafterbeschlusses. Diese Mitverwaltungsrechte ruhen ebenfalls (vgl. Scholz/-Westermann, § 33 Rdnr. 37).

Was mit dem Gewinnbezugsrecht geschieht, wenn die GmbH eigene Anteile 755
erwirbt, ist streitig (vgl. die Übersicht bei Scholz/Westermann, § 33 Rdnr. 33). Sinnvoll ist wohl die folgende Unterscheidung:

– War der Gewinn auf den eigenen Geschäftsanteil beim Erwerb des Geschäftsanteils durch die GmbH bereits entstanden, weil der Gewinnverwendungsbeschluß schon gefaßt, der Gewinn aber noch nicht ausbezahlt war, so steht der Gewinn der Gesellschaft zu (Rowedder, § 33 Rdnr. 28).

– Für den Fall, daß ein Gewinnanspruch auf den erworbenen eigenen Anteil noch nicht entstanden war, muß der auf die eigenen Anteile entfallende Gewinn allerdings auch irgendwie in Erscheinung treten. Zweckmäßig ist es, auch weiterhin eine Gewinnberechtigung auf die eigenen Geschäftsanteile anzunehmen. Der zugunsten der eigenen Geschäftsanteile entstehende Gewinn fällt allerdings nicht der GmbH zu; er wächst vielmehr den verbleibenden Gesellschaftern unmittelbar pro rata, d. h. im Verhältnis ihrer Geschäftsanteile untereinander zu (so Rowedder, § 33 Rdnr. 28 und Scholz/Westermann, § 33 Rdnr. 33). Den verbleibenden Gesellschaftern steht dieser Gewinnanspruch aus ihren eigenen Mitgliedschaftsrechten und nicht aus einem von der Gesellschaft abgeleiteten Recht zu (so BGH GmbH-Rdsch. 1995, 291).

§ 40. Die Einmann-GmbH

Schrifttum: Fezer, Die Einmanngründung der GmbH, JZ 1981, 608 ff.; K. Schmidt, Grundzüge der GmbH-Novelle, NJW 1980, 1769 ff.; derselbe, Zur Rechtslage der gescheiterten Einmann-Vor-GmbH, GmbH-Rdsch. 1988, 89 ff.; Ulmer, Die Einmanngründung der GmbH – ein Danaergeschenk?, BB 1980, 1001 ff.

I. Begriff und Gründung der Einmann-GmbH

756 Seit dem 1.1. 1981 ist auch die Gründung einer Einmann-GmbH, bei der sich alle Gesellschaftsanteile in der Hand einer Person vereinigen, durch allein diese eine Person zulässig. An die Stelle des Gesellschaftsvertrages tritt die einseitige notariell beurkundete Erklärung desjenigen, der die Gesellschaft zu gründen beabsichtigt (§ 1 i. Vb. m. § 2 Abs. 1 GmbHG). Der Gesetzgeber hat damit das wirtschaftliche Bedürfnis an der Einmann-GmbH als einer wichtigen Form der Unternehmensorganisation, das sich in der weiten Verbreitung der Einmanngesellschaften dokumentiert hatte, anerkannt. Zu den unterschiedlichen Zielsetzungen, denen der planmäßige Einsatz der Einmann-GmbH zu dienen bestimmt und geeignet ist, zählen u. a.: die Haftungsbeschränkung im einzelkaufmännischen Unternehmen, die Sicherung der Unternehmenskontinuität, die Wahrnehmung der Geschäftsführung in einer Kommanditgesellschaft (Komplementär-GmbH) und der Einsatz der Einmann-GmbH als Instrument der Konzernbildung (vgl. Fezer, JZ 1981, 608, 611).

Auch bei der Gründung einer Einmann-GmbH entsteht zunächst eine *Vorgesellschaft (Einmann-Vorgesellschaft),* die bereits einen Rechtsträger darstellt (vgl. Hueck in: Baumbach-Hueck, § 11 Rdnr. 37 ff.; K. Schmidt, GmbH-Rdsch. 1988, 39 f.). Auf diese Einmann-Vorgesellschaft sind die Regeln über die Mehrpersonen-Vorgesellschaft anzuwenden. Daraus ergibt sich u. a., daß auch die Einmann-Vorgesellschaft mindestens einen Geschäftsführer haben muß (§ 6 GmbHG) (vgl. Hueck in: Baumbach-Hueck, § 11 Rdnr. 39). **757**

Um die Kapitalaufbringung bei einer Einmann-Gründung sicherzustellen, ist der Gründer zum Ausgleich für die fehlende Ausfallhaftung der Mitgründer gemäß § 24 GmbHG nach § 7 Abs. 2 Satz 3 GmbHG verpflichtet, über die in § 7 Abs. 2 Satz 1 und 2 GmbHG allgemein vorgeschriebenen Mindesteinzahlungen hinaus für den verbleibenden Teil der Geldeinlage eine Sicherheit zu bestellen.

Auch bei der Einmann-GmbH ist stets zwischen der GmbH als selbständiger juristischer Person und der Person, in deren Hand sich sämtliche Geschäftsanteile befinden, genau zu unterscheiden. **758**

Beispiel: Müller und Schmitz gründen eine GmbH. Gegenstand des Unternehmens ist ein Getränkegroßhandel. Nach drei Jahren überträgt Schmitz seine Geschäftsanteile auf Müller. Die GmbH hat nun nur noch einen Gesellschafter, nämlich Müller. Es handelt sich um eine Einmann-GmbH. Wenn Müller als Geschäftsführer der Einmann-GmbH bei der Donau-Brauerei-AG 3 Hektoliter Bier kauft, so kommt der Kaufvertrag zwischen der GmbH und der Donau-Brauerei AG zustande. Vertragspartner der Donau-Brauerei AG ist nicht Müller, sondern die GmbH.

Die aufgrund der GmbH-Novelle nun möglich gewordene Einmanngründung ist in der rechtswissenschaftlichen Literatur nicht nur auf Zustimmung gestoßen. Nicht zu Unrecht wird darauf verwiesen, daß die Zulassung der Einmanngründung auch einen Schritt in ungesichertes Neuland bedeute, der erhebliche Risiken für alle Beteiligten in sich berge (vgl. Ulmer, BB 1980, 1001, 1005). Gläubiger der GmbH müssen die Gefahr in Kauf nehmen, daß die Einmann-GmbH ohne ausreichend gesicherte Kapitalaufbringung entsteht und der automatische Übergang der bereits erbrachten Einlagen auf sie nicht gewährleistet ist. Andererseits hat die GmbH-Novelle auch für denjenigen, der eine Einmann-GmbH gründen möchte, im Verhältnis zum vorherigen Rechts- **759** zustand Nachteile geschaffen. Der Einmanngründer muß in Kauf nehmen, daß das Registergericht zur Sicherung der Kapitalaufbringung zusätzliche, gegenüber den bisherigen Strohmanngründungen erheblich belastendere Anforderungen stellt. Dazu können die Einschaltung eines Treuhänders für das Gründungsvermögen oder die Bestellung eines Fremdgeschäftsführers im Gründungsstadium gehören (vgl. Ulmer, BB 1980, 1001, 1005).

Eine Einmann-GmbH ist auch für Bund, Länder und Gemeinden eine beliebte Rechtsform, in der sie ihre Versorgungsbetriebe, wie z.B. Verkehrsbetriebe, aber auch ihre gewerblichen Betriebe juristisch und kaufmännisch verselbständigen können, wenn sie alle Geschäftsanteile bei sich behalten wollen.

Bei einer Konzernbildung kann eine Einmann-GmbH die Aufgaben einer Dach-, Holding- oder Organgesellschaft übernehmen.

II. Die Verfassung der Einmann-GmbH

760 Bei der Einmann-GmbH hat der alleinige Gesellschafter alle diejenigen Rechte, die bei einer GmbH, an der mehrere Personen beteiligt sind, die Gesamtheit der Gesellschafter hat. Er kann also alle Beschlüsse fassen, für die gemäß §§ 46 und 47 GmbHG ein Gesellschafterbeschluß notwendig ist.

Beschlüsse, die der Gesellschafter (alleine) trifft, sind unverzüglich nach der Beschlußfassung durch eine von ihm unterzeichnete Niederschrift festzuhalten (§ 48 Abs. 3 GmbHG). Wegen der Gefahren, die damit verbunden wären, wenn sich der Gesellschafter in jedem Fall auf die Nichtigkeit eines formwidrig gefaßten Beschlusses berufen könnte, führt ein Verstoß gegen § 48 Abs. 3 GmbHG nicht zur unheilbaren Nichtigkeit des Beschlusses. Vielmehr ist davon auszugehen, daß sich der Gesellschafter Dritten gegenüber zwar auf beurkundete Beschlüsse berufen kann, sich aber nicht einseitig von formlosen Kundgabeakten distanzieren darf (vgl. K. Schmidt, NJW 1980, 1769, 1776).

761 Der Gesellschafter einer Einmann-GmbH kann zugleich auch deren Geschäftsführer sein. Gemäß § 35 Abs. 4 GmbHG findet § 181 BGB Anwendung auf Rechtsgeschäfte, die der alleinige Gesellschafter, der zugleich der alleinige Geschäftsführer der GmbH ist, mit der Gesellschaft abschließt. Dies ist z.B. für den Fall bedeutsam, daß der Einmanngesellschafter als Geschäftsführer der GmbH mit sich selbst Darlehensverträge oder Kaufverträge abschließt. Eine Befreiung vom Verbot des § 181 BGB ist nur durch Aufnahme einer (notariell beurkundeten) Bestimmung im Gesellschaftsvertrag möglich. Zweck des § 35 Abs.4 GmbHG ist es, durch die Publizität des Gesellschaftsvertrages (§ 9 HGB) Gläubiger der Gesellschaft auf die Möglichkeit solcher Geschäfte und damit von Vermögensverlagerungen zwischen dem Gesellschafter und der Gesellschaft hinzuweisen, damit sie sich darauf einstellen können (BayObLG NJW 1981, 1565, 1566). Die Befreiung vom Verbot des § 181 BGB kann auch noch nach der Gründung durch eine entsprechende Änderung des Gesellschaftsvertrages (Satzungsänderung) geschehen. Aus § 10 Abs.1 S.2 GmbHG folgt, daß die Befreiung des Alleingesellschaftergeschäftsführers von dem Verbot, Geschäfte der GmbH mit sich selbst abzuschließen, im Handelsregister einzutragen ist (so BGHZ 87, 59, 60ff.; 114, 167).

Eine persönliche Haftung des Gesellschaftergeschäftsführers für die **762** Verbindlichkeiten der Gesellschaft *kann* trotz der Regelung des § 13 Abs.2 GmbHG aus culpa in contrahendo und bei vorsätzlichem Handeln aus § 826 BGB in Betracht kommen. Eine persönliche Haftung des Gesellschaftergeschäftsführers setzt neben der Entstehung eines Schadens voraus, daß die GmbH eine *Aufklärungspflicht* verletzt hat. Eine solche Aufklärungspflicht einer Partei kann bei Vertragsverhandlungen u.a. dann entstehen, wenn diese Partei verpflichtet ist, die andere Partei über Bedenken gegen die Wirksamkeit oder Durchführbarkeit des Vertrages aufzuklären, sofern nur ihr die maßgeblichen Umstände bekannt sind und die andere Partei bei Kenntnis dieser Umstände von dem Vertragsschluß Abstand genommen hätte (so BGH WM 1991, 1548). Eine Eigenhaftung des Gesellschaftergeschäftsführers als Vertreter kommt insbesondere dann in Betracht, wenn der Verhandlungspartner gerade ihm wegen seiner herausragenden Sachkunde oder Vertrauenswürdigkeit ein besonderes Interesse entgegenbringt oder wenn der Vertreter an dem Abschluß des Vertrages selbst ein unmittelbares, *eigenes* wirtschaftliches Interesse hat (so BGH WM 1991, 1548. Zur Problematik siehe auch oben Rdnr. 443ff.).

§ 41. Die Haftung der Gesellschafter einer GmbH

Schrifttum: Coing, Zum Problem des sog. Durchgriffs bei juristischen Personen, NJW 1977, 1793 ff.; Deutler, Änderungen des GmbH-Gesetzes und anderer handelsrechtlicher Vorschriften durch die GmbH-Novelle 1980, GmbH-Rdsch. 1980, 145 ff.; Drobnig, Haftungsdurchgriff bei Kapitalgesellschaften, 1959; von Gerkan, Schwerpunkte und Entwicklungen im Recht der kapitalersetzenden Gesellschafterleistungen, GmbH-Rdsch. 1986, 218 ff.; Hager, Die verdeckte Gewinnausschüttung in der GmbH, ZGR 1989, 69 ff.; Hommelhoff, Das Gesellschafterdarlehen als Beispiel institutioneller Rechtsfortbildung, ZGR 1988, 460 ff.; E. Rehbinder, Konzernaußenrecht und allgemeines Privatrecht. Eine rechtsvergleichende Untersuchung nach deutschem und amerikanischem Recht, 1969; Serick, Rechtsform und Realität juristischer Personen, 1955; K. Schmidt, Fortschritte und Abstimmungsprobleme im Recht der kapitalersetzenden Gesellschafterdarlehen, ZGR 1980, 567 ff.; derselbe, Die Eigenkapitalausstattung der Unternehmen als rechtspolitisches Problem, JZ 1984, 771 ff.; P. Ulmer, Gesellschafterdarlehen und Unterkapitalisierung bei GmbH und GmbH & Co KG – Zehn Thesen. In: FS Duden, S. 661 ff.; derselbe, Die GmbH und der Gläubigerschutz, GmbH-Rdsch. 1984, 256 ff.; Vonnemann, Sinn und Zweck des § 32 a GmbHG und der Rechtsprechungsregeln zu den sog. eigenkapitalersetzenden Gesellschafterdarlehen, GmbH-Rdsch. 1989, 145 ff.; H. P. Westermann, § 826 BGB als Grundlage einer „Durchgriffshaftung" des Gesellschafters, Jura 1980, 532 ff.; G. Winter, Die Haftung der Gesellschafter im Konkurs der unterkapitalisierten GmbH, 1973.

I. Die grundsätzliche Regelung

763 **Fall 10:** A, B und C gründen eine GmbH, deren Gegenstand der An- und Verkauf von Düngemitteln ist. Das Stammkapital in Höhe von DM 50 000,– ist voll eingezahlt und der Gesellschaft nicht wieder entzogen worden. C ist Geschäftsführer der GmbH und nimmt im Namen der GmbH bei der Südbank-AG ein Darlehen in Höhe von DM 200 000,– auf. Es wird vereinbart, daß das Darlehen innerhalb von fünf Jahren zurückzuzahlen ist. Als die GmbH nach fünf Jahren nicht in der Lage ist, den Darlehensbetrag vollständig zurückzuzahlen, will sich die Südbank-AG an C halten. Zu Recht?

Den Gläubigern der GmbH haftet grundsätzlich nur die GmbH mit ihrem Gesellschaftsvermögen. Die Gesellschafter haften nicht mit ihrem Privatvermögen (§ 13 Abs. 2 GmbHG). Es ist streng zu unterscheiden zwischen der GmbH als juristischer Person einerseits und den Personen der Gesellschafter andererseits.

Zu Fall 10: Die Südbank-AG kann sich mit ihrer Darlehensrückzahlungsforderung nach § 607 BGB nur dann an C halten, wenn dieser für die Verbindlichkeiten der GmbH auch mit seinem Privatvermögen haftet. Nach § 13 Abs. 2 GmbHG haftet jedoch für die Verbindlichkeiten der Gesellschaft allein das Gesellschaftsvermögen. Soweit Gesellschaftsvermögen nicht vorhanden ist, kann der Gläubiger keine Befriedigung erlangen. Etwas anderes könnte dann gelten, wenn ein Gesellschafter seine Einlage noch nicht oder noch nicht in voller Höhe erbracht hätte. Der Gläubiger könnte dann versuchen, aufgrund eines Titels gegen die Gesellschaft sich den Anspruch der Gesellschaft gegen den säumigen Gesellschafter pfänden und überweisen zu lassen. Nach dem Sachverhalt ist jedoch die Stammeinlage voll eingezahlt und der Gesellschaft nicht wieder entzogen worden. Aber selbst wenn der Gläubiger in einem solchen Fall gegen einen Gesellschafter vollstrecken könnte, handelte es sich nicht um eine persönliche Haftung des Gesellschafters; vollstreckt wird in das Gesellschaftsvermögen, zu dem der Anspruch gegen den Gesellschafter gehört. Das gleiche würde für den Fall gelten, daß im Gesellschaftsvertrag eine Nachschußpflicht vereinbart worden wäre und der in Anspruch genommene Gesellschafter diese Verpflichtung noch nicht erfüllt hätte. Hierüber sagt jedoch der Sachverhalt nichts aus, so daß davon auszugehen ist, daß eine solche Vereinbarung nicht getroffen ist. Die Südbank-AG hat daher keine Möglichkeit, sich wegen ihrer Darlehensrückzahlungsforderung an C zu halten.

Auch bei einer Einmann-GmbH ist das Vermögen der GmbH einerseits **764** und das Vermögen des Alleingesellschafters andererseits streng auseinanderzuhalten. Grundsätzlich haftet für die Gesellschaftsschulden auch hier nur das Gesellschaftsvermögen der GmbH.

Beispiel: Die Strathmann Elektrohandlung GmbH, deren alleiniger Gesellschafter Strathmann ist, hat durch grobe Fehler so große Verluste erlitten, daß sie in Konkurs geht. Hier haftet den Konkursgläubigern nur das Vermögen der GmbH, nicht aber das Privatvermögen des Alleingesellschafters Strathmann.

Gemäß § 30 GmbHG darf das zur Erhaltung des Stammkapitals er- **765** forderliche Vermögen der Gesellschaft nicht an die Gesellschafter ausgezahlt werden. Als zentrale Vorschrift zur Erhaltung des Stammkapitals will § 30 GmbHG jede Art von Schmälerung des Stammkapitals durch Leistung seitens der GmbH zum Vorteil eines Gesellschafters unterbinden (vgl. zu alledem: Hueck in: Baumbach/Hueck, § 30 GmbHG Rdnr. 1 ff.). Dennoch erfolgte Zahlungen an die Gesellschafter müssen zurückerstattet werden (§ 31 GmbHG). Wegen der Beschränkung der Haftung für Verbindlichkeiten der Gesellschaft auf das Vermögen der GmbH kommt den §§ 30ff. GmbHG besondere Bedeutung zu.

766 § 30 GmbHG ist weit auszulegen, um alle denkbaren Umgehungsversuche zu erfassen. So kann z.B. eine nach § 30 GmbHG verbotene Schmälerung von Stammkapital auch in der Stundung des Kaufpreises für veräußertes Gesellschaftsvermögen liegen (BGHZ 81, 311). Auch ein Austauschvertrag mit einem Gesellschafter kann eine unzulässige Auszahlung von Gesellschaftsvermögen bewirken, wenn der Leistung der Gesellschaft keine gleichwertige Leistung des Gesellschafters gegenübersteht (so BGH WM 1987, 348f.). Nach der Rechtsprechung des BGH (NJW 1984, 1036) unterliegt ein der GmbH gewährtes Darlehen, das fehlendes Eigenkapital ersetzt, auch dann der Bindung gem. § 30 GmbHG, wenn der Darlehensgeber nicht unmittelbar an der GmbH beteiligt, sondern ein mit ihr oder einem Gesellschafter verbundenes Unternehmen ist. (Zum Problem der verdeckten Gewinnausschüttung in der GmbH und der Anwendung der §§ 30, 31 GmbHG siehe Hager, ZGR 1989, 71ff.).

Der BGH (BGHZ 110, 342) sieht einen Verstoß gegen § 30 GmbHG auch darin, daß dem Kommanditisten einer GmbH & Co KG, der nicht zugleich auch Gesellschafter der GmbH ist, das Vermögen der Gesellschaft in einem Umfange ausgezahlt wird, daß dadurch mittelbar das Vermögen der Komplementär-GmbH unter den Wert des Stammkapitals herabsinkt (vgl. oben Rdnr. 415).

767 Nach Ansicht des BGH (BGHZ 110, 342) ist § 30 GmbHG kein Schutzgesetz i.S. des § 823 Abs. 2 BGB. Der BGH (BGHZ 110, 342, 360) begründet dies damit, daß § 30 GmbHG zwar gewährleisten solle, daß der Gesellschaft im Interesse ihrer Gläubiger das gezeichnete Kapital erhalten bleibe; deren Schutz sei aber in ausreichendem Maße dadurch gewährleistet, daß z.B. die unberechtigte Entgegennahme haftenden Kapitals zur Entstehung von Erstattungs- oder Schadensersatzansprüchen führt, die der Gläubiger jederzeit pfänden und sich zur Einbeziehung überweisen lassen kann.

§ 31 Abs. 3 GmbHG regelt eine subsidiäre Haftung aller – übrigen – Gesellschafter (Ausfallhaftung), soweit der Erstattungsbetrag von dem gemäß § 31 Abs. 3 GmbHG primär verpflichteten Empfänger nicht zu erlangen, aber zur Befriedigung der Gesellschaftsgläubiger erforderlich ist. Die Gesellschafter haften anteilig im Verhältnis ihrer Geschäftsanteile (vgl. zu alledem Hueck in: Baumbach/Hueck, § 31 GmbHG, Rdnr. 15ff.).

II. Die Durchgriffshaftung bei der GmbH

1. Der Begriff des Durchgriffs

Aktiengesellschaft und GmbH sind Sonderformen des Vereins. **768**
Nach Aktien- und GmbH-Recht sind deshalb Aktiengesellschaften und Gesellschaften mit beschränkter Haftung auf der einen und die Gesellschafter auf der anderen Seite verschiedene Rechtspersönlichkeiten. Das bedeutet vermögensrechtlich, daß den Gläubigern der Gesellschaft nur das Gesellschaftsvermögen haftet, nicht aber auch das Privatvermögen der Gesellschafter (Trennungsprinzip).

Durchgriff bedeutet Nichtanwendung des so verstandenen Trennungsprinzips, um den Gesellschaftsgläubigern den Zugriff auf das Privatvermögen der Gesellschafter zu ermöglichen (so u.a. Rehbinder, S. 107 ff.; Serick, S. 55 ff.). Rechtsprechung und Rechtslehre haben nur sehr zögernd einen Durchgriff bei der GmbH zugelassen. Die Möglichkeiten, eine Einmann-GmbH unmittelbar oder über einen Strohmann zu gründen, bieten für sich allein keinen ausreichenden Anlaß, die mit der Rechtsform der GmbH für den oder die Gesellschafter verbundenen Haftungsbeschränkungen zu durchbrechen. Das gilt auch für den Fall, daß ein Unternehmen nicht von einer GmbH betrieben wird, sondern von einer GmbH & Co. KG, deren persönlich haftende Gesellschafterin eine Einmann-GmbH und deren einziger Kommanditist der Inhaber sämtlicher Geschäftsanteile der GmbH ist (vgl. H. P. Westermann, Jura 1980, 532, 533).

2. Entwicklung und Stand der Rechtsprechung zu Trennungsprinzip und Durchgriff

Die Rechtsprechung des BGH zur Durchgriffshaftung bei der **769**
GmbH ist vorwiegend an der Rechtsform der Einmann-GmbH orientiert (vgl. BGHZ 20, 4 ff.; 22, 226 ff.; 26, 31 ff.). Allerdings sind in diesen Entscheidungen einige grundsätzliche Ausführungen enthalten, die über die Einmann-GmbH hinausgehen.

Stets wiederholt hat der BGH den *Grundsatz, über die Rechtsform der juristischen Person dürfe nicht leichtfertig oder schrankenlos hinweggegangen werden;* die Rechtsfigur der juristischen Person könne allerdings nur in dem Umfang Beachtung finden, in dem ihre Verwendung dem Zweck der Rechtsordnung entspreche (BGHZ 20, 4, 11; 29, 385, 392 f.; 54, 222, 224). Der BGH (WM 1961, 1103) hat auch einen Durchgriff auf eine hinter einer juristischen Person stehende Person allein aus dem Gesichtspunkt, daß diese Person eine GmbH beherrsche, abgelehnt, weil die Beherrschung noch nicht die Interessen der Gläubiger gefährde.

770 Versucht man, die Rechtsprechung des Reichsgerichts und des Bundesgerichtshofes bis zum Inkrafttreten der GmbH-Novelle zu analysieren, so fällt auf, daß feste dogmatische Grundlagen fehlen. Immer wieder betont wird der Grundsatz, daß über die Rechtsform der juristischen Person nicht leichtfertig und schrankenlos hinweggegangen werden dürfe (vgl. BGHZ 68, 312 ff.). Von diesem Grundsatz soll nur dann abgewichen werden, wenn die Rechtsfigur der juristischen Person in einer § 826 BGB oder § 242 BGB verletzenden Weise mißbraucht werde. Letzteres hat der BGH im wesentlichen nur in solchen Fällen bejaht, in denen in einer Treu und Glauben verletzenden Weise bei Einmann-Gesellschaften die Gewährung von Darlehen durch den Gesellschafter an die Gesellschaft zum Zwecke der Konkursabwendung zu Lasten der übrigen Gläubiger benutzt worden ist.

Festzuhalten ist jedoch, daß der BGH (vgl. BGHZ 54, 222 und BGHZ 125, 366) eine Durchgriffshaftung der Mitglieder einer juristischen Person unter der Voraussetzung bejaht hat, daß die Abgrenzung zwischen dem Vermögen der juristischen Person und der oder den hinter ihr stehenden natürlichen Personen in einer gegen Treu und Glauben verstoßenden Weise verschleiert worden ist.

771 In dem Fall BGHZ 54, 222 hat der BGH den Durchgriff auf das Vermögen von Vereinsmitgliedern bejaht, weil die Ausnutzung der rechtlichen Verschiedenheit zwischen der juristischen Person und der hinter ihr stehenden natürlichen Person einen Rechtsmißbrauch bedeutet hätte. Der BGH (BGHZ 54, 222, 224) betont, es sei Aufgabe des Richters, einem treuwidrigen Verhalten der hinter der juristischen Person stehenden natürlichen Person entgegenzutreten und die juristische Konstruktion hintanzusetzen, wenn die Wirklichkeit des Lebens, die wirtschaftlichen Bedürfnisse und die Macht der Tatsachen eine solche Handhabung geböten.

In dem Fall BGHZ 125, 366 ging es um die Inanspruchnahme des Privatvermögens eines GmbH-Gesellschafters wegen der Vermischung des Gesellschafts- mit dem Privatvermögens. Der BGH (BGHZ 125, 366, 368) ging hier von der Verschleierung der Abgrenzung von Privat- und Gesellschaftsvermögen aufgrund einer undurchsichtigen Buchführung aus; dadurch könnten nach Auffassung des BGH die Kapitalerhaltungsvorschriften, deren Einhaltung ein unverzichtbarer Ausgleich für die Beschränkung der Haftung auf das Gesellschaftsvermögen (§ 13 Abs. 2 GmbHG) ist, nicht funktionieren. Deshalb sei es ausnahmsweise gerechtfertigt, den Gläubigern der Gesellschaft außer dem nicht mehr wirksam geschützten Haftungsfonds der Gesellschaft das Privatvermögen der Gesellschafter zur Verfügung zu stellen. Nach Ansicht des BGH (BGHZ 125, 366, 368f.) kann unter den genannten Voraussetzungen die persönliche Haftung allerdings nur diejenigen Gesellschafter treffen, die aufgrund des ihnen in dieser Stellung gegebenen Einflusses in der Gesellschaft für den Vermögensvermischungstatbestand verantwortlich sind; wer wegen geringer Beteiligung und fehlender interner Mitspracherechte einen solchen Einfluß nicht ausüben könne, dürfe für den Tatbestand, der die Voraussetzungen für die Beschränkung der Haftung auf das Gesellschaftsvermögen entfallen lasse, nicht verantwortlich gemacht werden.

3. Die Unterkapitalisierung als Grund für die Durchgriffshaftung

Die Probleme, die mit der Unterkapitalisierung einer GmbH verbunden sind, haben seit langem Rechtsprechung und rechtswissenschaftliche Literatur beschäftigt. **772**

Die Novelle zum GmbH-Gesetz hat die Behandlung der unterkapitalisierten GmbH weitgehend im Sinne der bisherigen Rechtsprechung geregelt.

§§ 32a und 32b GmbHG enthalten Regelungen über die Behandlung kapitalersetzender Darlehen.

Ein Gesellschafter, der der GmbH in einem Zeitpunkt, in dem ihr die Gesellschafter als ordentliche Kaufleute Eigenkapital zugeführt hätten, stattdessen ein Darlehen gewährt, kann den Anspruch auf Rückgewähr des Darlehens im Konkurs über das Vermögen der Gesellschaft oder im Vergleichsverfahren zur Abwendung des Konkurses nicht geltend machen (§ 32a Abs. 1 GmbHG). Es wird also darauf abgestellt, ob in dem Zeitpunkt der Darlehensgewährung „die Gesellschafter als ordentliche Kaufleute Eigenkapital zugeführt hätten". Diese Generalklausel ist unter Berücksichtigung des auf Gläubigerschutz gerichteten Normzwecks ausfüllungsbedürftig (vgl. dazu Hueck in: Baumbach/Hueck, § 32a GmbHG Rdnr. 42 ff. u. Vonnemann, GmbH-Rdsch. 1989, 145, 147 ff.).

773 Erfaßt wird neben den Gesellschafterdarlehen durch § 32a Abs. 2 GmbHG ferner die Gewährung von Darlehen an die Gesellschaft durch einen Dritten in einem Zeitpunkt, in dem ihr die Gesellschafter als ordentliche Kaufleute Eigenkapital zugeführt hätten, und darüber hinaus ein Gesellschafter für die Rückgewähr des Darlehens eine Sicherung bestellt oder sich für die Rückgewähr verbürgt hat. In diesem Fall muß der Dritte, wenn die Gesellschaft in Konkurs gerät (entsprechendes gilt für das Vergleichsverfahren zur Abwendung des Konkurses), zunächst versuchen, aus der Sicherheit vorzugehen. Er kann nur wegen eines etwaigen Ausfalls aus der Konkursmasse verhältnismäßige Befriedigung verlangen.

Hat die Gesellschaft das Darlehen im letzten Jahr vor der Konkurseröffnung zurückgezahlt, so muß der Gesellschafter der Gesellschaft den zurückgezahlten Betrag in der Höhe erstatten, in der er die Forderung gesichert hatte (§ 32b GmbHG).

Ob ein ordentlicher Kaufmann anstelle eines Darlehens Eigenkapital zugeführt hätte, kann nur im jeweiligen Einzelfall entschieden werden. Ansatzpunkte für eine Entscheidung können sich aus der bisherigen Rechtsprechung ergeben (vgl. dazu BGHZ 75, 334 ff.; dazu eingehend K. Schmidt, ZGR 1980, 567 ff.). §§ 32a, 32b GmbHG finden auch auf die Einmann-GmbH Anwendung (vgl. zur Problematik BGHZ 119, 201 ff.).

774 Ein Gesellschafterdarlehen ist z.B. dann kapitalersetzend im Sinne von § 32a GmbHG, wenn es gewährt wurde, um den Konkurs der Gesellschaft abzuwenden, oder wenn die Gesellschaft im Zeitpunkt der Darlehensgewährung von Dritten keinen Kredit zu marktüblichen Bedingungen hätte erhalten können und deshalb ohne das Darlehen hätte liquidiert werden müssen (BGHZ 76, 326, 330).

775 Die ursprüngliche Entwürfe für eine GmbH-Reform hatten neben den beiden Tatbeständen des § 32a Abs. 1 und Abs. 2 GmbHG eine Anzahl weiterer Einzeltatbestände vorgesehen, die Fälle der Durch-

griffshaftung regeln sollten. Anstelle der geplanten unübersichtlichen und doch nicht lückenlosen Kasuistik der Entwürfe (vgl. K.Schmidt, NJW 1980, 1769, 1772 m.w.N.), hat der Gesetzgeber nunmehr eine, die beiden Grundtatbestände des § 32a GmbHG ergänzende Generalklausel in das Gesetz aufgenommen:

Nach § 32a Abs.3 GmbHG gelten die Bestimmungen des § 32a Abs.1 und Abs.2 GmbHG sinngemäß für alle Rechtshandlungen eines Gesellschafters oder eines Dritten, die der Darlehensgewährung wirtschaftlich entsprechen. So ersetzt z.B. die von einem Gesellschafter übernommene Bürgschaft Eigenkapital der GmbH, wenn der Gesellschafter diese Bürgschaft in einem Zeitpunkt übernimmt oder aufrechterhält, in dem die Gesellschaft von dritter Seite keinen Kredit zu marktüblichen Bedingungen erhalten kann und deshalb ohne die Finanzierungsleistung des Gesellschafters liquidiert werden müßte (So BGH WM 1987, 1488).

Unter § 32a Abs.3 GmbHG lassen sich etwa folgende Fälle subsumieren (vgl. dazu u.a. Deutler, GmbH-Rdsch. 1980, 145, 149 und von Gerkan, GmbH-Rdsch. 1986, 218ff.): **776**

- Darlehensgewährungen durch den Ehegatten des Gesellschafters, die aus Mitteln stammen, die der Gesellschafter selbst seinem Ehegatten zur Verfügung gestellt hat;
- die Stundung einer Forderung, die einem Gesellschafter gegen die Gesellschaft zusteht;
- Sicherungen oder Bürgschaften eines mit einem Gesellschafter oder mit der Gesellschaft verbundenen Unternehmens.

Nach herrschender Meinung (vgl. BGHZ 90, 370ff. mit Nachw.) weist die Regelung der GmbH-Novelle wesentliche Lücken auf, die es erforderlich machen, die Grundsätze, die von der Rechtsprechung anhand der §§ 30, 31 GmbHG über kapitalersetzende Gesellschafterdarlehen entwickelt worden sind, *neben* den Vorschriften der GmbH-Novelle von 1980 weiterhin auch auf solche Darlehen anzuwenden, die nach dem 1.1. 1981 gewährt worden sind. **777**

Nach Ansicht des BGH (BGHZ 90, 370, 380) wäre es mit dem Gesetzeszweck unvereinbar, die von der Rechtsprechung aufgestellten Grundsätze nicht mehr anzuwenden, ohne daß die neuen Vorschriften einen gleichwertigen Gläubigerschutz bieten, weil damit dem Gesetzgeber zu Unrecht der Wille un- **778** terstellt würde, hinter dem von der Rechtsprechung schon erreichten Stand zurückzubleiben. Die weitere Anwendung der von der Rechtsprechung entwikkelten Grundsätze neben der neuen gesetzlichen Regelung widerspricht in der Tat nicht der Wertung des Gesetzes, sondern verwirklicht gerade das, was mit den neuen Vorschriften erreicht werden sollte, indem auf diese Weise der Gläubigerschutz dadurch erweitert wird, daß auf einem anderen rechtlichen Wege solche Tatbestände erfaßt werden, auf die sich die Neuregelung nicht erstreckt. (Zur Problematik siehe Hommelhoff, ZGR 1988, 460 ff.)

779 Über die Haftungsvorschriften im Zusammenhang mit der Sicherung der Kapitalaufbringung und -erhaltung hinaus kennt das GmbHG lediglich noch eine auf die Insolvenz der Gesellschaft bezogene, dem Gläubigerschutz dienende Haftungsnorm, den § 64 Abs. 2 GmbHG, dessen praktische Bedeutung wegen der hohen Anspruchsvoraussetzungen allerdings gering ist. Deshalb hat die Frage nach außerordentlichen, dem Gläubigerschutz dienenden Rechtsbehelfen zunehmend an Bedeutung gewonnen. Zu einer Klärung ist es bisher jedoch nur in Teilbereichen gekommen, weil die Eingrenzung solcher Rechtsbehelfe – die wegen der aus der Rechtsform der GmbH sich ergebenden Haftungsbeschränkung auf das Gesellschaftsvermögen unter grundsätzlichem Ausschluß der persönlichen Außenhaftung von Gesellschaftern und Geschäftsführern notwendig ist – Schwierigkeiten bereitet (vgl. dazu Ulmer, GmbH-Rdsch. 1984, 256, 261). Für den Fall, daß Gesellschafter ihre GmbH mit einer völlig unzureichenden Kapitalausstattung oder gar ohne eine solche betreiben und eine *Gläubigerschädigung* angesichts der finanziellen Lage der Gesellschaft absehbar ist, kommt eine Haftung der beteiligten Gesellschafter aus § 826 BGB in Betracht. Die Schwierigkeit dabei besteht allerdings in der Regel darin, daß der Vorsatz der Schädigung häufig schwer nachzuweisen ist. Da bedingter Schädigungsvorsatz genügt, ist daran zu denken, aus objektiv feststellbaren Umständen der oben dargestellten Art ohne besondere Ermittlungen zum inneren Tatbestand auf den bedingten Vorsatz zu schließen. Nach Ansicht von Ulmer (GmbH-Rdsch. 1984, 256, 261) kommen als solche Sachverhalte u. a. die Verwendung eines vermögenslosen GmbH-Mantels und auch die Fortsetzung der Geschäfte trotz eines vollständigen Verlustes des Stammkapitals in Betracht. Darüber hinaus wird die in der Literatur entwickelte Lehre von der Haftung der Gesellschafter wegen eindeutiger, auch nicht durch Gesellschafterdarlehen ausgeglichener (sog. materieller) *Unterkapitalisierung* als Versuch einer Objektivierung der Gesellschafterhaftung unter Verzicht auf den Nachweis eines Schädigungsvorsatzes diskutiert (vgl. zur Problematik Ulmer, GmbH-Rdsch. 1984, 256, 262 mit Nachw.). Eine der Hauptschwierigkeiten besteht in diesem Zusammenhang darin, daß nur schwer festzustellen ist, unter welchen Voraussetzungen eine GmbH zu einem bestimmten Zeitpunkt unterkapitalisiert ist. Es handelt sich dabei letztlich um eine betriebswirtschaftliche Problematik (zur Eigenkapitalausstattung von Unternehmen siehe K. Schmidt, JZ 1984, 771 ff.).

§ 42. Rechnungslegung und Bilanz

Schrifttum: Großfeld, Bilanzrecht für Juristen – Das Bilanzrichtlinien-Gesetz, NJW 1986, 955 ff.

Die Pflicht zur Aufstellung der Bilanz sowie der Gewinn- und Ver- **780**
lustrechnung ergibt sich aus § 42 GmbHG i. Vb. m. §§ 242, 264 HGB.

Hinsichtlich des Jahresabschlusses gelten dieselben Grundsätze wie bei der Aktiengesellschaft. Das ergibt sich schon daraus, daß die §§ 264–289 HGB für Kapitalgesellschaften (AG, KGaA und GmbH) generell gelten. Abweichungen von den für die Kapitalgesellschaften allgemein geltenden Bestimmungen ergeben sich nur aus § 42 GmbHG.

Auch hinsichtlich der Abschlußprüfung und Offenlegung gilt das zur AG Gesagte. Das bedeutet, daß nunmehr auch die GmbH's mit Ausnahme der kleinen GmbH's der Prüfungspflicht unterliegen.

Eine Besonderheit ergibt sich aus § 319 S. 2 HGB. Danach können **781**
GmbH's mittlerer Größe nicht nur von Wirtschaftsprüfern und Wirtschaftsprüfungsgesellschaften (wie bei der AG), sondern auch von vereidigten Buchprüfern und Buchprüfungsgesellschaften geprüft werden. Mit dieser Regelung wird vor allem Rechtsanwälten die Möglichkeit eröffnet, mit einer Zusatzqualifikation Pflichtprüfungen durchzuführen (vgl. Großfeld, NJW 1986, 955, 961). Auch für die GmbH gilt die oben (Rdnr. 657 f.) bereits erwähnte Pflicht, einen Anhang zum Jahresabschluß und einen Lagebericht zu erstellen.

Elftes Kapitel

Die eingetragene Genossenschaft

§ 43. Zweck, Begriff und Rechtsnatur der eingetragenen Genossenschaft

I. Der Zweck einer eingetragenen Genossenschaft

782 Die deutsche Genossenschaftsbewegung des 19. Jahrhunderts verfolgte das Ziel, in einer liberalen Wirtschaft die Schwäche einzelner im Konkurrenzkampf mit anderen, hauptsächlich wirtschaftlich Stärkeren, durch Zusammenschluß auszugleichen, ohne dabei die Selbständigkeit derjenigen, die sich zusammenschlossen, zu beseitigen. In Not geraten waren vor allem die Handwerker in den Städten und die kleineren Betriebe in der Landwirtschaft. Hier sollte im Wege des genossenschaftlichen Zusammenschlusses und der genossenschaftlichen Selbsthilfe die Selbständigkeit der in Not geratenen Unternehmen durch Vorteile gestärkt werden, die bis zu diesem Zeitpunkt überwiegend nur Großbetriebe hatten in Anspruch nehmen können. Dazu zählen z.B. der billige Einkauf von Rohstoffen, eine bessere Organisation des Absatzes und die Inanspruchnahme günstiger Kredite.

783 Die genannten Ziele sollten mit dem Gesetz betreffend die Erwerbs- und Wirtschaftsgenossenschaften vom 1. Mai 1889 erreicht werden. § 1 GenG nennt deshalb als Vereinigungen, die als „Gesellschaft von nicht geschlossener Mitgliederzahl, welche die Förderung des Erwerbs oder der Wirtschaft ihrer Mitglieder mittels gemeinschaftlichen Geschäftsbetriebes bezwecken (Genossenschaften)", definiert werden:

„1. Vorschuß- und Kreditvereine,
2. Rohstoffvereine,
3. Vereine zum gemeinschaftlichen Verkauf landwirtschaftlicher oder gewerblicher Erzeugnisse (Absatzgenossenschaften, Magazinvereine),

4. Vereine zur Herstellung von Gegenständen und zum Verkauf derselben auf gemeinschaftliche Rechnung (Produktivgenossenschaften),
5. Vereine zum gemeinschaftlichen Einkauf von Lebens- oder Wirtschaftsbedürfnissen im großen und Ablaß im kleinen (Konsumvereine),
6. Vereine zur Beschaffung von Gegenständen des landwirtschaftlichen oder gewerblichen Betriebes und zur Nutzung derselben auf gemeinschaftliche Rechnung,
7. Vereine zur Herstellung von Wohnungen."

Alle diese Vereinigungen können „eingetragene Genossenschaften" **784** im Sinne des Genossenschafts-Gesetzes sein. Die Rechtsform der eingetragenen Genossenschaft darf nur zu dem in § 1 Abs. 1 GenG genannten Zweck, nämlich der „Förderung des Erwerbes oder der Wirtschaft ihrer Mitglieder mittels gemeinschaftlichen Geschäftsbetriebes" verwendet werden. Der gesetzlich festgelegte Förderungszweck bildet das entscheidende Abgrenzungskriterium zu anderen Vereinigungen. Er untersagt die Verwendung der eingetragenen Genossenschaft zu solchen Zielen, die ausschließlich oder überwiegend ideeller Natur sind oder aber für die Erzielung und Maximierung von Gewinnen benutzt werden (vgl. Kübler, § 13 I 1 b).

Gemäß § 1 Abs. 2 GenG ist eine Beteiligung an Gesellschaften und **785** sonstigen Personenvereinigungen einschließlich der Körperschaften des öffentlichen Rechts zulässig, wenn sie „1. der Förderung des Erwerbes oder der Wirtschaft der Mitglieder der Genossenschaft oder, 2. ohne den alleinigen oder überwiegenden Zweck der Genossenschaft zu bilden, gemeinnützigen Bestrebungen der Genossenschaft zu dienen bestimmt ist".

Beispiele für Genossenschaften, die typischerweise die „Förderung der Mitglieder mittels gemeinschaftlichen Geschäftsbetriebes" zum Gegenstand haben, sind u. a.:
– Kreditgenossenschaften, wie z.B. Raiffeisenkassen und Volksbanken;
– Einzelhandelsgenossenschaften der Kaufleute;
– Absatz- und Bezugsgenossenschaften der Landwirte.

II. Begriff und Rechtsnatur der eingetragenen Genossenschaft

786 Die eingetragene Genossenschaft ist eine rechtsfähige Körperschaft nach Art eines Vereins, die die Förderung des Erwerbs oder der Wirtschaft ihrer Mitglieder durch einen gemeinschaftlichen Geschäftsbetrieb zum Gegenstand hat und deren Mitgliederzahl nicht geschlossen ist (§ 1 GenG; vgl. zur Definition im einzelnen Kübler, § 13 I 1).

Wie die Aktiengesellschaft und die GmbH ist die Genossenschaft körperschaftlich organisiert, also Verein im rechtstechnischen Sinne. Die Zahl der möglichen Mitglieder ist nicht begrenzt. Von Aktiengesellschaft und GmbH unterscheidet sich die eingetragene Genossenschaft u.a. dadurch, daß die Mitglieder intensiver persönlich an der Genossenschaft beteiligt sind. Das wird z.B. daran deutlich, daß in den Vorstand und in den Aufsichtsrat nur Genossen gewählt werden können (§ 9 Abs. 2 GenG).

Ohne Rücksicht auf die Art ihres Betriebes ist die eingetragene Genossenschaft Kaufmann kraft Rechtsform (§ 17 Abs. 2 GenG). Sie tritt unter einer Firma auf, die stets eine Sachfirma sein muß und keinen Personennamen enthalten darf (§ 3 Abs. 1 GenG). Die Firma muß die Bezeichnung „eingetragene Genossenschaft", jedenfalls aber die Abkürzung „eG" enthalten (§ 3 Abs. 2 GenG).

787 Die eingetragene Genossenschaft ist juristische Person (§ 17 Abs. 1 GenG). Den Gläubigern der Genossenschaft haftet deshalb nur das Vermögen der Genossenschaft (§ 2 GenG).

Das *Statut* der Genossenschaft muß u.a. eine Bestimmung darüber enthalten, ob die Genossen für den Fall, daß die Gläubiger im Konkurs der Genossenschaft nicht befriedigt werden, Nachschüsse zur Konkursmasse leisten müssen und ob dies gegebenenfalls beschränkt oder unbeschränkt zu geschehen hat (§ 6 Nr. 3 GenG). Es besteht also die Möglichkeit, durch eine entsprechende Regelung im Statut eine Nachschußpflicht auszuschließen. Wenn eine beschränkte oder unbeschränkte Nachschußpflicht vorgesehen ist, kann diese lediglich Forderungen der in Konkurs gefallenen eingetragenen Genossenschaft gegen ihre Mitglieder begründen (§ 105 GenG), die der Konkursverwalter zur Konkursmasse einzuziehen hat. Unmittelbare Ansprüche der Gläubiger gegen die Mitglieder der Genossenschaft entstehen nicht.

Für das Entstehen der Genossenschaft ist die Eintragung in das *Genossenschaftsregister* erforderlich. Das Genossenschaftsregister wird bei dem Amtsgericht geführt, in dessen Bezirk die Genossenschaft ihren Sitz hat (§ 10 GenG).

Die *Errichtung* der Genossenschaft beginnt in der Regel damit, daß sich mindestens sieben Gründer auf ein Statut einigen, dessen Mindestinhalt gesetzlich festgelegt ist (§§ 6, 7 GenG). Danach sind Vorstand und Aufsichtsrat zu wählen.

§ 44. Die Mitgliedschaft

I. Erwerb und Beendigung der Mitgliedschaft

Die Mitgliedschaft einer eingetragenen Genossenschaft kann erworben werden: **788**

- durch Teilnahme an der Gründung; die Gründungsmitglieder werden auf einer Liste geführt, die bei der Anmeldung der Genossenschaft zur Eintragung in das Genossenschaftsregister anzufügen ist. Die in der Liste aufgeführten Gründer werden mit der Eintragung Genossen;
- nach der Eintragung der Genossenschaft in das Register durch eine schriftliche Beitrittserklärung, die Zulassung des Beitretenden durch die Genossenschaft, die Einreichung der Beitrittserklärung zum Genossenschaftsregister und die Eintragung des Beitretenden in die Liste der Genossen bei dem Register.

Mit dem Tode geht die Mitgliedschaft auf den oder die Erben über. Sie endet allerdings mit dem Schluß des Geschäftsjahres, in dem der Erbfall eingetreten ist (§ 77 Abs. 1 GenG).

Die Mitgliedschaft endet u. a.:

- durch Tod;
- durch Kündigung (§§ 65 f. u. 67 a u. b GenG);
- durch Ausscheiden (§ 67 GenG);
- durch Ausschließung (§ 68 GenG).

II. Rechte und Pflichten der Genossen

789 Mit der Mitgliedschaft ist der *Förderungsanspruch,* der jedem Mitglied gegenüber der Genossenschaft zusteht, eng verbunden. Dieser Anspruch ist entsprechend dem spezifischen Zweck der Vereinigung auf Nutzung der genossenschaftlichen Einrichtungen und Inanspruchnahme der Leistungen des genossenschaftlichen Geschäftsbetriebes gerichtet (vgl. Reinhardt-Schultz, Rdnr. 914). Zu den Förderleistungen, die die Genossenschaft den Mitgliedern gegenüber erbringt und die in der Regel nicht unmittelbar auf genossenschaftsrechtlicher Rechtsgrundlage, sondern in Form vertraglicher Rechtsverhältnisse, wie z. B. Darlehens-und Mietverträgen erfolgen, können zählen: billige Kredite, die Abnahme von Produkten und die Benutzung gemeinschaftlicher Einrichtungen. Außerdem stehen den Genossen die Rechte auf Mitverwaltung, wie z. B. das Stimmrecht, zu.

Zu den Pflichten eines Mitgliedes zählt vor allem die Verpflichtung, Einlagen (Einzahlungen oder Gewinnanteilsgutschriften) zu erbringen. Das Statut muß eine entsprechende Bestimmung über Art und Weise der Einlagen enthalten (§ 7 Nr. 1 GenG). Durch die Einlagen entsteht ein *Geschäftsguthaben,* das die effektive finanzielle Beteiligung des Mitglieds an der Genossenschaft kennzeichnet (vgl. Reinhardt-Schultz, Rdnr. 909; im Gesetz findet sich – leicht mißverständlich – die Bezeichnung „Geschäftsanteil"). Je nach Art und Zweck der Genossenschaft können die Mitglieder noch andere Verpflichtungen übernehmen, wie z. B. die Pflicht, bestimmte Produkte zu liefern oder abzunehmen.

III. Die Verfassung der eingetragenen Genossenschaft

790 Ähnlich wie die Aktiengesellschaft hat auch die Genossenschaft drei notwendige Organe: den Vorstand, den Aufsichtsrat und die Generalversammlung.

Der Vorstand führt die Geschäfte der Genossenschaft und vertritt sie nach außen. Anders als bei der Aktiengesellschaft wird der Vorstand allerdings von der Generalversammlung gewählt, falls das Statut keine andere Regelung enthält (§ 24 Abs. 2 GenG).

Der Aufsichtsrat hat ähnlich wie bei der Aktiengesellschaft den Vorstand zu kontrollieren.

Oberstes Organ der Genossenschaft ist die Generalversammlung, die eine stärkere Stellung als die Hauptversammlung der Aktiengesellschaft einnimmt. Sie ist zuständig für die Wahl und Entlastung des Aufsichtsrats, die Entlastung des Vorstands (der in der Regel auch durch sie gewählt wird), die Änderung des Statuts, die Entscheidung über den Jahresabschluß und den auf die Genossen etwa entfallenden Betrag des Gewinns oder Verlustes (§ 48 GenG). 791

Die *Mitbestimmung* der Arbeitnehmer erfaßt auch die Genossenschaften. Bei mehr als 500 Arbeitnehmern ist der Aufsichtsrat gemäß § 77 Abs. 3 BetrVG 1952 drittelparitätisch, bei mehr als 2000 Arbeitnehmern nach §§ 1 und 6 MBG „fast paritätisch" zu besetzen.

Die Pflicht zur Aufstellung des Jahresabschlusses und des Anhangs sowie eines Lageberichts ergibt sich aus § 336 Abs. 1 HGB.

Wegen § 17 Abs. 2 GenG gelten für die Rechnungslegung in der Genossenschaft zunächst die Bestimmungen der §§ 238–263 HGB für alle Kaufleute, ergänzend die Vorschriften der §§ 336–339 HGB für die Genossenschaft im besonderen. Aufgrund der Verweisung in § 336 Abs. 2 HGB gelten eine Vielzahl von Bestimmungen über die Rechnungslegung bei den Kapitalgesellschaften für die Genossenschaft entsprechend.

Zwölftes Kapitel

Die Umwandlung von Gesellschaften

§ 45. Gründe und Möglichkeiten für die Umwandlung von Gesellschaften

Schrifttum: Lüttge, Das neue Umwandlungs- und Umwandlungssteuerrecht, NJW 1995, 417 ff.

I. Überblick

792 Die Rechtsordnung stellt denjenigen Personen, die eine Gesellschaft gründen wollen, eine Vielzahl von Rechtsformen zur Verfügung, zwischen denen sie wählen können. Da auch im Gesellschaftsrecht in weitem Umfange die Privatautonomie gilt, sind die Gesellschaftsgründer dann, wenn sie sich für eine bestimmte Gesellschaftsform entschieden haben, in der Lage, auch abweichend von der gesetzlichen Regelung die Gesellschaft weitgehend nach ihren Bedürfnissen zu gestalten. Dabei können auch Mischgebilde entstehen, bei denen Merkmale verschiedener Gesellschaftsformen miteinander verbunden werden. Ein typisches Beispiel dafür ist die GmbH & Co KG.

Bei der Wahl der Gesellschaftsform spielen häufig die persönliche Haftung der Gesellschafter, steuerliche Gesichtspunkte, Art und Umfang der durch die Gesellschafter zu übernehmenden Pflichten und die Kreditwürdigkeit eine ausschlaggebende Rolle. Die Umstände, die bei der Gründung einer Gesellschaft für die Wahl einer bestimmten Gesellschaftsform ausschlaggebend waren, können sich im Laufe der Zeit durch die Veränderung der personellen Zusammensetzung, durch wirtschaftliche und technische Entwicklungen oder durch die Änderung der Steuergesetzgebung entscheidend wandeln. Das kann dazu führen, daß die Gesellschafter zu dem Ergebnis kommen, daß das Unternehmen nicht mehr in der zweckmäßigen Gesellschaftsform betrieben wird. Es besteht dann das Bedürfnis, die Gesellschaftsform den veränderten Umständen anzupassen. Das kann einmal dadurch geschehen, daß die vorhandene Gesellschaftsform beibehalten wird und diejenigen Veränderungen, die aufgrund der nun anderen Verhältnisse notwendig geworden sind, durch eine Umgestaltung des Gesellschaftsvertrages geschaffen werden. Es kann aber auch notwendig sein, die Gesellschaftsform als solche zu wechseln, indem etwa aus einer offenen Handelsgesellschaft eine GmbH oder aus einer GmbH eine Aktiengesellschaft gebildet werden muß. In diesen zuletzt genannten Fällen handelt es sich um echte Umwandlungen von Gesellschaften, um Wechsel der Unternehmensformen.

II. Die Möglichkeiten der Umwandlung

Am 1. Januar 1995 ist das neue Umwandlungsgesetz (BGBl I 1994, 3210) in Kraft getreten, durch das die Umwandlung vereinfacht werden soll. **793**

Das neue Umwandlungsgesetz erweitert die bisherigen 44 Möglichkeiten der Unternehmensumstrukturierung auf 119 Möglichkeiten (vgl. Lüttge, NJW 1995, 417, 418).

Das neue Umwandlungsgesetz sieht vier Grundtypen der Umwandlung vor:
- die Verschmelzung (§§ 2–122 UmwG),
- die Spaltung (§§ 123–173 UmwG),
- die Vermögensübertragung (§§ 174–189 UmwG),
- den Formwechsel (§§ 190–304 UmwG).

Daneben läßt das Umwandlungsgesetz Umwandlungen außerhalb dieser gesetzlich geregelten Fälle zu, wenn sie durch ein anderes Bundes- oder Landesgesetz ausdrücklich vorgesehen sind (§ 1 Abs. 2 UmwG). Diese Regelung bezieht sich auf die dem Handelsgesetzbuch entsprechenden Umwandlungen von Personengesellschaften in andere Personengesellschaften, etwa die Umwandlung einer OHG in eine KG oder die Umwandlung einer BGB-Gesellschaft in eine OHG oder KG (vgl. Lüttge, NJW 1995, 417, 422).

§ 46. Die formwechselnde Umwandlung

Schrifttum: Lüttge, Das neue Umwandlungs- und Umwandlungssteuerrecht, NJW 1995, 417ff.; K. Schmidt, Die Umwandlung einer GmbH in eine AG zu Kapitaländerungszwecken, AG 1985, 150ff.

I. Begriff und Möglichkeiten

794 Da bei der formwechselnden Umwandlung die Gesellschaft lediglich ihre Rechtsform ändert, ohne ihre Identität einzubüßen, bleibt die vorhandene Gesellschaft Trägerin des Gesellschaftsvermögens. Sie haftet mit diesem Vermögen für die vorhandenen Verbindlichkeiten der Gesellschaft, deren Form gewechselt hat, weiter. Ebenso wie die umgewandelte Gesellschaft Trägerin der Pflichten bleibt, bleibt sie auch Trägerin der vorhandenen Rechte.

795 Formwechselnde Umwandlungen sind z.B.:

- die Umwandlung einer OHG in eine KG,
- die Umwandlung einer BGB-Gesellschaft in eine OHG oder eine KG,
- die Umwandlung einer Kapitalgesellschaft in eine andere Kapitalgesellschaft, wie z.B. die Umwandlung einer Aktiengesellschaft in eine GmbH,
- die Umwandlung einer Körperschaft oder Anstalt des öffentlichen Rechts in eine Kapitalgesellschaft.

II. Die Umwandlung einer OHG in eine KG als typisches Beispiel für eine formwechselnde Umwandlung

796 Häufig entsteht in der Praxis eine Kommanditgesellschaft nicht durch die Neugründung einer Gesellschaft, sondern durch Umwandlung aus einer OHG. Eine solche Umwandlung kann dadurch geschehen, daß

- neue Gesellschafter aufgenommen werden, die nur beschränkt haften wollen. Die bisherigen OHG-Gesellschafter werden dann per-

sönlich haftende Gesellschafter der Kommanditgesellschaft, die neu hinzutretenden Gesellschafter Kommanditisten;
- bei den bisher unbeschränkt haftenden Gesellschaftern der OHG die Haftung später beschränkt wird. Allerdings muß ein unbeschränkt haftender Gesellschafter als persönlich haftender Gesellschafter der KG verbleiben;
- aus einer OHG eine KG wird, wenn ein Gesellschafter stirbt und der Gesellschaftsvertrag eine Regelung darüber enthält, daß die Gesellschaft mit den Erben fortgesetzt werden soll. Gemäß § 139 HGB steht dem Erben, der in die Gesellschaft einrückt, das Recht frei, sein Verbleiben in der Gesellschaft davon abhängig zu machen, daß er die Stellung eines Kommanditisten einnehmen kann.

In allen oben aufgezählten Fällen bleibt die Identität der Gesellschaft unberührt. 797

Beispiel: A, B und C haben eine OHG gegründet. Im Gesellschaftsvertrag ist vereinbart, daß die Gesellschaft mit den Erben der Gesellschafter fortgesetzt wird. Die OHG nimmt bei der X-Bank ein Darlehen in Höhe von DM 300000,– auf. Als A stirbt, rückt sein Erbe N in die Gesellschaft als Gesellschafter ein. Gemäß § 139 HGB verlangt N, daß er Kommanditist wird. B und C sind damit einverstanden. Nunmehr ist aus der OHG eine KG geworden; es hat eine formwechselnde Umwandlung stattgefunden, ohne daß die Identität der Gesellschaft dadurch berührt worden ist. Deshalb haftet der X-Bank für die Darlehensrückzahlungsforderung weiterhin das gesamte Gesellschaftsvermögen. Darlehensnehmerin ist nun die Kommanditgesellschaft. B und C haften als persönlich haftende Gesellschafter der KG unbegrenzt, N lediglich in Höhe seiner Einlage.

III. Die Umwandlung einer BGB-Gesellschaft in eine OHG oder KG

Für die Gründung und Existenz von Gesellschaften bürgerlichen Rechts mit erwerbswirtschaftlichen Zielen hat der Gesetzgeber Grenzen gezogen. So kann der gemeinsame Zweck einer Gesellschaft bürgerlichen Rechts nicht der Betrieb eines vollkaufmännischen Handelsgewerbes sein. Ein vollkaufmännisches Handelsgewerbe kann von ei- 798 ner Personengesellschaft nur in der Form der OHG oder der KG betrieben werden. Deshalb wandelt sich eine Gesellschaft bürgerlichen Rechts, die zunächst kein Gewerbe oder lediglich ein Kleingewerbe betrieben hat, automatisch in eine OHG oder KG um, sobald der Geschäftsbetrieb den Stand eines vollkaufmännischen Handelsgewerbes erreicht. Auch hier handelt es sich um eine formwechselnde Umwandlung.

Wenn die Gesellschafter einer offenen Handelsgesellschaft nicht nur vorübergehend den Betrieb ihres vollkaufmännischen Handelsgewerbes aufgeben, wird die Gesellschaft zu einer BGB-Gesellschaft (BGHZ 32, 307 ff.). Dabei ist es ohne Bedeutung, ob die Aufgabe des Geschäftsbetriebes aufgrund einer freien Entschließung oder unabhängig davon eingetreten ist (BGHZ 32, 307 ff.). Auch hier handelt es sich um eine formwechselnde Umwandlung. Allerdings kann diese Umwandlung Dritten gegenüber erst geltend gemacht werden, wenn die OHG im Handelsregister gelöscht ist (§ 5 HGB).

IV. Die formwechselnde Umwandlung nach dem Umwandlungsgesetz

1. Überblick

799 Da eine formwechselnde Umwandlung nicht die Übertragung von Vermögen voraussetzt, die Gesellschaft also lediglich ihre Rechtsform ändert, ohne ihre Identität zu verlieren, war es bislang de lege lata nicht möglich, eine formwechselnde Umwandlung zwischen Personengesellschaften und Kapitalgesellschaften vorzunehmen. Die erheblichen Strukturunterschiede zwischen den beiden Grundformen „Verein" und „Gesellschaft" hatten den Gesetzgeber veranlaßt, insoweit eine formwechselnde Umwandlung nicht in den Katalog der gesetzlichen Umwandlungsmöglichkeiten aufzunehmen (vgl. K. Schmidt, Gesellschaftsrecht, § 12 I 4 a; Lüttge, NJW 1995, 417, 422). Daher waren die Möglichkeiten der formwechselnden Umwandlungen von oder in Kapitalgesellschaften erheblich eingeschränkt. Sie wurden im vierten Buch des Aktiengesetzes geregelt.

Rdnr. 799

Das neue Umwandlungsgesetz sieht nunmehr folgende Varianten der formwechselnden Umwandlung vor: 800

- von Kapitalgesellschaften in Gesellschaften bürgerlichen Rechts,
- von Kapitalgesellschaften in Personenhandelsgesellschaften,
- von Kapitalgesellschaften in Kapitalgesellschaften anderer Rechtsform,
- von Kapitalgesellschaften in eingetragene Genossenschaften,
- von Personenhandelsgesellschaften in Kapitalgesellschaften,
- von eingetragenen Genossenschaften in Kapitalgesellschaften,
- von rechtsfähigen Vereinen in Kapitalgesellschaften oder eingetragene Genossenschaften,
- von Versicherungsvereinen auf Gegenseitigkeit in Aktiengesellschaften,
- von Körperschaften und Anstalten des öffentlichen Rechts in Kapitalgesellschaften.

Die formwechselnde Umwandlung wird im fünften Buch des neuen Umwandlungsgesetzes (§§ 190ff. UmwG) geregelt.

Für alle formwechselnden Umwandlungen gelten grundsätzlich die §§ 190–213 UmwG. 801

Formwechselnde Umwandlungen nach den §§ 190ff. UmwG setzen einen Umwandlungsbericht des jeweiligen Vertretungsorgans des formwechselnden Rechtsträgers voraus, es sei denn, an dem formwechselnden Rechtsträger ist nur ein Anteilseigner beteiligt oder alle Anteilsinhaber haben in notariell beurkundeter Form auf den Umwandlungsbericht verzichtet (§ 192 UmwG). Diesem Umwandlungsbericht ist auch eine Vermögensaufstellung beizufügen, die den wirklichen Wert jedes Vermögensgegenstandes und der Verbindlichkeiten anzugeben hat. Da der wirkliche Wert anzugeben ist, handelt es sich nicht um eine nach den handelsrechtlichen Grundsätzen ordnungsgemäßer Buchführung aufzustellende Schlußbilanz (vgl. Lüttge, NJW 1995, 417, 423).

Vor allem setzt die Umwandlung einen Umwandlungsbeschluß der Anteilsinhaber des formwechselnden Rechtsträgers voraus (§ 193 UmwG). Der Mindestinhalt dieses Beschlusses wird in § 194 UmwG festgelegt. Er muß demnach unter anderem folgende Angaben enthalten:

- die Rechtsform, die der Rechtsträger durch den Formwechsel erlangen soll,
- den Namen oder die Firma des neuen Rechtsträgers,
- genaue Angaben zu den Beteiligungsverhältnissen an dem neuen Rechtsträger,
- ein Abfindungsangebot nach § 207 UmwG, sofern der Umwandlungsbeschluß nicht zu seiner Wirksamkeit der Zustimmung aller Anteilsinhaber bedarf oder nur ein Anteilsinhaber an dem formwechselnden Rechtsträger beteiligt ist,
- die Folgen des Formwechsels für die Arbeitnehmer und ihre Vertretung und die insoweit vorgesehenen Maßnahmen.

802 Binnen eines Monats nach der Beschlußfassung kann Klage gegen die Wirksamkeit des Umwandlungsbeschlusses erhoben werden (§ 195 Abs. 1 UmwG). Eine zulässige Anfechtungsklage führt zu einer Sperre der Registereintragung der Umwandlung (§ 198 Abs. 3 i. Vb. m. § 16 Abs. 2 Satz 2 UmwG).

Grundsätzlich sind auf den Formwechsel die für die neue Rechtsform geltenden Gründungsvorschriften, bis auf die der Mindestzahl der Gründer und der Bildung und Zusammensetzung des ersten Aufsichtsrates, anzuwenden (§ 197 UmwG).

Der Formwechsel ist bei dem Register, in dem der formwechselnde Rechtsträger eingetragen ist, zur Eintragung anzumelden und daneben in dem Register, in dem der neue Rechtsträger einzutragen ist, wenn es sich hierbei um verschiedene Register handelt oder durch die mit dem Formwechsel verbundene Sitzverlegung ein anderes Registergericht zuständig wird oder der formwechselnde Rechtsträger nicht in einem Register eingetragen war (§ 198 UmwG).

Mit Registereintragung besteht der formwechselnde Rechtsträger in der neuen, im Umwandlungsbeschluß bestimmten Rechtsform weiter, und etwaige Mängel der notariellen Beurkundung des Umwandlungsbeschlusses oder gegebenenfalls erforderlicher Zustimmungs- und Verzichtserklärungen einzelner Anteilsinhaber werden geheilt (§ 202 UmwG).

Rdnr. 802

2. Die Umwandlung einer Kapitalgesellschaft in eine Personengesellschaft

a) Überblick

Durch die §§ 228ff. UmwG werden die formwechselnden Umwandlungen von Kapitalgesellschaften in Personengesellschaften geregelt. Bei der Umwandlung einer Kapitalgesellschaft in eine Personengesellschaft bedarf der Umwandlungsbeschluß grundsätzlich einer Mehrheit von $^3/_4$ der bei der Gesellschafterversammlung der GmbH abgegebenen Stimmen oder des bei der Beschlußfassung einer Aktiengesellschaft oder einer Kommanditgesellschaft auf Aktien vertretenen Grundkapitals. Jedoch können der Gesellschaftsvertrag oder die Satzung der formwechselnden Gesellschaft eine größere Mehrheit und weitere Erfordernisse bestimmen (§ 233 Abs.2 UmwG). Dem Formwechsel einer Kommanditgesellschaft auf Aktien müssen, wenn die Satzung keine Mehrheitsentscheidung dieser Gesellschafter vorsieht, alle persönlich haftenden Gesellschafter zustimmen (§ 233 Abs.3 UmwG). **803**

b) Die Umwandlung einer Kapitalgesellschaft in eine Personenhandelsgesellschaft

Die Umwandlung einer Kapitalgesellschaft in eine OHG oder in eine KG ist nur möglich, wenn es sich bei dem neuen Unternehmen im Zeitpunkt der Registereintragung um ein vollkaufmännisches Handelsgewerbe handelt (§ 228 Abs.1 UmwG i.Vb.m. §§ 105 Abs.1 und 4 Abs.1 HGB). **804**

c) Die Umwandlung einer Kapitalgesellschaft in eine Gesellschaft bürgerlichen Rechts

Soll eine Kapitalgesellschaft in eine Gesellschaft bürgerlichen Rechts umgewandelt werden, bedarf der Umwandlungsbeschluß der Zustimmung aller Gesellschafter und zwar auch derer, die nicht in der Gesellschafterversammlung oder Hauptversammlung erschienen sind (§ 233 Abs.1 UmwG). Die Umwandlung in eine Gesellschaft bürgerlichen

Rechts kommt allerdings nur dann in Betracht, wenn die umgewandelte Gesellschaft kein vollkaufmännisches Handelsgewerbe betreibt (§ 228 Abs. 2 UmwG).

3. Die Umwandlung einer Kapitalgesellschaft in eine Kapitalgesellschaft anderer Rechtsform

805 Auch wenn eine Kapitalgesellschaft in eine Kapitalgesellschaft anderer Rechtsform umgewandelt wird, handelt es sich um eine formwechselnde Umwandlung. Von großer praktischer Bedeutung sind die Umwandlungen von Gesellschaften mit beschränkter Haftung in Aktiengesellschaften oder Kommanditgesellschaften auf Aktien sowie von Aktiengesellschaften und Kommanditgesellschaften auf Aktien in Gesellschaften mit beschränkter Haftung. Insbesondere die Möglichkeit der Umwandlung einer Gesellschaft mit beschränkter Haftung in eine Aktiengesellschaft spielt nicht zuletzt deshalb eine bedeutende Rolle, weil sie eine Inanspruchnahme des Kapitalmarktes für die Eigenkapitalbildung ermöglichen kann (vgl. zu den Einzelheiten K. Schmidt, AG 1985, 150 ff).

Die Umwandlung einer Kapitalgesellschaft in eine Kapitalgesellschaft anderer Rechtsform ist in den §§ 238 ff. UmwG geregelt. Der Umwandlungsbeschluß, der anderenfalls lediglich eine Mehrheit von $^3/_4$ der abgegebenen Stimmen oder des vertretenen Grundkapitals voraussetzt, erfordert bei der Umwandlung einer Aktiengesellschaft oder einer GmbH in eine Kommanditgesellschaft auf Aktien die Zustimmung aller Gesellschafter, die in der neuen Gesellschaft die Stellung eines persönlich haftenden Gesellschafters einnehmen sollen (§ 240 Abs. 2 UmwG). Bei der Umwandlung einer Gesellschaft mit beschränkter Haftung in eine Aktiengesellschaft oder in eine Kommanditgesellschaft auf Aktien müssen auch alle zu Nebenleistungen verpflichteten Gesellschafter, deren Verpflichtungen wegen der einschränkenden Regelung des § 55 AktG nicht aufrechterhalten werden können, dem Formwechsel zustimmen (§ 241 Abs. 3 UmwG). Wird eine Kommanditgesellschaft auf Aktien in eine Kapitalgesellschaft anderer Rechtsform umgewandelt, müssen dem Umwandlungsbeschluß, wenn die Satzung keine Mehrheitsentscheidung dieser Gesellschafter vorsieht, alle persönlich haftenden Gesellschafter zustimmen (§ 240 Abs. 3 UmwG).

Der Umwandlungsbeschluß muß auch den Gesellschaftsvertrag der **806** GmbH oder die Satzung der Aktiengesellschaft oder der KGaA, in die umgewandelt werden soll, enthalten (§ 243 Abs. 1 i. Vb. m. § 218 UmwG).

Es sollen auch die Beteiligungsverhältnisse insofern erhalten bleiben, als die Gesellschafter Anteile an der Gesellschaft neuer Rechtsform entsprechend dem Nennbetrag der Aktien bzw. der Geschäftsanteile der formwechselnden Gesellschaft erhalten. Bei einer nicht verhältniswahrenden formwechselnden Umwandlung bedarf es grundsätzlich der Zustimmung derjenigen Gesellschafter, die nicht entsprechend den Nennbeträgen der alten Anteile beteiligt werden (§§ 241 Abs. 1, 242 UmwG).

Durch den Formwechsel wird das bisherige Stammkapital einer Gesellschaft mit beschränkter Haftung zum Grundkapital der Gesellschaft neuer Rechtsform oder das bisherige Grundkapital der formwechselnden Aktiengesellschaft oder Kommanditgesellschaft auf Aktien zum Stammkapital der Gesellschaft mit beschränkter Haftung (§ 247 UmwG). Die Geschäftsanteile der rechtsformwechselnden Gesellschaft mit beschränkter Haftung werden in Aktien der Aktiengesellschaft oder der Kommanditgesellschaft auf Aktien umgetauscht oder umgekehrt (§ 248 UmwG).

Beim Formwechsel einer Kommanditgesellschaft auf Aktien in eine **807** Kapitalgesellschaft anderer Rechtsform haftet ein persönlich haftender Gesellschafter der rechtsformwechselnden KGaA für Verbindlichkeiten, die im Zeitpunkt des Formwechsels bestanden haben, fünf weitere Jahre, wenn die Verbindlichkeiten innerhalb dieser Frist fällig werden und Ansprüche daraus gegen ihn gerichtlich geltend gemacht werden (§ 249 i. Vb. m. § 224 UmwG).

Bei Rechtsformwechseln zwischen Aktiengesellschaften und Kommanditgesellschaften auf Aktien bedarf es keines Angebots einer Barabfindung (§ 250 UmwG), weil die Rechtsstellung des einzelnen beim Formwechsel einer Aktiengesellschaft in eine Kommanditgesellschaft auf Aktien und umgekehrt im wesentlichen unverändert bleibt, so daß es ihm auch bei der Umwandlung infolge eines Mehrheitsbeschlusses zugemutet werden kann, Gesellschafter zu bleiben oder seinen Anteil selbst zu veräußern.

4. Die Umwandlung einer Personenhandelsgesellschaft

808 Personenhandelsgesellschaften können in Kapitalgesellschaften oder in eingetragene Genossenschaften umgewandelt werden. Bei derartigen Umwandlungen bedarf es eines Umwandlungsberichts nicht, wenn alle Gesellschafter zur Geschäftsführung berechtigt sind (§ 215 UmwG), so wie es bei der OHG grundsätzlich der Fall ist (siehe oben Rdnr. 253). Allen nicht zur Geschäftsführung befugten Gesellschaftern sind spätestens mit der Einberufung der Gesellschafterversammlung, die den Formwechsel beschließen soll, der Beschluß über den Formwechsel schriftlich anzukündigen und der Umwandlungsbericht und ein Abfindungsangebot zu übersenden (§ 216 UmwG). Dem Umwandlungsbeschluß müssen grundsätzlich alle Gesellschafter zustimmen. Der Gesellschaftsvertrag kann jedoch auch eine Mehrheitsentscheidung der Gesellschafter vorsehen; diese Mehrheit muß jedoch mindestens $^3/_4$ der Stimmen betragen (§ 217 Abs. 2 UmwG). Bei einem Formwechsel in eine Kommanditgesellschaft auf Aktien müssen alle Gesellschafter zustimmen, die in dieser Gesellschaft die Stellung des persönlich haftenden Gesellschafters haben sollen (§ 217 Abs. 3 UmwG). In dem Umwandlungsbeschluß muß auch der Gesellschaftsvertrag der GmbH, das Statut der Genossenschaft oder die Satzung der Aktiengesellschaft oder der KGaA festgestellt werden, in die umgewandelt werden soll (§ 218 Abs. 1 UmwG). Um die Aufbringung des Stamm- bzw. des Grundkapitals zu sichern, darf dieses das Vermögen der formwechselnden Personenhandelsgesellschaft nach Abzug der Verbindlichkeiten nicht überschreiten (§ 220 Abs. 1 UmwG). Die persönlich haftenden Gesellschafter der formwechselnden Personenhandelsgesellschaft haften den Gläubigern dieser Gesellschaft für deren Verbindlichkeiten ab dem Formwechsel fünf Jahre, wenn die Ansprüche innerhalb dieser Zeit fällig werden und gegen den ehemaligen persönlich haftenden Gesellschafter gerichtlich geltend gemacht oder von diesem schriftlich anerkannt werden (§ 224 Abs. 1, 2 und 4 UmwG). § 225 Abs. 5 UmwG stellt klar, daß diese Nachhaftungsbegrenzung auch für die ehemaligen persönlich haftenden Gesellschafter gilt, die in dem neuen Rechtsträger geschäftsführend tätig sind.

5. Die Umwandlung einer eingetragenen Genossenschaft in eine Kapitalgesellschaft

Eine formwechselnde Umwandlung einer eingetragenen Genossenschaft ist nach dem Umwandlungsgesetz nur in eine Kapitalgesellschaft möglich (§ 258 Abs. 1 UmwG). Vor der Einberufung der Generalversammlung, die den Formwechsel beschließen soll, ist ein Gutachten des Prüfungsverbandes (vgl. dazu §§ 54 ff. GenG) einzuholen, ob der Formwechsel mit den Belangen sowohl der Genossenschaft als auch der Gläubiger der Genossenschaft in Einklang steht (§ 259 UmwG). Spätestens mit der Einberufung der Generalversammlung ist den Genossen ein Abfindungsangebot zu unterbreiten (§ 260 Abs. 2 i. Vb. m. §§ 231 Satz 1, 207 UmwG). **809**

Zur Vorbereitung der Generalversammlung, die den Formwechsel beschließen soll, hat der Vorstand der Genossenschaft diesen Formwechsel als Gegenstand der Beschlußfassung schriftlich anzukündigen. In der Ankündigung ist auch auf die für den Umwandlungsbeschluß erforderlichen Mehrheiten, die Möglichkeit des Widerspruchs und die sich daraus ergebenden Rechte hinzuweisen (§ 260 Abs. 1 UmwG).

Der Umwandlungsbeschluß bedarf grundsätzlich einer Mehrheit von $^3/_4$ der abgegebenen Stimmen. Wenn spätestens bis zum Ablauf des dritten Tages vor der Generalversammlung mindestens 100 Genossen bzw. bei Genossenschaften mit weniger als 1000 Genossen mindestens ein Zehntel der Genossen durch eingeschriebenen Brief Widerspruch gegen den Formwechsel erhoben haben, bedarf der Umwandlungsbeschluß einer Mehrheit von $^9/_{10}$ der abgegebenen Stimmen. Das Statut der Genossenschaft kann jedoch auch größere Mehrheiten und weitere Erfordernisse bestimmen (§ 262 Abs. 1 UmwG).

Der Umwandlungsbeschluß muß auch den Gesellschaftsvertrag der GmbH oder die Satzung der Aktiengesellschaft oder der KGaA enthalten (§ 263 Abs. 1 i. Vb. m. § 218 UmwG).

6. Die Umwandlung von rechtsfähigen Vereinen

810 Bei rechtsfähigen Vereinen ist eine rechtsformwechselnde Umwandlung, sofern Satzung und Landesrecht nicht entgegenstehen, nur in eine Kapitalgesellschaft oder in eine eingetragene Genossenschaft möglich (§ 272 UmwG).

Ebenso wie bei der eingetragenen Genossenschaft muß auch bei der Umwandlung eines eingetragenen Vereins der Vorstand zur Vorbereitung der Mitgliederversammlung, die den Formwechsel beschließen soll, diesen Formwechsel als Gegenstand der Beschlußfassung schriftlich ankündigen. In der Ankündigung ist auch auf die für den Umwandlungsbeschluß erforderlichen Mehrheiten, die Möglichkeit des Widerspruchs und die sich daraus ergebenden Rechte hinzuweisen (§ 274 Abs. 1 bzw. § 283 Abs. 1 i. Vb. m. § 260 Abs. 1 UmwG).

Der Umwandlungsbeschluß bedarf, wenn der Zweck des Rechtsträgers i. S. v. § 33 Abs. 1 Satz 2 BGB geändert werden soll oder wenn das Statut der Genossenschaft eine Nachschußpflicht vorsieht, der Zustimmung aller Mitglieder (§ 275 Abs. 1 bzw. § 284 Satz 1 UmwG).

Der Umwandlungsbeschluß muß auch die Satzung der Kapitalgesellschaft oder das Statut der Genossenschaft enthalten (§ 276 Abs. 1 i. Vb. m. § 218 UmwG bzw. § 285 Abs. 1 i. Vb. m. § 253 Abs. 1 UmwG).

7. Die Umwandlung einer Körperschaft des öffentlichen Rechts in eine Kapitalgesellschaft

811 Nach dem Umwandlungsgesetz können rechtsfähige Körperschaften oder Anstalten des öffentlichen Rechts rechtsformwechselnd nur in Kapitalgesellschaften umgewandelt werden, jedoch nur, sofern das maßgebliche Bundes- oder Landesrecht nicht entgegensteht (§ 301 UmwG).

Die Vorschriften der §§ 190–213 UmwG sind bei dem Formwechsel nur anwendbar, soweit sich aus dem für die Körperschaft oder Anstalt maßgebenden Bundes- oder Landesrecht nichts anderes ergibt (§ 302 UmwG). Beim Formwechsel in eine KGaA bedarf der Formwechsel der Zustimmung aller Anteilsinhaber, die in der KGaA die Stellung eines persönlich haftenden Gesellschafters einnehmen sollen (§ 303 Abs. 2 UmwG). Neben den Gründungsvorschriften für die jeweilige Kapitalgesellschaft ist zu beachten, daß der Nennbetrag des Stammkapitals der GmbH oder des Grundkapitals der Aktiengesellschaft oder der KGaA das nach Abzug der Verbindlichkeiten verbleibende Vermögen der Körperschaft oder Anstalt nicht übersteigt (§ 303 Abs. 1 i. Vb. m. § 220 UmwG).

Mit der Eintragung der Kapitalgesellschaft in das Handelsregister wird der Formwechsel wirksam (§ 304 Satz 1 UmwG).

§ 47. Die Verschmelzung

I. Die Entwicklung des Verschmelzungsrechts

Bislang war die verschmelzende Umwandlung als Form der über- **812** tragenden Umwandlung im Umwandlungsgesetz geregelt; daneben regelten die §§ 339 ff. AktG und die §§ 19 ff. KapErhG die Verschmelzung von Kapitalgesellschaften. Nunmehr wird die Verschmelzung von Rechtsträgern im zweiten Buch des neuen Umwandlungsgesetzes geregelt.

II. Die Verschmelzungsmöglichkeiten

Bei der Verschmelzung geht das Vermögen eines oder mehrerer **813** Rechtsträger unter Auflösung ohne Abwicklung auf einen anderen Rechtsträger über. Die Anteilsinhaber des übertragenden Rechtsträgers oder der übertragenden Rechtsträger erhalten für ihre Anteile am übertragenden Rechtsträger im Wege des Anteilstauschs Anteile am aufnehmenden bzw. neugegründeten Rechtsträger (§ 2 UmwG). Dabei gibt es zwei Gestaltungsmöglichkeiten:

- Es wird entweder das gesamte Vermögen eines oder mehrerer übertragender Rechtsträger als Ganzes auf einen anderen bereits bestehenden Rechtsträger übertragen (Verschmelzung durch Aufnahme)

– oder das gesamte Vermögen zweier oder mehrerer übertragender Rechtsträger wird auf einen neuen, von ihnen dadurch gegründeten Rechtsträger übertragen (Verschmelzung durch Neugründung).

Durch § 3 UmwG wird geregelt, welche Rechtsträger an einer Verschmelzung beteiligt sein können. Danach können unter anderem als übertragende, übernehmende oder neue Rechtsträger beteiligt sein:

– Personenhandelsgesellschaften,
– Kapitalgesellschaften,
– eingetragene Genossenschaften,
– eingetragene Vereine,
– Versicherungsvereine auf Gegenseitigkeit.

Wirtschaftliche Vereine i.S.v. § 22 BGB kommen nur als übertragende Rechtsträger in Betracht (§ 2 Abs. 2 Nr. 1 UmwG).

Nach § 2 Abs. 2 Nr. 2 UmwG können natürliche Personen, die Alleingesellschafter einer Kapitalgesellschaft sind, diese Gesellschaft im Wege der Verschmelzung übernehmen (vgl. §§ 120 ff. UmwG).

Grundsätzlich können an der Verschmelzung gleichzeitig sowohl Rechtsträger derselben Rechtsform als auch Rechtsträger unterschiedlicher Rechtsform beteiligt sein (§ 2 Abs. 4 UmwG).

III. Die Durchführung der Verschmelzung

814 Sowohl die Verschmelzung durch Neugründung, auf die grundsätzlich die Vorschriften über die Verschmelzung durch Aufnahme entsprechend anwendbar sind (vgl. § 36 Abs. 1 UmwG), als auch die Verschmelzung durch Aufnahme setzen einen notariell beurkundeten Verschmelzungsvertrag voraus (§§ 4, 6 UmwG). Der Mindestinhalt dieses Vertrages wird in § 5 UmwG geregelt. Danach muß der Vertrag unter anderem folgende Angaben enthalten:

– den Namen oder die Firma und den Sitz der beteiligten Rechtsträger,
– eine Vereinbarung über den Anteilstausch,
– das Umtauschverhältnis der Anteile und die Höhe etwaiger barer Zahlungen,

- den Zeitpunkt der Beteiligung am Bilanzgewinn des übernehmenden Rechtsträgers,
- den Verschmelzungsstichtag.

Bei der Verschmelzung durch Neugründung muß der Verschmelzungsvertrag auch den Gesellschaftsvertrag, die Satzung oder das Statut enthalten oder feststellen (§ 37 UmwG). Daneben müssen die allgemein für die Gründung des neuen Rechtsträgers geltenden Gründungsvorschriften beachtet werden (§ 36 Abs. 2 UmwG). 815

Die Vertretungsorgane der an der Verschmelzung beteiligten Rechtsträger haben einen Verschmelzungsbericht zu erstatten, der insbesondere das Umtauschverhältnis der Anteile oder die Angaben über die Mitgliedschaft bei dem übernehmenden oder neuen Rechtsträger sowie die Höhe einer anzubietenden Barabfindung rechtlich und wirtschaftlich zu erläutern und zu begründen hat (§ 8 Abs. 1 UmwG). Auf den Verschmelzungsbericht kann verzichtet werden, wenn alle Anteilsinhaber aller beteiligten Rechtsträger in notariell beurkundeter Form auf seine Erstattung verzichten oder sich alle Anteile des übertragenden Rechtsträgers in der Hand des übernehmenden Rechtsträgers befinden (§ 8 Abs. 3 UmwG).

Der Verschmelzungsvertrag setzt zu seiner Wirksamkeit einen sogenannten Verschmelzungsbeschluß, also die Zustimmung der Anteilseigner der beteiligten Rechtsträger voraus (§ 13 Abs. 1 UmwG). Bei der Verschmelzung eines Rechtsträgers mit einem Rechtsträger anderer Rechtsform hat der übernehmende oder neue Rechtsträger jedem Anteilsinhaber, der gegen den Verschmelzungsbeschluß des übertragenden Rechtsträgers Widerspruch zu Protokoll erklärt, den Erwerb seiner Anteile oder Mitgliedschaften gegen eine angemessene Barabfindung anzubieten (§ 29 Abs. 1 Satz 1 UmwG). Aktiengesellschaften und Kommanditgesellschaften auf Aktien gelten im Verhältnis zueinander jedoch nicht als Rechtsträger anderer Rechtsform (§ 78 Satz 4 UmwG). 816

Binnen eines Monats nach der Beschlußfassung kann Klage gegen die Wirksamkeit des Verschmelzungsbeschlusses erhoben werden (§ 14 Abs. 1 UmwG). Die zulässige Anfechtungsklage führt zu einer Sperre der Registereintragung der Umwandlung (§ 16 Abs. 2 Satz 2 UmwG). Sie kann jedoch nicht darauf gestützt werden, daß das Umtauschverhältnis der Anteile zu niedrig bemessen sei, daß die Mitgliedschaft bei dem übernehmenden oder neuen Rechtsträger kein ausreichender Gegenwert für die Anteile oder die Mitgliedschaft ist oder daß die angebotene Barabfindung zu niedrig bemessen worden sei (§§ 14 Abs. 2, 32 UmwG). Stattdessen kann der Anteilsinhaber von dem Rechtsträger einen Ausgleich durch bare Zuzahlung bzw. eine angemessene Barabfindung verlangen (§§ 15, 34 UmwG). Über die Höhe der Zahlung entscheidet das Landgericht, in dessen Bezirk der Rechtsträger, dessen Anteilsinhaber antragsberechtigt sind, seinen Sitz hat, in einem Spruchverfahren (§§ 305 ff. UmwG).

817 Grundsätzlich haben die Vertretungsorgane aller an der Verschmelzung beteiligten Rechtsträger die Anmeldung zur Eintragung der Verschmelzung bei dem jeweiligen Registergericht ihres Sitzes vorzunehmen (§§ 16, 38 UmwG). Daraus folgt, daß eintragendes Registergericht stets auch das für den Sitz jedes übertragenden Rechtsträgers zuständige Gericht ist. Aber erst die Eintragung am Sitz des übernehmenden bzw. neuen Rechtsträgers hat konstitutive Wirkung (§ 19 Abs. 1 Satz 2 UmwG).

Das Registergericht hat die jeweils von ihm vorgenommene Eintragung der Verschmelzung von Amts wegen durch den Bundesanzeiger und mindestens ein anderes Blatt bekanntzumachen. Mit dem Ablauf des Tages, an dem das letzte der die Bekanntmachung enthaltenden Blätter erschienen ist, gilt die Bekanntmachung für den sie betreffenden Rechtsträger als erfolgt (§ 19 Abs. 3 UmwG).

Zwar gehen die Verbindlichkeiten der übertragenden Rechtsträger auf den übernehmenden bzw. neuen Rechtsträger über, darüber hinaus wird dem Gläubigerschutz dadurch Rechnung getragen, daß mit Ablauf dieses Tages die sechsmonatige Meldefrist beginnt, innerhalb derer den Gläubigern der übertragenden Rechtsträger, soweit sie nicht Befriedigung verlangen können, grundsätzlich Sicherheit zu gewähren ist, wenn sie ihren Anspruch nach Grund und Höhe schriftlich anmelden und glaubhaft machen, daß durch die Verschmelzung die Erfüllung ihrer Forderung gefährdet wird (§ 22 UmwG). Daneben enthält das Umwandlungsgesetz auch Schutzbestimmungen zugunsten der Inhaber von Sonderrechten. Nach § 23 UmwG sind den Inhabern von Rechten, die kein Stimmrecht gewähren (z. B. Vorzugsaktien ohne Stimmrecht, Wandelschuldverschreibungen oder Genußrechte) gleichwertige Rechte in dem übernehmenden oder dem neuen Rechtsträger zu gewähren.

Durch die Eintragung der Verschmelzung in das Register am Sitz des übernehmenden bzw. neuen Rechtsträgers wird folgendes bewirkt (§ 20 UmwG): **818**

- Das Vermögen der übertragenden Rechtsträger geht einschließlich der Verbindlichkeiten auf den übernehmenden bzw. den neuen Rechtsträger über.
- Die übertragenden Rechtsträger erlöschen, ohne daß es einer besonderen Löschung bedarf.
- Die Anteilsinhaber der übertragenden Rechtsträger werden Anteilsinhaber des übernehmenden bzw. neuen Rechtsträgers.
- Etwaige Mängel bei der Beurkundung und gegebenenfalls erforderlicher Zustimmungs- oder Verzichtserklärungen der Anteilsinhaber werden geheilt.

IV. Die Verschmelzung unter Beteiligung von Personenhandelsgesellschaften

Bei einer Verschmelzung unter Beteiligung einer Personenhandels- **819**
gesellschaft bedarf der Verschmelzungsbeschluß grundsätzlich der Zustimmung aller Gesellschafter der Personenhandelsgesellschaft (§ 43 Abs. 1 UmwG); jedoch kann der Gesellschaftsvertrag die Mehrheitsentscheidung der Gesellschafter mit mindestens $^3/_4$ Stimmenmehrheit vorsehen (§ 24 Abs. 2 Satz 1 UmwG). Widerspricht ein persönlich haftender Gesellschafter eines übertragenden oder eines übernehmenden Rechtsträgers der Verschmelzung, so ist ihm in der übernehmenden oder neuen Personenhandelsgesellschaft die Stellung eines Kommanditisten einzuräumen (§ 43 Abs. 2 Satz 2 UmwG). Einem Gesellschafter, der nicht unbeschränkt persönlich haftet, ist grundsätzlich die Stellung eines Kommanditisten einzuräumen, es sei denn, die betroffenen Gesellschafter stimmen dem Verschmelzungsbeschluß des übertragenden Rechtsträgers zu (§ 40 Abs. 2 UmwG).

Läßt der Gesellschaftsvertrag einen Verschmelzungsbeschluß durch Mehrheitsentscheidung zu, kann jeder Gesellschafter die Prüfung des Verschmelzungsvertrages oder seines Entwurfes nach den §§ 9–12 UmwG verlangen (§ 44 UmwG).

Persönlich haftende Gesellschafter einer übertragenden Personenhandelsgesellschaft haften für deren Verbindlichkeiten, wenn das Vermögen der Gesellschaft durch Verschmelzung auf einen Rechtsträger anderer Rechtsform ohne unbeschränkt persönlich haftende Anteilsinhaber übertragen wird, falls diese Verbindlichkeiten vor Ablauf von fünf Jahren seit dem Ablauf des Tages, an dem die Eintragung der Verschmelzung in das Register des übernehmenden Rechtsträgers nach § 19 Abs. 3 UmwG als bekannt gemacht gilt, fällig werden und die Ansprüche gegen ihn gerichtlich geltend gemacht oder von ihm schriftlich anerkannt werden (§ 45 UmwG).

V. Die Verschmelzung unter Beteiligung von Gesellschaften mit beschränkter Haftung

820 Auf Verlangen eines jeden Gesellschafters muß der Verschmelzungsvertrag oder sein Entwurf nach den §§ 9–12 UmwG geprüft werden (§ 48 UmwG).

Der Verschmelzungsbeschluß der beteiligten Gesellschaft mit beschränkter Haftung bedarf grundsätzlich einer Mehrheit von mindestens $^3/_4$ der abgegebenen Stimmen, sofern der Gesellschaftsvertrag keine größere Mehrheit und weitere Erfordernisse bestimmt (§ 50 Abs. 1 UmwG). Werden durch die Verschmelzung bestimmte Sonderrechte der Gesellschafter der übertragenden Gesellschaft (z. B. bei der Bestellung der Geschäftsführer oder eines Vorschlagsrechts bei der Geschäftsführung) beeinträchtigt, bedarf der Beschluß zusätzlich der Zustimmung der betroffenen Gesellschafter (§ 50 Abs. 2 UmwG).

Will eine übernehmende Gesellschaft zur Durchführung der Verschmelzung ihr Stammkapital erhöhen, darf die Verschmelzung erst eingetragen werden, wenn die Kapitalerhöhung eingetragen worden ist (§ 53 UmwG).

Rdnr. 820

Die Verschmelzung einer GmbH mit dem Vermögen ihres Alleingesellschafters, der nicht Vollkaufmann ist, ist nicht möglich, weil die Verschmelzung die Eintragung in das Handelsregister voraussetzt (§§ 19, 20 UmwG; so OLG Zweibrücken, ZIP 1996, 460f.).

VI. Die Verschmelzung unter Beteiligung von Aktiengesellschaften

Die Prüfung des Verschmelzungsvertrages oder seines Entwurfs nach den §§ 9–12 UmwG ist für Aktiengesellschaften obligatorisch (§ 60 Abs.1 UmwG). **821**

Der Verschmelzungsbeschluß bedarf einer Mehrheit von $^3/_4$ des bei der Beschlußfassung vertretenen Grundkapitals, sofern die Satzung nicht eine größere Mehrheit und weitere Erfordernisse bestimmt (§ 65 Abs.1 UmwG). Sind mehrere Gattungen von Aktien vorhanden, müssen die stimmberechtigten Aktionäre jeder Gattung der Verschmelzung durch einen Sonderbeschluß zustimmen, für den die gleichen Voraussetzungen aufgestellt sind (§ 65 Abs.2 UmwG).

Auch bei der Beteiligung einer Aktiengesellschaft darf die Verschmelzung, zu deren Durchführung das Grundkapital der übernehmenden Aktiengesellschaft erhöht werden soll, nur eingetragen werden, wenn die Kapitalerhöhung eingetragen worden ist (§ 66 UmwG).

VII. Die Verschmelzung unter Beteiligung von Kommanditgesellschaften auf Aktien

Bei der Verschmelzung unter Beteiligung von Kommanditgesellschaften auf Aktien sind die Vorschriften der Verschmelzung unter Beteiligung von Aktiengesellschaften grundsätzlich entsprechend anwendbar. Der Verschmelzungsbeschluß bedarf jedoch auch der Zustimmung aller persönlich haftender Gesellschafter, soweit die Satzung der KGaA keine Mehrheitsentscheidung dieser Gesellschafter vorsieht (§ 78 UmwG). **822**

§ 48. Die Spaltung

I. Die Entwicklung des Spaltungsrechts

823 Die Spaltung von Gesellschaften war vor Inkrafttreten des neuen Umwandlungsgesetzes am 1.1. 1995 gesetzlich nur für von der Treuhandanstalt verwaltete Unternehmen auf dem Gebiet der ehemaligen DDR geregelt (Gesetz über die Spaltung der von der Treuhand verwalteten Unternehmen, BGBl. I 1991, 854). Daher konnte, abgesehen von diesen Spezialfällen, die Spaltung von Gesellschaften nur als Sachgründung einer neuen Gesellschaft oder als Sachkapitalerhöhung einer bestehenden Gesellschaft durchgeführt werden, regelmäßig verbunden mit einer Kapitalherabsetzung in der Ursprungsgesellschaft oder deren Liquidation. Bei den aufnehmenden Gesellschaften entstanden in solchen Fällen bislang ungelöste Probleme hinsichtlich der Haftungskontinuität nach § 25 HGB (vgl. K. Schmidt, Gesellschaftsrecht, § 13 III 3 m. w. Nachw.). Nunmehr regelt das neue Umwandlungsgesetz im dritten Buch die Spaltung von Rechtsträgern i.S. von § 3 Abs. 1 UmwG.

II. Die Spaltungsmöglichkeiten

824 Bei der Spaltung geht das Vermögen eines übertragenden Rechtsträgers unter Auflösung ohne Abwicklung auf einen oder mehrere andere bestehende Rechtsträger (Spaltung durch Aufnahme) oder auf einen oder mehrere andere durch den übertragenden Rechtsträger dadurch neu gegründete Rechtsträger (Spaltung durch Neugründung) gegen Gewährung von Anteilen oder Mitgliedschaften dieser Rechtsträger an die Anteilsinhaber des übertragenden Rechtsträgers über und zwar durch
- Übertragung der Vermögensteile als Gesamtheit auf andere Rechtsträger (Aufspaltung, § 123 Abs. 1 UmwG) oder durch
- Abspaltung eines Teils oder mehrerer Teile seines Vermögens auf einen oder mehrere Rechtsträger (Abspaltung, § 123 Abs. 2 UmwG).

Daneben besteht die Möglichkeit der Spaltung durch Aufnahme oder Neugründung durch die Ausgliederung eines Teils oder mehrerer Teile des Vermögens des übertragenden Rechtsträgers auf einen oder mehrere Rechtsträger gegen Gewährung von Anteilen oder Mitgliedschaften dieses Rechtsträgers oder dieser Rechtsträger an den übertragenden Rechtsträger (Ausgliederung, § 123 Abs.3 UmwG).

Als übertragende, übernehmende oder neue Rechtsträger können an der Spaltung die gleichen Rechtsträger beteiligt sein wie an der Verschmelzung, also unter anderem Personenhandelsgesellschaften, Kapitalgesellschaften, eingetragene Genossenschaften, eingetragene Vereine und Versicherungsvereine auf Gegenseitigkeit (§ 124 Abs.1 i.Vb.m. § 3 Abs.1 UmwG). Daneben kommen als übertragende Rechtsträger z.B. noch wirtschaftliche Vereine, Einzelkaufleute und Stiftungen in Betracht (§ 124 Abs.1 UmwG).

III. Die Durchführung der Spaltung

Grundsätzlich gelten für die Spaltung die gleichen Vorschriften wie **825**
für die Verschmelzung (§ 125 UmwG).

Bei der Aufspaltung und bei der Abspaltung ist stets eine Prüfung durch Sachverständige erforderlich und zwar auch dann, wenn sich alle Anteile des übertragenden Rechtsträgers in der Hand des übernehmenden Rechtsträgers befinden (§ 125 Satz 1 i.Vb.m. § 9 Abs.2 UmwG), da es bei Aufspaltung und Abspaltung stets zu einem Anteilstausch kommt. Eine Prüfung ist bei der Ausgliederung nicht erforderlich (§ 125 Satz 2 UmwG), da es zu keinem Anteilstausch bei den Anteilsinhabern kommt.

Von den Verschmelzungsvorschriften abweichende Regelungen werden in den §§ 126ff. UmwG getroffen. Daneben enthalten die §§ 138ff. UmwG Vorschriften für die Spaltungen unter der Beteiligung verschiedener Rechtsträger. Da die Verweisung in § 125 UmwG auch die Besonderen Vorschriften des Zweiten Buches erfaßt (§§ 39–122 UmwG), beschränken sich die §§ 138ff. UmwG auf hiervon abweichende Regelungen.

826 An die Stelle des Verschmelzungsvertrages tritt bei der Spaltung zur Aufnahme der notariell zu beurkundende Spaltungs- und Übernahmevertrag (§ 126 UmwG), bei der Spaltung zur Neugründung der Spaltungsplan (§ 136 UmwG). Der Spaltungs- und Übernahmevertrag (§ 126 Abs. 1 Nr. 9 UmwG) und der Spaltungsplan (vgl. § 136 Satz 2 UmwG) müssen eine genaue Bezeichnung und Aufteilung der Aktiva und Passiva, die an jeden der übernehmenden oder neuen Rechtsträger übertragen werden, und eine Zuordnung der übergehenden Betriebe oder Betriebsteile enthalten. Anderenfalls besteht die Gefahr, daß die Übertragung der Vermögensgegenstände nicht dem sachenrechtlichen Bestimmtheitsgrundsatz genügt und die Übereignung daher unwirksam ist.

Ist bei der Aufspaltung ein aktiver Vermögensgegenstand keinem der übernehmenden Rechtsträger zugeordnet worden, wird dieser Mangel durch verhältnismäßige Zuordnung zugunsten der übernehmenden Rechtsträger oder, wenn er nicht teilbar ist, durch verhältnismäßige Aufteilung des Gegenwertes geheilt (§ 131 Abs. 3 UmwG). Für Passiva besteht eine gesamtschuldnerische Haftung der an der Spaltung beteiligten Rechtsträger (§ 133 Abs. 1 Satz 1 UmwG).

827 Bei der Aufspaltung und der Abspaltung müssen der Spaltungs- und Übernahmevertrag bzw. bei einer Spaltung zur Neugründung der Spaltungsplan auch Angaben darüber enthalten, wie die Anteile der übernehmenden oder neuen Rechtsträger auf die Anteilsinhaber des übertragenden Rechtsträgers aufgeteilt werden; der Maßstab für die Aufteilung ist anzugeben (vgl. §§ 126 Abs. 1 Nr. 10, 136 Satz 2 UmwG). Zum Schutz der Anteilsinhaber bei nicht verhältniswahrenden Spaltungen sieht § 128 UmwG die Zustimmung aller Anteilsinhaber des übertragenden Rechtsträgers zum Spaltungs- und Übernahmevertrag bzw. zum Spaltungsplan vor (siehe § 136 Satz 2 UmwG).

Die Vertretungsorgane der an der Spaltung beteiligten Rechtsträger haben einen Spaltungsbericht zu erstatten, der die gleiche Funktion wie der Verschmelzungsbericht gemäß § 8 UmwG hat (§ 127 UmwG) (vgl. Rdnr. 815).

IV. Die Ausgliederung aus dem Vermögen eines Einzelkaufmannes

Bislang konnte ein Einzelkaufmann sein Unternehmen nur in eine Kapitalgesellschaft umwandeln (§§ 50–56f. UmwG a.F.). 828

Nunmehr werden durch § 152 Satz 1 UmwG die Umwandlungsmöglichkeiten eines Einzelkaufmanns erweitert. Neben der Übertragung seines Geschäftsvermögens im Wege der Ausgliederung zur Aufnahme auf bereits bestehende Kapitalgesellschaften, an denen er dann eine seiner Sacheinlage entsprechende Beteiligung erwirbt, hat der Kaufmann auch die Möglichkeit, in eine Personenhandelsgesellschaft oder Genossenschaft einzutreten. Da es sich hierbei um Fälle der Sonderrechtsnachfolge handelt, wird hierdurch die sogenannte Einbringung erleichtert, denn der Einzelkaufmann kann seine Einlage in einem Akt in die Gesellschaft überführen. Die Ausgliederung zur Neugründung bleibt auf die bisher schon möglichen Fälle der Errichtung einer Kapitalgesellschaft beschränkt, denn die Gründung einer Einmann-Personenhandelsgesellschaft oder einer Einmann-Genossenschaft ist begrifflich nicht möglich.

In der Praxis besteht ein großes Interesse daran, das Unternehmen eines Einzelkaufmanns in eine GmbH umwandeln zu können.

Der Vorteil gegenüber der Gründung einer normalen Einmann-GmbH durch den Inhaber eines einzelkaufmännischen Unternehmens besteht darin, daß die Vermögensgegenstände nicht einzeln auf die GmbH übertragen werden müssen.

§ 49. Die Vermögensübertragung

Schließlich bietet das neue Umwandlungsrecht auch die Möglichkeit der Vermögensübertragung (§§ 174ff. UmwG). Die Vermögensübertragung ist ein Sondertatbestand der Übertragung von Kapitalgesellschaften auf den Bund, ein Land, eine Gebietskörperschaft oder einen Zusammenschluß von Gebietskörperschaften (§ 175 Nr. 1 UmwG) sowie zwischen Versicherungsunternehmen verschiedener 829

Rechtsformen (§ 175 Nr. 2 UmwG). Die Vermögensübertragung entspricht als Vollübertragung der Verschmelzung, als Teilübertragung der Spaltung, so daß die diesbezüglichen Vorschriften grundsätzlich entsprechend anzuwenden sind (§§ 176 Abs. 1, 177 Abs. 2 UmwG). Der Hauptunterschied besteht darin, daß als Gegenleistung keine Anteile gewährt werden (vgl. § 174 UmwG), die es aufgrund der Struktur der meisten in Betracht kommenden übernehmenden Rechtsträger nicht gibt, sondern daß den Anteilsinhabern der übertragenden Rechtsträger andere Gegenleistungen zu gewähren sind, also Geld oder andere geldwerte Güter.

§ 50. Die steuerlichen Aspekte der Umwandlung

830 Der Übergang von einer Unternehmensform zur anderen kann u. a. steuerliche Probleme aufwerfen, wenn es dabei zur Aufdeckung und damit Versteuerung stiller Reserven kommt. Um die Umwandlung von Gesellschaftsformen zu erleichtern, sind im Umwandlungssteuergesetz steuerrechtliche Erleichterungen geschaffen worden, deren Besonderheit es ist, etwaige dem Wechsel der Unternehmensform entgegenstehende steuerliche Hindernisse durch begünstigende Abweichungen von den Normalregeln der Steuergesetze aus dem Weg zu räumen, um die volkswirtschaftlich erwünschte Wahl der sachgemäßen Unternehmensform zu ermöglichen.

Durch das neue Umwandlungssteuergesetz (vgl. BGBl I 1994, 3267) wird eine Rechtsvereinheitlichung und erhöhte Rechtssicherheit erreicht, da das bisherige Umwandlungssteuerrecht nicht nur durch das „Gesetz über steuerliche Maßnahmen bei Änderung der Unternehmensform", sondern daneben auch in zahlreichen Verwaltungsrichtlinien geregelt war. Durch das neue Umwandlungssteuergesetz sollen für Umwandlungen, die nach den Vorschriften des Umwandlungsgesetzes durchgeführt wurden, steuerrechtliche Hemmnisse insofern beseitigt werden, als grundsätzlich auf die Besteuerung stiller Reserven verzichtet wird, sofern das von der Umwandlung betroffene Unternehmensvermögen als Steuersubstrat erhalten bleibt.

Rdnr. 830

Dreizehntes Kapitel

Verbundene Unternehmen

§ 51. Probleme und Bedeutung der verbundenen Unternehmen

Schrifttum: Emmerich, Das GmbH-Konzernrecht. In: Der GmbH-Konzern, 1976; Monopolkommission, Hauptgutachten 1973/75. Mehr Wettbewerb ist möglich. 2. Aufl. 1977; Raisch, Ist mehr Wettbewerb möglich? Betrachtungen zum ersten Zweijahresgutachten der Monopolkommission. 1977; Werner, Die Grundbegriffe der Unternehmensverbindungen des Konzerngesellschaftsrechts, JuS 1977, 141 ff.

I. Einleitung

Durch das Gesellschaftsrecht wird der Zusammenschluß mehrerer 831
Personen zu einer bestimmten Organisation geregelt. Neben natürlichen Personen können sich auch juristische Personen zu einer bestimmten Organisation zusammenschließen. So können z.B. mehrere Gesellschaften mit beschränkter Haftung eine neue GmbH gründen. Die Vorteile, die natürliche Personen zu einer Beteiligung an einer Gesellschaft bewegen, gelten auch für juristische Personen.

So ist es z.B. möglich, daß eine AG durch eine beherrschte GmbH besonders risikoreiche Geschäfte vornehmen läßt, um die Haftung auf die GmbH zu begrenzen. Deshalb ist das Wirtschaftsleben in der Bundesrepublik Deutschland mit dadurch geprägt, daß nicht nur natürliche Personen, sondern auch viele Gesellschaften untereinander gesellschaftsrechtliche Verbindungen eingegangen sind.

Untersuchungen der *Monopolkommission* (Monopolkommission, S. 41) haben ergeben, daß schon vor vielen Jahren die 100 größten Unternehmen in der Bundesrepublik 4300 Beteiligungen an anderen Unternehmen hielten.

832 Verflechtungen von Unternehmen führen in der Regel zu Bindungen, aus denen Einfluß- und Abhängigkeitsverhältnisse zwischen den Unternehmen erwachsen, die die Entscheidungsfreiheit der verflochtenen Unternehmensführung beeinflussen. Hierdurch entstehen zahlreiche wettbewerbsrechtliche Probleme sowie Gläubigerschutz- und Aktionärsschutzprobleme.

Beispiel: Die Vogelsang Heizöl AG erwirbt an einer konkurrierenden GmbH 60% der Geschäftsanteile und benutzt anschließend ihren Einfluß dazu, daß die GmbH ihre Geschäftstätigkeit in den ehemaligen Konkurrenzgebieten einstellt.

In einem solchen Fall kann die Wettbewerbsordnung durch den Wegfall eines unabhängig handelnden Konkurrenten der AG beeinträchtigt sein. Der Zusammenschluß der beiden Gesellschaften unterliegt daher den Vorschriften über die Fusionskontrolle (§§ 23 ff. GWB).

Auch die Interessen der Minderheitsaktionäre der GmbH können beeinträchtigt sein: Verzichtet die GmbH aufgrund der Weisungen des Mehrheitsaktionärs auf gewinnbringende Geschäfte, erleidet sie einen Schaden, dem nicht wie bei der herrschenden AG ein Vorteil gegenübersteht.

Auch die Gläubiger einer Gesellschaft können benachteiligt sein, wenn die abhängige Gesellschaft nicht mehr selbständig gewinnbringende Geschäfte vornehmen kann.

II. Rechtsquellen

833 Das *Aktiengesetz* enthält in den §§ 15–19 sowie in den §§ 291 ff. Vorschriften über verbundene Unternehmen. Das eigentliche *Konzernrecht* ist in den §§ 291 ff. AktG geregelt. §§ 15–19 AktG enthalten Definitionen von Unternehmensverbindungen.

Das im Aktiengesetz enthaltene Konzernrecht findet unmittelbar allerdings nur Anwendung, wenn mindestens eines der miteinander verbundenen Unternehmen eine AG oder KGaA ist.

Ein besonderes GmbH-Konzernrecht ist nicht kodifiziert. Da man davon ausgehen muß, daß die GmbH in großem Umfang als Instrument der Konzernierung Verwendung findet, ist eine Regelung des GmbH-Konzernrechts als dringlich angesehen worden. Der Aktiengesetzgeber von 1965 hatte das Aktienkonzernrecht als den *Kern eines allgemeinen Unternehmenskonzernrechts* angesehen (vgl. Emmerich-Sonnenschein, § 23 III 2). Inzwischen dürfte die Auffassung vorherrschen, daß in den vielen nicht geregelten Fragen des GmbH-Konzernrechts eine Analogie zum Aktienrecht nur partiell in Betracht kommt. Dafür sprechen aus konzernrechtlicher Sicht vor allem die Unterschiede in der Verfassung der GmbH, in der Frage der Vermögensbindung und bei den Mitverwaltungsrechten der Gesellschafter (so Emmerich-Sonnenschein, § 23 III 2).

Vorschriften über Konzerne enthalten auch das MBG und die Steuergesetze.

Die Verbindung von Unternehmen führt häufig zu größerer **834**
Marktmacht. Dies bringt die Gefahr mit sich, daß der Wettbewerb nicht unerheblich beeinträchtigt wird. Der Bekämpfung von Marktmacht, die durch Konzernbildungen entstehen kann, sollen die §§ 23 ff. GWB dienen, die die Fusionskontrolle regeln und dem Bundeskartellamt die Möglichkeit geben, Zusammenschlüsse, die zu marktbeherrschenden Stellungen führen oder eine marktbeherrschende Stellung verstärken, zu untersagen. (Hierzu Raisch, a.a.O.) Das GWB dient dem Zweck, auf allen Märkten Wettbewerb zu erhalten und Beeinträchtigungen des Wettbewerbs zu verhindern. Es wird damit auch das Ziel angestrebt, möglichst viele Unternehmen auf jedem Markt zu erhalten. Der Schutz vor übermäßiger Konzentration soll vermeiden, daß Produktion und Verkauf von Waren nur auf wenige Unternehmen, die den Markt beherrschen würden, beschränkt bleiben.

Sinn und Zweck der im Aktiengesetz enthaltenen konzernrechtlichen Regelungen ist es, die „Unternehmensverbindungen rechtlich zu erfassen, sie durch Publizitätsvorschriften durchsichtig zu machen und Schutzvorschriften für die außenstehenden Aktionäre und die Gläubiger der verbundenen Unternehmen zu treffen" (Deutscher Bundestag – 4. Wahlperiode, Drucksache IV 171, S. 94 f.).

§ 52. Die verschiedenen Verbundformen zwischen Unternehmen

Schrifttum: Großfeld, Bilanzrecht für Juristen – Das Bilanzrichtliniengesetz vom 19.12. 1985, NJW 1986, 955 ff.; Emmerich, Der heutige Stand der Lehre vom GmbH-Konzernrecht, AG 1987, 1 ff.; Emmerich-Sonnenschein, Konzernrecht, 5. Aufl. 1993; Lutter, 100 Bände BGHZ: Konzernrecht, ZHR 151 [1987], 444 ff.; K. Schmidt, Gleichordnung im Konzern: terra incognita?, ZHR 155 [1991], 417 ff.; Werner, Die Grundbegriffe der Unternehmensverbindungen des Konzerngesellschaftsrechts, JuS 1977, 141 ff.; Würdinger, in Großkommentar zum Aktiengesetz, Vorbemerkungen und Anmerkungen zu §§ 15–19 AktG; Würdinger, Aktienrecht und das Recht der verbundenen Unternehmen, 4. Aufl. 1981; Zöllner, Zum Unternehmensbegriff der §§ 15 ff. AktG, ZGR 1976, 1 ff.

I. Überblick

835 Das Aktiengesetz definiert in § 15, was unter verbundenen Unternehmen zu verstehen ist.

Danach sind *verbundene Unternehmen rechtlich selbständige Unternehmen,* die im Verhältnis zueinander

- in Mehrheitsbesitz stehende Unternehmen und mit Mehrheit beteiligte Unternehmen (§ 16 AktG),
- abhängige und herrschende Unternehmen (§ 17 AktG),
- Konzernunternehmen (§ 18 AktG),
- wechselseitig beteiligte Unternehmen (§ 19 AktG)
- oder Vertragsteile eines Unternehmensvertrages (§§ 291, 292 AktG

sind.

836 Die in § 15 AktG enthaltene Aufzählung ist die zusammenfassende Bezeichnung für alle Unternehmensverbindungen, für die eine Reihe von gesetzlichen Vorschriften gemeinsam gelten soll. Zu den wichtigsten Vorschriften, die auf alle verbundenen Unternehmen angewandt werden müssen, zählen z.B.

- § 90 AktG: Der Vorstand hat bei gegebenem Anlaß dem Aufsichtsrat auch über verbundene Unternehmen zu berichten.

– § 131 Abs. 1 Satz 2 AktG: Die Aktionäre haben das Recht, über die rechtlichen und geschäftlichen Beziehungen der Gesellschaft zu einem verbundenen Unternehmen Auskunft zu verlangen.

II. Der Begriff des Unternehmens in §§ 15 ff. AktG

Die Vorschriften über verbundene Unternehmen finden nur Anwendung, wenn eine Aktiengesellschaft an der Verbindung beteiligt ist und dieser in der Verbindung ein rechtlich selbständiges *Unternehmen* gegenübersteht. Nur Unternehmen können einen Konzern bilden, voneinander abhängig oder wechselseitig beteiligt sein. Auch die meisten Unternehmensverträge i.S. der §§ 291 ff. AktG können nur zwischen Unternehmen abgeschlossen werden. 837

Beispiel: Treffen auf den Großaktionär die Merkmale des Unternehmens i.S. von §§ 15 ff. AktG nicht zu, so sind die gesetzlichen Vorschriften des AktG's (Konzernrecht), die vor Machtmißbräuchen eines Großaktionärs schützen sollen, nicht anwendbar.

Das Aktiengesetz enthält für das Konzernrecht keine Definition des Unternehmens. Von einer genaueren Umschreibung des Begriffs Unternehmen hat der Gesetzgeber wegen der großen praktischen Schwierigkeiten bewußt abgesehen (BGHZ 69, 334, 335). Auch in anderen Gesetzen findet sich kein einheitlicher Unternehmensbegriff. Dieser Begriff hat nicht nur je nach dem Rechtsgebiet, in dem er verwendet wird, einen unterschiedlichen Inhalt, auch im Aktienrecht selbst gab es eine nach Art und Zweck der einzelnen Vorschriften differenzierende Auslegung (BGHZ 69, 334, 336). Es nimmt deshalb nicht wunder, daß ein lebhafter Meinungsstreit zu der Frage geführt wird, was denn als Unternehmen i.S. der §§ 15 ff. AktG zu verstehen sei. (Zum Meinungsstand: Emmerich-Sonnenschein, § 2 III). 838

Von großem praktischen Interesse ist die Beantwortung der Frage, ob ein einzelner Gesellschafter mit einer mehrheitlichen oder herrschenden Beteiligung an einer oder mehreren Gesellschaften selbst als Unternehmen i.S. der §§ 15 ff. AktG zu qualifizieren ist. Der BGH (vgl. BGHZ 115, 187 ff. und 122, 123 ff.) hat dies im Hinblick auf GmbH-Gesellschafter grundsätzlich bejaht. In den Fällen BGHZ 115,

187 ff. und 122, 123 ff. waren die betroffenen Gesellschafter jedoch auch noch jeweils als Einzelkaufleute unternehmerisch tätig. Der BGH (BGHZ 69, 334 = „Veba/Gelsenberg") mußte sich 1977 zum erstenmal dieser Problematik annehmen. Er stellte fest, daß auch ein einzelner Gesellschafter ein Unternehmen i.S. des Rechts der verbundenen Unternehmen sein könne. Allerdings soll allein eine noch so hohe Beteiligung an einer Gesellschaft den Gesellschafter noch nicht zum herrschenden Unternehmen stempeln; es müsse vielmehr eine „wirtschaftliche Interessenbindung außerhalb der Gesellschaft hinzukommen, um die ernste Besorgnis zu begründen, der Aktionär (also ein Gesellschafter) könnte um ihretwillen seinen Einfluß zum Nachteil der Gesellschaft geltend machen". Nur in einem solchen Fall kommt nach Ansicht des BGH (BGHZ 69, 334, 337) „der Zweck des Gesetzes zum Tragen, Minderheiten gegen die Folgen fremdbestimmter wirtschaftlicher Machtausübung zu schützen."

839 Diese Linie hat der BGH (BGHZ 74, 359, 365 = „WAZ") kurze Zeit später bestätigt und – allerdings im Zusammenhang mit § 23 Abs. 1 GWB – festgestellt, eine „wirtschaftliche Interessenbindung" des Gesellschafters außerhalb der Gesellschaft könne auch allein darin begründet sein, daß maßgebliche Beteiligungen an mehreren Unternehmen bestünden, die zu marktstrategischen Planungen und Entscheidungen führten. In einem weiteren Fall (BGHZ 95, 330, 335 = „Autokran") hat der BGH eine Einzelperson als herrschendes Unternehmen i.S. des § 17 AktG angesehen, weil sie auf die abhängigen Unternehmen unmittelbar, d.h. über selbst gehaltene Geschäftsanteile, oder mittelbar über andere Gesellschaften oder Treuhandverträge und Generalvollmachten einen beherrschenden Einlfuß ausüben konnte. Die Einzelperson war an sieben Leasing-Gesellschaften und im übrigen auch an anderen ähnlichen Gesellschaften beteiligt. Da die Geschäftsführung in der Hand dieser Person konzentriert war, nahm der BGH eine einheitliche Leitung unter ihr als herrschendem Unternehmen an, unter dem die oben genannten Gesellschaften in einem Konzern i.S. des § 18 AktG zusammengefaßt waren.

Die Entscheidungen BGHZ 115, 187, 189 f. und BGHZ 122, 123 bestätigen diese Linie. Allerdings waren in diesen Fällen die betroffenen Gesellschafter auch noch jeweils als Einzelkaufleute unternehmerisch tätig. In der Entschei-

Rdnr. 839

dung BGHZ 122, 123, 127f. hat der BGH noch einmal klargestellt, daß es für die Ausgestaltung besonderer konzernrechtlicher Haftungsregeln grundsätzlich keine Rolle spielen könne, welche Rechtsform der noch in anderer Weise unternehmerisch tätige Gesellschafter habe; denn das Ausmaß der durch die Konzernierung begründeten Gefahren für die außenstehenden Gesellschafter und die Gläubiger hänge nicht davon ab, ob die Gesellschaft von einer anderen Gesellschaft oder einer natürlichen Person beherrscht werde. Nach Auffassung des BGH (BGHZ 122, 123, 127f.) besteht der „ordnungspolitische Grund" für ein besonderes Recht der verbundenen Unternehmen nicht darin, solche beherrschenden Gesellschafter gegen in beschränkt haftenden Gesellschaften ausgelagerte Risiken auszunehmen, die sonst durch eine doppelte Haftungsbeschränkung geschützt wären, sondern in der bei anderwärtiger unternehmerischer Betätigung bestehenden Gefahr einer Interessenkollision.

Die Rechtsprechung des BGH, insbesondere die Autokran-Ent- **840**
scheidung (BGHZ 95, 330, 335) ist in der Literatur auf heftige Kritik gestoßen (vgl. insbesondere K. Schmidt, ZHR 155 [1991], 417, 432f. mit Nachw.).

Man kann die herrschende Meinung in etwa wie folgt zusammenfassen: Abgestellt wird auf diejenigen Konflikte, die sich daraus ergeben können, daß die eine AG oder GmbH beherrschende Einzelperson zugleich außerhalb der Gesellschaft unternehmerisch engagiert ist. Dazu ist es nicht erforderlich, daß diese Einzelperson selbst ein Gewerbe betreibt; es genügt, daß sie zugleich an einer anderen Handelsgesellschaft maßgeblich beteiligt ist. Nach der Rechtsprechung des BGH ist Konzernrecht anzuwenden, „wenn einer der Gesellschafter noch anderweitig Unternehmensinteressen verfolgt und innerhalb der Gesellschaft die Einwirkungsmöglichkeiten besitzt, um deren Geschäftstätigkeit an seinen anderen unternehmerischen Interessen auszurichten" (so BGHZ 95, 330, 335, bestätigt durch BGHZ 115, 187, 189 und BGHZ 122, 123ff.; vgl. dazu Kübler, § 28 II). Emmerich/Sonnenschein (§ 2 III) stellen darauf ab, ob der beherrschende Gesellschafter außerhalb der Gesellschaft noch an einer weiteren Gesellschaft in der Weise beteiligt ist, die die Gefahr heraufbeschwört, daß es für ihn interessant sein könnte, die eine Gesellschaft zugunsten der anderen zu beanchteiligen; denn genau das sei der Interessenkonflikt, dem das Konzernrecht u.a. begegnen solle, so daß hier das Konzernrecht eingreifen müsse, und zwar über die Bejahung der Unternehmerqualität des betreffenden Gesellschafters.

841 Aus der Definition des Unternehmensbegriffs ergibt sich auch, daß die Rechtsform, in der das Unternehmen betrieben wird, unerheblich ist. Unter den Unternehmensbegriff der §§ 15ff. AktG können deshalb fallen:

- Kapitalgesellschaften (AG, GmbH),
- Personengesellschaften,
- Einzelkaufleute.

Auch eine *Holding-Gesellschaft* – eine Gesellschaft, die selbst keinen Geschäftsbetrieb unterhält, sondern deren Hauptzweck darauf gerichtet ist, die Anteile eines oder mehrerer Gesellschafter an anderen Gesellschaften zu verwalten – ist ohne Rücksicht auf die Rechtsform, in der sie betrieben wird, ein Unternehmen i.S. der §§ 15ff. AktG, wenn sie an mehreren anderen Gesellschaften maßgeblich beteiligt ist (vgl. dazu Emmerich-Sonnenschein, § 2 IV 2).

842 Umstritten ist nach wie vor die Frage, ob der *Staat* (Bund, Länder und Gemeinden), der sich an privaten Kapitalgesellschaften beteiligt, als Unternehmer dem Konzernrecht unterworfen ist (zum Streitstand siehe Werner, JuS 1977, 141, 143). Die früher herrschende Meinung hat eine Bindung des Staates an das Konzernrecht mit der Begründung verneint, der Staat diene mit der Beteiligung an Kapitalgesellschaften der Erfüllung öffentlicher Zwecke (vgl. Literaturnachweise bei Würdinger in Großkomm. zum AktG, Vorbem. 4b vor §§ 15–19 AktG und Werner, JuS 1977 141, 143).

Die inzwischen herrschende Meinung (vgl. Emmerich-Sonnenschein, § 2 IV 1 mit Nachw.) *verneint* einen Vorrang des öffentlichen Rechts vor dem Privatrecht; dem Staat sei es nicht gestattet, sich bei der Verfolgung öffentlicher Interessen über die allgemeine Rechtsordnung hinwegzusetzen. Es trifft nach dieser Meinung auch nicht zu, daß der Staat bei der Beteiligung an privatrechtlichen Unternehmen ausschließlich öffentliche Zwecke verfolgt. Nach Emmerich-Sonnenschein (§ 2 IV 3) ist das private Konzernrecht zur Lösung der zwischen den Gebietskörperschaften und ihren privaten Mitgesellschaftern sowie den Gläubigern auftretenden Konflikte bestimmt und geeignet.

843 Der BGH (BGHZ 69, 334ff.) hat die Bundesrepublik Deutschland unter gewissen Voraussetzungen als herrschendes Unternehmen i.S.

der §§ 17, 320 AktG angesehen und dies u.a. damit begründet, daß die spezifische Aufgabenstellung einer solchen juristischen Person durchaus mit dem wirtschaftlichen Interesse der Privataktionäre am Gedeihen der Gesellschaft typischerweise kollidieren kann.

Nach § 15 AktG zählen zu den verbundenen Unternehmen nur *rechtlich selbständige Unternehmen.* Dem Konzernrecht unterliegen deshalb nur Unternehmen, die trotz einer – mehr oder weniger weitgehenden – Aufgabe der wirtschaftlichen Selbständigkeit ihre rechtliche Selbständigkeit bewahrt haben.

Beispiel: Ist eine AG zu 100% an einer GmbH beteiligt, so bleibt die GmbH rechtlich selbständig. Macht die AG unter ihrem Namen neue Filialbetriebe auf, so sind diese nur Teile des Hauptunternehmens und rechtlich nicht selbständig.

III. In Mehrheitsbesitz stehende Unternehmen und mit Mehrheit beteiligte Unternehmen (§ 16 AktG)

1. Der Begriff

Verbundene Unternehmen liegen vor, wenn ein Unternehmen den **844** Mehrheitsbesitz an einem anderen Unternehmen hat und eines dieser Unternehmen eine AG oder KGaA ist (§ 16 Abs.1 AktG). Die Mehrheit kann eine Mehrheit der Anteile, aber auch eine Mehrheit der Stimmrechte sein. In der Regel dürfte beides zusammenfallen. Die Einzelheiten der Berechnung enthält § 16 AktG.

Unter *Anteilen* i.S. des § 16 Abs.1 AktG sind alle in den verschiedenen Rechtsformen verwandten Bezeichnungen für die Beteiligungen der Gesellschafter am Kapital, wie z.B. Geschäftsanteil, Kapitalanteil und Anteil am Gesellschaftsvermögen, zu verstehen (vgl. Geßler in Geßler/Hefermehl/Eckardt/Kropff, § 16 AktG Rdnr.14). *Stimmrecht* i.S. des § 16 Abs.1 bedeutet die Stimmen, die die Gesellschafter des Unternehmens bei Beschlußfassungen, wie z.B. in der Hauptversammlung oder in der Gesellschafterversammlung, haben. Ob die Stimmen auf Gesetz, Satzung oder Gesellschaftsvertrag basieren, ist unerheblich (vgl. Geßler in Geßler/Hefermehl/Eckardt/Kropff, § 16 AktG Rdnr.15).

Beispiel: Die Norddeutsche Bau AG ist zu 51% an der Ostsee-Ferienhaus AG beteiligt. Die Ostsee-Ferienhaus AG ist gemäß § 16 AktG ein in Mehrheitsbesitz stehendes Unternehmen, die Norddeutsche Bau AG ein an diesem mit Mehrheit beteiligtes Unternehmen. Es handelt sich folglich um verbundene Unternehmen.

Beispiel: Die Bayerische Chemie Werke AG ist an der Pharma Dortmund AG mit 33%, die Hermann Keil Arzneimittel AG, ein Tochterunternehmen der Bayerischen Chemie Werke AG (abhängiges Unternehmen), mit 20% beteiligt. Nach § 16 Abs. 4 AktG – einer Zurechnungsvorschrift, die Umgehungen des Gesetzes verhindern soll – werden die Anteile der Bayerischen Chemie Werke AG und der von dieser abhängigen Hermann Keil Arzneimittel AG zusammengerechnet (53%). Demnach ist die Pharma Dortmund AG ein in Mehrheitsbesitz der Bayerischen Chemie Werke AG stehendes Unternehmen. Diese beiden sind verbundene Unternehmen.

845 Gemäß § 17 Abs. 2 AktG wird *vermutet,* daß ein in Mehrheitsbesitz stehendes Unternehmen von dem mit Mehrheit beteiligten Unternehmen abhängig ist. Diese Vermutung ist widerlegbar. Dies hat durch den Nachweis zu erfolgen, daß das mehrheitsbeteiligte Unternehmen nicht in der Lage ist, das in seinem Mehrheitsbesitz stehende Unternehmen aufgrund der Beteiligung zu beherrschen. Bis zur Widerlegung der Vermutung sind auf die in Mehrheitsbesitz befindlichen Unternehmen alle konzernrechtlichen Vorschriften anwendbar, die sich auf herrschende und abhängige Unternehmen beziehen.

2. Die Rechtsfolgen

846 An die Mehrheitsbeteiligungen i. S. des § 16 AktG sind eine Reihe von Rechtsfolgen geknüpft, zu denen u. a gehören:
- Mitteilungspflichten und die Folgen aus ihrer Verletzung (§ 20 Abs. 4 u. 5 AktG);
- kein Zeichnungsrecht bei Kapitalerhöhungen (§ 56 Abs. 2 AktG);
- kein Stimmrecht in der Gesellschafterversammlung des herrschenden Unternehmens und das Verbot, weitere Anteile an dem herrschenden Unternehmen zu erwerben (§ 71 Abs. 2, § 71 d und § 71 b AktG);
- Abfindung (§ 160 Nr. 1, 8 AktG);

- § 305 Abs. 2 Nr. 2 AktG (Gestaltung des Anhangs zum Jahresabschluß).

Aus dem HGB finden Anwendung:

- §§ 266 Abs. 3, 271, 290 Abs. 1 (Ausweisungspflicht in der Bilanz).

IV. Abhängige und herrschende Unternehmen (§ 17 AktG)

1. Der Begriff

Ein Unternehmen wird als *herrschend* bezeichnet und ein anderes als *abhängig*, wenn das eine Unternehmen auf das andere unmittelbar oder mittelbar einen beherrschenden Einfluß ausüben kann. 847

Infolge der Möglichkeit der entscheidenden Beeinflussung der Abstimmung in der Hauptversammlung wird gemäß § 17 Abs. 2 AktG vermutet, daß ein in Mehrheitsbesitz befindliches Unternehmen von dem an ihm mit Mehrheit beteiligten rechtlich selbständigen Unternehmen abhängig ist.

Es gibt eine Reihe von Kriterien der Abhängigkeit – bzw. des beherrschenden Einflusses –, die jedes für sich allein oder in Verbindung mit anderen den Tatbestand der Abhängigkeit im Sinne des § 17 Abs. 1 AktG erfüllen. Als solche kommen in Betracht: 848

- organisatorische und rechtliche Mittel, die geeignet sind, bestimmenden Einfluß auf die Unternehmenspolitik, Geschäfts- und Personalpolitik auszuüben;
- Minderheitsbeteiligungen i. Vb. mit Satzungsbestimmungen bzw. Regelungen in einem Gesellschaftsvertrag, wie z. B. die Gewährung von mehrfachen Stimmrechten in dem Gesellschaftsvertrag einer Personenhandelsgesellschaft, die für ein beteiligtes Unternehmen trotz einer Minderheitsbeteiligung eine *Stimmenmehrheit* sichert;
- die Einflußnahme über Kontroll- und Einsichtsrechte von stillen Gesellschaftern und Kreditgebern, allerdings in der Regel nur dann, wenn sie die Unternehmenspolitik oder die Geschäftsführung im ganzen betreffen.

849 Der beherrschende Einfluß eines Unternehmens kann auch durch einen Vertrag zwischen herrschendem und beherrschtem Unternehmen hergestellt werden. Das geschieht in der Regel durch einen sogenannten *Beherrschungsvertrag* i.S. des § 291 AktG, durch den eine AG oder KGaA die Leitung ihrer Gesellschaft einem anderen Unternehmen unterstellt. Aufgrund dieses Vertrages ist das herrschende Unternehmen berechtigt, dem Vorstand der anderen Gesellschaft Weisungen im Hinblick auf die Leitung der Gesellschaft zu erteilen (§ 308 AktG).

2. Schaffung einer Abhängigkeit auch durch „außergesellschaftsrechtliche Einflüsse?

850 Von großer praktischer Bedeutung ist inzwischen die Beantwortung der Frage geworden, ob eine Abhängigkeit im Sinne des § 17 AktG durch eine Verbindung von gesellschaftsrechtlich begründetem Einfluß in Verbindung mit „außergesellschaftsrechtlichen Einflüssen" geschaffen werden kann.

Der BGH (vgl. BGHZ 90, 381, 395 = BuM) hat bislang die Auffassung vertreten, eine Abhängigkeit im Sinne des § 17 AktG müsse in erster Linie gesellschaftsrechtlich bedingt oder zumindest vermittelt sein. Denn nicht nur die vom Leitbild der Mehrheitsbeteiligung ausgehende Abhängigkeitsvermutung des § 17 Abs. 2 AktG, sondern z.B. auch die §§ 20 bis 22 AktG (Mitteilungspflichten) oder die für den Konzernbegriff grundlegende Bestimmung des § 18 AktG stellten auf Tatbestände ab, die typischerweise aktien- oder jedenfalls gesellschaftsrechtlich geprägt seien. Schon deshalb liegt es nach Meinung des BGH (BGHZ 90, 381, 395) nahe, die Begriffsbestimmung des § 17 Abs. 1 AktG auf gesellschaftsrechtlich bedingte oder zumindest vermittelte Einwirkungsmöglichkeiten zu begrenzen.

851 Allerdings hatte der BGH (BGHZ 62, 193, 199) in Anlehnung an die Gesetzesbegründung zu § 1 AktG zuvor schon die Auffassung vertreten, nicht nur vertragliche oder organisatorische Bindungen, sondern auch rechtliche oder tatsächliche Umstände sonstiger Art könnten die Grundlage für einen beherrschenden Einfluß im Sinne dieser Vorschrift sein. Zu diesen Möglichkeiten zählte der BGH (BGHZ 62, 193, 199) z.B. den Fall, daß eine Gruppe von Ge-

sellschaften mit gleicher personeller Zusammensetzung mehr als die Hälfte der Anteile eines anderen Unternehmens innehat. In einem anderen Fall hat der BGH (BGHZ 69, 334, 347) festgestellt, auch eine unter 50% liegende Beteiligung könne unter verläßlichen Umständen rechtlicher oder tatsächlicher Art einen beherrschenden Einfluß im Sinne von § 17 Abs.1 AktG begründen. Auf diese Entscheidungen Bezug nehmend hat der BGH (BGHZ 90, 381, 395f.) klargestellt, in den genannten Fällen handele es sich um solche Umstände, die in der Verbindung mit der Ausübung von Beteiligungsrechten von Bedeutung gewesen seien und deren Gewicht verstärkt hätten; damit habe der BGH nicht den Standpunkt vertreten, die Definition des § 17 AktG erfasse auch rein wirtschaftliche, gesellschaftsrechtlich nicht abgesicherte Abhängigkeiten, die allein durch externe Austauschbeziehungen, wie etwa durch Liefer-, Lizenz- oder Kreditverträge, begründet sind und einem Partner einen durch die Marktlage bedingten Einfluß auf das geschäftliche Verhalten der Gesellschaft sichern. Mit Hinweis auf Sinn und Zweck der aktienrechtlichen Vorschriften betont der BGH (BGHZ 90, 381, 395f.), die Einbeziehung solcher nichtgesellschaftlicher Einflüsse in die aktienrechtlichen Vorschriften über verbundene Unternehmen würde bei der Vielzahl und Vielfalt möglicher wirtschaftlicher Abhängigkeiten tief und in einem kaum mehr überschaubaren Ausmaß in das Marktgeschehen eingreifen und damit weit über das Ziel dieser Vorschriften hinausschießen.

Allerdings weist der BGH (BGHZ 90, 381, 397) ausdrücklich darauf hin, damit sei nicht die Möglichkeit ausgeschlossen, daß „bei einem Zusammenfallen gesellschaftsinterner und außergesellschaftsrechtlicher Einflüsse in einer Hand ein Abhängigkeitsverhältnis im Sinne von § 17 AktG anzunehmen" sei und die sich daraus ergebenden aktienrechtlichen Folgerungen gezogen werden müßten. So könne sich z.B. ein ohnehin schon bestehender gesellschaftsinterner Einfluß durch das Hinzutreten außergesellschaftsrechtlicher Druckmittel zu einem beherrschenden Einfluß verstärken. **852**

In dem vom BGH (BGHZ 90, 381) 1984 konkret entschiedenen Fall (BuM) hatte die Beklagte, die Hausbank des in Konkurs gefallenen Unternehmens (BuM), einen Aktienbesitz gehalten, der nicht einmal 25% erreicht hatte; die Beklagte hatte als Hausbank eine bedeutende Gläubigerrolle und war mit einem Vorstandsmitglied im Aufsichtsrat von BuM vertreten. Gleichwohl ist der BGH zu dem Ergebnis gelangt, der nicht einmal 25% erreichende, geschweige denn einer Mehrheitsbeteiligung nahekommende Aktienbesitz der Beklagten und der Sitz ihres Vorstandsmitgliedes im Aufsichtsrat von BuM hätten auch in Verbindung mit ihrer wirtschaftlich gewiß bedeutsamen Gläubigerrolle keine ausreichende Grundlage für eine gesellschaftsrechtlich abgesicherte, umfassende und beständige Einflußmöglichkeit auf die Unternehmensleitung und -politik von BuM von solcher Stärke gebildet, wie § 17 AktG dies verlange. Allerdings hat der BGH bei dieser Entscheidung auch berücksichtigt, daß die BuM in einem anderen Unternehmen eine mit 44% beteiligte Großaktionärin hatte, angesichts derer eine gleichzeitige und dauerhafte Abhängigkeit der BuM von der Beklagten, der Hausbank, schwer vorstellbar gewesen sei.

853 Der BGH (BGHZ 121, 137, 145) hat diese Linie später noch einmal bestätigt und lapidar festgestellt, der beherrschende Einfluß i.S. von § 17 AktG müsse „gesellschaftsrechtlich bedingt oder vermittelt sein"; nichtgesellschaftsrechtliche Einflüsse könnten allenfalls in Verbindung mit der Ausübung von Beteiligungsrechten, nicht jedoch losgelöst von diesen, also allein einen beherrschenden Einfluß im Sinne von § 17 AktG begründen. Damit geht der BGH nicht über die BuM-Entscheidung (BGHZ 90, 381) hinaus und macht vor allem keine konkreten Ausführung zu den hier in erster Linie interessierenden Fragen, nämlich, welche außergesellschaftsrechtlichen Umstände in Verbindung mit gesellschaftsrechtlichen Bindungen unter welchen Voraussetzungen eine Abhängigkeit entstehen lassen.

Das OLG Düsseldorf (ZIP 1993, 1791) hat 1993 ebenfalls zu diesem Problemkreis Stellung genommen (Feldmühle Nobel/Stora) und sich dabei auf die BuM-Entscheidung des BGH (BGHZ 90, 381) bezogen. Das OLG Düsseldorf (ZIP 1993, 1791, 1793 f.) betont, der beherrschende Einfluß müsse auf einer ausreichend gesicherten Grundlage bestehen; nur gelegentliche oder zufällige Einflußmöglichkeiten reichten nicht aus. Zudem müßten diese Einflußmöglichkeiten gesellschaftsrechtlich bedingt oder zumindest vermittelt sein, während eine allein auf schuldrechtlicher Vertragsgrundlage begründete wirtschaftliche Abhängigkeit nicht genüge. Allerdings braucht nach Ansicht des OLG Düsseldorf (ZIP 1993, 1791, 1793 f.) der beherrschende Einfluß nicht vollständig gesellschaftsrechtlich abgesichert zu sein; es genüge auch, wenn die gesellschaftsrechtlich begründeten Einwirkungsmöglichkeiten erst in Verbindung mit weiteren Umständen rechtlicher oder auch nur tatsächlicher Art einen beherrschenden Einfluß begründeten. In diesem Zusammenhang können auch wirtschaftliche Abhängigkeiten Bedeutung gewinnen, die zwar allein keinen Einfluß im Sinne des § 17 AktG begründen, aber einen gesellschaftsrechtlich begründeten Einfluß verstärken können.

Auch das OLG Düsseldorf (ZIP 1993, 1791, 1793 f.) macht keine konkreten Ausführungen zu der Frage, welche Umstände tatsächlicher Art in Verbindung mit gesellschaftsrechtlich begründeten Einwirkungsmöglichkeiten einen beherrschenden Einfluß entstehen lassen. Es bleibt im Vergleich mit der BuM-

Entscheidung des BGH (BGHZ 90, 381), was Konkretisierungen abgeht, weit hinter dieser zurück.

In der Literatur ist die BuM-Entscheidung des BGH (BGHZ 90, 381) im wesentlichen auf Zustimmung gestoßen. Insbesondere Koppensteiner (in: Festschrift für Stimpel, 1985, S. 811 ff. mit Nachweisen) hat sich eingehend mit der Auslegung des § 17 AktG befaßt und dabei betont, es spreche mehr dafür, die wirtschaftliche Herrschaftsmöglichkeit aus dem Abhängigkeitstatbestand zu eliminieren als umgekehrt. **854**

3. Die Rechtsfolgen

Aus dem Tatbestand der Abhängigkeit erwachsen eine Reihe von Rechtsfolgen. **855**

Wenn die Abhängigkeit auf Beteiligungsbesitz des herrschenden Unternehmens beruht, ergeben sich bereits die oben unter Rdnr. 846 genannten Rechtsfolgen (z. B. §§ 20, 21 AktG).

Im einzelnen sind dies:

- Ein Organmitglied (gesetzlicher Vertreter) eines von der AG abhängigen Unternehmens kann nicht Mitglied des Aufsichtsrats der herrschenden AG werden (§ 100 Abs. 2 Nr. 1 AktG).
- Durch §§ 311 ff. AktG soll versucht werden zu verhindern, daß das herrschende Unternehmen seinen Einfluß zum Nachteil des abhängigen Unternehmens mißbraucht. § 311 AktG sieht deshalb vor, daß ein herrschendes Unternehmen, wenn kein Beherrschungsvertrag besteht, seinen Einfluß nicht dazu benutzen darf, eine abhängige Aktiengesellschaft oder KGaA zu einem für sie nachteiligen Rechtsgeschäft zu veranlassen oder Maßnahmen zu ihrem Nachteil zu treffen. Nach § 317 AktG ist das herrschende Unternehmen, wenn es gegen § 311 AktG verstößt, zum Ersatz des dem abhängigen Unternehmen daraus entstehenden Schadens verpflichtet, es sei denn, daß es den der abhängigen Gesellschaft entstehenden Nachteil tatsächlich ausgleicht. Es ist auch den Aktionären zum Ersatz des ihnen entstehenden Schadens verpflichtet. **856**

– Gemäß § 136 Abs. 2 AktG kann das Stimmrecht nicht so ausgeübt werden, daß die herrschende Gesellschaft über das abhängige Unternehmen in ihre eigene Hauptversammlung hineinregiert.

Beruht die Abhängigkeit auf einem Beherrschungsvertrag i. S. des § 291 AktG, ergeben sich einschneidende Rechtsfolgen aus §§ 300 ff. AktG.

V. Konzern und Konzernunternehmen (§ 18 AktG)

1. Der Begriff des Konzerns

857 In § 18 AktG ist definiert, was unter einem Konzern zu verstehen ist: § 18 AktG lautet:

„Sind ein herrschendes und ein oder mehrere abhängige Unternehmen unter der einheitlichen Leitung des herrschenden Unternehmens zusammengefaßt, so bilden sie einen Konzern; die einzelnen Unternehmen sind Konzernunternehmen. Unternehmen, zwischen denen ein Beherrschungsvertrag (§ 291) besteht oder von denen das eine in das andere eingegliedert ist (§ 319), sind als unter einheitlicher Leitung zusammengefaßt anzusehen. Von einem abhängigen Unternehmen wird vermutet, daß es mit dem herrschenden Unternehmen einen Konzern bildet.

Sind rechtlich selbständige Unternehmen, ohne daß das eine Unternehmen von dem anderen abhängig ist, unter einheitlicher Leitung zusammengefaßt, so bilden sie auch einen Konzern; die einzelnen Unternehmen sind Konzernunternehmen."

Danach sind im wesentlichen zwei Arten von Konzernen zu unterscheiden: der Unterordnungskonzern (vertikaler Konzern) und der Gleichordnungskonzern (horizontaler Konzern).

2. Der Unterordnungskonzern

858 Der *Unterordnungskonzern* (§ 18 Abs. 1 AktG) setzt voraus:

– Unternehmen mit rechtlicher Selbständigkeit,
– ein herrschendes Unternehmen,

- ein oder mehrere Unternehmen, die i.S. des § 17 AktG von dem herrschenden Unternehmen abhängig sind, und
- die Zusammenfassung unter der einheitlichen Leitung des herrschenden Unternehmens.

Leitung ist die unternehmerische Entscheidung über die Unternehmensführung. Unter einer fremden Leitung steht ein Unternehmen bereits dann, wenn die Leitungsaufgaben auf irgendeinem Entscheidungsbereich nicht mehr von ihm selbst, also nicht mehr eigenständig bestimmt werden (vgl. Geßler in Geßler/Hefermehl/Eckardt/Kropff, § 18 AktG Rdnr. 32). **859**

Wegen der vielfältigen Formen, die die Wirtschaft für die Leitung eines Konzerns herausgebildet hat, hat das Aktiengesetz bewußt davon abgesehen, den Begriff der einheitlichen Leitung zu definieren. Aus der Begründung zum Regierungsentwurf zum Aktiengesetz 1965 ergibt sich allerdings, daß eine Zusammenfassung unter einheitlicher Leitung angenommen werden kann, wenn die Konzernleitung die Geschäftspolitik der Konzerngesellschaften und sonstige grundsätzliche Fragen ihrer Geschäftsführung aufeinander abstimmt. Allerdings besteht nach wie vor keine Einigkeit darüber, welche Anforderungen an das Vorliegen einer einheitlichen Leitung i.S. von § 18 AktG zu stellen sind (vgl. dazu Emmerich-Sonnenschein, § 4 II). Einheitliche Leitung ist in vielfältiger Form möglich. Sie kann eine sehr feste oder aber auch eine nur recht lockere Bindung schaffen (vgl. Geßler in Geßler/Hefermehl/Eckardt/Kropff, § 18 AktG Rdnr. 27). Mögliche Formen sind u.a.:

- ständige Fühlungnahme; **860**
- ständige Anweisungen;
- die Behandlung der Geschäftsleiter der abhängigen Unternehmen als nur ausführende Organe;
- die Erteilung von lediglich grundsätzlichen Richtlinien für die zu verfolgende Unternehmenspolitik und die Geschäftsführung sowie für die Überwachung ihrer Einhaltung, wobei die Erteilung der Richtlinien oder der einzelnen Wünsche nicht in der Form von Weisungen geschehen muß; es genügen lockere Formen der gemeinsamen Beratung sowie mehr oder minder ausdrücklich geäußerte Empfehlungen (vgl. Geßler in Geßler/Hefermehl/Eckardt/Kropff, § 18 AktG Rdnr. 27).

Einheitliche Leitung bedeutet nur Leitung der Konzernunternehmen im einheitlichen Sinn. Sie meint nicht, daß die Personen, die die Konzernunternehmen führen, identisch sein müssen. Die Leitungsorgane können vielmehr völlig verschieden besetzt sein (vgl. Geßler in Geßler/Hefermehl/Eckardt/Kropff, § 18 AktG Rdnr. 28). Die Leitung ist eine einheitliche, wenn das herrschende Unternehmen sie auch gegenüber dem abhängigen Unternehmen ausübt und dieses dadurch mit dem eigenen Unternehmen zusammenfaßt und der gemeinsamen Planung unterstellt (Würdinger, § 65 IV 1 d).

861 Möglichkeiten für eine einheitliche Leitung im Sinne des § 18 AktG bieten u. a.:

- die Gründung eines gemeinsamen Geschäftsführungsorgans, das die Geschäftspolitik der beteiligten Unternehmen bestimmt, koordiniert und kontrolliert. Zu diesem Zwecke können die beteiligten Unternehmen eine GmbH oder Gesellschaft bürgerlichen Rechts gründen;
- die Personalunion in den Verwaltungsorganen;
- die Schaffung eines gemeinsamen Verwaltungsrates.

Da die Unterordnungskonzerne auch unter § 17 AktG fallen, finden auf sie auch alle Vorschriften, die für die abhängigen und herrschenden Unternehmen gelten, Anwendung.

3. Der Gleichordnungskonzern

862 Der Gleichordnungskonzern (§ 18 Abs. 2 AktG) ist dadurch gekennzeichnet, daß

- die zum Konzern gehörenden Unternehmen rechtlich selbständig und voneinander unabhängig sind und
- die Konzerneigenschaft letztlich durch die einheitliche Leitung begründet wird.

Auf welche Art und Weise die *einheitliche* Leitung, die das typische Merkmal des Konzerns ist, erreicht und verwirklicht wird, ist unerheblich.

Verträge, mit denen sich gleichgeordnete Unternehmen auf die geschilderte Art und Weise eine gemeinsame (einheitliche) Leitung schaffen und sich verpflichten, sich dieser Leitung zu unterstellen, sind keine Beherrschungsverträge; sie schaffen keine Abhängigkeit (§ 291 Abs. 2 AktG).

4. Vertragskonzern und faktischer Konzern

Außer zwischen Unterordnungs- und Gleichordnungskonzernen wird noch zwischen Vertragskonzernen und faktischen Konzernen unterschieden. *Vertragskonzerne* werden nur durch den Abschluß eines Beherrschungsvertrages begründet, weil daraus ein echtes Weisungsrecht erwächst. Alle anderen Arten von Konzernen, wie sie z.B. aufgrund faktischer Leitungsmacht durch Beteiligung bestehen können, sind *faktische Konzerne*. **863**

5. Die Rechtsfolgen

Auf den Konzernbegriff i.S. des § 18 AktG beziehen sich eine Reihe von gesetzlichen Vorschriften, die sowohl auf den Unterordnungs- als auch auf den Gleichordnungskonzern Anwendung finden. Zu den wichtigsten zählen: **864**
- die Vorschriften über die *Rechnungslegung* im Konzern (§§ 290 ff. HGB);
- die Auskunftsrechte der Sonderprüfer und Abschlußprüfer gegenüber verbundenen Konzernunternehmen (§ 145 AktG, §§ 320 Abs. 3 und 323 Abs. 1 HGB).

VI. Wechselseitig beteiligte Unternehmen (§ 19 AktG)

1. Der Begriff

Um verbundene Unternehmen in Gestalt wechselseitig beteiligter Unternehmen handelt es sich, wenn zwei inländische Kapitalgesellschaften oder bergrechtliche Gewerkschaften untereinander mit je- **865** weils mehr als 25% beteiligt sind. Für die Berechnung der Höhe der Beteiligung ist die Zurechnungsvorschrift des § 16 Abs. 4 AktG anzuwenden (§ 19 Abs. 1 AktG).

Im Gegensatz zu den bisher genannten Möglichkeiten, verbundene Unternehmen zu bilden, ist § 19 AktG auf inländische Kapitalgesellschaften und bergrechtliche Gewerkschaften beschränkt.

2. Die Rechtsfolgen

866 Die wechselseitige Beteiligung zweier Kapitalgesellschaften kann durch die Massierung des Grundkapitals zu einer Gefährdung für die Gläubiger der Gesellschaft werden. Zudem kann es auch zu einer Herrschaft der Unternehmensverwaltung in der Hauptversammlung kommen, weil die Rechte aus wechselseitigen Beteiligungen durch die Unternehmensverwaltung ausgeübt werden, die dadurch die Willensbildung in der Hauptversammlung der anderen Gesellschaft erheblich, bei größerer Beteiligung sogar maßgebend, beeinflussen kann und dann keiner Kontrolle durch die Aktionäre der Gesellschaften mehr unterliegt. Um diesen Gefahren zu begegnen, sind an den Tatbestand der wechselseitigen Beteiligung i. S. des § 19 AktG eine Reihe von Rechtsfolgen geknüpft, zu denen u. a. die Angabe der wechselseitigen Beteiligung im Anhang zur Bilanz gemäß § 160 Abs. 1 Nr. 7 AktG zählt. Die Bestimmungen der §§ 20, 21 AktG, wonach ein Unternehmen, dem mehr als der 4. Teil der Aktien einer Aktiengesellschaft, der Anteile einer anderen Kapitalgesellschaft oder der Anteile einer bergrechtlichen Gewerkschaft mit Sitz im Inland gehört, dies der betroffenen Gesellschaft unverzüglich mitzuteilen hat, gilt auch für wechselseitig beteiligte Unternehmen. Nach § 328 Abs. 1 AktG können bei wechselseitig beteiligten Unternehmen die Rechte aus Anteilen, die dem einen Unternehmen an dem anderen gehören, nur für höchstens den 4. Teil aller Anteile des jeweils anderen Unternehmens ausgeübt werden, sobald dem einen Unternehmen das Bestehen der wechselseitigen Beteiligung bekannt geworden ist oder ihm das andere Unternehmen eine Mitteilung nach § 20 Abs. 3 oder § 21 Abs. 1 AktG gemacht hat. Wechselseitig beteiligte Unternehmen haben darüber hinaus nach § 328 Abs. 3 AktG einander unverzüglich die Höhe ihrer Beteiligungen und jede Änderung schriftlich mitzuteilen.

Weitere Rechtsfolgen, wie z.B. Mitteilungspflichten, die der Feststellung der wechselseitigen Beteiligung und ihrer Höhe dienen, sowie eine Reihe von Beschränkungen der Rechte ergeben sich aus §§ 20, 21 und 328 AktG.

Wird bei einer wechselseitigen Beteiligung i.S. von § 19 Abs. 1 AktG eine *einheitliche Leitung* geschaffen, entsteht ein Konzern i.S. des § 18 AktG.

VII. Vertragsteile eines Unternehmensvertrages gemäß §§ 291, 292 AktG

1. Überblick

Gemäß § 15 AktG kann eine Unternehmensverbindung auch auf einem Unternehmensvertrag i.S. der §§ 291, 292 AktG beruhen. 867

In den §§ 291, 292 AktG sind abschließend die Verträge aufgezählt, die zwischen Unternehmen, von denen jedenfalls eines eine AG oder KGaA sein muß, abgeschlossen werden können und als Unternehmensverträge eine Reihe von Rechtsfolgen hervorrufen. Zu diesen Verträgen zählen:

1. Beherrschungsverträge (§ 291 AktG)
2. Gewinnabführungsverträge (§ 291 AktG)
3. Gewinngemeinschaftsverträge (§ 292 Abs. 1 Ziff. 1 AktG)
4. Teilgewinnabführungsverträge (§ 292 Abs. 1 Ziff. 2 AktG)
5. Betriebspacht- und Betriebsüberlassungsverträge (§ 292 Abs. 1 Ziff. 3 AktG).

2. Der Beherrschungsvertrag (§ 291 AktG)

Unterstellen eine AG oder KGaA durch einen Vertrag die Leitung ihrer Gesellschaft einem anderen Unternehmen, so handelt es sich dabei um einen Beherrschungsvertrag i.S. des § 291 AktG. Die durch 868 den Vertrag verbundenen Unternehmen bilden einen *Konzern* i. S. von § 18 AktG.

Aufgrund des Beherrschungsvertrages erhält das herrschende Unternehmen ein *Weisungsrecht* gegenüber dem Vorstand der durch den Vertrag abhängig gewordenen Gesellschaft (§ 308 Abs. 1 AktG).

3. Der Gewinnabführungsvertrag (§ 291 AktG)

869 Durch einen Gewinnabführungsvertrag verpflichtet sich eine AG oder KGaA, ihren gesamten Gewinn an den Vertragspartner oder einen Dritten abzuführen.

4. Die Kombination von Beherrschungs- und Gewinnabführungsvertrag

870 Häufig werden ein Beherrschungs- und ein Gewinnabführungsvertrag aus steuerlichen Gründen miteinander verbunden. Bekanntlich haben oft steuerliche Auswirkungen mehr Einfluß auf die zivilrechtliche Gestaltung von Konzernen als sonstige betriebswirtschaftliche Überlegungen.

Der Abschluß eines kombinierten Beherrschungs- und Gewinnabführungsvertrages führt zu einer *finanziellen, wirtschaftlichen und organisatorischen Integration,* die man als *Organschaft* bezeichnet. Das Steuerrecht ermöglicht es, auf dieser Grundlage die einzelnen Konzernmitglieder trotz deren rechtlicher Selbständigkeit als unselbständige Abteilungen zu behandeln und steuerlich an den Konzern als Wirtschaftseinheit anzuknüpfen (vgl. Werner, JuS 1977, 141, 148). Das hat zur Folge, daß allein das herrschende Unternehmen als Organträger einkommensteuer- bzw. körperschaftsteuerpflichtig ist, §§ 14 ff. KStG 1977 (Werner, JuS 1977, 141, 148).

5. Der Gewinngemeinschaftsvertrag (§ 292 AktG)

Dieser Vertrag hat die gesamte oder teilweise Poolung von Gewinnen der Unternehmen und die Aufteilung der Gewinne zum Gegenstand. Der Abschluß eines solchen Vertrages führt zur Entstehung einer Gesellschaft bürgerlichen Rechts i.S. von § 705 BGB (so Würdinger, § 68 I 1a; Werner, JuS 1977, 141, 149). **871**

Sinn und Zweck solcher Verträge bestehen in der Regel darin, das Risiko unternehmerischer Tätigkeit zu vermindern. Das kann dazu führen, daß ein Unternehmen, das Vertragspartner eines oben geschilderten Vertrages ist, auch in einem Fall, in dem es selbst Verluste hinnehmen muß, dennoch an einem Gewinn teilhaben kann, den das andere Unternehmen erwirtschaftet hat.

6. Der Betriebspacht- und der Betriebsüberlassungsvertrag (§ 292 AktG)

a) Durch *Betriebspachtvertrag* überläßt sich eine AG oder KGaA einem Pächter zu Besitz und Nutzung, so daß dieser gegen Zahlung eines Pachtzinses den Betrieb im eigenem Namen und für eigene Rechnung betreibt (vgl. Würdinger, § 68 III 1). Ein solcher Vertrag liegt nur dann vor, wenn das *gesamte Unternehmen* verpachtet wird, ohne daß die verpachtete AG oder KGaA selbst noch geschäftlich tätig ist. **872**

Auf den Pachtvertrag finden die §§ 581 ff. BGB Anwendung, sofern die Vereinbarungen davon nicht abweichen oder diese ergänzen.

In der Regel sind die Partner des Pachtvertrages *konzernverbunden.* Deshalb kann häufig zwischen den als Steuersubjekten selbständigen Partnern durch eine steuermindernde Festsetzung des Pachtzinses für den einen und eine steuererhöhende Festsetzung des Pachtzinses für den anderen Vertragspartner eine im Endergebnis steuersenkende Gewinnverschiebung erreicht werden.

b) Der *Betriebsüberlassungsvertrag* unterscheidet sich von dem Betriebspachtvertrag dadurch, daß die AG oder KGaA ihren Betrieb mit den erwirtschafteten Gewinnen dem Vertragspartner überläßt, im Innen- **873** verhältnis der Übernehmer das Unternehmen selbst und für eigene Rechnung betreibt, nach außen aber im Namen der ihr das Unternehmen überlassenden Gesellschaft auftritt (sog. Innenpacht).

Der Überlassungsvertrag kann auch so gestaltet sein, daß eine AG ihr Unternehmen nicht selbst betreibt, sondern damit für ihre Rechnung ein anderes Unternehmen beauftragt, das nach außen im eigenen Namen oder im Namen der Überlassenden handelt (vgl. Würdinger, § 68 IV a).

Beispiel: Ein privates in der Rechtsform einer AG betriebenes Omnibus-Unternehmen überläßt die Führung seines Betriebes dem Verkehrsunternehmen einer Großstadt.

7. Die Besonderheiten von Unternehmensverträgen

874 Unternehmensverträge haben in der Praxis eine große Bedeutung. Sie bergen allerdings für die daran beteiligten Unternehmen sowie für die Gesellschafter und Gläubiger dieser Unternehmen eine große Anzahl von Gefahren. Deshalb sieht das Aktiengesetz eine Reihe von Vorschriften vor, die vor diesen Gefahren schützen sollen.

Hierzu gehören u. a.:

- Um wirksam zu sein, bedürfen die Unternehmensverträge bei der beteiligten AG oder KGaA eines zustimmenden Beschlusses der Hauptversammlung mit mindestens einer $^3/_4$-Mehrheit des vertretenen Kapitals (§ 293 AktG); der Vertrag bedarf der Schriftform und wird erst mit der Eintragung in das Handelsregister wirksam (§ 294 AktG).
- Es existieren besondere Vorschriften über die Auffüllung gesetzlicher Rücklagen (§ 300 AktG) und die Beschränkung der Gewinnabführung (§ 301 AktG).
- Zum Schutze außenstehender Aktionäre muß ein Beherrschungs- oder Gewinnabführungsvertrag die Verpflichtung des herrschenden Unternehmens enthalten, auf Verlangen der Aktionäre die Aktien gegen eine angemessene, im Vertrag verankerte Abfindung zu erwerben. Ein Vertrag, der entgegen § 304 Abs. 1 AktG keinen Ausgleich vorsieht, ist nichtig (§ 304 Abs. 3 S. 1 AktG).

- Ebenfalls zum Schutz der Aktionäre muß der Vertrag zwischen den Unternehmen eine Ausgleichszahlung der herrschenden an die abhängige Gesellschaft vorsehen, wobei diese Zahlung unter die Aktionäre zu verteilen ist, oder unmittelbar an die Aktionäre selbst geleistet wird, damit die Ertragsaussichten der Aktionäre im Vergleich zu dem bis zum Vertragsschluß vorhandenen und zu erwartenden Gewinn nicht unangemessen verringert werden (§ 304 AktG).
- Bei einem Beherrschungs- oder Gewinnabführungsvertrag hat das herrschende Unternehmen jeden während der Vertragsdauer entstehenden Jahresfehlbetrag auszugleichen (§ 302 AktG).
- Wenn ein Beherrschungs- oder Gewinnabführungsvertrag endet, hat das herrschende Unternehmen den Gläubigern der abhängigen Gesellschaft Sicherheit zu leisten (§ 302 AktG).

VIII. Rechnungslegung im Konzern

Das neue Bilanzrecht sieht eine Konzernrechnungslegung für die Mutterunternehmen solcher Konzerne vor, die unter der einheitlichen Leitung einer Kapitalgesellschaft stehen, § 290 HGB. Die Rechnungslegung erfolgt in Form eines Konzernabschlusses, der aus Konzernbilanz, Konzern-GuV-Rechnung und Konzernanhang besteht, § 297 Abs. 1 HGB. Ferner ist ein Konzernlagebericht nach Maßgabe des § 315 HGB zu erstellen. 875

In den Konzernabschluß sind neben dem Mutterunternehmen grundsätzlich alle Tochterunternehmen einzubeziehen. Das gilt ohne Rücksicht auf deren Sitz, § 294 Abs. 1 HGB. Man spricht deshalb auch vom Konzernabschluß als „Weltabschluß" (Großfeld, NJW 1986, 959). Dabei ist der Abschluß so aufzustellen, als seien Mutter- und Tochterunternehmen ein einziges Unternehmen. Um dieses Ziel zu erreichen, genügt es nicht, die Ansätze der Einzelabschlüsse der Unternehmen einfach in den Konzernabschluß zu übernehmen. Es ist vielmehr ein sogenanntes „Konsolidierungsverfahren" vorgesehen, das im einzelnen in den §§ 300–307, 310–312 HGB geregelt ist.

876 Von der Verpflichtung, einen Konzernabschluß zu erstellen, sind kleine Konzerne befreit, § 293 Abs. 1 HGB. Ob ein Konzern klein i.S. des § 293 HGB ist mit der Folge, daß er von der Konzernrechnungslegung befreit ist, richtet sich nach den in § 293 HGB niedergelegten Größenkriterien. Der Gesetzgeber hat also auch für Konzerne – wie in § 267 HGB für Kapitalgesellschaften – Größenklassen geschaffen. Die Befreiung zur Konzernrechnungslegung tritt ein, wenn zwei der drei Größenkriterien entweder in unkonsolidierter oder in konsolidierter Berechnungsweise unterschritten werden.

Eine weitere Befreiung von der Rechnungslegungspflicht ist für sogenannte mehrstufige Konzerne vorgesehen. Es handelt sich dabei um Konzerne, in denen einzelne Unternehmen sowohl Töchter, gleichzeitig aber auch Mutterunternehmen anderer Töchter sind. Um eine Vielzahl von Stufenabschlüssen zu vermeiden, ist unter den Voraussetzungen der §§ 291, 292 HGB ein Mutterunternehmen, das zugleich Tochterunternehmen einer anderen Mutter ist, durch den Konzernabschluß der auf der höheren Stufe befindlichen Mutter von der Erstellung eines Konzernabschlusses befreit.

Der Konzernabschluß unterliegt der Prüfung, § 316 Abs. 2 HGB, und der Offenlegung nach Maßgabe des § 325 Abs. 3 HGB.

§ 53. Probleme eines GmbH-Konzernrechts

Schrifttum: Altmeppen, Grenzenlose Vermutungen im Recht der GmbH, DB 1991, 2225; Flume, Das Video-Urteil und das GmbH-Recht, DB 1992, 25; derselbe, Das Video-Urteil als eine Entscheidung des II. Senats des BGH aus dessen Selbstverständnis der Innehabung gesetzgeberischer Gewalt, ZIP 1992, 817; K. Schmidt, Zum Stand des Konzernhaftungsrechts bei der GmbH, ZIP 1991, 1325; derselbe, „Konzernhaftung" nach dem TBB-Urteil – Versuch einer Orientierung, ZIP 1993, 549; Stimpel, Haftung im qualifizierten faktischen GmbH-Konzern, ZGR 1991, 144; derselbe, „Durchgriffshaftung" bei der GmbH: Tatbestände, Verlustausgleich, Ausfallhaftung. In: Bilanz- und Konzernrecht. Festschrift für R. Goerdeler zum 65. Geburtstag, 1987, S. 601, 618; Timm/Geuting, Abschied von der Strukturhaftung im qualifizierten faktischen Konzern?, ZIP 1992, 821.

I. Überblick

Als GmbH-Konzerne werden üblicherweise solche Unternehmensverbindungen bezeichnet, an denen in der Rolle der abhängigen Gesellschaft u.a. Gesellschaften mit beschränkter Haftung beteiligt sind (vgl. Emmerich-Sonnenschein, § 23 I). 877

Genaue Zahlen über die Verbreitung von GmbH-Konzernen existieren nicht. Nach vagen Schätzungen sollen (nach Abzug der Komplementär-GmbHs in GmbH & Co KGs) etwa 50% der Gesellschaften mbH in irgendeiner Weise mit anderen Unternehmen konzernverbunden sein (vgl. Emmerich-Sonnenschein, § 23 I).

Wie alle anderen Konzerne auch, werfen GmbH-Konzerne in erster Linie Probleme des Gläubiger- und des Minderheitenschutzes auf. Der Minderheitenschutz wird im GmbH-Konzern sogar als besonders dringlich angesehen, weil die Minderheit in GmbH-Konzernen von sämtlichen Vorgängen in der Gesellschaft in der Regel weit stärker betroffen wird als ein ohnehin einflußloser Kleinaktionär in einer großen AG (vgl. Emmerich-Sonnenschein, § 23 I).

In der Konzernpraxis spielt die GmbH eine wichtige Rolle, zumal die Möglichkeiten, die GmbH in den Konzernkonstruktionen zu verwenden, recht vielfältig sind.

Eine Kodifizierung des GmbH-Konzernrechts existiert bisher nicht 878
(vgl. oben Rdnr. 833). Erste gesetzliche Regelungen einzelner Aspekte des GmbH-Konzernrechts enthält das Bilanzrichtlinien-Gesetz von 1985. Die vom Gesetzgeber bislang geübte Abstinenz hat zwangsläufig dazu geführt, daß die Entwicklung eines Konzernrechts eine Aufgabe für Wissenschaft und Rechtsprechung geworden ist (vgl. zur Entwicklung Emmerich-Sonnenschein, § 23 II). Nach wie vor steht diese Aufgabe im Mittelpunkt des wissenschaftlichen Interesses, ohne daß ein Ende der Diskussion abzusehen wäre (zum Meinungsstand und zu den Entwicklungstendenzen siehe Emmerich, AG 1987, 1 ff. und Lutter, ZHR 151, [1987] 444, 454 ff.).

Was die Rechtsquellen des GmbH-Konzernrechts angeht, so ist zu- 879
nächst festzuhalten, daß die §§ 15 bis 19 AktG rechtsformneutral sind und deshalb auch auf den GmbH-Konzern angewandt werden kön-

nen (vgl. Hüffer, AktG § 15, Rdnr. 4). Keine letzte Klarheit herrscht darüber, welche gesetzlichen Regelungen aus dem AktG auf den GmbH-Konzern anwendbar sind. Eine Lösung der Problematik hatte man sich zunächst so vorgestellt, daß das Konzernrecht des Aktiengesetzes als Kern eines allgemeinen Unternehmenskonzernrechts verstanden und deshalb die Vorschriften des Aktiengesetzes entsprechend auf GmbH-Konzerne angewandt werden sollten. Die vielen nicht geregelten Fragen des GmbH-Konzernrechts wurden also in erster Linie mit Hilfe einer Analogie zum Aktienrecht gelöst. Heute besteht im wesentlichen Übereinstimmung darüber, daß eine derartige Analogie wegen der nicht unerheblichen Strukturunterschiede zwischen Aktiengesellschaft und GmbH allenfalls teilweise in Betracht gezogen werden kann (vgl. u. a. BGHZ 95, 330, 340; 107, 7, 16; 115, 187, 192 ff.).

880 Im GmbH-Konzernrecht ist eine Analogie zum Aktienrecht also nur von Fall zu Fall zu erwägen. Dabei sind aus konzernrechtlicher Sicht vor allem die Unterschiede in der Verfassung der GmbH, in der Frage der Vermögensbindung und bei den Mitverwaltungsrechten der Gesellschafter zu beachten (vgl. zu alledem Emmerich/Sonnenschein, § 23 III 2 mit Nachweisen).

Konzernrechtliche Grundsätze und Regeln finden auch dann Anwendung, wenn eine Mehrheitsbeteiligung, eine Abhängigkeit, ein Unternehmenskonzern oder eine wechselseitige Beteiligung – mit und ohne Abhängigkeit – zwischen einer GmbH und einer Personengesellschaft, wie z.B. einer GmbH & Co KG, die ja eine Kommanditgesellschaft und damit eine Personengesellschaft ist, begründet wird.

II. Mögliche Rechtsfolgen der Bildung eines GmbH-Konzerns

1. Der einfache und der qualifizierte faktische GmbH-Konzern

881 Wie im Aktienkonzernrecht muß auch im GmbH-Konzernrecht unterschieden werden zwischen Vertragskonzernen einerseits und faktischen Konzernen andererseits. Innerhalb der faktischen Konzerne ist wiederum zu unterscheiden zwischen den einfachen und den qualifizierten faktischen Konzernen.

Ein einfacher faktischer GmbH-Konzern liegt – ähnlich der aktienrechtlichen Regelung – dann vor, wenn eine GmbH von einem anderen Unternehmen abhängig ist, ohne daß ein Beherrschungsvertrag besteht. Nach der Rechtsprechung des BGH (vgl. BGHZ 95, 330, 344; 107, 7, 17; 115, 187, 193 f.) besteht hingegen ein qualifizierter faktischer Konzern dann, wenn das herrschende Unternehmen die Geschäfte der abhängigen GmbH dauernd und umfassend führt.

Wenn das so ist, sieht der BGH (BGHZ 115, 187, 193) darin ein ausreichendes Indiz dafür, daß der gleiche, die etwaigen Minderheitsgesellschafter und die Gesellschaftsgläubiger gefährdende Zustand eingetreten ist, an den im aktienrechtlichen Vertragskonzern die Haftung geknüpft ist. Im aktienrechtlichen Vertragskonzern ist die Sachlage dadurch gekennzeichnet, daß eine Gefährdung der Interessen der abhängigen Gesellschaft, ihrer außenstehenden Gesellschafter und ihrer Gläubiger besteht, die sich dort aus der unwiderleglich vermuteten umfassenden Leitungsmacht des herrschenden Unternehmens ergibt. Es soll deshalb, was die entsprechende Anwendung der §§ 302, 303 AktG angeht, darauf ankommen, unter welchen Voraussetzungen im faktischen GmbH-Konzern von einer ähnlichen Gefährdung ausgegangen werden muß (so BGHZ 107, 7, 17). Die Vermutung, die an die dauernde und umfassende Ausübung der Leitungsmacht geknüpft wird, daß nämlich die Interessen der abhängigen Gesellschaft, ihrer außenstehenden Gesellschafter und ihrer Gläubiger gefährdet sind, kann allerdings – anders als im Vertragskonzern – entkräftet werden. Denn anders als dem an einem Beherrschungsvertrag beteiligten Unternehmen ist es den Gesellschaftern einer GmbH trotz ihrer gesetzlichen Weisungsbefugnis nicht erlaubt, die abhängige Gesellschaft im Konzerninteresse zu benachteiligen (so BGHZ 115, 187, 193).

Der BGH (BGHZ 122, 123 ff.) hat seine Rechtsprechung dahingehend modifiziert, daß nun nicht mehr die dauernde und umfassende Leitung der abhängigen Gesellschaft für den konzernrechtlichen Tatbestand maßgebend sein soll, die im übrigen auch nicht mittels einer tatsächlichen Vermutung allein aus einer solchen Ausübung der Leitungsmacht gefolgert werden könne (vgl. BGHZ 122, 123, 131). Nach **882**

Ansicht des BGH begründet die dauernde und umfassende Ausübung der Leitungsmacht durch das herrschende Unternehmen allein noch nicht die Vermutung, daß keine angemessene Rücksicht auf die Belange der abhängigen Gesellschaft genommen worden ist. Derjenige, der daraus Ansprüche herleiten will, muß vielmehr diejenigen Umstände darlegen und beweisen, die eine solche Annahme nahelegen. Das Bundesarbeitsgericht (MDR 1994, 1196) hat sich dieser Ansicht angeschlossen.

Die Rechtsprechung des Bundesgerichtshofs ist in der rechtswissenschaftlichen Literatur zum Teil auf heftige Kritik gestoßen (vgl. u. a. Altmeppen, DB 1991, 2225; Flume, DB 1992, 25; K. Schmidt, ZIP 1991, 1325; Stimpel, ZGR 1991, 144).

2. Die Rechtsfolgen

883 **a) Überblick**

Die aktienrechtlichen Grundregeln des faktischen Konzerns, nämlich die §§ 311 ff. AktG, sind nach Ansicht des BGH (BGHZ 95, 330, 340) auf den faktischen GmbH-Konzern nicht anzuwenden, weil sich Aktiengesellschaft und GmbH strukturell wesentlich voneinander unterscheiden. Stattdessen sind allerdings bei nachteiligen Einzeleingriffen Schadensersatzansprüche der abhängigen GmbH und ihrer außenstehenden Gesellschafter aus der Verletzung der gesellschaftlichen Treuepflicht herzuleiten (so BGHZ 95, 330, 340; zur Existenz von Treuepflichten und den Folgen aus der Verletzung derselben siehe BGHZ 65, 15, 18 ff.).

Während bei dem einfachen faktischen GmbH-Konzern davon auszugehen ist, daß aus der Treuepflicht der Mehrheit gegenüber der Gesellschaft und den Mitgliedern ein umfassendes Schädigungsverbot erwächst, dessen Verletzung zu Schadensersatzpflichten führen kann, sind die möglichen Rechtsfolgen bei der Bildung eines qualifizierten faktischen GmbH-Konzerns weitergehend.

Sowohl nach der oben geschilderten Rechtsprechung des BGH als auch nach der herrschenden Auffassung in der Literatur (vgl. u. a. Emmerich/Sonnenschein, § 24 III 4 und Hüffer, § 302 AktG, Rdnr. 7 ff.

mit Nachw.) sind auf einen qualifizierten faktischen GmbH-Konzern die §§ 302 und 303 AktG entsprechend anwendbar. Das bedeutet, daß das herrschende Unternehmen jährlich zum Verlustausgleich und bei Beendigung der Konzernbeziehung zur Sicherheitsleistung verpflichtet ist, woraus sich unter zusätzlichen Voraussetzungen eine Ausfallhaftung unmittelbar gegenüber den Gläubigern ergeben kann.

b) Die entsprechende Anwendung des § 302 AktG

§ 302 Abs. 1 AktG gewährt der Untergesellschaft gegenüber der herrschenden einen Anspruch auf Zahlung des Geldbetrages, der zum Ausgleich des (fiktiven) Jahresfehlbetrages erforderlich ist (vgl. Hüffer, § 302 AktG, Rdnr. 15). 884

Umstritten ist der Umfang der Verlustausgleichspflicht des herrschenden Unternehmens. Nach überwiegender Ansicht (vgl. Emmerich/Sonnenschein § 24 III 4 mit Nachw.) hat das herrschende Unternehmen jeden Bilanzverlust zu übernehmen. Nach anderer Auffassung ist die Ausgleichspflicht mit Rücksicht auf den bei der GmbH gegenüber der Aktiengesellschaft schwächeren Gläubigerschutz auf das zur Erhaltung des Stammkapitals erforderliche Vermögen beschränkt, was sich aus § 30 GmbHG ableiten ließe. Die Folge davon wäre, daß Verluste der abhängigen Gesellschaft, die durch die Auflösung von Rücklagen ausgeglichen werden können, keine Verlustübernahmepflicht des herrschenden Unternehmens auslösen; diese würde vielmehr erst dann ausgelöst, wenn die Verluste das zur Deckung der Stammkapitalziffer erforderliche Gesellschaftsvermögen tangieren (so u. a. Stimpel, ZGR 1991, 144, 158 f.). Der BGH (vgl. BGHZ 107, 7, 16) hat diese Frage bisher offengelassen, jedoch bereits klargestellt, daß auf jeden Fall die gesamte eingetretene Überschuldung auszugleichen ist, also nicht nur der Verlust des Stammkapitals. Emmerich (Emmerich/Sonnenschein, § 24 III 4) sieht keinen Grund, die Verlustausgleichspflicht des herrschenden Unternehmens auf das zur Erhaltung des Stammkapitals erforderliche Vermögen zu beschränken.

c) Die entsprechende Anwendung des § 303 AktG

Während § 302 Abs. 1 AktG der Untergesellschaft einen Anspruch 885
auf Zahlung des Geldbetrages gibt, der zum Ausgleich des (fiktiven)

Jahresfehlbetrages erforderlich ist, kann nach § 303 Abs. 3 AktG eine Außenhaftung der Gesellschaftsgläubiger entstehen. Nach Auffassung des BGH (BGHZ 95, 330, 347; 105, 168, 183; 115, 187, 200; 116, 37, 42) gewährt § 303 AktG den Gesellschaftsgläubigern unter bestimmten Voraussetzungen einen unmittelbaren Zahlungsanspruch gegen das herrschende Unternehmen.

§ 303 AktG sieht einen solchen Zahlungsanspruch nicht vor, sondern zwingt unter den dort genannten Voraussetzungen das herrschende Unternehmen zur Sicherheitsleistung. Ein Zahlungsanspruch der Gläubiger der Untergesellschaft gegen das herrschende Unternehmen besteht nach Ansicht des BGH (u. a. BGHZ 95, 330, 347; 115, 187, 200) gleichwohl, wenn die abhängige Gesellschaft vermögenslos ist und deshalb die Forderung nicht mehr erfüllen kann; denn in solchen Fällen „hat eine vorherige Sicherheitsleistung keinen Sinn mehr" (so BGHZ 115, 187, 200). Bei dem Anspruch aus § 303 AktG handelt es sich – im Gegensatz zur Kommanditistenhaftung – um eine unbeschränkte Haftung, durch die in erster Linie gerade die im Konkurs der Gesellschaft ausgefallenen Forderungen abgedeckt werden sollen (so BGHZ 115, 187, 201 im Anschluß an Stimpel, in: FS Goerdeler, S. 601, 618).

d) Zusammenfassung

886 Festzuhalten ist, daß im qualifizierten faktischen GmbH-Konzern die §§ 302 und 303 AktG entsprechend anzuwenden sind. Das kann dazu führen, daß bei Vermögenslosigkeit des abhängigen Unternehmens dessen Gläubiger unmittelbar einen Zahlungsanspruch gegen das herrschende Unternehmen erwerben können (BGH a. a. O. und auch OLG Köln, WM 1990, 1993 und OLG Koblenz, WM 1991, 227).

Die analoge Anwendung der §§ 302, 303 AktG auf den qualifizierten faktischen GmbH-Konzern ist als konzernspezifischer Kapitalerhaltungsschutz zu verstehen, als „Kompensation der konzerntypischen Gefahren für die GmbH" (so Stimpel, in: FS Goerdeler, S. 601, 609 mit Nachw.). Die konzernrechtliche Haftung entsprechend §§ 302, 303 AktG kann als Ausgleich für mögliche, aber verdeckte und daher zu vermutende Verstöße gegen Kapitalerhaltungsvorschriften angesehen werden (so Stimpel, in: FS Goerdeler, S. 601, 610).

Rdnr. 886

Sind also die Tatbestandsvoraussetzungen der §§ 302, 303 AktG erfüllt, so entsteht zunächst ein Anspruch der abhängigen GmbH gegen das herrschende Unternehmen auf Ausgleich von Verlusten bis zur Wiederherstellung des Stammkapitals, in der Liquidation und im Konkurs auf Ausgleich der Überschuldung. Wegen des Ausfalls, den die Gläubiger trotz vollzogenen Verlustausgleichs sowie bei masseloser Involvenz der GmbH erleiden, erwerben sie einen Zahlungsanspruch unmittelbar gegen das herrschende Unternehmen.

Allerdings ist stets zu beachten, daß an den konzernrechtlichen Haftungstatbestand, der zu einer entsprechenden Anwendung der §§ 302, 303 AktG führt, strenge Anforderungen zu stellen sind. Er setzt stets voraus, daß das herrschende Unternehmen seine Leitungsmacht in dem abhängigen Unternehmen in einer Weise objektiv mißbräuchlich ausübt, die keine angemessene Rücksicht auf deren eigene Belange nimmt, ohne daß sich der ihr insgesamt zugefügte Nachteil durch Einzelausgleichsmaßnahmen kompensieren ließe (so BGHZ 122, 123, 130 und BGH, ZIP 1994, 1690, 1692). Deshalb scheidet eine konzernrechtliche Haftung aus, solange die abhängige Gesellschaft unter Wahrung ihres Eigeninteresses geleitet wird (so BGH, AG 1994, 1690, 1693).

§ 54. Die unternehmerische Mitbestimmung im Konzern

Schrifttum: Bayer, Der Anwendungsbereich des Mitbestimmungsgesetzes, ZGR 1977, 173 ff.; Duden, Zur Mitbestimmung in Konzernverhältnissen nach dem Mitbestimmungsgesetz, ZHR 141 (1977), 145 ff.; Geßler, Mitbestimmung im mehrstufigen Konzern, BB 1977, 1313 ff.; Hanau, Fragen der Mitbestimmung und Betriebsverfassung im Konzern, ZGR 1984, 468 ff.; v. Hoyningen-Huene. Der Konzern im Konzern, ZGR 1978, 515 ff.; Lutter, Der Anwendungsbereich des Mitbestimmungsgesetzes, ZGR 1977, 195 ff.

I. Überblick

§ 5 MBG behandelt den wirtschaftlichen Gegebenheiten folgend den Konzern als Einheit. Für die Anwendung des MBG auf die herrschenden Unternehmen von Unterordnungskonzernen fingiert § 5 **887**

MBG, daß die Arbeitnehmer sämtlicher Konzernunternehmen zugleich Arbeitnehmer der mitbestimmten Konzernspitze sind. Daneben ist auf abhängige Unternehmen, die für sich selbst die Voraussetzungen des § 1 MBG erfüllen, das MBG voll anwendbar.

§ 5 MBG erweitert den Anwendungsbereich des MBG in zweifacher Hinsicht:

- Wenn das herrschende Unternehmen seiner Rechtsform wegen unter § 1 Abs. 1 Nr. 1 MBG fällt – also z.B. eine Aktiengesellschaft, GmbH oder bergrechtliche Gewerkschaft ist –, so muß ein Aufsichtsrat auch dann gebildet werden, wenn das herrschende Unternehmen selbst nicht mehr als 2000 Arbeitnehmer hat, im Konzern insgesamt aber mehr als 2000 Arbeitnehmer beschäftigt sind.
- Die Arbeitnehmer abhängiger Konzernunternehmen, die wegen ihrer Rechtsform oder wegen ihrer geringen Arbeitnehmerzahl selbst nicht die Voraussetzungen des § 1 Abs. 1 MBG erfüllen, nehmen an dem Mitbestimmungsrecht in dem herrschenden Konzernunternehmen teil (vgl. Fitting-Wlotzke-Wißmann, § 5 MBG Rdnr. 1).

888 Wegen des hohen Verflechtungsgrades der deutschen Wirtschaft ist die praktische Bedeutung des § 5 MBG erheblich. Nach Schätzungen ist davon auszugehen, daß etwa die Hälfte aller von § 1 Abs. 1 MBG erfaßten Unternehmen Konzernunternehmen sind, z. T. als herrschende und z. T. als abhängige (vgl. Fitting-Wlotzke-Wißmann, § 5 MBG Rdnr. 3).

§ 5 MBG siedelt das Mitbestimmungsrecht der Arbeitnehmer dort an, wo bei einer Konzernkonstruktion die wesentlichen Entscheidungen fallen, nämlich im Aufsichtsrat des herrschenden Unternehmens (Emmerich-Sonnenschein, § 4 IV 2).

II. Der Konzernbegriff des § 5 MBG

889 Das Mitbestimmungsgesetz verwendet den Begriff Konzern, ohne ihn zu definieren. Durch die Bezugnahme auf § 18 Abs. 1 AktG wird jedoch klargestellt, daß mit Konzern im MBG ausschließlich Unterordnungskonzerne im Sinne des § 18 Abs. 1 AktG gemeint sind. Damit entspricht der Konzernbegriff des § 5 Abs. 1 MBG grundsätzlich dem

allgemeinen gesellschaftsrechtlichen Konzernbegriff (vgl. Fitting-Wlotzke-Wißmann, § 5 MBG Rdnr. 8 ff. mit Literaturhinweisen; Geßler, BB 1977, 1313, 1314). In Rechtsprechung und Literatur ist allerdings anerkannt, daß der gesellschaftsrechtliche und der mitbestimmungsrechtliche Konzernbegriff in Randbereichen auseinandergehen können (vgl. Hanau, ZGR 1984, 476 mit Nachw.).

Ist das herrschende Unternehmen eine Aktiengesellschaft oder Kommanditgesellschaft auf Aktien, so erfaßt § 5 MBG abhängige Unternehmen in jeder beliebigen Rechtsform. Abhängige Unternehmen können deshalb u.a. auch eine offene Handelsgesellschaft und eine Kommanditgesellschaft sein (vgl. Fitting-Wlotzke-Wißmann, § 5 MBG Rdnr. 17).

III. Das Problem des Konzerns im Konzern

Ein Konzern kann so strukturiert sein, daß unterhalb der Konzern- 890
spitze, in der im Regelfall nur die großen Linien der Konzernpolitik bestimmt werden, auf einer niedrigeren Konzernebene weitere Entscheidungszentren bestehen, die für Teile des Konzerns mit einem mehr oder minder erheblichen Maß an Selbständigkeit ausgestattet sein können. Unterhalb dieser letztgenannten Entscheidungszentren sind dann Unternehmen angesiedelt, bei denen die Frage auftauchen kann, unter welchen Voraussetzungen die Arbeitnehmer dieser Unternehmen eines Konzerns nicht nur der Konzernspitze, sondern auch der zwischengeschalteten Unternehmensorganisation zuzurechnen sind.

Streitig ist schon, ob überhaupt innerhalb eines Konzerns weitere 891
Konzernverhältnisse bestehen können (Problem des Konzerns im Konzern). Im wesentlichen geht es bei dieser Frage um die Auslegung des Begriffes der „einheitlichen Leitung" im Sinne des § 18 Abs. 1 AktG (vgl. zum Streitstand: Fitting-Wlotzke-Wißmann, § 5 MBG Rdnr. 30 ff. mit ausführlichen Hinweisen).

Ein wesentlicher Teil des Schrifttums verneint, daß ein Konzern im Konzern existieren kann (vgl. z.B. Lutter, ZGR 1977, 195, 212; von Hoyningen-Huene, ZGR 1978, 515, 528 ff.). Eine einheitliche Leitung im Sinne des § 18 Abs. 1

AktG – so die Vertreter dieser Auffassung – könne nur bestehen, sofern es eine originäre unternehmerische Leitung gebe. Diese liege aber auch bei einem mehrstufigen Konzern allein bei der Konzernspitze, während die Leitungsbefugnis der Zwischenobergesellschaft stets auf Delegation beruhe.

892 Andere Autoren bejahen für den Geltungsbereich des Mitbestimmungsgesetzes, zum Teil unter Modifikation des gesellschaftsrechtlichen Konzernbegriffs, die Möglichkeit eines Konzerns im Konzern (vgl. Fitting-Wlotzke-Wißmann, § 5 MBG Rdnr. 30 ff.). Sie begründen ihre Auffassung insbesondere mit dem Zweck des § 5 MBG, der die Mitbestimmung der Arbeitnehmer auf diejenigen Aufsichtsräte zu erstrecken beabsichtige, die die Geschicke der abhängigen Unternehmen bestimmen bzw. kontrollieren. Das OLG Frankfurt (WM 1987, 237, 238) sieht die Aufgabe des § 5 Abs. 1 MBG im Rahmen des Gesetzeszwecks der Arbeitnehmermitbestimmung darin, „die institutionelle Beteiligung der Arbeitnehmer an der unternehmerischen Entscheidungsfindung effektiv zu erhalten und auch dort zu gewähren, wo im Verbund mehrerer Unternehmen ein Unternehmen für ein anderes Unternehmen mitbestimmungsbedürftige Entscheidungen trifft".

In der Rechtsprechung hat sich bisher die Ansicht durchgesetzt, nach der ein Konzern im Konzern bei Vorliegen bestimmter Voraussetzungen möglich sein soll (vgl. OLG Düsseldorf, WM 1979, 956; OLG Zweibrücken, AG 1984, 80; OLG Frankfurt, WM 1987, 237 f.).

893 Die theoretische Anerkennung des Gebildes eines Konzerns im Konzern führt nicht dazu, daß innerhalb eines jeden mehrstufigen Konzerns automatisch weitere Konzernverhältnisse anzuerkennen sind. Vielmehr muß in jedem Einzelfall geprüft werden, ob die Voraussetzungen des § 18 Abs. 1 AktG vorliegen, d. h. insbesondere, ob zwischen dem Enkelunternehmen und der Zwischenobergesellschaft ein Abhängigkeitsverhältnis besteht und diese beiden Unternehmen unter der einheitlichen Leitung des letztgenannten zusammengefaßt sind. Da bereits bei der Konzernspitze eine einheitliche Leitung besteht (andernfalls würde es sich nicht um einen Konzern handeln), bereitet die Beantwortung der Frage, ob bei einer Tochtergesellschaft im Hinblick auf eine oder mehrere Enkelgesellschaften eine einheitliche Leitung im Sinne von § 18 Abs. 1 AktG existiert, Schwierigkeiten. Vielfach wird darauf hingewiesen, daß abweichend vom Normalfall eines einfachen Konzerns erhebliche qualifizierte Anforderungen an das Vorliegen einer einheitlichen Leitung durch eine Unterkonzernspitze zu stellen sind (vgl. z. B. Bayer, ZGR 1977, 173, 185). Ein Konzern im Konzern dürfte daher in der Praxis nur selten vorkommen (vgl. Fitting-Wlotzke-Wißmann, § 5 MBG Rdnr. 38).

Rdnr. 892, 893

Nach welchen Kriterien zu entscheiden ist, ob eine einheitliche Leitung im Sinne von § 18 Abs.1 AktG durch ein zwischengeschaltetes Tochterunternehmen gegeben ist, ist ebenfalls umstritten. Einigkeit besteht nur insofern, als auf die innere Ordnung des Konzerns abzustellen ist, wobei die Ausgestaltung der Leitungsmacht maßgeblich sein soll. Erforderlich ist, daß zwischen der Konzernspitze und der Zwischenobergesellschaft die Konzernleitung in der Weise aufgeteilt ist, daß letztere mit *selbständiger* Leitungsmacht ausgestattet ist (Bayer, ZGR 1977, 173, 185). **894**

Nach einer Auffassung setzt das voraus, daß die Leitungsbefugnis *originär* ist (Geßler, BB 1977, 1313, 1316ff. und ihm folgend OLG Düsseldorf, WM 1979, 956). Das soll nur dann der Fall sein, wenn feststellbar ist, daß die von einer Zwischenobergesellschaft abhängigen Konzernunternehmen unter deren Leitung auf einem anderen unternehmenspolitischen Geschäftsbereich zusammengefaßt sind, als dies die Konzernspitze ihrerseits getan hat.

Nach einer anderen Auffassung ist dagegen ausschließlich auf die Intensität der Leitungsausübung durch die Konzernspitze abzustellen (vgl. Fitting-Wlotzke-Wißmann, § 5 MBG Rdnr.37; Duden, ZHR 141 (1977), 145, 151). Entscheidend soll danach das Maß der Dezentralisation sein, wobei sich diese nicht auf die einzelnen unternehmenspolitischen Geschäftsbereiche beziehen muß. Ein Konzern im Konzern besteht – folgt man dieser Ansicht – auch in anderen dezentralen Gestaltungen, bei denen sich die Konzernspitze auf generelle Richtlinien oder weniger verbindliche Empfehlungen beschränkt und die Mehrzahl der Leitungsentscheidungen auf der Zwischenstufe erfolgt (Duden, ZHR 141 (1977), 145, 160).

Das OLG Frankfurt (WM 1987, 237, 238) stellt weder auf den Ursprung der Entscheidungsmacht noch auf die Art und Weise ihrer Legitimation ab, sondern auf den Umfang und den Inhalt der Leitungsbefugnis. Nach Ansicht des OLG Frankfurt liegt auch dann noch eine ausreichende Konzernleitungsmacht vor, wenn zwischen der Spitzengesellschaft und der Zwischengesellschaft ein Beherrschungsvertrag abgeschlossen worden ist, die tatsächliche Leitungsmacht aber bei der Zwischengesellschaft liegt.

Gesetzesregister

(Die Zahlen verweisen auf die Randnummern des Buches)

Sachverzeichnis

(Die Zahlen verweisen auf die Randnummern des Buches)